开福年鉴

KAIFU YEARBOOK

2019

《开福年鉴》编纂委员会
开 福 区 档 案 馆 编

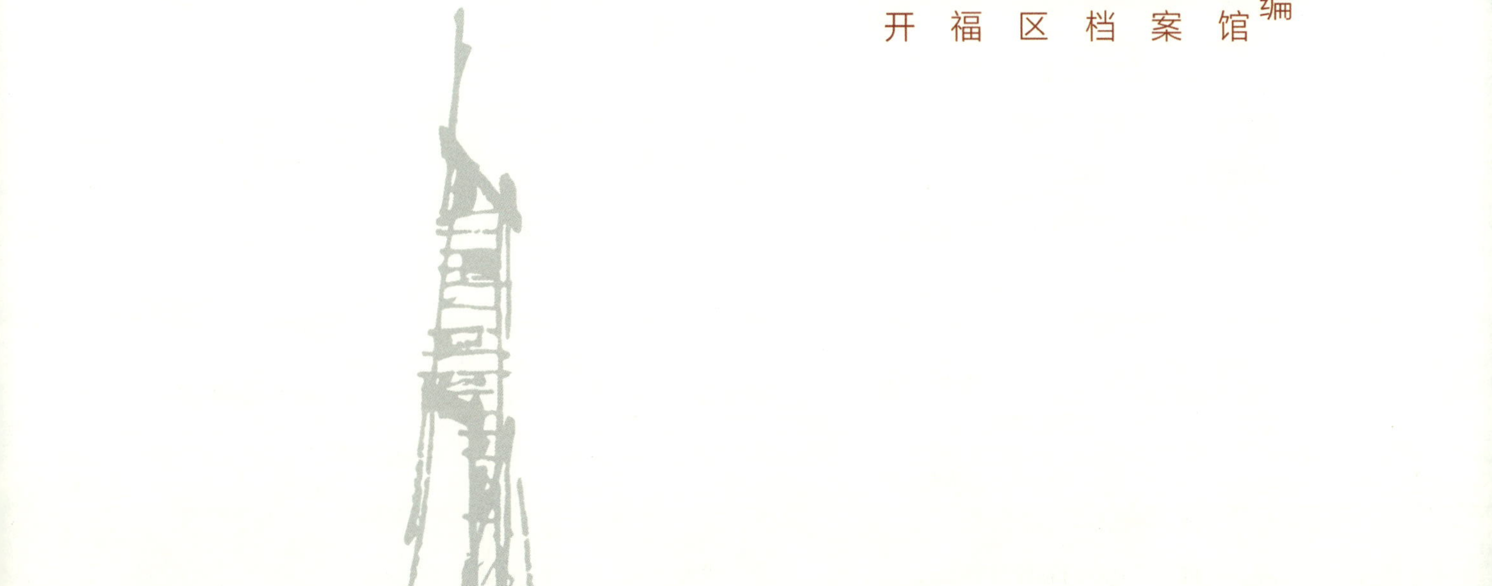

方志出版社
Publishing House of Local Records

图书在版编目（CIP）数据

开福年鉴. 2019 /《开福年鉴》编纂委员会，开福区档案馆编. — 北京：方志出版社，2019.12

ISBN 978-7-5144-4079-9

Ⅰ.①开… Ⅱ.①开… ②开… Ⅲ.①区（城市）–长沙–2019–年鉴 Ⅳ.①Z526.44

中国版本图书馆CIP数据核字（2020）第018740号

开福年鉴（2019）

编　　者：《开福年鉴》编纂委员会
开福区档案馆

责任编辑：齐　笑

出 版 者：方志出版社
地址　北京市朝阳区潘家园东里 9 号（国家方志馆 4 层）
邮编　100021
网址　http://www.fzph.org

发　　行：方志出版社图书经销中心
电话（010）67110500

经　　销：各地新华书店

印　　刷：湖南立信彩印有限公司

开　　本：889 × 1194　　1/16

印　　张：28

字　　数：865 千字

版　　次：2019 年 12 月第 1 版　2019 年 12 月第 1 次印刷

印　　数：001~500 册

ISBN 978-7-5144-4079-9　　**定价**：215.00 元

《开福年鉴》编纂委员会

《开福年鉴》编辑部

编 辑 说 明

一、《开福年鉴》坚持以马克思列宁主义、毛泽东思想、邓小平理论、“三个代表”重要思想、科学发展观、习近平新时代中国特色社会主义思想为指导，坚持辩证唯物主义和历史唯物主义的立场、观点和方法，全面、客观、系统反映全区自然、政治、经济、文化、社会等方面概貌和发展情况。

二、《开福年鉴》是《开福年鉴》编纂委员会、开福区档案馆编纂的年度资料性文献，2016年创刊，每年出版一卷，是社会各界人士了解开福的权威性工具书。

三、本年鉴采用分类编辑法，设类目、分目、条目等层次。全书设29个类目，正文设概况、条目、附录、资料、图表等，以条目为主体，书中插排彩色专版。

四、《开福年鉴（2019）》所载内容均由各部门、各单位专人撰写、领导审核，年鉴编辑部工作人员加工整理后再反馈原单位核对，最后由编委会和出版社审核定稿。记述时限为2018年1月1日至12月31日。

五、本年鉴统计资料由区统计局提供，个别单位有些数据由于统计口径和统计时间等原因，与统计公布的数据不完全一致，引用时请以开福统计公报为准。

六、本年鉴所列机构领导名录包括各街镇、区直机关、事业单位副科以上（含副科）实职领导干部、部分单位内设（二级机构）、民主党派负责人，均以2018年12月31日任职为准，有任免的分别予以注明，名录最终由开福区委组织部审定。

七、资料中所使用的度量单位均采用国际统一计量单位。

八、本年鉴资料中排插的图片均由区委宣传部和各相关部门审核并提供。

开福区行政区划图（2017）

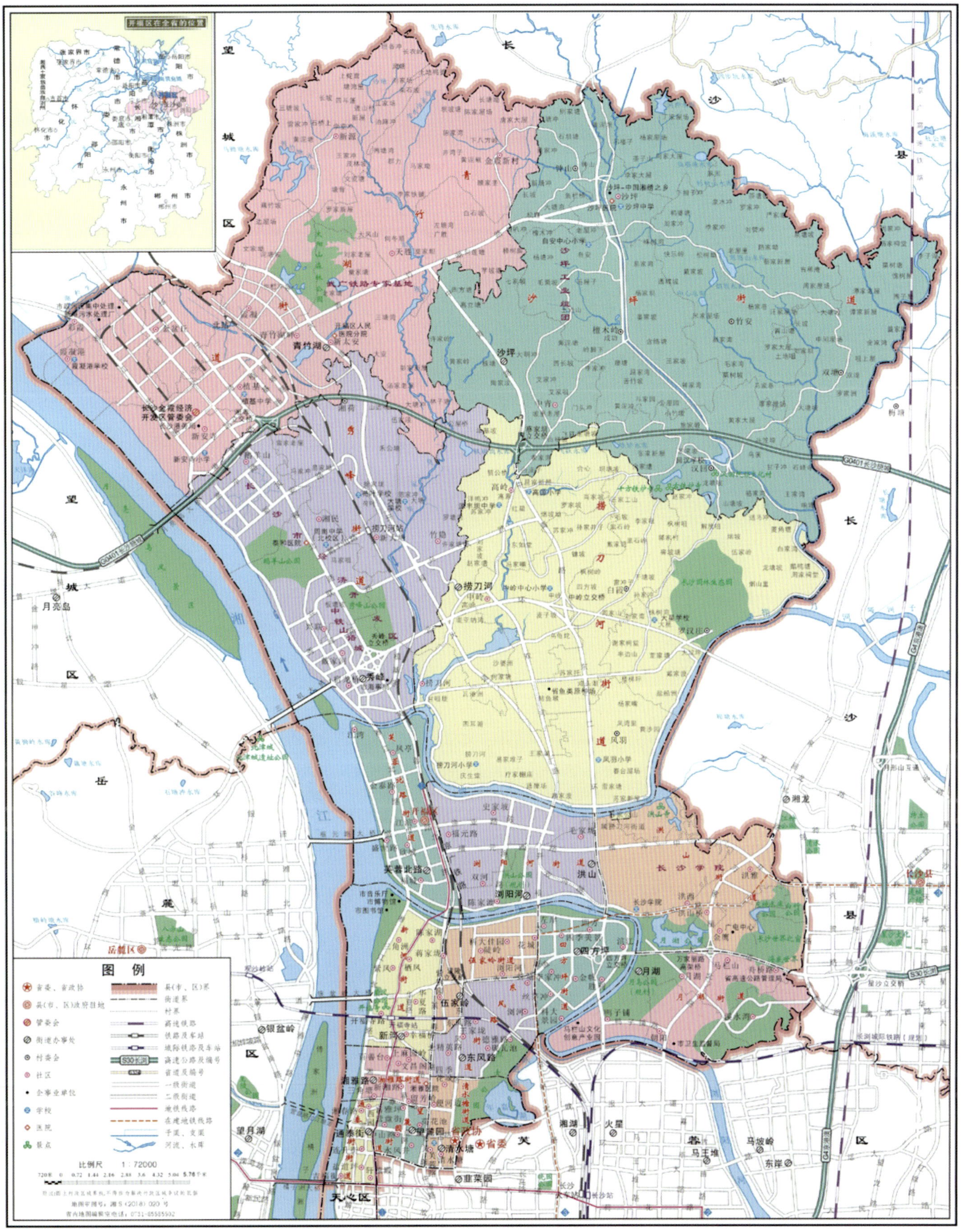

审图号：湘S（2017）021号

7月13日，省委书记、省人大常委会主任杜家毫（前右二）考察马栏山视频文创产业园

（区委宣传部　供图）

3月21日，省委副书记、省长许达哲（前右）调研马栏山视频文创产业园建设，图为现场考察鸭子铺片区

（区委宣传部　供图）

3月26日，省政协主席李微微（前右）率机关全体干部职工到沙坪街道茶子山社区公园参加义务植树活动

（区委宣传部　供图）

3月7日，省委常委、市委书记胡衡华（前中）到开福区调研老城区有机更新工作

（区委宣传部　供图）

11月3日，市委副书记、市长、湖南湘江新区党工委书记胡忠雄（右四）实地走访开福区芙蓉北路街道福城社区生活圈、了解“一圈两场三道”工作推进情况

（区委宣传部　供图）

3月21日上午，市人大常委会党组书记、主任程水泉（前左三）率主任会议成员一行视察西园北里历史步道

（区委宣传部　供图）

产业提效

4月26日，开福区召开一季度经济形势分析会

（区委宣传部　供图）

长沙金霞经济技术开发区物流产业一角

（金霞保税物流　供图）

8月17日，开福区重大产业项目集中开工暨长沙传化公路港城市物流中心在金霞经开区举行启航仪式

（区发改局　供图）

12月5—9日，2018中部（长沙）进口博览会在湖南国际会展中心举行

（金霞保税物流　供图）

长沙新港码头

（金霞经开区　供图）

一列中欧国际货运班列从长沙霞凝铁路货场出发，驶向匈牙利首都布达佩斯

（金霞经开区　供图）

12月21日，中国物流·国际母婴城营销中心在长沙金霞保税区正式盛装亮相

（金霞保税物流　供图）

开福区军民融合产业示范园

（区委宣传部　供图）

不用盖章多跑路，车牌一扫秒通关

（金霞保税物流　供图）

城市提质

6月27日，2018年长沙市重大产业项目集中开工（开福分会场）活动在开福区军民融合科技城项目现场举行

（区发改局　供图）

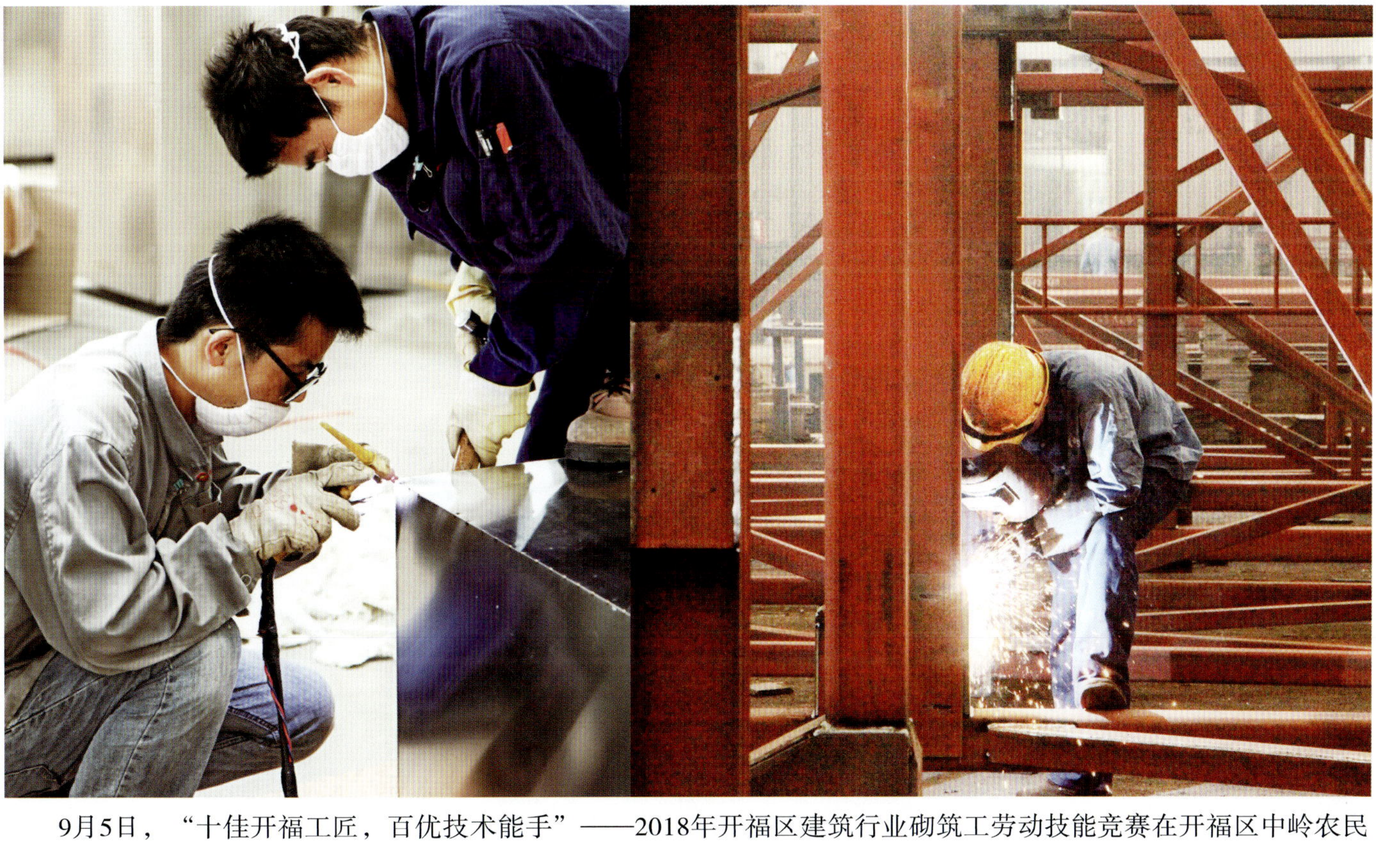

9月5日，“十佳开福工匠，百优技术能手”——2018年开福区建筑行业砌筑工劳动技能竞赛在开福区中岭农民安置房高岭项目部举行

（区委宣传部　供图）

7月24日，开福区委书记沈裕谋（左三）率队调研“一圈两场三道”建设

（区委宣传部　供图）

提质改造后的农贸市场

（区委宣传部　供图）

提质改造后的自行车道人行道

（区委宣传部　供图）

提质改造后的地下车库停车场

（区委宣传部　供图）

4月29日，长沙市 首条历史步道西园北里全新开街

（区委宣传部　供图）

开福区青竹湖街道金霞新村荣获“2017年度湖南省美丽乡村示范村”称号　（沙坪街道　供图）

提质改造后的公共厕所及垃圾站　（区环卫局　供图）

民生提档

11月13日，开福区举办首届“好人文化节”，开展“厚德开福高峰论坛”，传承中华民族的传统美德，弘扬“心忧天下，敢为人先”的湖湘精神

（区委宣传部　供图）

4月23日，清水塘街道开展“幸福便河边 365天不打烊”活动

（清水塘街道　供图）

望麓园街道营盘街社区居民在爱心广场“邻里话廊”共议社区事

（望麓园街道　供图）

6月22日，“欢乐潇湘 品质长沙”开福区第15届“湘江韵律”文化会演在开福区风帆广场举行

（区文旅体局　供图）

4月29日，“剑行天下·幸福开福”2018年中国击剑俱乐部联赛（长沙开福站）在湖南国际会展中心开赛

（区文旅体局　供图）

5月4日，省中医附二专家到社区卫生服务中心义诊

（区委宣传部　供图）

5月27日，开福区洪山街道洪雅社区“聚雅园”邻里中心揭牌成立　　（区委宣传部　供图）

社区群众文化艺术团队器乐排练
（区委宣传部　供图）

社区义工为居民解惑释疑　　（区委宣传部　供图）

社区居民在邻里中心图书室阅读
（区委宣传部　供图）

社区开展“五零社区”创建活动
（区委宣传部　供图）

总 目

目　录

Contents

特　载

SPECIAL PUBLICATION

区委全会工作报告

在区委五届十二次全体会议暨经济工作会议上的讲话

开福区委书记　沈裕谋

（2018年12月29日）

一、总揽全局、协调各方，忠诚履职、奋发作为，推动升级发展、成就北富迈上新台阶

2018年，面对宏观环境多变、经济下行压力加大的复杂形势，区委常委会团结带领全区各级党组织和广大党员干部，按照中央、省委、市委工作部署，坚持稳中求进工作总基调，落实高质量发展要求，聚力“五提五动”，奋勇拼搏赶超，夯实了升级发展、成就北富的基础，开启了现代化建设的新征程。一年来，区委常委会在统筹推进各项工作的同时，重点抓四件大事：

1.坚定不移推动习近平新时代中国特色社会主义思想和党的十九大精神在开福落地生根。坚持在深学上下功夫。区委常委会示范带头，第一时间传达学习、贯彻落实习近平总书记重要讲话和指示批示精神，增强“四个意识”，坚定“四个自信”，做到“两个维护”。今年以来，区委理论学习中心组开展12次集体学习，并对全区700余名科级以上干部、9000余名在职党员进行集中轮训。建立党员政治生活馆、新时代学习社等各类学习阵地，开展集中宣讲500余场，推动习近平新时代中国特色社会主义思想“天天见、天天新、天天深”。坚持在笃行上见行动。区委常委会自觉用习近平新时代中国特色社会主义思想武装头脑、指导实践、推动工作。研究具体工作时，坚持先学习习近平总书记的重要论述，从中寻找破题“钥匙”。

2.坚定不移贯彻落实中央、省委、市委重大决策部署。着力打好三大攻坚战。风险防控方面，全面清理政府债务，完成区级融资平台公司“撤并转”，实施“停缓调撤”项目15个，债务控制在合理区间。污染防治方面，抓好中央环保督察“回头看”和省级环保督察交办问题整改，信访转办件全办结、全销号。聚焦“六控”“十个严禁”，打赢蓝天保卫战，沙坪站点空气优良率全市最高，伍家岭站点空气优良天数全市增加最多。投入3.5亿余元实施浏阳河、捞刀河水环境整治，水质稳定在Ⅳ类以上，黑臭水体治理工作受到国家生态环境部通报表彰。脱贫攻坚方面，安排资金近4000万元，对口帮扶城步、桑植、龙山等地，带动近万人实现脱贫。配合中央和省委巡视推进问题整改。中央第八巡视组移交的群众身边问题件全办结，省委第四巡视组移交的信访件和信访事项交办件按要求有序办理。推进乡村振兴。以改善农村人居环境和发展新型村级集体经济为切入点，实施“五治”，带动“五个振兴”，促进环境净化、民风淳化，消除集体经济薄弱村10个，创建省市美丽乡村示范村7个。扎实开展“千人帮千企百日大行动”。聚焦企业融资、政策兑现、用地、用工及社保等难题，组建帮扶小分队，制定“一企一策”政策集成包100个，帮助企业解决难题300余个。

3.坚定不移抓好区第五次党代会精神的深化落实。紧紧围绕“升级发展、成就北富”主题，坚持有质效、有温度的“两有”发展，建设物质富裕、精神富有的“两富”开福，党代会各项决策部署有力有序推进。致力兴效益型产业，强盛开福夯实根基。坚持“四大战略”不动摇，驰而不息抓实“三金”平台、壮大“3+1”产业。物流商贸的绝对优势更加巩固，形成了医药、能源、粮食三大百亿物流产业集群，医药物流总额达200亿元，占全市二分之一、全省三分之一。文化创意的比较优势更加凸显，马栏山视频文创园获批国家级广播电视产业园区，“中国V谷”呼之欲出。金融商务的竞争优势更加突出，省级金融总部增至70家。开福高新区成功获批，获评省军民融合产业示范基地。致力创品质型城区，精美开福彰显魅力。完成新河三角洲、江湾半岛等片区“街区制”改造，泰阳商城、维多利商厦成功拆除，省博物馆、长沙滨江文化园获评湖南“十大文化地标”。致力办普惠型民生，幸福开福持续升温。全面消除超大班额，开展平安开福、健康开福建设，积极创建国家食品安全示范城市，人民群众获得感、安全感、幸福感不断提升。致力建法治型社会，厚德开福深入人心。深化法治开福建设，运用法治思维和法治方式助推改革发展稳定。推进法治与德治深度融合，开展“厚德开福向我看齐”“成就北富我要给力”主题活动，开福好人馆获评全省社会主义核心价值观建设示范点，全区获评“中国好人”28人，厚德开福建设获中央文明办充分肯定和推介。

4.坚定不移推进全面从严治党。坚持把政治建设摆在首位，落实《区委常委领导班子带头加强政治建设的十项规定》，在全区形成“头雁效应”。以“城市基层党建年”为抓手，落实省委党支部“五化”建设和市委“六项重点任务”，出台《加强城市基层党建推进基层治理现代化的十条措施》及16个实施细则，全面提升基层组织力。推进党建领域“供给侧”改革，深化“五零”创建，建立区域化党建联席会议制度，探索出台退役军人服务管理“十六条”，建立区领导与信访群众交朋友机制。落实意识形态工作责任制，注重舆论宣传引导，全年未发生较大舆情事件。严格对标落实监察体制改革，扎实开展“四治四提”“红包礼金”“一桌餐”“提篮子”等专项整治，完成22个单位的巡察，政治生态风清气正。

一年来，区委常委会牢牢把握经济工作主动权，落实中央“六稳”要求，加强经济运行调度，主要经济指标保持高基数下的中高速增长。全年实现地区生产总值1030亿元（预计数，下同），增长9.5%；完成社会消费品零售总额696亿元，增长12%；实现全社会固定资产投资620亿元，增长12%；完成一般公共预算收入134.3亿元，增长12.2%，税收占比达88.2%，入选2018年中国高质量发展百强区。

一年来，我们着力推进改革提速。以庆祝改革开放40周年为契机，总结改革经验，推出系列报道。统筹推进47项改革事项，深化“最多跑一次”改革，行政审批提速75%以上。开放格局纵深推进，火车货运新北站二期、长沙新港三期加快建设，“湘欧快线”提速增效，承办首届中部（长沙）进口博览会。创新氛围日趋浓厚，出台“个转企、小升规、规改股、股上市”专项扶持政策，新增“四上”企业114家，市场主体增长25%，研发与实验发展（R&D）经费投入增长30%，高新技术产业增加值增长25%。

一年来，我们着力推进产业提效。铺排重大项目176个、完成投资382亿元，实施重大产业项目46个、完成投资127亿元，马栏山视频文创园、军民融合产业示范园2个省“五个100”重大产业项目完成投资40亿元以上。围绕“三金”片区和“3+1”产业布局，引进过10亿元项目6个，过亿元项目26个。金霞经开区引进瑞康医疗等重点项目20余个，实现物流业主营业务收入360亿元，增长12%；装配式建筑产业链完成产值25亿余元。马栏山视频文创园引进西瓜视频等企业近170家，全区聚集文化企业2000余家；芒果总部大厦、中广天择总部等项目加快推进，完成创智园建设。金融商务区新引进金融总部企业10家，全区税收过亿元楼宇达11栋。军民融合加快发展，新引进国科锐承等企业54家，完成产值15亿余元。完成城市棚改3000余户22万余平方米，实现农村拆迁腾地近3000亩。扎实开展闲置土地“支帮促”，盘活闲置土地1200亩。

一年来，我们着力推进城市提质。突出补短、精点、优线、活片，实施潮宗街片区城市有机更新，打通微循环道路29条，完成主干道弱电下地、排水管清淤疏浚，启动楠木厅、九如里等历史文化节点建设。突出“微建设”“微改造”，完成24个社区全面提质提档。加快“一圈两场三道”建设，打造“15分钟生活圈”17个，新建停车场25个、车位1万余个，新建提质农贸市场22个，新增自行车道65公里、人行道58公里、历史文化步道3.1公里。大力推进“厕所革命”，新建提质公厕139座，农村改厕1000余座。

一年来，我们着力推进民生提档。投入民生资金64亿元，占一般公共预算支出的86%。深入推进“三区三体系”建设，完成5所中小学和幼儿园建设，新增优质学位5000余个；深化医药卫生体制改革，建立“医联体”和名（中）医工作站（室）8个；解决住房困难家庭1.5万户；城镇登记失业率控制在2.11%。着力化解信访积案，深入开展扫黑除恶专项斗争，推动芙蓉北路和洪山地区60号令集体经济组织利益分配问题的解决，积极创建国家食品安全示范城市，严格安全生产监管执法，连续14年保持全省“平安区县”称号。落实“房子是用来住的，不是用来炒的”基本定位，房地产市场平稳健康发展。

一年来，区委总揽全局，支持人大及其常委会依法履职，支持政府依法依规行政，支持政协开展政治协商、民主监督、参政议政，深入开展统一战线工作，加强党管武装和群团工作，关心重视老干部工作。总体来看，开福干部敢担当、重实干、有作为，区“四大家”

班子齐心协力、精诚团结、奋发进取，城北大地风调雨顺，改革发展风生水起，政治生态风清气正，呈现出一心一意谋发展、凝心聚力干事业的良好局面。在此，我代表区委常委会，向全体委员和广大党员干部群众表示衷心的感谢。

一年来，区委常委会坚持一切从实际出发，一切往实处落脚，一切以实效检验，做到实事求是谋划思路、推动发展，为加快建设强盛、精美、幸福、厚德的现代化新开福带来了深刻启示：一是“三金”致强必须一抓到底；二是补齐高新技术的短板，发展军民融合、智能物流装备制造、视频技术和文化创意产业，必须一以贯之；三是面对发展难题，必须一往无前；四是坚持从急难险重一线培养选任干部，必须一诺千金。

事非经过不知难，发展的过程就是克服困难、解决问题的过程。当前，我们仍然存在一些不容忽视的问题：理论武装仍需加强，部分干部抓产业能力不足、不敢扛事的问题较为突出；一些干部观念不新、状态不佳，缺少进取精神和忧患意识，面对风险阻力和矛盾问题缺乏有效的应对办法；园区缺少具有引领性的大项目、好项目；污染治理的任务繁重；意识形态管理特别是互联网舆论引导有待加强；安全稳定领域的风险隐患依然存在；形式主义、官僚主义需要警惕。解决好这些问题，区委常委会要以上率下、带头做起，上下联动、各方努力。

二、把握大局大势，以更强信心、更宽视野、更高定位谋划开福发展

2019年，是中华人民共和国成立70周年，是全面建成小康社会关键之年，做好全年工作至关重要。谋划开福发展，必须以“跳起来摘桃子”的精神定目标、定思路、定举措。

1.我们已处在升级发展、成就北富的新阶段。开福经济总量站上“过千亿、再出发”的新起点，经济结构和产业结构更加合理，物流商贸、金融商务、文化创意三大支柱产业税收占全区税收比重达50%以上；营商环境和市场活力不断改善，近三年市场主体增速保持在20%以上，为全市最快；通过近年来金霞、金鹰、火车北站、黄兴北路四大片区指挥部和各街道狠下苦功抓征拆，腾出土地近万亩，为发展赢得了空间。可以说，开福步入了全面推进高质量发展的新阶段。这个阶段，既面临着继续做大经济总量与提升发展质量的双重任务，也面临着防范重大风险与保护生态环境的双重压力。这个阶段，城市功能与实体经济相互作用，政策效应与资源潜力相互激发，外部机遇与内在动力相互促进。把握阶段性特征，精准发力、保持定力，是破解压力、应对风险的必然选择，是推动高质量发展的必由之路。

2.我们正面临爬坡过坎、不进则退的新挑战。眺视全球，中美贸易摩擦仍存变数，外部环境复杂严峻；正视国内，中央经济工作会议提出经济运行稳中有变、变中有忧，经济面临下行压力；环视周边，区域发展你追我赶，竞争态势日益加剧；审视自身，近年来我们一直以百米冲刺的速度拼搏赶超，主要经济指标持续保持中高速增长。基数越大，保持高位增长的压力也越大。船到中流浪更急，人到半山路更陡。对开福而言，我们正处于爬坡过坎、不进则退、慢进亦退的紧要关口。唯有拼搏，才能甩开追兵、争得地位；稍有懈怠，就会错失良机、延误发展。

3.我们肩负着现代化建设、高质量发展的新任务。中央、省委、市委经济工作都强调“六稳”和高质量发展的要求。市委从去年开始，开启了全面建设现代化长沙的新征程，提出了要构建高质量发展的指标体系。这几年，我们的发展按下了“快进键”，实现了量增质更优，但高新技术产业增加值和“四上”企业总量、市场主体数量还偏小，仍缺少带动区域经济发展的大项目、好项目。可以说，拉长高新技术和智能制造的短板，壮大视频技术和文化创意产业，招引一批撬动区域经济板块的大项目，是当前面临的最现实、最紧迫的任务。尤其是今后几年，如果不能在重大产业项目上率先发力，就会在现代化建设的征程中掉队，在推进高质量发展的竞争中出局。

4.我们迎来了涵养主导产业、壮大实体经济的新机遇。当前，国家生产力布局正由沿海向内陆转移，中部地区已成为中国经济增长最快的板块。中央提出我国发展仍处于并将长期处于重要战略机遇期，把推动制造业高质量发展作为七大任务之首，强调要推动先进制造业和现代服务业深度融合，省委提出要打造中部地区先进制造业高地，坚定了我们发展智能物流装备制造业的信心和决心。省委提出“北有中关村、南有马栏山”战略构想，长沙全力打造国家智能制造中心、国家创新创意中心、国家交通物流中心，对我们涵养壮大物流商贸、文化创意产业，注入了强大动力。同时，中央强调“两个毫不动摇”，实施更大规模减税降费，支持民营经济发展；省委、省政府出台促进民营经济高质量发展的“25条”举措；市委开展“千人帮千企大行动”，长沙

软环境和营商环境在全国35个大中城市分别跃升至第2位、第9位，连续11年获评中国“最具幸福感城市”，外界对长沙的好评前所未有，省委对省会的期待前所未有。作为省会中心城区，我们既是长沙经济社会建设的参与者，也是长沙改革发展的受益者，面对机遇我们要倍加珍惜，担当使命我们要倍增干劲，把平台优势、空间优势转化为产业优势、发展优势。

基于以上分析判断，区委决定，2019年全区工作总体思路是：以习近平新时代中国特色社会主义思想为指导，认真贯彻党的十九大精神和习近平总书记关于湖南工作的重要指示精神，坚持稳中求进工作总基调，坚持新发展理念，坚持以供给侧结构性改革为主线，在“巩固、增强、提升、畅通”上下功夫，坚持创新引领开放崛起，继续打好三大攻坚战，继续开展产业项目建设年活动，统筹推进稳增长、促改革、调结构、惠民生、防风险、保稳定各项工作，进一步落实“六稳”要求，咬定“升级发展、成就北富”的发展目标，坚决打赢产业建设、污染防治、民生改善、全面从严治党四场硬仗，推动高质量发展，加快建设强盛、精美、幸福、厚德的现代化新开福，以优异成绩庆祝中华人民共和国成立70周年。

预期目标是：地区生产总值增长9%以上，一般公共预算收入增长8%以上、税收收入增长10%以上，全社会固定资产投资增长10%以上，社会消费品零售总额增长10%以上，规模工业增加值增长8%以上，城镇登记失业率控制在3%以内，居民人均可支配收入高于省市平均水平。同时，要更加注重高质量发展的相关指标：地方一般公共预算收入增长3%以上，高新技术产业增加值增长15%以上，研发与试验发展（R&D）经费支出增长30%以上，产业投资占固定资产投资总额比重50%以上，税收收入占一般公共预算收入比重88%以上，服务业增加值增长10%以上，市场主体增长25%以上、达到11万户，新增“四上”企业120家以上。

提出以上目标，主要基于三个方面的考虑：一是充分体现省会中心城区的担当。省委提出经济增长预期目标为7.5%~8%，市委提出了GDP、财政收入、规模工业增加值“三个8%”和固投、社零“两个10%”的增长目标。我们适当高于省市增长速度，既考虑了当前经济发展大势，也体现了省会中心城区的责任担当。二是认真考虑党代会和“十三五”规划目标的实现。区党代会提出主要经济指标增速保持高于省市平均水平1~2个百分点，“十三五”规划经济总量达到1180亿元，我们必须保持较高速度的增长，主要经济指标才能按期或提前完成目标。三是积极把握高质量发展的要求。对标市委要求，我们提出R&D经费支出、“四上”企业、市场主体等高质量发展指标，就是坚持有质效的发展，推动经济发展质量变革、效率变革、动力变革，提高全要素生产率，加快建设现代经济体系。

三、强化省会中心城区的责任担当，努力在推动高质量发展中展示开福作为

在新起点上谋求新跨越，必须坚持以发展为第一要务，坚定信心、保持定力，乘势而上、强化担当，坚决打赢四场硬仗，推动高质量发展。

1.打赢产业建设硬仗，推动经济发展高质量。抓经济就要抓产业，抓产业就要聚焦产业链。要继续以“产业项目建设年”为抓手，集中精力抓项目、兴产业、优环境、强实体。

聚力抓平台、强功能。“三金”平台是开福高质量发展的主引擎，要倍加珍惜好的基础、好的形势，做强平台，释放优势。金霞经开区要聚焦“一主一特一链一岸”发力。园区是发展的主战场，要举全区之力推进园区发展。“一主”，就是聚焦现代物流，向产业链高端发力，大力发展智能物流装备制造业，壮大实体经济；招大引强医药流通企业总部，巩固医药物流在全省的主导地位。“一特”，就是聚焦军民融合，向实体制造业发力，实现全产业链延伸。“一链”，就是聚焦装配式建筑产业链，向拓宽市场发力，实现产值倍增，形成产业集群。“一岸”，就是聚焦开放口岸，向港区一体化发力，以规划为引领、以物流为核心、以口岸为平台、以产城为基础、以资本为纽带，抓好火车货运新北站二期、长沙新港三期、港区铁路专用线建设，提质提速“湘欧快线”，实现铁水公多式联运；主动对接跨境电商综试区政策，加快邮政国际、卓志供应链等项目建设，形成跨境电商新增长点。同时，要聚焦产城融合，加快完善市政设施、交通路网、教育服务、商业综合体等配套建设，带动人流、物流、资金流向城北集聚。金鹰文化区要聚焦马栏山视频文创园发力。发挥国家部委、省、市、区四级共建的政策优势，集中精力推进马栏山视频文创园建设，积极对接三大运营商和“BAT”，发展视频技术产业，重点抓好芒果大厦、聚恒总部、中广天择总部等项目建设，完善园区主次干道等基础设施配套。高标准实施马栏山片区“街区制”改造，针对马路市场、交通秩序、环境卫生，不漏死角

“治差”；抓好月湖大市场、月湖农安小区、月湖公园提质改造，不拖时间“治短”；改造升级周边街区、楼宇，置换“小、散、乱”的低端业态，不遗余力“治低”，以高端配套、高效服务在“泛马栏山”区域集聚一批高端文创企业。金融商务区要聚焦楼宇经济发力。坚持向“空中”要资源、向“高度”要效益，加快黄兴北路沿线已腾地块的招商，推进润和国际广场、华润置地中心等项目建设，抓好五一商圈整治，加快黄兴北路商圈腾笼换鸟步伐，推进福元路新商圈建设。出台促进楼宇经济发展实施办法，加快老旧商务楼宇改造、主题商务楼宇打造、税收亿元商务楼宇培育，整合职能部门、街道社区、物业公司、业主单位力量，实行“四位一体”团队式共管服务，着力培育一批特色楼宇、专业楼宇、总部楼宇。

聚力抓项目、兴产业。坚持项目为先、项目为重、项目为王，以大项目、好项目、新项目推动产业升级。要大抓项目、抓大项目。以项目建设论英雄、排座次、定奖惩，按照服务力度只能大不能小、投资强度只能增不能减、推进速度只能快不能慢、考核尺度只能紧不能松的要求，真正做到“工地就是阵地，现场就是考场”。每季度要推进项目集中开工，形成“谋划一批、签约一批、开工一批、竣工一批、投产一批、储备一批”的滚动发展态势。抓好马栏山视频文创园、老百姓大药房、军民融合科技城等省市重大产业项目，倒排时序，挂图作战，促进项目竣工达效。要大抓招商、抓大招商。按照“精准、舍得、执着”的要求，围绕“三金”片区和“3+1”产业布局，引进更多具有战略引领性的产业项目。物流商贸要瞄准跨境电商进出口贸易总部、智能物流装备制造业九大类十强企业、国内外知名商贸企业，开展板块招商，推动组团发展，在保税二期606亩、沙坪工业组团、高岭商贸城、1094地块、青竹湖中心片区招引一批行业领军企业落地，形成多点支撑；文化创意要紧盯视频技术产业的延链、补链、强链，引进一批全球500强和独角兽企业，叫响“北有中关村、南有马栏山”的文化品牌，打造“泛马栏山”文创产业高地；金融商务要聚焦总部经济，持续巩固竞争优势；军民融合要跟进国防科大研究成果转化，盯紧物联网技术研究院，在开福高新区引进2~3家龙头企业，持续壮大产业集群。要大抓保障、抓大保障。对照三大主导产业成立三个专门机构，涵养壮大支柱产业。继续压减基建投资和城管投资，把主要资金用在产业发展上，确保“好钢用在刀刃上”。开展项目清零腾地攻坚战，城市棚改和有机更新要完成2000户以上、面积约16万平方米，农村拆迁要完成腾地5000亩以上。深入开展闲置土地“支帮促”，支持项目尽快投产达效。

聚力抓环境、优服务。招商就是招增量，营商就是营未来。要把2019年作为“营商环境优化年”，按照公平化、法治化、便利化、国际化要求，聘请国际专业机构进行营商环境评估，在服务标准上对标发达地区，在监管执法上让制度说话。延伸拓展“千人帮千企大行动”，建立帮扶联系企业的常态化机制，实行“一企一策”精准帮扶，狠抓营商环境的改善，出台措施全力服务商事主体在开福成功发展。要更加注重发展民营经济，坚持“抓大扶小育新”统筹发力。抓大，就是要分行业、分区域筛选一批基础厚实、前景广阔、带动力强的企业，重点扶持、重点培育，努力打造支撑开福产业崛起的重量级“企业军团”；扶小，就是要深入推进“个转企、小升规、规改股、股上市”，扶持发展一大批中小企业，打造一批细分市场的单打冠军和领军企业；育新，就是要积极培育创新型企业，吸引广大青年创业者、各类企业和机构创新创业，加快培育出成千上万扎根开福的本土企业。要高度重视企业家队伍建设，打造一支有立场、有思想、有情怀、有坚守、有创新的企业家队伍。构建亲清新型政商关系，只要做到有交往、没交换，有交集、没交易，就要大胆为企业搞服务、与企业家交朋友。落实“开福人才新政11条”，留住城市秀民。

2.打赢污染防治硬仗，推动生态环境高质量。良好的生态环境是最公平的公共产品，是最普惠的民生福祉。要注重全民参与、全域实施、全面推进，推动生态文明大提升，城市形象大改善。

严抓生态保护。要让蓝天常驻，以“六控”“十个严禁”为抓手，坚持标本兼治，打赢蓝天保卫战，着力整治VOCs、O_3、餐饮门店油烟、露天焚烧、露天烧烤和渣土扬尘。要让碧水常流，探索建立“企业河长”“公众河长”，打造“河湖长制”升级版。全面推进“一江四河”水环境整治，抓好苏托垸污水处理厂建设，巩固提升水环境优势。要让青山常绿，加大东北片区、桃花溪和鹅羊山、秀峰山、母山的保护力度，让尊重自然、呵护生态成为全区人民的自觉追求。

展示精美形象。树牢“精明增长”理念，建设精美开福。推进有机更新。按照补短、精点、优线、活片的思路，以保留城市记忆、改善居住条件、完善公共设施为重点，完成潮宗街一期有机更新，全面启动潮宗街二期、吉祥巷片区、望麓园片区改造，重点打造好楠木厅、时务学堂、九如里等历史文化节点。畅通城市血脉。配合做好地铁1号线北延和湘雅路过江隧道建设，抓好长青路规划设计和中青路北延工程、滨河北路等道路建设，提质改造农村公路。优化芙蓉路、东风路、三一大道、盛世路等道路和北辰三角洲、湘江世纪城等大型楼盘的交通组织，持续降低拥堵指数。更加注重老旧社区“微整治、微改造、微循环”，加快“一圈两场三道”建设，推进厕所革命，抓好停车场、慢行系统建设，破解停车难、出行难等问题。建设美丽乡村。围绕“五个振兴”总体目标，以农村人居环境整治和发展新型村级集体经济为抓手，着力推进“五治”，做好村庄规划，创建竹安、新源等美丽乡村，推动环境净化、民风淳化。开展桃花溪“城市双修”规划设计，引入战略投资商保护性开发建设，提升城市品位。

深化城市治理。以长效化、市场化、法治化、智慧化为方向，构建共治共享的“大城管”体系。实施“路长、街长、巷长”制，推动城市治理由主次干道向背街小巷延伸，从颜值管理向空间管理、应急管理拓展。加快“智慧开福”建设，融合大数据、云计算等新技术，让城市有看到细节的“慧眼”和改善细节的“大脑”。树立“人民城市人民管”的理念，调动群众积极性，增强人的文明意识，形成齐抓共管新格局。

3.打赢民生改善硬仗，推动生活水平高质量。始终把人民群众对美好生活的向往作为最高追求，将财力优先向民生集中，政策优先向民生倾斜，服务优先向民生覆盖，让每一个生活工作在开福的人，都能感受到这座城市的温度。

民生工程要尽力而为、量力而行。注重防范化解重大风险，建立与经济社会发展以及财力状况相适应的民生保障体系，既尽力而为，又量力而行，多“雪中送炭”，少“锦上添花”。聚焦人民群众最关心最直接最现实的利益问题，优先抓好“一圈两场三道”、保障性住房、生态环保项目建设，推进中岭、双河湾、板塘三期、福鑫美苑等安置房和保障性住房建设，逐步解决拆迁遗留问题。

民生事业要全面覆盖、全面进步。全面对接国家基本公共服务标准体系，完善“三区三体系”建设，大力发展教育、医疗、卫生、文化等社会事业，让群众享受更高标准、更高质量、更高水平的公共服务。完成15所中小学和幼儿园改扩建；深化“医联体”建设，完善分级诊疗；加快建设厚德开福，持续推进好人之城、读书之城、文化之城、博物馆之城、创新创意之城“五城”建设。着力打好脱贫攻坚战，带着感情、带着使命做好城步、龙山等地对口帮扶。

民生安定要抓早抓小、落细落实。深化“五零”创建，借鉴“枫桥经验”“街道吹哨、部门报到”等先进做法，把工作往小处抓，把落实往细处推，形成社会治理的鲜活经验。落实退役军人服务管理“十六条”举措，推动工作走在省市前列。以平安开福、法治开福建设为抓手，深入开展扫黑除恶专项斗争，努力化解信访积案，积极创建国家食品安全示范城市，严守安全生产底线，确保社会大局安定有序。

4.打赢全面从严治党硬仗，推动基层党建高质量。事业兴衰，核心在党，关键在人。要按照新时代党的建设总要求，推进全面从严治党向纵深发展，营造风清气正的政治生态。

要旗帜鲜明讲政治。始终把政治建设摆在首位，严格执行政治纪律和政治规矩，树牢“四个意识”，坚定“四个自信”，做到“两个维护”。推动区委常委领导班子政治建设十项规定向各级党组织延伸，深入开展基层党组织政治建设考察，把党的政治纪律和政治规矩融入到党员干部的工作和生活中，决不让中央的决策部署在开福出现“温差”“落差”和“偏差”。

要深化改革添活力。积极推进重点领域和关键环节改革，深化群团组织改革、“放管服”改革、农村集体产权制度改革。特别是要稳妥推进机构改革，严格落实政治纪律、组织纪律、机构编制纪律、干部人事纪律、财经纪律、保密纪律要求，不讲条件、不打折扣、不搞变通，确保思想不乱、工作不断、队伍不散、干劲不减。

要夯实基层打基础。以群众需求为导向，继续实施党建领域“供给侧”改革，提升基层党建水平。落实好干部标准，按照“三重三用”的选人用人导向，坚持德才兼备、以德为先，政治品德不过关，就要一票否决，把敢不敢扛事、愿不愿做事、能不能干事作为识别干部、评判优劣、奖惩升降的重要标准，将急难险重一线的好干部选出来、用起来。实施固本强基工程，加强社区（村）党组织建设，全面提升组织力和基层社会治理水平。

要凝聚人心展形象。强化理论武装，把学懂弄通做实习近平新时代中国特色社会主义思想和党的十九大精神作为重大政治任务持续抓紧抓实。坚持宣传思想工作的正确方向，落实党管意识形态工作责任制，自觉承担起举旗帜、聚民心、育新人、兴文化、展形象的使命任务。大力弘扬社会主义核心价值观，擦亮厚德开福品牌，凝聚正能量，提振精气神，为升级发展、成就北富提供良好的外部环境、舆论氛围和道德滋养。

要严实治理转作风。坚持把纪律和规矩挺在前面，认真履行全面从严治党“两个责任”，保持正风肃纪高压态势。紧盯不敬畏、不在乎、喊口号、装样子的问题，坚定不移纠“四风”、树新风。规范督查检查考核评比，改变“上面千把锤、下面一根钉”的状况。探索建立环保巡察机制，加大对环境污染的问责力度。继续开展“四治四提”专项整治，健全鼓励担当、拒绝平庸的干事创业机制，习惯在约束的条件下开展工作，在受监督的条件下调动干部积极性、找到干部的兴奋点。区委将旗帜鲜明地支持干事者、保护改革者、追究诬告者、惩处腐败者，甩开膀子干事创业，推动干部清正、政府清廉、政治清明。

四、加强党对经济工作的领导，切实提高抓经济工作的能力和水平

坚持党的领导是做好经济工作的根本原则。要以习近平新时代中国特色社会主义经济思想为指引，深刻理解并自觉践行新发展理念，坚持把方向、管大局、抓大事，坚定不移推动开福高质量发展。

要增强抓经济工作的定力。定力是干事的保证，定力不稳容易出事。要增强政治定力，把思想和行动统一到党中央和省委、市委对明年经济工作的部署上来。要把确保政令畅通作为政治责任，决不允许说一套、做一套，决不能搞上有政策、下有对策。要增强工作定力，对党代会和区委全会定下的目标，对打造“三金”平台、壮大“3+1”产业，对聚焦产业和环境，要一以贯之、一抓到底。

要提升抓经济工作的能力。能力是干事的基础，能力不强干不了事。要勤于学习思考，学好用好习近平新时代中国特色社会主义经济思想，掌握其中蕴含的科学思维、科学方法，提升经济工作专业知识、专业素养、专业能力。要善于调查研究，按照党的十九大提出的增强“八种执政本领”的要求，大兴学习之风、调查研究之风，经常思考产业建设、污染防治、民生改善等重大问题，找到过河的“船”和“桥”。要勇于实践探索，坚持目标导向找方向，坚持问题导向找差距，坚持绩效导向找抓手。要在学中干、干中学，在实践探索中把握经济规律、抢抓重大机遇、推动产业建设、促进民生改善，增强扛得住矛盾、善化解矛盾的能力，让改革发展稳定各项任务落下去，让惠及群众的各项工作实起来，让各级领导干部成为经济工作的专家和实干家。

要激发抓经济工作的动力。动力是干事的条件，动力不足不想干事。要提振精气神，坚持“干”字当头，真抓实干、少说多干、埋头苦干，在经济建设的主战场展示攻坚克难的精气神。要调动积极性，以“眼里揉不得沙子”的精神，严格实行有错无为皆问责、不换状态就换人，决不让群众公认的优秀干部长期被冷落、受排挤，决不让投机钻营的人屡屡得势、顺风顺水。建立健全为担当者担当、为负责者负责的工作机制，让改革创新、实干有为的干部流汗不流泪、受用不受伤、吃香不吃亏。要树立新观念，打破“过去怎么干现在就怎么办”的思维定势，变“体内循环”为“敞开大门”，变“求稳怕乱”为“敢闯敢试”，变“部门视角”为“全区视野”，防止陷入老套路、老框框。要坚持按规律办事，深入研究产业发展规律、城市发展规律、乡村发展规律，坚持抓深入抓具体，避免空洞无物、大而化之。

要形成抓经济工作的合力。合力是干事的保障，合力不够成不了大事。全区上下必须牢固树立“一盘棋”的思想，做到职责上分、思想上合，工作上分、目标上合，权限上分、力量上合，拧成一股绳，以一域之光为全区添彩。要锤炼干事的好作风，实施机关“效能革命”，整治表态多调门高、行动少落实差等突出问题，完善有部署、有督办、有跟踪、有问责的工作链，对工作和问题决不能既不摇头也不点头，决不能来回踢皮球、循环运转、久拖不决。要开拓干事的新境界，坚持“功成不必在我、建功必须有我”，做到不忘初心、不辱使命、不负重托。要深怀“为民服务之初心”干事，深怀“持之以恒之决心”成事，深怀“洁身自好之戒心”不出事，善始善终，善做善成。

风帆高扬志万里，重整行装再出发。开福站在了新起点，历史把我们推向了新时代。昨天的成绩已经归零，明天的业绩要靠今天的努力来打拼、来刷新。让我们更加紧密地团结在以习近平同志为核心的党中央周围，以习近平新时代中国特色社会主义思想为指导，凝心聚力、开拓进取，拼在产业、赢在环境，坚决打赢四场硬仗、推动高质量发展，为加快建设强盛、精美、幸福、厚德的现代化新开福努力奋斗。

开福区人民代表大会常务委员会工作报告

在长沙市开福区第五届人民代表大会第四次会议上的讲话

开福区人大常委会主任 许振勤

（2019年1月5日）

2018年主要工作

刚刚过去的2018年，是全面贯彻落实党的十九大精神开局之年，是改革开放40周年，是实施“十三五”规划承上启下的关键一年，也是区人大常委会依法履职、主动作为的一年。一年来，在中共开福区委的坚强领导下，区人大常委会深入学习贯彻习近平新时代中国特色社会主义思想和党的十九大精神，围绕“升级发展，成就北富”的奋斗目标，聚力“五提五动”发展举措，既司监督之责，又尽支持之力，为推动我区民主法治建设和经济社会发展发挥了地方国家权力机关的积极作用。全年共召开区人民代表大会1次，常委会会议7次，主任会议20次；听取和审议“一府两院”专项工作报告21项，作出决议、决定5项；组织常委会组成人员和人大代表开展视察、调研28次；依法补选市十五届人大代表1名，区五届人大代表8名。

一、强化“作为”意识，在推动发展中贡献人大力量

中国特色社会主义进入新时代，人大工作如何把握新形势、明确新要求、担当新作为，既是我们面临的重大课题，也是努力践行的必然路径。一年来，区人大常委会紧密结合开福实际，主动适应、统筹谋划，在充分发挥人大职能优势、全力服务改革发展大局上迈出了坚实步伐。

为之有向，始终坚持党的领导。坚持把党的领导作为做好人大工作的根本保证，树牢“四个意识”，坚定“四个自信”，坚决做到“两个维护”。始终把人大工作置于区委的领导之下，围绕区委总体工作部署制定人大年度工作要点，专题向区委报告常委会党组工作情况，坚持重大事项、重要工作向区委请示报告制度，注重通过法定程序将区委重大决策部署转化为人民意愿，始终保持与区委思想同心、目标同向、行动同步。

为之有效，全力服务大局中心。深入贯彻落实区委“产业项目建设年”要求，组织常委会组成人员集中视察政府性投资项目和重大产业发展项目，组织市代表视察长沙铁路货运中心、马栏山视频文创园，组织省代表视察湘欧快线、卓尔军民融合产业示范园，借助代表力量共推开福有质效发展；关注老城区有机更新，开展潮宗街和西园北里历史步道建设专题调研，为补齐民生短板、推进老城改造模式科学化提供意见建议；积极参与全区中心工作，常委会领导班子成员在征拆一线、项目建设、招商引资等工作中主动作为、承担重任，在创建食品安全示范城市、中央环保督查“回头看”、安全生产、土地违法违规整治、闲置土地支帮促等工作中深入基层、深入一线，为区域经济发展和社会治理贡献力量。

为之有据，审议决定重大事项。紧紧扣住区委确定的奋斗目标和发展战略，围绕涉及全局和长远发展的重大事项，深入调查研究，依法作出决议、决定。表决通过《开福区监察委员会副主任、委员任命和宪法宣誓程序的决定》，明确了监察委员会副主任和委员提请任免的法律程序；关注《开福区发展规划大纲》编制，就金霞副中心的打造、区划调整以及功能布局等提出相关意见建议；加大对重大事项决定的督办力度，通过实地视察、听取专项工作报告等方式，对区五届人大三次会议作出的《关于推进桃花溪流域绿色发展的决定》进行重点督办。

为之有力，规范行使任免职权。坚持党管干部与人大依法选举任免有机统一，认真领会和把握区委人事意图，严格拟任命人员任前法律知识考试、任职发言、常委会组成人员审议票决、颁发任命书、宪法宣誓等程序。全年共对政府工作部门局长（主任）、区监察委员会委员、人大常委会工作机构及街道人大工委主任、副主任共31人次进行了任免，对区人民法院庭长、副庭长，区人民检察院检察委员会委员及部分法律职务人员共58人次进行了任免。首次组织区人大及其常委会选举

任命人员进行集中学习，进一步增强了人大选举任命人员的责任意识和公仆意识。

二、找准“善为”路径，在依法履职中强化人大担当

常委会始终把宪法法律赋予的职责和人民群众的重托牢记于心，外化于行，把察实情、督实事、求实效作为依法履职行权的立足点，完善监督方式，突出监督重点，努力提升监督实效。

加强经济运行监督。密切关注经济运行和年度目标任务落实情况，组织“一府两院”半年度工作情况通报会，听取区人民政府年度绩效考核目标完成情况报告，推进全区经济社会平稳健康发展；加强对预决算管理的监督，审查批准2017年财政决算、2018年预算调整方案，听取和审议2018年上半年预算执行情况工作报告，进一步提升了预算管理约束力；充分发挥“同级审”作用，听取和审议2017年区本级财政预算执行和其他财政收支情况的审计工作报告、审计查出问题的整改情况报告，督促相关部门认真整改，保证审计成果真正得到运用；立足“打赢防范风险攻坚战”，听取区人民政府关于政府融资计划及政府债务情况的报告，督促政府及财政部门进一步增强风险意识，规范举债行为。

突出专题询问监督。积极发挥专题询问在推动和改进政府工作中特有的监督效力，以提升空气质量为目标，以渣土管理为主线，对区城管局（含城管执法大队）、区环卫局进行专题询问，助力区委“强力推进环境大治理，坚决打赢蓝天保卫战”三年行动计划的全面落实。通过召开多层次座谈会广泛收集意见建议，深入项目工地、消纳场、社区等场所开展实地调研，全面了解全区渣土管理工作情况。按照规定询问和自由询问相结合的方式召开询问大会，围绕渣土管理方面的14个问题进行了问答，形成了良性互动的局面，有力地推进了工作，回应了社会关切。

关注法律实施监督。立足“法之必行”，审议通过了《开福区人大常委会关于开展执法检查的暂行办法》，以《中华人民共和国大气污染防治法》《中华人民共和国民办教育促进法》为切入点，对法律法规的实施情况进行执法检查。综合运用实地考察、查阅台账资料、听取汇报、走访座谈、问卷调查等方式，从多角度、多侧面了解情况，发现问题，分析根源，形成执法检查报告交政府部门落实。为整合智力资源，提供智力支持，常委会还探索引入第三方咨询工作模式，邀请相关专家和法律实施机关的工作人员参加，切实提高了执法检查专业化水平。

强化司法工作监督。围绕执法规范化建设，听取和审议公、检、法、司相关工作情况报告，并对审议意见进行交办；坚持开展庭审评议，组织主任会议成员旁听庭审，促进司法监督创新加力、逐步深入；高度关注信访稳定，听取和审议区人民政府关于《中华人民共和国信访条例》贯彻实施情况的报告，认真做好了人大信访工作；深化规范性文件备案审查，综合运用各种监督方式，对报备的10件规范性文件依法进行了审查；积极配合上级人大开展立法调研、执法检查等工作，先后配合省人大做好了农村村庄建设和乡村人才队伍情况专题调研，配合市人大做好了《中华人民共和国公共文化服务保障法》《中华人民共和国防洪法》贯彻实施情况执法检查。

聚焦民生保障监督。高度关注养老、住房、水利、乡村振兴等事关群众切身利益的事项，就社会养老服务、棚户区改造、防汛抗旱、农村土地承包经营权流转等开展调研或听取审议专项报告，推动补缺补短、改善民生；认真落实新修订的环境保护法，听取区人民政府关于环境状况和环境保护目标完成情况的报告；围绕民族宗教工作，对开福寺建设进行了专题调研；持续开展了“三湘环保世纪行”“农产品质量安全行”“民族团结进步行动”“三湘农民健康行”“司法公正长沙行”活动。

三、树立“有为”导向，在优化服务中发挥代表作用

常委会始终坚持尊重代表主体地位，积极搭建履职平台，丰富活动内容，完善工作机制，为代表主动作为、积极有为创造条件。

完善履职服务平台，畅通双渠道。深化“一室一平台”的建设与利用，在区、街、社区三级代表活动室全覆盖的基础上，借鉴“互联网+”的理念，搭建代表履职服务网络平台，开通微信公众号，及时向代表通报常委会重要工作安排，发布文件资料，收集意见建议，形成了以网上平台和驻室接待互为补充的代表联系“双渠道”。

加强履职能力培训，锻造硬实力。高度重视代表履职能力的提升，通过“请进来、走出去”相结合的方式，分别组织常委会组成人员、人大干部、基层一线代表进行多层次培训。先后举办了北京大学履职能力提升班、湖南大学履职培训班，并邀请区委书记、区长亲临授课，为代表及干部们“充电蓄能”，为人大工作指明方向。全年共培训代表及干部600余人次。

丰富代表履职形式，展示新姿态。把服务大局与依靠代表结合起来，继续开展“成就北富我要给力，厚德开

福向我看齐——人大代表在行动”主题活动，引导代表在项目建设、招商引资、创新创业等方面献计出力，在崇德向善、爱心帮扶、法治建设等方面身体力行；健全代表履职激励机制，开展“十佳”人大代表评选活动，评选和表彰了10名优秀代表；坚持代表列席常委会会议、听取重要情况通报、参加常委会调研视察等行之有效的做法，扩大了代表对常委会工作参与的广度与深度；强化常委会与政府工作部门的联系，制定出台了《区人大常委会组成人员对口联系政府工作部门制度》。

推动建议议案办理，增强内动力。坚持把意见建议办理作为发挥代表作用的重要途径，采取集中交办、重点领办、定期督办等方式，全程跟进督促，使办理单位有压力、人大代表有动力、促进工作有效力。区五届人大第三次会议期间收到的1件议案，77件建议、批评和意见，闭会期间收到的3件建议，均得到较好办理。同时加大对“正在解决”和“计划解决”建议的跟踪督办力度，精选7件作为全年重点进行督办，推动了一批事关经济社会发展和人民群众切身利益问题的解决。

四、提高“能为”本领，在与时俱进中夯实自身建设

常委会主动适应地方国家权力机关特点和人大组织架构特征，突出“工作机关”“代表机关”两个重点，全面加强自身建设，切实提升依法履职能力和水平。

以学为基，加强思想政治建设。坚持把政治建设摆在首位，严明政治纪律和政治规矩，深入推进“两学一做”教育常态化制度化，通过定期开展集中学习、举办主题党日活动、进行专题研讨等方式，强化党性锻炼；坚持把能力建设贯穿日常，有序推进组成人员、人大代表、机关干部业务培训，积极参加省市人大组织的学习培训，不断提升了运用法治思维指导实践、推动工作、解决问题的本领。

以廉为要，加强纪律作风建设。驰而不息抓好作风建设，严格执行全面从严治党若干规定，认真学习新修订的《中国共产党纪律处分条例》，扎实开展“提篮子”问题等专项整治，严格落实《常委会会议议事规则》《主任会议议事规则》，坚持每周工作例会、重大事项集体决策等制度，努力维护崇廉尚实、干事创业、风清气正、遵纪守法的良好政治生态。

以合为贵，加强联动能力建设。继续实行常委会班子成员联系街道制度，加强对街道人大工作的指导。坚持邀请街道人大工委主任列席常委会会议，组织街道人大干部参加视察调研、执法检查和外出考察培训等活动，注重上下联动，协调配合开展工作。办好《开福代表工作》杂志，搭建了学习交流、掌握动态、典型推介的平台。加强与“一府一委两院”的联系，自觉接受省、市人大的指导，积极配合做好工作，人大工作整体合力和整体实效不断增强。

一年来，我们传承接力，开拓创新，对人民代表大会制度有了更深刻的理解，对做好新时代人大工作有了更深切的体会；一年来，我们合力同心，务实奋进，各项工作迈出了新步伐、取得了新成效，这是区委正确领导的结果，是常委会组成人员和全体代表共同努力的结果，是“一府一委两院”以及各有关部门积极配合的结果，是广大人民群众大力支持的结果，在此，我谨代表区人大常委会表示衷心的感谢。

在总结成绩的同时，我们也清醒认识到，与宪法和法律的要求相比，与代表和群众的期望相比，工作上还有一定的差距和不足，主要表现在：监督的方式方法有待进一步完善，监督的实效性还需增强；常委会与代表、代表与群众的联系有待加强；对新时代人大工作的新任务、新要求研究还不够深，工作创新和履职能力有待进一步提升等等。对此，常委会已引起高度重视，并将在今后的工作中认真研究，切实加以解决。

2019年主要任务

2019年是贯彻落实习近平新时代中国特色社会主义思想和党的十九大精神的深化之年，是新中国成立70周年。今年区人大常委会工作的总体要求是：以习近平新时代中国特色社会主义思想为指导，全面贯彻党的十九大和十九届二中、三中全会精神，牢牢把握人大及其常委会作为“工作机关”“代表机关”的政治定位，坚持党的领导、人民当家作主、依法治国有机统一，坚持以人民为中心的发展思想，紧扣区委“打赢四场硬仗，推动高质量发展”目标要求，认真履行法定职责，着力增强监督实效，保障代表全面履职，推动人大工作与时俱进和人大制度完善发展，为加快建设强盛、精美、幸福、厚德的现代化新开福作出新贡献。根据上述总体要求，今年区人大常委会的主要工作任务是：

一、把握新时代人大工作正确方向，以更高的站位服务发展大局

人大工作坚持正确政治方向，最根本的就是坚持党的领导、人民当家作主、依法治国有机统一，核心是坚持党的领导。区人大常委会将始终坚持党对人大工作的全面领导，自觉用习近平新时代中国特色社会主义思想，特别是习近平总书记关于坚持和完善人民代表大会制度的重要思想，来指导推进人大工作；始终坚持重要工作和重大事项及时向区委请示报告制度，紧紧围绕区委的决策部署安排工作，使党的主张通过法定程序成为国家意志，成为人民群众的行动自觉；始终坚持党管干部原则和人大依法行使任免权相结合，严格依法任命国家机关工作人员，坚持任命和监督相结合，组织开展集中培训，增强被任命人员依法行政意识和为民服务意识；始终坚持把审议决定重大事项与推进全区经济社会发展结合起来，围绕全区经济、政治、文化、社会、生态文明建设等事关全局的重大问题，适时作出决议决定。

二、聚焦民生保障民主法治重点领域，以更好的成效履行监督职能

人民对美好生活的向往就是我们的奋斗目标。常委会将始终站稳人民立场，紧紧抓住人民群众最关心最直接最现实的利益问题发挥监督推动作用。牢牢把握高质量发展这个根本，围绕在建项目推进、招商引资、视频文化产业发展、军民融合产业发展等工作开展专题调研，让更多改革红利惠及民生；主动回应社会关切，围绕教育、基层医疗卫生服务、城市有机更新、就业及社会保障、社区建设、城市管理等与群众生产生活关系最密切的领域加大监督力度；努力践行“绿水青山就是金山银山”的发展理念，持续聚焦桃花溪流域绿色发展，切实保护好开福重要生态廊道；紧盯污染防治攻坚战，开展河长制落实、黑臭水体治理、美丽乡村建设视察；积极回应百姓公平正义诉求，进一步发挥法律监督职能，坚持开展庭审评议，促进专题询问和执法检查常态化；着力管好人民“钱袋子”，听取和审议预算执行、决算、审计等报告，推进建立区人民政府向常委会报告国有资产管理情况制度，打好监督组合拳，实现由事后监督向全过程监督转化。

三、提升代表依法履职服务保障水平，在更广的领域发挥代表主体作用

人大代表是人民群众广泛持续深入参与政治生活的重要桥梁和纽带，人大的一切工作都离不开代表的积极参与和大力支持。全面深化改革的任务，赋予了常委会和全体代表更大的使命和担当。常委会将坚持完善代表履职制度，在继续落实好常委会组成人员对口联系政府工作部门制度的基础上，建立区人大代表约见国家机关负责人制度，以制度的落实不断密切代表与“一府一委两院”的经常性联系；建立健全代表履职保障机制，支持开展代表向选民述职活动，积极为代表履职创造条件，增强代表依法履职责任感；深化闭会期间活动，坚持邀请代表列席常委会会议，精心组织代表开展执法检查、专题调研和集中视察，持续开展“成就北富我要给力、厚德开福向我看齐”主题实践活动，为代表作用发挥提供更广阔的舞台；继续加强代表履职培训，组织常委会组成人员赴中组部指定高校培训，在长沙举办代表履职能力提升班，使代表不断适应转型发展新任务、人大工作新要求；扎实推进意见建议办理，把提高代表建议办理实效作为增强代表履职热情的重要抓手，精选部分人民群众普遍关心、人大代表高度关注的建议、批评、意见作为全年重点进行督办，以更加有力的举措把区委部署、百姓愿望、代表期盼变成现实。

四、主动适应自身建设新要求，以更实的举措推动人大工作高质量发展

中国特色社会主义已经进入新时代，人民群众对新时代有新期待，人大工作在新时代要有新作为。常委会将始终把提升履职能力作为自身建设的关键，深入落实全面从严治党要求，锤炼过硬作风，建立常委会组成人员集中学习制度，加强学习培训和调查研究，努力练好新形势下人大工作的各项基本功；进一步健全管理制度，修订完善《人大常委会议事规则》和人大机关办文、办会、办事等各项规章制度，严格议事程序，规范履职行为，实现常委会工作规范化、程序化、制度化；不断适应新形势新要求，优化机构设置、人员结构，加强理论研究和信息宣传，使人民代表大会制度和人大代表履职实践更加深入人心；积极适应“互联网+”时代趋势，完善智慧化履职手段，用好网络履职平台，充分激发人大创新活力；强化街道人大工作指导，加强岗位锻炼培养，全面增强履职本领，切实提升全区人大工作整体水平。

习近平总书记在庆祝全国人民代表大会成立六十周年大会上强调，必须充分发挥人民代表大会制度的根本政治制度作用，继续通过人民代表大会制度牢牢把国家和民族前途命运掌握在人民手中。我们要以习总书记重要讲话精神为指引，以高度的政治自觉和责任担当，肩负起时代赋予我们的重任、人民寄予我们的厚望，在中共开福区委的领导下，切实履行宪法和法律赋予的各项职责，为加快建设强盛、精美、幸福、厚德的现代化新开福而努力奋斗。

政府工作报告

在长沙市开福区第五届人民代表大会第四次会议上的讲话

开福区人民政府区长　刘拥兵

（2019年1月4日）

一、2018年工作回顾

2018年是全面贯彻党的十九大精神的开局之年，是改革开放40周年，也是全区上下拼搏赶超、砥砺前行的奋进之年。一年来，我们在市委、市政府和区委的坚强领导下，坚持以习近平新时代中国特色社会主义思想为指导，牢牢把握稳中求进工作总基调，坚决落实高质量发展要求，深入实施“五动”发展新举措，加快建设强盛、精美、幸福、厚德的现代化新开福，较好地完成了区五届人大三次会议确定的目标任务。预计2018年实现地区生产总值1030亿元，增长9.5%；完成一般公共预算收入134.9亿元，同口径增长12.7%；实现全口径税收119.1亿元，同口径增长17.5%，税收占一般公共预算收入比重达88.3%；全社会固定资产投资增长12%、社会消费品零售总额增长12%；居民人均可支配收入达53680元；研究与试验发展（R&D）经费支出增长30%；产业投资占固定资产投资总额比重达35%；单位地区生产总值能耗下降3%，成功入选2018年全国高质量发展百强区。

——经济总量迈过千亿大关，开福站上了新起点。

——马栏山视频文创产业园精彩开局，186天实现创智园竣工运营，171家企业注册落地，“马栏山效率”充分彰显，成功获批全国首家国家级广播电视产业园区。

——高新技术产业蓬勃发展，发展动能加速转换，成立10亿元军民融合产业基金，集聚高新技术企业129家，开福高新区获批湖南省军民融合产业示范基地。

——内陆开放新高地加快形成，成功获批国家跨境电商综合试验区，长沙国际铁路港二期、新港三期建设日新月异，中欧班列（长沙）提质扩容，对外开放向全方位、高水平迈进。

——“最多跑一次”改革跑出“开福加速度”，创新实行城市社区365天“不打烊”服务，行政审批效率提速75%以上，新增市场主体1.84万户、同比增长25%，市场活力不断激发。

——蓝天保卫战成效显著，伍家岭站点监测显示空气质量优良天数较去年增加20天，主要污染物浓度大幅下降，全面落实“河长制”，“一江三河”治理成效明显。

——“一圈两场三道”等民生实事扎实推进，农贸市场面貌焕然一新，西园北里、潮宗古街更新“蝶变”，困扰城北10年之久的维多利商厦成功破产拆除，幸福在家门口不断升级。

——共建共治共管的现代化治理体系建立健全，连续14年保持全省“平安区县”称号，社会大局持续和谐稳定。

一年来，主要抓了九个方面的工作：

（一）着力打好三大攻坚战，提升发展质效。防范化解重大风险坚决有力。严控政府债务，规范融资行为，加快政府融资平台公司“撤并转”。严格财政预算管理，提高财税质量，非税收入下降25.9%。严厉打击非法集资等违法违规金融活动，金融生态不断优化。污染防治扎实有效。坚持生态优先，以蓝天保卫战为突破口，实施大气污染防治项目17个，整治散乱污企业45家，完成餐厨油烟净化近2万家，空气质量优良率较去年提升7.5个百分点，$PM_{2.5}$、PM_{10}年均浓度分别下降11.1%、19.3%。突出打好碧水攻坚战，全面落实“河长制”，污水排口全面截污，黑臭水体治理成效受到生态环境部通报表彰。持续推进土壤和噪音污染防治，扎实做好中央生态环保督察“回头看”问题整改，顺利通过省环保督察“体检”。脱贫攻坚帮扶有为。主动做好邵阳城步县、湘西龙山县内溪乡和茨岩塘镇、长沙县上杉市村、宁乡市鸿富村的对口帮扶工作。

（二）着力推动产业升级，增强经济实力。项目建设更有质量。以“产业项目建设年”为抓手，全年铺排重大项目176个、完成投资382亿元，马栏山视频文创产业园、军民融合产业园等2个省“五个100”项目投资任务全面完成，香江红星美凯龙家居MALL、迪卡侬等项目建成开业，老百姓大药房、北辰国际会议中心等项目加快推进。招商引资更具质效。坚持产业链招商、节会招商、以商招商，新引进重点产业项目76个，其中亿元以上项目26个，瑞康医疗、新华人寿、永辉超市、恒昌医药、陌陌科技、邮政速递等重大产业项目成功落户。产业结构更加优化。金融商务、文化创意、物流商贸三大主导产业优势充分彰显，以军民融合为主导的高新技术产业加快发展。服务业实现增加值865亿元，对经济增长贡献率达94.2%，服务业强区地位进一步巩固。市场主体更富活力。持续开展“千人帮千企百日大行动”和“个转企、小升规、规改股、股上市”活动，帮助企业解决实际困难245个，全年兑现政策惠企资金2.1亿元，全区市场主体达8.6万户。

（三）着力推进创新开放，积蓄发展动能。创新驱动加速向前。新亚胜光电实验室通过国家实验室认证，中民筑友“水泥基材料”列入国家重点研发计划，迪赛生物等2个项目纳入省“五个100”重大科技创新项目，山河医药技术中心、草莓V视分别获批省级科技孵化器、省级众创空间，新建2个院士工作站、2个省级重点实验室，全区省级及以上科研平台增至34家。举办第三届创新创业大赛和“十佳开福工匠、百优技术能手”等活动，新增高新技术和科技创新小巨人企业80家，高新技术产业产值增长20%，万人拥有有效发明专利数高于省市平均水平，科技创新能力显著提升。对外开放不断扩大。长沙国际铁路港初步建成，长沙新港建成全省首个汽车滚装码头，新建2000吨级泊位码头3个，传化公路港竣工运营，获批交通运输部多式联运示范工程。成立中南陆港集团主导中欧班列（长沙）运营，专线拓展至11条，货运量同比增长21.5%。跨境电商综合服务体系形成，获批湖南省跨境电商生态产业园。海外人士外贸产业基地建成运营。成功举办2018中部（长沙）进口博览会、湖南（长沙）电商高峰论坛，对外开放合作不断深化。

（四）着力建设重大平台，强化战略支撑。金霞经开区围绕“一主一特”产业精准招商，瞄准进位国家级园区提升功能，新引进重点产业项目39个。主导产业绝对优势巩固，实现物流主营业务收入410亿元，增长8%。中青路北延扎实推进，冯蔡路、竹隐北路、铁港南路基本建成，产城融合步伐加快。马栏山视频文创产业园建设势头强劲，芒果大厦、中广天择、聚恒企业总部加快建设，众创园、创智园一期投入使用，达成部省共建合作共识。滨河路、俑园路竣工通车，浏阳河两翼景观工程完成标准段建设，园区环境持续优化。开福高新区开局良好，新引进北京宏动、海擎智能、中科海洋等军民融合企业61家，军民融合科技城一期即将竣工，科技创新动能日益强劲。金融商务区楼宇经济贡献持续加大，新入驻中国出口信用保险、恒大人寿等金融总部机构10家，新引进企业528家，楼宇税收占全区税收总量超过50%，开福区获批全省首批资本市场县域工程试点区，荣获“2018年中国楼宇经济最具投资价值城区”称号。

（五）着力提升城市品质，建设美丽开福。城市建设稳步推进。地铁3号、5号、6号线加快建设，钟石路等4条瓶颈路、断头路竣工通车，月湖公园、黄兴北路人行过街天桥建成使用，4条主次干道、10条背街小巷提质升级，新增9.7公里公交专用道、改造6处港湾式公交站，城区拥堵延时指数全市最低，城市血脉更加畅通。完成农村拆迁腾地近3000亩，盘活闲置土地1500余亩，城市化进程步伐加快。城市更新有序实施。坚持保护为主、宜居为先，启动潮宗街、西园北里等老城区有机更新，推进史家坡社区等3个城中村改造，完成城市棚改3319户、改造面积23.05万平方米，惠及百姓1.1万余人，提质提档老旧社区24个，动力北院小区“五共”改造模式纳入住建部试点。城市管理更加精细。深入推进最严城市管理，拆除违法建设15.64万平方米，整治违法违规用地53宗316亩。全面实施生活垃圾分类减量，新建提质垃圾站22座，打造试点示范社区35个，探索形成清水塘、紫凤等社区垃圾分类管理新模式，全区垃圾减量27%。大力实施“厕所革命”，新建提质公厕134座，率先全市建立“公厕联盟”，形成专人常态维护管理机制。新建社区公园3个，创建都市园艺社区5个，新增绿地51.2公顷，绿化覆盖率达42.1%。城市文明不断提升。深化“厚德开福”建设，常态长效抓好文明城市创建，开福“中国好人”达28人，“开福好人馆”累计接待参观学习群众15万余人次。深入开展志愿者活动，“好人大本营”获评全国最美志愿服务组织。城市驿站增至7个，累计服务百姓11.8万人次，城市温度在共建共享中持续攀升。

（六）着力推进乡村振兴，加快城乡融合。现代农业活力迸发。坚持农民主体地位，完成农村土地确权，推进农村集体产权制度改革，完成6300亩土地种植结构调整，村级集体经济年均收益达8万元。人居环境明显改善。加强农村道路城市化管理，完成捞刀河防洪达标工程8.5公里，提质改造排渍泵站4个，新建提质农村公路35公里，城乡基础设施加快对接。治水、治房、治厕、治风、治垃圾行动见效，完成农村改厕1050座，农村卫生厕所普及率达94.1%。整治大棚房5000平方米。有效防控非洲猪瘟，规模畜禽养殖全面退出。建成绿色示范村庄（社区）8个、省市美丽乡村示范村7个。乡村文明不断淳化。建立沙坪农民讲习所、捞刀河乡贤馆等新时代文明实践基地，树立婚丧喜事从简新风，涌现出檀木岭村、金霞新村等一批先进典型，移风易俗形成新风尚。

（七）着力增进民生福祉，完善公共服务。省市民生实事全面完成，全年民生支出占区本级一般公共预算支出比重达85%。“一圈两场三道”建设高效推进。完成“15分钟生活圈”项目66个，新建提质农贸市场22个，新增停车场25个、泊位1.1万个，新改扩建自行车道64.6公里、人行道58.3公里、历史步道3.1公里，基本实现居民“办事不出圈、幸福在身边”。教育现代化强区稳步迈进。公开招聘教师310人，新改扩建开福第一中学等学校7所，完成标准化学校创建16所，新增优质学位5370个，开福成为全市学位最充足的区县。移交小区配套幼儿园38所，新增普惠性幼儿园11所，普惠性幼儿园覆盖率达76.7%。组建清水塘教育集团、开福幼教集团，“厚德开福”德育项目建设经验在全省推介，芙蓉北路街道和江湾社区分别获评全国“社区教育”示范街道和社区，开福教育向更高层次优质均衡发展。“健康开福”建设深入实施。深化医卫体制改革，加快公卫大楼建设，新增“医联体”和“名（中）医工作站（室）”8个，引进社会办医机构26家，在全省率先实施特定人群免费流感疫苗接种项目，全面启动出生缺陷防控和妇女“两癌”精准医学计划，重点人群家庭医生签约覆盖率达64.8%。文化体育事业蓬勃发展。新建马栏山智慧图书馆，打造5个市级示范性社区（村）文化服务中心，推出“圈圈故事会”等系列品牌活动，24小时自助图书馆年借阅量突破30万人次，左岸社区获评“中国书香社区”。承办国家级赛事中国击剑俱乐部联赛，全面开放区属学校体育场馆，新增48处全民健身点，15分钟惠民文体圈基本形成。住房保障水平不断提升。坚决落实房地产调控政策，房地产市场平稳健康发展。着力推进保障性安居工程建设，双河湾、中岭等项目加快推进，福鑫苑、胜利家园等项目即将分房，建成农民保障性住房5411套、79.67万平方米，648户拆迁群众喜迁新居。重点解决低收入群体住房困难问题，完成房屋功能性改造1.1万平方米、农村危房改造210户。社会保障体系日益完善。坚持就业优先，区人力资源就业服务中心高效运转，城镇登记失业率控制在2.11%。城乡居民医保补助提高到480元，医疗保险实现异地就医直接结算。加大困难群众帮扶力度，发放各类救助资金7000余万元。加快老龄事业和产业发展，区福利中心启动建设，新增各类养老机构8家、床位720张，欧葆庭北辰养老中心建成运营。

（八）着力夯实基层基础，维护社会和谐。深化“平安开福”建设。强力推进扫黑除恶专项斗争、安保维稳“百日会战”、禁毒人民战争，全面开展大巡防、大管控、大整治，实现刑事发案连续5年下降，荷花池、幸福桥、科大佳园社区创建为全国“青少年零犯罪零受害社区”，治安环境不断向好。严格市场和安全生产监管。完成“明厨亮灶”160家，提质改造“小餐饮”550家，关停“一桌餐”“私房菜”场所201个，打造“长沙市放心早餐生产示范基地”，合力创建国家食品安全示范城市。建成微型消防站208个。在全省率先建立电梯数字化管理平台，在全市率先推行安全生产风险评估工程，强力查处非法经营成品油大案，监管执法处理措施覆盖率达83%，安全生产执法立案数、处罚数均增长20%以上。妥善化解社会矛盾。深化领导包案化解信访积案机制，有效化解信访积案48起。稳步推进生产发展用地遗留问题化解。率先全市成立区级物业矛盾纠纷调处中心，物业专职社工实现社区（村）全覆盖。公共法律服务工作站点建设全面完成，东风路街道人民调解委员会获评全国人民调解工作先进集体。加强社会治理创新。街道管理体制改革持续深化，“党建引领、一网五员”网格化管理模式深入推广，“五零”社区创建纵深推进，社区员额制管理全面落实，增加社区为民工作经费20万元/年，更多资源向基层倾斜。

（九）着力强化自身建设，提升服务效能。出台《区政府关于加强领导班子自身建设的十条规定》，以领导带头示范推动基层自觉践行。优化政务环境。

梳理区本级“一次办”事项436项、“网上办”事项418项，行政审批效率提速75%以上，“放管服”改革成效明显。加强科学决策。大兴调查研究之风，全面开展政府系统“四式”调研活动，形成调研成果57篇，在全市率先开设区级调研公众号，推动“先调研后决策”成为政府决策的必经环节。严格依法行政。深化法治政府建设，组织宪法宣誓仪式，清理政府规范性文件76份，累计65家单位聘用法律顾问，全面推行执法人员持证上岗，行政执法更加严格规范公正文明。加强廉政建设。严格执行中央八项规定精神，全面落实党风廉政建设主体责任和“一岗双责”。强化审计监督，审计财务和政府投资项目31个，核减金额9500万元，资金使用更加高效规范。

一年来，我们主动接受人大法律监督、工作监督和政协民主监督，办结人大代表建议80件、政协提案63件。针对区五届人大三次会议确定的桃花溪流域绿色发展议案，我们坚持保护优先、规划引领、全域治理，迅速编制保护性规划，上游已实现规模畜禽养殖全面退出；中游综合整治污水收集管道6公里，安装一体化处理设备5台，并着力做好人口集聚区污水收集处理等工作；下游实施清淤疏浚、工程截污和生态修复等工程，全年投入资金1.02亿元，2019年年底可彻底解决污水直排问题，河道水质稳定在Ⅳ类以上。针对人大代表和政协委员提出的启动老城区有机更新、提升代课老师待遇、改善伍家岭片区微循环、整治“三车三场”、新建月湖公园东门人行天桥、对外开放学校体育设施等建议提案，我们全部明确责任单位，逐一研究部署，力求做到让代表和委员满意。

一年来，我们大力加强国防动员、后备力量及人民防空建设，落实双拥优抚安置，在全市率先建立三级退役军人服务体系，积极筹建退役军人事务管理机构，军政军民更加团结。

一年来，各民主党派、工商联、无党派人士围绕中心、服务大局，参政议政、建言献策，有力推动了开福发展。民族宗教、外事侨务、对台事务、老龄老干、史志档案、机关后勤、关心下一代等工作取得新进展。工会、共青团、妇联、残联、科协等群团组织都积极发挥了联系群众的桥梁和纽带作用，为政府各项工作的落地落实坚实了强大的群众基础。

奋斗充满艰辛，成绩来之不易。成绩的取得，是全区人民在市委、市政府和区委的坚强领导下，在人大代表、政协委员的大力支持下，在驻区单位和社会各界的密切配合下，克难攻坚、奋力拼搏的结果。在此，我谨代表区人民政府，向全区人民、全体人大代表和政协委员、离退休老同志、各民主党派、工商联、无党派人士及人民团体，向驻区部队、武警官兵、政法干警和民兵预备役人员，向长期关心支持参与开福建设和发展的社会各界人士，表示最崇高的敬意和最诚挚的感谢。

同时，必须清醒地看到，开福发展还面临不少困难和挑战：一是经济下行压力加大，外部环境复杂严峻，投资、规模工业等增长放缓。二是实体经济面临困难增多，民营企业和中小企业融资难融资贵问题尚未有效解决。三是在高新技术、智能制造等产业板块，引领性项目的培育和引进还未取得突破。四是部分公共服务水平有待提升，养老资源相对不足，小区物业管理问题还较多。五是部分政府工作人员还不适应新时代的要求，服务意识和水平离群众期盼和企业需求还有差距。对此，我们一定高度重视，采取更加有效措施，切实加以解决。

二、2019年工作安排

2019年是新中国成立70周年，是全面建成小康社会关键之年，做好今年的工作事关长远、至关重要。政府工作的总体思路是：以习近平新时代中国特色社会主义思想为指导，紧紧围绕“五位一体”总体布局和“四个全面”战略布局，坚持稳中求进工作总基调，坚持新发展理念，坚持以供给侧结构性改革为主线，在“巩固、增强、提升、畅通”上下功夫，坚持深化市场化改革、扩大高水平开放，坚持创新引领开放崛起，继续打好三大攻坚战，进一步稳就业、稳金融、稳外贸、稳外资、稳投资、稳预期，咬定“升级发展、成就北富”的发展目标，坚决打赢“四场硬仗”，推动高质量发展，加快建设强盛、精美、幸福、厚德的现代化新开福。

全区经济社会发展主要预期目标是：地区生产总值增长9%以上；税收收入增长10%以上；全社会固定资产投资增长10%以上；社会消费品零售总额增长10%以上；规模工业增加值增长8%以上；城镇登记失业率控制在3%以内；居民人均可支配收入高于省市平均水平，主要污染物减排完成约束性指标。同时，按照高质量发展要求，更加注重以下指标：研究与试验发展（R&D）经费支出增长30%以上；产业投资占固定资产投资总额比重40%以上；税收占一般公共预算收入比重88%以上；单位地区生产总值能耗下降3%。

为实现以上目标，工作中必须牢牢把握以下六个方面：

一是把以人民为中心的发展思想贯彻始终。坚持人民群众的主体地位，把群众利益放在首位，着力解决人民群众所需所急所盼，持续增强群众获得感、幸福感、安全感。

二是把高质量发展要求贯彻始终。以新发展理念为引领，坚持质量第一、效益优先，把开福打造为产业蓬勃发展的经济高地、人民幸福生活的人文家园、人与自然和谐共生的绿色生态园林。

三是把全面深化改革贯彻始终。坚持向改革要活力、要红利，以供给侧结构性改革为主线，持续推进“放管服”改革，深化市场化改革，完成新一轮机构改革，将改革进行到底。

四是把创新开放贯彻始终。坚持创新引领、开放崛起，加快发展动能转换，让创新成为引领发展的第一动力；着力搭平台、拓通道、提功能、优服务，推进更高水平对外开放，加快打造内陆开放新高地。

五是把务实担当贯彻始终。大兴调查研究之风，工作坚持“从群众中来到群众中去”；敢于攻坚克难，勇于担当作为；强化执行能力，以钉钉子精神将工作一抓到底、抓出成效。

六是把坚守底线贯彻始终。突出政治建设，增强“四个意识”；坚持规范用权，严格依法行政；主动落实党风廉政建设主体责任和“一岗双责”；扎实抓好安全生产、信访维稳等工作，防范重大风险。

2019年，我们将重点抓好以下十个方面的工作：

（一）聚焦产业提质增效。坚持产业优先，项目为王，加快建设现代化经济体系。做强主导产业。金融业要提升服务实体经济和民营经济的能力，着力引进持牌类金融机构，大力发展普惠金融、绿色金融、科技金融等新业态。文化创意业要以马栏山视频文创产业园为龙头，构建集内容制作、版权服务、软件研发于一体的数字视频生态圈。物流商贸业要发挥区位优势，拓展医药物流、能源物流、粮食物流等产业链条，力争在保税物流、冷链物流、智能物流等领域取得重大突破。以军民融合为主导的高新技术产业要快速集聚、做大做强，大力发展智能物流装备制造产业，推动高端制造业与现代服务业深度融合，积蓄科技引领发展的强劲动能。坚持项目为王。深化“产业项目建设年”活动，全年铺排重大项目203个、计划投资333亿元。持续优化项目服务和审批流程，加快推进芒果大厦、中广天择、华润置地、军民融合科技城等项目建设，围绕“3+1”主导产业、重点地块、重点楼宇招大引强，用优质产业项目推动经济结构优化升级。大力支持实体经济和民营经济发展。着力增强市场主体活力，推动实体经济做优做强。落实降税减负政策，切实降低企业成本，重点支持解决企业融资难融资贵问题，依法保护民营企业合法权益。深入开展“千人帮千企行动”，持续推进“个转企、小升规、规改股、股上市”活动，鼓励民间资本参与重大工程建设和国有企业混合所有制改革。

（二）聚焦重点平台建设。园区（平台）要发挥重要支撑作用，成为开福经济发展的主战场、主阵地、主力军。推动金霞经开区升级发展。坚守“一主一特”产业定位，推动服务立园、项目兴园、产业强园。加快正大、中外运、可孚等重大产业项目落地，推动1094、保税中心等重点地块招商，聚力做活高岭国际商贸城，全年引进10亿元项目4个以上，打造产城融合的典范。推动马栏山视频文创产业园加快发展。坚持视频产业生态链的定位不动摇，坚持文化与科技深度融合，放大四级政策叠加效应，引进视频文创企业200家以上，入驻一批名人工作室。加快马栏山智库、视频文创学院、版权交易中心等平台建设，启动人才公寓建设，举办具有全国影响力的行业峰会。深化城市连廊、国际社区规划研究，完善核心区基础设施配套，打造现代化高端园区，成为省市新的经济增长极。推动开福高新区突破发展。发挥湖南省军民融合产业示范基地的引领作用，加快中南高科、万魔声学等项目落地，紧盯12大军工企业、国防科大科研团队和转业人才，引进重大产业项目3个以上。启动军民融合科技城二期建设，加快构建“孵化器+加速器+产业园”的科技创新生态系统。推动金融商务区高效发展。坚持做强楼宇经济，充分发挥楼宇经济服务站作用，壮大楼宇招商服务队伍，加强宣传推广，完善综合配套，吸引更多国内外大型企业设立总部，进一步提升楼宇对全区经济的贡献。

（三）聚焦全面深化改革。坚持以改革破难题、促发展，将改革红利转化为高质量发展动力。持续推进“放管服”改革，加强“互联网+政务服务”平台建设，整合优化业务办理流程，推动群众事项办理向街道、社区延伸，继续做好帮代办服务，实现群众办事“最多跑一次”。坚持以供给侧结构性改革为主线，持续巩固“三去一降一补”成果，深化经济体制改革，充分发挥市场在资源配置中的决定性作用，营造公平开放透明的市场环境。加快国资国企改革，深化“三权分置”和集体经营性资产股份合作制改革。全面完成新一轮机构改革。

（四）聚焦创新驱动发展。以科技创新为核心带动全面创新、动能转换，打造引领高质量发展的新引擎。集聚创新主体。支持传统企业加快科技创新、技术改造，着力培育引进一大批创新型领军企业、“瞪羚”企业，新增高新技术和科技创新小巨人企业50家以上，高新技术产业产值增长15%以上。广纳创新人才。全面落实“人才新政”，突出引进企业、园区和创新研发平台急需的高端人才、青年人才、工匠人才，让更多秀民集聚开福。壮大“双创”平台。以马栏山视频文创产业园、开福高新区为龙头，支持企业与科研院所共建科创平台，助推山河医药技术中心、草莓V视众创空间、凯乐微谷等创新平台加快技术孵化和成果转化，新增市级“双创”平台5家以上。

（五）聚焦打造内陆开放新高地。推进全方位、高水平开放，以开放抢占先机，在湖南开放崛起中展现开福担当。提质开放平台。以港区一体化建设为抓手，推进霞凝货场一级铁路物流基地建成运营，积极申报霞凝铁路一类口岸；着力推进长沙新港三期建设，重点抓好港口铁路专用线建设，加快形成水铁公多式联运格局。拓展开放通道。优化运营主体，推动中欧班列（长沙）提质增效。全面推广“单一窗口”经验，进一步提升通关效率，降低通关成本。做强开放产业。着力引进跨境十强企业，主动创新服务模式，积极参与省市跨境“六体系两平台”搭建，做大做强跨境电商生态圈。依托进出口商品展示交易中心、海外人士外贸产业基地等平台优势，做实做强中非合作管理服务平台，进一步拉长开放型经济产业链条。

（六）聚焦继续打好三大攻坚战。针对突出问题，打好重点战役。打好防范化解重大风险攻坚战。稳妥处理政府债务，加强财政预算管理，严格压缩一般性支出，减少政府直接投资，扩大产业和社会投资。加强金融监管，打击各类违法违规金融活动，坚决防范重大风险。打好污染防治攻坚战。坚持绿水青山就是金山银山的生态理念，以蓝天保卫战为抓手，严格落实“六控十严禁”要求，加强大气污染日常监管和源头管控，完成餐厨油烟治理2万户以上，$PM_{2.5}$、PM_{10}等主要污染物年均浓度明显下降，空气质量优良率不断提升。重点打好碧水攻坚战，深入落实“河长制”，抓好“一江三河”开福段系统治理，推进苏托垸污水处理厂及配套管网建设，持续开展桃花溪全域治理。深化“净土”“静音”专项行动，巩固中央生态环保督察和省级环保督察成果。打好精准脱贫攻坚战。重点解决好“两不愁三保障”的突出问题，带着责任和感情助推城步县、龙山县等5个对口帮扶单位精准脱贫。

（七）聚焦宜居城市建设。坚持宜居为本，统筹优化生产、生活、生态三大布局，实现城市精明增长。完善承载功能。推动地铁3号线通车试运行，加快5号、6号线建设，启动1号线北延工程，提质滨河北路等11条主次干道，新建2座人行过街天桥。加快电力“630攻坚”，完成14个小区“专改公”工程。实施农村拆迁项目50个，腾地5000亩，抓好闲置土地“支帮促”工作，支持集体经济组织规范有序盘活生产发展用地，深化城乡融合发展。加快有机更新。严格落实“四增两减”要求，持续推进棚改新三年行动计划，完成棚户区改造2000户、16万平方米以上。坚持注重文物保护，提升宜居功能，启动吉祥巷、望麓园、五一商圈、潮宗街二期等片区有机更新。提质改造浏河、上麻园岭等7个老旧社区和56个中央、省属驻区企业职工小区，让老街巷、老社区留住老记忆、焕发新活力。强化精细管理。坚持建管并重，建立完善高标准的管理维护机制。深化最严城市管理，抓好拆违控违、“三车三场”、户外广告、违法违规建设用地等专项整治。强化环境秩序治理，稳步提升全域净化、序化、绿化、亮化、美化水平。深入实施生活垃圾分类减量，广泛发动群众参与，创建生活垃圾分类示范社区75个，生活垃圾总量不断下降。持续推进“厕所革命”，新建提质公共垃圾站厕80座。深化文明城市创建工作，推动城市在精细管理中更加宜居宜业。

（八）聚焦乡村振兴。突出整治农村人居环境和发展新型村级集体经济，加快建设产业兴旺、生态宜居、乡风文明、治理有效、生活富裕的现代化乡村。壮大现代农业，让农民更富裕。深化农业供给侧结构性改革，持续调优种植结构，着力培养更多现代职业农民。深化农村集体产权制度改革，新型村级集体经济年均收益10万元以上。改善人居环境，让农村更美丽。以“五治”为重点，完成农村厕所改造2000户以上，行政村垃圾分类减量覆盖率80%以上，新建提质农村道路32.2公里，修建修缮便民桥3座，争创省市乡村振兴示范点2个以上。加强基层治理，让乡风更文明。加强基层党组织建设，把党的声音传播到农村每一个角落。持续推进移风易俗活动，坚持治陋习、树新风，培育更多致富典型、文明乡贤。

（九）聚焦保障和改善民生。坚持民生至上，既量力而行，又尽力而为，不断增强群众获得感、幸福感、安全感。全面完成“一圈两场三道”建设。坚持“缺什么补什么”，按照“功能优先、建管同步、共商共建共享”理念，打造“15分钟生活圈”33个，新增停车位7754个，新建农贸市场4个，新建提质自行车道43.6公里、人行道32.49公里、历史文化步道4公里。办好人民满意的教育。坚持教育优先发展，深入推进名校长和卓越教师队伍建设，不断提高教师待遇，持续加强教育信息化建设，新改扩建史家坡学校、四方坪二小等学校15所。支持民办教育规范有序发展，构建以普惠性资源为主体的学前教育办园体系。加快“健康开福”建设。深化医卫体制改革，做实“医联体”建设，完善分级诊疗体系，落实重大疾病防控机制，优化家庭医生等“五项服务”，探索医养结合养老新模式，完成通泰街社区卫生服务中心提质改造，构建“健康生活、健康服务、健康保障、健康环境、健康产业”生态圈。大力发展文化体育事业。优化文体设施功能和资源配置，强化文体设施三级标准化建设，推动辖区所有公共体育场馆向社会开放，深入开展全民阅读活动，创新自助图书馆服务管理，促进公共文体服务优质均衡发展。让老百姓住有所居。坚决“保刚需、稳房价、反炒房”，促进房地产市场平稳健康发展。加快九龙、板塘三期等5个项目建设，新增保障性住房6000套、80万平方米以上。持续解决低收入群体住房困难问题。提升社会保障水平。把稳就业置于首要位置，促进高校毕业生、城镇困难人员等重点群体稳定就业，多途径增加城乡居民收入。健全社会救助体系，加快区社会福利中心建设，完善城乡最低生活保障制度，让困难群众享受到更多温暖。

（十）聚焦现代化治理体系建设。坚持共建共治共享，实现政府治理和社会调节、居民自治良性互动。夯实基层治理基础。进一步推动重心下移、力量下沉，加快网格化管理与城市公共管理融合，严格社区员额制管理，继续加大基层投入，为每个社区再增加20万元/年的经费预算。增强治安防控能力。加快推进“雪亮工程”和“星城快警”建设，扎实做好二维码标准地址建设，深入开展“扫黑除恶”“集打斗争”等专项整治行动和禁毒人民战争，进一步健全社会治安防控体系，不断增强群众的安全感。提升应急管理能力。建立健全灾害事故防范救援工作机制，落实企业主体责任，深入开展危险化学品、交通运输、消防、特种设备、建筑工地等重点领域专项治理，全面建设微型消防站，坚决防范遏制较大以上事故发生。加大市场监管力度。理顺监管体制，创新监管方式，推动监管重心由事前审批向事中事后监管转变。坚持食品药品安全共管共治，持续推进“明厨亮灶”和小餐饮提质改造工程，深入推进质量提升行动，为创建国家食品安全示范城市和质量强市示范城市贡献开福力量。维护社会和谐稳定。深化“七五”普法，完善公共法律服务体系，完成规范化司法所建设，做好信访、仲裁、人民调解、社区矫正等工作。持续推进“五零”社区创建，扎实做好物业管理工作。科学管理网络空间。大力推进双拥、征兵、国防动员、后备力量建设等工作，做好退役军人事务服务管理工作，在全社会营造尊崇军人的浓厚氛围。

同时，高度重视人防、统计、民族宗教、外事侨务、对台事务、史志档案、老龄老干、机关后勤、关心下一代等工作。大力支持工会、共青团、妇联、工商联、残联、科协等群团组织开展工作。

三、打造人民满意的政府

（一）坚持党的领导，突出政治建设。把政治建设摆在首位，树牢“四个意识”，坚定“四个自信”，做到“两个维护”，坚决贯彻落实中央和上级的各项决策部署，坚决服从区委领导，定期向党委报告工作情况。

（二）坚持依法行政，更加科学规范。落实重大决策公众参与、合法性审查等制度建设，全面提升公务人员法治思维和依法行政能力，优化执法程序和方式，严格规范公正文明执法。主动接受人大及其常委会法律监督、工作监督和政协民主监督，自觉接受司法监督、审计监督和社会监督。

（三）坚持调查研究，更加勤政亲民。持续开展政府系统“四式”调研活动，主动倾听民心民意民情，着力办好群众的“身边小事”。深化政务公开，打造老百姓满意的“12345”市民政务服务“总客服”。

（四）坚持大道至简，更加运转高效。坚持工作条目化、清单化，实现部署、推进、督查、总结的“闭环”管理，确保事事有回音、件件有落实。坚持分级负责、分层负责，加快智慧政府建设，提升行政效能。

（五）坚持干净担当，更加清正廉洁。面对职责范围内的矛盾问题敢于迎难而上、敢于拍板决策。狠刹形式主义、官僚主义歪风，改进会风文风，让干部从层层传达的“会场”走向真抓实干的“战场”。坚决落实中央八项规定精神，从严落实党风廉政建设主体责任和“一岗双责”，标本兼治遏制腐败和不正之风。

实干成就梦想，奋斗创造幸福。让我们紧密团结在以习近平同志为核心的党中央周围，在市委、市政府和区委的坚强领导下，在区人大、区政协的监督支持下，凝聚全区人民的智慧和力量，锐意进取、奋勇争先，以高质量发展的优异成绩庆祝中华人民共和国成立70周年。

名词解释：

1.五动：双轮（创新引领、开放崛起）驱动、三金（金霞经开区、金鹰文化区、金融商务区）带动、项目拉动、环境促动、作风推动。

2.“最多跑一次”改革：是指通过“一窗受理、集成服务、一次办结”的服务模式创新，推进审批服务“马上办、网上办、就近办、一次办”，让企业和群众到政府办事实现“最多跑一次”的行政目标。

3.城市社区365天“不打烊”服务：即社区在周六、周日及节假日分别安排一定数量的工作人员按照工作日时间正常上班，居民周末节假日也可来社区办事，社区365天开放服务。

4. 一江三河：湘江、捞刀河、浏阳河、沙河。

5.“五个100”项目：抓好100个重大产业建设项目、100个科技创新项目、100个重大产品创新，引进100个500强企业、100个科技创新人才。

6.“个转企、小升规、规改股、股上市”活动：个体户和个人独资企业转型为有限责任公司，小微企业升级为规模企业，引导和鼓励规模企业进行股份制改革，鼓励、培育和引导达到资质并且有上市意愿的企业走向资本市场融资。

7.科技创新小巨人企业：是指企业在研究、开发、生产、销售和管理过程中，通过技术创新、管理创新、服务创新或模式创新取得核心竞争力，提供高新技术产品或服务，具有较高成长性或发展潜力巨大的科技创新中小企业。

8.“五共”改造模式：共谋、共建、共管、共评、共享。

9.公厕联盟：企事业单位、商场酒店等签约加入联盟，向社会免费开放公厕服务。

10.一网五员：将社区划分成若干网格，每个网格内有网格党支部书记、网格长、网格民情员、网格城市管理员、网格综治管理员。

11.“放管服”改革：即简政放权、放管结合、优化服务改革。

12.“四式”调研：蹲点式、体验式、比较式、联合式调研。

13.一岗双责：“一岗”即一个领导干部的职务所对应的岗位；“双责”即一个领导干部既要对所在岗位应当承担的具体业务工作负责，又要对所在岗位应当承担的党风廉政建设责任制负责。

14.三车三场：即渣土车、砂石车、混凝土搅拌车；消纳场、砂石场、混凝土搅拌场。

15.四场硬仗：产业建设、污染防治、民生改善、全面从严治党。

16.“3+1”产业布局：“3”即金融商务业、文化创意业、物流商贸业，“1”即以军民融合为主导的高新技术产业。

17.三去一降一补：去产能、去库存、去杠杆、降成本、补短板。

18.三权分置：指农村集体土地所有权、承包权、经营权三权分置，经营权可流转。

19.“瞪羚”企业：是对成长性好、具有跳跃式发展态势的高新技术企业的一种通称。

20.多式联运：由水路港、铁路港、公路港相互衔接、转运而共同完成的运输过程。

21.单一窗口：指参与国际贸易和运输的各方，通过单一的平台提交标准化的信息和单证以满足相关法律法规及管理的要求。

22.六体系两平台：“六体系”，即信息共享服务体系、金融服务体系、智能物流体系、电商信用体系、风险防空体系和统计检测体系。“两平台”即线上“单一窗口”平台和线下“综合园区”平台。

23.六控十严禁：“六控”，即控尘、控煤、控车、控油、控排、控烧。“十严禁”，即严禁渣土车、混凝土搅拌车、运砂车等各类车辆带泥上路，严禁违法倾倒渣土，严禁工地裸露黄土，严禁重污染天气下土石方施工，严禁燃烧散煤，严禁燃放烟花爆竹，严禁露天焚烧垃圾，严禁露天烧烤，严禁露天焚烧秸秆，严禁拖拉机等高排放车辆进城。

24.电力“630攻坚”：电力三年行动计划，每年6月30日为任务完成的阶段性时间。

25.四增两减：“四增”指增加公共绿地、增加公共空间、增加配套设施、增加支路网密度，“两减”指减少居住人口密度、减少开发强度。

26.五项服务：家庭医生签约服务、妇幼服务、监管服务、中医药健康服务、家庭发展服务。

27.雪亮工程：以区、乡、村三级综治中心为指挥平台、以综治信息化为支撑、以网格化管理为基础、以公共安全视频监控联网应用为重点的群众性治安防控工程，发动社会力量和广大群众共同监看视频监控，共同参与治安防范，实现治安防控全覆盖、无死角。

28.星城快警：依托交警岗亭和警务室建设，推动社会治安防控一体化运作，实现屯警街面、动中备勤，科学布警、整体联动，统一指挥、精准调度，快速反应、高效处置。

政协长沙市开福区第五届委员会常务委员会工作报告

在开福区政协五届四次全体会议上的讲话

政协开福区第五届委员会主席　熊建伟

（2019年1月3日）

2018年工作情况

2018年，在中共开福区委的坚强领导下，区政协第五届常委会始终坚持以“升级发展，成就北富”为己任，高擎团结、民主两大旗帜，履行政治协商、民主监督、参政议政三大职能，真正做到了服务为民不驰于空想，协商建言不骛于虚声，监督议政不流于形式，工作创新不落于窠臼，用实际行动书写出有为有位的履职新篇章。

一、一心一意，奋战于成就北富的伟大征程

一年来，区政协紧密团结带领全体开福政协人，进一步坚定理想信念，在不同岗位上挥洒汗水、努力拼搏、无私奉献，始终与开福的发展同心同德、同心同向、同心同行。

1.信念坚定，思想学习不动摇。区政协始终坚持把政治建设摆在首位，牢固树立和践行“四个意识”，认真学习党的十九大精神、《习近平谈治国理政》等重要文献，引导全区各级政协组织坚定不移地执行党的政治路线，严守政治纪律和政治规矩，切实把习近平新时代中国特色社会主义思想融入血脉、铸入灵魂。我们按照“学懂弄通做实”的要求，认真落实全国政协“学习贯彻习近平总书记关于加强和改进人民政协工作的重要思想”的动员部署，通过编印学习手册、开展理论征文、组织学术研讨等方式，把思想学习不断引向深入、引入实践。7月31日，全国政协副主席汪永清来到长沙，主持召开湘鄂黔桂四省区“学习贯彻习近平总书记关于加强和改进人民政协工作的重要思想”交流研讨座谈会。作为全省122个区县（市）政协的唯一发言代表，开福区政协在会上全面介绍自身思想学习和履职实践的成功经验，得到与会领导的高度肯定。

2.步履铿锵，勇于担当不懈怠。区政协领导班子一如既往地紧密团结在区委周围，积极投身于全区各项中心工作。区政协班子成员分别担任黄兴北路片区（潮宗街）、金霞片区、火车北站片区等多个区内重大项目指挥部的政委、副指挥长，始终奋战在项目建设、棚户区改造、拆违控违等工作的最前线；根据区委统一安排，区政协牵头开展了闲置土地支帮促、街道安全生产大检查、文明创建督查、社区提质改造、遗留问题处理、信访维稳等多项急难险重的中心任务；此外，区政协向市政协提交《关于将湘江世纪城纳入警务通系统管理的提案》《关于调整规划适度恢复东岳宫道教活动场所及相邻地块建设社区文化公园的建议》等市级提案，从更高层面上促成相关问题的顺利解决，为开福的城市管理、文化保护等工作作出积极贡献。

3.壮志满怀，各施所长不平庸。在五届三次全会上，开福区委对全体区政协委员发出倡议，要求委员们在新时代里“思想不能平庸，状态不能平庸，作为不能平庸”。2018年，全体政协委员始终与开福心手相牵、荣辱与共，用恪尽职守诠释责任，用奋发作为回应期盼。一年来，政协委员们踊跃参与到铲冰除雪、“蓝天保卫战”宣传等集体活动当中；积极投身于2018年度行政执法案卷评查、湘江东岸防洪综合改造项目论证、“委员进法院零距离监督”等多项重要区政工作；此外，委员们立足本职，牵头开展“物联世界·共创未来”“创业者分享会”“走访中小微企业、服务实体经济”等多项有影响的大型社会活动，充分展示出开福政协人的作为与风采。

二、一字一句，书写下履职尽责的崭新篇章

一年来，区政协始终坚持发挥委员主体作用，引导委员知责、明责、担责、尽责，营造出“会谋事、能干事、善成事”的良好履职氛围。

1.高点站位，汇智尽力助发展。区政协聚焦开福“五提五动”的战略部署，选择了区委、区政府最为关心的热点、难点问题献计献策。2018年，我们共开展装配式建筑产业链的发展、街道河长制的职能职责、不可移动文物的保护、城市老地名的保护与传承、棚户区限价保障房源建设等5次专题协商，组织对金融商务区的建设、厕所革命（站厕建设）、医联体建设工作、特色小镇建设、刑满释放人员安置工作5次主席会议视察，我们邀请相关领域的委员开展实地调研、反复讨论，最终形成协商及视察建议，为区委、区政府科学决策提供参考。此外，区政协还组织委员、专家赴台湾，对视频文创、健康养老等产业进行学习考察，形成专题调研报告送呈区委、区政府研阅。一年来，区政协的许多建议都得到区委、区政府主要领导的批示和肯定。

2.精准建言，跟踪督办见实效。对委员建议，我们始终高度重视。在五届三次全会上，共有61位政协委员在会上对区政工作提出98条建议。会后，区政协及时进行梳理汇总，分别转交、督促各职能部门抓紧办理，现已全部落实到位。对政协提案，我们加强督办力度。我们对全部提案进行精心审核，通过提案筛选、合并，最终共立案63件，并选择了其中5件作为重点督办提案。一年来，区政协积极推行“分管主席督办+主席会议督办”的两轮提案办理机制，还创造性的将重点提案的督办与协商、视察等工作结合起来，进一步保障提案办理的力度和成效。2018年，共有42件提案办理为A案，A案率达到66.7%，比去年提高17.6个百分点。高岭商贸城配套仓储建设、基层医联体建设等一批委员提案的办结落实，不仅助力了发展、惠及了民生，也进一步激发了委员的履职热情。

3.细处着眼，民主监督正行风。2018年，区政协继续完善“月反馈、季报告、半年咨询、年度测评”的监督机制。由政协委员组成的1个民主评议“回头看”工作小组和5个民主监督小组进驻区民政局、区经信局、区棚改办、区文体新局、区农水局等被监督单位，坚持以“察实情、听真话、谏诤言”为指导思想，通过拍摄短片、报告反馈、集中咨询等方式，协助被监督单位改进问题、纠正风气。根据区政协常委会的测评结果，区文体新局在民主评议中的满意率和较满意率高达100%，5个被监督单位均获得了93.9以上的较高得分，民主监督工作的实际成效得到委员的充分肯定。

4.全面发动，接轨云端促履职。我们一是强化力量保障。成立政协云与宣传信息服务中心，配备专门工作人员从事统计和维护工作，并对全体委员的登录使用情况进行定期排名、通报；二是强化制度保障。先后出台《开展政协云使用创新竞赛暨“我秀我履职”活动方案》《关于加强政协云与宣传信息工作的意见》等文件，切实加强对委员登陆使用政协云的指导和规范；三是强化措施保障。通过执行“政协云登陆应用百人计划”，打造一支善于利用政协云履职的核心骨干，推动我区在全省政协云应用排名中迅速攀升。目前，开福已稳居全省第八，长沙第一。此外，我们选报的沙坪街道“三诊工作法2.0版”项目在湖南省政协云应用创新大赛中冲出重围，荣获全省二等奖的佳绩，为开福增添一份来之不易的殊荣。

三、一点一滴，传递出服务为民的厚德精神

我们始终恪守服务群众、维护民利的价值追求，围绕开福群众关心关注的民生问题，主动走进基层，走进社区，与群众说说“心里话”，算算“生活账”，办好“身边事”，当好“贴心人”。

1.勤于发声，言群众之所盼。我们保持传统优势。我们坚持通过选题参考、审阅修改、定期通报、给予奖励等措施，不断提升委员写作社情民意信息的积极性。一年来，区政协共收到社情民意信息343条，报省、市203条，共有32篇被省、市、区政协采用。其中，《关于解决法院民事案件强制执行立案难问题的建议》《关于企业更好地享受〈技术合同认定登记办法〉实惠的建议》《“国学热”背后的“三乱”现象应引起重视》等信息被省政协采用。2018年，我区社情民意工作继续领先，蝉联全市第一。我们开拓全新阵地。我们积极响应省政协号召，出台《开福区政协微建议管理办法》，鼓励委员深入查找城市交通、环境卫生、社会治理等方面存在的问题，通过微建议在“云端”报送，并以向上提交、区内转办的形式交由各级职能部门进行处理。这种直观快捷的“微监督”“微议政”方式深受委员欢迎。一年来，我们共收到委员微建议312条，其中受理214条，办结117条，办结率为55%，微建议提交、办结的总

数均位居全市第一。

2.敢于创新，谋群众之所需。2018年，区政协依据省、市政协关于建设智慧委员工作室的新要求，在原有基层政协委员工作站（室）优势的基础上，创造性地打造出“16+5”的智慧委员工作站（室）新格局（即16个街道+5个专门委员分别组建1个站室），为委员们在基层履职创造了新空间，提供了新舞台。一年来，政协委员通过“委员接待日”、政协云线上履职等途径，耐心倾听群众的诉求和期盼，并充分发挥自身资源优势，在基层社区牵头开展主体履职活动。先后组织健康知识教育的“关注健康、从齿开始”、反金融诈骗的“守住钱袋子”、科普教育的“政协委员讲科普”、关注自闭儿童的“奔跑吧宝贝儿”、校园禁毒的“青春无毒，健康成长”，宣传道路安全的“知路、爱路、护路”，宣扬移风易俗的“我和勤俭有个约会”等 411个深受群众欢迎的活动，让群众感受到“政协离自己很近，委员和自己很亲”。

3.乐于助人，济群众之所困。区政协继续以“双百帮扶”与“爱心助学”两大活动为抓手，为区内的困难群众汇聚爱心，送上温暖。2018年，区政协委员共捐助善款41.3万元。每逢春节、端午、中秋等传统佳节前夕，我们都组织区政协委员前往受助群众家中进行慰问，送上节日的祝福，将善款交付到群众手中。此外，我们还为100名品学兼优的贫困学子发放了助学金，鼓励他们战胜困难，发奋自强。同时，有许多区政协委员用自己的力量，发起并参与许多社会公益活动，如：杨儒森委员发起的“凤凰欲飞”公益助学，王心亮委员发起的“夏日送清凉在行动”，林杰委员发起的“失独家庭关爱”、范伟君委员开展的“牵手普亲，温暖同行”等一系列活动，把开福政协人的温暖和爱心传递给每一位需要帮助的群众。

4.善于协商，解群众之所忧。近年来，我们的基层协商工作赢得社会各界的广泛赞誉，成为开福政协的一项特色品牌。2018年，区政协委员们继续发挥自己在对接政府、联系群众上的独特优势，按照“委员牵头、多方参与、平等沟通、坦诚交流”的原则，为开福基层民生事务的处理和社会矛盾的化解做出了不懈努力。一年中，区政协委员牵头组织“砚瓦池社区天麓商住楼成立业主委员会”“万达广场商务楼宇规范管理”“四季花城社区垃圾分类”“陡岭社区楼宇电梯维修”“治理朝阳站渣土车道路污染”等78次成功的基层协商案例，让协商民主的新理念不断在开福广大居民群众中普及、深化。

四、一笔一画，描绘好自信昂扬的开福形象

一年来，我们充分发挥人民政协的桥梁纽带作用，努力为开福凝聚人心、凝聚共识，对外主动打好开福名片、展示开福风采。

1.以诚相待，凝聚开福力量。区政协始终坚持大团结、大联合的思路和主题，不断健全工作机制，努力搭建议政平台。2018年，我们积极邀请各党派团体和无党派人士代表参加到区政协组织的调研、座谈、视察、民主监督及走访交流等活动中，听取他们对开福区域发展、民生事业及政协工作的意见和建议，把各方面的智慧和力量最大限度地凝聚起来，形成了推动开福发展的强大合力。一年来，全区各民主党派、工商联和无党派人士共提交提案29件，反映社情民意103篇，在参政议政中发挥了不可替代的积极作用。

2.以心相交，展示开福魅力。2018年，我们迎来了来自广东、江西、辽宁等地共计37个批次的兄弟政协造访开福，加强了与各地履职经验的学习交流。在3月和10月，开福政协分别前往贵州福泉市和江西安福县，参加“中国福”城市文化节活动，将“为国尽忠、为职尽责、为家尽孝”的厚德开福理念更加广泛地传播出去。此外，区政协还作为开福区代表，受邀出席韩国驻武汉领事馆举办的金九先生纪念仪式，为深化中韩友谊尽了绵薄之力。

3.以文资政，传承开福记忆。2018年开始，区政协着眼于区域文化保护，启动《开福宗教文化》一书的编辑工作。区政协文史工作组经多方奔走，反复研讨，深入挖掘、收集了大量开福宗教人文的“三亲”资料；周崇文、释增慧、肖雨滋、黄勇、任霞等政协委员和老委员们积极参与其中，为书籍的编纂作出突出贡献。目前，《开福宗教文化》共收录各类文献资料60余篇，历史图片50余幅，全书字数超过30万，较为全面地记载了开福宗教历史文化发展变迁的脉络，并已正式付梓出版。此外，我们还编印《开福政协》工作资料12期，出版了《区政协履职成果汇编》《社情民意信息汇编》等书籍资料，制作《2018年履职工作纪实片》，如实记录区政协一年工作的全景全貌。

五、一砖一瓦，搭建起团结共进的和睦家庭

在工作中，我们始终高度重视队伍建设，坚持不懈地做好了政治引领、能力引领、表率引领和服务引领，为政协事业找准了目标和方向，让政协队伍充满了感情和温度。

1.方向更明，履职战斗力有提升。2018年，区政协完善了《委员履职管理考核》机制，对委员的履职成效进行了更为合理的评判。全年，我们评选出了“十佳委员”，并通过谈话、辞免等方式加强对委员的制度约束。我们与区委统战部一道，在哈尔滨工业大学举办了区政协委员和党外人士能力与素质提升班，名师授课和学习观摩，让委员的视野得到拓展，能力得到提升；一年来，有13名新任委员加入开福政协队伍，我们第一时间组织了新任委员培训班，帮助新委员们尽快熟悉职责、适应角色。此外，我们经常利用常委会、务虚会、研讨会、机关学习等机会，对政协委员开展了政协云、社情民意、微建议、基层协商等工作的学习培训，不断营造委员队伍“懂政协、会协商、善议政”的浓厚氛围。

2.情谊愈深，委员向心力有提升。我们继续开展区政协主席会议走访委员制度。在走访中不断加强对委员工作、生活情况的了解，倾听委员们对区政工作和政协工作的建议，并为委员企业协调解决了许多实际困难。全年，共走访委员单位33家。我们开展了丰富多彩的文体活动。一年来，政协委员组成了各项运动队和啦啦队，在“和谐杯”游泳比赛、“同心杯”篮球赛上大放异彩，为开福争光；委员全年的摄影作品集《春夏之恋》《和美开福3》，用镜头描绘出了日新月异的开福之美。我们不断深化与历任委员的交流。经过一年的试运行，开福政协老委员联谊正式组建成立，46位心系开福的老委员积极发挥余热、传授经验，并投身于各项政协履职活动中。全年，老委员联谊会成员参与协商、视察、调研等履职任务共计109人次，联合提交社情民意18篇，为政协事业作出了突出奉献。此外，我们继续开展寄送生日贺卡、看望委员等活动，让全体委员、老委员们能更好地感受到政协大家庭的凝聚力和归属感。

3.效能增强，队伍行动力有提升。16个街道政协联络处是政协工作在基层的触手。2018年，我们通过年初调研、半年总结、年度考核等方式进一步加强了对街道政协工作的指导和规范。一年来，各街道政协联络处不仅顺利完成了年度工作任务，还深入推进了“五个账本工作法”“圆桌议事会”等特色工作，形成了百花齐放的工作新局面，充分发挥出基层联络处的“桥头堡”作用。政协机关是政协工作的重要窗口和委员之家。2018年，我们树牢了底线意识，严格执行党风廉政建设和“一岗双责”制度建设；我们根据机关党建要求，抓好了“三会一课”、党员“进社区”、主题党日等制度的落实，因地制宜地建设了“五化”阵地，使得机关党建水平呈现新面貌；我们有效强化了机关的学习氛围，全年共组织各类形式的集体学习培训21次，不断提升了政协机关的政策理论水平和服务履职能力；我们致力于制度规范，不断健全机关财务、工会、纪检等工作要求，努力建设“学习型、效能型、服务型、和谐型”的政协机关。

区政协一年来所取得的成绩，离不开中共开福区委的坚强领导，离不开区人大、区政府、离退休老同志以及社会各界的大力支持，离不开全体政协委员和老委员的精诚团结和努力奋斗。在此，我谨代表区政协第五届委员会，向关心、支持区政协工作的各级领导和各界人士，以及所有同志们、朋友们致以崇高的敬意和衷心的感谢。

在总结成绩的同时，我们也清醒地看到工作中存在的不足和问题，主要表现为：部分委员的政治意识和履职积极性有待提高；委员队伍的履职水平不够均衡；建言献策的质量还需进一步提升，委员履职的成果未能得到充分转化。这些问题和不足，我们将认真研究，全力加以改进，也衷心希望广大委员和全区各界向我们多提宝贵意见和建议，帮助我们把工作做得更好。

2019年工作思路

2019年，区政协工作的总体思路是：深入贯彻党的十九大精神和习近平新时代中国特色社会主义思想，紧扣区委“打赢四场硬仗，推动高质量发展”的整体思路，坚持“成就北富我要给力，厚德开福向我看齐”的工作主线，不断深化团结、民主两大主题，认真履行政治协商、民主监督、参政议政三大工作职能，以拼搏赶超的精神气质和争创一流的坚定决心，全力以赴为强盛、精美、幸福、厚德的现代化新开福建设聚合力、添动力、增活力。

一、同行同向，坚定不移地助力开福发展

2019年，我们将继续发扬干在实处、走在前列的优良作风，用行动回应期盼，用奋斗书写信念，用成就诠释担当。

1.牢记使命，全面深化思想认识。我们将进一步强化委员队伍思想政治建设，引导委员旗帜鲜明讲政治。坚持把党的十九大精神转化为做好政协工作的基本思路和务实举措，用习近平新时代中国特色社会主义思想统领政协工作、谋划政协工作、指导政协工作，真正把讲政治贯穿于政协履职的全过程，落实到自身建设的各方面。时时事事处处做政治上的明白人，积极践行助力开福、服务民生的奋斗目标。

2.为职尽责，全心投入发展大局。区政协领导班子将继续发挥标杆作用，奋战在全区各项中心工作的主战场，全力配合区委、区政府做好棚户区改造、征地拆迁、信访维稳等工作。继续发挥委员的资源优势，一如既往地鼓励并支持委员在各自岗位上和不同领域中各施所长，取得建树，为开福的经济社会发展贡献力量。

3.凝聚共识，全力推动社会团结。充分发挥人民政协作为爱国统一战线组织的重要作用，牢牢把握团结和民主两大主题，充分调动各方面积极因素，不断深化同各民主党派、工商联、无党派人士的联系与合作，为他们创造议政建言的平台和机遇；围绕区域经济社会发展，多做造势鼓劲、凝聚人心的工作，引导社会正确舆论导向，使广大群众合理合法表达诉求，努力营造开福大局稳定、民主和谐、团结奋进的社会氛围。

二、惟精惟一，孜孜不倦地耕耘政协事业

2019年，我们将以坚定不动摇的政治定力去把握、以唯实不唯书的政治勇气去建言、以创新不落伍的政治思维去献策，不断开创人民政协事业的新局面

1.言之有方，把议政的角度找好。努力找准协商议政的切入点，对小区业委会依法履职的思考、进一步推动开福内陆开放新高地建设、促进我区实体工业差异化发展、加强我区公办幼儿园建设、加强我区闲置土地支帮促工作等5个课题开展专题协商，对区政协委员走进区纪委（监察委）、马栏山视频文创园建设、开福区水质自动监测站建设、乡村振兴战略的实施情况、开福区高新技术产业发展情况、高岭商贸城的可持续发展等6个方面内容开展主席会议视察，为区委、区政府的决策积极建言。

2.务求实效，把履职的成果办好。我们将进一步加大对委员的提案督办力度，邀请区委、区政府主要领导对重点提案进行领办，以确保提案办理成效，将政协委员的履职成果真正转化为促进开福发展的动力。全面推行“协商监督一体化”制度，重点关注区政协往年建议的办理情况，并就区委、区政府领导的批示落实成效进行持续性监督。2019年，区政协将对开福不可移动文物保护情况开展民主监督，同时联合区纪委，对区城乡建设局开展民主评议，有效促进政风行风的改善。

3.力争上游，把自身的优势用好。进一步提升认识，通过集体培训、组织讨论等方式，深化委员们对“互联网+政协”工作的理解，帮助委员们学好用好政协云，真正落实省、市政协所倡导的智慧政协新理念。此外，区政协还将积极探索，结合开福实际，对政协云的“政协委员线上值班”“远程协商”“留言平台开放”等功能进行不断地探索和尝试，努力开拓网络履职和线上履职的新途径、新领域。

三、群策群力，矢志不渝地诠释厚德理念

近年来，“厚德”一词已经越来越深入地根植在开福人民群众的心中。2019年，开福政协将继续发挥优势，积极营造和谐氛围、倡树厚德之风，使得开福的发展更“暖”、民风更“淳”、精神更“富”。

1.点亮厚德，为好人之城增添温度。开福是有温度、有情怀的“好人之城”。2019年，我们将一以贯之地开展好“双百帮扶”与“爱心助学”两大活动。以“扶智”和“扶志”为导向，组织委员通过捐款、捐物、义卖等多种形式筹集爱心，帮助区内群众解决他们在生活、就业、就学等方面的困难。此外，区政协还将继续对委员们组织的各类社会公益活动给予支持和鼓励，共同为全社会的爱心事业奉献力量。

2.唱响厚德，与有福之地携手共赢。经区委批准，我区将于今年上半年承办第三届“中国福”城市文化节交流活动，邀请江西、山东、贵州等省份的8个“福城市”代表齐聚开福，增进文化交流，促进地域交往，推介开福名片。本次文化节将以“厚德载福·开启幸福”为主题，通过文化研讨、福地参观、艺术演绎等多种方式，全方位展示开福厚德文化理念与丰硕发展成果，让开福“物质富裕、精神文明”的新形象广泛传播，为开福开放型经济的打造奠定更加坚实的基础。

四、善作善成，锲而不舍地践行为民宗旨

2019年，我们将继续贯彻“民心为上、民愿为要、民利为重、民生为本”价值导向，把开福的人心之所盼作为政协的履职之所为。

1.真心实意，贴近群众听民声。依据省、市有关精神，对《开福区社情民意信息管理办法》进行完善和调整；推行由专委会、街道牵头的“社情民意研修会”制度，以提高研修的针对性；试行“命题”模式，为委员的信息写作提供充分选题参考。加强委员微建议相关工作，通过业务培训进一步提升委员的信息写作质量，提高建议的整体采纳率。

2.脚踏实地，立足基层解民忧。在全面总结的基础上，进一步健全、完善我区的基层协商工作制度。重点以“三诊工作法”“圆桌议事会”等成功经验为基础，打造出基层协商的“工作范本”，并在全区大力推广，促进基层协商工作的制度化、规范化、程序化，为社区、群众解决更多难事、实事。

3.躬行实践，扎根社区惠民生。以全区21个智慧委员工作站（室）为平台，贯彻“骨干牵头、轮流领衔、全员参与”的原则，支持、鼓励委员发挥在不同行业的资源优势，以牵头引领、集体协作的方式，开展丰富多彩的基层主体履职活动，为群众的医疗、康养、出行等方面送上实实在在的便捷和福利。

五、再接再厉，驰而不息地抓好队伍建设

2019年，我们将积极适应新形势、探索新思路、采取新方法，努力打造一支政治素质好、议政能力强、作风形象优的开福政协队伍。

1.充分引导，强化委员主体作用。继续强化委员履职管理考核制度，实行全委会、专委会和街道政协联络处“三合一”履职考核测评，科学评价委员履职业绩；注重委员能力素质的提升，继续联合区委统战部，组织部分委员和党外人士赴四川大学进行专题学习培训，并组织全体委员在市内开展一次短期业务培训；继续组织好老委员联谊会活动，引导老委员们发挥余热、传授经验，助力开福发展；丰富委员文化精神生活，组织开展摄影、篮球、游泳等多姿多彩的文化体育活动，促进委员队伍内部的情感交流。

2.精心打磨，凸显基层工作亮点。进一步加强对街道政协联络处的工作指导，鼓励各个街道政协联络处发挥优势、因地制宜，打造出各具特色的工作亮点，为委员基层履职打造更多平台，提供更好服务。

3.严格管理，增进机关服务效能。坚持以抓纪律为重点，以抓学风为手段，以抓服务为宗旨，以抓队伍为保障。全面履行党员领导班子和领导干部的“一岗双责”职责，切实肩负起党风廉政建设的党组主体责任和纪检组监督责任；进一步加强学习氛围，多渠道、多形式地组织开展各类学习，不断提升机关的整体理论水平；通过健全工作制度、细化工作要求、跟踪督办落实，进一步提升政协机关办文办会的工作水平，为委员履职提供更为热情、细致、周到的服务保障；进一步优化机关支部内部建设，高质量地抓好机关党建、意识形态、宣传教育等工作，努力打造“团结、进取、卓越”的务实机关。

“惟其艰难，方显勇毅；惟其磨砺，始得玉成。”各位委员、同志们，新的一年，让我们紧密团结在以习近平同志为核心的党中央周围，在中共开福区委的坚强领导下，众志成城、携手并肩、砥砺奋进，为加快建设强盛、精美、幸福、厚德的现代化新开福做出新的更大的贡献。

特　辑

SPECIAL EDITION

持续深化改革　推动区域发展

改革开放40年，见证时代变迁、经历历史变革、实现开福巨变。历史风云激荡，改革大潮汹涌，开福人用拼搏立起精神标杆，用改革推动高质量发展，用开放托起北富梦想，用大气魄、大胸怀、大担当书写一份精彩的时代答卷。

开福的发展史，实质上是开福人的奋斗史。改革开放以来，历届开福区委政府坚定不移推进改革发展，从“搬区治、过亿元”到“升级发展、成就北富”，一代又一代开福人接续奋斗过来，付出数不尽的艰辛和努力。被称为“十年梦想”工程的黄兴北路棚改项目，是国务院590号令施行后的全国“第一个吃螃蟹”的大型棚改项目，历经两届区委政府，3.2平方千米区域、53.3公顷多土地、7100余户、85.5万平方米房屋有序棚改，黄兴北路全线贯通，地铁1号线同步建成，十年梦想圆梦今朝；被称为长沙市最大“城中村”的朝正垸，在史上最大规模的拆违行动中，成功拆除136万平方米违章仓库，完成马栏山视频文创园286.67公顷土地的拆迁清零，腾出发展用地；经过多年的发展和奋斗，火车货运北站成功搬迁，“三馆一厅”、省博物馆依次建成，过江桥隧、开福大道、中青路等城市主干道相继拉通，万达、泊富、富兴、华创等城市综合体鳞次栉比……城北大地焕发出无限活力与生机，拼搏赶超注入开福人的血液，融入开福人的灵魂。

城北的突围战，关键是创新开放的崛起战。从20世纪90年代老工业基地“退二进三”，到金霞经开区、金鹰文化区、金融生态区的“三金致强”，开福区经历发展城区经济先天不足的阵痛和转型，涵养壮大物流商贸、文化创意、金融商务三大支柱产业，税收贡献率50%，有力推动质量变革、效率变革、动力变革，实现税收收入在全省城区率先过百亿元。以创新促升级、以开放求突围，是开福致强崛起的生动实践。创新引领发展。文化创新落实湖南省委书记杜家亳“北有中关村、南有马栏山”的战略构想，推进部、省、市、区四级共建，与陌陌、创梦天地、西瓜视频等企业签约，引进129家企业落地，创造马栏山速度，“中国V谷”呼之欲出。科技创新抢抓军民融合战略，立足国防科大驻区优势，集聚军民融合企业106家，成为全省重要基地。金融创新推进“产融结合”，吸引70家省级金融总部入驻。开放致强崛起。面对基础设施落后、人员队伍老化、管理体制不活的园区荒地，开福以壮士断腕的决心和意志，按照“去行政化、强市场化、重产业化”的方向，在金霞经开区 率先全省设立省级园区金库，实现政企分开，集聚火车货运新北站、长沙新港、金霞保税物流中心、跨境电商产业园、传化物流智能公路港等五大开放型平台。“中部地区首个海关保税物流中心”金霞保税物流中心业务量占全省的1/3以上；“湖南首条通往世界的陆上通道”湘欧快线，实现7条专线与6个国家互通，业务量居全国第五；“全国首家海外人士外贸产业基地”落户金霞，快速引进“一带一路”沿线37个国家的30家企业入驻；跨境电商产业园率先全省实现B2C零售出口、直购进口业务双向全流程开通，三年引进外贸和跨境电商企业185家；长沙新港开辟至韩、日、美、欧等27条国际航线，外贸货物运输占全省外贸出口量的70%。人流、物流、资金流向城北加速汇聚，创新和开放成为开福最鲜明的特质和最显著的标识。

新时代的改革路，就是推动高质量发展的必由路。开福区经济总量由1996年建区治时的10.1亿元跨越到2017年的920亿元，财政收入由0.84亿元达到147.1亿元。开福区这些年取得的良好发展局面，靠的是改革开放的拼劲和闯劲；开福现在和未来的升级发展、高质量发展，更要发扬拼的精神和闯的意识。站在经济总量即将过千亿元的新起点，开福区将始终坚持有质效、有温度的“两有”发展，建设物质富裕、精神富有的“两富”开福，按照“四个有利于”原则，坚持问题导向、发展导向和民生导向，稳步推进关乎长远发展的重大改革和升级发展、成就开福事业。

（开福区委政研室）

践行社会主义核心价值观

2018年，开福区深入推进“厚德开福”建设，按照效果目标化、建设系统化、项目品牌化的要求，创造性地把“厚德开福”定位为社会活动品牌，作为全区培育和践行社会主义核心价值观的重要途径、具体抓手和生动实践，在建设强盛精美幸福厚德的新开福进程中，勇当排头兵，全面推动社会主义核心价值观落细落小落实。

一、强化阵地建设，让厚德基础牢起来

深仁厚德，流泽自无穷。开福区积极推动“厚德开福”阵地建设，夯实“立德”基础，让厚德的理念深入人心。一是开展示范建设。2017—2018年新建省级社会主义核心价值观建设示范点1个、主题园2 个、主题街2 个、公益广告示范点10个。各社区根据自身实际，设立一批文化墙。形成“每个街道都有一处宣传主阵地、每个社区都有一面宣传文化墙”。二是搭建网络宣传平台。结合融媒体中心建设，借助开福新闻网、政务网、红网、新湖南、微开福、开福手机报等新媒体技术，及时更新推介“厚德开福”建设相关经验信息，弘扬社会正能量，传播开福声音。三是发挥“开福好人馆”辐射作用。在开福区委、区政府的指导下，率先全省打造首个区级好人馆—开福好人馆，通过“一厅四区”，将近年来“厚德开福”建设的成果运用新媒体新手段展示出来；截至2018年年底，开福好人馆吸引20余万市民群众和党员代表参观，使厚德开福建设有更生动的阐释、更稳固的宣传阵地。四是共建共享文化设施。将区文化馆、图书馆、24小时自助图书馆、街道文化站、农家书屋等打造成厚德实践基地，实行无障碍、零门槛免费开放。在社区开设“厚德书吧”“厚德大戏台”，让“厚德开福”内涵更丰富。

二、打造创新品牌，让厚德氛围浓起来

为使厚德开福建设走向深入，通过打造创建品牌，凝聚厚德建设合力。一是创新志愿服务品牌。设立全省首家由“中国好人”组成的志愿服务品牌——好人大本营，将全区“中国好人”的力量集结成营，集中引领开展志愿服务。设立湘雅医院好人工作站、邓学东好人工作站、卢瑞雄好人工作站等，让好人精神辐射全区。“好人大本营”累计开展各类志愿服务300余场次，服务群众6万余人。设立全市首个学雷锋志愿服务平台—“厚德志愿者之家”，入驻志愿服务组织12个。创新“红色志愿服务”“文化志愿者进学校少年宫”等项

2月6日，“厚德开福 满城温暖”2017年开福区好人事迹展演活动在青竹湖影剧院举行　　（区委宣传部　供图）

目。截至2018年年底，开福区志愿服务队213支，注册志愿者达8万余名，占常住人口比例14%，学雷锋志愿服务品牌211个，好人工作站8个，树起开福崇德向善的道德“风向标”。二是挖掘家风教育品牌。常态开展“好家风开福行”展示活动，对全区“最美家风家庭”进行连续报道。开展“文明家庭评选活动”“家风家训”征集。举行全区“文明家庭”展示表彰活动，营造全民参与的良好氛围。累计评选开福区文明家庭25户，推荐市级文明家庭8户，征集文明家风133条。结合“美丽乡村”建设，加大新乡贤的评选表彰力度，从全区评选新乡贤26位。三是抓实未成教育品牌。组织全区教育系统精干力量编写“厚德开福”读本，深入推动厚德精神进学校、进课堂。全区61所中小学校近5万名师生，将“为国尽忠、为职尽责、为家尽孝”的精神内化于心。结合“学雷锋、做好人”“我是志愿者”“好人好事征集评选”等十大主题开展活动，让崇德向善的理念扎根孩子们的心田。

10月17日，通泰街街道西园社区开展“邻里相亲 守望相助”活动　（区委宣传部　供图）

三、突出实践开展，让厚德品牌火起来

坚持以活动品牌化、践行常态化涵养社会主义核心价值观，注重典型引领示范，从而形成崇德向善、见贤思齐的文明社会风尚。一是立足“我们的节日”主题，重在实践养成。在党员干部、企业职工、青少年学生、社区居民中持续开展以“厚德开福”为品牌的主题实践活动。在重大时间节点、传统节日组织动员群众开展我们的节日、向祖国献礼、开学第一课等活动，激发干部群众的家国情怀，使社会主义核心价值观入脑入心。二是抓典型示范引领，重在价值取向。承办2018年1月中国好人榜发布仪式、湖南省好人榜发布仪式。先后举办好人文化节、好人事迹巡展巡演、好人事迹报告会、文明家庭评选、我们的节日等省市大型活动12类60余场，直接受众10万余人。周海明被评为第七届全国道德模范提名奖、袁亮坤被评为全国岗位学雷锋标兵，开展“学‘习’路上的厚德开福人”“好人榜样”“为家尽孝厚德之星”等专题报道，打造一方有灵魂、有内涵的道德高地。三是唱响主旋律，讲好好人故事。与长沙市曲艺家协会合作，将开福中国好人的事迹用长沙大鼓、长沙弹词、长沙评书等生动鲜活的中华传统文化形式相结合进行艺术创作，开展“好人颂”事迹巡展巡演，让开福中国好人的故事走进街头巷尾。将中国好人的事迹编排成人物故事，发动湖南广播电台的专业主持人、文艺爱好者、中小学生等作为志愿者将故事录制成音频，并发布在互联网上，让群众通过“扫一扫”随时随地聆听好人故事，推动好人故事进家庭。印制“好人日历”，将好人事迹植入新年日历之中，走进千家万户。四是弘扬正能量，完善礼遇帮扶制度。出台《开福区礼遇帮扶道德模范和“身边好人”实施方案（试行）》，提供参观游览、公共交通、健康体检、报刊订阅、窗口优先、生日慰问、文化活动、安全保险、节庆活动、困难帮扶等10项政策，帮扶礼遇先进典型，引导社会形成“好人有好报”的价值导向。

（开福区文明办）

马栏山视频文创产业园建设

建设马栏山视频文创产业园，是落实湖南省委“创新引领、开放崛起”战略和湖南省委书记杜家毫关于“北有中关村，南有马栏山”指示精神的重大举措，长沙市委、市政府高度重视，将其作为打造国家创新创意中心、促进创新引领发展的核心支撑，务实高效推进规划建设各项工作。2018年是马栏山视频文创园的开局之年，园区认真谋划战略定位、发展目标、规划布局和实施路径，系列工作取得阶段性进展。

一、精明做好片区规划。坚持规划引领，在城市规划设计的框架内，深化多类专项设计，完善规划体系，增强规划的可操作性。编制出台鸭子铺片区《路网及道路景观设计指导意见》，从细节入手，提高建设品质。由深圳规划设计院牵头编制“四个园区”(海绵园区、智慧园区、品质园区、精明增长)专项规划，2018年完成第一轮研讨，正抓紧完善。中铁第四研究院完成《中运量线路站场方案》初步研究，计划建设里程11千米，设置15座站点，拟按程序上报审批。立体慢行系统（空中连廊）由德国欧博迈亚公司研究编制，拟沿城市规划设计中的“活力轴”两厢设置。由中环驰昊公司负责完成国际社区初步设计方案，拟以全球视野，高标准建设国际化的产业、生活、商业等配套，将鸭子铺片区整体建设为大型国际社区，在合适地块建设相对集中的国际人士生活区。

二、精细抓好项目建设。在保证“安全与质量”的前提下，管委会班子成员联点带队，蹲守项目一线，现场调度、现场督办，千方百计加快项目进度。2018年实施的“一带一桥，两翼五道七支路”工程，滨河路、匍园路全面竣工；浏阳河两翼景观工程完成标准段建设，年底基本竣工。朝正路、向阳路启动建设。金鹰路等七条道路抓紧完成前期手续，东二环鸭子铺立交改造工程完成监理招标，鸭子铺路、马栏山公园完成方案设计，2019年初启动施工。创智园（一期）1~4号、6号栋交付企业二次设计装修，5号栋抓紧立面施工。众创园装修进展顺利，2019年1月15日前交付使用。中广天择项目完成基坑支护，芒果总部大厦着手建设临时办公用房。聚恒企业总部大楼加紧施工前期筹备，2019年启动建设。

三、精准对接企业落地。坚持“抓大不放小”，加快企业入驻，不断完善产业生态，延长产业链条。对接头部企业、独角兽企业和平台类企业300余家，新注册落地企业162家，截至2018年年底，入驻企业170家，陌陌、创梦天地、西瓜视频、洋葱视频、中南传媒等一批优质企业落户园区。借助各类活动，唱响“马栏山迎宾曲”，11月30日在第六届中国网络视听大会上举办专场推介，120余家企业参会，与杭州二更等5家知名企业签约。创智园（一期）招商面积全部预定，众创园80%的招商面积预定。出台《产业项目用地管理暂行办法》，进一步提升项目引进的科学性、规范性，引导入驻企业合理用地预期，实现资源集约利用。

四、精益优化配套服务。获批中国（长沙）马栏山视频文创产业园，成为全国首个国家级广播电视产业园区。湖南省人民政府与国家广播电视总局签署共建合作协议，将从五个方面共推马栏山建设。国家级科文融合示范园区申报顺利通过答辩。搭建金融合作平台，与湖南省担保集团、达晨创投建立战略合作，建设银行、长沙银行分别为园区企业授信100亿元和 200亿元。出台《文创金融信贷风险补偿资金管理暂行办法》《产业引导专项资金管理暂行办法》。长沙市政府28项行政审批权限全面下放，湖南省广电局在园区开设窗口，“网上马栏山”、微信公众号建成运行，马栏山的“软环境”更加优化。积极协调各方，加快推进马栏山学院、版权交易中心、视频文创智库建设，做强产业配套服务。

五、精心锻造干部队伍。新园区有新作风，才有新作为。园区坚持“党建引领”，一手抓党建、一手抓发展。2018年4月人员逐步到位后，主动向市委组织部、市直机关工委申请成立机关党支部，印发党建工作要点，建立“三会一课”制度，获评全市“五化”示范党支部。探索将支部建立在项目上、产业链上，在中广天择项目建立临时党支部，在创智园建设“两新组织党建工作室”，将党建延伸到园区每一家企业。坚持制度管人，出台22项内部管理制度，提高园区管理规范化。坚持绩效考核，制定年度考核办法，量化内设机构和人员工作任务，以目标为导向，增强工作实效。

（马栏山视频文创产业园）

加速推进物流产业发展

2018年，开福区有规模以上物流企业53家，完成营业收入429.14亿元，同比增长14.98%。其中，包括AAAAA级物流企业10家（总部在园区内的为2家：国药控股湖南有限公司、湖南金霞粮食产业有限公司），AAAA级物流企业7家，形成医药、能源、粮食、传统物流等物流产业集群。2018年，医药产业完成销售额170.75亿元，同比增长7.45%；能源产业完成成品油销售额144.93亿元，同比增长11.88%；粮食产业完成销售额108.21亿元，同比增长9.52%；传统物流完成营业收入19.61亿元，同比下降10.04%。

8月17日，开福区传化公路港开园（区委宣传部　供图）

功能型物流平台

长沙新港。长沙新港是全国内河28个主要港口之一，国家二类水运口岸,东靠贯穿南北的京广大动脉、南依东西走向的长石铁路，毗邻长沙新铁路货运站，铁路专线规划进港；公路与京珠高速、上瑞高速、长常高速和107国道相连，可直达黄花国际机场，形成铁、公、水、航空立体交通网络。由于地处长株潭经济核心地带，随着区域经济的发展，特别是外向度的逐年提高，湖南省60%以上的出口集装箱由长沙新港发运，长沙新港码头成为湖南省重要的水运口岸。2018年，长沙新港完成营业收入1.35亿元，同比增长22.09%；货物吞吐量809.93万吨，同比增长17.72%，其中集装箱16.4万标准箱（TEU），同比增长10.34%。

长沙铁路货运新北站霞凝站场。长沙铁路货运新北站霞凝站场一期建有铁路装卸线23条，年货物吞吐量2000万吨。二期重点完善集装箱、特货、快运、冷藏、仓储和口岸功能等作业区建设，建设一级铁路口岸，预计全部建成后，年货物吞吐能力3000万吨，成为集承运、装卸、联运（海铁、水铁）、仓储、配送、流通加工于一体的国家一级铁路物流基地。截至2018年年底，有运营线路11条，9去2回，多条线路如明斯克、德黑兰、蒂尔堡、布达佩斯等进入常态化开行，直接途经国家15个，物流服务实际覆盖国家30个，成为湖南铁路出海的快速黄金通道和融入“丝绸之路”经济带建设、快速直达欧洲和中亚的一条国际物流新通道。2018年，

11月22日，区政府与中国邮政速递湖南分公司签定战略合作伙伴协议（区委宣传部　供图）

霞凝货场完成营业收入2.97亿元，同比增长71.65%；完成货物吞吐量325.9万吨，同比增长5.85%，其中发送货物66.9万吨，到达货物259万吨。

长沙传化公路港。长沙传化公路港主要建设“平台交易中心、运力调拨中心、货物集散中心”三核心，打造智能公路港3.0版本，具体业态包括信息交易中心、货运班车总站、智能车源中心、仓储配送中心、汽修汽配中心、物流装备展销、电子商务中心等。项目秉承“公路物流平台整合运营商”定位，以服务“卡车”为核心，发展“仓—运—配—交易”四大核心物流服务，项目成熟运营后，将整合1000家物流企业，20万社会货运车辆，降低货车空载率50%，降低商贸及制造业企业40%以上的物流成本，每年带动物流及相关收入200亿元，创造新就业岗位2万个，为城市置换出200公顷以上的物流土地。2018年11月，传化物流联合旺东物流、湘通国际铁路港、长沙新港共同打造的“互联共享、网络全国、辐射国际”的商品车及集装箱铁水公联运示范工程，成功入选国家第三批24个多式联运示范工程项目名单。2018年，传化公路港实现主营业务收入6.18亿元。

长沙金霞海关保税物流中心。长沙金霞海关保税物流中心是湖南省开放型经济发展的公共服务平台和长沙打造内陆开放高地的主阵地，于2005年申报建设，2008年12月获批，2009年4月通过海关总署等国家四部委联合验收，8月正式封关运行，2015年9月获批湖南跨境电商产业园。中心规划用地100公顷。其中，一期海关监管区30公顷，建成总面积约14万平方米的10栋保税仓库及配套集装箱堆场、长沙跨境电子商务监管中心及网购保税进口备货仓库；建成跨境电商大厦，设立金霞口岸联检大厅，海关、外汇、税务实行一站式办公。二期物流配套区70公顷，建成湖南首家保税店湖南进出口商品展示交易中心和中国国际母婴城。2018年，园区完成外贸进出口额9.88亿美元，完成市级下达目标任务167.4%，在全市园区中排名第二；金霞口岸区域2018年实现进出口货值62.67亿美元，征收税款34.41亿元人民币，其中保税中心实现进出口货值26.29亿美元，征收关税9.89亿元人民币。

重点物流产业

医药健康产业。金霞园区内规划建设2平方千米的生物医药与健康产业园，主要围绕生物医药产业链上中下游，发展医药研发、流通、医疗器械、医疗检测等，引进国药控股、九州通医药、海王医药、老百姓大药房等200余家企业入驻，其中限上医药销售企业25家。2018年，完成医药销售额170.75亿元，同比增长7.45%。其中，国控湖南完成销售额80.01亿元，同比增长15.41%，九州通、润吉医药、金六谷、恒昌医药、海王医药、和瑞医药、健桥医药等企业呈现不同程度的增长。

能源物流产业。园区内聚集中石化、中石油、金霞石化等能源企业。2018年，能源物流板块完成销售额144.93亿元，同比增长11.88%。其中，中石化完成销售额103.08亿元，同比增长14.88%，保持较强的增长势头。

粮食物流产业。园区内聚集湖南粮食集团、金海粮油、长沙绿色安全食品交易中心等粮食企业。2018年，粮食物流板块完成销售额108.21亿元，同比增长9.52%。其中湘粮集团完成销售额100.36亿元，同比增长9.18%。

传统物流产业。园区内主要集中德邦物流、传化公路港、新源石油、湘欧快线等重点企业。2018年，共完成营业收入19.61亿元，同比下降10.04%。其中，传化公路港业务由粗放向精细化调整过程中，业务量下降较大，引起板块整体数据下降。

（开福区物流与口岸服务中心）

湘欧国际货运班列　　（区委宣传部　供图）

大事记

RECORD OF EVENTS

开福区大事记

1月

2日　连接北二环与星沙的星沙联络线全线通车，原需经福元路到星沙的交通压力得到缓解。

7日　政协长沙市开福区第五届委员会第三次全体会议开幕，大会应出席委员207名，实到201名。

8日　长沙市开福区第五届人民代表大会第三次会议开幕，大会应到代表217人，实到210人。

10日　区五届人大三次会议举行第三次全体会议，选举区监察委员会主任，补选区五届人大常委会委员。欧干军当选区监察委员会主任。

11日　长沙市开福区监察委员会挂牌。周朝旭、喻寄宏为区监察委员会副主任，刘科、蔡亮、彭庆、莫红宇、陈广益、黄粮为区监察委员会委员。

15日　开福高新区正式获批军民融合核心产业园。

16日　区政府通过购买服务方式，委托三方启用无人机全天候航拍巡查，推进环境大治理。

19日　首个区委党校教学点在东风路街道王家垅社区挂牌成立，在长沙首创“30分钟党课圈”。

29日　开福城投控股有限责任公司正式揭牌。

2月

6日　市委副书记、代市长、湘江新区党工委书记胡忠雄来区调研，实地察看长沙北站湘欧快线、国药控股湖南有限公司，并召开座谈会。

6日　省民政厅厅长唐白玉到东风路街道调研、座谈，到王家垅社区看望慰问社区工作人员。

7日　青竹湖街道社区卫生服务中心获国家卫计委通报表扬。

9日　“开福最美环卫工”在五星级酒店乐享爱心小年宴,区环卫局、湖南经视、圣爵菲斯大酒店联合举办“崇德向善迎新春 红红火火过大年”环卫暖冬活动，200多名环卫工人一起过小年。

24日　2017年全区完成124户农村危房改造工作并通过验收。

3月

1日　区政府与中石化湖南分公司营销管理中心举行合作签约仪式。

5日　区交通运输局集中处罚中心正式成立运行。该中心将对辖区内治超站、卸载场、停车场“三位一体”治超配套场所监督管理，并简化压缩办事流程，方便车主办理相关手续。

9日　虚拟VR、视频互动开福好人馆试运行。

12日　区政协老委员联谊会成立大会暨第一次全体会员大会举行。

14日　长沙市第六水厂正式通水，惠及城北18万居民。

23日　长沙市第一医院捞刀河名医工作站康复治疗中心启动仪式在捞刀河街道社区卫生服务中心举行。

26日　建于1996年的北斗星商厦，成功爆破拆除。

31日　由市园林局、区委宣传部、新河街道大工委主办为期两天的长沙第五届琼花艺术节在紫凤公园开幕。

4月

9—10日　第二届中国楼宇经济成都峰会召开，首次颁发13项中国楼宇经济大奖。开福区获“中国楼宇经济最具投资价值城区”奖项。

9日　沙坪街道新时代农民讲习所揭牌成立，实现党的理论政策解读与美丽乡村建设同频共振。

21日　《文化名人话开福》新书首发仪式在秀峰山公园举行。

29日　“剑行天下，幸福开福”2018年中国击剑俱乐部联赛长沙开福站在湖南国际会展中心开赛，来自全国15个城市和地区的242个俱乐部、4025名选手参赛。

5月

2日　区人民武装部组织16个街道60余名民兵在湘江码头开展冲锋舟训练，为汛期抢险救灾练技能、打基础、做准备。

14日　马栏山视频文创园获省委省政府50亿专项扶持资金，华为等8家知名企业成其“青春合伙人”。

15日　立体交通运输网引商贸物流企业落户开福。

16日　开福区在全市率先推行政府法律顾问制，100%覆盖区直部门和街道。

17日　长沙市地方志文化进乡村暨《开福年鉴》首发式在沙坪街道汉回村举行，将每年一“鉴”。

25日　长沙造飞行汽车亮相开福区，2年后或载人飞行。

30日　区党员政治生活馆揭牌仪式在望麓园街道船山学社举行。2.3万党员当传承“船山精神”先行者。

6月

5日 开福区80项事项实现“不见面”，295项事项“只跑一次”。

5日 省第十三届人大代表开福小组视察开福区经济社会发展情况。

6日 开福区动漫游戏原创设计大赛开幕，第一名可享劳模待遇。

6日 第四届中国楼宇经济峰会在杭州举行，超过40家城区代表和100家企业参会。区受邀参加并荣获“2018中国楼宇经济创新实践基地”。

7日 全市首试老城区民居有机更新功能修缮，潮宗街纳入其中。

11日 长沙金霞保税物流中心与中国外运华南有限公司湖南分公司签约。中国外运华南有限公司湖南分公司落户金霞。

15日 金霞保税物流中心金关二期保税物流管理系统正式启动运行，海关通关环节将更智能、数据和无纸化。

21日 金霞经开区重大招商项目集中签约暨海外人士外贸产业基地启动仪式举行，19个项目集中签约。

26日 长沙首个区级新时代学习社在清水塘街道揭牌。

27日 市重大产业项目集中开工活动（开福分会场）在金霞经开区军民融合科技城举行。集中开工项目4个，总投资近20亿元。

27日 长沙市装配式建筑产业创新战略联盟成立暨工作推进大会在金霞经开区召开。

28日 区物业矛盾纠纷调处中心在芙蓉北路街道江滨社区挂牌成立，负责统筹协调、转办交办督办全区重大物业矛盾纠纷调处工作。

29日 中国（长沙）马栏山视频文创产业园获批设立。同时举行重大项目集中签约仪式。

30日 清水塘街道四季花城社区建起“红色摇篮”党建声音馆。

7月

5日 区住房公积金归集总额过百亿元。

9日 区投入1471万元对口帮扶邵阳市城步苗族自治县。

13日 省委书记、省人大常委会主任杜家毫到马栏山文创园调研。

17日 市委书记胡衡华督查“五河”污染防治工作，确保碧水保卫战取得成效。

17日 位于省人民体育场内的湖南省全民健身示范中心正式启用。

18日 浙商银行长沙分行2018中国经济金融形势分析会暨长沙分行开业仪式在北辰洲际酒店举行。

21日 区委副书记、区长刘拥兵到湘西土家族苗族自治州龙山县内溪乡、茨岩塘镇等地调研对口帮扶工作，金霞经开区、秀峰街道、青竹湖街道捐赠社会帮扶资金120万元。

23日 50个集装箱满载“湖南制造”从金霞启程首发德黑兰。

24日 区教育局与11家开发商所建的20所小区配套幼儿园签订建设与移交协议，4所幼儿园完成实体移交。

27日 四大跨境电商项目签约在金霞保税物流中心举行。

30日 天猫圆通等千余企业进驻开福“智慧物流谷”，物流成本可降低四成。

31日 全国政协副主席汪永清在省政协主持召开湘鄂黔桂四省区交流研讨座谈会。区政协党组书记、主席熊建伟作为全省122个区县市政协唯一发言代表，就区基层协商、“线上委员工作站”、社情民意等工作经验进行汇报。

8月

2日 由中宣部组织的“大江奔流——来自长沙经济带的报道”大型主题采访团到卓尔军民融合产业园采访。50多名记者了解区军民融合产业发展情况并实地参观庄耀光电、盾甲新材、志合众信、明湘科技等军民融合企业。

3日 新时代“庭院讲习社”揭牌暨区域化党建联盟成立仪式在东风路街道王家垅社区举行。

6日 开福高新区管委会（筹）承办的第七届中国创新创业大赛（湖南赛区）暨第五届湖南省创新创业大赛生物医药行业半决赛举行，来自全省14个市州和全国各地的百余家企业及参赛团队参加。

7日 由高新区管委会（筹）承办的第七届中国创新创业大区赛（湖南赛区）暨第五届省创新创业大赛生物医药行业半决赛在长沙山河医药健康产业园举行。

9日 作为全国唯一承办出口信用保险业务的政策性保险公司中国出口信用保险公司湖南分公司成立正式迁

入开福区。

10日 智能刷脸取纸、百度地图一键搜厕，区“厕所革命”年新建或提质139座。

14日 长沙首个集垃圾收集、分拣、再生产品展示、垃圾分类学习教育展示于一体的“垃圾智慧分类驿站”在清水塘街道使用。

17日 智慧物流助推长沙现代化建设招商推介会暨长沙传化公路港城市物流中心启航仪式举行。标志着湖南规模最大、服务功能最全的现代化城市物流中心正式启运。

19日 区共庆首届“8·19中国医师节”。

20日 又一条中欧班列从开福驶向世界，长沙至荷兰蒂尔堡“湘欧快线”首发。

24日 “湘欧快线”跻身全国五强，物流服务覆盖27个国家。

24日 “百姓节假日＝政府工作日”湖南模式开福先行。

30日 由全市宗教团体主办、开福寺承办的以“国旗飘扬迎盛世 五教同城沐党恩”为主题的“五进五好”活动启动暨升国旗仪式在开福寺举行。

31日 楚家湖清淤12万立方米，重现清澈面貌。

9月

4日 垃圾分类进机关。

6日 湖南首个汽车滚装码头开福首航。

6日 长沙市2018年“质量月”活动启动仪式暨特种设备应急救援演练在长沙世界之窗举行。

7日 清水塘街道连续两年蝉联长沙“十强十快”街道。

11日 长沙—龟尾（韩国）结好20周年经济合作交流会在世纪金源大饭店举行，区长刘拥兵对区投资环境做专题推介。

12日 区投入3.9亿元完成两河系统治理，还浏阳河、捞刀河“碧水清流”。

14日 2018年“三江笔会”作家采风团来区采风，来自武汉、南昌、长沙市作协的30余名青年作家参加。

19日 区完成24家烟花鞭炮门店退出经营。

21日 区试点成功在水稻田里养小龙虾。

10月

9日 “湖湘杯”网络安全技能大赛启动，最高奖励16万元。

11日 新河街道动力北院小区改造，从设计、施工到后期维护全程有398户居民参与其中，居民唱“主角”。

12日 果蔬垃圾变绿肥免费送，开福区18家农贸市场引进果蔬垃圾处理系统。

12日 区第三届创新创业大赛正式启动。

15日 区特种设备行政审批“全程网办”改革试点正式实施,区域内的特种设备安装、改造、修理施工告知将实行网上申报、网上审批，不再需要前往政务窗口提交申请。

18日 青竹湖街道金霞新村社区公园正式对外开放。

19日 区曲艺家协会成立，为长沙首个区级曲艺家协会。

24日 全省首家电力网格化供电服务站——开福区福城路服务站揭牌成立。

25日 农业农村部新闻办公室发布，湖南省益阳市和常德市排查出生猪非洲猪瘟疫情。区长刘拥兵主持召开非洲猪瘟防控及疫情处置工作会议。

25日 区开打九价HPV疫苗。

31日 区内43条农村公路纳入“路长制”。

11月

5日 区出台16条措施做好退役军人服务管理。

6日 第十一届“福满星城”购物消费节9日开幕，派送700万元福星红包。

7日 区铺排治理项目80余个，坚决打赢中央环保督察交办问题歼灭战。

9日 区域化党建第一次联席会召开，与驻区23家单位缔结首批党建同盟关系，双向认领党建共建项目161个。

11日 开福寺碧湖诗社复社典礼暨第一届理事会在古开福寺召开。省、市相关单位负责人、省、市佛教协会及佛教界、文化艺术界人士参加此次活动。

13日 区首届“好人文化节”在长沙滨江文化园举行。

13日 “产融携手 助力开福”开福区军民融合项目首期投资路演会暨众邦军谷产业发展基金发布仪式举行。并成立全省首支区级军民融合产业基金，规模10亿元。

13日 上海烟草集团有限责任公司与上海汽车集团股份有限公司爱心救护车捐赠仪式在洪山街道社区卫生

服务中心举行。

15日 开福区清水塘教育集团成立大会暨“清水塘教育”论坛在清水塘北辰小学举行。

19日 区“千人帮千企”兑现帮扶资金1725万元。

19日 区好人馆获省“社会主义核心价值观建设示范点”称号。

22日 区与中国邮政速递物流股份有限公司湖南省分公司就湖南邮政速递物流国际金霞操作中心项目签署战略合作框架协议。

22日 “草莓V视”新媒体示范基地授牌仪式暨“马栏山众创园”沙龙活动举行。

26日 坐落开福区的长沙市青少年宫新宫试运营。

26日 开福区在全国首批实现微信交社保。

27日 区厚德开福建设及开福“好人馆学习宣传道德模范”项目获评2018年度长沙市文明风尚引领十佳品牌。

29日 区首家省级科技企业孵化器授牌，助力生物医药创新。

12月

4日 省委全面依法治省委员会办公室、省委宣传部、省司法厅联合主办的“12·4”国家宪法日暨法治湖南建设年度盛典活动在省人民会堂举行，区委书记沈裕谋荣获2018年度湖南省“优秀法治建设推进者”荣誉称号。

4日 《长沙市开福区志》省市评审会召开。来自省志委、市志办的领导和评审专家对开福区志的编纂提出指导性、操作性意见。

5日 马栏山首秀中国网络视听大会，5家顶尖视频文创企业签约落户。

6日 沃尔玛福元路店举办开业仪式。

7日 区教育局与长沙市麓山国际实验学校合作举办长沙市麓山高岭学校举行签约仪式，设36个小学班18个初中班。

11日 联合国人居署亚太地区办事处高级人居官员Bruno Dercon 、张振山到潮宗街片区考察区有机更新工作。

11日 北辰欧葆庭国际颐养中心开业暨北辰国际健康城启动仪式举行。

13日 “微开福”成功入选“长沙市十大最具影响力政务微信公众号”。

17日 苏托垸污水处理厂尾水管穿堤工程开工。

18日 开福区文学艺术界联合会成立。

18日 “开启幸福·2019”开福消费节启动仪式暨凤凰海购物公园开业庆典活动举行。开福消费节启动，城北七大商圈购物乐享1500万元让利。

19日 长沙重大产业项目建设流动观摩会在区举行。

28日 区第二届新乡贤评选表彰暨新时代文明实践所授牌仪式活动举行，为区新时代文明实践中心揭牌，8个街道新时代文明实践所授牌，对26名“新乡贤”进行表彰。

29日 开福大道捞刀河桥至北二环段电子警察正式启用。

29日 建于1954年，仿苏联建筑风格的长沙最早三星级宾馆——湘江宾馆历时40小时整体向北移动35.56米。

29日 首届长沙国际创新博览会在高岭国际商贸城开幕，3000多个海内外展商参展，80万件精品工厂价展销。

29日 区消防救援队伍授衔换装仪式举行。

（整理：张晓阳）

名词解释：

1.有机更新：城市有机更新是对城市中已不适应一体化城市社会生活的地区作必要的改建，使之重新发展和繁荣。

开福概况

A SURVEY OF KAIFU

自然地理

【区域位置】开福区位于北纬28° 11'55″~28° 23'35″，东经112° 54'07″~113° 04'39″，地处长沙市北部，傍湘江下游东岸，处浏阳河、湘江汇合之东南部。东部由北向南，与长沙市长沙县、芙蓉区相邻；南部由东向西，依次与长沙市芙蓉区、天心区接壤；西部濒湘江，由南向北，依次与长沙市岳麓区、望城区隔江遥对；北部由西向东，依次与长沙市望城区、长沙县搭界。区人民政府驻长沙市芙蓉北路1段588号，电话区号0731，邮政编码410008。距长沙市人民政府驻地5.7千米。辖区东西直线距离17.2千米，南北直线距离21.5千米，总面积为188.3平方千米。其中陆地162.3平方千米，占86%；水域26平方千米，占14%。农村面积108.3平方千米，建城区面积80平方千米。耕地面积3366.7公顷，林地面积3750.6公顷，森林总面积3003.7公顷，林木绿化率37.35%。开福区因千年古刹开福寺而得名，是“楚汉名城”和湖湘文化重要发祥地，也是中国四大名绣之一湘绣的发源地。拥有开福寺、潮宗古街、湖南省博物馆、长沙市博物馆、沙坪湘绣博物馆、世界之窗、海底世界、长沙市“三馆一厅”（长沙市图书馆、长沙市博物馆、长沙市规划展示馆、长沙市音乐厅）、烈士公园、清水塘中共湘区委员会旧址、船山学社等旅游景点。开福区是国家长株潭城市群“两型社会”建设试点的重要地区，也是长沙推进“大城北”战略的核心区域。

【地形地貌】开福区地处湘中丘陵向洞庭湖平原过渡地带，西濒湘江。地势南高北低，由东南向西北倾斜。地形岗丘绵延，谷地起伏，河涧纵横，湖塘星布。境内有湘江、浏阳河、捞刀河、沙河、白沙河及青竹湖、年嘉湖、楚家湖、月湖等1江4河10湖。境内最高峰三宫殿，位于青竹湖街道新源社区，海拔234.8米，最低点山窑潭西北，位于捞刀河街道风羽村海拔28米。

【自然资源】开福区境内土壤多属中性，土质疏松肥沃，适宜种植水稻、红薯、各类蔬菜和多种水果。主要植物有松、杉、香樟、桂花树、银杏、南竹、杜鹃等。常见动物有野兔、八哥、多种蛇类及青、草、鲢、鳙四大家鱼等。境内矿产资源有磷矿，储量未探明，矿区位于青竹湖街道金霞新村；石英砂，分布在沙河流域一带。

【水文气候】开福区境内河道属长江流域。主要河道有一级河湘江，流经开福区长度19.67千米；二级河浏阳河、捞刀河、沙河等3条，流经开福区总长度29.7千米；三级河白沙河，流经开福区长度11.29千米。全区河流总长度60.66千米，河网密度0.32千米／平方千米，境内最大的河流为湘江，从南至北流经境内通泰街街道、湘雅路街道、新河街道、芙蓉北路街道、秀峰街道、青竹湖街道；主要支流有浏阳河、捞刀河、沙河、白沙河等。开福区境内防洪大堤75千米，有11个千亩以上堤垸，其中万亩堤垸3个。

开福区属于亚热带季风性气候，其特点是温暖湿润，雨量充沛，四季分明，生长期长。1951—2018年平均气温17.2℃，1月平均气温4.8℃（冬季均温10.6℃），极端最低气温-12℃（1972年2月9日）；7月平均气温28.7℃～29.4℃（夏季均温29.5℃），极端最高气温41.2℃（2003年8月2日）。最低月均气温0.3℃（1964年2月），最高月均气温31.6℃（2003年7月）。平均气温年较差23.3℃～24.4℃，最大气温日较差23.8℃（2004年2月14日）。生长期年平均244～247天，无霜期年平均281天，最长为325天，最短为224天。年平均日照时数1771.01小时，年总辐射1762.6千卡／平方厘米。0℃以上持续期362.2—365天（一般为1月19日至次年1月16日）。年平均降水量1361.6毫米，年平均降雨日数为152天，最多为225天（1965年），最少为121天（2011年）。极端年最大雨量2102.9毫米（1969年），极端年最少雨量932.8毫米（2011年），降雨集中在每年3月至8月，6月最多。主要气象灾害有洪涝、高温、干旱、低温阴雨、冰雹、大风、寒潮、雷暴等。2018年平均气温18.5℃，年内最高气温39℃，最低气温-5℃，年均降水量1318.3毫米。

人口、民族

【人口】全区年末常住人口66.48万人，其中城镇人口65.05万人，占总人口比重（常住人口城镇化率）为97.8%。年末户籍人口总数50.56万人，比上年末增加1.81万人，增长3.71%。其中男性人口24.32万人，占48.1%，女性人口26.24万人，占51.9%。人口自然增长率为5.57‰，符合政策生育率99.3%，出生婴儿男女性别比为108:100，计划生育免费技术服务到位率100%。

【民族】开福区境内人口，以汉族为主，有土家族、苗族、回族、侗族、瑶族、满族、白族、蒙古族、维吾尔族、土族、壮族、布依族、佤族、朝鲜族、彝族、畲族、黎族、拉祜族、藏族、傣族、仡佬族、锡伯族、普米族、高山族、纳西族、达斡尔族、赫哲族、哈尼族、哈萨克族、羌族、独龙族、撒拉族32个少数民族；超过300人的有土家族、苗族、回族、侗族、瑶族5个民族。

建置·区划

【建置沿革】秦汉以来，今开福区地域属长沙县。原城墙内属长沙县城，县署设城北连升街，城墙外属明道都。1914年，废都甲，设乡镇。明道都改为明道镇。1933年长沙设市，市县分治。1934年，长沙市划分4个区，今开福地域所含的城北属第四区。1938年，第四区改名为兴汉镇。1944年1月，镇乡改区，长沙市分为内四区、外四区，城北区限中山路以北，兴汉门以南，经武门以西至湘江边一带。至1949年8月，城北区辖ll保193甲，面积1.7平方千米。1949年8月5日，长沙解放，城北区建立区级人民政权，初期，仍沿用保甲制。1951年9月，成立北区人民政府。1952年11月，开展民主建政运动，成立7个街道人民代表会议办事处。1954年9月，撤消街道人民代表会议办事处，成立街道办事处，为区政府派出机构。其时，城北区共辖9个街道办事处：戥子桥、炮队坪、民主东街、留芳岭、彭家井、荷花池、文星桥、文昌阁、上大垅。1993年，郊区福安乡胜利村成建制移交北区管理。截至1995年年底，北区面积14.3平方千米，辖民主东街、望麓园、清水塘、北站路、上大垅、伍家岭、新河、黑石渡8个街道办事处及胜利村，114个居民委员会。

1996年，长沙市区划调整时，在原北区基础上，划人长沙县、原望城县、原郊区所属的大片农村地区及原西区所属的部分街道，成立开福区人民政府，面积扩至188.3平方千米。辖11个街道、1个镇、2个乡。2006年9月，撤并西长街、通泰街新成立通泰街街道办事处；撤并民主东街、望麓园新成立望麓园街道办事处；撤并上大垅、黑石渡新成立东风路街道办事处，本次区划调整后，开福区辖10个街道、3个镇。2013年9月，原捞刀河镇撤销，新成立捞刀河街道和沙坪街道，原新港镇撤销，新成立新港街道和秀峰街道，原洪山街道析置为洪山、浏阳河、月湖3个街道，本次区划调整后，开福区辖16个街道、1个镇。2015年11月，开福区乡镇区划调整后，撤销青竹湖镇和新港街道，合并成立青竹湖街道。截至2018年年底，开福区辖2区1园1局1中心（金霞经济开发区、开福高新区（筹）、青竹湖生态科技产业园、洪山管理局、金霞保税物流中心）16个街道。

【行政区划】2018年，全区辖望麓园、清水塘、湘雅路、伍家岭、新河、东风路、通泰街、四方坪、芙蓉北路、洪山、月湖、浏阳河、秀峰、捞刀河、沙坪、青竹湖16个街道；下辖98个社区居委会，9个村民委员会，全区注册登记社会组织363家，其中社会团体42家，民办非企业单位321家，街道备案社会组织788家。

国民经济和社会发展状况

【综述】全区实现地区生产总值1045亿元，同比增长9.3%。在地区生产总值中，第一产业实现增加值1.1亿元，同比下降11.9%；第二产业实现增加值150.8亿元，增长0.9%；第三产业实现增加值893.1亿元，同比增长11%。全区三次产业结构为0.1：14.4：85.5；在地区生产总值累计增幅中，第一、二、三次产业分别拉动0个、0.1个、9.2个百分点；三次产业对地区生产总值增长的贡献率分别为-0.2%、1.5%、98.7%。全年完成一般公共预算总收入134.9亿元，同比增长12.7%；其中完成全口径税收收入119.2亿元，同比增长17.5%，税收收入占一般公共预算总收入比重为88.3%。全社会固定资产投资同比增长12%、社会消费品零售总额同比增长11%；居民人均可支配收入53621元；研发与试验发展（R&D）经费支出同比增长30%；产业投资占固定资产投资总额比重35%；单位地区生产总值能耗下降3%，成功入选2018年全国高质量发展百强区。

【农业和农村经济】全年累计完成农林牧鱼总产值2.2亿元，同比下降11.6%。其中，完成农业产值1.3亿元，同比下降14.6%；完成林业产值0.06亿元；完成牧业产值0.7亿元，同比下降14.8%；完成渔业产值0.11万元，同比下降6.8%。全年粮食种植面积2170公顷，粮食总产量1.37万吨。生猪出栏3.89万头，家禽出笼7万羽，水产品产量772吨。

【工业和建筑业】全区完成规模以上工业总产值146.4亿

元，同比增长6.3%，较2017年同期上升1.2个百分点；实现规模以上工业增加值50.07亿元，同比增长5.21%。龙头企业支撑作用明显，全年工业总产值过亿元的企业23家，完成工业总产值118.6亿元，占全部规模工业总产值的81%。全年股份制企业完成工业总产值128.7亿元，占全部规模工业总产值的88%。全年新增规模工业企业17家。

全区具有资质以上等级的总承包和专业承包建筑企业77家，完成建筑业总产值386.62亿元，同比增长8.43%；实现建筑业增加值100.1亿元，同比增长7.9%；房屋施工面积1100万平方米，同比增长2%；房屋竣工面积441.8万平方米，同比下降17.8%。新增建安企业18家，新增房地产企业12家。

【固定资产投资】2018年，全区固定资产投资比上年增长12%，增速同比回落3.5个百分点。累计完成工业投资47.7亿元，同比下降17.2%。全年完成房地产开发投资143.1亿元，同比下降15.1%；商品房销售面积181.2万平方米，同比下降6.9%，其中住宅销售面积144.8万平方米，同比增长0.3%；商品房销售额205.8亿元，同比增长10.8%。

【贸易】全区完成社会消费品零售总额737.5亿元，同比增长11%。增速比上年同期持平。其中限额以上企业零售额比上年增长13.1%，限额以下企业及个体户零售额比上年增长10.2%。按行业分组，批发业零售额同比增长9.5%；零售业零售额同比增长12.1%；住宿业零售额同比增长4.4%；餐饮业零售额同比增长6.2%。全区限额以上批发零售企业累计实现零售额居前四的类别为石油及制品类、汽车类、中西药品类、粮油食品类，分别实现零售额86.9亿元、27.3亿元、24.2亿元、22亿元，分别增长30.8%、-7.8%、19.6%、36.7%，对社会消费品零售总额增长贡献率分别为28.1%、-3.2%、5.5%、8.1%。其中石油及制品类、粮油食品类较上年增速提高21.5和22.3个百分点，贡献率较上年提高17.8和1.6个百分点。中西药品销售、粮油销售、网络汽车销售成为开福区的行业特色。

【经济合作】全区进出口总额（海关口径）13.4亿美元，同比增长58.7%，其中出口总额11.8亿美元，同比增长71.4%；进口总额1.6亿美元，同比下降3.7%。全区实施内联引资项目76个。全年实际到位省外境内资金135.5亿元，同比增长17.2%；引进市外境内资金形成固定资产340.1亿元，同比增长12.2%，其中区属264.3亿元，同比增长11.7%；外商直接投资实际到位资金4316万美元。全年接待国内外旅游者1453.9万人次，同比增长55.8%；完成旅游总收入165.8亿元，同比增长70.6%。其中，接待国内旅游者1445.7万人次，同比增长97.6%；国内旅游收入163.1亿元，同比增长110.7%。接待入境旅游者8.2万人次，入境旅游收入2.7亿元。

【园区经济】全年园区完成规模工业总产值（含商贸物流）537.65亿元，同比增长12.4%；完成规模工业增加值（含商贸物流）133.13亿元，同比增长12.1%；完成物流业主营业务收入429.14亿元，同比增长14.98%；完成引进外资2.33美元；引进市外境内资金形成固定资产投资77.62亿元；引进省外境内资金34.75亿元；完成税收收入22.46亿元，同比增长31.96%；完成固定资产投资234.35亿元，同比增长22.7%；完成进出口贸易额9.88亿美元，为市级任务的167.4%。

【交通和金融】交通。投入400万元，完成28千米农村公路临水崖安保设施建设；投入400万元，对乡村道路安保设施进行整改；完成黄乌线延长线、白土线、袁青线等农村公路项目建设，完成廖荣线、黄乌线农村公路主体工程建设。查扣非法营运车辆426台，处罚415台；查扣违法超限超载运输车辆1215台，处罚1162台。交通运输形成由铁路、水路、公路、管道等四种运输方式构成的交通运输网络。境内通航河道3条，总长26千米，其中湘江为二级航道，最大通航能力为2000吨级船舶。长沙新港码头为全国内河28个主枢纽港之一，被誉为“内河第一港”。长沙新港开通的航线有日本、新加坡、北美、韩国、西欧、东南亚等10余条，其中开通至欧美、韩、日的国际集装箱航线7条，通往国内27个港口，通达世界14个国家和地区的56个港口。长沙火车货运北站是国家二类铁路口岸，开通至广州、深圳的“五定班列”，开通稳居国内一线班列的“中欧（长沙）班列”。金融。2018年，全区金融业实现增加值113.9亿元，同比增长25.16%，完成金融业税收21.13亿元，占全区税收总收入比重17.73%。截至2018年年底，全区引进67家全国性和省级金融总部，汇集300余家金融分支机构和新型金融机构，涵盖银行、保险、证券、期货、基

4月，开福区金鹰小学学生参加体育文化艺术节　　（区教育局　供图）

金、融资租赁、融资担保、小额贷款、资产管理、企业集团财务、金融中介服务、消费金融等10多种金融业态。

【教育和科学技术】教育。全区有区属中学8所，在校学生9012人；小学52所，在校学生38906人；幼儿园129所，其中公办园19所，局属公办园9所，在园幼儿25291人。小学适龄儿童入学率100%，小学升初中入学率100%。全区投入学生免费入学和资助经费6489万元，全区所有义务教育阶段110091人次学生全部新手免杂费入学，执行公办教育收费标准的100329人次学生全部享受“一费制”（含课本费、教辅材料费和作业本费）全面入学。全年接受外来务工人员子女8850名，占全区中小学生人数的18.5%，全部享受免杂费、“一费制”入学。全年补助89人次农村家庭经济困难寄宿学生生活费。全年新建和启动新建学校5所（其中楼盘配套学校3所），扩建学校1所，并对34所中小学进行运动场提质建设、校园文化建设和维修改造。科技。全年新增高新技术企业74家，全区实现高新技术增加值258.4亿元，占GDP比重24.7%；人均科普经费1.8元。全年专利申请总数3504件，增长33.2%，专利授权1783件，增长5.8%，其中发明专利授权676件，下降1.9%。

【文化、体育和卫生】全区拥有群体艺术表演团体146支，文化馆1个，公共图书馆114个（含社区、村图书馆107个），博物馆（纪念馆）4个，街道文化站14个。全区有晨晚练活动点85处，全年开展全民健身项目40余次，参加人数15万余人。公共文化服务不断完善，建成31个农家书屋、62所社区未成年人绿色网吧、71个示范性社区文体活动中心。全区有各类医疗卫生机构426个，新增19个，其中一级及以上医院32个，疾病预防控制机构1个。卫生技术人员14348人，床位9445张。

【环境保护和安全生产】全年开福区平均空气质量优良率为78.45%，其中沙坪点位空气质量优良为79.4%，伍家岭点位空气质量优良率为77.5%。湘江饮用水源保护区水质稳定达标，2个国控考核监测断面地表水达标率100%。区域环境噪声平均为56.5分贝，稳定达标。全年发生安全生产事故4起，各类安全生产事故死亡6人，其中工矿商贸事故死亡0人、建筑施工事故死亡0人、经营性道路交通事故死亡1人。亿元GDP生产安全事故死亡率0.0015人；工矿商贸企业从业人员十万人生产事故死亡率为零。

【人民生活和社会保障】人民生活。全区居民人均可支配收入53621元，比上年增长8.1%。居民人均消费支出32348元，比上年增长3.6%。在居民消费分类中，食品烟酒人均消费10285元，增长2.1%；衣着人均消费2106元，增长3.9%；居民人均消费6028元，增11.5%；生活用品及服务人均消费2097元，增长2.7%；交通通讯人均消费2317元，增长10.4%；教育文化娱乐人均消费5848元，增长3.4%；医疗保健人均消费3335元，增长0.1%；其他用品和服务人均消费332元，增长37.9%。社会保障。全区年末城镇登记失业率为2.1%；全年新增城镇就业人员25610人，失业人员再就业7371人，就业困难人员就业5562人，农村劳动力转移就业6078人；城镇零就业家庭实现动态就业援助100%。参加企业职工基本养老保险人数6.8万人，基本养老金社会化发放率100%；参加城乡居民养老保险人数4.3万人。全区年末拥有养老机构14家，其中公办敬老院1家，床位85张，入住老人70人；民办养老机构13家，床位1524张，入住老人562人。拥有各类社区服务设施157个，街道社区服务中心16个，社区公共服务中心99个。全年发放城乡居民最低生活保障金3514.3万元，居民得到政府最低生活保障7187人次，其中城市居民最低生活保障5073人次，农村居民最低生活保障2114人次。城市和农村低保对象月人均发放保障金分别404.2元和294.4元。

精神文明建设

【综述】开福区始终把精神文明建设工作摆在全区工作的重要位置，继续以创建更高水准文明城市为主线，以“厚德开福”建设为主要目标，培育和践行社会主义核心价值观，全面巩固提升文明创建成果，较好地完成全市文明指数测评和全国文明城市迎检工作。全年主承办省市重大创建活动220场次，开展各类区级创建活动820场次。全年2人荣登“中国好榜”，5人荣登“湖南好人榜”。湘雅医院志愿者陈秋娥获评全国最美志愿者，开福区好人大本营获评全国最佳志愿者服务组织；开福好人馆被授予湖南省社会主义核心价值观示范点；推出2名新时代湖南好少年，3名新时代长沙好少年。

【强化创建基础】按照新版《全国文明城市测评体系》的要求。加强组织领导。完善创建的体制机制，出台《开福区2018年文明创建目标管理考核办法》，对移风易俗、文明排队礼让、文明创建年度测评等重点工作加大考核力度。召开全区性创建全国文明城市工作大会和文明创建调度讲评会、培训会5次。从全区各职能部门抽调人员，成立文明创建专项督查组，分片区对全区各单位的文明创建工作开展常态督查。夯实基层基础。以测评体系为依托，每季度对街道工作进行评价排出名次，全面增强日常创建的实效性。实行“五制”并举，清单销号制度。确保问题整改到位。全年累计开展各类督查62次，有效整改各类问题1010个，把创建工作引向深入。完善常态机制。指导各街道主动开展自查，制定公益广告、公共设施、公共秩序、公共环境的常态巡查制度，将责任人划分到网格，建立一张覆盖全区的创建巡查网格，确保问题及时清零。

【树立创建品牌】围绕厚德开福的建设目标，进一步提质文明创建品牌。强化组织引领。下发《2018年厚德开福工作要点》，明确各单位任务。定期召开厚德开福建设推进会，总结交流经验，推动工作开展。彰显厚德气质。积极挖掘建设厚德开福中的典型事迹人物，开展“厚德之星”“学习路上的厚德开福人”系列宣传报道活动，展示在厚德开福建设中开福人的风采。开展“开福好人”评选活动。编排《黑暗里的彩虹》《好人颂》等一批精品好人事迹节目在全区巡展巡演。举办身边雷锋事迹报告会、好人文化节等系列主题活动，将好人故事送入机关、企业、学校、街道，使好人事迹家喻户晓、人人称颂。2018年，有2人荣登“中国好人榜”，5人荣登“湖南好人榜”，11人荣登长沙好人榜，李泉秀获感动中国之感动湖南人物候选人。营造厚德风尚。率先全市为全区身边好人和道德模范提供“十大礼遇”，在全区营造“争当模范、关爱模范”的良好氛围。用好全省第一家区级好人馆—“开福好人馆”，图文并茂地展示开福区近年来获评的道德模范和“身边好人”感人事迹，开展“好人讲堂”每周三、五、日邀请中国好人值班，并作为讲解员为群众义务讲解，“开福好人馆”

11月13日，厚德开福高峰论坛启幕 （区委宣传部 供图）

接待市民群众参观16万人次，开福好人馆获评全省社会主义核心价值观建设示范点。

【激发创建活力】坚持培育和践行社会主义核心价值观这一根本任务。开展多种形式的宣传教育，激发创建活力。用创建活动引导。开展培育和践行社会主义核心价值观主题活动820余次，用创建活动鼓舞人。承办1月中国好人榜发布仪式暨全国道德模范与身边好人现场交流活动、“厚德开福满城温暖”“好人当河长”“开福好人文化节”系列活动、“向国旗敬礼等一系列有影响力的主题活动。承办市级以上活动220余次。用志愿服务引领。充分发挥开福好人大本营的示范引领作用，打造开福志愿服务品牌，建立“邓学东学雷锋志愿服务工作站”“柳英相约工作室”等一批学雷锋志愿服务工作站。在好人的带动下，引入孵化“快乐公益”“助乐公益”“杜鹃花”“圆梦社会工作室”等社会组织，全区志愿服务力量不断发展壮大。在全区重点公共文化设施和公共场所如湘雅医院、湖南省博物馆、长沙博物馆开展馆区共建志愿服务。在全区形成有时间就做志愿者的风尚。湘雅医院志愿者陈秋娥获评全国最美志愿者，开福区好人大本营获评全国最佳志愿服务组织。用公益广告传播。做好“为国尽忠，为职尽责，为家尽孝”厚德开福精神的传播，设计了一批原创培育和践行社会主义核心价值观公益广告，累计发布更换公益广告约23万余幅。2018年，有130余场次活动被中国文明、中国未成网”专题报道。中央电视台《新闻联播》对1月中国好人榜发布，《人民日报》对开福区“道德辅导员工作”，光明日报对我区李泉秀事迹进行专题报道。

【引领文明风尚】文明创建的着力点在于人的文明，全区从文明排队礼让和移风易俗弘扬社会新风两方面出发，抓实创建实效。深化文明排队礼让。在全区53个文明排队礼让示范点的基础上，与重点行业和公共文化场所如湘雅医院、湖南省博物馆、长沙博物馆合作，推动志愿者进场馆引导文明排队礼让。承办全市“百日零违法”“文明，从排队礼让开始”等重大活动。弘扬文明新风。以整治婚丧陋习推进移风易俗为切入点，将创建理念向农村地区延伸。区文明办联合多部门下发《关于在全区推动移风易俗节俭操办婚丧喜庆事宜工作方案》《开福区关于开展“推动移风易俗，培育文明乡风良好家风淳朴民风”活动的通知》。发放红白理事会宣传和《移风易俗倡议书》，组织党员群众签订《承诺书》；指导各社区将移风易俗内容纳入到《社区居民公约》。结合乡村振兴战略、“五治”等工作，开展乡风文明创建、星级文明户评比、新乡贤评选等活动，评选表彰26位第二届开福区新乡贤。

【推动立德树人】围绕立德树人这一根本任务，全面推进未成年人思想道德建设。运用传统文化熏陶。以“我们的节日”“中华传统文化”为重点，开展中华经典美文诵读大赛。发动全区9支文化志愿者队伍结对乡村少年宫，采取“课程菜单”模式，实现学生兴趣爱好和文化志愿者专长的有机结合，打造出一批有影响力的特色课程，举办“厚德开福 童心童行”乡村学校少年宫成果展演活动。向阳小学乡村学校少年宫的作品在2018年首届全国乡村学校少年宫交流展示活动中展出。抓住主题教育体验。承办全市“2018开学第一课”暨“续写雷锋日记，争做新时代好少年”、全省未成年人“传承红色基因·清明祭英烈”、全省2018年“新时代湖南好少年”发布会等未成年主题活动。聘请各级好人为“道德辅导员”，开展“道德辅导员进校园”活动，为未成人讲述道德故事，引导广大未成年人向上向善，做时代新人。强调模范典型带动。发动全区中小学生参观开福好人馆，用好人事迹感染鼓舞未成年人学雷锋，做好人；在全市范围内首推《好人榜样》暨“当少年遇上中国好人”活动，让学生围绕着中国好人的一天为体验内容，品味好人精神，让青少年懂得理解好人、尊重好人、学习好人的重要意义。2人荣获全省新时代好少年，3人荣获全市新时代好少年。北辰小学等6所学校评定为长沙市首届文明校园，8所学校申报2018年市级文明（标兵）校园。

（整理：易厚德）

中共长沙市开福区委员会

KAIFU CPC COMMITTEE

重要会议

【区委常委会议】2018年区委召开常委会议共计30次。1月19日，传达学习近期中央、省、市有关会议精神及湖南省委常委、长沙市委书记胡衡华在开福区代表团讲话精神，传达学习湘办发〔2018〕50号文件精神，传达学习全市环境保护工作暨强力推进环境大治理坚决打赢蓝天保卫战动员部署大会会议精神并研究全区环境保护工作和强力推进环境大治理，坚决打赢蓝天保卫战工作，审议《开福区城市管理网格化管理实施方案》（送审稿），审议《关于促进开放型经济发展的若干措施》（送审稿），研究安全生产工作。1月23日，听取开福区2018年棚改、征收、征地拆迁项目计划，安置和房源工作汇报，听取2017年度项目建设、征收拆迁工作总结部署大会筹备工作情况及奖励方案，研究防控化解政府债务风险工作方案，传达学习中共湖南省第十一届纪委第三次全体会议精神及研究部署在全区党员干部和国家工作人员中集中开展违规收送红包礼金专项整治活动。2月8日，研究调整相关议事协调机构，传达学习贯彻落实长沙市市长胡忠雄在开福区调研的讲话精神，审议2017年度项目建设工作先进集体、先进个人名单，传达学习打黑除恶有关批示件精神，传达学习中共长沙市第十三届纪委第三次全体会议精神并听取和审议中共长沙市开福区第五届纪委第三次全会筹备工作情况，听取2017年开福区财税目标管理考核情况及2017年度干部绩效奖金发放方案，研究干部人事问题。2月14日，审议2017年度平安建设先进单位和个人名单及2017年度政法综治工作考评结果通报并听取全区政法工作情况汇报，审议《开福区全国“两会”信访维稳工作方案》（送审稿），审议开福区“五零”社区（村）创建工作表彰建议名单，传达学习湖南省湘江治理和洞庭湖治理工作会议精神，研究审定2017年度全区绩效考核工作结果，开福区防控化解政府债务风险工作汇报。3月7日，传达学习习近平总书记关于安全生产工作的重要论述，听取党务部门工作情况汇报（区委办、区委督查室、区委组织部、区委宣传部、区委统战部），听取关于审计署驻长办专项审计问题整改情况汇报，听取全区禁毒工作情况汇报。3月15日，传达有关文件精神，传达学习老城区有机更新座谈会会议精神，传达学习《关于严控政府性债务增长切实防范债务风险的若干意见》（湘发〔2018〕5号）及湖南省委书记杜家毫关于防范和化解政府债务问题的讲话精神，并听取开福区债务风险防控化解工作情况汇报，审议《中共长沙市开福区委常委会2018年工作要点》（草案），审议《开福区第五届人民代表大会常务委员会2018年工作要点》（草案），传达学习习近平总书记在打好精准脱贫攻坚战座谈会上的重要讲话精神，研究开福区2018年对口扶贫龙山县内溪乡和城步县工作。3月28日，传达学习全国“两会”精神，听取关于全市城市基层党建年社区党建工作动员部署会议主要精神及贯彻落实建议的汇报，传达学习进一步严格规范接待工作会议精神，审议《关于在全区开展“治庸提能、治浮提气、治懒提效、治散提神”（“四治四提”）专项整治工作的实施方案（送审稿）》等工作。4月4日，传达上级文件精神（严格遵守党政机构改革纪律要求的通知），传达学习习近平总书记在中央全面深化改革委员会第一次会议上的重要讲话精神，传达学习中央巡视组移交信访件和群众身边问题件办理情况汇报会精神及省委常委会会议、市委常委会会议有关精神并研究贯彻落实意见。4月12日，研究2018年“个转企、小升规、规改股、股上市”工作，审议《开福区推进产业项目建设年活动工作方案（送审稿）》，传达湖南省委常委、长沙市委书记胡衡华调研备汛暨浏阳河综合整治工作会议重要讲话精神，研究区河长制2018年工作要点及市管河流“一河一策”实施方案，听取全区扫黑除恶专项斗争情况汇报，审议关于发放社区工作人员“365天开放社区服务”加班补贴的建议，听取关于深入开展习近平新时代中国特色社会主义思想和中共十九大精神大学习大讨论大测试工作的汇报。4月19日，传达学习湖南省委常委、长沙市委书记胡衡华在开福区专题调研座谈会上的讲话精神，并研究贯彻落实意见，传达学习市委常委会2018年第12次会议精神，并研究贯彻落实意见，审议《开福区退出现职科级领导干部管理办法（试行）》。5月3日，听取区安委办关于捞刀河“5·3”较大安全生产事故的情况通报及处理意见，研究部署全区安全生产工作。5月10日，传达学习《湖南省安全生产委员会办公室〈关于湖南广播电视台金鹰卡通频道幻影片场“5·3”较大火灾事故和邵东县同富采石场“5·4”较大山体滑坡事故的通报〉》和全省安全生产警示教育暨安全监管“强执法防事故”电视电话会议精神，审定《开福区关于全面落实乡村振兴战略（2018—2020）三年行动方案》，研究全区防控化解政府债务风险工作方案，听取2018年区绩效考核体系分解及拟制情况汇报，审定《开福区2018年度贯彻落实市区“人才新政”工作方案》，传达学习习近平总书记在纪念马克思200周年诞辰大会上的讲话精神。5月31日，听取“三区三体系”建设工作汇报，传达学习省委十一届五次全体会议精神，传达生态环境损害责任追究典型问题的有关通报，研究“扫黄打非”工作，研究开福区网络安全和信息化工作，审议《长沙市开福区文化产业奖励扶植办法（试行）》，研究“七一”表彰大会有关工作。6月22日，审议《关于坚持生态优先绿色发展在深入实施长江经济带发展战略中推动开福高质量发展的实施方案（2018—2020年）》（审议稿），传达学习全省优化发展环境现场推进会议精神，研究开福区2017年经济发展奖励兑现工作，听取关于高岭商贸城招商项目评估工作的汇报，传达学习中央政治局常委、中央纪律检查委员会书记赵乐际在贯彻落实中央巡视工作规划推进会上讲话精神，听取关于全区纪念党建97周年评选表彰工作的汇报，听取全区老干部、关工委工作汇报。6月29日，审议《开福区优化营商环境实施方案（2018—2020）》（审议稿），传达学习省市纪委监委培训、会议相关精神，传达学习省、市基层党建工作重点任务推进相关会议精神。7月19日，传达学习市委2018年上半年经济形势分析暨产业链建设推进会会议精神。研究统计工作，传达学习湖南省委书记杜家毫在长沙市“四大片区”专题调研，座谈会上的讲话精神，传达学习习近平总书记在全国组织工作会议上重要讲话精神，研究区第五届政协委员新提名人选。7月30日，重温习近平总书记对湖南工作的重要讲话指示精神，传达学习习近平总书记在十九届中央政治局第六次集体学习时的讲话精神，传达学习中央第八巡视组巡视湖南情况反馈会议精神，审议《长沙市开福区关于进一步做好退役军人结对帮扶工作的实施方案》（送审稿），传达学习全省改善农村人居环境工作会议精神并审议《长沙市开福区关于农村人居环境整治三年行动的实施方案》（送审稿），审议《长沙市开福区关于进一步加强社区专职工作人员队伍建设的实施细则》（送审稿）。8月7日，传达并落实市委巡视整改工作部署会议精神。8月23日，传达学习习近平总书记关于坚持和发展中国特色社会主义的重要论述摘编，研究食安创建迎省检及“一桌餐”“私房菜”专项整治工作，传达全国全省安全生产电视电话会议及市第3次安委会例会精神，听取关于捞刀河流域开福段水污染防治措施开展情况汇报，研究开福区“以党建为引领”做好退役军人服务管理工作，审议2017年军民融合专项奖励方案，研究长沙市国营综合农场退出农垦序列管理有关工作。9月13日，传达学习有关文件精神，传达学习省委办公厅《关于认真学习贯彻〈中国共产党纪律处分条例〉的通知》，传达学习省、市关于严禁利用领导干部职务影响“提篮子”的文件精神并研究贯彻落实意见，传达学习习近平总书记在全国宣传思想工作会议上的讲话精神，听取2018年预算调整工作汇报。9月20日，传达学习习近平新时代中国特色社会主义思想第十讲——坚定不移贯彻新发展理念，传达学习中办发相关文件精神，传达学习全市意识形态和民族宗教工作专题培训暨工作，座谈会会议精神并研究贯彻落实意见,研究区内半年度绩效考核工作,研究干部人事问题。10月11日，传达学习习近平新时代中国特色社会主义思想第六讲——我国社会矛盾的变化是关系全局的历史性变化，传达学习有关文件精神，专题听取并研究信访工作，研究审定《关于加强新时代教师队伍建设的实施意见》（送审稿）。10月31日，传达学习全省深入学习习近平总书记精准扶贫工作重要论述大会精神并听取精准扶贫工作情况汇报，研究整治婚丧陋习推进移风易俗相关工作，学习传达中央第四生态环境保护督察组对湖南省开展“回头看”工作动员会议精神并研究贯彻落实意见，听取清水塘教育集团成立筹备情况汇报。11月16日，传达学习习近平总书记在民营企业座谈会上的重要讲话精神及省委、市委常委会会议精神，听取“千人帮千企百日大行动”推进情况汇报，听取中央生态环境保护督察“回头看”交办信访件和省委巡视组交办信访件办理工作情况汇报，传达学习全市实施乡村振兴战略工作讲评会会议精神并研究贯彻落实意见，传达学习《防范和惩治统计造假、弄虚作假督察工作规定》，审议《开福区贯彻落实〈党政主要负责人履行推进法治建设第一责任人职责规定〉的实施细则》（送审稿），听取法治开福建设情况汇报，审议《开福区礼遇帮扶各级好人十条措施（试行）》（送审稿）。11月30日，传达学习开放强省暨湘南湘西承接产业转移示范区建设推进大会会议精神并研究贯彻落实意见，传达学习全国、全省党委秘书长会议及全市党委政府系统办公厅（室）主任会议精神并研究贯彻落实意见，传达学习全市宣传思想工作会议精神并研究贯彻落实意见，听取区退役军人事务局筹备工作情况汇报，研究长沙市第十五届人大代表增补推荐人选，研究干部人事问题。12月14日，审议2019年开福区重大项目投资计划（送审稿），听取人大、政府、政协、法院、检察院党组工作情况汇报及“两会”相关筹备工作情况汇报，听取2019年预算编制及财政相关工作情况汇报。12月17日，研究干部人事问题。12月24日，传达学习湘安办明电〔2018〕58号及湘办〔2018〕41号文件精神并听取安全生产工作情况汇报，传达学习习近平总书记重要讲话精神，听取区委全会暨经济工作会议筹备情况，审议人大、政府、政协、法院、检察院工作报告，审议《开福区委巡察工作规划（2018—2021年）（送审稿）》。

【区委五届十二次全体（扩大）会议暨经济工作会议】12月29日，区委五届十二次全体会议暨经济工作会议召开，会议以习近平新时代中国特色社会主义思想为指导，深入贯彻中共的十九大和十九届二中、三中全会精神，认真落实中央、省委、市委经济工作会议精神，总结2018年工作，分析当前经济形势，部署2019年经济工作。会议指出，2018年，面对宏观环境多变、经济下行压力加大的复杂形势，区委常委会团结带领全区各级党组织和广大党员干部，按照中央、省委、市委工作部署，坚持稳中求进工作总基调，落实高质量发展要求，聚力“五提五动”，奋勇拼搏赶超，夯实升级发展、成就北富的基础，开启现代化建设的新征程。2019年全区工作总体思路是：以习近平新时代中国特色社会主义思想为指导，认真贯彻中共十九大精神和习近平总书记关于湖南工作的重要指示精神，坚持稳中求进工作总基调，坚持新发展理念，坚持以供给侧结构性改革为主线，在“巩固、增强、提升、畅通”上下功夫，坚持创新引领开放崛起，继续打好三大攻坚战，继续开展产业项目建设年活动，统筹推进稳增长、促改革、调结构、惠民生、防风险、保稳定各项工作，进一步落实“六稳”要求，咬定“升级发展、成就北富”的发展目标，坚决打赢产业建设、污染防治、民生改善、全面从严治党四场硬仗，推动高质量发展，加快建设强盛、精美、幸福、厚德的现代化新开福，以优异成绩庆祝中华人民共和国成立70周年。会议明确，2019年，是新中国成立70周年，是全面建成小康社会关键之年，做好全年工作至关重要。谋划开福发展，必须以“跳起来摘桃子”的精神定目标、定思路、定举措。在新起点上谋求新跨越，必须坚持以发展为第一要务，坚定信心、保持定力，乘势而上、强化担当，坚决打赢四场硬仗，推动高质量发展。要打赢产业建设硬仗，推动经济发展高质量。抓经济就要抓产业，抓产业就要聚焦产业链。要继续以“产业项目建设年”为抓手，集中精力抓项目、兴产业、优环境、强实体。要打赢污染防治硬仗，推动生态环境高质量。良好的生态环境是最公平的公共产品，是最普惠的民生福祉。要注重全民参与、全域实施、全面推进，推动生态文明大提升，城市形象大改善。要打赢民生改善硬仗，推动生活水平高质量。始终把人民群众对美好生活的向往作为最高追求，将财力优先向民生集中，政策优先向民生倾斜，服务优先向民生覆盖，让每一个生活工作在开福的人，都能感受到这座城市的温度。要打赢全面从严治党硬仗，推动基层党建高质量。事业兴衰，核心在党，关键在人。要按照新时代党的建设总要求，推进全面从严治党向纵深发展，营造风清气正的政治生态。会上区委书记沈裕谋强调，要加强党对经济工作的领导，切实提高抓经济工作的能力和水平。坚持党的领导是做好经济工作的根本原则。要以习近平新时代中国特色社会主义经济思想为指引，深刻理解并自觉践行新发展理念，坚持把方向、管大局、抓大事，坚定不移推动开福高质量发展。要增强抓经济工作的定力；要提升抓经济工作的能力；要激发抓经济工作的动力；要形成抓经济工作的合力。要更加紧密地团结在以习近平总书记为核心的党中央周围，以习近平新时代中国特色社会主义思想为指导，凝心聚力、开拓进取，拼在产业、赢在环境，坚决打赢四场硬仗、推动高质量发展，为加快建设强盛、精美、幸福、厚德的现代化新开福努力奋斗。

区委办公室工作

【概况】区委办公室为中共长沙市开福区委员会的工作机构。2018年，区委办公室围绕城市基层党建、产业项目发展、园区改革等全区中心工作，开展专题调研40余次，起草区委汇报材料、区委全会等全区性会议上领导讲话稿200余篇，刊发《区委通报》12期。全年组织召开区委常委会会议30次。统筹抓好10大类47项改革任务，推进“不见面”审批（服务）改革等六大重点攻坚改革。开展督查活动150余次，刊发督查通报9期，督查情况专题汇报51期，督办交办问题400余个。完成会议会务、考察观摩等各项接待80批次4300人次，其中中央、省级以上大型接待18批次、市级30批次。

8月31日，开福区乡村振兴及人居环境治理推进会议　　（区委宣传部　供图）

【政研工作】健全完善党委信息报送机制，加强信息考核与报送，210余条信息被省委、市委内刊采用，全年无一起紧急信息迟报漏报事件。围绕城市基层党建、产业项目发展、园区改革等全区中心工作，开展专题调研40余次，先后在《人民日报》《中组部党建研究》《省委内参》《湖南工作》等中央及省市媒体刊物发表经验推介材料、理论文章14篇。起草区委汇报材料、区委全会等全区性会议上领导讲话稿200余篇，字数100余万字，刊发《区委通报》12期。搜集热点新闻、外地经验等，编辑《党报摘要》260期，为区委提供有益参考。

【秘书工作】严控会议数量、规模和时间，全年组织召开区委常委会会议30次。修订《办公室业务工作流程指南》，对统筹协调、办文办会、综调信息、督查督办、通讯保密等工作流程进行逐一规范。严格会议审批，提高办会质量。文电收发、归档、办理工作均做到及时、准确、高效。

5月10日，沈裕谋调研城市基层党建工作　　（区委宣传部　供图）

【改革工作】深化改革方面，统筹抓好10大类47项改革任务，推进“不见面”审批（服务）改革等六大重点攻坚改革，重点推进党建引领社区治理创新、打造内陆开放高地2项基层探索改革，取得成果。社区提质提档方面，推进24个社区全面提质提档，115个人居环境项目79个基本完工，21个社区办公用房提质改造项目14个基本完工。蓝天保卫战方面，定期调度跟进、集中开展整治、密集督查督办，沙坪站点空气优良率全市最高，伍家岭站点空气优良天数全市增加最多，全年绩效考核获全市一类第一名。巡视整改方面，组建巡查整改办和整改督查办，制定任务清单，梳理具体问题，严格清单制、销号式管理，推进9个方面24个具体问题的整改落实。

【督查工作】制定《2018年区委十大重点工作督查清单》，围绕蓝天保卫战、作风建设、安全生产、信访维稳、项目建设、老城区有机更新等重点工作开展督查活动150余次，刊发督查通报9期，督查情况专题汇报51期，督办交办问题400余个。归口办理省委、市委、区委主要领导批示件70件，办复率100%。接待来访群众60余批次，办理来信来访83件次。牵头完成省、市重点工作督查17次，按要求向市委办公厅、市委督查室报送工作情况30余次，均做到圆满、按时办结。

【保密工作】按制度管理密码、密码设备，确保密码管理安全可靠，密码通信优质高效。邀请省、市保密战线资深专家到区集中授课4次，送课下基层13人次，提升全区保密意识，科普保密常识。全面推进安全可靠应用试点工作安排，完成276台长城国产计算机终端部署，组织全区各部门、街道社区560人开展安全可靠应用试点操作培训。

【接待工作】遵守中央八项规定及实施细则精神，围绕区委、区政府中心工作，秉承“文明热情、规范细致、节俭务实、创新高效”理念，统筹协调区四大办、相关部门及街道（社区）完成会议会务、考察观摩等各项接待80批次4300人次。其中，中央、省级以上大型接待18批次、市级30批次，推介开福工作、展示开福形象。

（王盛林）

附录：

中共长沙市开福区委2018发文目录

1月7日 开发〔2018〕1号 关于深入学习贯彻党的十九大精神加快建设强盛精美幸福厚德的现代化新开福的意见

1月7日 开发〔2018〕2号 印发《关于加强城市基层党建推进基层治理现代化的十条措施》的通知

1月10日 开发〔2018〕3号 关于转发《政协长沙市开福区委员会2018年工作要点》的通知

2月27日 开发〔2018〕5号 关于成立中国共产党开福高新技术产业开发区工作委员会（筹）的通知

3月13日 开发〔2018〕6号 印发《中共长沙市开福区委常委会工作规则》的通知

3月13日 开发〔2018〕7号 印发《中共长沙市开福区委全会工作规则（试行）》的通知

3月21日 开发〔2018〕11号 印发《开福区“强力推进环境大治理，坚决打赢蓝天保卫战”三年行动计划（2018—2020年）》的通知

4月9日 开发〔2018〕13号 关于转发《长沙市开福区第五届人民代表大会常务委员会2018年工作要点》的通知

4月22日 开发〔2018〕14号 印发《关于开展违反中央八项规定精神突出问题专项治理工作的实施方案》的通知

7月5日 开发〔2018〕15号 印发《关于全面落实乡村振兴战略的三年行动方案（2018-2020年）》的通知

7月12日 开发〔2018〕16号 印发《关于坚持生态优先绿色发展在深入实施长江经济带发展战略中推动开福高质量发展的实施方案（2018—2020年）》的通知

8月28日 开发〔2018〕17号 印发《关于开展农村集体产权制度改革工作的实施意见》的通知

10月26日 开发〔2018〕18号 关于加强新时代教师队伍建设的实施意见

纪律检查与行政监察

【概况】2018年，中共长沙市开福区纪律检查委员会开福区监察委员会（以下简称区纪委区监委）全年查处环保领域问题5起，处理17人，党纪政务处分2人，诫勉谈话8人，约谈5人，书面检查2人；对“两个责任”落实不力的8个部门单位9名科级干部进行问责处理。开展4轮对26个部门单位的常规巡察，2次安全生产领域、村居专项巡察，发现问题299个，移交问题线索34条，交办立行立改问题101个，提出工作建议99条，立案26件，处分19人；对23家部门单位开展2批次巡察整改督查，督促相关单位建立完善各类制度规定158项，清退、追缴违规资金35万余元。查处违反中央八项规定精神问题11起，处理17人，党纪政务处分13人；查处群众身边的腐败和作风问题40起，立案69人，处理81人，党纪政务处分65人，追缴资金197.2万元；查处违规收送红包礼金礼品问题6起，立案6人，处理6人；对30人点名道姓公开通报曝光。2018年，立案150件，结案147件，涉及科级干部28人（正科级干部15人、副科级干部13人），给予党纪政务处分135人，移送司法机关3人，追缴违纪违法资金1048.48万元。

【全面从严治党】严明政治纪律和政治规矩。协助区委承担从严治党主体责任，在违反中央八项规定精神问题专项治理、配合巡视巡察及整改等工作上总揽全局、推进。参加区委常委会会议10次、区委书记办公会议12次，专题研究党风廉政建设和反腐败工作，面向全区107个社区（村）书记、主任、纪检委员举办纪检监察业务培训班，层层压实管党治党政治责任。全区各级纪检监察组织自觉担当“两个维护”重大政治责任，助推“三大攻坚战”等中心工作，加强监督检查，确保中央和省委、市委、区委重大决策部署贯彻落实。全年查处环保领域问题5起，处理17人，党纪政务处分2人，诫勉谈话8人，约谈5人，书面检查2人；对“两个责任”落实不力的8个部门单位9名科级干部进行问责处理。

1月11日，开福区监察委员会正式挂牌（区纪委监委 供图）

【监察体制改革】区委统筹，人大、组织、政法、检察、编制等部门密切配合，推进监察体制改革，组建成立区监委并与区纪委合署办公，优化区纪委监委机关内设机构设置和人员结构，聚焦监督执纪问责、监督调查处置主责主业。加强监司协调、纪法贯通、法法衔接等重点问题，严格程序、权限、时限，稳妥全要素试用10种调查措施，将改革优势转化为治理效能的成果初步显现。赋予派驻机构监察职能，完成9个纪检监察组更名设置挂牌工作。

【巡察监督工作】完成中央、省委巡视交办件的办理工作，做到件件有着落、事事有回音。深化政治巡察，开展4轮对26个部门单位的常规巡察，2次安全生产领域、村居专项巡察，发现问题299个，移交问题线索34条，交办立行立改问题101个，提出工作建议99条，立案26件，处分19人；对23家部门单位开展2批次巡察整改督查，督促相关单位建立完善各类制度规定158项，清退、追缴违规资金35万余元。配合上级开展巡视巡察工作，选派1名干部赴省委巡视办跟班学习，选派巡察办主任参与市委巡察组授权巡察，成建制派出1个巡察组由市委派驻长沙县金井镇进行联动交叉巡察，该组的探索创新受到市委、市纪委主要领导高度肯定。

【执纪监督问责】履行好监督首要职责。坚持把监督挺在前面，实践运用“四种形态”507人次，第一至四种形态分别占比71.8%、19.3%、

区委书记沈裕谋对区纪委区监委干部进行集体廉政谈话　（区纪委监委　供图）

8.3%、0.6%，结构更趋合理。加强人文关怀，鼓励担当作为，为92人澄清信访举报不实问题，并对受处分、被问责党员干部实施“重焕激情温暖工程”。擦亮派驻监督探头，发挥“派”的权威和“驻”的优势，着眼“驻在一家、监督多家”实际，拉长耳朵、瞪大眼睛，进行“贴身”监督。开展违反中央“八项规定”精神突出问题及“红包礼金”“一桌餐”“提篮子”等专项整治，驰而不息纠“四风”。共查处违反中央八项规定精神问题11起，处理17人，党纪政务处分13人；查处群众身边的腐败和作风问题40起，立案69人，处理81人，党纪政务处分65人，追缴资金197.2万元；查处违规收送红包礼金礼品问题6起，立案6人，处理6人；对30人点名道姓公开通报曝光。开展“治庸提能、治浮提气、治懒提效、治散提神”（“四治四提”）专项行动，突出整治不思进取、不接地气、不作为、乱作为等形式主义、官僚主义问题，优化营商环境。共对“庸、浮、懒、散”方面问题提醒谈话73人次、警示谈话21人次、通报批评46人次、批评教育139人次、诫勉谈话34人次，党纪政务处分48人，“四治四提”工作得到省市肯定。

【廉洁宣传教育】巩固提升“六廉”教育体系，弘扬“为国尽忠、为职尽责、为家尽孝”厚德开福精神。全区各级各部门组织开展廉政文艺活动100余场，在中国纪检监察报、人民日报微信公众号、三湘风纪网、长沙廉政网等发表290余篇宣传报道，“廉洁开福”微信公众号推送廉政文章96期202篇，扩大“厚德开福”廉洁文化影响力，筑牢“不想”思想堤坝，擦亮“廉洁开福”金色名片。

【案件查办】坚持对腐败零容忍，2018年，立案150件，结案147件，涉及科级干部28人（正科级干部15人、副科级干部13人），给予党纪政务处分135人，移送司法机关3人，追缴违纪违法资金1048.48万元。累计派出8批85人次承办或协助省、市纪委监委办案，参与查办长沙市监委成立后留置第一案等多起相关人员涉嫌违纪违法典型案件，依法依规对6人采取留置措施。

【队伍建设】坚持“全融合”理念，将转隶19名干部安排在监督执纪监察一线部门，其中2人任区监委委员，4人任室主任，纪委干部同步调整12人，注重在查办案件的实战中磨合队伍。组织“纪检干部学法律，转隶干部学纪律”的全员培训，提升依规依纪依法履职能力。出台《开福区纪检监察干部履职评价办法》，激发干部队伍干事活力。执行监督执纪工作规则、省纪委“十不准”和市纪委行为规范八条，编印《开福区纪检监察干部红线手册》，健全《开福区纪委监委机关财务管理制度》，严防“灯下黑”。

（谈　丹）

巡察工作

【概况】区委巡察工作由区纪委、区委组织部共同负责实施。2017年6月成立区委巡察工作领导小组（以下简称领导小组）。建立健全区委巡察工作机构，设立区委巡察工作领导小组办公室（以下简称巡察办）和区委巡察工作小组（以下简称巡察组）。领导小组履行巡察工作的各项职责，向区委负责并报告工作。领导小组由组长、副组长及成员组成（组长1人，副组长1人，成员5人）。组长负责全面工作，副组长协助组长工作。巡察办是领导小组日常办事机构，为区委工作机关，设在区纪委，机构规格为正科级。巡察办核定机关行政编制3名，设主任1名（乡科级正职），副主任1名（乡科级副职）。巡察组5个（4个常设巡察组，1个机动巡察组），规格为正科级，每个巡察组设组长1名，副组长1名。区委对巡察工作一次一授权，巡察组对领导小组负责并报告工作。巡察组组长、副组长

7月10号，区委巡察四组对区民政局进行常规巡察，为了解区民政局在社会公益组织管理、服务等情况，巡察组工作人员在开福区一点通家庭服务中心进行走访座谈

（区委巡察办　供图）

在原单位列编，工作管理、业务指导及干部考核由区纪委负责，党组织关系、人事关系、工资关系、工会组织关系由原单位负责。巡察组工作人员从巡察工作人才库中抽调产生，在参与巡察工作期间与原单位工作脱钩。

开展4轮对26家部门单位的常规巡察（含市委提级联动交叉巡察），2次对2家部门单位、7个社区（村）的专项巡察（安全生产专项巡察、村级党组织专项巡察），并对23家部门单位开展2批次巡察整改督查。截至2018年年底，区本级4轮巡察发现问题280个，移交问题线索30条，交办立行立改问题86个，提出工作建议96条；市委提级联动交叉巡察发现问题19个，移交问题线索4条。完成巡察全覆盖任务的34%。

【领导重视】压实主体责任。履行巡察工作主体责任，加强组织领导和统筹协调，定期研究巡察工作。2018年，区委常委会议专题研究巡察工作4次，区委巡察工作领导小组会议专题调度巡察工作7次，专题召开巡察情况通报会1次。主要领导高度重视。区委书记认真履行管党治党第一责任人职责，把巡察工作作为分内要务、应尽之责，加强对全区巡察工作的谋划指导。2018年，开福区委开展4轮巡察，区委书记专题听取巡察情况汇报4次，对重要工作亲自部署、重大事项亲自过问、重点环节亲自协调、重要问题亲自督办。督导责任及时落实。区纪委书记、监委主任、区委巡察工作领导小组组长每轮巡察开展过程中至少听取阶段性工作汇报1~2次，指导各巡察组高标准、严要求推进巡察工作。

【健全机制】建立健全区委巡察工作制度，以区委巡察办为结点，巡察相关部门无缝对接，为巡察工作规范有序高效开展凝聚合力。建立高效的巡前信息收集机制。巡察前期，区委巡察办与区纪委监委、区委组织部、区委政法委、区委宣传部、区委督查室、区政府督查室、区绩效办、区蓝天办、区产业办、区法院、区检察院、区信访局、区直机关工委、区编委办、区财政局、区人社局、区审计局、区公安分局、区工商分局等19家单位协调对接，收集情况，使巡察组在进驻前能全面了解被巡察党组织整体情况。建立巡察机构与区纪委监委相关科室联动配合机制。巡察中期，区委巡察办、巡察组注意与区纪委监委相关科室联动，主动对接联点被巡单位的区纪检监察室分管常委和室主任，就有关问题线索进行探讨，建立问题线索会商会制，确保巡察成果高质量。创新实施巡察工作沟通约谈机制。巡察后期，区纪委书记、区委巡察领导小组组长逐一与被巡单位主要负责人以及联点、分管区领导就巡察中的有关问题及时进行沟通约谈，有效提高被巡单位领导重视程度和问题整改力度。2018年，沟通约谈32家单位党政一把手及17名相关区领导。建立巡察工作动态报告制度。与区纪委监委联合建立《纪检监察巡察工作动态》，作为内部刊物定期向全区各纪检监察组织通报和讲评巡察工作进展。

【基层巡察】坚持以问题为导向，聚焦基层“两违”治理、干部作风建设、群众身边微腐败等难题痛点，有效提升巡察工作质量。深入开展村级党组织专项巡察，聚焦基层治理难题。2018年，为贯彻长沙市委《关于对全市村级党组织巡察全覆盖的意见》精神，区委部署专项巡察组对7个社区（村）党组织进行专项巡察，并对村级党组织“两违”（违法用地和违章建筑）情况进行深入调查，发现重点问题9个，重要问题线索5条，对多年来社区（村）干部违反工作纪律带头违建的问题进行严肃处理，在群众中取得较大反响。整治干部作风建设问题。巡察发现某科级负责同志不如实报告个人有关事项，多次私自出境；某负责干部未经区委、政府审批以外出考察学习为名带队变相公款旅游。以上问题均被区纪委立案调查、严肃处理，整肃干部队伍风气。治理群众身边微腐败问题。2018年，区委巡察三组在沙坪街道开展巡察暗访督查过程中，发现檀木岭村党组织书记周某、村主任陶某及其他支村两委委员、工作人员等10人，接受辖区内企业代表莫某的宴请。巡察组立即将问题线索移交区纪委查处，沙坪街道纪工委给予檀木岭村党组织书记周某、村主任陶某2人党内警告处分，对参与宴请的其他支村两委成员及工作人员8人进行诫勉谈话，并责成参与宴请人员承担宴请费用。

【巡察整改】以解决问题为落脚点，通过边巡边改、立行立改和巡察整改督查等方式抓整改。督促开展立行立改。巡察中，对发现的能够立即整改或者亟需整改的问题，由巡察组及时将问题反馈被巡察单位，督促立行立改，起到事半功倍的效果。区委各巡察组转交被巡单位立行立改问题86个，均及时督促整改到位。开展整改督查。对被巡单位问题整改情况及时开展“回头看”，巡察整改督查组对照问题清单、任务清单、责任清单一项一项梳理，看每一项反馈问题是否对应进行整改，整改成效如何，确保真抓真改。开展2批次对23家单位的巡察整改督查，各单位通过整改新增制订或完善制度158项，清退各类款项35万余元。从严办理线索处置。巡察移交问题线索34条，立案25人，给予党纪政纪处分18人（其中乡科级11人），诫勉谈话、通报批评等组织处理30人，在党员干部中形成震慑作用。

【队伍建设】选拔优秀干部，充实巡察人才库。从全区各单位选拔优秀年轻干部参与巡察工作，建立52名在编干部的巡察人才库。试行将科级（改非领导和年轻干部）干部和后备干部同步纳入巡察抽调范围，有效扩大干部培养使用和锻炼的平台。全年抽调全区46个单位65人、105人次参与巡察工作（其中乡科级领导干部11名）。巡察结束后，有1名科级干部得以重用，2名人才库干部得以提拔使用。加强学习培训，提高队员履职能力。通过参加省市跟班学习培训、领导干部授课、组员内部经验交流、开办“每日一学，每日一论”微信讲堂等多种形式加强学习培训。2018年，区委巡察办邀请市委巡察组业务经验丰富的相关领导授课4次，抽调参与省市巡视巡察工作以干代训8人次，区委巡察办每月集中开展1次学习活动，各巡察组每周至少进行1次组内经验交流，有效提高队员巡察业务水平。加强组织建设，增强巡察队伍活力。区委巡察机构成立党小组，隶属于区纪委监委机关党支部，组织开展主题党日活动、巡察人员家访、演讲比赛、在职党员进社区、结对帮扶社区困难党员等活动，每轮巡察成立各巡察组临时党小组，开展组织生活，巡察队伍战斗力、凝聚力、向心力得到增强。加强人员管理，抽调干部纳入巡察考核。加强对巡察干部的监督、考核，严格贯彻执行省纪委监督执纪“十不准”等相关规定，并将抽调半年以上人员纳入巡察系统年度考核，确保巡察抽调干部获得恰当的工作评价。

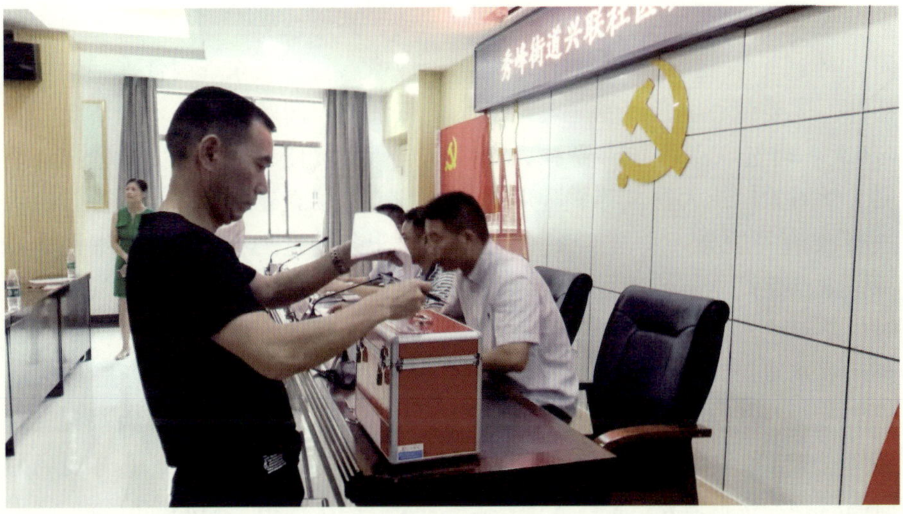

8月，区委巡察三组对秀峰街道开展常规巡察，并对其下属各社区（村）开展延伸巡察。图为区委巡察组在秀峰街道兴联社区召开民主测评会议

（区委巡察办　供图）

【巡察揭开“荒唐婚姻”闹剧】2018年1月，长沙市开福区委对浏阳河街道专项巡察情况公布，假离婚、假结婚，前儿媳与公公“闪婚”，拆迁利益驱使下的种种乱象被一一揭开，牵涉其中的党员干部

受到纪律处分。2017年7月，开福区纪委接街道居民举报，浏阳河街道启动的拆迁安置项目中，为多拿人头征收补偿，少数党员干部通过“突击结婚、离婚”的方式，企图获取不正当利益，甚至还上演儿媳妇和儿子离婚后，第二天就与公公结婚的闹剧。

区纪委常委会“采用专项巡察这种‘灵准狠’、节奏‘短平快’，不拘泥于复杂的工作流程的做法，出其不意、攻其不备。”一支由区审计、民政等部门精兵强将组成的专项巡察组，进驻浏阳河街道。巡察组通过召开动员会，查阅相关财务账簿、原始凭证、文件资料、案件卷宗、会议记录、合同文书等，走访谈话101人次，查阅各类资料211卷。一个月的专项巡察，并利用大数据，最终发现，全街道包括7户党员家庭在内共有40余户居民涉嫌以“非正常离、结婚”等方式试图获取征拆款，其中5户存在公公与儿媳妇结婚、舅母与外甥结婚等明显违反社会伦理的荒唐联姻。各单位立即行动，对账整改。对相关责任单位人员给予纪律处分，查实的7户党员家庭，主动放弃以不正当方式获利的分户拆迁申请，其余涉嫌以“非正常离结婚”等方式试图获取拆迁款的居民，也被甄别改正。针对拆迁安置补偿的制度漏洞，相关部门正在研究对策，吸取教训，建章立制。

（孙斌彬）

组织工作

5月23日开福区推进城市基层党建会　　（区委组织部　供图）

【概况】2018年，区委中心组开展专题理论学习6次。区委常委会专题研究城市基层党建7次，召开全区部署会4次、全局性调度会26次，到街道社区专题调研12次。连续4年面向社会公开选聘专职党务工作者100人，并作为社区后备干部培养，从中培养社区正职3名、社区副职13名；向各级党组织选派专（兼）职党建指导员318名；建立党员先锋工作室36家。全年调整干部3批次121人，提拔32人。

【基层党建】提升组织力。制定《区委常委班子带头加强政治建设十项规定》，到机关、企业、校园、社区、农村宣讲中共十九大精神，区委中心组开展专题理论学习6次。通过联点领导讲党课、开展大学习大讨论大测试等多种形式进行政治专题学习。整合红色资源，重点建设党员政治生活馆、新时代学习社、农民讲习所等党员教育示范基地；组建开福区新时代讲习团送课下基层，全年为老百姓传递新思想200余场；各街道分别在商圈广场、楼群院落、村头巷尾、田间地头，设立学习社、学习院、睦邻夜校等47个，开展讲习500余次。成立三个领导小组，推进基层党建、产业项目建设、蓝天保卫战三大重点工作；配合长沙银行西迁，拆除维多利商厦，拆除52家混凝土搅拌场。成立由区委书记任组长的城市基层党建领导小组，定期调度24家成员单位、16个街道，区委常委会专题研究7次，召开全区部署会4次、全局性调度会26次，到街道社区专题调研12次。建立区级区域化党建联席会议制度，促进街道社区、单位、行业党建互联互动、共建共享。推行基层党建季度观摩、党建工作季度督查，建立责任清单、问题清单、负面清单，层层落实责任、传导压力。紧扣全市城市基层党建六项重点任务，出台“十条措施”及16个实施细则，在全省率先出台以党建为引领做好退役军人服务管理16条措施。到社区就城市基层党建、“五零”社区创建、信访维稳、退役军人服务管理等工作专题调研32次、召开现场办公会24次。恪守初心推改革，增强凝聚力。聚焦社会治理难题，持续深化“五零”社区创建，通过体系推动、网格驱动、全民行动、考核促动，推动党的建设与社区建设互动互促。创新开展“与信访群众交朋友，创居民零上访社区”暖心活动，选派34名社会优秀人士联系34名重点信访群众。2018年，全区信访非访量同比下降56%，安全生产事故同比下降7.8%，连续14年保持湖南省“平安区县”称号。在全区93个城市社区推行“365天开放服务”管理制度，探索“全岗通”服务，建立健全代办服务制度，社区工作人员“一岗多责、一人多岗”，实现居民办事“一岗受理、一口讲清、一站到底”。结合“放管服”改革和不见面审批改革，简化政务服务流程，推进全网代办、全区通办、全天可办、全程代办，有40项服务实现群众“不跑路”或“一趟清”。建立“圆桌议事会”等社区民主自治议事会议制度，全年召开议事会800余场，议定解决300多个事项。将党建触角、资源力量和服务功能向小区和楼宇延伸，建成住宅小区党组织172个、邻里中心25家，新建楼宇商圈党群服务中心6家。出台《关于推进党支部“五化”建设的实施方案》，组织开展“五化”建设业务培训3批次724人次。全面实行星级评定工作，各区属党（工）委组织1094个基层党支部全部完成摸底自查，建立问题整改台账，确定党支部“五化”建设示范点150个。小区党建和服务型社区建设工作接受中组部调研，入选人民网“全国城市基层党建创新案例”，退役军人服务管理、社区治理精细化等工作获省市专题推介。夯实基础促提升，激发战斗力。全年安排党建经费4000余万元，新增社区运转保障经费20万元。潮宗街、西园北里等老城区有机更新全面完成，投入2.7亿元完成24个社区提质提档。为每个社区（村）新增20万元服务群众专项经费，全区107个社区（村）启用经费开展便民利民、关爱帮扶、党群活动等服务项目422个。设立200万元扶持引导基金，全区成立民主议事会、红白理事会、红袖章志愿服务队等各类社区居民自组织163个。建强社区工作者队伍，制定《长沙市开福区关于进一步加强社区专职工作人员队伍建设的实施细则（试行）》，按“三岗十六级”薪酬体系调整工资系数,全区1137名社区专职工作人员全部实行员额管理。开展社区书记培训20期490人次，举办社区专职工作人员培训班18期997人次。推行党员积分管理制度，加强四类党员摸底，全区8810名在职党员到居住地社区报到，亮出身份、开展服务、接受监督。连续4年面向社会公开选聘专职党务工作者100人，并作为社区后备干部培养，从中培养社区正职3名、社区副职13名；向各级党组织选派专（兼）职党建指导员318名；建立党员先锋工作室36家，五老助学队、新乡贤等一批先锋骨干力量成为示范带动全体党员服务群众的先进典型。

【干部管理】树立重人品重实绩重公认的用人导向，选优配强科级领导班子。全面落实省委组织部《关于加强干部选拔任用纪实工作的实施意见》，严格按照《党委（党组）讨论决定干部任免事项守则》和区委“三重三用”的选人用人导向，坚持在急难险重一线培养和选拔干部。全年调整干部3批次121人，提拔32人，其中从急难险重一线提拔干部27人，占提拔干部数量80%。结合绩效考核工作开展2018年急难险重一线干部调研，更新充实优秀干部名单库。坚持严管与厚爱结合，激励与约束并重，切实加强干部监督工作。做好干部任免前请示报告事项，实施干部选拔任用工作全程纪实，坚持干部提拔“凡提四必”，抓好领导干部个人有关

9月17日，湖南省长沙市开福区清水塘街道四季花城社区“红色摇篮”党建声音馆创建启动式在湖南烈士公园举行
（区委组织部　供图）

事项填报工作，做实干部谈话函询工作，教育干部自觉在有监督和约束的环境中工作生活。完成“三超两乱”专项治理工作。全面开展退离休干部返聘清理、退离休干部社会团体兼职清理、领导干部企业任职（兼职）清理、因私出国境清理“回头看”等专项清理工作，配合做好区巡视整改办相关工作，顺利迎接湖南省委组织部选人用人巡视检查。服务高质量发展，实现干部教育培训全面覆盖。配合做好省、市委组织部调训工作；做好全区干部网络学院在线学习工作；组织中青年干部培训班、新任职科级干部培训班等党校主体班次10余期；组织赴北京大学、复旦大学等国内知名高校、培训基地举办能力素质提高班11期共培训712人。着眼于提升干部工作规范化水平，切实做好各项基础工作。完成市人大代表推荐、初审，新增补区人大代表、政协委员的联合审查和两会组织相关工作任务，开展市青联委员的联合审查，配合区总工会、团委、妇联做好群团组织改革及兼（挂）职班子成员联合审查和配备工作。抽调50余名领导干部到区委巡察组、重点项目指挥部、市区重点部门工作，做好驻上海、广州等招商组干部配备和市内互派干部工作。对干部人事档案审核工作“回头看”，并指导各街道健全社区书记档案管理制度。完成14名领导干部的调任手续和40余名干部的公务员登记手续，联合区人社局完成全区公务员电子信息更新和统计工作。集聚人才创新创业。以政治导向为统领，优化人才服务体系建设，实施“芙蓉英才星城圆梦”计划、宣传落实“开福人才新政11条”。2018年，在线受理1758名高校毕业生租房和生活补贴申请，累计发放8597人次，资金800余万元。121名申报高层次人才分类认定，其中9名认定为长沙高层次人才，21名通过市级军民融合高层次认定。

【绩效考核】聚焦对接精准，分解市考指标体系。对《2018年度中心城区工作目标考核体系》考核规则进行研判，按照“谁对口、谁负责”原则，进行任务分解，明确分管区领导、责任单位、责任人。制定区考核指标体系。精准对标市考核，科学分解目标，对区内考核体系进行大幅调整，结合实际修订区内绩效考核办法。区内考核主要变化体现在“优化考核序列、大幅精简考点、突出对标市考、力求考准考实”等方面。聚焦分析精准，调度市考指标。围绕绩效考核重点、节点、难点等方面，采取收集部门工作情况、召开座谈会、单独听取意见和实地走访了解等方式广泛调研，掌握一手材料，对相关指标进行预警分析。全年共召开全区绩效考核工作部署会、半年度迎检调度会、半年度市考指标讲评调度会、三季度市考指标调度会共4次，对市考指标和全区绩效考核工作进行专题调度，动员所有责任单位做好市对区绩效考核工作，冲刺全年考核工作。

9月26日，中组部党员教育和干部测评中心副主任赵安华（右四）带队到开福区调研基层党员教育培训工作（区委组织部　供图）

【出台城市基层党建“十条措施”】2018年，开福区委在全市率先出台《关于加强城市基层党建 推进基层治理现代化的十条措施》，制定16项实施细则，明确城市基层党建工作重点任务。通过创新基层组织设置模式和工作机制、深化支部标准化建设和党员积分制管理、推进“服务零距离、安全零事故、环境零污染、治安零发案、居民零上访”“五零”社区（村）创建工作、建立社区大事共商、好事共享、难事共帮的民主自治机制、引导群团组织和社会组织参与社区治理、推进“为民服务”政务服务体系建设、探索推行社会优秀人士联系服务群众制度、培育基层志愿服务团队、充实专职专业的党建服务力量、设立社区党组织服务群众专项经费10条措施。构建以社区党组织为核心，社区居委会、社区民主自治议事会、小区业主委员会、小区物业公司“一核四元”的社区治理服务模式；推进主题党日、三会一课、党费收缴等“十大标准”建设；推行“四分四有”党员积分制；组织各社区（村）成立民主自治议事会；成立社会组织引导基金；建立社区代办服务制度；在社区组建先锋工作室或志愿服务队；安排600万元专项经费面向社会公开选聘社区专职党务工作者；面向退休干部选派党建指导员；为每个社区（村）党组织平均安排20万元服务群众专项经费。提升基层组织力，推进基层自治多元化，实施服务精准化，强化基础保障力。

【举办“表白开福 开启幸福”——万达商圈“两新”组织全民抖音大赛】9月21日，由开福区委“两新”工委、通泰街街道工委联合主办的“表白开福 开启幸福”——万达商圈“两新”组织全民抖音大赛在开福万达广场1F金厅举行。湖南省委“两新”工委办公室副主任宁勇华，开福区委常委、组织部部长晏成方等领导出席评选现场会。大赛从9月上旬开始征集评选至活动当日，吸引企业、商铺、党员、白领、老人、学生等社会各界人士参与，征集视频内容有商圈繁华、小巷古韵、抗洪抢险、志愿服务、才艺达人绝活展示等，评选出20件优秀作品参加现场决赛。在全民抖音大赛现场，部分参赛作品在大屏幕上展示，引来市民们的赞叹，抖音上既有“无厘头”搞笑段子，也有正能量“网红”。此次活动旨在创新党建宣传方式，以抖音视频为载体，面向社会有奖征集中共十九大后商圈经济发展、商圈“两新”党组织人文关怀、“两新”党员传播青春活力的抖音作品，让商圈党建更新、更潮、更红。

【全市率先建立退役军人区、街道、社区（村）三级服务体系】9月27日，开福区召开全区组织工作暨退役军人服务管理工作会议，发布退役军人服务管理十六条措施，在全市率先建立退役军人区、街道、社区（村）三级服务体系。整合各类涉军政策资源、社区（村）公共服务资源和社工志愿者服务资源，为退役军人提供政策咨询、资源介绍等便利服务。除国家和省、市涉军普惠政策外，开福区还从区级层面上给予困难退役军人在就业、就医、就学等方面福利。对辖区内非公有制企业与不符合政府安排工作条件的退役士兵签订劳动合同，且依法缴纳社会保险费2年以上的，按实际招用人数一次性奖励企业2000元/人；与经批准作转业移交地方安置到企业的下岗（失业）志愿兵（安置地在长沙市）以及经批准作转业移交地方安置的自谋职业士官（安置地在开福区）、参战参试军队退役人员、残疾军人签订劳动合同，且依法缴纳社会保险费2年以上的，按实际招用人数一次性奖励企业10000元/人；第3年至第5年，给予企业社会保险费补贴。对家庭困难的退役军人退役3年内，自愿参加职业教育和技能培训，获得国家认可的职业技能证的，可凭培训发票和取得的技能证书，报区人力资源管理中心审核后，给予一次性就业培训困难救助1000元。

（陈思含）

宣传工作

【概况】2018年，开福区助力长沙市大检之年保持全国文明城市荣誉。开福好人大本营获评全国最美志愿服务项目。陈秋娥获评全国最美志愿者。马栏山视频文创产业园获批国家级广播电视产业园区。10月22日，《人民日报》推出《长沙：城市发展处处见“人”》，就开福区文化场馆建设的做法和经验进行推介。11月26日，《人民日报》推出《长沙中小学有了道德辅导员》，就开福区创造性开展首届好人节的做法和经验进行推介。10月22日，推出典型个人李泉秀的事迹在《光明日报》等中央媒体刊发。6月10日，推出典型个人袁亮坤的事迹在湖南卫视等省级媒体刊发。9月3日，开福区清水塘社区书记汤国清获评“敬业奉献中国好人”，其事迹在《湖南日报》进行报道。杨德才、袁亮坤、邱伶获评省级优秀志愿者。行书作品《唐三武》、美术作品《禽鸣喜新晴》、美术作品《乡景怡人》获评省“欢乐潇湘”群众美术、书法、摄影活动书法作品一等奖。《山村的笑》《满院春》节目获评第六届湖南艺术节金奖。开福好人馆获评省级社会主义核心价值观建设示范点。

【理论教育工作】以党的十九大精神和习近平新时代中国特色社会主

11月13日，开福区首届"好人文化节"在长沙市滨江文化园举行

（区委宣传部 供图）

义思想为主题，全年举办12次区委中心组专题学习。区委出台《区委常委领导班子带头加强政治建设十项规定》，强化"四个意识"，树牢"四个自信"，坚定"两个维护"。在全区广泛开展新思想"天天见""天天新""天天深"系列活动，组织开展"微理论·微宣讲"比赛28场。深入基层开展习近平新时代中国特色社会主义思想宣讲500余场次，建成新时代农民讲习所、传习所、学习社等新时代文明实践站（所、基地）50余个。全年发放各类理论学习读物近10万册。区"微理论·微宣讲"活动获评市优秀组织奖。组织开展"书香开福 幸福北城"全民阅读活动42场，区图书馆获评国家一级图书馆。聚焦区域经济社会发展热点开展理论大调研，全年推出《关于马栏山视频文创园业态构建的调查与思考》等20余篇优秀理论成果，出版《文化名人话开福》《开福山水文化》等书籍。

【意识形态工作】召开专题区委常委会4次，举办区委理论学习中心组专题学习2次，召开专题工作推进会2次，开展党建和意识形态述职测评会1次，部署意识形态工作、通报情况、开展考核。出台《网络意识形态工作责任制考核办法》《考核细则》《风险隐患排查与整治提示清单》等制度，完善意识形态责任链条。开展意识形态专题培训100余场次，推进明责知责由"关键少数"向"神经末梢"（网格员）传递。动员广大干部群众特别是基层广泛参与共同筑牢堤坝，让广大干部群众由"旁观者"变成维护意识形态安全的"战斗员"。定期召开意识形态工作联席会议分析研判形势，全面排查和集中整治意识形态领域风险隐患。开展意识形态专项督查，将意识形态领域巡察纳入区委巡察，分4组对26个单位开展意识形态巡察，对存在的问题进行现场督办，推动责任制落地生根。

【新闻宣传工作】围绕区委重点中心工作，在中央、省、市主流媒体上稿5000余篇，其中央媒体120余篇。在《人民日报》、中央电视台推出《马栏山：湖南文化强省新地标》《长沙开福区抓军民融合助力区域经济发展》等一批重量级稿件。配合做好"大江奔流——来自长江经济带的报道""一带一路"媒体长沙行10次大型集中采访和直播活动，壮大主流声音。开展改革开放40周年专题报道，在微开福推出《改革开放40年"网红"地标带你看开福》系列报道。提质管理开福新闻网、开福手机报、"微开福"官方微信平台、"新开福"APP等，开设"魅力开福"英文网站，"一微一端一报两网"的传播力日渐强大。根据时代发展和工作需要，2018年陆续开通百度号、头条号、企鹅号、一点号、抖音官方账号。印发《开福区突发公共事件新闻报道应急预案》《开福区突发事件和敏感舆情舆论引导工作实施方案》等制度科学及时处置东二环立交桥下交通事故、幻影片场火灾等突发事故，全区未发生一起舆情事故。

【文明创建工作】持续培育和践行社会主义核心价值观，发布主题公益广告5.5万余块。主办承办省市重大创建活动220余场次，开展各类区级创建活动820余场次。深化提质红色志愿服务、好人大本营、"我们的节日"等系列品牌活动，打造53个文明排队礼让示范点。印发《关于在全区推动移风易俗节俭操办婚丧喜庆事宜工作方案》《开福区关于开展"推动移风易俗，培育文明乡风良好家风淳朴民风"活动的通知》等，全区党员干部签订《移风易俗承诺书》，将移风易俗内容纳入到《居民（村民）公约》，推评一批星级文明户、新乡贤。持续推进厚德开福建设，发挥好人示范引领作用，打造全省第一家区级好人馆—"开福好人馆"。为丰富好人文化，浓厚学好人、做好人氛围，承办1月中国好人榜发布活动、“厚德开福满城温暖”、开福区首届好人文化节等主题活动，发布礼遇好人10条措施，编排一批精品好人事迹节目在全区巡演。全年有2人荣登中国好人榜，5人荣登湖南好人榜。湘雅医院志愿者陈秋娥获评全国最美志愿者，开福区好人大本营获评全国最佳志愿服务组织；开福好人馆被授予省级社会主义核心价值观示范点；推出2名新时代湖南好少年，3名新时代长沙好少年。

【文化事业工作】加强基层文体阵地建设，完成檀木岭等5个示范性社区（村）文化服务中心提质建设。依托数字图书馆、24小时街区自助图书馆等文化阵地，推出“24小时为您守候”“圈圈故事会”等一批文化活动品牌。巩固提升“湘江韵律”15年群文品牌，开展“百姓大舞台 有艺你就来”“校园文化进社区暨戏曲进校园”等文化活动50余场次，送电影1389场，送戏34场。推进戏曲进校园“个十百千”系列活动，打造大型花鼓音乐剧《少年毛泽东》，该剧列入全市2018—2020年文艺创作规划重点项目。《山村的笑》《满院春》荣获湖南省第六届艺术节金奖。成立开福区文联。选送90件书法、美术、摄影作品报省市参评，其中3件作品获省一等奖，1件作品获省二等奖，2件作品获省三等奖，4件作品获市一等奖，6件作品获市二等奖，4件作品获市三等奖，32件作品入展。

【文化产业工作】研究制定《长沙市开福区文化产业奖励扶植暂行办法（试行）》，从企业入驻、增长补贴、企业上市等方面对文化企业进行扶植。制作省市区三级文化产业政策宣讲视频，举办全区文化企业培训班，打造政策洼地、文创热土。以视频产业为核心，配合省市全力打造马栏山视频文创产业园，主动开展文化产业招商，与中国移动，中国联通、爱奇艺等企业走访对接，帮助园区注册落地视频文创企业171家，马栏山视频文创产业园获批国家级广播电视产业园区。大力支持北辰动漫游戏集聚区发展，组织动漫企业争取省市区三级文产政策扶持。截至2018年年底，北辰文化创意产业园动漫游戏聚集区动漫游戏企业及相关企业230多家，实现税收1000万元，从业人员3700余人。北辰动漫游戏集聚区获评长沙市重点文创楼宇。2018年，区文化产业税收收入16.1亿元，占全区税收收入12%，连续四年税收收入占全区税收收入比重两位数。

【2018年1月中国好人榜发布仪式在开福区举行】1月31日，由中央文明办主办，中国文明网、湖南省文明办、中共长沙市委、长沙市人民政府承办的2018年1月中国好人榜发布仪式暨全国道德模范与身边好人（湖南·长沙）现场交流活动，在开福区滨江文化园举行。在湘全国道德模范、道德模范提名奖代表，来自全国各地的身边好人代表等共聚星城长沙，共沐道德之光。中央文明办中国文明网总编辑董青及蔡振红、胡衡华等领导出席。经网友推荐、评议，1月共有108位助人为乐、见义勇为、诚实守信、敬业奉献、孝老爱亲的身边好人入选“中国好人榜”。其中，湖南上榜7人，长沙市12年献血逾万毫升的“热血公交哥”袁亮坤，致力于养老社区服务的诚实守信好人黄跃佳榜上有名。

【开福好人馆正式开放】1月31日，位于四方坪浏阳河畔月岛公园的开福好人馆正式开放，成为全省第一家区级好人馆。该馆集中展示开福区各类身边好人、道德模范

1月31日，承办2018年1月中国好人榜发布仪式　　（区委宣传部　供图）

等先进典型事迹，是一处学习、宣传、弘扬好人精神的展示教育基地。展厅面积1000多平方米，分“序厅”“好人风采”“好人营地”“好人效应”“好人颂歌”五个板块，馆内设好人大本营，定期举办“好人讲堂”，为前来参观的群众提供讲解和宣讲服务。好人馆是开福区的新时代文明实践基地，获评湖南省社会主义核心价值观示范点。2018年，接待参观学习人员15万人次，成为展陈好人事迹、传播党的声音、培育文明新风的学习教育平台。

【开福区举办“厚德开福 爱满星城”好人事迹展演活动】 2月6日，由中共开福区委、开福区人民政府主办，区委宣传部、区文明办、区文体新局承办的“厚德开福 爱满星城”好人事迹展演活动在开福区青竹湖影剧院举行。现场演员通过朗诵、歌舞、情景剧、小品等形式展现和演绎一个个好人故事。好教师黄秋月，好护士龙利亚、优秀志愿者卢瑞雄、好妈妈任菲莉和好警官王宏武等5位道德楷模现场与市民面对面交流，邓学东、杨德才等20余位中国好人齐聚一堂传递温暖接力正能量。好人故事源自生活，活动借助好人的带头作用，弘扬正能量，激励每个人在工作岗位上做好每一件平凡的小事，用实际行动，回报社会。开福区涌现出全国道德模范和中国好人27人，“湖南好人”14人，“长沙好人”49人，首届开福道德模范10人。开福区建立“好人大本营”，打造全省首家区级好人馆--开福好人馆，倡议大家发现身边“好人”，学习身边“好人”，争当身边“好人”，为“好

5月17日，望麓园街道富雅坪社区联合湖南青年之声、长沙天使之翼助残公益服务中心等开展“因爱携手 让健康同行”助残日主题活动　（区委宣传部　供图）

人”立碑树传，唱响“为国尽忠、为职尽责、为家尽孝”厚德开福主旋律。区部分县级领导，区直部门、各街道负责人，各社区（村）书记、行业代表、道德模范、身边好人代表等500余人参加活动。

【《文化名人话开福》新书首发】 4月21日，开福区“一本书·一段情·一座城”开福区“读书之城”与您有约暨《文化名人话开福》新书首发仪式在秀峰山公园举行。《文化名人话开福》由开福区委宣传部编撰，由湖南文艺出版社出版，全书分为科教专家文昌开福、文体名家繁荣开福、文博之城人文开福、工匠大师艺术开福、宗教圣地善行开福和中国好人厚德开福6个章节，有尹向东、卢光琇、孔小平、谢子龙等多个行业的名人名家讲述与开福的故事。此次活动以新书《文化名人话开福》发布为切入点，以“一本书的故事、一段情的述说、一座城的温暖”为主题，邀请文化名人何顿、彭国梁、谢乐军、刘铁臂现场分享与开福的故事与情缘。长沙市委宣传部常务副部长赵柏林，长沙市文广新局党委委员、副局长李小军，开福区委书记沈裕谋，开福区委常委、宣传部部长舒全球等领导及嘉宾出席活动，并向读者代表赠送新书。

【长沙首条历史步道西园北里全新开街】 5月1日，长沙首条历史步道首发段西园北里全新开街，为方便游客出游，开福区通泰街街道西园社区设计推出西园北里党建导览地图，张贴在历史步道的主要巷口。15处历史人文景点、游客服务中心和公厕等配套设施一“图”了然。西园北里因唐朝宰相裴休在此修建西楼而得名，作为长沙首条历史步道的首发段，西园北里于2018年3月完成改造。改造段北起湘春路、南至营盘路，全长560米，以古朴(古朴的居民生活)、沧桑(沧桑的传统街巷)、协调(协调的年代建筑)、静

谧(静谧的书卷气息)为主题，打造留住长沙记忆的历史街巷，云集15个景点、11栋历史民居。

【马栏山视频文创产业园推介暨签约会在深圳举行】5月11日，马栏山视频文创产业园推介暨签约会在深圳举行。省委宣传部副部长杨金鸢，市委常委、市委宣传部部长高山，以及省直有关部门领导出席活动。推介暨签约会现场，华为技术有限公司、中国交通建设股份有限公司、国家开发银行湖南省分行、上海复星高科技（集团）有限公司、科大讯飞股份有限公司、国家超级计算长沙中心、联想新视界（北京）科技有限公司、上海新诤信知识产权服务股份有限公司/Ocean Tomo有限责任公司均以“马栏山青春合伙人”的身份进行签约，包括世界500强企业和视频产业领域的专业企业。除项目招商外，马栏山视频文创园的基础设施建设、基金等各项工作正在紧锣密鼓地进行中，计划用三年时间将园区建设成全国重要的数字视频产业集聚区、高科技展示区、现代服务业示范区，再用两个“五年计划”，把园区建设成在国内外拥有广泛影响力的“中国V谷”。

【全市微宣讲竞赛开福区专场举行】5月29日，2018年长沙市“践行新思想 长沙新作为”微宣讲竞赛开福区专场在新竹二小多媒体教室举行。来自长沙市各区县(市)的9名优秀选手通过一个个有血有肉、朴实感人的身边小故事，为现场120余名学生代表和党员群众阐述习近平新时代中国特色社会主义思想，传递正能量。此次开福区专场活动由长沙市委宣传部、市委讲师团指导，开福区委宣传部主办，开福区教育局承办。活动中，9名优秀选手以《梁家河的感悟》《学“习”正能量，做新时代实干青年》《蓝天保卫战，你我要参战》《做筑牢基层堡垒的螺丝钉》《用奋斗敲开幸福之门》等为题，围绕蓝天保卫战、基层党建、新时代、新青年等内容进行主题宣讲，选手们的宣讲在大主题与小话题、大背景与小故事、大内涵与小切口之间相互转换，获得观众好评。

【开福区民俗文化艺术节举行】6月14日，由开福区文明办主办，开福区教育局第三幼儿园承办的“民俗传情·万粽飘香”开福区民俗文化艺术节在长沙市园林生态园隆重举行。艺术节活动在为醒狮点睛中拉开序幕，整个活动分为民俗节目展示和民俗体验活动两个部分。在民俗节目展示中有幼儿园家长代表带来舞龙舞狮表演，教师团队带来舞蹈《思美人兮》，具有长沙风味的情境舞蹈《老街童趣》。民俗文化体验现场，非遗老艺人带来民俗技艺展示，孩子和家长共同体验画脸谱、剪纸、捏面人、包粽子、制香囊、看皮影戏。

【举办“厚德开福 幸福北城”群众美术、书法、摄影展】8月11日—13日，2018年“欢乐潇湘·品质长沙”暨开福区“厚德开福 幸福北城”群众美术、书法、摄影展，在长沙市开福区机关一办楼一楼大厅开展。展览以讴歌改革开放40周年为主题，推动开福区文艺事业大发展大繁荣，丰富人民群众精神文化生活为目的。活动于2018年6月发布征稿启事，区直机关各单位、各协会、各街道宣传发动，收到各类作品500余件。经分别组织评奖，美术、书法、摄影评出90件优秀作品参与本次展览。并将这些作品推荐到长沙市，参加“欢乐潇湘 品质长沙”群众美术、书法、摄影活动的评选。本次展览由中共开福区委员会、开福区人民政府主办，中共开福区委宣传部承办，中共长沙市开福区直属机关工委、开福区文化体育新闻出版局、开福区书法家协会、开福区美术家协会协办。

【“时务学堂故址陈列室”揭牌】9月2日，长沙文史专家话长沙系列讲座首讲在开福区通泰街街道连升街社区辖内的长沙市不可移动文物点“时务学堂”开讲。讲座开始前，举行“时务学堂故址陈列室”揭牌仪式。时务学堂故址陈列室通过历史图片、文字、展品，详细介绍时务学堂主要发起人、主要教师、优秀学生的生平事迹。同时，通过展示部分重要历史文献，反映时务学堂的办学经过以及重要事件，让参观者对中国近代史上的那段历史风云能有比较全面的了解。1897年维新运动期间，在熊希龄、梁启超等开明士绅倡议下，设立时务学堂，熊希龄任学堂首任校长。学堂培育出许多杰出的政治人物和各个领域的栋梁之才，如蔡锷、范源濂、邓振声等。

【举行“厚德开福 童心童行”乡村学校少年宫成果展演】10月9日，长沙市开福区在清水塘实验小学举办“厚德开福 童心童行”乡村学校少年宫成果展演，56所学校的600多位学生、家长及老师代表观展。展演在开福区中岭小学少年宫带来的舞龙舞狮《祥龙瑞狮 筑梦开福》中拉开序幕，6所乡村学校少年宫的孩子们用舞蹈、花鼓戏、朗诵等艺术形式，为大家送上一台精彩纷呈的文艺演出。学校少年宫作为未成年人课外活动的主要阵地，承担着中小学生们德育、体育科技、艺术、健康教育、特长培训等方面的活动组织和指导工作。截至2018年年底，开福区建成少年宫17所，涵盖全区16个街道。本次活动由长沙市文明办、长沙市教育局、开福区文明委主办，开福区文明办、开福区教育局、开福区文体新局承办，开福区少年宫具体执行。

【举行首届“好人文化节”】11月13日，由湖南省文明办、长沙市文明委指导，长沙市委宣传部、长沙市文明办、开福区文明委主办的长沙市开福区首届“好人文化节”在长沙市滨江文化园隆重举行。为深入学习贯彻中共十九大精神和习近平新时代中国特色社会主义思想，培育和践行社会主义核心价值观，贯彻落实习近平总书记在全国宣传思想工作会议上提出的“广泛开展先进模范学习宣传活动”工作要求，开福区文明创建工作始终坚持以厚德建设为统领，通过系列主题活动，用道德模范和身边好人的榜样力量激励人们“为国尽忠、为职尽责、为家尽孝”，弘扬厚德开福精神，共建好人之城。“好人文化节”上，开福区各级好人代表获得由开福区文明委颁发的首批“好人礼遇卡”，他们将在游览、乘车、体检、订报、窗口服务、生日、保险、资金帮扶、志愿帮扶等方面获得礼遇。

【开福好人馆被授牌为湖南省社会主义核心价值观建设示范点】11月19日，在长沙举行的湖南省社会主义核心价值观建设工作推进会上，开福好人馆、湖南文明网等36个单位被授牌为湖南省社会主义核心价值观建设示范点。开福好人馆集中展示开福全区各类身边好人、道德模范等先进典型事迹，是一处学习、宣传、弘扬好人精神的展示教育基地。展厅面积1000多平方米，分“序厅”“好人风采”“好人营地”“好人效应”“好人颂歌”五个板块，馆内设好人大本营，定期举办“好人讲堂”，为前来参观的群众提供讲解和宣讲服务。好人馆是开福区的新时代文明实践基地，成为展陈好人事迹、传播党的声音、培育文明新风、培育和践行社会主义核心价值观的学习教育平台。

（蔡振宇）

统战

【概况】2018年，以“凝心聚力新时代”为主线，充分发挥统战智慧力量服务中心，全区统一战线保持思想同心、目标同向、行动同步、执行同力，各项工作取得较好成绩。特别是信息调研工作取得新进展，所报送信息被中央统战部《每日汇报》采用2条，湖南省委办公厅采用1条。

【多党合作】强化大联合目标，寻求最大“公约数”，把大团结、大联合作为工作出发点。主题教育。与区政协联合，在哈工大举办为期8天党外人士能力与素质提升班，帮助统战人士提升发展能力，增进个人素养。连续5年在清华大学、复旦大学、北京师范大学等全国知名高校，举办非公企业负责人高级研修班，以适应新时代企业发展要求。组织各民主党派、党外知识分子、民族宗教界人士，围绕初心使命开展“十九大精神、统一战线知识抢答赛”及“开福区政治生活馆”“新时代学习社”学习实践等形式多样、各具特色的主题教育活动10余次。联谊交友。以区委名义出台《关于做好区领导与党外代表人士联谊交友工作的方案》，开展联谊交友“四个一”活动，区领导带头走访80余名党外重点人士。组织举办第四届统战人士趣味运动会，推进统战人士深度沟通联谊。队伍建设。加强统战干部、党外人士、党外干部、特约人员4支队伍建设。深化开福统战“同心大讲堂”学习品牌，组织民主党派、无党派人士学习习近平新时代中国特色社会主义思想、统战业务知识，组织观影、考察等学习活动10余次，1500余人次统战人士参与。将统一战线内容培训纳入区委中心组学习，纳入全区干部培训总体计划，坚持在区委党校讲授统战理论课，邀请省市统战领导和省社院教授专题授课，对区、街、社区三级统战干部进行全面轮训，提升统战干部业务素质。组织57名党外干部开展“纪念‘五一口号’发布70周年——胡耀邦故居参观考察”“纪念改革开放40周年：同心谋远景 携手奔前程”学习拓展，组织开展年度党外干部述职会，邀请区委领导倾听党外干部心声，共话党外干部成长，引导党外干部与区委同心同德、同心同行，助力区域发展。加强统战人士特约人员队伍建设，指导支持党外人士更好履行职责、更佳发挥作用，就环保、物业管理等群众重点关注问题，开展专项民主监督6次。

【同心创建】围绕“凝心聚力新时代”目标，深化“同心创建”目标，深化“同心创建”工作成果，延伸统战工作手臂，开展新的统战对象服务探索。创新打造“同心圆梦”社会服务平台。创建“同心创建”示范点10个，获评省级5个、市级5个，走在全省前列。2018年，进一步整合资源、聚合力量，打造开福“同心创建”升级版——“同心圆梦”社会服务体系。重点围绕“蓝天梦”“助学梦”“脱贫梦”“就业梦”“健康梦”“法治梦”“融合梦”等“七个梦”开展社会服务。围绕“蓝天梦”，区民盟携手清水塘社区，联合省政协等相关单位开展“环保小卫士”、垃圾分类“五个一”等大型环保系列活动，加大对垃圾分类理念的宣传和运作模式的创新，形成可复制性经验在全区推广。围绕“助学梦”，致公党区工委发动“凤凰欲飞”社会公益组织，开展公益助学开福行活动，资助区贫困学生53名，累计捐资捐物20余万元。并以开福区为首发站，全年走访凤凰等5个县，新增和延续资助近300名学生，资助金额100余万元。致公党党员、美籍侨眷李丽女士发起的“开绘啦”阅读点亮心灵公益课堂项目在开福区望麓园小学、东风小学、清水塘三小3所学校试点。围绕“融合梦”，长沙市唯一的少数民族聚居村汉回村，引导统战人士参与美丽乡村建设，高标准完成民族团结广场等基础设施改造项目，还原民族宗教融合村原生态生活场景。

【基层协商民主】以“同心圆桌议事会”为代表的4个基层协商民主平台共同发力，就社区道路微循环改造、24小时自助图书馆落户、“河长制”如何推行等60余个群众普遍关注的热点、难点问题进行有效协商。江湾社区依托“互联网+统战”“群商荟”基层协商民主平台，发挥结对的民革党派法律界人才资源优势，向立法协商领域开展探索。通过同心法律论坛，甄选群众反映强烈的“社区可不可以养犬”等议题，举办“《长沙市养犬管理条例（草案）》基层立法协商研讨会”，组织政府部门、法律界人士、群众代表开展协商讨论，将最基层的法律声音及时传递到上级立法机关，有5条意见建议获得立法采纳。

【新媒体人士】拓宽统战对象领域。区统一战线抓住马栏山视频文创产业园落户开福区这一机遇，围绕新媒体人士这一新的社会阶层人士重要组成类别，对新的社会阶层人士统战工作开展创新实践探索。在湖南首家文娱视频众创空间“草莓V视”打造“新媒体示范基地”，发挥基地的桥梁纽带和辐射带动作用，聚集22家国内知名文创企业入驻，发展新媒体代表人士42人，开展具有影响力的主题沙龙活动10余次。该基地与马栏山视频文创产业园建立战略合作，打造容纳100余家企业，年产值过8亿元的“马栏山众创园”，构建“泛马栏山”产业发展格局，助力开福发展。

【经济统战】引导统一战线担当作为，围绕区委中心工作，在咨政建言、经济建设、社会发展等方面献策出力。开展“大调研”。2018年，出台《关于加强民主党派、无党派人士工作的函》（开统函1号）文件，确立党派年度调研课题方向和重点。2018年，围绕促进中小微企业发展、马栏山视频文创园重点项目建设等中心工作，各民主党派、工商联、党外知联会开展

湖南省委常委、统战部部长黄兰香（左五）到开福区对宗教工作进行调研

（区委统战部　供图）

大调研，通过发放调查问卷、开展实地走访，形成《关于“开福区百人帮百企百日大行动”中解决政策兑现问题的调研报告》《开福区佳海工业园食品产业现状调查研究报告》等调研报告10篇，得到区委高度肯定。促推非公“大发展”。连续4年开展区委书记“新春第一访”，走访非公企业和重点非公人士，有效释放区委重视支持非公企业发展信号。推动落实区领导联系重点企业制度，全区县级领导都联系一家非公企业和一位非公人士，帮助解决企业运行和发展中存在的困难和问题。组织召开学习习近平总书记在民营企业座谈会上的重要讲话精神暨非公经济发展座谈会，区委、区政府主要领导出席，与区民营企业代表面对面交流，听取10位企业家对开福区非公经济发展的意见和建议，提振非公经济发展信心。加强思想政治引领，促进非公经济健康发展和非公人士健康成长，湖南高岭集团、顺天建设集团荣获“2018湖南民营企业百强企业”称号。区直属商会和望麓园商会获得“长沙市商会组织建设成果展示汇报会”二等奖。服务“大招商”。推进统一战线“升级发展 成就北富”精准招商发展战略实施，各民主党派与异地在湘商会“同心结对”逐步走向深入，联络更广，合作更多。“挂职派驻”招商组成功引进5家企业落户开福区，并跟踪洽谈2家大型企业。区台办借助2018湘台经贸合作交流会良好契机，组织开展“台商开福行”，召开贯彻落实惠台措施及实施意见对接联系会，全年接待台湾电电公会、中南部中小企业参访团、伟成关系企业等客商以及天津、上海台协会等12批次300余人次；区侨联为侨商搭建国际贸易合作新平台，成功引进12家加拿大企业参展进口商品博览会。深化港澳台海外经贸交流合作，为助力区域招商引资发展，提供统一战线的有力支持。

【民族宗教】强化大稳定成效，共谱最强“和谐音”。充分发挥统一战线联络协调各方独特优势，促进民族宗教、海内外关系和谐，为开福经济社会发展营造安全稳定环境。落实宗教“三级网络、两级责任”工作制，集中开展宗教工作专题培训，将民宗意识形态工作摆上重要位置。对区内宗教活动场所开设的网（页）、微博、微信等新媒体建立申报、登记、备案制度，加强网络平台监控。制作卡通版《三分钟读懂新宗教事务条例》和《中国宗教小常识》，主动发声，勇于发声，巩固宗教领域网络舆论阵地。开展宗教“五进五好”工作探索，在开福寺举办升国旗仪式，长沙市五大宗教团体和区内8个宗教活动场所共同奏唱国歌、升国旗，在湖南省尚属首次。召开开福寺碧湖诗社复社典礼暨第一届理事会，使宗教活动场所成为传播中华优秀传统文化重要阵地。

【台胞服务】台湾居民居住证办理工作启动后，区台办组织开展人员摸底并提供便捷式服务，让区内45名台湾同胞在第一时间拿到居住证。协调解决保税台湾馆货品分包装许可，台商陈韦仁、向虹申请解决凤凰汇商业街租金纠纷等问题10余起，为台胞台属在开福区宜居宜业提供优质服务。

【侨眷服务】发挥为侨服务桥梁纽带作用。响应长沙市侨联“双百扶贫”三年计划，落实区级配套扶贫经费。建立区海归人才数据库，为长沙市欧美同学会引荐3名新会员，夯实侨联组织基础。成功举办“创业中华·兴业湖南·逐梦星城”省侨联特聘专家“开福行”暨海外高层次人才政策交流座谈会。举办“迎中秋·颂故乡”音乐沙龙、“侨韵颂祖国 助梦新时代”等联谊活动。联合长沙爱尔眼科医院成功举办长沙市侨联“精准扶贫光明行”启动仪式暨开福区“关爱健康 同心护航”主题活动，为现场1000位老人送医送药，为精准扶贫工作贡献侨界力量。

【召开统一战线“同心圆梦”社会服务平台创建启动仪式】4月9日，开福区召开统一战线“同心圆梦”社会服务平台创建启动仪式。本次活动围绕“蓝天梦”“助学梦”等七大主题展开，由中共开福区委主办，开发区委统战部、清水塘街道党工委共同承办。湖南省委统战部常务副部长谭平，长沙市委常委、统战部部长谭小平，长沙市人大常委会副主任、致公党长沙市委主委王国海等领导出席，各民主党派负责人、“同心结对”驻湘异地商会负责人参加活动。谭平宣布开福区统一战线“同心圆梦”社会服务平台创建启动。仪式上，“蓝天梦”“助学梦”分别进行主题活动展示。谭小平肯定开福区统战工作所取得的成果。他指出，此次“同心圆梦”社会服务平台创建是开福统战践行同心统战的务实之举。他强调，开福区统战系统要进一步为傲服务全市发展改革稳定大局，将工作抓实、抓好、抓出成效。要在“聚”“实”“导”上做文章，树立“大统战”工作思维，有效凝聚资源，变“单兵团”为“多兵种”，以七大主题为抓手，真抓实干，以统战工作方法将统战成员思想和行为凝聚到社会服务平台上，形成“全民参与、广泛推进、各界支持”工作局面，为全民建设现代化长沙贡献力量。

（李紫娟）

机关工委举办“践行新思想 开福新作为”微理论·微宣讲竞赛活动

（区机关工委　供图）

机关党建

【概况】2018年，区直属机关工委管理区直机关党支部58个、其中党总支部6个、直属退休党支部5个，共有党员1634人。

【基层党组织建设】将2018年确定为“机关党建提质增效年”,组织区直机关党（总）支部书记赴嘉兴开展提升“五化”建设能力专题培训，组织召开工作部署会1次、工作推进会1次、现场观摩和经验交流1次，针对机关党组织在推进“五化”建设过程中遇到的困难和问题，及时进行分析和研究，提出解决办法，指导基层党组织因地制宜完成党建阵地建设，及时整改党组织关系管理、换届选举、党组织设置等方面的突出问题，梳理出支部工作制度体系清单，发出换届提醒通知10份，指导区纪委监委党支部等8个党支部创建示范化党支部。通过实施支部积分管理督促支部做实基础工作，推行党员积分管理督促党员增强组织观念，落实主题党日活动制度提升党性教育效果，强化党建督查提升党建工作水平，专题授课提高机关党务工作者党建业务水平。2018年，区直属机关工委组织对53个机关党组织进行调研、督查和指导，逐个下发问题整改清单，逐项督促整改到位，组织58名机关党组织书记进行述职评议。全年发展党员19名，办理预备党员转正15名，收缴党费50余万元。联合区机关后勤服务中心投入近50万元，在机关大院制作、悬挂120多块党建文化主题标语牌，设置2块电子显示屏，用以宣传党的理论、路线、方针、政策。以“先锋大课堂”、“党建沙龙”、退休支部集中学习为载体，加强对党员干部、党支部书记和退休党员的政治思想教育。完成1200多份党报党刊征订发行任务。组织1000余名机关党员积极参与“红星云”网上学习和答题竞赛活动。组织党建专干进行党务知识轮训，机关党务工作者业务能力明显增强。

【党建示范】发挥党建示范引领作用，探索建立“党建沙龙”，通过开展不同层次、不同类别和主题的学习交流活动，打造区直机关党务干部沟通交流新平台和党建研究新阵地，初步形成党建工作互相借鉴、互为促进良好局面。区园林局党总支部、区机关后勤服务中心党支部、区环卫局沙坪环卫所党支部率先创建3个机关“五化”党建示范点，迎接全区机关党建示范观摩并获得好评。对中共十九大精神区分层次、分批组织进行集中学习，开展“党的十九大精神大讨论，大测试”活动，引导机关党员积极参加红星云“学报告，学党章”答题竞赛；组织开展习近平新时代中国特色社会主义思想“天天见，天天新，天天深”“三做一评”活动；组织开展“微宣讲”比赛和理论学习征文，制作“微电影”，区直机关选送“微宣讲”在全市比赛中荣获二等奖。坚持党建引领，开展“四联四帮”推进退役军人服务管理；组织党员带头开展“党旗辉映蓝天梦”主题党日活动，带动全社会积极投入污染防治攻坚战；组织区直机关基层工会开展“消费扶贫”，对口帮扶城步县销售农副产品60多万元。

【机关文化建设】积极参加建设更高水平的全国文明城市活动，助力“厚德开福”建设和打造“好人之城”，14名优秀共产党员和优秀党务工作者受到区委表彰，7名“厚德之星”的先进事迹在全区进行展示，116名党员干部无偿献血；将社会主义核心价值观的教育、“平安开福”建设融入党员干部教育内容，将廉政文化、家风家训、普法教育融入机关文化建设，积极扶持机关国学、书画、太极兴趣小组定期开展丰富多彩的学习活动，结合重大节日，组织开展“双先杯”拔河比赛、气排球赛等文体活动，增强机关凝聚力。

【党风廉政建设】严格落实党风廉政建设的主体责任和监督责任。对党风廉政建设和反腐败工作进行责任分解，班子成员全部签订责任书，廉政谈话等各项制度全面落实。开展“违规收送红包礼金”“违反中央‘八项规定’精神”“四治四提”和“提篮子”等问题专项整治工作。联合区纪委监委开展全区干部作风建设大调查活动，对区机关领导干部、基层干部、服务对象发放和收回调查问卷1897份，为区委、区纪委监委进一步抓好干部作风建设提供参考和依据。坚持纪严于法、纪在法前，把纪律和规矩挺在前面，严肃查处违纪违法行为，协助区纪委监委对10名党员干部的违纪违法行为进行查处，给予相应的党纪处分。

（廖　柯）

机构编制

【概况】开福区机构编制委员会办公室（以下简称区编办）为区机构编制委员会的常设办事机构，负责全区行政管理体制改革和机构改革以及机构编制日常管理工作。

【“放管服”改革】坚持用“互联网+”思维突破传统观念，以“最多跑一次”和“不见面”审批（服务）改革为抓手，深化“放管服”改革，打造审批事项最少、办事效率最高、创新创业活力最强的城区，推动全区经济社会发展。坚持“放”到位，激发动力活力。从企业最想要的“环节少、不求人、办成事”入手，在群众最期盼的“更省时、更省事、更省心”用心，做好行政权力的“减法”和政务服务的“加法”。大幅度精简事项。通过整合优化，将542项“5+1”（行政许可、行政确认、行政给付、行政征收、其他职权和公共服务）政务服务事项精简至414项，精简比例23.6%。结合全市“最多跑一次”改革，聚焦准入和审批两个环节，梳理出“不见面”审批（服务）事项清单，其中“不见面”事项87项、“只跑一次”事项327项，并对事项进行全要素梳理，逐项编制标准化服务指南，规范政府权力公开透明运行。放权基层。推动审批服务便民化改革，扩大街道、社区（村）的服务管理权限，按照“分级办结”原则，将直接面向群众、量大面广、由街道和社区（村）服务管理更方便有效的事项整理为四级八大类，并于5月底率先向社会公布街道政务服务事项68项，社区（村）“为民服务”事项64项，将审批服务延伸到基层。推行网办。建立起全区统一的纵横贯通16个街道、107个社区（村）的政务服务网络，将人口、地理空间、城市管理等多部门基础数据统一起来，用“数据流”打通信息孤岛，用互联网将服务窗口、服务机制拓展延伸到“群众手心”，提高网上办事比例，实现审批服务事项全网快办、全区通办，打通政务服务的“最后一公里”。坚持“管”到底，促进公平公正。把“放管服”改革作为优化营商环境的“先手棋”，夯实“审管衔接”基础，以科学有效地“管”促进更大力度的“放”，促进市场公平公正。实施批管同步。重视数字安全和信用约束，通过“信用审查、人脸识别、人证验证、人机验证”等步骤对行政相对人的真实身份和真实意愿进行查验，效能监察系统同步将审批过程、结果等信息推送至职能部门，利用省市法人、自然人信用信息等基础数据库，对失信申请人进行限制；建立信用承诺数据库，对违反承诺的申请人进行联查追责，形成守信奖励、失信惩戒机制，确保“批管同步”。加强制度建设。推行“双随机一公开”全覆盖；执行涉企检查备案制度、满意度反馈卡制度、企业宁静日制度；发布规范性文件在市场准入和退出标准、商品和要素自由流动标准、影响生产经营成本标准、影响生产经营行为标准四个方面进行公平性审查。完善监管体系。整合“12345”服务热线，对投诉举报多、有严重违法记录的单位增加执法频次，形成事前事中事后和线上线下一体化的监管体系。坚持“服”到心，推动便民利民。以推进“三减三增”为重点，变“被动服务”为“主动服务”，优化营商环境。减办事环节。将园区、发改、建设、工商、消防等部门涉及投资审批和工程项目建设审批的86项事项，通过减少以审批、备案、证明等形式存在的前置环节，将办结时限由1092个工作日压缩至328个工作日，整体提速约70%，申请材料由547份精简至421份，减少约23%，办理流程由358个环节精简至241个环节，减少约32%，压缩工作时限，简化过程环节，提高行政审批工作效率。减证明材料。坚持“利企便民”和“五个一律取消”原则，全面清理区直部门要求申请人提供的证明材料，取消47项证明材料，涉及105项政务服务事项，有效防止“责任倒置”，解决企业群众“办证难、办事难”问题。减服务窗口。实行“受理权”和“审批权”相分离的政务服务“全岗通”模式，从传统的“一人一窗一事”单一模式向“进一个窗、办所有事”的全科模式转变，街道、社区原有的10余个专业岗缩减为2~3个“全岗通”窗口，群众办事可在任何窗口“一岗受理、一口讲清”。编制《街道政务服务事项办理“一口讲清”指南》，将68项办（受）理业务的服务流程、申报材料“一次性告知”，一方面可供“全岗通”人员学习参考，做到“人人会办、一岗全通”；另一方面让办事群众和企业第一时间了解办事程序和条件，少跑“冤枉路”。增服务时间。在全区93个城市社区实行错时上班轮休制度，实现“365天不打烊”服务，由社区办（受）理的服务事项，周末及节假日均可随时办理，通过增加工作人员的服务时间为“上班族”居民提供便利；同时在社区设立帮代办窗口，公示代办事项清单和办事流程，除必须本人现场办理的事项外，约40余项事项可提供全程帮代办服务，为群众跑腿当好“店小二”。增服务效率。依托市基层工作平台，落实《长沙市内五区审批服务“就近办”事项目录》，将街道105项事项，社区（村）92项事项按照“前台综合受理、后台分类办理、统一窗口出件”的模式，进行申请、办理、流转和出件，着力打造为民服务“15分钟办事圈”，实现群众办事就近能办、多点可办、少跑快办。推进“马上办、网上办、就近办、一次办”改革，拟定《开福区“马上办网上办就近办一次办”事项清单》，全区414项依申请类事项全部纳入“四办”清单，网上办和一次办的事项比率99%以上。增网办事项。加快“互联网+政务服务”一体化平台建设，完成1673项行政权力和政务服务事项的录入工作。指导基层积极推行服务“不见面”全程网办改革，“幸福伍家岭”“云基壹号”等微信公众号、手机APP被广泛应用于群众办事，高龄津贴、计生证明、残疾人两项补贴等事项都可通过手机完成资料提交快速办理。在街道、社区，不用到现场就可办理的服务事项有22项，跑一次就能办结的业务有51项。2018年，《开福区 97%事项实现“最多跑一次”》《衡南准妈妈办准生证开福区“不见面”服务来助力》改革经验在《湖南日报》报道，取得良好的社会反响。

【体制机制创新】2018年是机构改革之年，地方机构改革工作于9月初正式启动。聚焦重点领域改革。配合区纪检监察部门将派9个驻纪检监察组统一更名，从区内23个行政机构划转55名行政编制（含政法专项编）至区监察委（19名）和派驻纪检组（36名）；向市编办申请，同意设立3个区委巡察组，每组分别核定1名组长（乡科级正职）和副组长（乡科级副职）。对接区统计局列入政府工作部门序列工作，统计局由事业单位转为行政部门，明确其机构级别为正科级，领导职数为正科级1名、副科级2名。实施街道管理体制改革，在广泛调研，听取各街道意见建议基础上，出台《长沙市开福区深化街道管理体制改革的试点方案》，以“5+1+2”的改革思路探索街道管理新模式。配合推进城管体制改革，接收长沙园林生态园和紫凤园为区级管理。致力机构改革工作。通过专题调研、查阅资料，区编办对全区各个部门的职责职能进行全面梳理，清理职责边界和职能交叉，为机构改革提供基础资料；对全区的机构、编制和职数进行全面摸排，为改革提供数据支撑。10月，区县机构改革正式启动，与省、市编办对接，草拟《开福区机构改革方案》、“开福区党政机构事业单位调整对比情况表”《开福区承担行政职能事业单位改革试点工作实施意见》等，11月29日完成区退役军人事务局筹备组挂牌的相关工作。推进机构改革各项工作，截至2018年年底，完成“班子、牌子、章子、房子”四到位。推进园区统筹发展。推动金霞经开区、保税物流中心、青竹湖生态科技园范围内的经济发展和建设规划、产业布局、土地开发和利用、市政设施建设、统计报表5个方面由金霞经开区管委会统一负责、统一管理，具体工作由各园区在总体规划和统一部署下分工实施，实行“五统一分”模式。加强转业及退伍志愿兵的安置，做好岗位准备，全年共安置营级及以下转业干部10名、转业干部家属10名。为加强编外聘用人员的管理，对全区各个单位编外合同制管理人员进行摸底，严格按照《长沙市开福区机关事业单位编外合同制人员管理办法》规范管理，同时，定期与财政、人社联合对聘用人员情况进行复核，实行跟踪管理。

【机构编制管理】重新修订办公室内部管理各项制度，如印章管理与使用，会议制度、学习制度、廉政建设制度、日常管理制度、保密制度、公文处理制度、财务管理制度、文印管理制度等，健全业务办理流程。2018年，共办理各类机构编制事项1204件、人员入销编890人次，召开编委会议3次，审议事项30余件。理顺机构编制日常管理，在全区编制限额范围内统筹调剂、创新使用编制，为区纪委总计增核55名行政编制（含政法专项编）。为扩大义务办学质量，实现教育强区战略，新成立开福区第一中学、开福区福元小学、开福区沙坪实验小学等3所中小学；2018年，招聘编内教师40名、编外合同制教师260名。启动机构编制云平台建设，运用云计算、大数据技术，探索建设机构编制 “五大系统”，确保中央在开福区机构编制云平台试点工作的顺利推进。

【金霞经开区“三举措”推进“放管服”改革】2018年，金霞经济技术开发区落实“三举措”，全面推进“放管服”改革。加强组织领导。成立专门工作领导小组，负责改革工作的全面推进，制定《行政审批制度改革实施方案》《承接市、区两级下放经济管理权限的工作方案》《“最多跑一次”工作实施方案》，明确工作任务，明晰工作责任、工作时限，将改革情况纳入对园区各部门的绩效考核，加强跟踪督促，保障改革的顺利推进。推进工作。梳理事项，推进“园区事园内办”。按照市、区“最多跑一次”改革、“不见面”审批（服务）改革、投资建设项目“一次性”审批改革等多项改革工作部署，实现“最多跑一次”事项26项、“不见面”事项2项，占比约80%。2018年，园区行政审批事项办件量总计558件，其中“不见面”办理44件、“最多跑一次”办理385件，办件比例77%。为更好地落实“园区事园内办”，园区向市级报请下放权限15项、向区级报请下放权限2项。优化审批流程，推进效率提升。组织园区各局室按照“最多跑一次”和“不见面”改革要求进一步优化流程、缩短时限，对审批事项的内部签批流程进行优化，并对审批所需材料、办理条件进行精简，同步更新事项办理流程图，计优化内部签批流程事项17项，优化前置条件事项14项，缩短审批时限1/5。对接线上平台，推进网上审批。完成“互联网+政务服务”平台事项清单录入系统，并配备智能自助机、高拍仪等设备，8月底实现与长沙市基层工作平台网络对接，启动试运行。完善基础配套。园区对政务服务大厅进行升级改造，配备水、电、气窗口，实现“一站式”办理，制定《政务服务大厅现场服务管理规范》，实现“前台综合受理、后台分类审批、一个窗口出件”。探索“帮代办”工作，在园区试点1~2个审批事项进行“帮代办”，推进“最多跑一次”改革；启动协同办公系统建设，将所有审批事项的内部审批流程纳入网上审批，设定时限，纳入园区内部效能监察。

（黄 意）

老干部工作

【概况】开福区委老干部局直接管理和服务的老干部176人，其中机关军队离休干部8人，代管离休干部5人，企业离休干部43人，遗孀8人，机关县级退休干部112人。

【组织建设】配齐离退委班子成员，建立离退委议事制度，离退委委员人数10人。将离退休干部党支部书记培训纳入区委组织部培训计划，组织30多名离退休干部党支部书记和支委，到井冈山参加为期1周的党性修养提升班培训。联合区委党校举办离退休干部党支部书记培训班，全区80余名离退休干部党组织负责人及社区专干参加培训。指导全区离退休干部党支部按照“五化”建设要求提升质量，着力打造一批省、市示范离退休干部党支部。2018年，建湘新村社区第六党支部和浏阳河社区老年公寓党支部获全市离退休干部党支部建设观摩点，开福区“五老”助学队党支部、江湾社区临贯豪网格党支部、富雅坪社区第一党支部获全市离退休干部示范党支部。

【学习教育】围绕“习近平新时代中国特色社会主义思想”等内容，制订全年学习活动计划，坚持每月12日机关县级退休干部和每季度最后1个月18日离休干部政治理论学习制度。全年集中组织老干部政治理论学习12次；参观影珠山抗战遗址、刘少奇天华调查纪念馆、王震故居、胡耀邦故居、开福好人馆等党员教育基地，接受党员再教育；调研“三馆一厅”“磁悬浮列车”“老干部活动中心”等市、区重点项目工程，感受长沙发展变化；组织召开春节、重阳两次区情通报会，老干部为区政工作建言献策；邀请老干部参加全区经济、纪检等工作会议，引导老干部为开福区社会经济发展做贡献。组织开展离退休干部党支部书记赛党课“五老”专场，选送优秀选手参加市、区决赛，任震宇在全区微宣讲决赛中荣获一等奖，邹志云、郝建军在市级决赛中分别获得一等奖和优胜奖，区老干部局获得市优秀组织奖。

12月28日，开福区老干部大学举办庆祝改革开放40周年文艺会演，以歌舞、诗朗诵、快板等舞台表现形式，全面展示开福区老年人“退休不褪色，永远跟党走”的良好形象

（区老干局 供图）

【老干部服务】为落实离退休干部精准服务要求，体现组织的关怀，坚持“重要节日、生病住院、整生祝寿、重大变故”四个必访。全年走访慰问困难离退休干部党员160余人次，发放节日慰问金和慰问物资97万余元。对家庭困难离退休干部党员，建立帮困解难机制，帮困解难专项预算经费5万元。为把服务工作做实做细，局机关干部与离退休干部实行“结对联系”，掌握他们的思想状况、身体状况、家庭生活及学习活动情况，对离退休干部的每一个诉求做到当天回复和登记，实施精准服务。2018年，解决离休干部护理费、交通费提标及离退休军转干部信息采集等共性问题，解决离退休干部异地医疗办理、抚恤金调解、司法援助、代管离休干部异地建模等个性问题30余个。

【活动阵地建设】按照长沙市推进老年教育发展三年行动计划要求，在老干部大学东风路校区场地（约2700平方米）的基础上，新增老年大学北辰校区（约3060平方米）和四方坪浏阳河畔老干部活动中心（约1300平方米），使全区老年教育阵地面积总计7000余平方米，超额完成达标任务。北辰校区于9月3日正式开学，老干部活动中心正在装修；在全区每个街道至少建成3个老年教育网络课堂站点，全区广大老年人可以就近学习，享受优质老年教育资源；针对老干部大学每年学员达到万余人次，始终坚持“政治办校”教学方针，遵循“教、学、乐、为”相统一基本原则，运用现代管理学、老年学、心理学、教育学等学科理念，在教学调研、教学管理、教学规范和老年艺术团体作用发挥等方面抓实做细，提高老年教育工作制度化、规范化、科学化水平。

【老干部作用发挥】利用网络、微信等新媒体，落实离退休干部“党建+互联网”要求，创建“银龄E支部”微信群，将全区热心公益事业的50多位离退休干部凝聚在一起，每天通过“简讯+照片”方式报送动态信息，共同学习，相互勉励，形成正能量。让老年党员学员就近发挥先锋模范作用，在区老干部大学班级中成立33个临时党支部，确保党组织覆盖到班级。助力区委组织部“党建帮帮团”活动，推选30名基层党建经验丰富的离退休干部党员，分别担任66个非公经济和社会组织党建指导员，效果良好。发挥老干部协会作用。老年书画协会、诗词楹联协会主办庆祝改革开放40周年作品展；老年保健协会在社区组织知名教授义诊。建设开福区“五老”助学队党支部，投入资

9月26日，开福区委常委、组织部部长晏成方（左三）走访慰问离退休干部

（区老干局　供图）

金20余万元打造“五化”阵地，全区离退休干部党组织学有榜样、比有参照、赶有目标。组织离退休干部现身说法、送党课下基层、制作视频等活动，开展赛党课活动，营造创先争优、比学赶超浓厚氛围。4个“五老”先锋工作室和3个“五老”优秀党员志愿服务团队，以及20多位“五老”被评为优秀党建品牌、优秀党员和优秀党务工作者。组织离退休干部参加市委组织部“三微”评比竞赛，老干部王书高《见证军中首长廉洁奉公优良作风》《义工任震宇》分别在微党课和微故事中获奖；开展“政治补钙、厚德育人”进校园宣讲活动，全年开展 六大主题30个专场宣讲，2万多人接受教育。2018年，全区老干部工作经验和优秀“五老”事迹，在《中国老年报》《中国火炬》《湖南日报》《长沙晚报》《三湘老干部》《长沙老干部》和中国人民网等报道70余次。

【开福区北辰老干部(老年)大学正式挂牌开学】9月3日，开福区北辰老干部（老年）大学顺利开学。开福区北辰老干部（老年）大学是开福区委老干部局与北辰集团共同主办的一所面向退休干部及社会老年人开放的高品质、综合化、系统化、特色化现代老年大学。首期，开设35个班，1487名学员，与北辰集团相邻的养老产业互动，实现“学、教、乐、康、为”相结合。开福区北辰老干部(老年)大学的建成和使用对提升开福区老年教育的水平和质量，缓解老年教育“一座难求”现象，加快开福区老干部大学争创全国示范学校有着重要意义。

（康万强）

关心下一代工作

【概况】2018年，开福区关心下一代工作委员会以习近平新时代中国特色社会主义思想为指导，深入学习宣传贯彻中共十九大精神，重点开展“不负使命、有为担当、励志成才”主题教育活动，认真开展精准帮扶，不断加强自身建设，全区关心下一代工作在规范、提质、创新、拓面等方面取得可喜成绩。

【主题教育】按照市关工委的安排，在青少年中开展“不负使命、有为担当、励志成才”主题教育活动。牵头抓总，确保主题教育活动全面推进。下发专门文件，制订主题活动方案，召开专干会议，对主题活动进行布置。区教育局、区妇联、区共青团和各街道分层次组织动员“五老”参与，形成条块结合、全面推进的良好局面。广泛宣讲，确保主题教育活动入脑入心。开福区“五老”助学队围绕大局探索创新，制定“政治补钙、厚德育人”主题活动方案，在全区部分中小学开展“政治补钙、厚德育人”进校园宣讲活动。全年组织巡回宣讲29场，接受教育学生2.52万余人次。长沙电视台新闻频道、长沙文明网、掌上长沙等多家媒体宣传报道。丰富活动，促进主题教育活动成果转化。各级关工委广泛发动“五老”，举办学习两史教育讲座；充分利用区内红色资源，组织参观学习；创新教育形式和载体，广泛开展征文比赛等活动。区关工委和区教育局联合在全区中小学校开展“不负使命，有为担当，励志成才——红旗飘飘，引我成长”征文、演讲、朗诵比赛。为弘扬厚德文化，开福区新建“开福好人馆”，全面展示好人形象、述说好人故事。馆内陈列全区28位“中国好人”事迹，其中邓学东、卢瑞雄两位“中国好人”是区关工委委员。各级关工委组织青少年开展卫生清扫、文明礼让、义务巡逻、环保宣传、访贫问苦等社会实践活动53场次，1.22万余名中小学生参加。

【精准帮扶】各级关工委坚持将关心下一代工作与“两学一做”、文明创建等结合起来，开展精细化服务，让关爱活动落到实处。细心服务，开设“菜单式”课堂。发动“五老”契合不同年龄阶段青少年成长需求，就近开设“菜单式”课堂。浏阳河社区关工委制订“传家宝计划”，通过设立“五老助学队”、邻里文化馆、亲子栽培园、校外学堂，为“五老”搭建发挥余热平台。众多公益课堂吸引社区家长和孩子们，放学后和节假日，许多孩子们到这些课堂参加学习。街道和社区都根据青少年需求，设立众多教育项目，如科大佳园社区设立“科普课堂”“科普大篷车”“科普嘉年华”等教育项目；富雅坪社区设立“快乐100分”“晨曦国学班”“洪妈妈工作室”等项目；轩辕殿社区设立“少儿悄悄话”热线、“爱心课堂”。“菜单式”课堂是关工委工作一项有益探索，符合青少年多样化成长需求。贴心服务，进行“家庭式”辅导。在关心下一代工作中，开展1~2次活动并不难，难的是长期坚守和坚持。在社区设立校外课堂，长期坚持为青少年服务，连升街社区和荷花池社区做得尤为突出。2012年4月，连升街社区（原中山西路社区）成立“课后来吧”。项目运行至今，湖南师大“彩虹桥”志愿者团队的50名志愿者坚持每两周轮一次，辅导小学生做作业、做游戏，指导上网学习，2018年，300余名志愿者提供义教服务，辅导学生1100余人次。自从有“课后来吧”，孩子放学后没人管的问题彻底解决。区关工委在全区推广“课后来吧”服务模式，荷花池社区、清水塘社区、江湾社区等社区纷纷效仿。暖心服务，开展“精准式”帮扶。各级关工委采取争取上级支持、社会募捐、“一对一”帮扶等各种方式扶助贫困儿童。2018年，区“五老”助学队为城步县100名特困生捐赠10万元。“五老”助学队自2017年5月成立以来，累计捐赠资金128.44万余元，扶助困难青少年近3000人。组织湘西龙山县内溪乡九年制学校10名贫困学生和2名老师到长沙开展为期7天“圆梦长沙”夏令营活动，《中国火炬》、中国文明网、《湖南日报》、《长沙晚报》、红网等媒体报道30余次。在“六一”儿童节和“全国助残日”期间，各级关工委开展慰问和捐助活动，对困难群体精准帮扶，让越来越多青少年感受到社会大家庭温暖，让更多的贫困学子走出困境，同时培养青少年的爱心和社会责任感，促进社会的和谐。

【关爱工作】区委、区政府把关工委作为全社会培养青少年的一个重要组织机构，明确一批热心公益、关爱青少年、德高望重的老领导任关工委领导小组成员，区委、区政府明确分管领导，各基层党（工）委都明确了一位副职负责抓关工委工作，加强关工委的组织领导，并将具有奉献精神、身体条件好的老同志充实到各级关工委领导班子和“五老”中，及时配备、调整专兼职人员，构建层层抓、层层管的教育网络，为关心下一代工作顺利开展提供组织保证。阵地完善，百花齐放。区关工委将青少年活动场地作为关心下一代工作一项重要考核指标，敦促各社区在社区提质改造中建立青少年活动阵地，配备绿色网吧、图书、报刊、桌、椅、电脑、电视等电教设备和娱乐器材。区关工委召开关工委委员会议和专干会议，推广成熟的工作品牌。西园社区设立“爱心小屋”，与湖南农业大学的大学生志愿者开展“爱心一对一、相伴共成长”活动，为外来务工人员子女提供一对一学习辅导活动；新河街道三角洲社区的社会机构“青碟学社”启动为社区捐万册书籍计划，通过为青少年举办国学讲座、读书分享会、原创诗词诵读会、古典故事会等活动，加深青少年对国学文化了解，引导青少年继承和发扬优良传统；芙蓉北路街道凤亭社区设立“博爱家园”，招募青少年志愿者为社会残疾人服务；东风路街道王家垅社区设立“《弟子规》亲子班”，家长与孩子们在一个课堂共同学习国学经典；伍家岭街道紫荆园社区的“综治护校岗”，30名老党员义务担负着伍家岭小学学生上下学的护学任务。各级基层关工委和广大“五老”结合“两学一做”活动，以党建带关建，面向园区和民营企业及民办学校拓展工作领域，助推关工委工作。区关工委委员邓学东、卢瑞雄、马玲、李卓湘等大多是基层退休支部书记，利用自己的特殊身份，开展义务帮教、帮学和社会实践等活动，从组织、制度、“五老”队伍扩展、活动创新等方面推动关工委工作。从全区离退休干部中选派25人，作为首批民营企业党建工作指导员，分别联系指导66家非公经济组织和社会组织，区关工委委员邓学东、任震宇、马玲、周爱莲等入选，促进民营经济开展关工委工作。

（康万强）

史志档案

【概况】2018年，获评2017年度全市党史工作先进单位，2018年度省级档案宣传先进单位，编纂的《开福年鉴（2016）》获评第五届全国地方志优秀成果三等奖、第五届湖南省年鉴一等奖。

【党史及党史联络工作】以编研为重点，开展党史课题研究。开展沈家大屋会议课题《长沙北门外沈家大屋会议的历史性贡献》的拓展工作，落实省委书记关于沈家大屋会议的专题批示，研究沈家大屋重建的可行性，做好宣传引导工作。做好《长沙改革开放实录》课题后期修改工作，《开福区发展战略及其实现》《潮宗老街的回首与展望》入选《长沙改革开放实录》第一卷出版发行。完成党史文物征集工作，上报建湘瓷厂瓷器、沈家大屋相关文献资料、周先凯生前抗战纪念章和证书等7个方面的线索。完成新民学会成立100周年征文工作，上报论文4篇，其中《浅谈新民学会的优良作风》在长沙党史公众号发布。完成改革开放40周年座谈会征文工作，上报征文3篇。完成湖湘红色遗址收录工作，上报遗址3个。以平台为依托，加强党史宣教工作。开展党史"六进"活动，普及党史知识。完成党史专刊《湘潮》杂志发行。通过展板等方式开展中共十九大会议精神和习近平系列讲话精神的宣传。联合四方坪街道金帆社区开展以"关爱残疾人员，共建和谐社区"为主题的党史宣教活动。以活动为载体，丰富党史联络活动。联合区委党校就如何在党校课程设置方面开展党史教育进行研究。组织党史联络组成员赴岳麓区大王山、宁乡道林古镇开展党史联络活动，了解湘军文化园、桐溪寺、潇湘故事等有关资料，丰富党史联络内涵。组织长沙市委党史研究室领导和专家到通泰街街道西园北里社区开展党史联络活动。

【地方志工作】完成《长沙市开福区志》评审工作。2018年年初完成《长沙市开福区志》初稿，经修改完善形成征求意见稿，7月呈送至省志委、市志办、区委、区人大、区政府、区政协、部分区属部门等领导和专家进行审阅。10月召开区志座谈会，征集各单位评审意见。11月召开区志初评工作会议。12月召开区志省市评审工作，正参照各位评审专家意见进行修改。完成省市年鉴组稿工作。配合省、市做好《湖南年鉴》《长沙年鉴》组稿发行及"双十"年度人物、年度事件评选工作。根据省市年鉴组稿要求，4月底上报《长沙年鉴》编辑部8700余字年鉴组稿，含概况1条，条目12条，上报《湖南年鉴》编辑部5600余字年鉴组稿，含概述1条，条目6条。完成《开福年鉴组稿及国家级、省级年鉴评比工作。3月下发组稿通知，4—8月编辑部组稿改稿。经过三审三校，形成《开福年鉴（2018）》终审稿，送方志出版社进行评审。2018年年底完成评审及后续修改工作。完成《开福镇街简志》出版发行工作。根据市志办关于各区县市做好简志单行本出版发行工作要求，组织人员编纂《开福街镇简志》。完善形成终审稿，上报市志办。同时，在上报稿件的基础上，拓展脉络，丰富内容，提升质量，完成《开福镇街简志》单行本出版发行。完成《长沙市志·人物》开福篇任务。根据市志办关于

5月17日，开福区在沙坪街通汉回民族广场举行地方志文化进乡村暨《开福年鉴》首发活动
（区档案馆　供图）

编纂《长沙市志（1988—2012）》人物篇的要求，区史志档案局配合市志办开展人物编纂工作。2018年，完成人物编纂工作，10月完成第一轮评审。开展方志宣传，拓展方志服务。区史志档案局联合市志办在开福区沙坪街道汉回民族广场开展“5·18”地方志宣传暨《开福年鉴》首发式活动。本着“修志为用”的原则，推动方志文化“进机关、进农村、进社区、进校园、进企业、进军营”，面向社会开展志书捐赠活动，沙坪街道汉回村被授予长沙市方志之家。

5月17日，区档案馆工作人员向群众赠阅《开福年鉴》和地方志书籍

（区档案馆　供图）

【档案管理工作】坚持依法治档，做好档案管理规范化工作。出台《关于开展创建档案工作规范化示范活动的通知》（开史志档发〔2018〕4号）文件，鼓励区直各单位、街道、社区（村）争创档案管理规范化先进单位。浏阳河街道办事处通过档案管理规范化省一级单位验收，青竹湖街道霞凝社区、洪山街道金鹰社区、湘雅路街道文昌阁社区、望麓园街道富雅坪社区、秀峰街道竹隐社区和清水塘街道芙蓉路社区等6个社区完成档案工作示范社区创建。以国际档案日为契机，开展档案宣传活动。区史志档案局围绕“档案见证改革开放”主题，组织金霞经开区、街道档案工作人员及史志档案局全体人员，在省植物园和市档案局大厅开展一系列宣传活动。设立家庭档案建档宣传点，将家庭建档示范户的档案进行展览，并开展家庭档案业务咨询，发放档案宣传纪念品及档案知识宣传小册。开展档案业务培训，提升档案业务能力。组织全区27名档案员参加市档案局组织的档案业务培训。组织一期由街道、社区（村）150余名基层档案员参加的档案业务培训班，邀请兄弟区县档案专家讲课，培训内容侧重于实际操作，主要是社区（村）级档案的收集与整理。做好档案业务指导，提升档案操作能力。对洪山、浏阳河等街道档案工作进行指导，对金帆、竹隐等社区进行档案建档帮扶，对农林水利局、城管局、编委办、人防办等20多个单位进行业务指导，特别是土地确权档案规范化管理指导，对农贸市场提质改造、城投项目指挥部、黄兴北路指挥部等重点工程档案管理进行业务指导。完成《档案时空》《中国档案》《中国档案报》征订任务。加强对档案整理公司管理。完成在开福区备案的6家档案服务机构档案服务资质复核，确保档案整理质量。推进档案信息化，发挥档案服务实效。推动档案进馆及信息化工作。以文书档案、工程档案、声像档案为重点，加大档案进馆力度，接收农林水利局、民政局、编委办等单位档案2205盒，收集照片700余张；做好馆藏档案数字化，对升级后的档案信息化管理系统进行调试，做好数据库维护和数据备份工作，确保数据安全；推进全区档案信息化，全区大部分单位完成历史档案数据录入和永久档案全文扫描工作。新增档案数据30915条。做好档案利用及查询服务工作。接待查阅婚姻登记、公证书、拆迁协议等档案的群众2539人，查阅卷宗2879卷，开具证明2235份。对库房进行清理，确保安全规范。全年对库房内的档案柜、密集架、照明设施、温湿度设备等硬件设施进行排查整改，理顺全宗案卷，合理利用空间。按时放置防虫、防鼠药等，确保库房达到“九防”要求，坚持库房每日安全检查，确保库房安全。

【举行方志文化进乡村暨《开福年鉴》首发活动】5月17日，为发挥地方志记录当代、传承文明、发展文化、激发民族自豪感和自信心的作用，推动地方志文化进机关、进农村、进社区、进校园、进企业、进军营活动，在国务院《地方志工作条例》颁布12周年纪念之际，开福区史志档案局联合长沙市地方志办公室在开福区沙坪街道汉回民族广场举行地方志文化进乡村暨《开福年鉴》首发式活动。市领导出席，开福区部分单位代表、沙坪街道汉回村支村两委、村民群众200余人参加活动。活动现场，向相关单位及群众赠阅《开福年鉴》及地方志书籍，并向汉回村委会“方志之家”授牌。随后，以竞猜问答的形式，展开现场互动，促进广大村民群众走近和了解地方志，推动和营造学志、读志、用志的热烈氛围。地方志作为具有中国特色的历史文化遗产，是中国传统文化的根脉和基础，积淀着中华民族发展演变的历史和文明。在当前快速发展和实现乡村振兴的过程中，推动方志文化的传播和传承，显得尤为重要。

【举行“档案见证改革开放”档案宣传活动】6月8日、9日，开福区史志档案局联合湖南省档案局、长沙市档案局在省植物园名花广场、长沙市档案局多功能会议厅举办以“档案见证改革开放”为主题的家庭档案展宣传活动。设立家庭档案建档宣传点，制作家庭建档示范户档案展板，组织5户家庭建档示范户实体档案进行展览，听取家庭档案建设的经验介绍及家庭建档讲座，开展家庭档案业务咨询，发放家庭建档手册、宣传纪念品及各种档案宣传知识小册，参与家庭建档有奖知识问答。通过家庭特色档案展示，找寻家庭记忆，促进家风家德建设，让档案走进家庭，激发对身边档案的珍视，让更多的普通百姓了解档案，走进档案，利用档案。

（吴冬良）

党校

【概况】区委党校（行政学院）为副县级参照公务员管理的事业单位。2018年，区委党校获长沙市党校系统科研工作先进单位。

【干部教育培训工作】2018年，开福区委党校超额完成区干部教育领导小组下达的培训任务，全年举办16个类别共计23期培训班，培训党员干部3000余人次，超额完成任务。（计划举办18期培训班，培训1300余人次）。分别开办基层党务工作者培训班、新招录专职党务工作者培训班、区直机关党（总）支部书记培训班、“两新”党组织书记及党建工作指导员党性修养提升班、中青年干部培训班、妇联系统干部培训班、社区（村）纪检监察业务培训班、新任职科级干部培训班、党支部“五化”建设专题培训班、离退休干部党支部书记培训班、农村片区村（社区）党组织负责人培训班各1期；开办党员轮训班4期、党员发展对象培训班2期、区教育系统基层党组织书记培训班2期；在完成既定任务的基础上，联合相关单位举办长沙金霞经济开发区“两新”党组织党员集中轮训班3期，区统战、宗教工作专题培训班1期。其中，中青年干部培训班为期2个月。

【送课下基层情况工作】2018年，区委党校在“送党课下基层”活动中宣讲中共十九大精神和党的路线、方针、政策，收到良好的效果。全年共开展送党课到机关、街道、社区（村）、企业等相关活动60余场次、参训人员共4000余人次，其中安排党的十九大专题34场次，受众2000余人次。宣讲的专题有《解读党的十九大精神》《习近平新时代中国特色社会主义思想》

12月27日，党校在区对口帮扶的城步县开展学习调研活动

（区党校　供图）

《新时代 新思想 新征程》《解读十九大新党章》《解读〈中国共产党纪律处分条例〉（修订）》等15个。指导“软弱涣散”党组织青竹湖街道彩霞社区党建工作，并“摘帽”。

【科研调研】区委党校课题项目《长沙市全面从严治党情况调研报告》在市社科联顺利结项。提交省委党校理论研讨会论文3篇，市委党校理论研讨会论文8篇。编印4期《党校视窗》期刊，为区四大家领导和街道、部门主要领导提供理论服务。深入湖南湘西土家族苗族自治州花垣县排碧乡十八洞村、邵阳市城步县进行调研。通过现场走访、座谈等形式，学习考察精准扶贫工作，为撰写相关调研报告提供第一手资料。

【学员管理考核】学习贯彻《开福区落实〈省委中央第八巡视组反馈意见的整改方案〉任务清单》要求，通过基层宣讲，推动习近平新时代中国特色社会主义思想和中共十九大精神在全区党员干部当中进一步入脑入心；在主体培训班中一律设立闭卷考试环节，把考试成绩纳入学员考核内容，并作为评选优秀学员的重要衡量标准。对于考试不及格的学员要求补考，否则不得结业。实行严格的学习档案管理制度。每期班次由学员填写“学习情况鉴定表”，由班主任、主管副校长写出评语，并对其考核等次作出评定，党校工作人员负责录入电脑，建立学员在校学习档案，实现学习经历终身可查阅。校领导经常深入班级，听取学员意见和建议，加强与学员的沟通联系，实现制度化与人性化相结合的教学管理和服务。

（胡　蓉）

信访

【概况】2018年，开福区信访局直接受理群众来信246件、省长信箱31件，来访435件，国家投诉123件，复查复核案件32件，办结率100%。中央巡视组交办开福区9批99件群众身边信访问题，办结99件，办结率100%。认真落实省委巡视组交办的信访件办理工作，共接到省委巡视组受理群众信访事项交办件11批252件，按要求办结。初信初访均按期办结，按期办结率100%。信访反映内容主要是国有土地上房屋征收、集体土地上房屋拆迁、民政、教育、劳动保障、环境保护、交通运输等问题。

【网络信访建设】2018年，按照省市“阳光信访”的要求，建设开通视频信访系统，实现接访视频化。开福区信访局组织全区各街道、各部门开展信访基础工作“百佳业务规范单位”“百佳业务能手”“三无”县（市、区）、“三无”社区创建工作，开展“信访法治宣传月”“网上信访五周年”活动，引导信访人多走基层渠道反映诉求，依法维权、理性上访，形成“多上网少走访”的信访环境；规范网上信访、信件受理、答复程序，形成“双向规范”氛围，就地解决群众合理诉求。

【信访积案化解】2018年，按照中央、省、市信访积案化解“四大攻坚”行动要求，成立开福区“四大攻坚”行动综合协调组，建立健全周议访调度会议、积案化解定期通报、畅通情报信息、强化依法治访、通报约谈问责机制，指导督促各级各部门化解信访积案，帮助解决化解过程中出现的困难和问题，全年化解信访积案48件（其中化解上级交办信访积案12件，区级突出问题36件）。妥善运用信访救助资金132.5万元，救助重点对象27名。

【领导公开接访】制定“开福区2018年县级领导公开接访安排表”，区委、区政府主要领导轮流在人民来访接待中心公开接访，及时处理解决辖区群众反映的信访问题，建立健全接访档案，做到有记录、有图片、有追踪、有落实。全年县级领导公开接访356批1851人次。

【群众工作】2018年，结合党建和群众工作，在全区开展“与信访群众交朋友”暖心活动，34名社会优秀人士结对帮扶信访群众，帮助解决群众问题58个，以点带面，辐射全区，形成社会优秀人士联系帮扶群众的长效机制。

（孙万海）

长沙市开福区人大常委会

KAIFU PEOPLE'S CONGRESS

重要会议

【开福区第五届人民代表大会第三次会议】长沙市开福区第五届人民代表大会第三次会议于2018年1月7日至10日在开福区机关大院举行，会议主要听取和审查区人民政府工作报告；审查和批准区人民政府关于2017年财政预算执行情况和2018年财政预算（草案）的报告；听取和审查区人大常委会工作报告；听取和审查区人民法院工作报告；听取和审查区人民检察院工作报告；选举区监察委员会主任；补选区人大常委会委员；审议开福区人民代表大会关于推进桃花溪流域绿色发展的决定（草案）。

【开福区第五届人大常委会第10~16次常委会议】长沙市开福区第五届人民代表大会常务委员会第十次会议于2018年1月10日在区机关526会议室举行。会议审议通过《区人大常委会关于区监察委员会副主任、委员任命和宪法宣誓程序的决定》，表决通过相关人事任免事项，任命周朝旭、喻寄宏为区监察委员会副主任，刘科、蔡亮、彭庆、莫红宇、陈广益、黄粮为区监察委员会委员。会议对个别街道人大工委副主任职务进行任免，并组织新任命人员进行宪法宣誓。区人大常委会党组书记、主任许振勤出席，区委常委、区纪委书记、区监察委员会主任欧干军，区委常委、组织部长晏成方列席，区人大常委会副主任王颂交、李光华、袁剑英、罗伟明、周桂林参加。

长沙市开福区第五届人民代表大会常务委员会第十一次会议于2018年3月28日在区机关526会议室举行。会议表决通过相关人事任免事项，决定任命黄雅晖为食品药品监督管理局局长、食品安全委员会办公室主任（兼），肖杨为环境保护局局长，黄筠为月湖街道人大工委主任，胡蓉为东风路街道人大工委主任，盘剑华为新河街道人大工委主任，周剑兰为区人大常委会城乡建设环境与资源保护工委副主任，龚平彰为区人大常委会办公室副主任，龙海波为秀峰街道人大工委副主任，黄兵为捞刀河街道人大工委副主任，刘胜昔为通泰街街道人大工委副主任，会议同时对法检两院部分法律职务人员进行任免，并举行宪法宣誓仪式；审议通过《开福区第五届人大常委会2018年工作要点（草案）》《开福区人大常委会关于开展执法检查的暂行办法（草案）》；听取和审议区公检法司关于执法规范化建设的工作报告。区人大常委会党组书记、主任许振勤，副主任王颂交、李光华、罗伟明、周桂林出席会议，区委常委、常务副区长蔡冰，副区长、区公安分局局长廖勇列席会议。

长沙市开福区第五届人民代表大会常务委员会第十二次会议于2018年5月17日在区机关526会议室举行。与会人员集中视察老百姓医药健康产业园以及金霞大道冯蔡东路段项目建设情况，随后举行全体会议。会议听取和审议区人民政府关于政府性投资项目和重大产业项目建设情况的专项工作报告；听取和审议2017年被评议和询问单位区商务旅游局问题整改情况的专项工作报告；审议通过《长沙市开福区人大常委会关于对2018年渣土管理工作开展专题询问的实施方案（草案）》。区人大常委会党组书记、主任许振勤，副主任王颂交、李光华、袁剑英、罗伟明、周桂林出席会议，区委常委、常务副区长蔡冰，副区长李杨列席会议。

长沙市开福区第五届人民代表大会常务委员会第十三次会议于2018年9月14日在区机关526会议室举行。会议表决通过有关人事任免事项，审查和批准区人民政府2017年财政决算（草案）以及2018年财政预算调整方案，听取和审议区人民政府关于2018年1—6月预算执行情况的报告、国有资产管理情况的工作报告以及2017年区本级预算执行和其他财政收支情况的审计工作报告。区人大常委会党组书记、主任许振勤，副主任王颂交、李光华、袁剑英、罗伟明、周桂林出席会议，区委常委、区纪委书记、监察委主任欧干军，区委常委、常务副区长蔡冰列席会议。

长沙市开福区第五届人民代表大会常务委员会第十四次会议于2018年11月23日在区机关901会议室举行。会议对区人民政府渣土管理工作情况进行专题询问，首先听取区城管局及城管执法大队、区环卫局渣土管理工作情况报告，随后常委会组成人员及区人大代表围绕消纳场建设、渣土工地管理、渣土车管控等14个问题开展规定询问和自由询问，并现场进行满意度测评。区人大常委会党组书记、主任许振勤，副主任王颂交、李光华、袁剑英、罗伟明、周桂林出席会议，区人大常委会副书记袁政国、区人民政府副区长易文斌列席。

长沙市开福区第五届人民代表大会常务委员会第十五次会议于2018年12月4日在区机关526会议室举行。会议表决通过有关人事任免事项，补选1名市人大代表，决定于2019年1月3日下午至1月5日在区机关大院举行区五届人大四次会议。会议还听取和审议区人民政府关于2017年审计查出问题整改情况的专项工作报告以及关于桃花溪流域生态环境保护情况的专项工作报告，并书面审议区人民政府关于2018年环境状况和环境保护目标完成情况的报告。区人大常委会党组书记、主任许振勤，副主任王颂交、李光华、袁剑英、罗伟明、周桂林参加会议，区委常委、区纪委书记、区监察委员会主任欧干军，区委常委、常务副区长蔡冰，区人大常委会党组副书记袁政国列席会议。

长沙市开福区第五届人民代表大会常务委员会第十六次会议于2018年12月26日在区机关526会议室举行。会议表决通过有关市人大代表辞去职务的议案，审议通过区人大常委会工作报告（草案）以及关于表彰“成就北富我要给力，厚德开福向我看齐——人大代表在行动”主题活动“十佳”人大代表的决定（草案）。听取和审议关于我区贯彻实施《中华人民共和国大气污染防治法》《中华人民共和国民办教育促进法》执法检查情况的报告，听取和审议区人民政府关于议案及建议、批评、意见办理情况的报告、区人大常委会联工委关于议案及建议、批评、意见办理情况的调查报告，听取和审议区五届人大代表异动、补选代表的资格审查报告。区人大常委会党组书记、主任许振勤，副主任王颂交、李光华、袁剑英、罗伟明、周桂林参加会议，区委常委、区纪委书记、区监察委员会主任欧干军，区委常委、常务副区长蔡冰，区人大常委会党组副书记袁政国列席会议。

【区人大常委会召开2017年工作评议和专题询问总结暨2018年专题询问动员会】5月31日，区人大常委会召开2017年工作评议和专题询问总结暨2018年专题询问动员会，区委副书记谢伟峰，区人大常委会党组书记、主任许振勤，区人大常委会副主任王颂交、李光华、袁剑英、罗伟明、周桂林，区人民政府副区长易文斌，区人大常委会副调研员吴劲松、王建兵，以及区人大常委会全体组成人员，部分区人大代表，2018年被询问单位区城管局（含城管执法大队）、区环卫局全体班子成员，区人民政府工作部门主要负责人，各街道人大工委主任参加会议。会议全面总结回顾2017年评议询问工作并向获得评议询问满意单位的区商务和旅游局授牌，对2018年以渣土管理工作为主线的专题询问进行安排部署。被询问单位区城管局、区环卫局主要负责人为迎接好此次专题询问做表态发言，区人民政府副区长易文斌就落实好会议精神、主动接受人大监督提出具体事项和要求。区人大常委会党组书记、主任许振勤指出，专题询问的重点在于询在实处，问在要处，今年专题询问方案更规范、更专业、更细致，专题询问领导小组成员要认真搞好调研，区人大常委会和人大代表要大胆行使权力，被询问单位要正确看待此次询问，树立人大意识，接受人大监督。区委副书记谢伟峰强调，要紧扣服务中心，抓住询问要点，在询问中促进工作、改进作风、检验干部；要依法开展监督，务求工作实效，强化问题导向、履职能力、跟踪督办。

【市“一府两院”向市人大代表开福区联组通报上半年工作】7月27日，市“一府两院”向市人大代表开福区联组通报工作情况会召开。市委常委、副市长付胜华代表市人民政府，向市十五届人大代表开福区联组通报上半年全市经济社会发展情况；市中级人民法院、市人民检察院书面通报工作情况。市人大代表对市“一府两院”上半年工作成绩表示充分肯定，并提出相关意见建议。市人大常委会党组成员、副主任袁黎明，区领导沈裕谋、刘拥兵、许振勤、杨应龙、袁剑英及市十五届人大开福区联组全体代表出席。区委书记沈裕谋代表开福区委、区政府，对市领导和市人大代表对开福经济社会发展的关心和支持表示感谢，认为市政府工作特别聚焦、特别务实、特别有定力、特别有成效，成绩来之非常不易，大家非常满意。希望各方进一步重视和支持开福区重大产业布局和建设，进一步支持金霞经济开发区开放型平台建设和优惠政策争取，进一步支持马栏山视频文创产业园建设的居民安置工作。袁黎明指出，上半年全市经济社会发展取得可喜成绩，市中级人民法院、市人民检察院的工作也得到进一步巩固和提升。他希望“一府两院”在下半年的工作中，能一如既往按照中央和省委、市委系列决策部署，坚定信心、凝聚共识，驰而不息地推进长沙发展。希望各位代表，立足岗位，忠诚履职，把思想和行动统一到全面建设现代化长沙的新征程上来，为全市经济社会持续健康发展做出应有贡献。

人大工作

【概况】开福区有区人大代表219名，常委组成人员27名，市人大代表开福区联络组48人，省人大代表开福区小组8人。2018年，区人大常委会履行宪法和法律赋予的各项法定职权，全年组织召开区人民代表大会1次，常委会议7次，主任会议20次；听取和审议“一府两院”专项工作报告21项；作出决议、决定5项；组织常委会组成人员和人大代表开展考察、调研28次，依法补选市十五届人大代表1名、区五届人大代表8名。

【建议办理】区五届人大三次会议期间和闭会期间，共收到区人大代表的议案1件，建议、批评和意见共80件。区人大常委会加大对重大事项决定的督办力度，通过实地视察、听取专项工作报告等方式，对区五届人大三次会议作出的《关于推进桃花溪流域绿色发展的决定》进行重点督办。建议、批评和意见中涉及城市建设方面（含规划、建设、棚改、征拆）16件，城市管理方面（含市政、园林、环卫、交通、交警）28件，民本民生方面（含教育、医疗、社保、民政、农林水利）19件，经济建设方面（含产业发展、片区开发、招商引资）9件，其他方面8件。分别交由23个区属部门、2个街道办事处负责办理；办复率为100%，见面率为100%，代表满意率100%；办结落实的21件（A类），占总数26.3%，开展或纳入计划办的50件（B类），占总数62.5%，暂不具备条件办的9件（C类），占总数11.2%。

【代表工作】完善履职服务平台。深化“一室一平台”的建设与利用，在区、街、社区三级代表活动室全覆盖的基础上，借鉴“互联网+”的理念，搭建代表履职服务网络平台，开通微信公众号，及时向代表通报常委会重要工作安排，发布文件资料，收集意见建议，形成以网上平台和驻室接待互为补充的代表联系“双渠道”。加强履职能力培训。通过“请进来、走出去”相结合的方式，分别组织常委会组成人员、人大干部、基层一线代表进行多层次培训。举办北京大学履职能力提升班、湖南大学履职培训班，并邀请区委书记、区长授课。全年共培训代表及干部600余人次。丰富代表履职形式。继续开展“成就北富我要给力，厚德开福向我看齐——人大代表在行动”主题活动，引导代表在项目建设、招商引资、创新创业等方面献计出力，在崇德向善、爱心帮扶、法治建设等方面身体力行；健全代表履职激励机制，开展“十佳”人大代表评选活动，评选和表彰10名优秀代表；坚持代表列席常委会会议、听取重要情况通报、参加常委会调研视察等行之有效的做法；强化常委会与政府工作部门的联系，制定出台《区人大常委会组成人员对口联系政府工作部门制度》。推动建议议案办理。坚持把意见建议办理作为发挥代表作用的重要途径，采取集中交办、重点领办、定期督办等方式，全程跟进督促。区五届人大第三次会议期间收到的1件议案，77件建议、批评和意见，闭会期间收到的3件建议，均得到较好办理。加大对“正在解决”和“计划解决”建议的跟踪督办力度，精选7件作为全年重点进行督办。

5月29日，市人大主任会议成员视察开福区城市绿化工作

（区人大常委会　供图）

【监督工作】加强经济运行监督。组织“一府两院”半年度工作情况通报会，听取区人民政府年度绩效考核目标完成情况报告；审查批准2017年财政决算、2018年预算调整方案，听取和审议2018年上半年预算执行情况工作报告；听取和审议2017年区本级财政预算执行和其他财政收支情况的审计工作报告、审计查出问题的整改情况报告，督促相关部门认真整改；听取

6月5日，组织驻开福区湖南省第十三届人大代表开展集中视察（区人大常委会 供图）

区人民政府关于政府融资计划及政府债务情况的报告，督促政府及财政部门进一步增强风险意识，规范举债行为。突出专题询问监督。以提升空气质量为目标，以渣土管理为主线，对区城管局（含城管执法大队）、区环卫局进行专题询问。通过召开多层次座谈会收集意见建议，深入项目工地、消纳场、社区等场所开展实地调研，了解全区渣土管理工作情况。按照规定询问和自由询问相结合的方式召开询问大会，围绕渣土管理方面的14个问题进行问答。关注法律实施监督。审议通过《开福区人大常委会关于开展执法检查的暂行办法》，以《中华人民共和国大气污染防治法》《中华人民共和国民办教育促进法》为切入点，对法律法规的实施情况进行执法检查。综合运用实地考察、查阅台账资料、听取汇报、走访座谈、问卷调查等方式，发现问题，分析根源，形成执法检查报告交政府部门落实。探索引入第三方咨询工作模式，邀请相关专家和法律实施机关的工作人员参加，提高执法检查专业化水平。强化司法工作监督。围绕执法规范化建设，听取和审议公、检、法、司相关工作情况报告，并对审议意见进行交办；坚持开展庭审评议，组织主任会议成员旁听庭审；高度关注信访稳定，听取和审议区人民政府关于《中华人民共和国信访条例》贯彻实施情况的报告，认真做好人大信访工作；深化规范性文件备案审查，对报备的10件规范性文件依法进行审查；配合上级人大开展立法调研、执法检查等工作，配合省人大做好农村村庄建设和乡村人才队伍情况专题调研，配合市人大做好《中华人民共和国公共文化服务保障法》《中华人民共和国防洪法》贯彻实施情况执法检查。聚焦民生保障监督。高度关注养老、住房、水利、乡村振兴等事关群众切身利益的事项，就社会养老服务、棚户区改造、防汛抗旱、农村土地承包经营权流转等开展调研或听取审议专项报告；认真落实新修订的《中华人民共和国环境保护法》，听取区人民政府关于环境状况和环境保护目标完成情况的报告；围绕民族宗教工作，对开福寺建设进行专题调研；持续开展“三湘环保世纪行”“农产品质量安全行”“民族团结进步行动”“三湘农民健康行”“司法公正长沙行”活动。

【人事任免】开福区人大常委会坚持党管干部和人大依法任免相结合的原则，完善人事任免程序，健全人事任免制度。坚持任前法律考试、任时拟任发言、任后颁发任命书等制度。表决通过《开福区监察委员会副主任、委员任命和宪法宣誓程序的决定》，明确监察委员会副主任和委员提请任免的法律程序。全年共对政府工作部门局长（主任）、区监察委员会委员、人大常委会工作机构及街道人大工委主任、副主任共31人次进行任免，对区人民法院庭长、副庭长，区人民检察院检察委员会委员及部分法律职务人员共58人次进行任免。首次组织区人大及其常委会选举任命人员进行集中学习，进一步增强人大选举任命人员的责任意识和公仆意识。

【市人大常委会主任会议成员专项视察历史地名和历史文化街巷名称保护工作】3月21日，市人大常委会党组书记、主任程水泉率主任会议成员一行专项视察开福区历史地名和历史文化街巷名称保护工作，实地察看西园北里历史步道，详细了解历史步道建设情况，并参观西园历史陈列馆、左宗棠祠旧址文襄园、李立故居、刘少奇老师黎倜康故居等历史文化节点。区委书记沈裕谋，区人大常委会党组书记、主任许振勤参加。

【区人大常委会主任会议成员专项调研潮宗街和西园北里有机更新工作】4月27日，区人大常委会党组书记、主任许振勤率区人大全体主任会议成员专项调研潮宗街和西园北里有机更新工作，实地察看西园北里历史步道、潮宗街历史文化街区，听取黄兴北路棚改指挥部关于潮宗街有机更新工作情况汇报。许振勤强调，有机更新是一个新课题，是老城改造模式的科学化，要坚持保持特色、留住乡愁、提升品质、惠及百姓，实现共建共享、城市空间最优化、资金资产效益最大化。区人大常委会副主任王颂交、李光华、袁剑英、罗伟明、周桂林，区人民政府副区长易文斌参加调研。

【区人大常委会组织驻开福区湖南省第十三届人大代表活动】6月5日，区人大常委会组织驻开福区湖南省第十三届人大代表开展集中视察，并召开座谈会。代表们参观湘欧快线以及卓尔军民融合产业示范园，随后在区机关902会议室召开座谈会。区委常委、区人民政府常务副区长蔡冰通报开福区经济社会发展情况，代表们对开福区的发展提出意见和建议，符乔荫和周松波作为省人大代表结合本职岗位和代表履职工作进行交流发言。符乔荫表示，作为省人大代表，将自觉接受监督、积极参加活动、竭诚做好服务，同时提出要加强对代表活动的指导、制订好代表小组活动计划、进一步发掘代表资源等方面的意见建议。区委书记沈裕谋从开福在长沙城市发展中所处的格局态势、开福发展的优势和劣势以及下一步发展愿景等方面介绍开福区情，让代表们对开福有进一步的了解。他希望驻区的省代表能够主动发声、正面发声，讲好开福故事，传播开福好声音；扩大正能量，为开福宣传、鼓劲、加油；共享开福发展增量，共同推动开福有质效的发展，开福也将积极为代表搞好服务，虚心接受代表意见建议。

【区人大常委会举办履职专题培训班】10月16日—18日，由区人大常委会组织的人大代表及人大系统干部履职专题培训班在枫林宾馆举办，区委书记沈裕谋出席开班仪式并为参学人员授课，区委副书记、区长刘拥兵出席结业仪式并授课。区人大常委会党组书记、主任许振勤主持开班仪式和结业仪式。区人大常委会副主任王颂交、李光华、袁剑英、罗伟明、周桂林，区人大常委会党组副书记袁政国等参加培训。在10月16日的开班仪式上，区委书记沈裕谋从开福经济格局、开福发展优劣势以及开福当前和今后发展举措三个方面向代表们介绍开福区情，希望全体代表和人大工作人员做到“五个一”：在维护核心上要坚定“一致方向”，在服务大局上要发挥“一线状态”，在依法履职上要创造“一流业绩”，在代表工作上要体现“一方特色”，在自身建设上要创“一贯作风”。10月18日，区委副书记、区长刘拥兵以《开福经济形势报告》为题进行授课，从经济发展、产业优化、城市建设、民生改善四个方面，介绍开福区十年来取得的成绩，并指出要实现高质量发展，必须保持发展定力，加快动力转换，坚持“五大发展”，即坚持创新发展，加快产业转型升级；坚持协调发展，加快城乡一体化；坚持绿色发展，加快美丽开福建设；坚持开放发展，打造内陆开放高地；坚持共享发展，推动幸福在百姓家门口升级。培训班上，除邀请区委书记和区长两位领导授课外，还邀请省委党校教授朱磊讲授《明史讲义》，浙江艺术职业学院音乐系副教授张铭讲授《音乐艺术与人文修养》，国防科技大学首届教学名师易金务讲授《当前国际关系中的几个热点问题》，浙江大学公共管理学院副教授蒋文华讲授《博弈论和管理决策》，省委党校经济学教研部主任、教授戴军讲授《贯彻新发展理念建设现代化经济体系》。通过此次集中授课培训，不仅让代表们进一步了解、熟悉开福，也更进一步提高代表及干部们的理论综合素养和依法履职水平。

【区委书记沈裕谋专题调研区人大常委会工作】12月17日，区委书记沈裕谋专题调研区人大常委会工作，区领导沈裕谋、谢伟峰、许振勤、张春雄、王颂交、袁政国、李光华、袁剑英、罗伟明、周桂林参加。区人大常委会副主任王颂交代表区人大常委会汇报2018年工作情况以及2019年工作思路。区人大常委会党组书记、主任许振勤作补充汇报，他指出，2019年区人大常委会将在区委的领导下，坚持找准位置、维护形象、依法作为、强化自身，推动全区人大工作高质量发展。区委书记沈裕谋对区人大常委会工作给予高度评价，认为政治站位高、班子团结紧、服务中心实、履职行权力、自身建设严。就2019年工作，沈裕谋强调，区人大常委会要围绕“打赢四场硬仗，推动高质量发展”的目标要求，做到旗帜鲜明讲政治、保持定力树品牌、全力以赴抓产业、凝心聚力优环境。

（谭银花）

附录：

开福区人大常委会2018发文目录

开常发〔2018〕1号长沙市开福区第五届人民代表大会常务委员会关于表彰“成就北富我要给力，厚德开福向我看齐——人大代表在行动”主题活动“十佳”人大代表的决定

开常发〔2018〕2号长沙市开福区人民代表大会关于推进桃花溪流域绿色发展的决定

开常发〔2018〕3号关于《长沙市开福区人民政府提请审议关于采用政府购买服务方式实施开福区零星棚屋（危房）棚改项目、陡岭路两厢棚改项目的议案》的批复

开常发〔2018〕4号关于《长沙市开福区人民政府关于提请审议八个棚改项目纳入2018年开福区国民经济和社会发展计划的议案》的批复

开常人发〔2018〕1号关于提请决定欧文兵等同志职务任免的议案

开常人发〔2018〕2号长沙市开福区人大常委会关于周朝旭等同志任职的通知

开常人发〔2018〕3号关于欧文兵梁棵同志职务任免的通知

开常人发〔2018〕4号关于提请决定黄筠等同志职务任免的议案

开常人发〔2018〕5号长沙市开福区人大常委会关于黄雅晖等同志职务任免的通知

开常人发〔2018〕6号关于黄筠等同志职务任免的通知

开常人发〔2018〕7号长沙市开福区人大常委会关于邵力等同志职务任免的通知

开常人发〔2018〕8号长沙市开福区人大常委会关于周美珍等同志职务任免的通知

开常人发〔2018〕9号长沙市开福区人大常委会关于免去陈广益等同志职务的通知

开常人发〔2018〕10号长沙市开福区人大常委会关于吴晓君等同志任职的通知

开常人发〔2018〕11号关于提请决定黄伟斌等同志职务任免的议案

开常人发〔2018〕12号关于黄伟斌等同志职务任免的通知

开常人发〔2018〕13号长沙市开福区人大常委会关于李云军等同志任职的通知

开常办发〔2018〕1号关于召开开福区第五届人大常委会第十次会议的通知

开常办发〔2018〕2号关于召开开福区第五届人大常委会第十一次会议的通知

开常办发〔2018〕3号关于印发《长沙市开福区人大常委会组成人员对口联系政府工作部门制度》的通知

开常办发〔2018〕4号关于召开开福区第五届人大常委会第十二次会议的通知

开常办发〔2018〕5号关于印发《关于做好2018年人大代表参加庭审评议工作的实施方案》的通知

开常办发〔2018〕6号关于印发《长沙市开福区人大常委会2018年渣土管理工作专题询问实施方案》的通知

开常办发〔2018〕7号关于印发《开福区人大常委会开展〈中华人民共和国民办教育促进法〉执法检查工作方案》的通知

开常办发〔2018〕8号关于印发《开福区人大常委会开展〈中华人民共和国大气污染防治法〉执法检查工作方案》的通知

开常办发〔2018〕9号关于召开开福区第五届人大常委会第十三次会议的通知

开常办发〔2018〕10号关于召开开福区第五届人大常委会第十四次会议的通知

开常办发〔2018〕11号关于召开开福区第五届人大常委会第十五次会议的通知

开常办发〔2018〕12号关于召开开福区第五届人民代表大会第四次会议的通知（代表）

开常办发〔2018〕13号关于邀请参加区五届人大四次会议开幕式和闭幕式的通知

开常办发〔2018〕14号关于召开开福区第五届人民代表大会第四次会议的通知（全程参会）

开常办发〔2018〕15号关于召开开福区第五届人民代表大会第四次会议的通知（列席人员）

开常办发〔2018〕16号关于召开开福区第五届人大常委会第十六次会议的通知

长沙市开福区人民政府

GOVERNMENT

重要会议

2018年，区政府召开常务会议15次。

1月18日，传达学习湖南省委书记杜家毫在省委常委会上听取长沙市经济社会发展情况汇报后的讲话及《中共湖南省委办公厅〈关于以政治建设为统领进一步加强市县领导班子建设的意见〉》文件精神；传达市人才新政会议精神；研究环境保护工作；研究安全生产工作；研究全区水管体制改革后街道水管所有关问题；研究防控化解政府债务风险工作；研究青竹湖湘一外国语学校设立骨干教师奖励基金和管理人员绩效考核有关工作。

2月8日，传达落实长沙市委副书记、市长胡忠雄到开福调研时的讲话精神；传达学习全省深度贫困地区脱贫攻坚推进会议精神；审议引进中石化销售有限公司湖南石油分公司营销管理中心项目合作协议；审议《开福区优抚对象医疗保障实施细则》和《关于加强困境儿童保障工作的实施办法》。

2月28日，传达学习2018年全市工业和信息化工作会议精神；审议《长沙市开福区人民政府与华夏幸福基业股份有限公司关于约定区域整体合作开发建设经营的合作备忘录》；审议《中国石化销售有限公司湖南石油分公司营销管理中心项目合作协议和《中国石化销售有限公司湖南石油分公司营销管理中心项目商务合作协议》；审议《开福区人民政府关于长审报〔2017〕46号审计报告指出有关问题整改情况的报告》；审议《开福区财政资金审批管理办法》；审议《开福区政府投资项目管理办法实施细则》；审议《开福区发展规划大纲》。

3月15日，传达落实长沙市委副书记、市长胡忠雄在金霞经开区调研时的讲话精神；审议《开福区关于推进“一圈两场三道”建设的工作方案》；研究法治工作；审议《关于取消一批区直单位要求申请人提供的证明材料的通知》；审议《开福区畜禽养殖污染防治实施方案》和《开福区重金属污染耕地种植结构调整（2018—2020）工作实施方案》；审议《开福区关于集体经济组织“两安”用地清理核算和规范生产发展用地处置管理的指导细则》；审议《开福高新区筹委会组建方案》；研究精准脱贫对口帮扶工作；传达学习《湖南省财政厅关于实施PPP和购买服务负面清单管理的通知》文件精神，审议《开福区债务风险防范化解工作方案》；审议《开福区关于审计署驻长办专项审计问题的整改方案》；研究捞刀河南岸岸线整治及市政工程涉铁部分工作。

4月3日，传达学习全国“两会”精神；传达学习全市贯彻落实中央“八项规定”、进一步严格规范接待工作会议精神；审议《开福区推进产业项目建设年活动工作方案》；研究“个转企、小升规、规改股、股上市”工作；审议《开福区生鲜农产品市场建设及提质改造行动计划（2018—2019）》；研究食品安全工作；审议《长沙市开福区“厕所革命”专项行动方案》；研究卫生计生工作；研究2018年度审计项目计划；研究关于支付潇湘华庭棚改定向房预定金利息工作；研究光合作用公司和七七饮料公司奖励政策。

4月26日，听取禁毒工作情况汇报；研究区财政与街道往来资金清理处置工作并审议《开福区行政事业单位经营性资产统一经营管理实施方案》；审议《开福区关于全面落实乡村振兴战略的三年行动方案（2018—2020）》；研究推进教育现代化强区工作；研究防范化解政府性债务风险工作；研究区城投集团2018年融资计划。

5月18日，传达学习习近平总书记在纪念马克思200周年诞辰大会上的讲话精神；审议《开福区部门“不见面”事项目录》《开福区部门“只跑一次”事项目录》《开福区动态调整政务服务事项目录》《开福区街道政务服务事项清单》《开福区社区（村）为民服务事项清单》；研究农民工工资支付相关工作；听取全区消防工作汇报；审议《长沙市开福区文化产业奖励扶植办法》；审议《长沙市开福区人民政府与湖南永辉超市有限公司合作发展协议》；审议《长沙金霞经济开发区与山东瑞康医药股份有限公司关于瑞康（湖南）医疗大健康产业基地项目入园协议及补充协议条款》；审议《长沙市开福区人民政府与城步苗族自治县城乡建设用地增减挂钩节余指标及土地开发项目新增耕地指标异地有偿使用协议书》；研究2018年重大项目计划中农民安置房项目投资估算调整工作；研究兴联地块开发建设有关工作。

5月30日，研究成立开福区物业矛盾纠纷调处中心相关工作；研究2018年开福区城市管理考核办法；研究全区生活垃圾分类工作；研究大件垃圾处置场建设工作；审议《关于优化全区营商环境的实施意见》；审议《西园北里片区有机更新房屋功能完善实施方案》；研究盾构土资源化利用处置场和渣土消纳场建设工作；审议《开福区无证办学和违规办学专项治理工作方案》；研究军民融合委托招商协议有关工作。

6月20日，传达学习中纪委《关于六起生态环境损害责任追究典型问题的通报》（中纪通〔2018〕1号）文件精神；听取环保工作汇报；听取安全生产工作汇报；研究2017年经济发展奖励兑现工作；研究奖励兑现和集中签约大会筹备工作；审议金霞军民融合科技城项目和恒昌医药总部基地项目入园协议及补充协议。

7月27日，传达学习贯彻湖南省委书记杜家毫在长沙市“四大片区”专题调研座谈会上的讲话精神，市委、区委2018年上半年经济形势分析暨产业链建设推进会议精神，《中共湖南省委办公厅〈关于汝城县政府性债务问题的通报〉》（湘办发电〔2018〕109号）文件精神；审议《开福区人民政府办公室关于区政府系统深入开展大调研工作有关要求的通知》；审议《开福区殡葬领域突出问题专项整治行动方案》；审议《长沙市开福区关于进一步加强社区专职工作人员队伍建设的实施细则》；审议《关于农村人居环境整治三年行动的实施方案》《关于开展农村集体产权制度改革工作的实施意见》《关于发展壮大农村新型村级集体经济的实施意见》；审议2017年财政决算草案和2018年1—6月预算执行情况报告；研究开福区工程项目法定招标规模调整有关工作；审议《临时用地审批指南》；审议《金霞经开区恩瑞国际商贸物流城项目产业发展扶持协议》；审议区政府与顶呱呱集团合作协议；研究长沙市国营综合农场退出农垦序列管理有关工作。

8月20日，传达学习有关债务化解的文件精神；研究财政工作及债务风险管理工作；研究环保督察整改工作；研究2017年度军民融合专项奖励工作；研究关于引进国控租赁湖南公司、恒大人寿保险有限公司湖南分公司政策支持相关工作；通报公职人员违纪处理相关事宜。

9月13日，传达学习《中国共产党纪律处分条例》、有关政府债务风险防控、《中共湖南省委〈关于下塞湖矮围问题责任追究的通报〉》（湘发电〔2018〕27号）文件精神；研究教育工作；听取2018年预算调整工作汇报；听取安全生产工作汇报（全区道路交通事故预防工作情况汇报）；研究城中村改造有关工作；审议《开福区被征地农民保障住房建设和申购办法》；研究潮宗街与社会资本合作试点长租公寓相关工作。

10月18日，传达学习2018年10月15日市长办公会会议精神和2018年10月17日市委三季度经济形势分析会会议精神，分析研判当前经济形势，部署推进第三产业发展等相关工作；听取国土管理工作汇报；研究金霞保税物流中心申报长沙综合保税区金霞片区相关工作，审议《开福区（金霞）跨境电商综试区建设实施方案》《开福区2018年跨境电商奖励扶持政策》和《长沙市开福区人民政府与中国邮政速递物流股份有限公司湖南省国际速递分公司战略合作框架协议》；审议《长沙金霞经济开发区管理委员会与湖南芒果车之家汽车销售有限公司〈芒果新能源汽车集聚产业项目框架协议〉》；审议《关于支持开福区工业企业智能化技术改造政策实施细则》；研究2018年开福区农村公路提质改造和连通工程项目资金、项目实施相关工作；审议《开福区防范化解地方政府隐性债务风险实施方案》。

11月15日，传达学习中央环保督查“回头看”有关文件精神、专题讲解水环境污染整治有关指标知识；研究全区区属中小学校体育场地对外开放有关工作；研究退役军人和其他优抚对象信息采集及悬挂光荣牌有关工作；审议《开福区集体土地征地拆迁按期倒房腾地奖励费和按期腾地奖管理使用实施细则》；研究浏阳河街道成立新社区并调整所辖社区四至范围有关工作；研究市政、园林临聘职工社会保险补缴工作；研究开福区人民政府与华融湘江银行股份有限公司长沙分行全面战略合作协议文本；研究2017年度启动棚改项目继续适用政府购房奖励政策有关工作；通报公职人员违纪处理相关事宜。

12月13日，传达学习《中共湖南省委办公厅湖南省人民政府办公厅关于印发〈湖南省党政领导干部安全生产责任制实施细则〉的通知》（湘办〔2018〕41号）文件精神，研究安全生产工作；审议《开福区2019年重大项目投资计划》；审议《2019年政府工作报告》；审议《长沙市开福区第五届人民代表大会议案及第三次会议建议批评意见办理情况的报告》；听取公安（禁毒）工作汇报；听取“大棚房”专项清理整治工作情况汇报；听取2019年预算编制及财政相关工作情况汇报；听取防范化解政府债务风险工作情况汇报；审议《长沙开福城投控股有限责任公司董事会基金管理办法》。

政府办工作

【概况】2018年，区政府办开展决策督查16次、专项督查督办35次、调研式督查4次，编发督查通报6期、调研督查专报4篇，督办省、市、区领导批示件731件次，跟踪督查情况报告12次。全年撰写或审改工作汇报、讲话发言、领导署名文章等各类综合材料200余篇。制发各类公文500余份，接收和办理省市来文850件。全年整理上报各类信息180篇（条），省市采用40余篇（条），连续六年被评为全市政务信息工作先进单位。

【决策督查】2018年，开展决策督查16次、专项督查督办35次、调研式督查4次，编发督查通报6期、调研督查专报4篇，督办省、市、区领导批示件731件次，跟踪督查情况报告12次，获得区政府主要领导肯定性批示3次。突出重点工作督查。以落实市、区《政府工作报告》各项目标任务为督查主线，突出项目建设、经济指标、民生实事等重点内容，将《政府工作报告》确定的133项重点内容进行量化、细化，并分解交办到45个部门、街道，每季度定期督查，确保各项目标任务完成。以落实市、区政府重要会议议定事项为督办关键，实行登记销号制度，严格督查落实情况。全年开展市政府常务会、市长办公会落实情况专项督查3次，督办议定事项10项；开展区政府重要会议落实情况督查12次，督办议定事项316项。以落实市、区政府主要领导批示精神为常规重点，实行月度跟踪、督查、专报，每季度开展“回头看”，对不能短期办结事项持续跟进、现场核查、当面督促、办结销号。突出难点工作督查。对于落实不力、推进不快、作风不实的事和人，主动出击、解决问题、推动落实，基本做到“急难险重在哪里，政务督查就出现在哪里，督查权威就树立到那里，问题就解决在那里”。克服人员紧张的困难，分别派员参与“蓝天保卫战”、老城区有机更新、信访维稳、环保督查整改、省委巡视整改等专项督查组；发挥职能部门专业人员力量优势，开展专家督查、联合督查、舆论督查，形成政务督查强大工作合力。坚持服务领导、服务基层、服务群众的职能不放松，发挥督查工作为领导减压、为发展参谋、为部门协调、为群众谋事的作用。发挥联合优势。针对大明工业聚集区污水污染渠道环境举报问题，联合监委、环保、建设、农水等部门开展联合调查、督办，责令街道立即开展彻底清淤，加强日常巡查，责令环保部门加强对沿线企业偷排等问题监管执法，对在履行河长制责任中存在不作为、慢作为等作风问题开展问责。在保障农民工工资支付工作督查中，发挥督查权威，解决长期存在的形式主义，有效地促进业主单位、街道履职，保障农民工群体利益。加强督查队伍建设，重视督查人员教育和培养，通过定期集中学习、培训、集体拓展等活动，增强督查人员的综合协调能力和组织能力，提高发现问题、认识问题、分析问题、解决问题的能力。全年形成调研督查专报4篇，《开福区拆围透绿工作督查案例》入选湖南省政务督查案例文集。

【政策研究】2018年，区政府研究室始终注重调查研究，及时衔接沟通，围绕中心、服务大局，坚持做到主动思考、主动服务、主动作为，以文辅政成果丰硕，参谋助手作用明显。文稿服务。对领导讲话、综合文稿、下发文件、会后报道等材料始终做到严谨细致，精雕细琢，严把行文、审改、运转关，确保高标准、高质量、高效率完成区委、区政府及区领导交办的文稿写作任务。全年撰写或审改工作汇报、讲话发言、领导署名文章等各类综合材料200余篇。调查研究。深度思考区委区政府的“关注点”，重点工作中的“薄弱点”、基层工作中的“困难点”、具体工作中的“关键点”，围绕现代服务业、城市征收工作、重大项目建设等重点，秉着“当高参、谋大事、出精品”的原则，形成一批有分量、有价值的理论调研文章，为领导科学决策提供有效素材。政务信息。围绕服务领导决策、服务中心工作、服务民生改善三大主题，完善政务信息报送体系，及时对全区经济发展、民生改善、自身建设等方面的新思想、新措施进行总结、提升和宣传，较好地发挥参谋助手作用。全年整理上报各类信息180篇（条），省市采用40余篇（条），连续六年被评为全市政务信息工作先进单位。

【秘书与机要工作】围绕中心工作，履行工作职责。公文运行科学规范。严格公文处理程序，规范运作，切实降低公文差错率。实行拟

9月18日，区长刘拥兵（前右）调度城投项目建设　　（区委宣传部　供图）

稿部门初核、秘书科校核、分管主任审核、主任总把关的公文审核制度，把好公文质量审核关。2018年，制发各类公文500余份，接收和办理省市来文850件，坚持质量和效率并重，实行办文办事限时制度和公文处理全程跟踪服务制度，急件急办，特件特办，密件专办。会务活动周密筹办。组织承办区政府常务会、区长碰头会68次，抓好“两会”等重大节会、经济形势分析会、“两会”代表委员视察活动等全区性重大会议、活动的协调。接待工作热情周到。处理领导批示上访信件100余件，对领导签批的上访信件进行跟踪督办落实，落实率100%，群众来信来访“事事有回音、件件有着落”。档案管理标准规范。严格执行档案工作和保密工作的法律、法规和有关规定，保证各类档案完整齐全。日常工作运转高效。政务值班推行双运行制，提前落实到人，无脱岗、断岗现象，确保机关工作正常运转和机关安全。

【应急管理】加强基层应急管理体制机制建设，推进基层应急管理规范化建设。区应急办增加工作人员3人，加强对全区应急管理工作的组织、指挥和协调力度。全区16个街道和负有应急管理工作职责的部门，均明确分管领导和应急专干，建立值班值守、突发事件信息报送、应急预案管理等一系列的工作制度。创新工作方法，对2018年工作任务实行清单管理，制定下发《2018年开福区应急管理工作任务清单》，着重从完善应急体系建设、加强应急值班值守、加强预防处置能力、增强应急保障能力以及抓好应急宣传培训5个方面，涉及25个小项具体工作任务。完成市、区两级应急管理工作要点和工作清单中各项工作任务，在应急体系建设、应急宣传教育、强化值班值守等方面，取得成效。加强应急值班值守。为适应新形势下对于突发事件信息报送的要求，区委、区政府主要领导就应急值班值守以及信息报送工作作出重要指示，完善应急事件信息报送机制，增强各街道和部门的责任意识，确保应急事件信息按要求及时报送。规范和加强区机关总值班室值班工作，安排3名专职值班人员，负责区级值班工作，及时签收市应急办下发文件、通知和工作指示。加强对街道、部门值班工作督查检查，每逢节假日、特护期和冰冻、暴雨等极端天气，对各街道和相关部门值班情况进行督查，确保各级各部门值班工作按要求到位。完善应急预案体系。修订完善区级防汛应急预案、城区防涝排渍应急预案以及雨雪冰冻天气应急预案等多个专项预案。各街道均制订符合工作实际整体预案和重点专项预案，按规定报区级应急管理机构备案，形成分类管理、分级负责、条块结合、属地为主的应急管理体制。开展应急预案演练。制订年度预案演习计划，牵头组织开展各类应急演练，督促各街道开展综合应急演练。加强各专项应急预案的演练，提高各部门的协同作战和处置能力，组织城区防涝排渍应急演练、火灾事故应急演练、安全生产应急演练、校园安全事件应急演练等各类专项应急演练。通过开展各种演练，达到不断检验预案、锻炼队伍、教育群众的目的，强化广大群众的公共安全意识，提高应急人员的处置能力。以属地为主组织辖区应急处置力量开展各类应急演练，各街道年内均分别组织1次以上各类演习演练行动，提高应急预案的执行力，提升基层应急救援队伍的实战能力。组织应急宣传教育。以“行动起来，减轻身边的灾害风险”为主题，组织开展“5·12”全国防灾减灾日宣传活动，各成员单位结合防灾减灾实际，发放防灾减灾宣传资料2万多份，展示防灾减灾图板70余块，各类各种发放防灾减灾资料、手册100余种，参与防灾减灾问答互动的居民群众1万余人次。

各街道和社区开展防灾减灾知识讲座、播放《公众应急知识动漫片》等各种形式宣传教育活动，在街道主要路口、广场、大型商场等公共场所以及社区利用LED电子显示屏、宣传栏、横幅、标语等多种形式广泛宣传防灾减灾与应急知识、预防事故方法和自我保护知识。

（杨　杰）

附录：

开福区人民政府2018发文目录

开政发〔2018〕1号　关于印发《开福区人民政府关于加强领导班子自身建设的十条规定》的通知

开政发〔2018〕2号　关于印发《开福区人民政府工作规则》的通知

开政发〔2018〕3号　关于2018年《政府工作报告》主要目标任务实施责任管理的通知

开政发〔2018〕4号　关于2018年长沙市《政府工作报告》涉及开福区目标任务实施责任管理的通知

开政发〔2018〕5号　关于印发《开福区民兵组织整顿工作方案》的通知

开政发〔2018〕6号　关于传统分散畜禽养殖户退出的通告

开政发〔2018〕7号　关于印发《开福区财税目标管理考核办法》的通知

开政发〔2018〕8号　关于开福区债务风险防控化解实施方案

开政发〔2018〕9号　关于调整长沙市城北投资有限公司董事会、监事会成员的通知

开政发〔2018〕10号　关于调整长沙开福城市建设投资有限公司董事会、监事会成员的通知

开政发〔2018〕11号　关于2018年度安全生产监管执法工作计划的批复

开政发〔2018〕12号　关于公布规范性文件清理结果的公告

开政发〔2018〕13号　关于印发《开福区被征地农民保障住房建设和申购办法》的通知

开政发〔2018〕14号　关于严禁电、毒、炸鱼等非法涉渔行为的通告

开政发〔2018〕15号　关于开展民兵调整改革工作检查考评的通知

开政发〔2018〕16号　关于印发《开福区集体土地征地折迁按期倒房腾地奖励费和按期腾地奖管理使用实施细则》的通知

民族宗教　外事　侨务

【概况】2018年，区民宗局围绕工作任务，依法管理民族宗教和外事侨务，确保全区民族宗教和外事侨务领域的和谐、团结、稳定，为开福区“升级发展、成就北富”做出积极贡献。

【宗教活动场所建设】坚持以“导”的态度对待宗教工作，引导各宗教活动场所坚持“自传、自养、自治”方针，严格按照党的宗教政策开展宗教活动。组织每年5次开福寺重大法会期间的安保工作，多次组织各宗教活动场所教职人员

11月9日，市、区领导到基督教北正街教堂堂调研　（区民宗局　供图）

参加培训，深入基督教堂开展知识宣讲活动，向各阶层人士宣讲党的宗教政策。在和谐寺观教堂创建活动中，引导宗教活动场所逐步完善管理制度、财务制度；严禁宗教活动场所违规乱建、投资承包经营等商业化问题的出现，各宗教活动场所均严格按照规定设置功德箱，由市局统一编码。推进汉回一家亲，强化公民身份，淡化民族成分，筑牢中华民族共同体意识。

【民族工作】坚持热情、细致、高效的办事原则，为全区77名参加高考的少数民族考生审核民族成分。为1名少数民族同胞的子女办理变更民族成份的审批手续。联合海尔巴格东来兴清真餐厅以“民族团结一家亲 欢祝古尔邦节”为主题，开展“湖南省新疆籍人员感党恩 听党话跟党走”民族团结联谊会，共庆古尔邦节，增进新疆籍人员与开福区人民友谊。以《坚定理想信念谱写民族宗教工作新篇章》为题，为少数民族聚居村汉回村60余名党员干部讲党课。接待国家民委机关服务局局长李铁柱和湖南省民宗委副主任何其雄一行11人到开福区汉回村调研少数民族特色村寨建设、少数民族文化传承与发展和民族团结进步创建工作。

【宗教工作】推进三级管理两级责任制。按上级要求，在街道、社区建立健全三级网络两级责任制，街道党工委落实宗教工作主体责任，明确书记为第一责任人。2018年，对全区宗教活动场所、街道、社区三级网络两级责任制落实情况进行全面检查。依法加强宗教事务管理。结合蓝天保卫战，多次到各宗教场所进行消防安全隐患排查，对存在问题提出整改要求，与各场所签订消防安全责任书，要求各场所在节假日和大型宗教活动期间加强管理，消除安全隐患。2018年，检查未发现韩国教会非法聚会点，爱国基督教组织和场所未受韩国基督教渗透和影响。私设聚会点活动情况整体上相对稳定，没有出现利用宗教进行违法活动的现象，连续5年未发生一起非法传教活动。对秀峰街道和青竹湖街道2处未登记私设聚会点，督促基督教城北堂派专人以堂带点纳入正规管理。抓实宗教领域意识形态工作。对区内宗教活动场所开设的网（页）、微博、微信等新媒体建立申报、登记、备案制度，加强网络平台监控。制作《三分钟读懂新宗教事务条例》和《中国宗教小常识》。组织全区各街道、社区分管领导和专干在区委党校集中参加统战、宗教工作专题培训，特邀湖南省委统战部民宗处处长彭天忠、湖南省民宗委一处处长罗方进行专题授课，提升工作业务水平。组织8个宗教场所和16个街道开展中共十九大精神、统战、民族宗教知识抢答赛。在开福寺举办升国旗仪式，长沙市五大宗教团体和区内8个宗教活动场所共同奏唱国歌、升国旗，开展一系列传统文化展示，《湖南日报》、《三湘都市报》、《长沙晚报》、长沙新闻频道等省市媒体进行报道，被掌上长沙、新湖南、开福统战等网络媒体宣传推介。这是湖南省首次在宗教活动场所举办升国旗仪式。在古开福寺召开开福寺碧湖诗社复社典礼暨第一届理事会，使宗教活动场所成为传播中华优秀传统文化的重要阵地。

8月30日，开福寺在“国旗飘扬迎盛世 五教同城沐党恩”主题活动启动式上举行升国旗仪式　（区民宗局　供图）

【外事侨务工作】开展对外交流活动。2018年，长沙—龟尾（韩国）结好20周年经济合作交流会在长沙召开，区民宗局落实并做好会议议程、手册目录、商务推介讲稿及宣传片文字翻译，保障与会领导与韩国客人顺畅沟通，促进双方合作交流。2018中部（长沙）进口博览会在湖南国际会展中心芒果馆举行，展会从12月5日持续至12月9日，区民宗局积极协助省市做好展会外事相关服务工作，保障博览会顺利进行。接待联合国人居署亚太地区办事处高级人居官员Bruno Dercon、张振山到潮宗街片区考察。规范因公出国（境）管理。区民宗局承担全区领导干部因公出国（境）管理审批工作，按照上级文件要求，审批工作坚持做到人员情况清楚、出境目的明确、相关手续完备。建立健全机制，严格控制因公出国团组。主动服务全区无业老归侨，定期走访、电话问候和发放慰问金慰问部分老归侨和困难归侨侨眷。落实开福区三侨考生高考加分事项审核。2018年，走访慰问22名困难归侨侨眷，发放慰问金8800元。

【碧湖诗社在开福寺举行复社典礼】11月11日，有着132年历史的碧湖诗社在古开福寺举行复社典礼并召开第一届理事会。中国佛教协会副会长、湖南省佛教协会会长圣辉大和尚，省楹联家协会副主席胡静怡，省诗词学会副会长熊东遨等担任诗社顾问。湖南省委统战部常务副部长谭平，省民宗委副主任刘鸿伏，长沙市委常委、统战部部长谭小平，湖南省佛教协会副会长、长沙市佛教协会会长坚愿法师等领导及佛教界人士参加当天的复社典礼。碧湖诗社成立于清光绪十二年（1886年），因开福寺十六景之一的碧浪湖而得名，由高僧寄禅（八指头陀）、笠云及著名文人王闿运、郭嵩焘、王先谦等19人共同创建，是迄今为止全国唯一的“儒释合一”的诗社，曾一度名动海内外，后因战乱及其他原因停办。开福寺为努力恢复碧湖诗社，先后举办多次诗词讲座、诗词研讨，组织大量诗社交流、诗人文化节、全国性传统诗词大赛等活动，出版多册碧湖诗社诗集，弘扬中华民族传统文化。碧湖诗社复社后，将致力于再现历史上文友聊呤、儒释唱酬的盛况。

（王　花）

法治政府建设

【概况】2018年，开福区人民政府法制办公室（以下简称区政府法制办）对政府的民商事行为和疑难法律问题审查把关，审查重大政府合同83件，涉及金额230多亿元；审查重要涉法事项83件，出具法律意见。审查政府作出房屋征收补偿决定80份，代政府起草搬迁催告书46份；向法院申请强制执行20件。2018年，组织代理区政府为当事人的行政复议、行政诉讼等案件186件，适时提请区政府行政负责人出庭应诉7次，彰显政府依法行政的理念和作为。2018年，收到行政复议申请47件，作出行政复议决定29件（含2017年度受理的5件）、以复函形式做出处理的14件、申请人撤回复议申请4件、正在审理（转至2019年审结）的5件，法定时间内结案率100%。

【依法行政组织推动】根据《开福区依法行政考核实施细则》的规定，起草《开福区2018年依法行政考核方案》，明确推进依法行政的工作责任和考核指标，为全区2018年推进依法行政工作确定目标方向。发挥区推进依法行政工作领导小组办公室的统筹协调和督促指导作用，按照市对区依法行政工作考核的相关要求，组织调度，收集相关资料，并代区政府起草2018年度依法行政工作报告，向市政府报送。

【政府涉法事务审查】区政府法制办主任列席政府常务会议15次，就政府工作的涉法问题提出专业的意见和建议，为政府决策提供依据和参考。对政府的民商事行为和疑难法律问题认真审查把关，审查中国石化销售有限公司湖南石油分公司营销管理中心项目合作协议、北京真视通科技股份有限公司项目合作协议、瑞康（湖南）医疗大健康产业基地入园协议及补充协议、城步苗族自治县城乡建设用地增减挂钩

9月26日，全区行政执法人员及征拆工作人员法律实务培训（区法制办　供图）

结余指标及土地开发项目新增耕地指标异地有偿使用协议书、长沙市开福区人民政府与华融湘江银行股份有限公司长沙分行全面战略合作协议、湖南北斗航天信息技术研究院有限公司入驻福天兴业军民融合双创孵化示范基地项目合作协议等重大政府合同83件，涉及金额230多亿元；审查集体经济组织“两安”用地清理核算和生产发展用地处置管理的指导细则、区委组织部起草的党建工作系列实施细则、区委办和区政府办关于进一步加强招商引资工作促进项目落地的通知、开福区环境违法行为和环境隐患举报奖励办法、长沙市开福区城镇小区配套幼儿园建设移交和开办管理实施办法、“最多跑一次”系列事项目录、区直所属事业单位承担行政职能情况目录等重要涉法事项83件，出具法律意见，为全区招商引资、促进发展、社会管理、维护稳定、基层党建等多方面工作提供法制保障。

5月15日，135名国家工作人员向宪法庄严宣誓　　（区法制办　供图）

【服务重点征收拆迁项目】坚持将全员力量铺排到国有土地上房屋征收工作中，对黄兴北路片区、火车北站片区的多个棚改征收项目进行全程法律把关，2018年审查政府作出房屋征收决定6份；对征收期限届满拒不签订征收补偿协议的当事人，审查政府作出房屋征收补偿决定80份，代政府起草搬迁催告书46份；向法院申请强制执行20件。参与支持金鹰片区、金霞片区农村集体土地上的征地拆迁工作，对拆迁扫尾工作中的法律事项进行指导和服务，对重点征拆项目中的涉法疑难问题进行研究处理，组织代理当事人不服政府作出征收土地方案公告、不服政府批准征地补偿安置方案等涉及集体土地征拆而引起的行政复议、行政诉讼案件53件。

【行政应诉工作】2018年，组织代理区政府为当事人的行政复议、行政诉讼等案件186件，适时提请区政府行政负责人出庭应诉7次，彰显政府依法行政的理念和作为。

【承办区政府行政复议案件】规范、完善行政复议工作机制，做好承办区政府行政复议案件审理工作。2018年，收到行政复议申请47件，作出行政复议决定29件（含2017年度受理的5件）、以复函形式做出处理的14件、申请人撤回复议申请4件、正在审理（转至2019年审结）的5件，法定时间内结案率100%。特别是对于个别单位具体行政行为不当的案件，在认真调查，还原事实真相的基础上，依法报请区政府作出行政复议决定，对不当行政行为予以纠错，切实维护当事人的合法权益，督促行政机关依法履行职责。

【规范性文件管理】2018年，对13份政府规范性文件进行合法性审查，按照规范性文件管理的要求进行“统一登记、统一编号、统一发布”，报市政府和区人大备案；对所有区政府规范性文件都及时在开福区政府门户网和开福区政府法制网的政府规范性文件数据库中进行公布，并标注效力动态。落实省、市部署安排，开展规范性文件清理，对2012年清理后确认继续有效、重新公布的规范性文件，以及2017年7月1日至2018年5月31日制定并经统一登记、统一编号、统一公布的规范性文件进行全面清理，结果报区政府行文公布，宣布10件规范性文件予以废止、45件规范性文件失效、21件规范性文件继续有效。按照要求开展涉及生态环境保护、产权保护等专项领域的规范性文件清理工作。

【行政执法案卷评查】牵头制订《开福区人民政府2018年度行政执法案卷评查工作方案》，成立案卷评查工作组，在全区16个行政执法单位上报的行政执法案卷中抽取113本案卷进行严格评查。围绕行政执法行为的合法性和规范性问题，对案件事实认定、证据材料收集、适用法律准确性、裁量权基准运用、作出处罚或许可的决定是否适当、法律程序是否到位等方面的问题进行严格评查，对每一个被评查单位都形成针对性强、内容详尽、建议可行的书面情况反馈，并到被评查单位逐一进行当面反馈和现场交流。评查结果报请区政府进行通报，督促各执法单位针对存在的问题认真整改、纠正不足、规范执法。

【编撰发布行政执法指导案例】创新开展行政执法指导案例专家论证，从区直各行政执法单位上报的20例行政执法案例中选取《XX公司未将事故隐患排查治理情况如实记录行政处罚案》《谭X在饮用水源一级保护区非法垂钓行政处罚案》《杨XX非法转供瓶装燃气行政处罚案》3个典型意义较突出、参照性较强的案例，汇编成《开福区2018年度行政执法指导案例》，于11月23日在开福区人民政府门户网和开福区人民政府法制网上发布，作为指导全区行政执法部门执法工作的范例样本。

【执法人员监督管理】落实行政执法人员资格制度和证件管理制度，做好执法人员上岗培训、换发证件等相关工作。2018年，做好112名行政执法人员执法证件的申领发证和换证工作，并按照新的湖南省行政执法人员信息管理系统信息录入的要求，将开福区2016年集中换证以来持有行政执法证的610名行政执法人员信息全部录入管理系统。健全行政执法投诉举报制度，完善行政执法投诉案件受理及处理程序，公布举报投诉电话，在开福区人民政府法制网上开设行政执法投诉专栏，拓宽社会监督渠道，监督行政执法行为，保障公民、法人和其他组织的合法权益。

【依法行政培训】以提升领导干部和公务人员依法行政理念为目标，开展常态化、多形式的依法行政交流研讨和培训学习。举办全区公务人员法律实务培训暨法制线上工作务虚会，对《开福区政府法律顾问管理办法》和《关于加强和改进行政应诉工作的实施办法》进行深入解读，相关单位就政府法律顾问的管理使用和应诉工作经验等进行交流；组织召开开福区疑难法律问题研讨会，就产权登记面积大于村民住宅建房审批面积的农村村民住宅房屋应如何认定合法面积以及如何走限期腾地程序等问题邀请法律专家共同商议，化解行政工作难题；就如何认定房地产开发商在“标价”之外加价销售商品房的违法所得以及实际销售价高于“标价”的金额部分是否应予以没收等问题邀请法律专家共同商议，对解决与民生紧密相关的热点、疑难法律问题，规范行政执法。举办全区行政执法人员及征拆工作人员法律实务培训，针对行政应诉中疑难问题的防范应对，以及开展行政执法和推进依法行政工作中需要注意的问题和要求，邀请法律专家作专题培训讲座。举办全区行政执法人员法律实务培训，邀请新闻宣传领域的专家和政府法律顾问分别作行政执法中的舆情应对和依法做好政府信息公开的专题培训讲座，提高行政执法人员在行政执法领域的舆情应对能力。区政府法制办主任为区城管执法大队等执法单位作多场法制专题讲座，提升相关单位的依法行政工作水平。

【举行国家工作人员宪法宣誓仪式】围绕加快建设法治政府的工作要求，发挥组织协调和督促指导作用，深入推进法制政府建设，区政府法制办提请区政府于5月15日召开全区法治政府暨廉政建设工作会议，举行宪法宣誓仪式，开福区第五届人民政府任命的135名国家工作人员向宪法庄严宣誓，区委副书记、区长刘拥兵担任监誓人。会议为开福区实现率先建成法治政府的宏伟目标制定蓝图，指明方向，明确要求。《湖南日报》“新湖南”客户端、《长沙晚报》、长沙新闻频道、红网等省、市主要媒体进行报道。

【深入推进政府法律顾问制度实施】2018年，区政府法制办总结开福区几年来在全市率先全面推行政府法律顾问制度的经验做法，起草《开福区政府法律顾问管理办法》，经区政府常务会议审定，作为政府规范性文件印发实施，为规范政府法律顾问的选聘、管理、监督、考核强化制度保障。同时按照政府采购程序，通过公开招投标方式择优选择26家律师事务所，组建“开福区政府法律顾问定点机构库”并予公布，根据不同单位在法律服务方面的具体需求，有针对性地指导各单位配齐配强法律顾问。全区累计有65家单位聘请法律顾问，其中区属单位45家，街道（管委会）12家，项目指挥部7家，区政府另聘请两家律师事务所担任常年法律顾问。区政府法制办加强法律顾问合同备案登记和年度考核的落实，对各单位签订的法律顾问合同及时备案登记，并根据法律顾问年度工作情况和聘任机关反馈意见，结合聘任机关的依法行政工作情况，对法律顾问的工作做出履职评价，作为各单位续聘、解聘、另行选聘政府法律顾问的参考依据，确保政府法律顾问队伍的高水平、高质量。

（黎　琴）

人力资源管理

【概况】2018年，开福区全年公开招聘机关事业单位工作人员113名（含56名教师，27名公卫人员），引进专业技术人员11人，招聘编外合同制教师250名，安置军转干部46人，随军家属17人；全年新增高技能人才60人。全区城镇新增就业人数25610人，失业人员再就业7371人，就业困难对象再就业5562人，创业带动城乡就业46115人，新增农村劳动力转移就业6078人，新增创业担保贷款发放1550万元，城镇登记失业率2.08%。企业养老保险基金征缴收入12.94亿元，同级财政补助160万元，机关事业单位养老保险在职参保人数4800人，城乡居民基本养老保险征缴收入942万元，城乡居民医疗保险征缴收入8880万元，社会保障卡持卡人数为19.8万人。

【人才队伍建设】围绕促发展，人才队伍建设取得新进展。深化人事改革。协助开福高新区、马栏山视频文创园搭建组织机构，配备人员力量；加快事业单位改革，创新推进司法、城管体制改革；助力教师管理体制改革;完成全区退役军人事务办筹备工作。加强引智工作力度，召开“汇智政策入企业”宣讲会，申报省级引智项目4个，市级引智及农引推项目21个；人才服务窗口受理694次补贴申请，共有131名人才申报高层次人才分类认定，其中9名认定为高层次人才，B类2人，C类2人，D类5人。全年新增高技能人才60人。聚焦干部教育。组织57名优秀公务员赴浙大参加“开福区2018年公务员综合素质提升研修班”，通过“走出去学”全方位拓宽干部培训渠道，优化开福区留住人才的软环境，为“升级发展，成就北富”提供坚强的人才保障和智力支持。

【就业创业工作】围绕稳增长，就业创业质量大幅提升。全区城镇新增就业人数25610人，失业人员再就业7371人，就业困难对象再就业5562人，创业带动城乡就业46115人，新增农村劳动力转移就业6078人，新增创业担保贷款发放1550万元，城镇登记失业率2.08%。平台推动就业空间广。推进充分就业现代化城区建设，建成全省最优的区级人力资源服务中心；持续关注重点人群就业，组织“春风行动”专场招聘会、就业扶贫专场招聘会、退役军人专场招聘会等各类招聘会89场，服务企业900余家，提供岗位1万个。特别是“大学生就业在开福”系列活动，实现“政府助力、学校接力、企业协力、学生自力”供需四赢的效果，得到社会广泛认可。《长沙晚报》以“人才高地，智富大城北”为题专版报道开福区充分就业现代化城区建设的成果。创业带动就业效应好。坚持创业担保贷款与全区主导产业、特色产业相结合，选择信用环境好、发展高效的项目，扶持大户带动小户。从100余家企业中优选出22家参加第三届“中国创翼”创业创新大赛开福赛区选拔赛，其中10家进入市局复赛，湖南超能机器人技术有限公司的项目获得第二名的好成绩。东风路街道、湖南靠谱科技股份有限

近万岗位跨区域精准扶贫 开福区春风送岗惠民生　　（区人社局　供图）

公司、开福区凤凰姑娘农产品经营部获全省创新创业带动就业示范单位。培训促动就业成效显。根据对口帮扶县建档立卡贫困劳动力的需求，分别在龙山县内溪乡、城步苗族自治县西岩镇和金紫乡开设3期农村种植养殖技术专题培训班，内容涵盖黄牛、黑山羊、食用菌、油茶等种养殖技术，140人参加培训。通过对口帮扶培训，增强贫困地区的“造血功能”，激发劳动力的热情，以实用技能拓宽就业门路，收效甚好。

【社会保障工作】围绕惠民生，社会保障水平稳步提升。2018年，企业养老保险基金征缴收入12.94亿元，同级财政补助160万元，机关事业单位养老保险在职参保人数4800人，城乡居民基本养老保险征缴收入942万元，城乡居民医疗保险征缴收入8880万元，社会保障卡持卡人数为19.8万人。推进社保征管职责划转工作，做到行动快、底子清。按照省市统一部署，成立社会保险费征管职责划转工作领导小组，落实社会保险征管体制改革工作任务，对征缴职能、数据、人员进行清理，确保按期实现税务机关统一征收的工作目标。完成养老保险断档补缴任务，做到宣传广、覆盖全。按照湘人社〔2017〕103号文件，对灵活就业人员进行社保断档欠费补缴。通过增设窗口、增加缴费平台、延长工作时间等措施确保补缴任务完成。开展打击医保欺诈骗保行动，做到监管严，力度大。联合区公安分局、区卫计局、区食药监局等部门，以住院和门诊服务、药店购药服务为主要检查内容，在辖区内医疗机构和零售药店全面开展打击欺诈骗保行为，通过从制度上和流程上堵塞基金管理的漏洞，保持对违规行为的“零容忍”和高压打击态势。提升社会保障政务服务水平，做到措施实，服务优。创新企业退休人员社会化管理服务，打造7家“快乐老人大学”，养老金资格认证方式更加多元化；深化“放管服”改革，从规范经办依据、办理流程等20项属性入手，全面梳理涉及人社的100余项权力清单和公共服务事项，95%以上事项实现“四办”。

【劳动监察】围绕防风险，企业劳动关系日趋和谐。推进“治欠保支”工作。成立区保障农民工工资支付工作领导小组，建立拖欠工资企业“黑名单”制度，着力从源头上预防和解决拖欠农民工工资问题。对全区91家工地进行“治欠保支”工作专项检查，对存在问题的工地当场下达限期整改通知书，开展人力资源市场整顿。联合公安、工商等部门，按照“双随机一公开”方式对辖区内355户人力资源服务机构进行抽查，规范全区人力资源市场秩序、用人单位招工行为。抓实抓好“网格化”管理工作。开福区以劳动监察大队为一级网格、街道为二级网格，划分基础工作管理网格和执法监督责任区域，共划分一级网格1个、二级网格16个，“网格化”管理有助于随时掌握工地情况，提高劳动保障监察的效率和精确度。

【“开福区2018年公务员综合素质提升研修班”在浙江大学举行】为提高开福区公务员工作素质和能力，推进公务员队伍建设，6月10—15日，“开福区2018年公务员综合素质提升研修班”在浙江大学举行，全区57名优秀公务员代表参加培训。培训由区委组织部和区人社局举办，采取理论授课与案例互动相结合、讨论交流与现场教学相结合的形式，课程主要覆盖中国热点难点问题、宏观经济形势、党性修养和公务员礼仪等方面，并组织学员参观嘉兴南湖红色教育基地和杭州梦想小镇等，领悟中国共产党在中国社会发展变化中的担当和责任，并切身体会浙江省以新型产业技术、“互联网+”等为特征的创新驱动发展模式，增强推进开福区经济社会发展的责任感和使命感。通过培训学习，强化全区公务员思想政治建设、能力素质建设和职业道德建设，优化公务员知识结构，提升人文素养，激发创新意识，拓宽视野思维，提高综合能力和管理水平，为“升级发展，成就北富”提供坚强的人才保障和智力支持。

【举办2018年基层人社业务工作培训会】9月4—5日，开福区在区人力资源管理中心举办为期两天的“2018年基层人社业务工作”培训会。全区各街道、社区（村）基层人社工作人员200人参加培训。培训理论结合实际，围绕突出问题，聚焦重点群体，从稳就业保民生的角度对当前新时代面临的新形势进行分析，从就业工作与人民群众息息相关的社保补贴、创业担保贷款、办理“就业创业证”等各项工作进行专业授课；并特邀长沙市就业服务局的相关专家对新政策新业务的拓展和延伸等方面进行专项答疑解惑。

（杨　宇）

政务服务

【概况】开福区政务服务中心位于芙蓉北路盛世路1号开福区政府大院东北角。中心总面积约1500平方米，共三层，其中一层二层为办事大厅，三楼为中心办公室和会议室。开福区政务服务中心设有20个驻窗单位，常驻窗口工作人员48人，驻窗首席代表12人。2018年，政务大厅共受理办结事项27.69万件，群众满意度99%以上。区热线平台受理工单20585件，满意率为95.6%。区政务中心受理并答复政府信息依申请公开226件。

【“最多跑一次”改革】全区“最多跑一次”改革工作按照市政府要求，围绕“一次办、减证办、网上办、就近办、帮代办”持续推进。一次办。按照“最多跑一次”要求，结合区情实际，区改革办制定《开福区推进“不见面”审批（服务）改革实施方案》，分两批共梳理区级“最多跑一次”事项414项，其中可实现“不见面”办理的事项87项，占比约21%。减证办。按照“利企便民”和“五个一律取消”原则，区审改办组织区直部门进行全面清理，取消证明材料47项。网上办。在省、市“互联网+政务服务”一体化平台建设基础上，区电子政务中心启动区“互联网+政务服务”子平台建设，6月20日正式上线运行。10月14日，区“互联网+政务”平台（基层工作平台）正式上线运行，实现政务服务向街道、社区的延伸和拓展。就近办。以群众需求为导向，将政务服务延伸到街道、社区，着力打造为民服务“15分钟办事圈”。按照“分级办结”的原则，梳理出街道政务服务事项68项，社区“为民服务”事项64项。同时，在试点街道和社区推行政务服务“不见面”全程网办改革，不断提升群众就近办理的便捷程度。帮代办。结合城市基层党建十条措施，区政务中心制定推行社区代办服务工作实施方案，建立覆盖全区107个社区的帮代办服务体系，各社区均成立一支专兼职相结合的代办员队伍，并在街道、社区设立综合窗口（“全岗通”），实现群众“只进一扇门、只找一个人、办成想办事”。

【中心管理服务】根据“最多跑一次”改革方案的任务分解表，区政务中心指导各部门制定审批服务流程、申报材料及办事指南，做到申请表格统一化、申请材料规范化、审批时间压缩化。会同区审改办、区电子政务办组织指导部分街道和社区开展“不见面”审批改革的试点工作，在社区政务服务“帮代办”“全岗通”“一次都不跑”“全程网办”等方面进行创新探索，取得一定成效。组织各单位在湖南省“互联网+政务服务”平台填报事项实施清单（服务指南、办事流程），32个部门完成实施清单录入1654项，全部在平台审核发布，完成全区所有行政权力和公共服务事项的填报工作。按照市要求，在区政务大厅、金霞经开区政务大厅、16个街道政务大厅和107个社区（村）公共服务中心张贴“最多跑一次”宣传海报，对“最多跑一次”的事项进行全面宣传。结合政府系统大调研活动，围绕加强和改进政务服务工作展开大调研，通过听、查、看、议等方式，充分听取工作人员和办事群众对政务服务的意见建议，收集整理群众办事热点、堵点问题。经过对接协调，将群众反映强烈的人社审批业务下移到政务大厅，有效解决办事群众一楼、三楼两头跑，逢人问、到处找的烦恼。依托“智慧开福”建设，将政务大厅进行局部升级改造，按功能划分为咨询区、服务区、自助区、休息区等四大区域，全方位为市民和企业提供快捷、高效的政务服务。政务大厅共受理办结事项27.69万件，群众满意度99%以上。

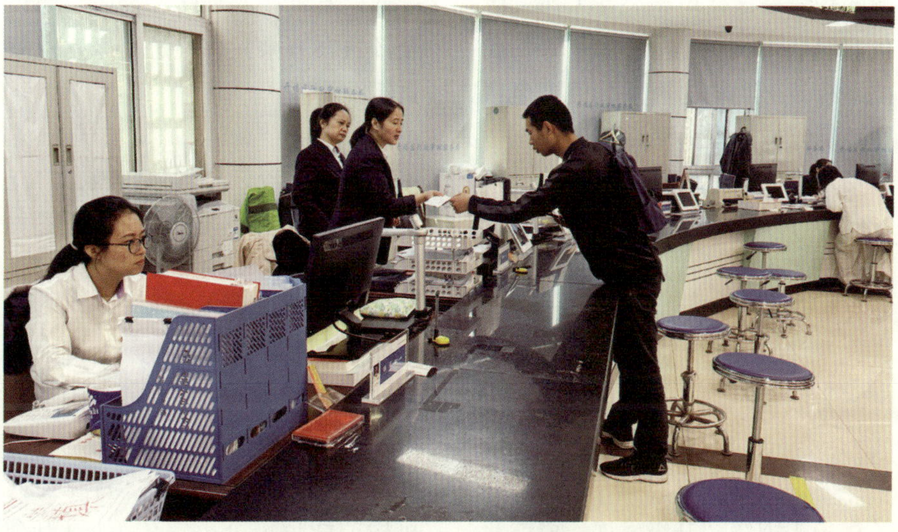

政务服务实行平台业务办理，确保群众办事“最多跑一次”

（区政务服务中心　供图）

【“12345”市民服务热线】2018年，区热线平台受理工单20585件，满意率为95.6%，超过考核标准值0.6个百分点。在全市中心城区月度考核排名中共获得3个第一名，2个第二名。

【政府信息公开】编制全区政府信息公开年度报告，及时上报市政务服务中心并上网公布，指导全区各单位编制2017年度政府信息公开年度报告并及时在开福区政府门户网站发布。进一步完善和规范政府信息主动公开工作机制，采用月督查、季通报的形式对各单位政府门户网站的信息公开情况进行督查、通报，确保各单位信息公开数量、质量。全区各单位主动公开政府信息33430条。在区政务服务中心大厅设立信息公开查阅点，群众可根据需要查阅相关政务信息。严格按照国务院《政府信息公开条例》等规定和《长沙市政府信息公开实施办法》办理政府信息依申请公开工作。建立完整的依申请公开台账，及时登记每一件信息公开申请的内容、受理和答复情况。规范依申请公开对外答复机制，聘请专业法律顾问指导全区依申请公开工作，使信息公开申请答复更加准确、规范，有效避免政府有关部门被申请行政复议或行政诉讼情况发生，中心受理并答复政府信息依申请公开226件。10月，组织开展全区政府信息公开工作业务培训，有效提升工作人员业务水平。

（李　婕）

机关事务管理

【概况】围绕“升级发展，成就北富”的战略目标，以后勤服务保障为重点，细化工作职责，紧扣管理和服务两大主题，增强服务意识，提高服务质量，推动国有资产管理、物业安保、公共机构节能管理、生活保障、公车管理工作取得新进展。

【国有资产管理】科学调配办公用房。在区治机关办公用房十分紧张的情况下，按照“实现组建目标，保障按时挂牌，减少单位腾挪”原则，事先征求意见，制定调整方案，克服困难，完成区巡察办、区监察委组建办公用房调配。从严管理国有资产。督查区治大院相关单位及街道办公用房使用情况，复勘与整改区治大院内办公用房使用情况，对所监管非经营性资产东风路综合楼进行消防改造工作，保障办公场所人员生命及财产安全。保障重大项目。完成政府采购项目23批次，总额1040万余元；执行非经营性国有资产处置审批程序，坚决杜绝非经营性国有资产流失，完成全区资产调拨45批次，总额238万余元；按照黄兴北路、火车北站等征拆指挥部项目时间节点，做好非经营性国有资产的划转、征收，协议金额1178万余元，推进全区重点项目建设。

【节能降耗管理】加强宣教，广泛调研。组织区直机关相关单位参加国家机关公共机构节能培训学习，力求干部节能业务精湛，推进全区节能水平稳步提升；以“节能降耗保卫蓝天”为主题，开展全国第28个节能宣传周开福区主题活动，培育低碳环保生活习惯。编制公共机构节能垃圾分类宣传手册1万余册。协助开福区委、区政府主办，区直机关工委承办以“垃圾分类我带头、美化环境我争先”为主题的2018年度开福区直机关干部职工迎国庆“双先杯”气排球比赛，会场上，同步发放垃圾分类指导手册并设置垃圾分类宣传板报和垃圾分类桶。夯实基础，推进项目。建设新能源项目，完成秀峰街道荷叶村太阳塘组至牛角坡组道路安装18盏太阳能路灯，探索垃圾分类小屋建设经验，启动机关大院生活垃圾分类试点项目，为全区公共机构垃圾分类工作树立标杆；拟订《开福区公共机构合同能源管理实施办法（试行）》，宣传引导，推进合同能源管理项目。强化督查，细化分类。增加日常巡查频率，严控空调温控标准，整治大功率电器违规使用，力求能源使用节约高效，确保节能举措落实到位。对区治大院内600余间办公室开展生活垃圾强制分类，建设垃圾分类小屋。根据实际情况，在各办公楼栋、电梯间、茶水间、外围区域投放垃圾分类设备110余套，实现垃圾“减量化、资源化、无害化”。

【物业安保】完善大院设备设施。实施监委办案区、区城管公安执法大队办案室、大食堂北厅等专项维修改造10项，完成室内维修680件次，零星维修项目25个。安装卫生间除异味装置，搭建一办九楼顶层西物业仓库，保障机关基础设施提质、设备功能完备。落实消防安全举措。按照消防安全要求，落实消防安全日排查、消防设施月检查制度，组织开展区治大院消防安全巡检，建立消防管理日查月检台账，完善消防网格化信息管理系统，开展消防知识培训、消防应急演练，提升干部职工安全意识，更新区治大院灭火器装置，切实保障区治机关消防安全。提高安保防卫成效。全面落实人防、物防、技防“三位一体”的防控措施，建立政法、后勤、信访、街道安保稳控联动机制，保障区治大院正常工作秩序。

【机关食堂管理】提高管理水平。组织召开区机关食堂餐卡管理工作协调会，会同财政、纪委等部门制定《开福区机关食堂餐卡管理办法》，集中清理、规范使用餐卡；到兄弟区县学习机关食堂管理经验，了解食堂加工经营场所设备配备、食品原料采购、食堂规范管理等方面的先进做法；妥善处理机关二食堂退出事宜，启动机关二楼餐厅自主经营，实现承包经营与自主经营的平稳交接；落实区委“五人小组”会议精神及区长相关调度会议工作精神，出台《开福区机关行政事业单位食堂管理办法》，弥补全区行政事业单位食堂管理空白。提升服务质量。定期组织服务人员参加服务技能培训，打造素质优良、仪表端庄、服务热情、群众满意的机关食堂服务团队；完成“两会”后勤保障工作，得到区人大代表、区政协委员好评；因地制宜设立自助用餐区，缓解机关就餐压力。在机关食堂取餐窗口张贴“孕妇优先”提示标语，减少机关就餐高峰期的孕妇排队时间，展现机关食堂人性关怀，提升干部职工用餐体验。优化用餐环境。实施“明厨亮灶”工程，通过安装监控器，将菜品制作过程透明化，主动接受机关干部监督。定期灭杀“四害”，更换老旧桌椅，及时处置餐厨垃圾，确保就餐环境整洁。

【公务用车管理】合理合规调派用车。按照《开福区公务用车管理实施细则（试行）》，严格公务用车申请、审核、派遣，克服人少、车少、车况不佳的客观因素，科学安排，周密调派，保障正常公务出行。2018年，共调派公务用车出行1.6万余辆次，实现交通零事故，调度无差错，用车单位满意度100%，无一例公车私用等违纪情况发生。强化公车日常管理。安装和启动公务用车市级管理系统和北斗定位系统，不断健全公车平台内部管理制度。充分发挥市场竞争机制，按照公开、公平、公正的基本原则，依法依规进行询价后，择优选择公务用车洗车点及易耗品采购点。强化司勤人员安全教育，增强交通安全意识，做到思想上高度重视，行动上认真谨慎，时刻绷紧安全弦。开展“大练兵”活动，提升司勤人员驾驶技能，保障全区公务安全出行。

【开展“垃圾分类我带头、美化环境我争先”宣传教育活动】9月8日，区机关后勤服务中心利用区直机关干部职工迎国庆“双先杯”气排球赛的比赛现场，开展“垃圾分类我带头、美化环境我争先”宣传教育活动，设置垃圾分类宣传和垃圾分类设施，发放垃圾分类指导手册。自9月起，开福区机关后勤服务中心对机关大院内600余间办公室展开生活垃圾强制分类工作，印制、发放垃圾分类指导手册1万余份，建造垃圾分类小屋，在各办公楼栋的电梯间、茶水间、外围区域安装四分类、两分类、茶渣筒等垃圾分类设备110余套。全面推进机关大院生活垃圾分类收集处置工作，更好发挥党政机关公共机构在垃圾分类工作方面的示范引领作用，实现机关大院生活垃圾“减量化、资源化、无害化”目标。

【党建观摩同进步 “五化”建设共交流】11月22日，长沙市直机关工委常务副书记易权吉率各区县党支部书记一行60余人，到开福区机关后勤服务中心观摩指导党支部“五化”建设工作。开福区委常委、区委办主任张春雄，开福区委常委、组织部部长晏成方陪同。观摩团一行参观“后勤星管家”机关党员活动阵地，通过现场观看、资料展示、经验交流等形式，全面了解后勤中心党支部的班子建设、队伍建设、阵地建设、制度建设等情况。在交流互动过程中，均对“星支部”“星服务”“星先锋”等特色党建给予高度评价。易权吉对开福区机关后勤服务中心党支部落实“五化”建设工作的成效予以充分肯定，他强调“五化”建设不仅要改造阵地，而且要在制度建设方面下真功夫，使党建工作更加制度化、规范化，做到有章可循、有章必循。

（杜　琼）

信息化建设

【概况】开福区电子政务中心为区政府办二级机构，属副科级全额拨款事业单位。2018年，区电子政务中心严格落实国家、省市及区委区政府工作部署，推进电子政务各项工作。区电子政务中心被国家电子政务理事会评为“2018年互联网+政务服务先进单位”，“智慧开福综合服务云平台”被国家电子政务理事会评选为“电子政务优秀案例”，案例成果编入《中国电子政务年鉴2017》。区政府门户网站在省、市绩效评估中位列优秀行列，区政府门户网站“招商引资”栏目被国家电子政务理事会评为2018年政府网站信息公开精品栏目奖。电子政务中心主任肖道刚被国家电子政务理事会评为“2017年互联网+政务服务先进个人”“2018年政府网站最佳管理者”。

【内网建设】按照省、市要求，完成电子政务内网建设和分级保护测评。2018年，区电子政务中心在完成电子政务内网机房建设基础上，按照全市统一部署，对照分级保护测评标准要求，对电子政务内网进行提质完善，新增密码机，制定严密的保密措施和制度，为接入网络的涉密终端进行安全加固，优化安全策略配置，加强相关工作人员培训工作，于2018年10月通过国家保密局湖南省分中心的分级保护测评，电子政务内网即将投入使用。

【外网升级改造】电子政务外网是各项政务系统运行基础网络。为保证电子政务外网高速、稳定运行，2018年，区电子政务中心抓住智慧开福建设契机，对电子政务外网的核心交换机、汇聚交换机、接入交换机、负载均衡、防火墙等设备进行更换升级，核心骨干网由原来的千兆升级到万兆，并为16个汇聚点配备冗余链路，互联网出口带宽由1.5G，扩容到3G，接入层速度由百兆提升到千兆，升级后，电子政务外网网络性能大幅度提升，稳定性、安全性更有保障。

【网站管理维护】充实运维团队，对全区主要应用、终端、机房、视频会议等进行精细运维管理，处理各类运维事件856件，保障视频会议62场次，开展机房巡检261场次，确保全区网络、网站、应用的安全稳定，未发生一起较大安全事故。加强网站安全技术防范措施，新增外网云WAF、网站防篡改系统，加强网站安全防护，配置安装杀毒软件，防止病毒、恶意攻击对网站造成危害，对网站可用性采取“7×24”小时无间断监控。加强数据安全保护，对网站、重要应用系统数据数据进行每小时一次的增量备份，确保数据安全可恢复。区政府门户网站、电子政务外网、“智慧政务+监督”一期项目均按要求完成二级等保测评。区政府门户网站保持常态化更新与维护，部门网站全部完成集约化管理。门户网站发布各类信息3万余条，设立“2018年政务公开工作要点”专栏，完成“招商引资”“蓝天保卫战”“第四次经济普查”“智慧开福综合服务”“便民便企服务”“改革开放40年”等7个专题建设。采用“系统监测＋人工复核”相结合的方式，对区政府门户网站栏目安全性、可用性、更新情况进行常态化监测。全年下发通报10期，办理区长信箱142件，答复率100%。

【“互联网+政务服务”平台建设】推进“互联网+政务服务”平台建设和应用推广，长沙市“互联网+政务服务”平台（基层工作平台）在全区32个区直部门、16个街道、107个社区（村）顺利运行，并保持应用常态化。区网上办事大厅公示32个区直部门、1696个事项（涉及1752个子事项）办事指南，依申请类408项事项中，391项事项可网上在线办理，328项可实现最多跑一次，61项可实现不见面办理，网上可办率96%。申请类408项事项中，391项可通过“开福政务通”微信公众号实现网上申办和查询。

【完成智慧开福综合服务云平台一期建设】为提升全区社会和城市管理水平，区电子政务中心于2017年底启动智慧开福综合服务云平台建设，3月，平台主体功能和指挥中心全面建成，平台功能涵盖联动指挥调度、社会治理、监督服务、统计分析、数据交换、城市管理、视频分析挖掘等主要功能模块，并整合开发智慧安监、智慧电梯等子系统。对全区30多个部门、16个街道、107个社区、510个网格的使用操作人员组织有针对性的培训，培训人数1000余人次，为期1个月。平台于2018年4月30日正式上线运行。截至年底，平台汇集全区实有人口数据74.64万条、基础法人数据13.29万条、实有楼栋数据3.35万条。全年上报民情日志29.24万条，事件台账7.63万件，业务流程3.84万件，其中业务流程办结3.78万件，办结率98%，在全区社会治理、城市管理、安全生产等方面发挥积极作用，为全区企事业单位、市民提供快捷、优质服务。“智慧开福综合服务云平台”荣获电子政务理事会评选“2017年电子政务优秀案例”，案例成果编入《中国电子政务年鉴2017》，网格化数据标准成为全市数据标准参考标准，智慧安监、智慧电梯应用成为全市推广试点应用项目。

（执笔人：杨　杰）

政协长沙市开福区委员会

KAIFU CPPCC COMMITTEE

重要会议

1月7日，政协长沙市开福区第五届委员会第三次全体会议开幕

（区政协　供图）

【五届三次全体会议】1月9日，在完成各项预定议程后，政协开福区第五届委员会第三次全体会议胜利闭幕。区委书记沈裕谋、区长刘拥兵、区委副书记谢伟峰、区人大常委会主任许振勤、区政协主席熊建伟等区领导出席闭幕式。会议听取提案法制委主任刘险峰对提案审查情况的报告；通过关于常务委员会工作报告决议；通过关于提案工作报告的决议；通过大会政治决议。大会选举增补宋娜委员为区政协第五届委员会常务委员。全会闭幕后，召开区政协摄影俱乐部2017年总结表彰大会和社情民意信息工作2017年总结大会暨第十一次研修会。

【召开五届第八次常委会议】3月16日，区政协召开五届第八次常委会议，区政协党组书记、政协主席熊建伟，区委常委、区委组织部部长晏成方，区政协副主席杨艳、焦灿、廖耀群、林永红、鲁碧君、正县级干部邓毅芳等领导以及全体区政协常委、各街道政协联络处主任、区规划分局参加会议。会议传达学习全国、省、市政协全会精神，组织学习新修改的《政协章程》，对2018年主体履职方案进行协商，协商通过区政协人事异动情况。会议听取区规划分局对《长沙市开福区发展规划大纲（2020—2035年）》介绍，并由各位常委充分发表意见。

【召开五届第九次常委会议】7月27日，区政协召开了五届第九次常委会议，区政协党组书记、政协主席熊建伟，区委常委、区常务副区长蔡冰，区政协主席会议成员杨艳、焦灿、廖耀群、林永红、鲁碧君、李劲松、谭栋，以及各专委会主任、街道政协联络处主任，全体区政协常委参加会议。区政协办公室主任谭栋组织全体参会人员集体学习省政协主席李微微、副主席戴道晋在十二届省政协第一期委员学习培训班开班式和结业式上的讲话，书面学习习近平总书记关于加强和改进人民政协工作的重要思想。区政协秘书长李劲松做委员异动情况的说明，并对政协云和“我秀我履职”活动进行详细说明。蔡冰代表区政府通报2018年上半年全区经济社会发展情况，区财政局局长刘勇通报2018年上半年财政预算执行情况。熊建伟就委员人事异动，对离任委员多年来为开福政协所做的巨大贡献致以衷心感谢，希望他们在更高的平台上充分献计发声，一如既往地支持开福区政工作，并以老委员身份继续与开福政协大家庭保持密切联系。

【召开五届第十次常委会议】10月30日，区政协召开五届第十次常委会议，区政协党组和主席会议成员熊建伟、杨艳、焦灿、林永红、廖耀群、鲁碧君、李劲松、谭栋，区委常委、区政府常务副区长蔡冰，区政府副区长易文斌、杨光华，以及全体区政协常委、各街道联络处主任、区直各相关单位参加会议。会议将主席专题视察和常委会议合并举行。全体参会人员到黄金海岸、栖凤路、福元路等地，实地视察全区站厕建设情况，随后在区治726会议室召开会议。会议听取区环卫局等部门对站厕建设工作情况汇报，并开展讨论。听取金霞经开区、区卫计局、区民政局、区金融办、区棚改办等重点提案承办单位工作汇报，观看2018年民主评议区文体新局“回头看”工作专题纪实片，听取区文体新局、区政协民主评议小组补充汇报。全体参会常委对2018年区政协重点提案办理工作及民主评议“回头看”工作结果进行测评，金霞经开区获得91.8分，区卫计局获得93.7分，区民政局获得94分，区金融办获得91.5分。会议最后，区政协原党组副书记、正县级干部邓毅芳为全体常委做政协云登陆使用专题培训。

【召开五届第十一次常委会议】12月25日，区政协召开五届第十一次常委会议，区政协党组和主席会议成员熊建伟、杨艳、焦灿、廖耀群、林永红、鲁碧君、李劲松、谭栋，以及全体区政协常委、区“两院”负责人、2018年民主监督工作各单位参加会议。会议听取法检“两院”工作情况通报和2018年委员履职情况通报，并对区政协五届四次全会有关事项、委员人事异动等情况进行充分协商。会上，区政协常委对2018年民主监督单位开展民主测评，区民政局获得95.3分，区经信局获得93.9分，区棚改办获得94.3分，区文体新局获得95.3分，区农水局获得95.5分。

【召开2018年度重点履职工作动员大会】3月16日，区政协召开2018年度重点履职工作动员大会，区委副书记谢伟峰，区政协党组书记、区政协主席熊建伟，区委常委、常务副区长蔡冰，区政协副主席杨艳、焦灿、廖耀群、林永红、鲁碧君出席会议。区政协全体常委、部分委员、老委员及与政协履职工作相关区直部门负责人参加会议。会上，熊建伟做题为《但行前路，无问西东》动员讲话，号召全体委员以“逢山开路、遇水搭桥”的决心和姿态，努力为开福发展献计出力。杨艳、焦灿、廖耀群、林永红、鲁碧君等分别对全年各项履职任务进行部署和明确。部分单位和委员做表态发言。

【召开民主监督工作半年度集中咨询会议】9月14日，区政协召开2018年度民主监督工作半年度集中咨询会议，区政协主席会议成员熊建伟、杨艳、焦灿、廖耀群、林永红、鲁碧君、李劲松、谭栋出席，各民主监督小组委员代表，区棚改办、区民政局、区文体新局、区农水局、区经信局、区政府督查室、区绩效办等职能部门负责人参加会议。区棚改办等5个受监督单位做问题落实情况报告。在随后的现场咨询环节中，委员们结合半年来所开展的监督工作，提出许多实际问题，受监督单位根据各自职能职责，分别进行现场答复。

【召开全区各民主党派、工商联、知联会负责人中秋茶话会】9月17日，区政协邀请全区各民主党派、工商联、无党派负责人，举行2018年中秋茶话会。区委副书记谢伟峰，区政协主席会议成员熊建伟、杨艳、焦灿、林永红、鲁碧君、李劲松、谭栋出席，区民革、民盟、民建、民进、农工、致公、九三、工商联、知联会及区委统战部负责人参加茶话会。会上，各参会领导及各民主党派、工商联、无党派负责人介绍各界助推发展、服务民生的成绩和经验，畅谈对开福未来发展前景的憧憬和展望，对区政协工作提出许多宝贵的意见和建议。区政协党组书记、区政协主席熊建伟全面介绍区政协2018年工作，表示将认真采纳各界意见，进一步巩固思想基础、坚持基本方针、发挥自身优势，深入改进开福政协工作，为开福发展凝心聚力。

【召开关于“全面推行河长制的思考和建议”专题协商会议】5月16日，区政协召开“关于全面推行河长制的思考和建议”专题协商会议。区委副书记、区长刘拥兵，区政协党组书记、政协主席熊建伟，区政府副区长朱江、区政协副主席杨艳、焦灿、廖耀群、林永红、鲁

11月8日，政协委员在政协开福区第五届委员会第三次全体会议小组讨论中发言
（区政协　供图）

5月17日，区政协主席会议成员对刑释人员安置帮教社区矫正情况进行专题视察
（区政协 供图）

碧君，正县级干部邓毅芳等领导出席，以及农林水利局、区财政局、区人社局、区城乡建设局等职能部门和秀峰街道、芙蓉北路街道负责人参加会议。会上，区政协委员和老委员，就“开福区河长制工作基本情况”“开福区河长制推行过程中存在的困难和问题”“外地执行河长制的先进经验”“在开福区全面推进河长制的工作建议”等内容作详细阐述。各参会领导、单位负责人对河长制工作现状与发展状况进行深入讨论，提出许多专业性强、可行性高的意见和建议。

【召开“关于全面加强开福区不可移动文物保护的建议”专题协商会议】7月5日，区政协召开“关于全面加强开福区不可移动文物保护的建议”专题协商会议。区政协主席会议成员熊建伟、杨艳、林永红、鲁碧君、李劲松，副区长杨光华等领导出席，区政府办、区文体新局、区财政局、区人社局、区棚改办等区职能部门负责人参加会议。会上，播放短片《城市记忆》，展示开福区不可移动文物的保护现状。区政协文教卫体委主任田承明，老政协委员高积慧、刘贤志分别就“不可移动文物保护的现实意义及开福区现状分析”“洛阳老城区、郑州二七区、济南市中区的先进经验”“开福区不可移动文物保护的对策与建议”等内容做详细汇报和阐述。各参会领导、委员及单位负责人，对开福区不可移动文物保护现状与发展状况进行深入讨论，提出许多专业性强、可行性高的意见和建议。

【召开“推进开福区装配式建筑产业链发展”专题协商会议】7月12日，区政协召开“推进开福区装配式建筑产业链发展”专题协商会议。区委书记沈裕谋，长沙市住建委副主任赵志宏，区政协主席会议成员熊建伟、杨艳、焦灿、廖耀群、林永红、鲁碧君，副区长蒋君等领导出席，金霞经开区、区城乡建设局、区工务局、区城建投、区市政局、区棚改办、区财政局、区住保局、区人社局、区商务和旅游局、区教育局等区职能部门负责人参加会议。会上，老政协委员杜伟、肖吟、文洁先后就“推进开福区装配式建筑产业链的发展意义、现状及问题”“昆明安宁市装配式建筑产业发展经验”“推进开福区装配式建筑产业链发展的建议”等内容进行分析和论述。区相关职能部门围绕协商主题，结合自身职能，提出意见和建议。

【召开关于“关于推进开福区棚户区改造房源保障工作”专题协商暨重点提案督办会议】10月29日，区政协召开“关于推进开福区棚户区改造房源保障工作”专题协商暨重点提案督办会议。区政协党组书记、区政协主席主席熊建伟，区政府副区长蒋君、区政协副主席杨艳、焦灿、廖耀群、鲁碧君等领导出席，区棚改办、区住保局、区征收办、区财政局、区建设局、区城建投、区国土分局、区规划分局等区职能部门负责人参加会议。会上，区政协委员毛光宇代表课题调研小组，阐述调研成果。各参会领导、单位负责人，对开福区棚户区改造及房源保障的现状与发展情况进行讨论，提出意见和建议。

政协工作

【概况】长沙市开福区政协第五届委员会共有委员201人，设27个界别。委员界别分布为：中共界12人，民革界6人，民盟界6人，民建界6人，民进6人，农工党界5人，致公党界4人，九三学社界6人，工商联界18人，无党派人士界19人，工会界2人，共青团界1人，妇联界4人，侨联界2人，经济界29人，农林界4人，科技界6人，民族界1人，宗教界2人，文化艺术界6人，教育界10人，医卫界10人，体育界2人，新闻出版界8人，社会科学界1人，社会福利界6人，特邀界19人。委员的学历构成分别为：研究生42人、大学本科124人、专科29人、中专以下6人。2018年，政协长沙市开福区委员会（以下简称区政协）召开全体会议1次、常委会议4次，组织委员听取开福经济社会发展、全区财政预算安排和执行等情况报告，组织委员会视察潮宗街项目建设、垃圾分类工作、新农村建设等重点工作。政协委员全年提交提案145件，合并后为133件，其中集体提案2件，立案63件，转社情民意25件，转基层协商18件，其他处理27件。

【服务中心工作】区政协领导班子投身全区各项中心工作。区政协班子成员分别担任黄兴北路片区（潮宗街）、金霞片区、火车北站片区等多个区内重大项目指挥部的政委、副指挥长，奋战在项目建设、棚户区改造、拆违控违等工作第一线；区政协牵头开展闲置土地支帮促、街道安全生产大检查、文明创建督查、社区提质改造、遗留问题处理、信访维稳等多项中心任务；区政协向市政协提交《关于将湘江世纪城纳入警务通系统管理的提案》《关于调整规划适度恢复东岳宫道教活动场所及相邻地块建设社区文化公园的建议》等提案，促成相关问题解决，为开福区城市管理、文化保护等工作做出贡献。政协委员们参与铲冰除雪、“蓝天保卫战”宣传等活动；参与2018年度行政执法案卷评查、湘江东岸防洪综合改造项目论证、“委员进法院零距离监督”等多项重要区政工作；开展“物联世界·共创未来”“创业者分享会”“走访中小微企业、服务实体经济”等多项社会活动，展示开福政协人的作为与风采。

【建议献策】区政协聚焦开福“五提五动”战略部署，选择区委、区政府最为关心的热点、难点问题献计献策。2018年，开展装配式建筑产业链发展、街道河长制职能职责、不可移动文物保护、城市老地名保护与传承、棚户区限价保障房源建设等5次专题协商，组织对金融商务区建设、“厕所革命”（站厕建设）、医联体建设、特色小镇建设、刑满释放人员安置工作等5次主席会议视察，邀请相关领域的委员开展实地调研、反复讨论，形成协商及视察建议，为区委、区政府科学决策提供参考。组织委员、专家赴台湾，对视频文创、健康养老等产业进行学习考察，形成专题调研报告呈区委、区政府研阅。

【提案办理】在区政协五届三次全会上，有61位区政协委员对区政工作提出98条建议，区政协梳理汇总，分别转交，督促各相关职能部门，全部落实到位。提交提案133件，通过提案筛选、合并、审查，最终立案63件，转社情民意25件，转基层协商18件，作其他处理18件，并选择其中5件作为重点督办提案。2018年，区政协推行“分管主席督办+主席会议督办”两轮提案办理机制，将重点提案督办与协商、视察等工作结合起来，保障提案办理力度和成效。2018年，共有42件提案办理为A案，A案率66.7%，比2017年提高17.6%。高岭商贸城配套仓储建设、基层医联体建设等一批委员提案的办结落实，助力发展、惠及民生，激发委员的履职热情。

9月4日，区政协主席熊建伟（左四）带队检查湘雅路街道安全生产

（区政协　供图）

【民主监督】完善“月反馈、季报告、半年咨询、年度测评”监督机制。由区政协委员组成1个民主评议“回头看”工作小组和5个民主监督小组进驻区民政局、区经信局、区棚改办、区文体新局、区农林水利局等被监督单位，坚持以“察实情、听真话、谏净言”为指导思想，通过拍摄短片、报告反馈、集中咨询等方式，协助被监督单位改进问题、纠正风气。经民主评议，5个被监督单位均获得93.9以上的较高得分。

【信息宣传】成立政协云与宣传信息服务中心，配备专门工作人员从事统计和维护工作，并对全体委员登录使用情况进行定期排名、通报。出台《开展政协云使用创新竞赛暨“我秀我履职”活动方案》《关于加强政协云与宣传信息工作的意见》等文件，加强对委员登陆使用政协云的指导和规范。通过执行“政协云登陆应用百人计划”，打造一支善于利用政协云履职的核心骨干，开福区在全省政协云应用排名第八，长沙市第一。选报的沙坪街道“三诊工作法2.0版”项目在湖南省政协云应用创新大赛中，荣获二等奖。

【社情民意工作】收集社情民意信息343条，报省、市203条，有32篇被省、市、区政协采用。其中，《关于解决法院民事案件强制执行立案难问题的建议》《关于企业更好地享受〈技术合同认定登记办法〉实惠的建议》《“国学热”背后的“三乱”现象应引起重视》等信息被省政协采用。制定《开福区政协微建议管理办法》，鼓励委员深入查找城市交通、环境卫生、社会治理等方面存在的问题，通过微建议在“云端”报送，并以向上提交、区内转办的形式交由各级职能部门进行处理。这种直观快捷的“微监督”“微议政”方式深受委员欢迎。2018年，区政协收集委员微建议312条，其中受理214条，办结117条，办结率为55%。社情民意信息、微建议提交、办结总数均位居全市第一。2018年，区政协依据省、市政协关于建设智慧委员工作室的新要求，在原有基层政协委员工作站（室）的基础上，创建“16+5”智慧委员工作站（室）新格局（即16个街道+5个专门委员分别组建1个站、室），为委员们在基层履职创造新空间，提供新舞台。政协委员通过“委员接待日”、政协云线上履职等途径，倾听群众的诉求和期盼，充分发挥自身资源优势，在基层社区开展主体履职活动。组织健康知识教育的“关注健康、从齿开始”、反金融诈骗的“守住钱袋子”、科普教育的“政协委员讲科普”、关注自闭儿童的“奔跑吧宝贝儿”、校园禁毒的“青春无毒、健康成长”、宣传道路安全的“知路、爱路、护路”、宣扬移风易俗的“我和勤俭有个约会”等411个深受群众欢迎的活动，让群众感受到“政协离自己很近，委员和自己很亲”。

【扶贫帮困】2018年，区政协以“双百帮扶”与“爱心助学”两大活动为抓手，为区内困难群众汇聚爱心，送上温暖。2018年，区政协委员捐助善款41.3万元。每逢春节、端午、中秋等传统佳节前夕，组织区政协委员到困难群众家中进行慰问。为100名品学兼优的贫困学子发放助学金，鼓励他们战胜困难，发奋自强。区政协委员用自己的力量，发起并参与各类社会公益活动，杨儒森委员发起的“凤凰欲飞”公益助学，王心亮委员发起的“夏日送清凉在行动”，林杰委员发起的“失独家庭关爱”、范伟君委员开展的“牵手普亲，温暖同行”等活动，把开福政协人的温暖和爱心传递给每一位需要帮助的群众。

【基层协商】2018年，区政协委员们发挥自己在对接政府、联系群众上的独特优势，按照“委员牵头、多方参与、平等沟通、坦诚交流”原则，为开福区基层民生事务的处理和社会矛盾的化解做出不懈努力。区政协委员牵头组织“砚瓦池社区天麓商住楼成立业主委员会”“万达广场商务楼宇规范管理”“四季花城社区垃圾分类”“陡岭社区楼宇电梯维修”“治理朝阳站渣土车道路污染”等78次基层协商成功案例。基层协商工作赢得社会各界赞誉，成为开福区政协一项特色品牌。

【调研交流】2018年，邀请各党派团体和无党派人士代表参加政协组织的调研、座谈、视察、民主监督及走访交流等活动，听取他们对开福区域发展、民生事业及政协工作的意见和建议。全区各民主党派、工商联和无党派人士提交提案29件，反映社情民意103篇，在参政议政中发挥重要作用。2018年，接待来自广东、江西、辽宁等地共计37个批次兄弟政协造访开福，加强与各地履职经验学习交流。开福区政协到贵州福泉市和江西安福县，参加“中国福”城市文化节活动，传播“为国尽忠、为职尽责、为家尽孝”的厚德开福理念。区政协作为开福区代表，受邀出席韩国驻武汉领事馆举办的金九先生纪念仪式，深化中韩友谊。区政协关注区域文化保护，启动并完成《开福宗教文化》一书的编辑出版。区政协文史工作组经多方走访，反复研讨，《开福宗教文化》收录各类文献资料60余篇，历史图片50余幅，全书字数超过30万字，较全面地记载开福宗教历史文化发展变迁。编印《开福政协》工作资料12期，出版《区政协履职成果汇编》《社情民意信息汇编》等书籍资料，制作《2018年履职工作纪实片》，记录区政协一年工作的全景全貌。

9月11日，区政协主席会议督办“高岭商贸城建设”重点提案（区政协　供图）

【队伍建设】完善《委员履职管理考核》机制，评选出“十佳委员”，以谈话、辞免等方式加强对委员制度约束。在哈尔滨工业大学举办区政协委员和党外人士能力与素质提升班。组织13名新任委员培训班。利用区政协常委会、务虚会、研讨会、机关学习等机会，对政协委员开展政协云、社情民意、微建议、基层协商等工作的学习培训，营造委员队伍“懂政协、会协商、善议政”的浓厚氛围。开展区政协主席会议走访委员制度，全年，走访委员单位33家。开展文体活动。政协委员组成运动队和啦啦队，参加“和谐杯”游泳比赛、“同心杯”篮球赛；委员摄影作品集《春夏之恋》《和美开福3》，用镜头描绘开福之美。深化与历任委员的交流。开福区政协老委员联谊会正式成立，46位心系开福的老委员发挥余热、传授经验，投身于各项政协履职活动中。全年老委员联谊会成员参与协商、视察、调研等履职活动共计109人次，提交社情民意18篇。16个街道政协联络处完成年度工作任务，推进“五个账本工作法”“圆桌议事会”等特色工作，形成“百花齐放”的工作新局面，发挥出基层联络处的“桥头堡”作用。政协机关严格执行党风廉政建设和“一岗双责”制度建设；抓好“三会一课”、党员“进社区”、主题党日等制度的落实，因地制宜地建设“五化”阵地，强化机关学习氛围，组织学习培训21次，提升政协机关的政策理论水平和服务履职能力。

【区政协主席会议专题视察美丽乡村（特色小镇）建设】5月3日，区政协主席会议一行到金霞新村、茶子山村和汉回民族村，对开福区美丽乡村（特色小镇）建设情况进行专题视察，并召开座谈会议。主席团成员，区政协主席会议一行参观张百熙故居、龙王庙等乡村景点，听取街道、村负责人详细介绍，了解乡村苗木种植、民族村旅游产业发展等基本情况。在座谈会上，区农林水利局对开福区美丽乡村建设现状进行全面介绍，各参会领导、委员代表、职能部门作深入交流，对开福乡村建设工作进行探讨，提出建设性的意见和建议。

【区政协主席会议专题视察刑释人员安置帮教社区矫正工作】5月17日，区政协主席会议对开福区刑释人员安置帮教社区矫正工作进行专题视察。区政协党组书记、政协主席熊建伟，区政府副区长、区公安分局局长廖勇，区政协副主席杨艳、焦灿、廖耀群、林永红、鲁碧君，正县级干部邓毅芳等领导出席，区司法局、区法院、区检察院、区财政局、区公安分局、区人社局等区职能部门参加。区政协主席会议一行视察开福区公共法律服务中心和开福区司法矫正中心，听取相关领导和工作人员详细介绍，实地了解开福区社区矫正工作的场地环境和工作现状，并召开座谈会议。会议听取区司法局对全区刑释人员安置帮教、社区矫正工作的全面汇报，区政协委员李斌全代表课题组汇报调研基本情况。参会领导和相关部门进行讨论，发表意见和建议。认为区司法系统帮教工作充分实现衔接配合的提效、安抚教育的提质以及安置人数的提高，为开福区大局稳定做出了贡献。但刑释人员安置帮教和社区矫正还存在着力量薄弱、队伍不稳、体系不够完善、安置落实较慢、队伍专业化程度不高等具体问题。需整理好前期调研情况、视察情况及各方意见，尽快形成专业视察建议并及时上报区委、区政府研究，推动这项维护社会稳定、涉及关键少数的工作迈上新台阶。

【区政协主席会议专题视察委员工作站（室）建设】5月18日，区政协主席会议对委员工作站（室）建设情况进行专题视察。区政协党组书记、政协主席熊建伟，区政协副主席杨艳、焦灿、林永红、鲁碧君等领导出席，区电子政务中心负责人参加。区政协主席会议一行视察伍家岭街道建湘新村社区委员工作室和秀峰街道宿龙桥社区委员工作室，听取驻站委员和工作人员对站点建设情况介绍，通过询问、交谈，了解"五个账本工作法"、"微建议"收集处理等工作开展情况，并召开工作座谈会。会议结合省、市政协要求以及开福区实际，对开福区的委员工作站（室）建设进行研究，各参会领导、委员通过沟通，提出意见和建议。认为开福区的委员工作站（室）建设取得一定成效，但仍然存在着发展不平衡、特色不突出、对接不适应等实际问题。需继续聚焦"平衡"，确保21个站（室）建设不掉队；聚焦"特色"，将上级政协工作要求与各地街情、委员专长结合起来，打造特色鲜明的站（室）；聚焦"互通"，做好上情传达和下情收集；聚焦"实效"，让委员工作站（室）发挥优势，做到尽职不越位。

【区政协主席会议专题视察高岭商贸城暨督办重点提案】9月11日，区政协主席会议邀请全区各相关职能部门，对区政协常委、区工商联秘书长宋娜提交《关于加快高岭商贸城配套仓储建设的建议》重点提案进行第二轮督办。区政协主席会议成员熊建伟、杨艳、焦灿、廖耀群、林永红、鲁碧君，区政府副区长蒋君、杨光华等领出席，金霞经开区、区工商联、区征地办、区国土分局、区规划分局、秀峰街道等单位负责人参加。区政协主席会议一行实地视察高岭国际家具建材城、高岭国际电商产业园，并召开提案督办座谈会。承办单位金霞经开区，对提案办理情况进行介绍。各参会领导、单位及提案人就如何提高提案办理成效，助推高岭商贸物流发展提出意见。认为高岭是城北发展的重要版块，在电商互联网高速发展的大环境中，高岭商贸城应积极寻找新的途径谋求发展，力争早日走出困境，走向辉煌。

【区政协主席会议对金融商务区的建设开展专题视察暨重点提案督办】9月26日，区政协主席会议对区政协委员李丽萍提交《关于打造长沙（开福）金融商务区的建议》重点提案进行专题视察及督办，区政协主席会议成员杨艳、焦灿、廖耀群、林永红、鲁碧君等领导出席，区金融办、区现代服务业办等职能部门负责人参加。区政协主席会议一行视察泊富国际台湾合作金库银行与华创国际中国人寿财险湖南分公司，实地了解相关单位工作环境及现状，并召开座谈会议。区金融办、现代服务业办对近年工作开展情况进行汇报。参会领导和相关部门负责人就金融商务区的建设和打造进行讨论，发表意见和建议。

【区政协主席会议对基层医疗机构医联体建设开展专题视察暨重点提案督办】9月27日，区政协主席会议对区政协委员高积慧提交《关于推动开福区基层医疗机构医联体建设的建议》提案开展专题视察暨重点提案督办，区政协主席会议成员杨艳、焦灿、廖耀群、林永红、鲁碧君等领导出席，区卫计局、区财政局、区人社局等职能部门负责人参加。区政协主席会议一行视察青竹湖社区卫生服务中心和芙蓉北路社区卫生服务中心，并召开座谈会。区卫计局、区财政局、区人社局等部门负责人对近年工作开展及提案办理情况进行汇报。参会领导分别对本项工作的财政支持、操作程序、机构选址等具体内容进行探讨。

（陈　阳）

附录:

开福区政协2018发文目录

开政协【2018】1号关于夏圣猛等同志职务任免的通知

开政协【2018】2号关于赴台湾交流学习视频文创等工作的考察报告(报区委)

开政协【2018】3号关于赴台湾交流学习视频文创等工作的考察报告报区政府)

开政协【2018】4号关于举办区政协委员与党外代表人士能力素质提升班的请示

开政协【2018】5号关于我区美丽乡村(特色小镇)建设工作的视察建议

开政协【2018】6号关于进一步贯彻落实中央八项规定精神的具体实施办法

开政协【2018】7号关于我区美丽乡村(特色小镇)建设工作的视察建议

开政协【2018】8号关于“全面推进河长制工作的思考和建议”专题协商的情况汇报

开政协【2018】9号关于“全面推进河长制工作的思考和建议”专题协商的情况汇报

开政协【2018】10号关于承办第三届“中国福”城市文化交流活动的请示

开政协【2018】11号关于林杰等同志职务任免的通知

开政协【2018】12号关于我区社区矫正及刑满释放人员安置帮教工作的视察建议

开政协【2018】13号关于我区社区矫正及刑满释放人员安置帮教工作的视察建议

开政协【2018】14号关于“加强我区不可移动文物保护的建议”的专题协商建议

开政协【2018】15号关于“加强我区不可移动文物保护的建议”的专题协商建议

开政协【2018】16号关于“推进开福区装配式建筑产业链发展”专题协商的情况报告

开政协【2018】17号关于“推进开福区装配式建筑产业链发展”专题协商的情况报告

开政协【2018】18号关于承办第三届“中国福”城市文化交流活动的请示

开政协【2018】19号关于加强政协云与宣传信息工作的意见

开政协【2018】20号关于我区金融商务区建设工作的视察建议

开政协【2018】21号关于我区金融商务区建设工作的视察建议

开政协【2018】22号关于“推进我区棚户区改造房源保障工作”的专题协商建议

开政协【2018】23号关于“推进我区棚户区改造房源保障工作”的专题协商建议

开政协【2018】24号关于吴群辉等同志职务任免的通知

开政协【2018】25号关于我区医联体建设工作的视察建议

开政协【2018】26号关于我区医联体建设工作的视察建议

开政协【2018】27号关于加强我区老地名保护与传承的建议专题协商建议

开政协【2018】28号关于加强我区老地名保护与传承的建议专题协商建议

开政协【2018】29号关于我区“厕所革命”专项行动的视察建议

开政协【2018】30号关于我区“厕所革命”专项行动的视察建议

开政协【2018】31号关于加强反映社情民意信息工作的意见

群众团体

MASS ORGANIZATIONS

工会

【概况】开福区总工会有下属3个系统（区直机关、教育、卫计）工会联合会、16个街道工会联合会、90个社区工会联合会，有3612个基层工会,涵盖法人单位5703家，会员19.11万人，其中农民工会员8.71万人。有劳模45人，其中全国劳模3人，省级劳模11人，市级劳模31人；享受劳模待遇的先进工作者17人。

【改革创新】按照增“三性”、去“四化”、强基层、促创新的改革总体思路，制定《开福区总工会深化改革实施方案》《落实改革措施责任清单》，改革工作实现既定目标，取得阶段性成果。以上带下，指导各级工会主动对接、及时跟进，整个工会系统改革全面展开、态势良好。改革干部管理，推进机构队伍优化。加强挂、兼、专职工会干部队伍建设，原有兼职副主席董志平，从基层一线推选非公企业长沙传化公路港物流有限公司刘优良为兼职副主席，区机关工委副书记张志成为挂职副主席。对现有的社会化工会工作者，加大培训力度，提升业务水平，推进工会系统内干部上下交流，工会干部与党政机关、企事业单位干部的双向交流。改革运行机制，推进工会贴近基层。坚持贴近职工开门办会。班子成员分片负责抓好基层联系点，做到下基层调研全年不少于60天，帮助基层解决工作中的难题。坚持经费贴近基层。街道工会联合会经费下拨从原来的平均拨付改为“以奖代拨”，对各街道全年工作任务完成情况进行综合考评，拉开档次，运用奖励杠杆调动各街道基层工会的工作积极性和创新活力。加强工会网络平台和能力建设。开通“开福区总工会”微信公众号，制订公众号和信息报送管理办法，加强工会网络信息员、评论员培训和队伍建设。及时公布工会工作动态、办事指南等方式宣传工人阶级和工会工作，提高工会组织的影响力。

【劳动竞赛】区总工会服务中心促发展，发挥工人阶级的主力军作用，开展劳动竞赛，打造开福工匠品牌。在全区广泛开展“立足岗位大练兵，效力北富我当先”劳动竞赛，发掘、培育出一批新的具有代表性的技术能手、劳动模范。在教育、物流、餐饮、文创、建筑、湘绣、金融、卫计、市政、商贸等十大优势传统行业中组织开展“十佳开福工匠、百优技术能手”评选活动，对技能比武第一名授予“开福工匠”称号，享受开福劳模待遇，活动得到8家省市主流媒体14次跟踪宣传报道。弘扬劳模精神，打造道德高地。拍摄“匠人 匠心 匠魂”纪实专题片，做实“开福工匠”品牌，弘扬劳模精神、劳动精神、工匠精神，在职工群众和社会各界赢得普遍点赞，“开福工匠”品牌家喻户晓。将十九大宣讲进基层与劳模宣讲活动相结合，举办“十九大精神进企业班组、进职工头脑”“不忘初心学劳模 牢记使命跟党走”“弘扬新时代劳模精神 展现主力军时代风采”三大主题宣讲活动，通过现场讲、微宣讲、微视频等方式将宣讲课堂搬到工厂、车间、项目工地等一线，吸引近千名职工参加。开福区参加全省微视频宣讲荣获三等奖。安全生产，保驾护航。深入企业一线,在职工中普及安全生产意识和知识，加大劳动保护力度。开展“工会教您维权”微信有奖答题活动，组织200余家规模企业参加“安康杯”竞赛，把“清凉一夏，关爱同行”送到一线，落到实处。

【职工帮扶】抓好常规帮扶。在全区范围内开展各类送温暖帮扶活

10月25日，“十佳开福工匠，百优技术能手”劳动技能竞赛暨叉车技能大赛现场一名叉车驾驶员正在瓶口堆乒乓球　（区总工会　供图）

动，慰问困难职工296户20万元，参加医疗互助人数11112人，累计补助405人24万元，金秋助学帮助32名困难学子15.9万元，建设市级母婴关爱室1家。抓实维权帮扶。开展工资集体协商“春季要约行动”启动仪式暨企业民主管理操作流程业务培训，全区190多人参加。下基层指导，选树4家市级职代会和工资集体协商典型示范企业，以点带面，推进企业工资集体协商，促进劳动关系和谐。2018年，全区有1066家企业签订工资集体协议，覆盖职工2万余人。抓准对口帮扶，宣传开福区对口扶贫单位城步县的农特产，广泛发动各级工会组织助力城步县农民，实现消费帮扶109万元。抓强精准帮扶。以职工需求为导向，加强职工活动阵地建设，做实做强工作项目。为弥补职工活动阵地缺乏，在有条件的企业、楼宇中，通过增加资金补贴，整合区域资源，完善硬件设施等方式，打造鸥波港湾、华尔街中心、沙坪建设有限公司等多家模范“职工之家”“职工活动室”。投入40余万元，为基层赠送书籍，赠送活动器材，送培训，打造职工活动室3家，组织开展各类文体活动，使基层工会真正“建起来、转起来、活起来”，让职工真正得到实惠，受到职工的一致好评。

【职工培训】开展形式多样的培训。开展全民阅读学习活动，建设职工阅读学习阵地，申报市级职工书屋2家。开展“一户一产业工人”叉车和湘绣技能培训，两期女职工健身操舞蹈培训、六期女职工素质课堂和法润长沙—法律服务进基层等活动，促进职工素质大提升。丰富职工业余文化生活，增强职工凝聚力。联合各街道、区直机关部门开展地区（系统）羽毛球、篮球、拔河和气排球比赛，在全市“我与改革共奋进”职工工间操大赛中，开福区沙坪建设集团代表队获最佳人气奖和比赛成绩三等奖。举办4场相亲联谊活动，促进42对年轻人牵手成功，增强职工幸福感，获得感。

【组织建设】区总工会坚持一手抓依法推进企业普遍建会、扩大工会组织覆盖面，一手抓全面提升建会质量、激发基层工会活力。工会组织建设取得新突破。2018年，全区新建工会组织300家，涵盖法人单位510家，为年度任务的101%，新发展会员28237人，其中农民工会员20122人，为年度任务的156%。健全目标考核机制。加强对街道工会联合会的目标管理考核，签订目标责任书，层层分解任务，做到责任上肩。建设楼宇工会，打造职工之家。2018年，组建泊富国际广场、北辰楼宇商圈、万科城、绿地中心、华创国际广场等重点楼宇、商圈的工会组织19家。创建长沙传化公路港物流有限公司等5个职工之（小）家。建立清水塘第二小学EAP项目示范点，开展员工关怀行动。规范工会经费使用。对全区基层工会经费使用管理情况专项督查，聘请会计师事务所对16个重点单位全面审查，与区监委和区财政局联动对区直机关事业单位工会经费检查。举办全区基层工会财务业务培训，促进基层工会财务管理规范化建设。

【开福区“十佳开福工匠，百优技术能手”劳动技能竞赛名单揭晓】12月14日，长沙市开福区“十佳开福工匠，百优技术能手”劳动技能竞赛颁奖典礼在世纪金源大酒店举行。湖南省总工会副主席李铁华，开福区四大家领导班子成员等为“开福工匠”和“百优技术能手”颁奖。2018年5月，开福区贯彻落实中央、省、市弘扬劳模工匠精神要求，启动“十佳开福工匠，百优技术能手”劳动竞赛，引导全区广大职工加快建设强盛、精美、幸福、厚德现代化新开福。活动由中共开福区委、开福区人民政府主办，开福区总工会承办，竞赛涉及教育、物流、餐饮、文创、建筑、湘绣、金融、卫计、市政、商贸十个行业。每个行业通过技能比武评选出10位“百优技术能手”，其中每个行业第一名授予“开福工匠”荣誉称号，享受区劳模待遇。经过数月激烈角逐，最终湘绣行业周友如、卫计系统杨荣、餐饮行业张继成、市政系统范解华、建筑行业彭浩、物流行业宋洪亮、金融行业周文柯、教育系统盛璇、文创行业马建军及商贸行业朱盈婷荣获“开福工匠”荣誉称号。全区十个行业竞赛承办单位主要负责人，区直部门、街道、企业单位工会主席及本次表彰活动获奖者等280余人参加颁奖典礼。

【工装秀出职工新风尚】11月27日，开福区总工会和开福区捞刀河街道联合举办致敬改革开放40年开福职工风采“工装秀”，展现新时代各行各业职工的精神风貌。改革开放匆匆走过40年，365行的变迁，最直观的见证在各行各业标志性的工装上。来自全区建筑、环卫、酒店、医护、制造等11个行业工种的一线职工穿上最靓丽合体的工装，

12月14日，开福区“十佳开福工匠 百优技术能手”劳动技能竞赛颁奖典礼上颁奖领导与10名获奖工匠合影（区总工会 供图）

客串模特潇洒走上T台。由顺天建设集团旗下建筑板块和酒店板块选送的两支队伍，以绝对优势摘取本次T台秀的一等奖和二等奖。工装为方便工作而特制，除面料、款式、色彩、搭配上的外在美，更是实用性、人性化、美感度，及个性化的深度融合，是职工精气神凝聚之所在。“工装秀”现场，建筑工人不再是灰头土脸的“工地蓝”，护士们不再穿清一色“白大褂”，换成粉色、淡绿的护士装，环卫工人穿上防风挡雨的冲锋衣。工装是职业的一扇窗口、一张名片，“工装秀”以小见大，反映改革开放给职工精神面貌和职业素质带来的巨变。

【开福区首届EAP志愿服务队正式落户清水塘第二小学】11月23日，开福区总工会、开福区教育局主办的“员工关怀行动”启动仪式暨首届EAP志愿者培训班开班典礼在清水塘第二小学举行。长沙市教育工会主席陈仕强等领导出席启动仪式，开福区各学校工会主席、专职心理老师、清水塘第二小学志愿者等150余人参加活动。长沙市总工会与开福区总工会特别推出的“员工关怀行动”，旨在让员工受益、单位受惠、促社会和谐的多赢局面。区总工会指导清水塘第二小学成立开福区第一支EAP志愿者服务队伍，启动仪式上，清水塘第二小学校长骆文辉从开福区总工会副主席王晓工手中接过EAP志愿者服务旗帜，标志着开福区首届EAP志愿服务队正式落户清水塘第二小学。陈仕强对EAP志愿者寄予厚望，鼓励工会主席们注重员工人文关怀，采取有效措施，将实事落实到工作常态化，为教育改革营造良好的环境。活动邀请人生科学学会心理学专委员委员孙强为志愿者带来《生命之旅》讲座。清水塘第二小学EAP志愿服务与EAP中心相结合，不仅通过心理层面的指导、咨询和服务，更将心理咨询与当前教师工作、行为习惯以及未来职业生涯发展相结合，帮助教师缓解工作压力、改善工作情绪、提高工作积极性、增强自信心；引导学校老师快乐生活，幸福生活，构建学校教师心理健康关怀机制，为他们工作和生活提供“心”动能，引领新发展。

（陈 军）

共青团

【概况】2018年，开福区共有青少年（6—28岁）约9.3万人，其中14—28周岁青年约5.4万人，据2018年年底团统数据，开福区共青团员3979人，团青比例为7.3%。开福区共有团委（团总支）32个，其中街道16个、区直4个（财政局、建设局、卫计局、教育局）、非公3个（湖南金霞发展集团公司、达标教育培训学校、青年志愿者协会）、学校团委3个（长雅中学、北雅中学、青竹湖湘一外国语学校），学校团总支6个；团支部487个，其中村、社区居委会团支部107个，学校团支部195个，社会组织团支部11家（青年之声平台、政和社工、飞翔教育、长沙学院志愿者团队、仁与公益、倍力青少年体育俱乐部、青穗青少年公益发展中心、众仁社工、新康辉养老服务中心、德馨社工、怡欣心理），“两新”团组织182家。有“青年之家”16个，其中，省、市级“青年之家”5个（科大佳园社区、富雅坪社区、戴家河社区、江湾社区、厚德志愿者之家），区级“青年之家”11个（江湾社区、上麻园岭社区、彭家巷社区、荷花池社区、洪雅社区、双河社区、溪水湾社区、青竹湖畔社区、德雅路社区、万达商圈青年之家、沙坪社区）。通过建家、管家、用家，增强基层青年组织的活力，使青年学习有场所、活动有阵地、作用发挥有舞台，使“青年之家”成为青年群众喜爱和热爱的“温暖之家”。

【围绕中心，做好大局服务】增强大局意识，自觉将团的工作融入到区委区政府的大局中去，形成推动开福不断发展的青春合力。推进共青团改革落地。改进干部选拔使用和管理，配备一支充满生机活力的专挂兼团区委机关干部队伍。团委机关新增挂职副书记1名，兼职副书记3名；改革创新团的基层组织设置，全年创建市级2家、新建区级5家、打造区级示范4家，大力推进街道、社区、机关、学校、非公企业、社会组织等各领域基层组织标准化、示范性建设；完善团的经费保障制度，实现每年街道不少于3万元、社区不少于3000元的团组织工作经费；建立健全青年参与机制，坚持团干部联系青年制度，贯彻“8+4”“4+1”；依托“青年之声”和“青年之家”融合建设，实现“一家一项目”“一街一品牌”；以“团干+社区+社会组织+社工+志愿者”的服务模式，推进基层服务型团组织建设，完善团的工作经费保障机制。实施青年领军计划，开展青年建功工程。以大学生、青年为重点，抓住观念引导、能力培养、创业支持、跟踪服务、环境优化等关键环节，为青年创新创业提供帮扶；做精做新青年“突击队”品牌，引导青年建功产业链，做好创新创业大赛活动，让青年瞄准现代产业发展方向更有效地创业；依托金霞港口、嘉德跨境贸易综合服务平台作用，配合开展创新创业主题活动，培养跨境贸易青年人才；组织协会成员参加杭州游

5月2日，“放飞新时代青春梦 开启幸福城新篇章”主题宣讲比赛决赛暨“青年先锋”宣讲团成立仪式
（区团委　供图）

学活动、参与团省委“大学毕业生返乡创业”调研座谈；推荐1名农业带头人成为市农创联会员，开展农村青年人才“领头雁”宣讲活动，并组织赴山东、四川考察学习；引导青年建功产业链，推选市级“产业链岗位能手”5名。集中力量营造厚德社会氛围。组织政治品质过硬、理论水平较高、工作成绩突出的优秀青年群体，组建宣讲团，定期开展沙龙、论坛，打造“厚德课堂”“厚德讲坛”“开福小卫士”“公益小天使”等公益服务品牌传递好政策、传播好声音，浓厚全区向上向善氛围；深化志愿服务工作，优化“厚德志愿者之家”、青年志愿者协会，整合全区志愿资源，组织和引导志愿者组织、志愿者个人开展专业化、定制化、信息化的志愿服务，组织青年投身保护湘江母亲河、节能减排行动，全年开展志愿服务活动60余场，参与志愿者2200余人次，服务近万人次，助力好人之城、志愿之城建设。担负起引导青年坚定不移跟党走的政治任务。坚持把思想政治引领贯穿团的各项工作和活动，开展学习传达共青团十八大精神、“青年大学习”暨“青年之家”建设工作培训；开展“青春梦 开福梦”开福区团系统系列评选活动、庆祝“10·13”建队日暨“向日葵”青少年思想引领、“铿锵鼓乐展风采，我是新时代好队员”庆祝“六一”儿童节暨鼓号队比赛、“寻找最大公约数”青年沙龙系列之“同聚力 享蓝天”主题沙龙活动、“放飞新时代青春梦 开启幸福城新篇章”主题宣讲比赛暨“青年先锋”宣讲团成立仪式、团员入团仪式等主题活动；利用“开福里手”微信公众号和“青年之声”微邦平台实现青年需求的供需对接，发挥共青团新媒体平台作用，实施“网上共青团”工程。

【凝聚青年，做好青年工作】打造“楼宇有个圈”。楼宇经济作为都市新型经济形态，已经成为转型升级的重要载体，广大楼宇青年更是楼宇经济发展的中坚力量。根据共青团中央提出要改革创新团的基层组织设置，构建纵横交织的网络化组织体系，打造楼宇团建工作站6

家，关注青年“8小时之外”的业余时间和生活空间，团区委立足“党建带团建、团建促党建”，在全区各大楼宇商圈党群服务中心打造团建工作站，引入专业社会组织开展服务，推出“楼宇有个圈”青年自助共享项目，包括思想圈、斜杆圈、公益圈、交友圈和成长圈，涵盖楼宇商圈青年的思想引领、兴趣培养、公益志愿、婚恋交友、成长服务等五大方面的服务，青年可根据自身需要进行菜单式选择，进一步提升年轻群体互动交流体验，丰富青年人8小时外的业余生活。推进“青年之声”青少年综合服务平台与“青年之家”综合服务平台全面融合，实现街道社区与社会组织的有效沟通和协作，为街道社区与优质公益项目搭建起沟通的桥梁，为公益项目的落地搭建优质资源对接平台。通过实地走访调研、召开项目对接会、精品项目设计等，实施“青青有约”三年行动计划，实现13个精品项目落地“青年之家”。切实维护青少年合法权益。做好幸福桥社区、荷花池社区、科大佳园社区3个全国性“双零社区”示范点建设；加强青少年普法宣传，开展普法宣传进校园、进社区活动，联合预防青少年违法犯罪成员单位，组织开展校园周边治安隐患排查8次，整改治安隐患185处；建立未成年人提审环节合适成年人志愿者库，为未成年人审讯环节提供志愿到场监督、协助帮扶、长期跟踪等服务，库内专家以律师、心理师为主，共有22位，全年参与在场人案件11件，个案代理及咨询约30人次，服务50余人次；深化共青团与人大代表、政协委员“面对面”活动，做到常态倾听，充分发挥“12355”青少年服务台在倾听青少年利益诉求方面的功能，全年组织开展各类常态“倾听”活动10次。

【从严治团，做好基础团务】深入实施团的基层组织建设工程、团干部素质提升工程，不断扩大团的触手，提升团的影响。抓实“智慧团建”工作。建设团员管理系统，并安排专人操作管理平台建设，实现基层团务、团员管理和团的信息统计网络化，实现对团员、团干部的直接动员和重要信息的扁平化传递。严格团员调控。严格团员发展的先进性标准，保持团员队伍的适度规模和合理结构，初中毕业班团青比例控制在30%以内，高中毕业班团青比例控制在60%以内，严格入团程序，落实发展团员编号制度，提高发展团员质量。加强基层团组织建设。依靠党组织的领导，把团的建设纳入党的建设的整体格局，优化团组织的工作环境。强化街道团组织的功能，在全区各街道深化区域化团建工作，激发体制内外团组织的聚力和活力；创建“青年文明号”6家，“示范性基层团组织”5家，提升基层团工作整体水平。做实基础团务。抓好示范性基层团组织、“青年文明号”建设，挖掘优秀青年典型，选树10名“青年岗位能手”和5名“产业链岗位能手”；完成全区“最美中学生”和“最美中职生”寻访活动，评选出8名最美中学中职生，在学生中树立榜样；开展希望工程“圆梦行动”，捐助11名贫困学生学费2.78万元；发动青志协、青企协、青商会及非公团组织参加“杜鹃花开 情满星城”爱心公益项目博览会，帮扶困难青少年。

（周淑兰）

11月27日，“服务青年在身边 携手相约新时代”——“青青有约”三年行动计划发布暨“青年之家”授牌仪式签约现场（区团委 供图）

妇联

【概况】2018年，开福区妇女联合会（以下简称区妇联）在企事业单位、社会组织等新建妇女组织50个，在开福区北辰楼宇、绿地商圈等商务楼宇中建立妇女组织6个,拓宽妇女工作阵地，延伸妇女工作触角，发挥妇联组织联系妇女群众的桥梁纽带作用。2018年，全区妇联系统共受理来电、来访等投诉210件；共接待处理个案48起，其中普通纠纷调解36个，家庭暴力个案12个。上麻园岭社区、清水塘社区、江滨社区被评为长沙市示范“妇女儿童之家”。江滨社区被评为2018年湖南省示范“儿童之家”。清水塘街道、望麓园街道富雅坪社区被评为2018年长沙市“巾帼文明岗”。芙蓉北路街道江滨社区的“七点半家长课堂”获得长沙市“妇女儿童之家”优秀品牌案例一等奖，湘雅路街道上麻园岭社区的“小巷半边天”、清水塘街道清水塘社区的“红帮手”巾帼志愿服务分别获得二等奖和三等奖。

【组织建设】区妇联在2017年湘雅路街道试点区域化妇联建设基础上，2018年在全区15个街道全面铺开，实行区域化妇联建设。制订并出台《开福区妇联改革实施方案》，改进区妇联领导机构人员，增加一名挂职副主席，一名兼职副主席，执委人数提高到45人，壮大妇联工作队伍，提高妇联干部的履职能力。打破行政隶属，扩大妇联组织覆盖。将组织覆盖由体制内拓展到区域内，按照“哪里有妇女群众，哪里就有妇联组织”的原则，把妇联组织拓展到辖区的企事业单位、社会组织等，2018年在这些领域中新建妇女组织50个，满足新形势下妇女工作的需要和不同妇女群体的需求;推进商务楼宇妇女组织建设，在开福区北辰楼宇、绿地商圈等商务楼宇中建立妇女组织6个，拓宽妇女工作阵地，延伸妇女工作触角，发挥妇联组织联系妇女群众的桥梁纽带作用。充分发挥妇联执委作用。巩固村、社区“会改联”和乡镇街道区域化建设成果，建立和完善执委制度、轮值主席制度，如区妇联执委、中国好人、湖南省劳动模范余柳英利用多年对社区管理的心得和经验，在社区建立“柳英有约”工作室，聚集一批优秀党员志愿者，建立社区志愿服务大数据，提供一对一扶贫帮困、心理治疗、大龄男女联谊交友等一系列精准志愿服务；区妇联执委彭静在四方坪、荷花池社区进行《关爱女性・扫除乳盲》公益讲座。

【宣传工作】做好“女”字文章。推进妇女创新创业，联合区人社局开展“春风行动”三八专场招聘会；在全区开展寻找“魔豆妈妈”助力巾帼创业扶贫大赛,开启2018开福区巾帼创新创业和巾帼脱贫行动；组织农村女企业家参加新型农业经营主体巾帼致富带头人培训班；推进妇女担保贷款项目，推动妇女创业就业。利用春节、“六一”等节日，共救助困难妇女、儿童100余名，资金7万元；在妇女病“两癌”普查普治中，共为全区农村妇女14426人进行筛查；在16个社区引入专门从事艺术教育的“铭瀚星舞蹈培训”给社区文艺爱好者提供师资；搭建一支由曾经在公安系统、法院、学校工作过的，具有心理咨询等相关资质的女性社会热心人士组成的专业社会组织队伍，联合开福区社会贤达人士参与拆迁指挥部工作化解涉拆女性矛盾纠纷。通过走访社区调研、上门访问，在拆迁前、拆迁中、拆迁后对涉拆女性进行政策宣传、法律知识辅导、心理疏导教育等，引导她们建立良好的心态和心理预期，探索建立整套模块和机制，形成系统化、规范化、实用化的涉拆女性心理干预机制。做好“儿”字文章。开展“情系龙山・爱心助学”的爱心捐书活动，为湘西龙山县内溪乡九年制学校捐献7000余册书籍。组织开福区鑫晨妇女儿童公益发展中心及社会各界爱心人士到水车镇正龙小学开展留守儿童关爱活动，为17名留守儿童送去1万余元的衣物和爱心助学款；“六一”儿童节期间，开展“爱心手拉手”活动，动员全区各部门结对特困孩子，号召大家用自己的行动帮助这些残疾儿童、特困儿童，希望能通过关爱，来帮助这些家庭共建幸福家园；继续开展“春蕾计划”帮扶活动，为来自留守、贫困、单亲等困难家庭的6名贫困生发放助学金6000元。赴新化慰问结对帮扶对象罗同学，并发动妇联执委、女企业家、女性社会组织等为新化患病儿童捐赠钱物达6万余元；引入以弘扬中医文化，倡导儿童健康养育理念、推广儿童健康调理的“优儿推”社会组织，用中医调理推拿手法治疗小儿疾病，在江湾社区、清水塘社区等15个社区得到有效推广，惠及社区居民。做好“家”字文章。举行开福区文明家庭评选表彰活动，对全区评选出来的15户“为家尽孝”“为职尽忠”“为国尽忠”的好典型进行表彰，树立典型标杆，传播社会正能量；开展家庭教育免费送课计划，全年送课8堂；与开福区纪委区监察委联合举办“一家大小过廉关”廉政知识趣味运动赛，通过活动开展引导教育广大党员干部树立良好家风，党员干部家属当好“廉内助”，将家风建设与党的建设、精神文明建设、廉政建设、作风建设紧密结合起来,构筑起家庭反腐倡廉的牢固防线。打造“开福读书会”，采用新型念诵读书方法，激发孩子、唤醒家长对经典诗文、传统文化的喜爱。通过亲子共读，达到家长与孩子之间双向沟通，促进亲子关系更加和谐，对传统文化的内涵有新的认识。在荷花池社区、双河社区、江滨社区、建湘新村4个社区试点进行授课，受到家长和孩子的一致好评。继续开展家庭教育送课计划，在长沙市家庭教育讲师团中选派优秀讲师给社区送课8堂，如在便河边社区开展《学做智慧父母 培养优秀孩子 建设最美家庭》讲座受到家长的高度认可；与江滨社区联合开展“家庭教育巡讲”系列活动；组织40对亲子家庭在开福区党员政治生活馆，开展“传承红色基因 倡导文明旅游”游学活动；在东风路街道开展 “打赢蓝天保卫战 小小少年在行动”宣传教育活动。

【维权工作】信访维权常抓不懈。“三八”节期间利用各种渠道广泛开展“反家暴”宣传，制作“反家暴”沙画；与检察院开展反家庭暴力座谈会；畅通“12338”维权热线。2018年，全区妇联系统共受理来电、来访等投诉210件。实施家“圆”行动家庭暴力危机干预项目，成立反家庭暴力干预网络小组，设立家庭暴力投诉信箱。维权服务中心共接待处理个案32起，处理率98.44%。开通社区妇女维权热线，为妇女儿童提供婚前知识辅导、家庭暴力危机干预、维权服务、婚姻家庭纠纷调解、心理咨询、法律援助、亲子教育等活动。全国网络名人在鑫晨婚姻家庭服务中心开展“走基层访妇情 话改革赞成就”活动。12月18日，中央电视台社会与法频道《一线》栏目拍摄的《天使之翼：不再沉默》纪录片对开福区妇联在进行反家暴过程中积极作为，有效干预，联合公安、法院、社会组织在妇女维权方面关于喻某的被家暴案进行播放。加大婚调委建设。为有效预防和化解婚姻家庭纠纷，开福区婚调委认真做到部门合作齐发力，创新模式优机制，做到主动服务，全程服务，精准服务。全年接待处理个案48起，其中普通纠纷调解36个，家庭暴力个案12个，调解个案全部结案，家庭暴力个案结案11个，1个仍在服务中。开展法律宣传。“三八”维权周期间，到芙蓉北路街道江滨、江湾等社区，开展“送法律书籍进村（社区）“妇儿之家”活动，赠送《妇女权益保障法办法100问》《家庭平安知识手册》等书籍1000余本，为广大妇女及家庭提供学习法律知识的便捷途径。联合区检察院开展反家庭暴力座谈会，接收开福区人民检察院的检察建议书，并委托专业律师向开福区人民法院代当事人申请人身安全保护令。

【服务工作】强化服务意识。宣传贯彻男女平等基本国策，推动实施新一轮妇女儿童发展规划，解决妇女维权中难点问题，在保障妇女儿童合法权益上实现新突破。扎实做好妇女“两癌”免费检查和救助、农村留守妇女儿童关爱保护，农村妇女脱贫致富等实事项目，开展下基层、访妇情、重服务活动，切实解决妇女儿童亟需解决的问题，让妇女儿童切实感觉到党和政府的温暖。强化创新意识。加强运用互联网开展工作的方法，走好网上群众路线，将网络作为开展工作的新手段、新路径。层层建立微信群，QQ群等，在16个街道妇联都建立“一呼百应妇联执委群”，107个社区全部建立“妇女代表群”“执委群”“联系群众群”，将妇联新政策、新思想直接传播到基层妇女群众中去，让妇女群众在网上找到妇联组织，参加妇联活动，得到妇联服务。强化“妇女儿童之家”阵地建设。着力打造各级示范基地，2018年，砚瓦池社区、欣城社区、幸福桥社区被评为区级示范“妇女儿童之家”。上麻园岭社区、清水塘社区、江滨社区被评为长沙市示范“妇女儿童之家”。江滨社区被评为2018年湖南省示范“儿童之家”。清水塘街道、望麓园街道富雅坪社区被评为2018年长沙市“巾帼文明岗”。芙蓉北路街道江滨社区的“七点半家长课堂”获得长沙市“妇女儿童之家”优秀品牌案例一等奖，湘雅路街道上麻园岭社区的“小巷半边天”、清水塘街道清水塘社区的“红帮手”巾帼志愿服务分别获得二等奖和三等奖。试点在全区打造江滨社区、留芳岭社区、江湾社区三个儿童友好型社区。 接待市外事办——刚果（金）妇女能力建设研修班到留芳岭社区考察“妇女儿童之家”建设。

【厚德开福　爱满家园——庆“三八”·“厚德开福”好家风故事大家讲公益活动启动式暨2018年开福区文明家庭颁奖典礼】3月7日，厚德开福，爱满家园——“庆三八好家风故事大家讲”公益活动启动式暨2018年开福区文明家庭颁奖典礼在长沙风帆广场举行,长沙市妇联党组书记、主席文方，长沙市文明办副主任梁飞彩，长沙市文明办未成处处长朱治东，长沙市开福区人民政府副区长朱江等领导出席活动。活动现场，社区代表和市民们通过视频短片、音诗画、歌舞等丰富多彩的表现形式，切身感受开福区文明家庭的风采与感动。其中自强模范好家庭，催开文明幸福花崔红艳家庭，孝敬婆婆半个世纪，敦亲睦邻共创美好家园李马力家庭故事，让现场观众和广大网友对孝善安家、道德传家开福好家风有更深的认识；扎根开福乡村教育的好教师黄秋月、当好卫计工作排头兵的卢异平，虽然在不同的岗位，但同样以对事业虔诚执着，在平凡的岗位上点燃激情和梦想引得现场阵阵掌声。经过层层评选，现场揭晓2018“开福文明家庭”名单，其中“为家尽孝”的周季罗、卢汉萍、雷运球，“为职尽忠”的谭晓平、刘典栋、陈利霞，“为国尽忠”的花钟麟、叶晓玲、李旭等15户家庭获此殊荣。传承中华好家风，建设厚德新开福，全国道德模范、孝老爱亲中国好人任菲莉、敬业奉献中国好人余柳英、见义勇为中国好人周海明为这些文明家庭代表颁奖，并一起发出弘扬厚德开福好家风的倡议。

【刚果（金）妇女能力建设研修班考察开福区“妇女儿童之家”建设】9月27日，刚果（金）妇女能力建设研修班学员们到开福区留芳岭社区考察观摩“妇女儿童之家”建设。长沙市妇联党组书记、主席文方，长沙市妇联副主席周小春等领导陪同考察。学员们首先参观社区的政务大厅，观摩社区“妇女儿童之家”乐器、茶道、中国结编织等艺术表演。随后来到长沙市厚德社会组织服务中心，参观了解社区如何凝聚社会组织、公益机构、社工、志愿者力量，为社区的妇女儿童和家庭提供精准服务。座谈交流会上，文方代表长沙市妇联和495万长沙的妇女儿童，表达对学员们诚挚的欢迎和衷心的问候，介绍长沙的历史、人文、山水、文化的独特魅力。文方表示，希望通过这次活动，加深沟通、增进友谊，促进长沙与刚果（金）两地妇女组织的学习交流，推进妇女儿童事业发展。开福区妇联主席周庆辉、开福区留芳岭社区书记邹绮玥、长沙市厚德社会组织服务中心负责人汤萌、长沙市开福区家庭教育综合服务中心负责人欧阳鸽子、长沙市优儿帮儿童健康公益服务中心负责人赵婧等代表，分别向刚果（金）妇女能力建设研修班的学员们分享开福区妇联组织改革创新的感悟和体会、“妇女儿童之家”温馨家园的打造与服务、巾帼志愿者服务的幸运与骄傲、家庭教育工作者的责任与传播、优儿天使的使命与担当等，给刚果（金）妇女能力建设研修班的学员们留下美好的中国印象。

（周杏如）

9月27日，刚果（金）妇女能力建设研修班学员到开福区留芳岭社区“妇女儿童之家”考察观摩

（区妇联　供图）

残联

【概况】截至2018年年底，全区共有持证残疾人7681人。全区共申报困难残疾人生活补贴24507人次，重度残疾人护理补贴19882人次，发放补贴712.26万元；全年完成70户贫困残疾人家庭和2个社区（金帆社区、砚瓦池社区）的无障碍改造任务。全年共为300余名残疾人免费发放辅助器具。全年组织招聘会提供岗位300余个，服务残疾人求职者200余名，实现就业30余名。

【全面推行惠残民生工程】2018年，全区共申报困难残疾人生活补贴24507人次，重度残疾人护理补贴19882人次，发放补贴712.26万元；共为130名高中及以上院校的贫困残疾人子女及残疾学生发放助学补贴

5月17日，区残联在长沙滨江文化园举办第二十八个全国助残日庆祝活动

（区残联　供图）

39.9万元。对114户被征收的困难残疾家庭给予最高2万元的拆迁补助，共发放困补资金228万元。

【依法维护残疾人合法权益】做好信访维稳工作。全年办理残疾人来信来访60次，处理答复“12345”热线诉求11件。扎实推进无障碍建设。全年完成70户贫困残疾人家庭和2个社区（金帆社区、砚瓦池社区）的无障碍改造任务。加强法律救助。充分发挥残疾人法律救助站的作用，共为24名残疾人提供免费法律援助和咨询。

【推进残疾人康复工作】为全区符合条件的0—17岁残疾儿童提供康复训练。为231名自闭症、脑瘫、智力障碍、听力障碍的残疾儿童申报项目，经过10个月的康复训练，有效率、完成率和满意率均为100%。落实“辅助器具进家庭”工作。区残联在全区范围内进行全面摸底，为有辅具需求的残疾人免费适配，全年为300余名残疾人免费发放辅助器具。为有需求的残疾人适配义肢。2018年，全区共筛查出50名假肢装配对象，为符合条件的11名缺肢残疾人配置适应个性化需求的假肢。继续推进“光明·关爱”项目。全年完成80名低、弱视力患者配发助视器和康复训练，实施白内障复明手术50例，实施胬肉手术44例。

【促进残疾人培训就业】拓宽残疾人就业渠道，帮扶贫困残疾人就业。全年组织招聘会提供岗位300余个,服务残疾人求职者200余名，实现就业30余名。开展残疾人职业技能和实用技术培训，提升残疾人就业能力。开设办公自动化、电子商务等创业培训班，培训残疾人28人，实现10名学员培训后就业。做好残疾人创业扶持工作，推进残疾人自主创业。2018年，全区5人申报，发放扶持资金7.74万元。加大机构监管力度，打造特色品牌托养服务。规范全区4家日间照料托养机构的管理，为159名智力、精神和重度肢体残疾人提供日间照料服务；为175名智力、精神和重度肢体残疾人提供居家托养服务。

【完善基层组织建设】2018年，区残联进一步规范和强化专职队伍管理，重新修订《开福区残疾人专职委员管理办法的通知》，全区共有79名残疾人专职委员通过考核，持证上岗。残疾人工作明星社区创建活动进一步提质扩面，32个社区被授予市级“明星社区”称号。2018年，开福区率先全市完成残疾人动态更新系统信息录入工作。完成登记人数7681人，被评为湖南省动态更新工作“十优县”。区残联全年组织“全国助残日”“国际残疾人日”等活动30余场次，参与人数6000人。

【举办“残健携手护蓝天·共圆厚德开福梦”全国助残日活动】5月17日，为迎接第二十八个“全国助残日”，大力弘扬中华民族扶残助残优良传统，在全区形成尊重、理解、关心、帮助残疾人的良好氛围，同时响应中央关于坚决打赢蓝天保卫战的战略决策，开福区残疾人联合会在长沙市滨江文化园举办主题为“残健携手护蓝天·共圆厚德开福梦”的全国助残日活动。长沙市残联副理事长任铁强，开福区区委副书记谢伟峰、区政协副主席林永红等领导出席，现场近1000人参加活动。残疾朋友参观长沙市规划展示馆，表演丰富的文艺节目，并集体宣誓“从我做起、从现在做起，从身边的点点滴滴做起，积极行动，保护环境，珍惜生命，做打赢蓝天保卫战的捍卫者”。

【怡馨家园和三和社工获评“长沙市十佳扶残助残爱心机构”】11月27日，由市残联、市文明办共同主办的长沙市新时代学雷锋扶残助残“善行十佳”颁奖典礼在长沙实验剧场举行。开福区怡馨家园和长沙市三和社会工作服务中心被

12月28日，区领导到残疾人康复和托养机构慰问　　（区残联　供图）

评为“长沙市十佳扶残助残爱心机构”，屈妙和廖文波被评为“长沙市十佳残疾人自强模范”，罗靓被评为“长沙市十佳基层残疾人工作者”，谢庆荣被评为“长沙市十佳扶残助残爱心个人”。此次活动自3月启动，开福区残联通过多种途径在全区范围内广泛发动，逐级申报。本着公开公平公正的原则，报名、资质审查、材料审校、严格把关，评选出全区“善行四十佳”候选对象，参加全市评选。

（陆　蓉）

工商联

【概况】2018年，开福区工商联（总商会）第六届领导班子中有专职领导4名（主席兼会长1名、党组书记1名、专职副主席2名），兼职副主席5名，兼职副会长11名，特聘名誉副会长9名，常委53名，执委191名。2018年，开福区市场主体8.68万户。全区会员1109人，基层商会26个，其中16个街道商会，另有直属商会、女企业家商会、纸业商会、通信行业商会、佛文化用品商会、建材行业商会、藏珑商会、金满地小商品商会、万达联合商会、钓鱼协会等10个行业商会。商会会员行业涉及制造、贸易、建材、酒店、餐饮、旅游、化工、服务等行业。

【基层建设】区工商联按照打造一支干部队伍好、会员覆盖好、制度建设好、阵地建设好、党风廉政建设好的要求，加强工商联基层组织队伍建设。按照坚持数量与质量并重的原则，吸纳45名政治素质高、专业知识强、发展后劲足、具有代表性的非公经济人士加入到会员队伍中。望麓园街道商会、东风路街道商会荣获长沙市工商联“四好商会”荣誉；邵帅、胡君、苏乐夫荣获市联“优秀会长”荣誉；曾群辉、周扬荣获市联“优秀秘书长”荣誉。会员企业湖南高岭建设集团股份有限公司、湖南顺天建设集团有限公司、湖南沙坪建设集团有限公司荣获“2018湖南民营企业百强企业”称号。由会员企业湖南高岭建设集团股份有限公司参与建设的福天兴业综合楼项目、青岛大学附属医院东区综合病房楼及门诊实训综合楼工程荣获2018—2019年度“中国建设工程鲁班奖”，湖南高岭建设集团股份有限公司在长沙打造的“智慧工地”获得省市住建部门的肯定，成为建筑行业学习的标杆。会员企业湖南中立工程机械有限公司成立智能焊接机器人应用实验室。会员企业湖南新亚胜光电股份有限公司实验室正式通过中国合格评定国家认可委员会的评审考核，成为国家认可的实验室。开福区工商联涌现出一批长沙市“改革开放40年”杰出民营企业家、“十佳人大代表”“十佳政协委员”。2018年，工商联界别产生市区人大代表13名、政协委员40名、区党代表1人。

【政企沟通】市委常委、统战部部长谭小平走访调研湖南安存科技、湖南胜昊电子科技以及湖南国科锐承科技等多家会员企业。市政协副主席、工商联主席彭继球到开福区组织相关金融部门及商协会骨干召开金融座谈会，解决民营企业存在的问题。区委书记沈裕谋走访调研益乘科技、湖南文娱视频产业基地“草莓V视”、万科教育众创空间、湖南国科锐承电子科技、湖南安存科技、胜昊电子科技等高新科技、军民融合类非公企业并召开座谈会。区委副书记、区长刘拥兵走访调研细莫食品、湖南文娱视频产业基地草莓V视、长沙深之瞳信息科技有限公司等非公有制企业。通过走访调研、现场办公，对企业发展进行“一对一”精准帮扶。组织召开非公经济发展座谈会。会议由区委常委、统战部部长何惠风主持。区工商联汇报2018年工商联工作，苏松泉、李立仁、蒋辉、刘丽、龙友军、王婧静、胡君、王承东、张鹏、余小海10位民营企业家代表发言，内容包括营商环境、政策落实、融资、人才引进、知识产权等方面，对开福区非公经济发展提出42条意见和建议。区委书记沈裕谋出席，开福区法院、区检察院、区税务局、金融办、公安分局代表职能部门参加，与会人员积极互动、深入交流。

【企业调研】区工商联开展“大走访”“大调研”活动，按照区委书记沈裕谋在区委2018年上半年经济形势分析暨产业项目建设推进会议上的讲话要求，听企业心声，与企业深度沟通。区工商联集中走访24家基层商会和127家会员企业。2018年，区政协副主席、工商联主席、商会会长鲁碧君率队到武汉拜访卓尔控股有限公司、九州通医药集团总部、长沙市人民政府驻上海办事处、上海湖南商会及知名企业，开展“精准招商”工作。截至2018年年底，成功引进3家企业落户开福区。

【参政议政】区委统战部推动落实区领导联系重点企业制度，所有区领导都联系一家非公企业和一位非公人士，研究解决企业运行和发展中存在的困难和问题。区工商联通过“大走访”“大调研”找准民营企业发展问题，多次征求非公企业家对于优化省、市、区营商环境的意见和建议，梳理汇总逐级上报。根据企业诉求，区工商联副主席、副会长兼秘书长宋娜代表工商联提出的《关于加快高岭商贸城配套仓储建设的建议》被区政协确定为重点督办提案，区委书记沈裕谋组织在高岭国际商贸城营销中心召开专题调度会，提出尽快完善仓储配套的工作目标。政协主席团会议对提案进行两轮督办，促成该处基础设施建设、拆迁统征、仓储用地的挂牌出让顺利推进。由宋娜牵头，陶小燕、喻米玲等会员提出的《关于加快我区特色小镇建设的建议》，区政府责成区农林水利局办理。副会长王婧静和常委吴英勇提出的改善佳海工业园配套设施的建议得到区政协主席会议团成员的高度重视，通过督办，佳海工业园新建垃圾站1座，新增公交线路1条。常委张鹏提出的关于金霞村修缮公路、打造文化故居特色的建议，经区人大专题会议讨论，两条建议都得到妥善解决和落实。常委谢江岸提出《关于促进我区科技型中小微企业创新发展的建议》，区人民政府责成区科技局会同区经信局办理。联合区工商分局、区税务分局、区人社局、区科技局搭建服务平台，宣讲“放管服”改革，“最多跑一次”“不见面”审批（服务）“个转企、小升规、规改股、股上市”等方针政策，帮助和协调企业解决用工、政策等困难问题。工商联主动服务小微企业，召开融资难、融资贵调研座谈会，配合政府促推各项政策落地，提高小微企业的发展活力。加强法律服务，由区工商联牵头与区政协提案法制委、区司法局、芙蓉北路街道办事处江湾社区联合成立开福区商会人民调解委员会，有效预防和化解企业的各类矛盾纠纷。积极参与区委、区政府“千人帮千企百日大行动”。以区工商联副主席、副会长刘日欣任队长的第121分队，为长沙纽泰自动化科技有限公司审批通过139万元的金融快贷资金及长沙市高层次人才分类认定；为湖南鸿熙电力科技有限公司顺利融资300万元；为湖南鸿熙电力科技有限公司顺利解决2018年社保差额基数上调的问题。2018年，开

区工商联负责人新春访问胜昊科技　　（区工商联　供图）

福区获评长沙市“千人帮千企百日大行动”优秀集体荣誉称号。

【宣传教育】开福区工商联把学习贯彻中共十九大精神中关于非公有制经济发展的重要论述与全面贯彻落实《关于营造企业家健康成长环境 弘扬优秀企业家精神 更好发挥企业家作用的意见》等文件精神相结合，全方位宣传和解读中央、省市区委促进民营经济发展的政策措施，通过座谈、《开福商海》、微信、QQ等方式学习宣传与经济密切相关的法律法规。2018年，区工商联承办“创新引领·共建马栏山文创新生态”马栏山(长沙)视频文创产业发展研讨沙龙，聚焦视频文创产业发展,为加快视频文创产业的发展建言献策。组织200多人次参加“同心大讲堂”的学习培训活动并承办“三八”同心大讲堂。指导建材行业商会开展以“努力·拼搏·健康·快乐”为主题的第一届运动会。指导沙坪街道商会召开以“砥砺奋进 不断开创新时代沙坪街道商会工作新局面”为目标的工作推进会。指导东风路街道商会开展会员走访活动，商会会员通过参观会员企业，加深会员之间的了解，促进彼此之间的交流与合作。指导青商会举办“红五月·青年行”活动，31名青年企业家通过多角度、多视野的经验交流，激发会员对企业创新创业的激情。区工商联组织开展“改革开放40年 提振信心 再立新功”企业团队建设学习活动，区委统战部、区工商联、各街道商会190人参加活动。组织50位非公企业负责人到复旦大学参加开福区2018年非公企业负责人高级研修班培训，通过“集中培训”“现场教学”“交流座谈”相结合的“三位一体”培训形式，引导非公企业负责人拓展管理视野、创新管理理念、提升企业主动变革与创新的能力，促进区域经济高质量发展。

【扶贫帮困】2018年，开福区工商联会员们踊跃参与铲冰除雪、“蓝天保卫战”等公益活动。李立仁成立“中立教育基金”，捐助资金完善沙坪自安小学基础设施建设、奖励优秀师生，鼓励师生共同进步；安置1000余名失地农民再就业，支持沙坪农田水利建设、乡村亮化、帮扶困难群众等公益活动。范四海成立瑞兹公益基金为特困职工家庭慰问帮扶；捐赠家乡建设维梓村文化体育场。周建湘响应区委、区政府的号召进行一对一的帮扶，到新河街道慰问贫困户，捐助贫困学生。胡锷率领高岭建设集团每年向贫困山区农民提供数千人就业机会，为扶贫助残、希望工程、社区建设、社会福利公益事业捐款累计1000万元。史丹捐款10万元资助10名贫困学生，帮助孩子们顺利完成学业。在青年企业家商会会长邵帅的号召下，青年企业家们募集6万元赴龙山县内溪乡，开展“厚德龙山行 初冬暖人心”扶贫活动，为当地敬老院送去电热毯、洗漱用品等爱心物资；举办爱心物资捐赠仪式，开展《青春自护 五防教育》主题课堂和“我绘我心 绘出美好”3D创意绘画活动。望麓园街道商会会长周川淇捐赠永州市上岭桥镇古塘村17万元用于精准扶贫。秀峰街道商会会长屈雄威参与龙山县内溪乡扶贫工作，累计捐赠30万元；捐款1万元慰问环卫工人。

（傅　曦）

归侨侨眷

【概况】开福区归侨侨眷联合会（以下简称区侨联），有主席1名，秘书长1名，另有兼职副主席4名。2018年，开福区有海外侨胞及留学人员1.61万人，归侨侨眷2.13万人，归国留学人员320余人，侨资企业60余家。

【组织建设】提升政治站位，切实提高履职能力。2018年，召开区侨联四届五次全体委员会，通过届中增补，选举成娟为区侨联第四届委员会主席，配强、配齐领导班子，全体代表既统一思想又明确方向，为推动区侨联工作不断实现新的突破奠定基础。为传达学习贯彻中共十九大精神和第十次全国侨代会精神，召开四届六次全委（扩大）会议，区侨联领导班子、清水塘社区侨联、万达侨联、区侨之家、侨联工作示范社区代表一起学习传达全国第十次侨代会讲话精神和十九大精神，并就全区各侨联基层组织今年工作情况和下一步工作思路进行交流。以“党建带侨建”，加快基层侨联组织建设。响应中国侨联“组织起来、活跃起来”的总体要求，学习好、宣传好、贯彻好“全国第十次侨代会精神”，切实把全区各级侨联组织和广大归侨侨眷、侨联干部的思想和行动统一到中央的决策和部署上来，紧紧围绕“侨胞之家”建设主题，推进行政区划内组织体系的全覆盖，促进侨界群众间线上线下联谊交流。中秋节前，联合区“侨之家”邀请全区40余侨胞参加“迎中秋·颂故乡”音乐沙龙。国庆节前，在长沙施坦威钢琴生活艺术馆邀请省、市侨联领

国庆前夕，侨联举办“侨韵颂祖国 助梦新时代”联谊活动，图为老华侨的合唱表演
（区侨办 供图）

导及区内基层侨联代表和全区侨胞以及开福区博爱凤亭家园学员共80余人一同举行“侨韵颂祖国 助梦新时代”联谊活动，喜迎国庆。清水塘社区侨联举办“金秋十月桂花香，敬老欢乐茶述会”活动，为社区60位老侨办理并发放便民服务联系卡，为老侨提供更加细致贴心的服务，每次活动中都下发《侨心向祖国 共圆中国梦》的倡议书，并在场外布置一系列多样化、有实效的活动，让更多的侨界群众加强对侨联工作和侨的认识，有效扩大侨联的影响力。

【服务中心工作】助推引资引智。围绕“四个全面”战略和创新型人才高地建设，充分发挥联系广泛的优势，向海内外侨界人士积极宣传推介长沙市产业平台和政策环境，努力吸引侨商、海外高层次人才到开福投资兴业。与清水塘社区侨联一同走访看望定居英国的华侨陶红玲，加强海外社团与社区侨联组织的联系，并为长沙市欧美同学会引荐3名新会员。对接区人力资源管理中心与北辰文创产业园相关负责人，对全区海归人才情况进行交流摸底，并分别就搭建海归创业沙龙和海归人才创客基地两大新平台到区人力资源管理中心和北辰文创产业园进行现场调研。成功举办“创业中华·兴业湖南·逐梦星城”省侨联特聘专家“开福行”暨海外高层次人才政策交流座谈会，邀请省侨联特聘专家委员会的15位专家到开福区高新区新亚胜光电产业园和盾甲新材料科技有限公司2家高新企业参观考察，并就开福区人才工作进行座谈。助推同心圆梦社会服务。以自身优势资源成为区委统战部“同心圆梦”社会服务平台创建工作的主要力量，做好区内困侨、病侨慰问金等的管理和发放工作，采取分组走访的方式，深入全区各个社区上门看望侨界代表人士、困难和老年侨眷以及困难群众20余人，发放慰问金及慰问品1万多元，传递党和政府的关心和侨界人士的爱心。开展“精准扶贫三年行动计划”工作，抓好“精准扶贫光明行”的牵线搭桥工作，为精准扶贫工作贡献侨界力量。开展送课进校园活动为“助学梦”添砖加瓦，邀请2007年度感动中国人物、著名心灵教育专家，致公党党员、美籍侨眷李丽女士，在长沙市田家炳实验中学为该校400多名学生做“致良知·致快乐成长”主题讲座，湖南日报、长沙晚报等媒体进行报道。在开福区望麓园小学、东风小学、清水塘三小3个学校引进由李丽老师发起的“开绘啦”阅读点亮心灵公益项目，计划在2018年9月至2019年9月在开福区为25个班1212名孩子开展400余场绘本阅读课程。

【参政议政】区侨联加强与侨界人大代表、政协委员联系沟通，引导广大侨界人士围绕全区经济社会发展的热点，以维护侨益、关注群众需求为切入点，积极为各项建设建言献策。2018年，共提交提案、议案、建议9件，从环境污染和治理、食品安全问题、提高社区工作人员待遇、加强主干道巡防、合理配置医疗卫生资源、加快发展绿色环保建筑等方面提出意见和建议，每件都收到相关部门的回复，提案份量和质量都有很大提高，为区委、区政府的决策起到参谋作用。

【维护侨权侨益】归侨侨眷活动中心定期开展活动。区归侨侨眷活动中心一直本着爱侨、护侨的宗旨服务广大归侨侨眷。活动中心有相对固定的会员30多名，以开福区为主，覆盖内五区。活动中心坚持定期组织茶话会、歌唱会、外出游览等活动，成为归侨侨眷加强联系的桥梁和纽带，受到好评。2018年，组织归侨侨眷活动中心24名归侨侨眷到宁乡炭河古城参观学习。

【关爱、帮助困难侨界群众】春节前后，区侨联对7户重点困难归侨、侨眷进行走访慰问，面对面地了解困难侨界群众的具体情况，为他们送去慰问品、慰问金，并寄予新春祝福。响应市侨联“双百扶贫”三年计划，上报区内10名困难归侨名单并上门走访了解具体情况，为开展精准帮扶打好基础。2018年，区内赴美留学生刘思玲突发恶疾，其父刘文魁申请赴美签证，在收到具体情况报告后，区侨联对情况进行核实，并协调市外侨办，帮助其办理赴美签证相关手续。联合爱心企业湖南金六谷药业有限公司，通过街道、社区及清水塘社区侨联、区归侨侨眷活动中心为区内近100名归侨、困侨送上价值6万多元的防暑物资、药品。举行“侨韵颂祖国 助梦新时代”联谊活动，加入爱心义卖环节，邀请爱心企业家20位，通过捐款以及拍卖博爱凤亭家园提供的手工艺品，侨界知名人士、中国国家画院国展美术中心特邀篆刻家林旭平印章作品，开福寺方丈能净、洪山寺主持增慧的亲笔题字等，为全区困侨、老侨筹得善款4万元。用爱心推动社会和谐进步。区侨联副主席周戈带领他的团队与贵州丹寨县岩英小学结对帮扶，开展“助学圆梦”活动，连续五年帮扶岩英小学，资助该学校的贫困学生、留守儿童和教师培训经费，累计向岩英小学捐赠4.5万元，衣物500余件，书籍400余本，还另外对29户困难学生进行对点重点帮扶。为助推长沙市医疗救助精准扶贫，深入推进开福区“同心圆梦”社会服务平台创建，在省、市侨联的指导下，联合长沙爱尔眼科医院成功举办长沙市侨联“精准扶贫光明行”启动仪式暨开福区“关爱健康 同心护航”主题活动，为现场100位老人送医送药，并正式启动长沙市侨联“精准脱贫光明行”贫困眼疾患者公益救治项目，协助长沙爱尔眼科医院为符合项目救助条件的贫困致盲性眼疾患者实施指定手术。做好涉侨法律法规宣传。在区委统战部微信公众号内开辟侨联专门板块“侨心驿站”，发布区内涉侨信息16条，制作发布涉侨知识解答系列6期，重点针对解决归侨侨眷在国内外可能用到的相关政策和权益，同时在送课进校园等活动中制作展出涉侨知识及市、区涉侨法律法规、人才招引政策宣传展板20块，在全社会营造学侨法、护侨益的良好氛围。

（李紫娟）

红十字会

【概况】开福区红十字会为正科级参公单位。2018年，开福区获评“湖南省无偿献血先进区”。

【组织建设】2018年，区红十字会加强对兼职红会专干的培训。组织街道红会专干参加长沙市红十字会组织的专业培训；以会代训的形式，组织召开3次街道红会专干会议，从红十字事业的意义、工作的内容、方法等方面提高专干的认识；组织全区16个街道和107个社区的红会专干参加救护员暨应急救护推广大使的培训，83名红会专干通过培训考核成为新红十字救护员，40名红会专干通过一次复训。推进街道、社区红十字会建章立制。依照《中华人民共和国红十字会法》及《中国红十字会章程》，根据长沙市红十字创模要求，指导街道、社区红十字会依法建会、依法兴会，完善组织架构及相关规章制度。

【健康开福建设】应急救护作为红十字会的法定职责，也是红十字会的品牌项目，围绕区创建“健康开福”的总体目标，区红十字会挖掘自身潜力，整合多方资源，不断擦亮救护品牌。夯实救护物质基础，利用开福区公益性应急救护培训项目经费为每个街道配备心肺复苏模

7月24日，清水塘街道红十字会组织献血　　（区委宣传部　供图）

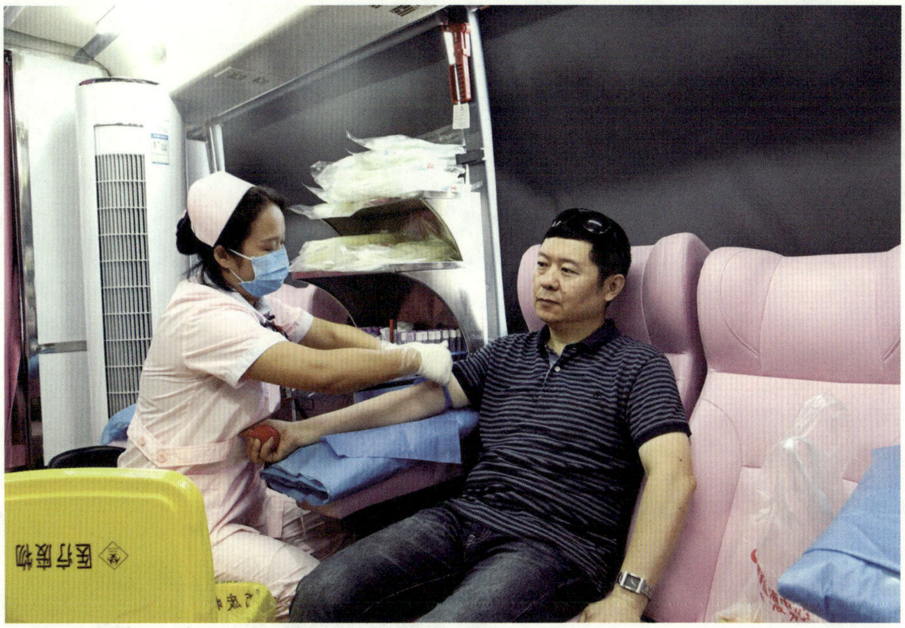

7月24日，清水塘街道居民在无偿献血　　（区委宣传部　供图）

型、创伤救护的绷带、三角巾等必备器材。大力宣传急救的意义和学习的途径，发放宣传资料近万份。注重培训推广人才的培养。2018年，全区完成32名救护师资的注册，选派4名师资参加复训，新培养1名救护师资。组织开展1期救护员暨推广大使的培训，全区17名救护师资、123名红会专干参加，为组建推广大使联盟储备人才。组织2名师资参加长沙市红十字会组织的赛课活动，均获优胜奖。举办以“心肺复苏及创伤救护”为主题的工匠竞赛。推进救护员培训及应急救护普及培训。按照《中国红十字会总会救护培训大纲》要求，救护员培训采用区红十字会负责师资安排，课时、教学质量、考核标准、证件发放的把关，街道红十字会负责人员组织、场地器材安排、经费保障、资料整理；普及培训由街道红十字作为主体，指导社区按要求组织实施，实行报告制度，每次组织培训前需向区红十字会报告，资金下拨跟任务完成情况相对应。暑假期间区红十字会和区卫生计生综合监督执法局联合对全区游泳场馆30多名安全员进行一场溺水专题救护培训。全年全区举办救护员培训班6期，培训救护员364名；开展各类普及培训数百场次，普及人数6万人。

【精准扶贫】围绕区委、政府关于精准扶贫工作的整体部署，按照“群众所需，红十字会所能”的原则，区红十字会广泛发动红十字志愿者深入街道、社区，对最易受损群体进行摸底造册，分类争取上级红十字项目的救助。春节期间组织开展红十字“博爱送万家”活动，全区红十字志愿者走访慰问贫困家庭300多户，慰问款物20万元。做好相关资料的上报工作。根据长沙市红十字会赈济服务处要求，及时将24名人道救助需求名单、1名脑瘫救助、1名申请小天使基金救助、37名申请友阿公益金救助等相关资料汇总上报。参与区对口帮扶城步县的行动。随同区卫计局一道到城步县开展“健康扶贫”，为城步县贫困群众捐献价值五万元的药品，为部分医护人员送上一堂《珍爱生命、“救”在意识》的救护普及课。协助伍家岭街道李波参加湖南省红十字会主办的“魔豆妈妈”创业竞赛，荣获湖南省“十佳优秀魔豆妈妈”。

【“三献”工作】为提升社会公众对红十字运动的认知，开福区红十字会利用“5·8”世界红十字日”、“5·12”国际护士节、“6·14”世界献血日等红十字节日，对红十字运动基本知识、红十字会法定职责、如何成为红十字志愿者等方面开展形式多样的宣传活动。全区16个街道按照区红十字会的部署，因地制宜，创新宣传形式，累计制作宣传板报、宣传架100余个，发放宣传资料数万份，浓厚氛围，提升社会公众对红十字运动的认知程度。在宣传活动中特别注意渗透积极参与“三献”工作就是志愿服务的一种重要方式，也是成为志愿者的一种重要途径，引导、发动更多的人成为“三献”志愿者。2018年，全区团体预约无偿献血完成4127人次，超目标任务527人次，其中有不少的年轻志愿者参加造血干细胞的样本采集。开展造血干细胞捐献宣传进校园活动，推广遗体器官捐献登记新方式，将登记的微信链接下发到街道、社区，方便志愿者就近登记，开福区有24人通过这种形式进行登记。

（曹　妍）

民主党派

DEMOCRATIC PARTY

民革开福区工委

【概况】民革开福区工委有4个支部，总人数120人，其中市人大代表1人，市政协委员1人，区人大代表1人，区政协委员5人。

【组织建设】组织各支部学习贯彻中共十九大精神和民革十三大精神，引导民革党员不断增强“四个自信”，强化“四个意识”，在筑牢同心合作共同政治基础上，加强组织建设。坚持质量和数量并重，做好新党员发展工作，2018年新发展党员5名，党员总数120名。按照民革长沙市委制定的《基层组织评估办法》，加强特色支部建设，形成一支部一特色。

【参政议政】围绕中心工作，开展调研。参与民革长沙市委的联合调研。鼓励党员参与民革长沙市委“泛马栏山文化创意与视频产业价值链建设问题研究”，调研报告获评良好。做好区委统战部调研课题。结合民革湖南省委、民革长沙市委平台资源,组成课题组，实地调研，提交《关于加强我省乡村住宅建设提质促进乡村振兴的调研报告》。做好民主监督，发挥好特约人员的积极作用。按照区委统战部的要求，引导特约人员珍惜履职平台，为人民监督，促进社会公平正义，和谐发展。2018年，廖耀群撰写的建议《关于规范刑事案件级别管辖争议解决程序的建议》，在中央统战部《零讯》刊物上发表。

【社会服务】服务法治建设。发挥党派优势，“精准立法，促进社会文明”建设有成果。对《长沙市养犬管理条例（草案）》研讨的基层民主协商，有4个方面5个条款采纳民革开福区工委的建议；利用同心法律工作站，开展“学法律、讲规则，同心圆梦”暑期法律进社区系列社会服务活动，为青少年普及法律知识；联合893汽车音乐电台，在江湾社区举办“‘3·15’为爱家发声”公益活动，为消费者提供话语权平台，由专家团队为群众答疑解忧。服务经济建设。民革区工委承办“创新引领，共建马栏山文创新生态”产业发展研讨沙龙在“草莓V视”举行，12位新媒体文创行业人士与现场嘉宾进行互动交流探讨。发挥新社会阶层媒体人士资源优势，聚焦“泛马栏山文化创意与视频产业价值链建设”，为长沙市开福区视频文创产业发展建言献策。2018年，为3家有意向的民革党员企业牵线搭桥，有2家企业在开福区登记注册，投资兴业。服务社会建设。以“共创文明城、共享长沙蓝”为主题，在江湾社区举办“同心圆梦”暑期社会服务活动；开展“民革党员送爱心，星城橙衣侠喜迎环卫工人节”活动，慰问200多名一线环卫工人。

（李紫娟）

8月27日，民革开福区工委、江湾社区举办“学法律、讲规则，共创文明城、共享长沙蓝”的“同心圆梦”暑假社会服务活动　　区委统战部　供图

民盟开福区工委

【概况】民盟开福区工委有支委8个，盟员343人，其中区政协委员9人。

【自身建设】组织盟员学习中共十九大以来系列相关文件，学习《中国共产党领导的多党合作和政治协商制度建设的意见》以及《中国民主同盟章程》。紧贴时政，明确学习内容，撰写学习心得。加强领导班子政治把握能力、参政议政能力、组织领导能力、合作共事能力和解决自身问题能力建设。注重培养基层盟务干部的政党意识。特别是组织新盟员，相互之间加深了解，增进友谊，增强对民盟的认

11月28日，民盟开福区工委慰问环卫工人　　（区委统战部　供图）

识，加强合作意识。

【参政议政】参政议政是民盟的主要社会职能。通过各种形式激励盟员做好参政议政工作。明确参政议政工作职责，依照“党委出题、党派调研、政府采纳”的工作机制，做好党派的调研工作；通过提升政治站位，凝聚智慧力量，深入调查研究，推进参政议政工作。参加开福区区情、政情通报会，建言献策；参加区政协、区委统战部组织的活动，增进友谊；每个月组织盟员参加区委统战部组织的“同心大讲堂”活动，其中盟员魏玛丽主讲一期；参加区委统战部2018“同心杯”羽毛球友谊赛；组织盟员参加开福区统战人士趣味运动会，通过参加各类主题活动增进盟员之间情谊。2018年，提交社区民意10篇及提案7篇。林永红联系的专委会牵头《关于加强我区不可移动文物修缮与保护的建议》，促成区政府出台保护意见和做好修缮计划两个文件；毛光宇、黎飞仙撰写的提案《关于推进我区棚户改造房源建设的建议》，被区政协列为专题协商课题。

【社会服务】组织盟员参加民盟长沙市委妇女工作委员会在牛婆塘社会开展的爱心捐赠活动；民盟开福区工委承办“蓝天梦”，倡导环保，现场进行垃圾分类教学，宣传环保分类；组织盟员参加民盟长沙市委“亲爱的宝贝”徒步挑战，并号召盟员捐款；与民盟岳麓区工委联合组织“烛光闪耀黔东南，同心助建大时代”学习考察活动，对农村教育和农民工子女入学进行帮扶；民盟开福区工委参与民盟长沙市委号召的“万企帮万村”公益活动；开展“环保小卫士”、青少年心理辨识及行为系列论坛、生活垃圾分类系列环保宣导、盟员之家等主题活动。通过组织参与活动，实现民主党派服务社会的职能，履职发挥效益。

（李紫娟）

民建开福区工委

【概况】民建开福区工委有支部7个，会员156人。

【队伍建设】组织工委班子及骨干会员学习全国“两会”精神，组织会员参加民建长沙市委会组织的“五一口号”发布70周年会章会史统战知识抢答赛，荣获三等奖；参加区委统战部和区政协组织的各种学习活动，全年会员40人次参加10期“同心大讲堂”学习，推荐会员刘金明、史丹参加厦门大学、哈工大政协委员及党外统战人士培训班。会员立足本职，成绩突出。8月16日中国首个医师节，会员付铁娇被评选为开福基层好医生。会员史丹所带领的开福区女企业家商会连续被评为开福区、长沙市优秀商会，个人被开福区工商联评为优秀会长。会员杨方所办企业获得长沙市人社局创业创新奖项目，被湖南省非公企业投资商会增选为“常务副会长”；参加共青团中央组织的“新加坡东盟青年企业家论坛”，随企业家代表团走访新加坡、澳大利亚、马来西亚，进行经济交流访问。会员肖晓获评长沙金霞经开区年度先进个人，参与组织商务部在长沙举办跨境电子商务专题业务培训，被商务部通报表扬；参与组织在杭州召开的2018湖南——长三角经贸合作洽谈周之“湖南跨境电商合作对接会”，长沙获批跨境电商综合试验区，多年申报过程一直全程参与，参与撰写《中国（长沙）跨境电子商务综合实验区实施方案》。会员李雪梅女书和书法作品入选“全国科技工作者日”暨科协成立60周年美术、书法、摄影作品展(由湖南省科学技术厅、湖南省文联及湖南省科协共同主办)，书写长卷金刚经、道德经、吉祥经(女书版和汉字行草版)390米，荣获全国女书书法大赛特等奖，

【社会服务】民建开福区工委不断探索社会服务工作手段，完善工作机制，创新服务平台，可持续地开展社会服务工作，丰富服务内涵，提升服务标准。2018，升级打造的“1+4”同心助残项目，将“同心超市”线上版升级为“无忧商店——同心助残”，通过网络大“V”对线上软文进行宣传，扩大影响力，并逐渐将“无忧商店”打造成销售货品（含残疾人手品产品）接受捐赠，对接服务的综合性平台。通过对接各种手工劳务（如印刷厂的分包劳务），为15位残疾人提供较为稳定的收入来源，实现他们的“就业梦”。整合资源，助推公益。举行关爱残疾朋友和精准帮扶活动，联合湖南省江西商会举行“六一”公益性活动，组织40多位自闭症儿童参加活动，并捐赠儿童床、桌椅和治疗仪器等价值6万余元。在春节、元宵节，端午节、中秋节等传统节日，组织对残疾贫困户进行慰问和精准帮扶。

【参政议政】2018年，各级政协委员、人大代表及骨干会员围绕市委市政府，区委区政府中心工作以及老百姓关心的热点、难点问题，通过对口联系、委员界别活动、会员走访等多种形式进行调研，撰写涉及商业、农业、民生等多篇调研文章。在提交社情民意、调研报告、提案、建议等方面无论是数量还是质量较上年度取得较大进步，全年提交社情民意26条，提案7篇，调研报告4篇。市政协委员，区人大代表刘敏撰写的《改善长沙市老年人文化消费环境的建议》提案，成为民建长沙市委会集体提案之一；《加强基层无产权国有资产的管理》建议，被民建中央内刊《零讯》采纳；《大力破解湖南外贸人才瓶颈的对策建议》稿件，被湖南省智库办的《决策参考》采纳；《大力发展湖南“地标”农产品的对策建议》稿件，被湖南省情研究中心的《省情要报》采纳。完成民建湖南省委《湖南家庭医生签约服务“最后一公里”问题的调查与思考》和《促进湖南“地标”产品可持续发展的对策研究》两个招标课题研究报告撰写工作，被民建湖南省委参政议政处采纳；参与湖南省人大常委会副主任韩永文主持的《推进经济高质量发展的制度环境研究》报告撰写工作，提交全国人大财经委。会员肖晓参与撰写的调研报告《全面夯实基础，构建跨境生态圈》，获评开福区调研征文一等奖。

（李紫娟）

民进开福区工委

【概况】民进开福区工委有支部10个，会员183人，其中区人大代表1人，区政协委员人数8人。

【自身建设】2018年，各支部活动频繁开展。直属一支部开展重阳节活动，组织会员参观宁乡道林镇。直属二支部以“家家串”的形式组织会员学习新会章、市委、区工委文件精神，开展会员走访慰问活动。三支部组织会员参观宁乡炭河里、书堂山等，以会员庆生日的方式，增进支部会员之间的凝聚力。一师二附小支部组织慰问退休教师。一中开福支部组织会员会章、会史学习会。长沙师范学院支部组织会员到铜官、靖港参观学习，袁红松、陈雪苗参加民进长沙市委组织的羽毛球比赛。长沙市一中支部组织会员参加重阳节、教师节、支部学习活动。周南中学支部在黑麋峰文星山庄召开支部全体会员会议，主题为“学习民进新会章，加强自身队伍建设”。

【参政议政】提案工作有成绩。直属一支部张静《关于加强区内教师交流、实现义务教育师资高位均衡的建议》《关于对我区编外合同制教师建立诚信档案的建议》，长沙学院支部于慧《关于营盘路上增加待驶区的建议》，长沙学院支部唐志《关于加强校地合作促进农村中小学艺术教育精准扶贫的建议》，均列为A案，为地方发展建言献策。民主监督有实效。于慧、张静担任区文体新局民主监督员，张静担任区卫计局特约人员，杨天沫担任区城乡建设局特约人员，刘煜担任区环境保护督察组成员，在民主监督方面做贡献。政治活动有心得。直属一支部参观秋收起义会址，传承优良传统；直属二支部组织会员参加民进开福区工委参政议政工作总结会及“同心圆梦、开福启航”活动；四支部胡晓宇、杨天沫参加政协开福区第五届委员会第三次会议；一中开福支部陈文参加长沙市第十二届妇女代表大会；长沙市一中支部蒋玲丽参加长沙市文体新局征求意见活动以及参加长沙市政府中期政情通报活动；周南中

学支部陈敏参加开福区政协提案法制委牵头组织的“刑满释放人员社区矫正工作”调研活动。积极撰写社情民意。2018年，民进开福区工委长沙师范学院支部唐志《关于加强校地合作促进农村中小学艺术教育精准扶贫的建议》，被民进中央采纳。直属一支部张静《关于加强湖南省科技馆设施设备维修的建议》《关于加强白蚁防治工作的建议》《关于长沙市法学会下设中小学法治教育研究会的建议》《关于文体行政部门对广场舞加强管理的建议》《关于对医院电梯的使用加强巡查的建议》；长沙学院支部于慧《关于增加二孩时代相关配套的建议》；直属四支部胡晓宇《关于改善“12345”平台工作的建议》《关于在全民中普及CPR的建议》、陈文《关于长沙城区机关单位周末向市民开放停车场的建议》、凌国平《关于增加医生不可单独执业的规定的建议》；一师二附小支部欧小忠《关于开福区教育街人行道不宜铺设砖块性铺面的建议》；周南中学支部余永健《我市网页查询“交通违法信息”要更便民》、陈敏《建议多部门联动正确指导冬季校园户外体育活动开展》等，均在相关领域提出有建设性的意见和建议。2018年，宣传报道8篇。《会员易国栋受邀参加高规格艺术展》《陈敏老师主讲“升学那些事”专题咨询讲座》《民进开福区工委赴江苏开展“彰显作为、助力北富”精准招商工作》《民进开福区工委新春走访湖南省江苏商会》《民进开福区工委参加开福区第三届统战人士趣味运动会》等，分别发表在民进网站和相关刊物上。直属三支部任慧仕撰写《民进情缘》。会员蒋玲丽、张静获评民进长沙市委成立60周年征文活动二等奖。

【社会服务】支边支教，扶贫助学。长沙师范学院支部袁红松、唐志参加桂东县助学行动；唐志参加学院组织的怀化辰溪精准扶贫。长沙市一中支部选派老师参与张家界、江华等地的支教活动。参与公益，关爱社会。直属一支部参加“携手助力蓝天保卫战，同心同行创幸福景园”活动；民进长沙学院支部和周南中学支部在长沙市开福区润苗儿童康复中心开展自闭症儿童日送温暖活动，给自闭症儿童送去书籍、文具、玩具等礼品；直属四支部郝友荣参加浏阳河社区卫生服务中心进社区义诊活动等。

（李紫娟）

农工党开福区工委

【概况】农工党开福区工委有6个支部，党员196人，其中区人大代表3人，区政协委员6人。

【队伍建设】2018年，全区发展新党员9名，全区党员196人。组织党员参加党派市委和中共开福区委组织的学党章演讲比赛、知识竞赛、同心大讲堂、统战人士趣味运动会、健康健身运动会等活动，提升统战知识和党派参政能力，加强党内人士的交流、增进党员友谊。各支部组织党员开展走访、座谈50余人次。通过走访活动，关心了解党员工作生活情况，关爱老党员和贫困党员，为党员企业和广大党员解决工作、生活中实际问题。广大党员利用周末时间，走进社区，开展卫生宣教、健康讲座、送医送药、扶贫帮困、义诊咨询等各种形式公益活动20余次。

【建言献策】开展专题调研。农工党开福区工委成立调研小组，以佳海工业园食品产业为蓝本，开展专题调研，形成《开福区佳海工业园食品产业现状的调研报告》，为开福区委、区政府提供决策参考。履行参政议政职能。2018年，参加开福区政协以及中共开福区委统战部组织的各项政治协商和对口联系会、座谈会，并积极建言献策。2018年，省人大代表王爱民，市政协委员唐红宇，区人大代表肖乐、李奕，区政协委员谷任光、范雯、朱志春、肖欢、肖雨滋、汪志民、裴德先、朱翔等撰写建议、提案15篇，报送社情民意32条，其中被省、市、区采用8条。做好民主监督工作。2018年，农工党开福区工委推荐的党派特约人员范雯、李奕、王香云、彭令分等党员积极履职，对相关单位履行行风监督和民主监督工作。

【社会服务】本职工作创佳绩。在职党员在各自工作岗位兢兢业业，扎扎实实做好本职工作。以王爱民、唐红宇领衔的长沙市一医院神经医学中心团队再次荣获省、市重点学科先进单位，成为长沙市首批“名医工作室”，为下设东风路街道和捞刀河街道两个名医工作站开展健康服务。长沙市一医院肖乐被评为“长沙市青年岗位能手”“湖南省康复医学会先进康复工作者”等。神经医学中心主任王爱民带领团队参加脑血管疾病、痴呆、神经康复、老年人照料黄手环等健康促进防控工作，开展“劳模工作室”活动，为社区基础卫生中心工作提供专业支持。神经内科主任唐红宇开展脑卒中防控工作，推进医院卒中中心及卒中绿色通道建设。长沙市一医院总支党员积极参与各级组织的医疗体制改革、慢病防控、养老、臭水河治理、食品安全、农村公路交通改造等现况问题的多项调研考察、民主协商活动，为政府有关部门建言献策。“同心社区”建新功。农工党开福区工委与伍家岭街道建湘新村联合创建“同心健康社区”。与长沙市侨联联合开展“‘精准脱贫光明行’健康义诊活动”“居民幸福实用心理讲座”“关注并减少骨质疏松风险”等健康服务活动。医卫支部和新河街道社区卫生服务中心与新河街道幸福桥社区联合举办“推广中医药健康文化，细心呵护全民安康”健康知识讲座和专家义诊活动。全年开展各项健康义诊活动，受益居民群众1000余人。爱心事业上台阶。农工党开福区工委联合川渝商会常务成员单位泸州老窖湖南省公司，开展“关爱有你”助学活动，募集爱心款18.6万元，捐赠给20户建湘新村同心社区困难学生家庭。药业支部党员开展“手牵手、一帮一”扶贫助学活动，对口支援湘西困难学子，为长沙市老年公寓老人捐赠一批防暑药品。党员彭令分成立家乡乡镇商会，为教育事业捐赠6万余元，精准扶贫10.69万元。药业支部党员彭奕带领湖南省阳光社会工作服务中心工作人员为各街道、社区特困家庭捐赠奶粉等物资价值10万余元。

（李紫娟）

致公党开福区工委

【概况】致公党开福区工委有4个支部，党员125人，其中区人大代表3人，区政协委员6人。2018年，发展新党员10人。

【自身建设】组织党员学习全国“两会”精神，开展各类培训，开展“五一口号”征文活动，党员冯忠、蔡文佳、朱云翔、胡伟、蒋艳红、俞超源等撰文8篇。为建设高效能地方参政党组织，全面落实主委联系支部制度，多次召开区工委扩大会议，将每月工作方案细化到各委员，确保组织推动有力。加强与省直开福工委的联系沟通，邀请参加每次区工委会议和活动。2018年，致公党开福区工委组织活动10余次。开福支部组织支部党员在万博汇举行中小学生英语启蒙讲座，交流儿童英语启蒙方法。组织党员参加致公党长沙市委“不忘初心、砥砺前行”主题教育活动、开福区第四届统战系统趣味运动会、“喜迎中秋节，共圆中国梦”助残活动、“爱在金秋，情暖重阳”走进社区为老人们服务活动、羽毛球比赛等。

【参政议政】参政议政能力提升，社会影响持续扩大。发挥民主党派建言献策的职能，主动发声，发动党员参与调研、提案和社情民意的撰写，并向区工委全体成员提出“议前回顾，议中思考，议后策划”的基本要求，提高参政议政质量。全年人大代表、政协委员提交（议）提案11件，涉及领域有共享单车管理、快递环保包装、道路交通安全、社区物业管理等。开展《关于打造“科研天眼”共享服务平台，加快开福科技创新建设的建议》的课题调研。党员提交社情民意32条，政协云微建议18条。其中工委主委陈旻在市政协建设旅游强市专题协商会上发言，工委副主委杨春生与省委主委王国海联合反映的3篇信息《关于打造“一带一路”科技共同体建议》《应对中美贸易战，加强科技创新和知识产权保护已刻不容缓》《关于杜绝在校教师有偿违规补课的对策和建议》被致公党中央采用。区工委委员冯忠撰写的《应加大对APP注销管控力度的建议》《关于人行天桥加装无障碍设施的建议》《关于恢复“一中开福”老校名为广雅行素中学的建议》被长沙市政协采用。支部党员欧金成向区工委提交《关于对农村劳动力转移过程问题的想法及建议》《农村产业发展、农业探索之路》约2万字调研材料，为政府决策提供参考。

【社会服务】推进党派公益事业。党员杨儒淼成立“凤凰欲飞”公益组织，举办慈善活动，走访困难家庭，资助困难学生。“凤凰欲飞”公益组织在助学浏阳、龙山、安化的基础上，组织60多名志愿者走访开福区10个街道101个贫困学生，按200元/人的标准捐赠2.02万元。从101名贫困学生中选出44名特困学生，开展“一对一”帮扶，按照平均2000元/年·人标准，第一年助学金9万元，其中25名纳入小凤凰基金名单，按照平均5000元/人，资助6.8万元。“凤凰欲飞”公益组织全年爱心助学捐资20余万元。罗哥哥工作室联合李丽老师工作室同心科普社区望麓园小学开展“开绘了”公益课堂。区工委副主委杨春生获“长沙市改革开放四十年杰出民营企业家”荣誉称号，其企业科德集团荣获税务部门颁发的AAA级重点税源单位。东风支部副主委罗狄峰创办的长沙市三和社工服务中心荣获“长沙市十大优秀社工品牌传播奖”，支部党员徐文荣获“第九届湖南省少儿才艺大赛总决赛最佳指导老师”“2018年长沙市三独比赛评委优秀指导老师”。开福支部党员杨儒淼荣获2018年“长沙好人·身边雷锋”推评活动二等奖；党员刘文文荣获2018年度长沙市一中教研标兵，教育部“一师一优课”优质课；党员刘晓泓荣获2018年开福区优秀教师称号。

（李紫娟）

九三学社开福区工委

【概况】九三学社开福区工委有社员150人，设5个支社（开福一支社32人、开福二支社36人、长大支社35人、一中支社26人、医卫一支社21人),其中开福区政协委员14人，区人大代表1人、市政协常委1人、市人大代表1人、省政协委员1人、省人大代表1人。

【自身建设】组织“两学一助”（学习习近平走中国特色社会主义道路理论、学九三光荣传统、助力新开福）活动，集中学习中共十九大和全国“两会”精神。组织支委班子成员和部分社员参加九三学社长沙市委组织的《九三学社长沙市委员会2018年参政议政工作培训会议》，通过培训，让社员们了解作为民主党派人士如何参政议政，如何写出高质量的提案和议案，并围绕国家大政方针，以及政治、经济、文化和社会生活中的重要问题，做好信息工作。丰富学习形式，推动社内学习从“关键少数”向广大社员拓展、从集中性学习向经常性学习延伸，通过理论学习、心得征文、座谈研讨、参观考察等方式，提高九三社员的政治素质和大局意识。

【基层民主协商】拓展九三学社洪山桥社区“同心圆梦”社会服务平台之“九乐桥”养老服务创建活动，召开基层民主协商圆桌议事会3次。组织开展“携手亲情，走进春光”活动、“防盗防诈骗安全知识讲座”活动，增强辖区老年人防骗防盗及消防安全知识。开展“科技创造美好生活”活动，通过寓教于乐的活动，提高老年人观察与学习、交流与创新的意识和能力。依托九三学社洪山桥社区“九乐桥”养老服务品牌，开展为60岁及以上老年人免费健康体检活动，建立健康档案，调高老年人健康水平和生活质量。

【参政议政】围绕开福区中心工作，精选课题，深入调研。2018年，区工委围绕“物联网、装配式建筑、开福高新区、马栏山视谷、同心创建”5个课题进行重点调研，形成论证充分、建议合理的调研报告，为政府决策提供参考。2018年，李茂当选为湖南省第十三届人大代表，在省“两会”期间，接受星辰在线专访“只有筑牢食品安全防线打赢舌尖保卫战，百姓才更有安全感”，并提出《关于出台对销售过期食品等情节轻微的食品安全违法行为地方指导意见的建议》《关于立法限制职业举报人的建议》《关于在我省尽快实行专业技术职称评聘分开制度的建议》3条建议，均被大会采纳。湖南省政协委员羿莎撰写5份提案，其中《关于优化教辅资料征订制度的提案》获得社会各界好评，并引起湖南省教育厅的高度重视。开福二支社社员撰写提案4份，分别为《关于在区农林水利局加挂开福区水生动物防疫检疫站牌子的建议》《关于对专业技术人员给予应有重视的建议》《关于全面普及和强化急救培训知识和意识的建议》《“厕所革命”更应将服务管理落到细处》。全年提出政协云微建议4个，分别为《关于长株潭城际铁路的思考和建议》《建议党政机关行政事业单位尽快实行一岗双人制度》《关于解决银盘岭大桥交通拥堵的建议》《尽快开通滨河南路等新开通道路的公交》。认真履行民主监督职能，积极反映社情民意。2018年，提出《关于进一步优化我市行政机关事业单位（学校医院除外）作息时间的思考和建议》《关于对专业技术人员给予应有重视的建议》《关于尽快实行长株潭城际铁路公交化营运的建议》《关于统一行政机关事业单位（学校医院除外）作息时间的建议》等社情民意57篇。

【社会服务】2018年，开福区工委一中支社有5名老师参与扶贫支教活动，为困难社员组织法律援助和帮扶活动。开福区工委在长沙学院举办“同心圆梦，健康中国”开福区2018年大学新生健康第一课活动，邀请九三社长沙市委常委、市疾控中心防艾科科长黄竹林讲解健康知识。在学校校园主干道、学生宿舍、学生食堂等学生主要活动场所设立健康知识宣传展板和横幅，发放健康知识宣传手册1000余份，通过手机APP、校园通、校园广播等多种方式宣传，1万余名大学生参加活动。通过活动提高大学生健康知识知晓率，倡导文明健康的生活方式。承办湖南省物联网行业协会、九三学社长沙市委、开福区委政府联合举办的“湖南省物联网行业第三届高峰论坛”，峰会为湖南本土物联网企业提供展示自己技术和产品的平台，展现湖南省物联网实力及开福区经济社会发展成果，为湖南省物联网企业发展打下基础。参与湖南省异地商会会长“同心结对”开福行活动，主动跟商会对接，鼓励会员单位投资兴业，落实北京驰宇空天技术发展有限公司项目及北京宏动科技有限公司项目注册落户开福区卓尔产业园。

（李紫娟）

开福区党外知识分子联谊会

【概况】开福区党外知识分子联谊会（以下简称区知联会）有理事67人，其中市人大代表4人，区人大代表1人，区政协委员16人。

【自身建设】强化自身学习，提高能力素质。以凝聚人心为主题，把思想建设、自身素质建设作为首要政治任务，抓好党外知联会自身建设，指导基层组织发展和建设。创造条件，采取座谈会、研讨会、培训会等多种形式，明确学习专题，制订学习计划，为理事提供学习、提高的机会。深入基层一线，走访理事单位。关心理事发展,服务企业所需。2018年，为隆重纪念中共中央发布“五一口号”70周年，结合“同心圆梦”社会服务平台，开福区党外知识分子联谊会开展一系列纪念活动，其中开展走访理事单位系列活动4期，了解理事单位的业务范围、经营情况以及企业发展中遇到的困难和问题，为理事单位发展做好协调服务工作，提供更多的资源支持和信息共享，营造党外知识分子兴业创业的良好氛围。联络外区党外知联会，促进学习交流。通过与外区党外知联会联络、联谊为载体，拉近党外知识分子之间的距离，交友联心，互通信息，服务经济，更好地承担社会责任。建立党外知联会微信群，加强相互间的交流沟通。鼓励理事组织文体小团队，开展健身活动和参观学习活动，增进友谊。加强宣传引导，选树典型。加大统战政策和党外知联会优秀代表理事人物、事迹的宣传，宣传理事参政议政、建言献策的优秀成果，扩大党外知联会知名度和影响力。强化示范，及时推介先进典型，发挥典型辐射作用，树立良好社会形象，营造有利于党外知联会不断成长的良好社会环境和舆论氛围。

【参政议政】围绕经济社会发展中的热点难点问题建言献策。制定年度建言献策实施方案，组织理事围绕重大项目、实事工程开展考察调研，取得较好成绩。确定年度重点课题并深入调研提高参政议政水平。按照政府所想、社会所需、群众关注的原则，确定调研课题，由具有相关专业理事与有关职能部门共同组成专题调研组，制定具体调研方案，明确目标，责任到人。坚持问题导向，深入基层一线了解真实情况，掌握第一手材料，积极建言献策，向区委区政府提出工作建议。2018年，就“着力解决政策兑现，切实优化营商环境”等问题开展重点调研，形成调研报告。

【社会服务】组织实施湖南统一战线“知识力量·看湘知湘推湘”行动计划，助力湖南精准扶贫，提升党外知联会服务经济社会发展的实际成效。继续深入开展“一座城帮一个村”定点帮扶活动。做细精准扶贫，组织理事走村入户，走访贫困群众，发挥自身优势，因人施策，结对帮扶，受益群众近100人；做活科教服务，打造“科教服务月”品牌，集中开展以“送教育、送法律、送医疗、送科技、送文化”为主要内容的学术交流、技能培训、咨询服务等活动，主动与乡村、企业、社区等搞好需求对接，变“套餐式”服务为“点菜式”服务，确保需求对路，取得良好效果。

（李紫娟）

法　治

RULE OF LAW

政法

【概况】2018年，全区政法系统坚持以习近平新时代中国特色社会主义思想为指导，忠实履行“四大职责”，社会和谐度、司法公信力、群众获得感全面提升。全区综治、扫黑除恶、防范和处理邪教工作获评市优秀等次区县，维稳工作获评市红旗区县，连续14年保持全省“平安区县”荣誉称号。

【社会大局持续稳定】强化突发事件应急处置工作，稳妥处置洪山片区60号令群体集访、苹果装饰维权和北辰、湘江世纪城业主维权等群体性不稳定事件57起，圆满完成湖南省进口博览会、长沙国际马拉松等大型活动安全保卫430场次。坚持信访工作就是群众工作，全年接待信访群众3167批5586人次，办理中央巡视组、省委第四巡视组交办信访件402件，化解信访积案48件，区信访局获评省“百佳业务规范单位”、市“信访积案化解工作优秀单位”。以退役军人服务管理16条措施为抓手，做好退役军人服务工作。巩固国家安全人民防线建设，加强涉邪涉谍涉疆案件侦办和反恐防暴工作，实现全年“三零”工作目标。

【平安开福再上台阶】坚持发展新时代“枫桥经验”，探索推广基层社会治理共建共治共享新模式，“三问三共”工作法得到中央政法委调研好评。统筹推进综治中心、综治视联网、雪亮工程建设，全年新增视频监控点位1108个，整理收录综治数据信息320万条。开展社会治安专项整治，检查各类重点场所400余家，下发整改通知100余份。认真吸取衡东“9·12”事件教训，严守公共安全，在强化专业化武装巡逻基础上，全面清查全区10类肇事肇祸倾向重点人员107人，逐人建档建册、严管严控。完善矛盾多元调处机制，探索社会心理服务体系建设，全年就地化解矛盾纠纷2600余起，东风路街道调委会获评“全国人民调解工作先进集体”。广泛开展“零发案”竞赛、“平安家庭”创建等基层平安创建活动，增加社会和谐因子。

【扫黑除恶初具成效】坚持面上宣传与纵深发动同时推进、专项摸排与常态摸排同时深入、专案攻坚与集中打击同向发力，以“有黑扫黑、有恶除恶、有乱治乱、固本强基”为目标，全区政法系统与区纪委监委、区委组织部、区委宣传部等部门紧密配合、合力攻坚，把扫黑除恶专项斗争作为一项重要政治任务抓紧抓好。全年共打掉恶势力犯罪团伙7个，依法刑拘逮捕63人，提起公诉22案151人，审判13案113人，查封冻结涉案资金262.25万元。中央媒体3次、省级媒体39次、市级媒体18次宣传报道开福区扫黑除恶工作成效，其中，由开福区办理的杨传兵恶势力犯罪集团案、龚晋平被诈骗案受到中央电视台的关注报道。

【服务大局更有作为】主动服务全区重点项目建设，全年铺排各类强制行动50余场次，确保维多利、金垅地块、香江二期、港口三期等项目的清零腾地。组织维护施工秩序行动40场次，确保渔业路延长线、区公卫大楼、家园路等市、区重点项目顺利推进。防范化解金融风险，全年审结信贷、证券、保险等案件1886件。依法支持民营经济健康发展，做到“除虫护花”“依法容错”，审结涉民营企业纠纷案件305件。主动融入蓝天保卫战、碧水攻坚战，办理公益诉讼案件8件，审结污染环境、破坏资源犯罪案件16件。将涉众型经济犯罪案件

8月23日，开展“健康人生 绿色无毒”进社区宣传活动　（区委宣传部　供图）

的查办和风险化解、追赃挽损、维护稳定及投资人员风险防范意识教育结合起来，依法审理湖南澳鑫商品交易有限公司等非法经营、非法吸收公众存款、集资诈骗案件17件，涉案金额上百亿元，涉及群众7万余人，区法院获评省“春雷行动”先进集体、省市“优秀法院”荣誉称号，区检察院、区公安分局获评“省青年维权岗”。

【执法司法更高质量】坚持严格规范公正文明执法，全年批准逮捕犯罪嫌疑人841人，提起公诉1478人，办结案件18285件，居全省前列。全面聚焦司法监督，办理诉讼监督案件164件，羁押必要性审查38人，社区矫正专项检察40人，尤其是对岳某某撤销缓刑收监执行进行公开庭审，起到很好的警示教育作用。积极服务法治政府建设，通过司法审查支持“放管服”改革，妥善化解行政争议，区委书记沈裕谋获评“全省优秀法治建设推进者”。政法系统通力合作，缓刑和社区矫正收监工作取得良好效果，社区矫正及安置帮扶工作在全省工作推进会上作经验交流发言。坚持以改革破难题，全年执结案件6117件，执行到位标的额18.56亿元，快速审结刑事认罪认罚案件747件，法律援助案件360件。全面落实“七五”普法规划，开展各类宣传活动100场次，全区公共法律服务工作站点建设全面完成。

【队伍建设全面加强】以深入学习贯彻中共十九大精神和习近平新时代中国特色社会主义思想为主线，开展“不忘初心、牢记使命”主题教育活动，组织集中学习400余场次。努力锻造新时代政法铁军，开展各类技能培训、岗位练兵100余场次，举办厦门大学政法系统干部综合能力提升培训班，组织赴浙江枫桥、山东烟台考察学习。调优配齐工作力量，遴选员额法官、检察官22人，招录法官助理、书记员54人。强化政法宣传和舆论引导，推出宣传报道600余篇，区检察院获评“全国检察宣传先进单位”，民警王宏武获评“湖南好人”。

（郭　宁）

公安

【概况】长沙市公安局开福分局坐落于长沙市东风北路刘家冲1号，机关办公楼于1997年1月建成投入使用。开福公安分局作为全省公安系统基层文化示范点，2018年，接待全国各地参观团20余批次。评选分局半年度“雷锋式警队”5个、“雷锋式标兵”70名和“雷锋式最美女警”10名。发布表扬通报9期，向市局申请呈报个人二等功1名、个人三等功8名、个人嘉奖12名，为获得记功奖励的31人举行集中授奖仪式，并制作电子喜报推送家属微信群报喜。为170余名民警、辅警记功授奖，推出全市公安机关政治建警先进典型5名，其中王宏武连续获评“长沙好人”“湖南好人”。

【从严治警】统筹规划警营文化建设，举办第五期“警营国学大讲堂”。开展各类督察行动320余次，查纠违规违纪问题230余起，编发各类问题通报32篇，依纪追责处理33人次，其中通报批评14人次，采取禁闭措施1人次，警示提醒谈话13人次，诫勉谈话4人次，行政警告1人次。受理处置投诉件、交办件142件，形成调查报告142份；受理内网信访件242件，全部办结；受理外网信访件245件，全部办结；上报督察通报回复材料26份，编写分析报告材料11份。向省厅、市局推介分局政治工作的经验和做法，61篇政工简讯被市局采用转发。全年组织新闻集中采访活动9场，在各级各类媒体刊发播出新闻稿件420余篇次。及时回复舆情核查反馈指令130余条次，拟定发布新闻口径12条，妥善处置“世界之窗游客插队打人”“陡岭路一粉店米粉吃死人”“苹果装饰公司跑路还殴打残疾顾客”等较大舆情事件16起。微信公众平台，推送原创内容107篇，为群众解释答疑90余次，移交反映、投诉线索30余条，其中通过核实处理并反馈当事人10余条。出台《关爱民警二十条措施》。每季度按时组织民警参加体能测试。看望慰问执法权益受到侵害、因公负伤和患病困难民警140余人次，发放慰问金12万余元，发放民警子女统筹医疗92人次，金额9万余元，购买家庭意外险160余份、独生子女安康险120份。督办侵犯民警权益案件21起，涉及侵犯民警权益嫌疑人20人，为39名民警、辅警申报抚慰金共计7.8万元。

【刑侦工作】高压严打违法犯罪。开福区公安分局全力开展“集打斗争”“百日会战”“扫黑除恶”等专项行动，狠抓“大巡防”“大管控”“大整治”，全年安排夜巡人员5475人次，到岗率98.7%，辅警驾驶员到岗率100%，装备领用率100%，配枪率为78.6%（2月至3月枪证年审），现场成功处置各类警情130起，有效提升全区路面巡逻防控见警率和快速反应能力。全区刑事案件立案4776起，同比下降13.13%，现行破案率32.5%，刑事拘留侵财犯罪嫌疑人766人，同比上升18.8%。全区刑事发案整体下降，治安大局持续平稳。扫黑除恶工作。全区命案发5起破5起，现行命案连续7年实现全破，大要恶性案件连续多年实现全破，相继破获“4・11”聚众斗殴致人死亡案、“5・2”抢劫杀人案、“6・21”强奸杀人案等重大恶性案件。全区共侦破11类黑恶案件8起，摧毁涉恶犯罪集团7个，刑拘犯罪嫌疑人73人。其中“4・11”涉黑专案抓获犯罪嫌疑人25人。追捕逃犯工作。2018年，共接收市局下发工作指令134条，下发各所（队）工作指令79条，支撑案件462起，发出抓捕预警305条，支撑抓捕犯罪嫌疑人206名。全年共抓捕外省逃犯128名，外市逃犯33人，本市逃犯34人，清网追逃36人。

【经侦工作】打击经济犯罪工作。共刑拘各类经济案件犯罪嫌疑人32人，逮捕18人，移送起诉72人，立各类经济犯罪案件69起，侦破“满满贷”专案、湖南靓益实业公司涉嫌非法吸收公众存款案、博瑞新能源公司非法集资诈骗案等一系列重大有影响的涉众型犯罪案件58起，挽回经济损失4500万元。在全区范围内开展涉及非法集资风险类企业摸排，共计在全区范围内摸排594家，对辖区内的万达广场、运达广场、建鸿达、华尔街、华创、北辰时代广场等重点楼宇内的65家企业开展排查，其中21家企业自行搬离，有效劝离高重大风险企业8家。打击多发性侵财犯罪工作。2018年，共立侵财案件4283起，比2017年5062起下降15.4%；破获侵财案件1056起，同比2017年1244起下降15.2%，破案率32.8%；刑拘侵财人员822名，同比上升13.4%，移送起诉725名；侦办盗抢骗跨区域案件7起，破获系列侵财案件25起。打击网络电信诈骗。反电诈中队以市局反电诈中心为依托，成功止付资金超过350万元，冻结资金280余万元，成功返还资金100余万元。破获“3・5”“4・18”等部省督电信诈骗目标案件，刑拘电信诈骗犯罪嫌疑人130人，同比上升95.7%，摧毁团伙20个，同比上升56.8%。

【治安工作】缉毒破案工作。持续在禁毒缉毒打击、“6.27”工程、“8.31”工程等领域深度发力，开展禁毒人民战争，最大限度遏制毒品危害，取得明显成效。部署落实“冬春”攻势、“夏秋”攻势、禁毒安保维稳“百日会战”行动、湖南省“净边”专项行动及易制毒化学品和设备重点排查管控整治工作。在中非合作论坛峰会、进博会等国际重大会议期间严格落实维稳要求，严密长沙籍吸毒人员摸排管控。全年刑事拘留毒品犯罪嫌疑人229人，比2017年142人增长63%；移送起诉230人，比2017年136人增长69.48%；查处吸毒人员1052人，比2017年919人增长14.47%；强制隔离戒毒决定数243人，比2017年220人增长10.45%；社区戒毒217人，比2017年198人增长10%；强制隔离戒毒执行率83.95%；缴获毒品5.08千克；破获省、部督案件各1起，抓获涉案人员130余名，缴获毒品13.51千克，成功斩断一条广东、武汉至长沙的传统毒品贩运网络。打处“黄赌”工作。全年共办理黄赌案件216起，抓获涉黄、涉赌犯罪嫌疑人659人，查处并回复黄赌指令8条，成功侦办“芙蓉太极休闲会所组织卖淫案”、“20180629组织卖淫案”等一批涉黄类重大案件。出动警力3176人次，对开福区行业

10月18日，公安部宣传局、治安局、人民公安出版社主要领导以及各省、自治区、直辖市公安机关宣传、治安部门负责人80余人，组团到分局参观公安文化建设

（区公安局　供图）

场所逐家上门，开展集中清理整顿工作，共摸排各类场所851家，自行关门58家，转向经营13家，查处39家，停业整顿57家，下发整改通知书414家。打击食药环违法犯罪。联合省、市、区三级食药环烟等部门集中开展食品、药品安全检查联合行动和烟草整治集中行动，从关注民生案件和往年积案入手，立食药环烟案件40起，抓获涉案人员72人，刑事拘留和直保67人，移送起诉68人。办理部督案黄世平等人生产销售病死猪案、省督案廖建华销售假酒案等一批大案要案。处置涉及烟花爆竹的警情80余起，派出重点场所值守警力600余人次，在10余个大型集贸市、商铺林立区域开展联合管控，共劝阻、制止准备违规燃放烟花爆竹的行为169起，签订不燃放承诺书5000余份，张贴市政府公告3000余份，办理非法储存烟花爆竹案件1起，行政拘留1人，收缴烟花爆竹160件（盘）。查处违规燃放烟花爆竹行政案件37起，行政处罚37人。核查环保督查交办线索54条，办理捞刀河街道喻峰涉嫌水土污染环境案以及沙坪街道的杨洪泽涉嫌水土污染环境案，刑事拘留2人。

【重点行业监管】开展各类重点行业监管、清查整顿工作。查处擅自经营的旅馆 34 家，行政拘留 34 人，当场处罚不如实上传旅客信息的旅馆251家。打击涉枪涉爆违法犯罪活动，收缴非法枪支290支，刑拘涉枪涉爆犯罪嫌疑人25人，行政处罚涉枪人员14人，行政处罚易制爆单位负责人10人，9家爆破作业单位全部纳入监管，3家建立爆破作业现场视频监控系统，36家易制爆单位全部纳入到易制爆流向系统的管理。加大沿线危化企业摸排的力度，对正在经营的44家危化企业逐一建档管控。加强危爆物品隐患排查和处置，处置四方坪金帆小区业主违规存放危爆化学药品事件、原湖南化学试剂总厂留守工作组在厂内存放放射物品和危爆物品事件。侦破安全生产责任案事件。办理黄臻等人涉嫌重大责任事故案，刑事拘留2人；非法经营柴油案，抓获涉案人员10余人，刑事拘留8人，扣押柴油90余吨，涉案价值2000余万元。加强机动车修理业实名登记，全区172家机动车修理业主均安装机修业治安管理系统，实现100%联网率。维护开福区物流、寄递业治安秩序，共检查物流寄递业456人次，排查安全隐患154起，整改92起，检查中，物流寄递单位全部签订责任状，做到“三个”100%制度落实。加强对各基层派出所和管理单位的监督，共计上门检查指导单位416次，行政警告处罚并限期责令整改6家，行政警告以上处罚单位4家，组织举行保安员考试6场次，共督促保安员办证1534本，新增单位备案9家。

【推进基础设施和信息化建设】2018年，完成2个示范派出所、6个提质改造派出所、10个示范警务室和26个警务室的提质改造项目工程，总投资1310万元，经市局验收全部合格。新建刑技楼项目的立项、设计、地勘等工作稳步推进，完成洪山桥派出所新所建设工作，并投入使用。完成全局15台基地台、267台PDT对讲机、45台PDT车载台升级工作，确保PDT对讲机全省联网的正常工作，处理无线信号盲区1个，确保全局在重大警保卫工作中指挥调度有序。天网工程防控系统进一步完善，圆满完成天网一、二、三期工程6100余支天网前端设备建设运维工作，接入学校、机关单位等社会面视频监控共计3150路。深化警务调查工作、做好政府信息公开、“12345”市民服务热线、“12389”举报热线、开福督办件办理及回复工作。全年受理处置投诉件、交办件142件，形成调查报告142份；受理内网信访件242件，受理外网信访件245件；受理政府信息依申请公开32份，依法答复32份；接收上级下发督办件7份，按要求及时回复7份；受理“12345”市民热线2503条，办结1951条，不予立案244条，全年市民满意率98.81%。

【人口管理与服务】2018年，全局核查户口电子档27469份，纠正补漏2532起，清理注销重户44人，按时完成部库下发户口人像存疑数据132对，人口管理系统错误照片标识194人，身份证错证标识53人，身份证指纹错误标识核对完成109人，累计清理应销未销户口2680个。受理窗口办理户口出生登记业务5934人次，办理死亡注销业务3611人次，办理户口迁入业务21535人次，办理户口迁出业务3532人次，受理户口迁入审核2164人，主项变更443人，补登户口402人，办理边境证620人，办理身份证48379人次，临时身份证2560人次，领取身份证48002人次，为辖区部队官兵办理军人证461人次，办理军人身份证号码登记表127人次；为不便前来办证的群众提供上门办证10人次，对有需求急事急办群众提供优质、高效的服务256

人次。高考期间，开辟高考考生办理身份证绿色通道，协助学校做好考生身份信息核查工作，共计为丢失身份证考生办理户籍证明7份。入境大队服务事项实现“零积压”、服务结果“零投诉”的目标。全区共采集录入“三实”及车辆信息共计18.99万条，提供破案线索42条，破刑事案件7起，治安案件42起，抓获网上逃犯4人。

【警保卫工作】持续推进警卫工作的安全平稳开展，保障每次警卫任务的安全性及首长的安全。接到警卫任务40余次，途经开福区辖区线路20余次，共出动警力1500余人次。全局高度重视、措施得力，圆满地完成全部一级、二级加强、二级及三级警卫任务。

【破获“1·16”非法吸收公众存款案】1月，长沙市工商行政管理局开福分局向长沙市公安局开福分局移交案件线索称湖南日出东方科技有限公司（以下简称日出东方公司）涉嫌非法吸收公众存款犯罪活动。接到线索后，开福公安分局立即会同经侦大队、派出所对该公司涉嫌犯罪线索进行初查，并于1月18日对日出东方公司涉嫌非法吸收公众存款依法立案侦查，成立“1·16”专案组。经初步侦查发现，犯罪嫌疑人张某玲伙同张某明、林某华于2016年11月在长沙市开福区中山路589号万达广场C区某房成立湖南日出东方科技有限公司。2017年1月以来，日出东方通过互联网和湖南娱乐频道等媒体发布“加盟东方合伙人，打造1000亿元的‘你消费，我赠送’实体促销联盟平台”的广告，在全国设置“省级代理”“市级代理”“县区代理”“个人代理”四个层级发展联盟商家，每级缴纳不同的代理费，按级别获得所辖商户经营流水的相应提成，并针对到联盟商家消费的会员设置充值消费后五倍返利（电子消费券）的模式来招揽客户加入。12月27日，在专案组的统一领导和指挥下，在市局网技支队的支持下，开福公安分局出动警力80余人次，在长沙市、邵东县、株洲市、郴州市等地同步实施抓捕，统一收网，共抓获犯罪嫌疑人14人，其中刑拘7人，监视居住1人。据统计，日出东方公司通过各种手段发展联盟商家2.5万户，会员7万人，非法吸收公众存款9亿元。

【摧毁“4·28”特大组织卖淫案】4月28日，开福公安分局基础防控中心接到市局大治安防控中心工作预警性指令称开福区芙蓉路维也纳酒店有卖淫团伙，社会影响恶劣。经侦查员实地走访，发现维也纳酒店内芙蓉太极休闲会所确有涉黄现象。迅速组织分局治安二队、四方坪派出所、洪山桥派出所、新河派出所等单位精干警力成立“4·28”专案组，开展案件侦办工作。经查，该团伙分工明确、组织严密，管理专业，设置专门的培训部对卖淫女子进行岗前培训，安排专人负责收银和账目管理，以“莞式服务”为噱头，采取“会员准入，线上预约，门店选人，客房服务”的反侦查手段，在酒店不同楼层开有长租房13间组织卖淫嫖娼活动。另外在酒店大厅、电梯、会所入口及停车场出入口均安排专人望风，其警惕性极高、反侦查能力极强。5月4日，根据现场特点，专案组制定周密抓捕计划，统筹调度200余名警力参与抓捕收网行动。5月5日凌晨1时许，专案组对维也纳酒店4个出入口，16个重点区域同时联合行动，一举抓获涉案人员55人，其中，组织卖淫团伙成员33人，卖淫嫖娼违法人员22人，团伙头目及骨干成员均抓捕到位。

【侦破“9·28”非法经营成品油案】9月，区环保部门根据群众关于环境污染问题的举报，核查发现在开福区沙坪街道中青社区长青路旁的一个平房内疑似有人非法进行油品交易。9月14日，该线索通报移交公安机关处理，接报后，开福公安分局立即成立专案组负责侦破此案。专案组经初步调查，判定该地点为一家未挂名的地下黑加油站，并在该平房内发现大型储油罐等设施，一个盘踞在长沙市内非法经营成品油的犯罪团伙浮出水面。由于没有合法经营手续，该黑加油站的油品储存、销售工具简陋，设备陈旧老化，以室内或露天油罐储存油料，不符合现行国家要求的单层罐埋地设防渗漏池或是采用双层罐设计规范，无任何安全防范设备和措施，犹如一个“定时炸弹”，严重威胁周边老百姓生命和财产安全。经过为期1个多月的缜密侦查，11月8日清晨，专案组兵分三路同步展开收网抓捕行动，共抓获涉案人员11名，依法刑事拘留犯罪嫌疑人8名，并在嫌疑人藏匿点、加油点及仓库内查获作案工具储油罐4个、油罐车2辆、非法改装储油车4辆，加油机15台，查封成品油80余吨，涉案金额3000余万元。

（李晓阳）

消防

【概况】开福区消防大队组建于1995年，隶属武警现役编制，为副团职建制单位，下辖有一个武警现役中队（伍家岭中队）和两个政府专职消防员中队（丝茅冲中队与金霞中队），共有执勤车辆14台，负责开福区188.3平方千米防火、灭火及抢险救援任务。

【灭火救援行动】2018年，区消防大队共接警出动821次，出动消防车1250辆次，消防人员8249人次，抢救被困人员27人，疏散人员174人，抢救财产价值4350万元。下辖三个中队共开展重点单位“六熟悉”300余次，制定和完善各类灭火作战预案150余份，开展夜间演习75次，圆满完成春节、元宵节、全国“两会”等消防安保工作。区消防大队以《2018年全市公安消防部队训练工作实施方案》为基础，大力开展“全员练兵”，从实战需要出发，狠抓指战员体能素质训练和执勤业务训练，下辖丝茅冲中队在全市夏训比武竞赛中获得楼层火灾内攻操、楼层火灾救人操、枪炮协同灭火操多个单项第一和专职中队团体第一名的优异成绩。

【消防安全专项整治】2018年，区消防大队开展夏季消防检查”“电气火灾综合治理”“高层建筑消防安全综合治理”“电缆井消防安全专项治理”“物流仓储、仓库（厂房）综合整治”“文物古建筑、文博场馆夏季消防安全专项检查”“无证办学和违规办学专项治理”“小区配套幼儿园整治”·等专项行动。根据“一单四制”重大事故隐患治理工作要求，区消防大队对辖区内挂牌督办的四方水果农贸批发市场、新奥大厦和汽附一厂3家重大火灾隐患单位进行立案调查，其中新奥大厦和汽附一厂已整改并销案，四方水果农贸批发市场正在整改中。2018年，日常检查发现领御大厦、长泰大厦存在重大火灾隐患，申请将其列入重大火灾隐患单位进行挂牌督办。2018年，区消防大队共检查社会单位4276个，下发《责令改正通知书》2418份，发现并整改火灾隐患10285处，罚款115.14万元，临时查封63家，责令“三停”42家，拘留32人，通过严格执法，有效消除一批火灾隐患。

【消防知识宣教活动】2018年，区消防大队继续推进政府购买消防宣传“外包”服务，开展消防“七进”活动；通过“3·15”消防产品打假、“5·12”防灾减灾日、“安全生产月”、“社区消防宣传大使”、“夏防消防宣传”、“消防进军训”、“119”消防宣传日等活动，深入辖区开展“地毯式”消防宣传活动；动员各街道、社区成立消防安全宣传小分队，深入单位、门店和居民楼栋，发放宣传资料、张贴消防海报等，向居民讲解生活用火、用电等基本消防常识，扩大消防安全覆盖面。2018年，区消防大队共开展消防宣传进社区22次，进学校75次，进机关3次，进社会单位105次，进农村5次，进家庭15468次，进“九小”门店542次，推广消防常识微信300余条，累计培训7.7万人次，共发放消防知识读本3200余本，各类消防宣传册7万余份。

【消防基础设施建设】根据2017年区政府第10次常务会议精神，明确拟分三年同意区消防大队购置消防车辆装备所需专项经费5000万元。2018年，区消防大队购置水罐泡沫

消防演练　（区消防大队　供图）

消防车2台、18米高喷消防车2台、抢险救援消防车1台、18吨泡沫消防车1台、高层供水消防车1台。鹅秀中心消防站完成规划调整、站点设计及相关报建手续等工作，并于11月主体动工建设。高岭消防站、沙坪消防站完成立项。2018年区政府第24次常务会明确统筹安排1000万元消防专项经费用于微型消防站建设。区消防大队联合区棚改办、区工务局，在潮宗街老城区有机更新项目中试点建设一座小型消防站和一座综合型微型消防站，于6月启动建设。全面摸底社区微型消防站，拟在全区16个街道各设置1至2处综合应急微型消防站，并配置消防摩托车，其余社区设置基础型微型消防站，确保全区每个社区、大型物业小区都有消防站。投入300万元对伍家岭中队进行全面的营房改造，为所有中队配齐空调、电热水器等设施，改善官兵工作、生活环境；投入12万元购置独木桥、障碍板、训练烟道等大型训练器材，完善各基层中队训练设施。

（李佳沩）

检察

【概况】开福区人民检察院（以下简称区检察院）位于长沙市芙蓉北路陈家铺202号。2018年，区检察院被评为“全国检察宣传先进单位”“长沙市先进基层检察院”，公诉科被评为“湖南省优秀青少年维权岗”。宋义平、胡萍、陈义辉、周锐、周世明、彭承兵、黄平同志被最高人民检察院授予检察荣誉章。

【平安开福建设】2018年，受理审查逮捕案件853件1155人，同比增长17.98%和5.38%，批准逮捕646件841人；受理审查起诉案件1215件1708人，同比增长26.3%和24.4%，提起公诉1062件1478人。严厉打击故意杀人、绑架、强奸、放火等严重暴力犯罪，批准逮捕51人，提起公诉152人；严厉打击群众反映强烈的电信网络诈骗、入户盗窃和“套路贷”等多发性侵财犯罪，共批准逮捕397人，提起公诉576人；突出打击社会广泛关注的“黄赌毒”犯罪，批准逮捕193人，提起公诉254人。办理的陈某某强奸案，系全省首例由检察机关支持起诉的撤销监护人资格案件，被评为“全省检察机关优秀公诉案件”。

【依法履行诉讼监督职能】刑事诉讼活动监督。依法监督侦查机关立案35件、监督撤案17件；纠正漏捕38人、漏诉31人，书面纠正侦查活动违法41件次；提出和提请刑事抗诉3件9人,法院改判2件6人。民事行政诉讼监督。办理不服人民法院民事判决和裁定的监督案件3件，向法院发出再审检察建议2件；办理审判程序监督案件3件，发出检察建议1件；办理执行监督案件2件；办理督促履职案件10件，检察建议均被采纳，办理支持起诉案件25件，判决24件。刑罚执行和监管活动监督。开展财产刑执行专项检察，监督配合执行财产刑39.4万元。依法开展羁押必要性审查，有关部门采纳检察建议共对38人变更强制措施。深入开展刑罚执行专项检察，对判处实刑未执行刑罚的17名罪犯依法监督收监执行。开展社区矫正专项检察，共发出纠正违法通知书36份、检察建议书4份，依法监督撤销缓刑、假释等收监执行9人。

【推进司法体制改革】严格员额检察官准入标准，第二批遴选6名业务骨干进入员额检察官队伍。严格执行检察官权力清单，明晰办案权责。检察长、副检察长直接办理重大疑难等案件163件，形成院领导带头办案、直接办案的新常态。完善司法绩效考核制度，全面考察办案数量、质量和效果，坚持动态考核全程考核，有效推动司法责任制落地见效。履行公益诉讼新职能。主动向区委、区人大汇报公益诉讼工作，加强与政府相关职能部门的协作配合，共同保护社会公共利益。全年办理公益诉讼案件32件，其中2件入选湖南省检察院公益诉讼白皮书。发出诉前检察建议22件，向法院提起刑事附带民事公益诉讼5件。探索重大监督事项案件化办理机制。建立《办理刑事案件侦捕诉衔接工作机制》，以事前、事中、事后持续监督流程模式，确保侦查活动、行政调查过程的依法公正。将符合条件的重大监督事项纳入诉讼程序，通过立案、审查、办结等程序保障检察监督效果，增强检察监督刚性，全年办理重大监督事项案件24件。推进认罪认罚从宽工作。所有认罪认罚案件实行“五化四集中”（五化：案件流程规范化、证据审查标准化、量刑建议精准化、律师帮助值班化、委托矫正调查信息化；四集中：集中讯问、集中审查、集中起诉、集中开庭。），提升办案效率，全年共适用认罪认罚从宽制度办理案件1003件1287人，占全部审结案件的86.3%，量刑建议采纳率99.7%，全部认罪认罚案件无一起发生涉检信访事件。区检

8月23日，特大涉黑涉恶案庭审现场　　（区检察院　供图）

察院的认罪认罚工作成效得到最高人民检察院的充分肯定。

【开展扫黑除恶专项斗争】2018年，批准逮捕恶势力犯罪嫌疑人47人，提起公诉125人。参与社会综合治理，通过检察建议和调研报告等方式促进有关部门堵漏建制，铲除黑恶势力滋生的空间和土壤。办理的韩宗仁等特大型涉恶传销组织抢劫、非法拘禁案，共依法追捕犯罪嫌疑人9名，追诉犯罪事实68笔，涉案的153人均被判处有期徒刑以上刑罚。新华社、《法制日报》等多家媒体对该案进行报道，区检察院开展扫黑除恶专项斗争工作经验被长沙市检察院推介。推进反腐败斗争。成立职务犯罪刑事检察办案组，建立健全检察机关与监察机关的协调衔接机制，与监察机关分工配合，形成打击腐败的合力。提前介入职务犯罪案件4件4人，决定逮捕2件2人，受理移送起诉2件2人，向法院提起公诉2件2人。办理区监察委移送审查起诉的长沙市某管理有限公司张某科受贿案（伙同国家工作人员受贿）、长沙市公安局芙蓉分局副局长周某胜受贿案等。

【从严治检】从严治检，打造过硬队伍。持续开展“开检大讲堂”，邀请专家教授来院授课；与长沙学院开展检校合作，共同培养卓越法律人才。组建专业化办案组织，开展业务竞赛、听庭评议等岗位练兵活动，选送干警110余人次参加业务培训，提升专业素养。推行青年干警列席党组会、检委会制度，促进青年干警成长成才，全年有7名干警、5件案件被省、市检察院记功或表彰。加强执法办案流程、规范司法和办案纪律监控。完善案件质量自评办法，开展季度案件讲评和优秀法律文书评选工作，共评查案件2097件，评选优秀文书8份，全面提升办案质量。执法状况考评在全市检察机关中名列前茅。升级建成12309检察服务中心，整合窗口职能，为群众提供案件查询、律师阅卷、来访接待等一站式检察服务。改版升级检察门户网站，加强对微博、微信公开平台的管理，公开案件程序性信息1855条、生效法律文书1313份、重要案件信息50条和工作动态400余条，检察工作更加开放、透明。

【一特大涉恶犯罪集团被区检察院提起公诉】5月24日，区检察院召开新闻发布会，通报涉嫌恶势力犯罪集团的“8·19”系列传销案的办案情况。检察机关表示将以涉嫌抢劫罪、非法拘禁罪，对153名涉恶犯罪嫌疑人提起公诉。该犯罪集团涉及犯罪事实50余起，涉案金额300余万元。2017年6月，公安机关接到受害人家属报案，犯罪嫌疑人在开福区洪山桥月湖安置小区等地以“天津天狮生物科技有限公司”的名义从事传销活动，同年6月至10月公安机关抓获韩某某、张某某、花某等153名犯罪嫌疑人，同年9月至2018年1月，公安机关将此案分批先后移送区检察院批准逮捕和审查起诉。检察机关积极履行法律监督职责，通过汇总案件证据材料，梳理全案事实，联合、引导公安机关共同补充侦查，共追诉其中20名犯罪嫌疑人未被追究的犯罪事实68笔，涉及犯罪金额350余万元，其中5名犯罪嫌疑人因追诉的犯罪事实，其量刑档次从十年以下有期徒刑变更至十年以上有期徒刑。

【开福区首起刑事附带民事公益诉讼案公开审理】7月30日，区检察院提起的何某、赵某、吴某、张某等4起非法捕捞水产品案公开开庭审理，这是开福区第一起刑事附带民事公益诉讼案件。法院当庭判处赵某、吴某、何某3名被告人拘役三个月缓刑三个月，对被告人张某某单处罚金1万元，6名被告人投放鱼苗

5400尾，计270千克。该案起诉人贾忠军指出，何某等六名被告人非法捕捞的行为破坏湘江生态环境和渔业资源,侵害社会公共利益，而且极易给其他市民带来不良示范影响。区检察院检察长宋宽馀表示，保护生态环境资源已成为国家战略和全民共识，检察机关作为国家法律监督机关和社会公共利益的代表者，对破坏生态环境资源的违法犯罪行为采取“零容忍”态度。

【“12309”检察服务中心揭牌】12月11日，区检察院举行“走进“12309”，检察为民新体验”公众开放日活动暨“12309”检察服务中心揭牌仪式。区委常委、政法委书记黎明和区人大常委会副主任李光华共同为“12309”检察服务中心揭牌。成立“12309”检察服务中心是践行司法为民、司法便民宗旨，不断满足新时代人民群众日益增长司法新需求的重要举措。“12309”检察服务中心分为网上平台和实体大厅两个层面。网络平台包括网站、移动客户端（手机APP）、微信公众号和检察服务热线，具体承担检察服务、案件信息公开和接受外部监督等三大模块。实体大厅由原来单一接待来访功能改造升级成集控告申诉、案件管理、检务公开、检察宣传等功能于一体的“一站式”服务中心。

（胡　玲）

法院

【概况】2018年，开福区人民法院认真履行宪法和法律赋予的职责，司法为民，公正司法，各项工作取得长足进步。全年受理各类案件19934件（含旧存667件），办结18285件，收、结案同比上升7.49%和21.55%，收、结案数、员额法官人均办案数位居全省前列。2018年，开福区人民法院获评长沙市十大优秀政务微信公众号，开福区人民法院刑庭荣立长沙市中级人民法院集体三等功。

【平安开福建设】严惩涉黑恶势力犯罪。积极开展扫黑除恶专项斗争，审结涉黑涉恶案件11件110人。如依法审理月湖小区特大涉恶犯罪集团抢劫、非法拘禁案，涉案上百人，涉及犯罪事实50余起，涉案金额300余万元，韩宗仁等人被依法判处有期徒刑十四年至一年不等刑罚，有力打击传销犯罪，中央电视台进行专题报道。严惩危害群众生命财产安全犯罪。审结盗窃、敲诈勒索、抢劫、故意伤害犯罪案件488件，判处罪犯659人。积极参与禁毒斗争，审结毒品犯罪案件153件186人。审理生产、销售有毒有害食品犯罪案件16件33人，黄世平等18人生产、销售病死猪肉2100多千克，全部判处有期徒刑，保障人民群众“舌尖上的安全”。严惩危险驾驶等危害公共安全犯罪，审结255件255人，维护公众出行安全。严惩贪污贿赂犯罪。对腐败犯罪始终保持高压态势，审结贪污贿赂案件13件16人，其中处级干部3人，正科级干部3人。依法审理衡阳市国土局原党组书记、局长邹高帆，天心区政协原党组书记、主席邓林受贿案件，彰显惩治腐败的坚强决心。加大行贿犯罪打击力度，判处罪犯6人。

【服务经济社会发展】依法防范化解金融风险。维护金融市场秩序，审结信贷、证券、保险等案件1886件。规范民间融资行为，审结民间借贷案件1497件。维护金融安全，依法审理湖南澳鑫商品交易有限公司等非法经营、非法吸收公众存款、集资诈骗案件17件，涉案金额上百亿元，涉及群众7万余人。邀请银企单位召开座谈会，增强企业风险防控能力。服务美丽开福建设。配合蓝天保卫战、碧水攻坚战工作，保护开福生态环境。成立湘江环境资源法庭，为湘江流域生态文明建设与绿色发展提供司法保障。审结污染环境、破坏资源犯罪案件16件，对4件环境公益诉讼案被告人判处相应刑罚，同时，判令投放5400尾鱼苗恢复生态。强制执行时，组织多家媒体报道，起到较好的警示教育作用。

【妥善审理涉民生案件】积极回应群众关切，切实为民排忧解难，审结涉及消费、教育、医疗、食品药品等案件2071件。坚持依法维护劳动者合法权益与用人单位正常生产秩序相并重原则，审结劳动争议案件549件。加强人权司法保护，依法审理湖南卫视知名主持人汪涵、大兵等肖像权、名誉权案件29件；审理市民酒后摔亡波隆立交桥等生命权、健康权案件41件。慎重审理房屋漏水、噪音污染、采光通风等相邻纠纷案件22件，促进邻里和谐。依法审结房屋买卖纠纷案件622件，保障房屋交易市场稳定。妥善办结明月商城、御景龙城业主诉开发商案件，使历史遗留问题得到有效解决。依法审理北辰三角洲等物业纠纷案件571件，维护物业公司和业主的正常关系。高效审理合伙、公司等涉民营企业纠纷案件305件，保

12月4日扫黑除恶专项斗争推进会（区检察院　供图）

障支持民营经济健康发展。维护婚姻家庭和谐稳定。妥善处理离婚、赡养、扶养、抚养、继承等婚姻家庭纠纷案件556件，有效促进家庭和社会和谐稳定。依法严惩家庭暴力、遗弃、虐待老人和儿童的行为，发出人身安全保护令4份，依法对家暴妻子的被告人刘某某，判处有期徒刑一年六个月，维护家庭传统美德。

【助推法治政府建设】服务区域发展大局。支持城中村、棚户区改造，妥善办结征地拆迁案件25件，推进马栏山视频文创园、潮宗街棚户区、高岭商贸城等重点项目建设。加大破产案件审理力度，特别是对维多利破产案件快速办理，一栋影响长沙市容多年的建筑得以顺利拆除。该破产案件是全市法院办理速度最快、质量最高、效果最好的破产案件。妥善化解行政争议。审结行政诉讼案件202件，支持、监督行政机关依法履职。通过司法审查支持"放管服"改革，服务法治政府建设。积极探索有效化解行政争议的方法和机制，加大行政案件协调解决力度，参与辖区重大项目和重大决策的社会稳定风险评估，提出司法建议2份。对有可能引发群体性的事件，共同做好防范、化解工作，确保矛盾纠纷不扩大、不激化。推进行政首长出庭应诉。涉及重大公共利益、社会高度关注的案件，建议行政机关负责人出庭，改变过去行政诉讼"告官不见官"的尴尬局面，行政机关负责人出庭应诉率明显提高。全年有湖南省卫计委、长沙市公安局、长沙市食品药品监督管理局等单位行政负责人出庭应诉，对妥善化解纠纷，促进依法行政起到积极作用。

【弘扬社会诚信风气】建立执行联动机制。区委高度重视，区委办、区政府办联合下发《关于加快推进失信被执行人信用监督、警示和惩戒联动机制建设的实施方案》，区委政法委下发《关于建立支持人民法院基本解决执行难问题联席会议的通知》。区政府支持解决"决胜执行难战役"专项经费300万元。召开公安、检察、司法和街道执行联席会议，邀请人大代表、政协委员参与见证案件执行，新闻媒体跟踪报道。党委领导、人大监督、政府、政协支持、政法委协调、法院主办、部门配合、社会参与的综合治理执行难工作格局初步形成。做好人力物力保障。充实执行力量，将一批年富力强的干警充实到执行队伍，执行干警63人（其中在编干警24人）。层层压实责任，每天一调度，每周巡查、考核、通报，明确时间表，路线图。执行干警放弃双休日、节假日，一大批案件得到执结。全年共受理执行案件6740件，执结6117件，执结率90.76%，同比上升11.33%，执行到位标的额18.56亿元。加强执行信息化建设，实现与银行、证券、不动产登记中心等机构信息共享，通过网络查控被执行人财产线索，提高执行效率。开展网络司法拍卖，成交案件228件，成交率87.36%，成交金额3.4亿元。用足用好强制措施。坚持"五个一律"，即对具有未申报财产或申报财产不实等情节严重的被执行人，一律限制高消费、一律失信、一律拘留、一律罚款，情节严重涉嫌拒执犯罪的一律移送公安机关侦查。纳入失信被执行人513人，限制高消费5616人，作出司法拘留决定150人，罚款10人，判处刑罚2人。

【推进司法改革】推进责、权、利管理。落实审判管理职责，明确规定院长、庭长、员额法官的职责、权限、任务，让审理者裁判，由裁判者负责。细化量化绩效指标，完善《目标绩效管理办法》和《劳务派遣人员管理办法》，按月考核，综合考评，有效调动全院干警工作积极性，形成院长、庭长带头办案，全院干警加班加点的良好工作氛围。入额院长、庭长带头办案8946件，占员额法官办案总数的52.4%。法官人均结案315件，办案最多的法官639件。推进审判团队管理。在人员不足的情况下，采用“N名员额法官+N名法官助理”的模式，形成以员额法官为核心，法官助理、书记员分工协作、紧密配合的专业化审判团队。明确审判团队的案件分配、办理办法，将不同案件分配到不同的审判团队，实现团队协同作战、规范裁判尺度、统一法律适用、同案同判目标。根据案件难易程度，科学合理分案，一个团队可以审理多种类型的案件，避免法官忙闲不均，提高办案效率。推进案件质量管理。推进繁简分流改革，实现简案快审、繁案精审，简易程序适用率67.2%。加强案件质量评查，规范办案流程，加强节点监控，严防超审案件，对发回重审、再审案件重点点评，深入查摆。预防虚假诉讼，把好立案、审理关口，严格审查当事人递交的起诉材料，认真核对当事人身份信息，依法驳回起诉36件。同时对1件虚假诉讼案予以处罚，营造诚信的诉讼环境。推进认罪认罚从宽试点工作。依法准确适用速裁程序、简易程序、普通程序，减少因程序转换带来的诉讼资源耗费。采取“集中审查、集中告之、集中排期，简化讯问、简化举证、简化文书”的“三集中三简化”的方法，实现实体上“从宽从轻”，程序上“从简从快”，质量上“不降标准”。快速审结刑事认罪认罚案件747件，占刑事结案71.8%。

【满足群众司法需求】努力方便群众诉讼。强化诉讼服务中心建设，定位“诉讼引导、信息查询、材料收转、信访咨询、判后释疑、登记立案、多元调解”等功能，划分“诉讼引导区、信访接待区、休息等候区、登记立案区、多元调解区”等区域，引入自助服务、公告导览、排队叫号系统，完善“12368”热线与移动通信平台，设立诉前调解、律师调解工作室，为当事人提供“一站式”诉讼服务。做好涉诉信访工作，坚持每周四院领导接访制度，及时答复办理各类投诉信访120件。做好申诉案件办理，经院长发现裁定再审改判案件9件。探索微信质证、网上开庭、网上调解案件260件，减少当事人诉累。全面推进司法公开。加强智慧法院建设，建立19个科技法庭，推动电子卷宗随案同步生成，实现网上签章、网上监控、全程留痕、数据共享。推进裁判文书公开、审判流程公开、执行信息公开工作，上网公布裁判文书17777份，开展庭审网络直播562场次，开展“人大代表、政协委员进法院零距离监督”专项活动，邀请代表委员旁听庭审、见证执行95人次，提高司法透明度。大力加强法治教育。积极参与社会治安综合治理，配合检察、公安、司法等单位推进社区矫正工作，召开矫正人员收监执行大会，200多名矫正人员接受警示教育。加强未成年人司法保护，审结未成年人犯罪案件10件12人，推动社会、学校、家庭各方协作，做好未成年人犯罪预防和权益保障工作。落实“谁执法谁普法”责任，采取“请进来、走出去”的方式，开展送法进校园、进社区、进企业普法宣传活动，通过“法庭开放日”，邀请居民、师生、职工旁听庭审3000人次。加大以案释法宣传力度，通过微博、微信公众号、网站和新闻媒体发布典型案例，在中央、省、市媒体上稿440篇。区人民法院微信公众号被评为全市十大优秀政务微信公众号。

【打造过硬法院队伍】加强思想建设。推进“两学一做”学习教育常态化制度化。开展“不忘初心、牢记使命”主题教育，树立“四个意识”，增强“四个自信”。加强党建工作，以党建带队建促审判。坚持以上率下，上下联动，把主体责任延伸到全院每一个部门、每一个岗位。创新党建活动载体，组织干警参观革命教育基地，接受红色教育，全院有15个集体、65名干警受到省市区表彰奖励。提升业务能力。完善法官遴选机制，经过考试考核，遴选第二批员额法官16人，全院共有员额法官58人。加强业务教育，选派法官参加上级法院组织的各类业务培训85人次。招录法官助理、书记员54人，开展法官助理、书记员岗位培训，强化司法辅助功能。加强法警技能培训，体能锻炼，提升警务保障能力。严肃作风纪律。认真落实党风廉政建设主体责任和监督责任，班子成员向院长、庭室负责人向分管领导签订党风廉政责任状。随案发放廉政监督卡，进行廉政回访。开展审务督查，全年发出督查通报35份，12名干警点名通报。开展警示教育，经常喊醒、提醒、警醒干警，做到警钟长鸣。加大查处力度，1名聘用人员被辞退，2名干警受到党纪政纪处分。自觉接受监督。依法接受人大监督，向区人大常委会专题报告法院工作2次，提请人事任免50人次。加强与代表的联络，以座谈、走访、旁听庭审等形式听取代表意见，办理人大建议1件。完善人民陪审员参审机制，人民陪审员参审率99.1%。自觉接受政协民主监督，及时向政协通报法院工作情况，办理政协提案1件。依法接受检察机关法律监督，广泛接受社会和舆论监督，共同维护司法公正。

【湘江环境资源法庭敲响刑事附带民事公益诉讼第一槌】7月30日，长沙市开福区人民法院湘江环境资源法庭开庭审理吴某、张某某、何某、赵某等4起非法捕捞水产品罪刑事附带民事公益诉讼案。经审理，法院判决4名被告人犯非法捕捞水产品罪，其中3名被告人判处拘役三个月，缓刑三个月，1人判处罚金的刑罚；与另两名附带民事公益诉讼被告人共同承担破坏渔业生态环境和渔业资源修复责任，在电鱼水域投放鲢和鳙不少于5400尾，重量270千克以上；并在市级以上新闻媒体公开赔礼道歉。10月19日，张某某等人在开福区法院、检察院、渔政部门及新闻媒体的监督见证下，将270余千克、5400余尾鱼苗投放入湘江水域，修复生态。

【开福区公开宣判一起特大涉恶犯罪集团抢劫、非法拘禁案】8月23日，长沙市开福区人民法院对4件涉恶案进行集中公开宣判。被告人徐李登等29人犯抢劫罪、非法拘禁罪，分别被判处有期徒刑十年六个月至一年六个月，并处罚金人民币3万元至3000元。该4案系检察机关提起公诉的特大涉恶犯罪集团中的系列案件，该犯罪集团涉案153人，涉及犯罪事实50余起，涉案金额300余万元。中央省市10多家媒体报道，中央电视台新闻频道进行专题报道。

（王必杰）

7月30日，区法院湘江环境资源法庭开庭审理非法捕捞水产品罪刑事附带民事公益诉讼案

（区法院　供图）

司法行政

【概况】开福区有16个司法所，1个公共法律服务中心。全区有5个区直律师事务所、7个法律服务所，从业律师50人，法律工作者53人。2018年，受理法律援助案件360件，其中民事案件250件，刑事案件110件；受理各类民间纠纷2179起，调解成功2179起，成功率为100%。截至2018年年底，开福区累计接收管理矫正对象1962名，1589人解矫，在册373人。2018年，开福区东风路街道人民调解委员会获评司法部全国人民调解工作先进集体，区公共法律服务中心被评为全市文明窗口示范单位。

【司法行政】划分“四大片区”，构建司法行政大格局。全区16个司法所按区域和城乡不同进行整合，划分为四大片区，分别是望麓园片区、东风路片区、洪山片区、秀峰片区。实行领导联点。由局班子成员分片联点，每个片区4个司法所组成，副科级司法所长牵头为片区片长。实现资源整合。通过片区划分，让原本单一的“个所”变成联体后的“大所”，让原本“单打独斗”的模式变成有计划、有组织、有步骤的“集体行动”，而且每个所都有各自的“资源优势”。

【法律援助】深化公共法律服务体系建设，打造开福品牌。做好法律援助服务民心工程。受理法律援助案件360件，其中民事案件250件，刑事案件110件。区公共法律服务中心被评为全市文明窗口示范单位，共接待来电来访咨询2900余人次，平均每天接待咨询10余人次。构建

“全覆盖”的实体法律服务平台。2018年，开福区建立16个公共法律服务工作站，107个公共法律服务工作点，全区公共法律服务工作站点覆盖率100%，全区申请建成公共法律服务志愿点120个。深入推进“互联网+公共法律服务”模式。拓展网站、微信服务，推行公共法律服务全流程、全地域网上提供，让“数据多跑腿、群众少跑路”。

【人民调解】完善矛盾调处机制，有效化解矛盾纠纷。开展矛盾纠纷排查调处工作。受理各类民间纠纷2179起，调解成功2179起，成功率为100%。加强基层阵地建设。2018年，开福区东风路街道人民调解委员会获评司法部全国人民调解工作先进集体。月湖司法所、望麓园司法所、通泰街司法所完成阵地新扩建工作。完成创建2个省级模范化司法所(东风路、秀峰)，10个省级规范化司法所（沙坪、伍家岭、通泰街、望麓园、芙蓉北路、洪山、湘雅路、清水塘、四方坪、月湖），创建达标率75%。加强调解组织建设，拓宽专业性、行业性调委会。2018年，成立全市首家物业矛盾纠纷调处中心，为老百姓畅通诉求渠道，及时、有效地预防和化解物业矛盾纠纷。区医疗纠纷调解中心成立一年来，共接访医患人员咨询380多人次，申请医患纠纷调解50起，调解成功46起，为群众争取赔偿金额和人道主义救助资金400多万元，深受民众好评。

11月30日，“12·4”国家宪法日主题活动现场　　（区司法局　供图）

【法治宣传】创新法律宣传方式，提升法治宣传实效。将宪法修正案纳入中心组学习。区直各部门、各街道邀请区“七五”普法讲师团、普法志愿者在全区范围内开展宪法“七进”活动。强化重点对象法治理念。将普法考试结果纳入全区干部绩效考核内容，全区共有4936名国家工作人员参加“如法网”学法用法考试，合格率为100%。创新法治宣传方式。运用“互联网+法治宣传”新模式，让法律知识“随时可看，随时可读，随时可享”。编辑出版《不可不知的法律常识800问》，以说唱音乐结合视频的方式制作“我与宪法”法治宣传微视频作品《法润开福·幸福北城》介绍2018年开福区开展的系列宪法宣传活动。区委书记沈裕谋获得2018年全省“法治建设推进者”荣誉称号。

【社区矫正】狠抓社区矫正管理，严格落实规范执法。截至2018年年底，开福区累计接收管理矫正对象1962名，1589人解矫，在册373人，均未出现一例脱管、漏管和因工作失职造成的重新犯罪现象。运用手机APP定位、电子围墙、人脸指纹识别签到、社区矫正远程视频督察系统等科技手段严格规范执法。2018年，开福区全省首家“互联网+”社区矫正智慧管理服务新平台正式上线，打

11月30日，开展“12·4”国家宪法日主题活动　　（区司法局　供图）

通特殊人群管理服务的“最后一公里”；开福区首例社区矫正服刑人员公开收监执行大会在开福区人民法院举行。落实教育帮扶。按照上级要求在社区矫正对象中开展中共十九大和全国两会精神主题教育活动。联合区人社局、区民政局定期为生活有困难或遭遇重大家庭变故的社区矫正对象提供临时救助和就业指导。

【法律服务】延伸法律服务触角，服务全区中心工作。服务重点项目建设。从区司法局机关抽调2人到火车北站片区棚户区改造征收工作指挥部、全局16个司法所全部参与全区重大项目及拆迁的法务工作，服务全区中心工作。规范律师、基层法律服务工作者工作。2018年，对区属律师事务所、基层法律服务所进行集中走访，了解区属律师事务所、基层法律服务所执业状况，检查规范化建设情况。推进“最多跑一次”行政审批制度改革。全面梳理区司法局权力清单及政务服务事项，根据区审改办、区政务服务中心要求，推进行政审批制度改革，将司法局2项政务服务事项列入不见面改革范围，8项事项列入最多跑一次改革范围，并将所有政务服务事项制定政务服务指南。

【区委书记沈裕谋荣获2018年度湖南省“优秀法治建设推进者”称号】12月4日，湖南省“12·4”国家宪法日暨法治湖南建设年度盛典活动上，开福区委书记沈裕谋荣获2018年度湖南省“优秀法治建设推进者”称号。开福区将“建法治型社会”列入第五次党代会报告和“十三五”规划的重要内容，并作为第五届开福区委的四项重要任务之一，强力推进法治开福建设；在开福区委常委会、区政府常务会研究制定出台推进全面依法治区实施意见、区委常委会“三重一大”事项集体决策制度实施办法、加强法治政府建设决定、依法行政工作意见、重大行政决策合法性审查办法等制度，率先全省引入ISO9001质量管理认证体系，率先在长沙市制定区级层面依法行政考核实施细则。开福区坚持将制度体系建设作为推进依法治区的关键抓手，构筑起开福区法治政府建设的“四梁八柱”，打造法治高低，以“善治”推动开福区高质量发展。2018年，开福区入选中国高质量发展百强区。

12月4日，区委书记沈裕谋荣获2018年度湖南省“优秀法治建设推进者”称号

（区司法局　供图）

【湖南省首家社区矫正智慧管理服务新平台正式上线】2月12日，湖南省首家社区矫正智慧管理服务新平台在开福区司法局东风路司法所正式上线。开福区司法局在东风路司法所试点设立社区矫正远程视频督察系统，推进社区矫正规划化、专业化、信息化建设，联通市、区、街三级管理机构，在原有的人脸识别、电子腕带、手机定位等科技监管系统基础上，进一步实现社区矫正管理服务零距离，打造全省首个“互联网+”社区矫正智慧管理服务新平台，打通特殊人群管理服务“最后一公里”。平台正式运行后，远程管理服务将延伸到社区服刑人员家中，各级管理机构可以随时通过视频系统对管理对象日常情况进行动态监管，社区服刑人员也可以第一时间反映自身的困难和问题。

（唐云梦）

劳动仲裁

【概况】开福区劳动保障监察大队为开福区人社局二级机构，属全额拨款事业单位。区劳动保障监察大队主要职责为承担区人社局法规科工作，负责全区劳动保障监察工作，负责全区劳动人事争议仲裁工作和“12333”工作，以及全区劳动信访维稳工作等。开福区人社局法规科、劳动监察、劳动人事争议仲裁院、“12333”咨询热线4个部门合署办公。

【劳动监察工作】2018年，接待群众投诉4950人次。受理来电咨询与投诉3300人次，受理劳动保障监察举报投诉案件219件，结案率100%，涉及劳动者1200人，向公安机关移送拒不支付劳动报酬犯罪案件2起。下达行政处罚案件9起。接待农民工工资投诉案件25起，依法受理并解决拖欠农民工工资案件12起，涉及农民工800多人。开展劳动保障监察执法行动，查处违法违规行为，宣传劳动法律法规，增强人民的法制意识，保证劳动保障法律法规的实施，切实扩大劳动者的合法权益。

【劳动争议仲裁工作】2018年，劳动争议仲裁院严格执行办案规程，认真开展申诉接待、审查立案、调解仲裁工作，坚持“预防为主、协调为主、基层为主”的方针。及时把争议隐患消灭在萌芽状态。强化服务意识，为企业和职工宣讲劳动保障法规，提供劳动保障法律法规咨询，对群众反映的各类问题及时调查处理，掌握争议苗头，提前介入，化解矛盾。同时，坚持“合法、公正、及时”的原则，积极稳妥的处理劳动争议，2018年，受理劳动人事争议仲裁案件517件，结案517件，结案率100%。

【开展农民工工资“治欠保支”推进情况专项检查】5月18日，区人力资源和社会保障局“治欠保支”工作方案在区政府第24次常务会议上通过，以文件形式调整《开福区保障农民工工资支付工作》领导小组，并通过《开福区保障农民工工资支付工作考核办法》《开福区企业欠薪应急周转金管理暂行办法》《开福区建设领域农民工劳动报酬保证金实施办法》《长沙市开福区查处涉嫌拒不支付劳动报酬犯罪案件实施办法》等文件。7月底，区人社局制订农民工工资“治欠保支”推进情况专项检查方案，联合区城乡建设局、街道、社区和中标银行对辖区内所有在建工地进行实地检查。检查主要内容是建筑工地实名制通道开通、工资是否实行分帐制、签订劳动合同情况、维权信息公示情况等，对存在问题的项目当场发出限制改正通知书。共对75项目进行检查，其中71个项目当场下达限期整改指令书，约谈在建项目施工企业负责人，并按要求签订落实整改到位承诺书。对不配合、整改不到位的施工企业按管理权限报送开福区城乡建设局和长沙市住建委，纳入诚信黑名单。

8月10日，区劳动监察大队在长沙湘江东岸防洪综合改造工程项目部向民工宣传治欠保支相关政策　（区人社局　供图）

【开福区组织兼职仲裁员岗前培训】7月9日，开福区劳动监察大队组织15名新任兼职仲裁员进行岗前培训。培训主要内容为劳动争议处理基本理论、仲裁办案基本程序以及裁决书的制作，开展典型案例分析和研讨，使新任仲裁员对仲裁工作有更加明确和具体的认识。面向全市公开招聘15名兼职仲裁员，被聘请的15名兼职仲裁员中有13名是持有律师资格证书的专业律师。聘请兼职仲裁员，实现专业的人做专业的事。经过培训和工作实践，仲裁院案件完全由15名兼职仲裁员办理，有效地缓解人员紧张的压力，提高办案质量。

【湖南省永康生物制品有限公司未按时足额缴纳社会保险费案件】8月17日，开福区劳动保障监察大队接到开福区社会保障管理中心移送湖南省永康生物制品有限公司欠缴社会保险费。8月23日，区劳动保障监察大队正式立案调查。经过调查处理，8月24日，向该公司下达《劳动保障监察限期改正指令书》，责令公司补缴社会保险费。9月29日，该公司按规定要求足额补缴社会保险费，该案件处理到位，顺利结案，维护劳动者的合法权益。

（杨　宇）

军　事

LOCAL MILITARY

人民武装

【概况】长沙市开福区人武部编制现役军官4名，文职人员5名。下辖基层武装部21个，其中街道武装部16个、事业单位武装部1个、院校武装部4个，配备专武干部49名。2018年，区人武部坚持以党的十九大精神和习近平新时代强军思想为指引，贯彻落实湖南省军区、长沙警备区党委全会精神和区委年度工作部署。

【思想政治建设】区人武部党委组织机关全体人员学习中共十九大精神和习近平强军思想，抄写新党章，撰写学习心得体会，每人交流学习心得20余篇。区人武部班子成员全年到高校和民兵基层组织进行中共十九大精神宣讲5次，对大学生和民兵进行政治思想教育。区人武部在机关干部、基层专武干部和民兵队伍中开展“传承红色基因、担当强军重任”主题教育活动，开展“和平积弊大起底大扫除”整改活动。区人武部党委落实中央军委党的建设会议精神，组织班子成员学习《习近平谈治国理政（第二卷）》《习近平论强军兴军》《军委主席负责制学习读本》等政治理论教材，参加湖南省军区、长沙警备区党委中心组理论学习。6月20日，在警备区领导指导下，召开党委专题民主生活会，开展批评与自我批评，解决班子成员存在的思想问题。

【国防集训演练】区人武部贯彻落实军委主席习近平训令，把备战打仗作为中心工作。组织机关干部和专武干部业务集训，开展岗位现实问题研究作业，学习国防动员组织指挥业务知识技能，参加湖南省军区“湘江-2018”军事演习，检验学习集训效果。组织新任文职人员参加长沙警备区集训和单位集训，达到胜任标准。选送新任专武干部参加湖南省军区集训。区人武部组织民兵应急分队、舟桥分队、防化救援分队和保交护路分队集训，保证人员、时间、内容和效果“四落实”。组织区民兵战备值班分队民兵进行紧急拉动演练，接受警备区2次紧急拉动检查。对原有冲锋舟、橡皮艇进行检修，新购置5艘冲锋舟和拖车，全部处于良好战备状态。区人武部组织学生军训“四会”教练员集训1期。指导辖区4所高校完成大学新生军训任务，并为每个学校上国防教育课2~3次，组织观看爱国电影2场。

【民兵整组工作】区人武部多次向区委、区政府主要领导汇报民兵整组工作；成立以常务副区长任组长的民兵整组工作领导小组，与区政府联合制定下发《民兵组织整顿工作指示》；配合区政府多次召开整组工作推进会和调度会；组织干部到金霞经开区、湖南广播电视台、湘雅医院等30多个单位进行实地调研，摸清各个单位符合条件的兵员底数、质量和专业对口情况，针对各单位上报的编组花名册，逐个核实，编组一支队伍、点验一支队伍、成熟一支队伍，不合格不过关；制作下发整组工作规范性汇编资料和业务手册，在捞刀河街道组织示范观摩，明确阵地建设标准和软件资料要求；联合区政府督查室对各单位整组工作开展情况进行全程督导；针对基层普遍反映的经费不足等问题，区人武部请示区政府领导拨专项资金，为每个街道购置一批民兵装备器材，解决一部分民兵工作经费。民兵年龄结构、党员比例、退伍军人比例、专业对口率等指标均达到规定标准。民兵整组工作接受湖南省军区政委冯毅等多位首长检查，得到好评。接受军委国防动员部检查考评，被列为长沙市4个、全省10个整组先进候选单位之一。

5月8日，开福区在湖南工程职业技术学院举行“2018年度开福区征兵宣传进高校暨大学生预征启动仪式
（区人武部　供图）

【新兵征集工作】区人武部针对开福区高校少（全区4所高校，其中3所实际地址在长沙县），“当兵冷、征兵难”的实际情况，早筹划，早发动，4月全面展开，在湖南工程职业技术学院举行“2018年大学生预征启动仪式”，在湖南安全技术职业学院召开征兵动员大会；组织大学生预征体检和政治考核，上站人数与合格人数均高于2017年；召开全区征兵工作会议，开展体检和政治考核业务培训；全面展开征兵体检和政治考核工作。

【安全管理工作】区人武部开展“贯彻落实新条令，塑造军人好样子”“军车交通安全月”“百日安全”等活动，进行作风纪律教育整顿，及时传达学习军委国防动员部、湖南省军区通报的各类安全事故问题，结合单位实际情况进行分析讲评，警示干部职工吸取教训、举一反三。坚持每天交班一次安全提醒，每周对重点目标进行一次清查，每次办公会讲评布置安全工作，每次党委会分析预测安全形势，经常与干部职工谈心交心。坚持用制度管人管事，检查督促人员、武器弹药、经费物资器材、涉密文件信息、办公电脑、营院安全和车辆使用等规章制度落实。8月9日，军委国防动员部工作组检查区人武部安全管理工作，给予充分肯定。

【举行2018年度开福区征兵工作宣传进高校暨大学生预征启动仪式】5月8日，在湖南工程职业技术学院体育馆隆重举行“2018年度开福区征兵工作宣传进高校暨大学生预征启动仪式”。长沙警备区国防动员处参谋周彦，区委常委、区人武部部长马运动，区人武部政委陈松华，区政府副调研员谢勇，学院副院长吴铁平，驻区高校武装部部长、系党总支书记、辅导员，以及1800余名学生代表参加启动仪式。仪式上，吴铁平从老师的角度，深谈大学生携笔从戎的人生意义，引导大家积极响应祖国的召唤；大学生退役士兵代表、大学生现役军官代表、有志入伍大学生代表分别从自身角度畅谈人生价值；陈松华宣读《习近平给南开大学入伍学生的回信》，以习主席的谆谆教诲感召大家；最后马运动做参军入伍动员讲话，激励大学生从军习武，献身国防，报效祖国。仪式播放习主席阅兵视频，震撼和感染着每一位大学生。仪式现场，区人武部工作人员积极提供征兵政策咨询，并赠发征兵宣传资料。启动仪式为调动大学生应征入伍积极性发挥重要作用。

5月14—25日，11月19—21日，区人武部组织2期民兵应急分队集训

（区人武部　供图）

【组织民兵应急分队集训】5月14日至25日，11月19日至21日，开福区人武部组织2期民兵应急分队集训，参训民兵包括区民兵应急连和各街道抽调的民兵骨干202名。集训在区民兵训练基地实施。集训严格落实军委主席习近平关于“仗怎么打，兵就怎么练”的总要求，着眼维稳处突主要任务，以改革精神改变往年训法，提升单兵擒敌能力，增加擒拿格斗和警棍盾牌术高难度科目训练；增强分队快速反应能力，加强分队紧急集合，快速拉动，快速对目标实施战术动作的训练。训练过程中，区人武部组训干部从实战出发，严格要求，从严训练。参训民兵牢记重托，着眼使命，自觉严格要求，忘我勤奋训练，经考核合格率100%。7月20日，区民兵应急连接受长沙警备区紧急拉动检查，达到考核标准。

【组织参加湖南省军区“湘江-2018”军事演习】6月19日、7月10日至12日，开福区人武部组织参加湖南省军区“湘江—2018”军事演习。此次演习，区人武部党委高度重视，先后召开党委会和首长办公会专题研究部署，成立由部长马运动、政委陈松华专门负责的演习领导机构，对演习规格高、规模大、时间跨度长、参与人员多，工训矛盾较突出等情况，进行统一筹划，科学处理，精心准备。演习分为理论研讨、组织筹划、实兵演练3个阶段组织实施，历时4天，区人武部全体干部和部分民兵参加。由于平时训练扎实，演习前准备充分，参演沉着细致，演习涉及的各项任务均在规定时间节点内完成拟制。通过此次演习还学习兄弟单位创新国防动员工作的新方法，如怀化军分区制作用于防范炸弹演习的模拟导弹；益阳军分区流畅的信息保障和无人机跟随拍摄器材等。首次参演的文职人员不惧困难，积极投入，努力施展平时训练掌握的知识技能。全体干部和参演民兵在天气炎热，装具繁杂的条件下，标准不降，作风扎实，如模拟受伤的民兵躺在高温地面认真配合，演习指挥所秩序正规井然，各类安全保密规定一丝不苟得到落实等。经过参演人员的共同努力，此次军事演习任务高标准完成。

（郑应琼）

人民防空

【概况】开福区人民防空办公室（以下简称区人防办）为区政府人民防空工作主管部门，也是区国防动员委员会的常设办事机构。区人防工作以《中华人民共和国人民防空法》《湖南省实施〈中华人民共和国人民防空法〉办法》为依据，按照“长期准备、重点建设、平战结合”的方针，全面加强人民防空一体化建设，全力提高信息化、现代化水平，人防工作迈上新台阶。

【服务中心工作】党建引领，服务中心工作创新规范。区人防办坚持以上率下，压实管党治党责任。党组健全议事规则、办事公开制度，遵循“三重一大”集体决策规定和党组书记末位表态制度，保障各项决策民主、科学。制定《2018年开福区人防办党风廉政建设工作方案》，抓好党风廉政建设。党组班子坚持统揽全面，抓好大事；坚持廉洁从政，率先垂范，班子凝聚力、领导力、执行力进一步增强。落实“一支部一品牌”建设，结合“5・12”全国防灾减灾日，“11・1”湖南省人民防空警报试鸣日，开展人防宣传进校园、进社区活动，增强全民国防意识和防空意识。推进“两学一做”学习教育常态化、制度化，全年组织学习40余次。

【指挥通信】科学组织，指挥通信工作开展顺利。组织训练演练。区人防办工作人员多次参与省、市人防办组织的人防系统机动指挥训练，推行“准军事化”人防队伍建设。组织全区人防系统50余人在长沙县人防疏散基地开展2018年度开福区人防系统组织训练暨业务培训，全面提升开福区人防系统工作人员业务能力。组织指挥体系日臻完善。增加防空警报覆盖面，完成市人防办下达的2台警报器安装任务。精心组织“11・1”防空警报试鸣活动，鸣响率100%。每周坚持与市人防办沟通联络，确保设备畅通。

【人防工程建设】项目为王，全力助推区域经济发展。主动将人防工程建设与区域经济发展有机融合，加大惠民项目引进入区力度，助推和服务好区域经济发展。积极促成区人民防空指挥所工程建设。区人民防空指挥所（15012工程）建设项目，经区政府多次调度，由金霞经济开发区完成项目用地手续办理，启动设计招标，争取2019年开工建设。争取长沙市人防办专项资金50万元，完成月湖人防宣教基地二期建设，建设月湖人防宣教基地为全市首个省、市、区共建人防宣教示范基地。为解决湘雅附一医院停车难问题，与长沙市道路交通投资有限公司协调湘雅附一医院地下停车场修建项目，争取市人防办投资项目地下建设部分，促成市区合作。2018年，平战结合收入21万余元，在产生社会效益的同时产生一定的经济效益，为缓解人防工程维护管理经费不足提供帮助，减轻财政负担。

【人防设施维护管理】规范管理，工程维护管理有序推进。2018年，投入资金20余万元用于零星工程维护、泵站积水抽排、警报器刷漆。完成2017年度验收人防工程标识牌悬挂档案。全面推行人防工程网格化管理。按属地原则将全区所有早期人防工程划分至若干管理区域，每个区域内明确分管领导及人防专干，每个工程明确具体责任单位及维护管理人，形成网状管理系统。组织基层人防专干进行网格化管理业务培训，请专家讲授工作重点及处置办法，提升做好人防工作的能力与水平。2018年，全区有3个街道共7个社区检查发现人防设施安全隐患10处，及时得到处置。巡查发现长沙石油厂人防工程出入口无封堵，存在安全隐患，督促加装不锈钢防盗门；汽电球场口部防盗门损坏，督促及时更换。

【安全生产】按照早计划、早准备、早动手的原则，落实安全生产责任制，全年没有出现一例安全生产责任事故。落实巡查制度。对全区所有人防工事进行定期检查，特别是元旦、春节、国庆等节点前夕，对全区所有人防工程进行地毯式排查，发现问题及时处置。严防死守抓防汛。制订下发《关于认真做好2018年开福区人防工程防汛抗灾工作的通知》（开人防发〔2018〕4号），将防汛所需的砂子、砾石、抽水泵等物资准备到位。制订人防工程防汛抢险方案及主汛期24小时领导带班制度，确保随时准备处置突发情况。落实安全生产摸排制度。联合各街道、社区开展安全生产检查100余次，成立安全生产巡查小组，对全区范围内所有口部伪装房及人防设施进行巡查。在巡查过程中发现汽电球场口部存在在口部内做饭问题，约谈负责人，下达停业整改通知书，督促整改到位。

【人防执法】依据《人民防空法》等相关法律法规依法行政，强化全区人防工作依法行政能力，坚决维护人防国有资产的合法权益，对工程维护管理中存在的问题依法依规逐一解决，并聘请专业律师作为法律顾问。2018年，完成长沙北辰房地产开发有限公司拆除报废湖南动力机厂人防工程审批手续，收缴人防工程赔（补）偿款132万元，确保国有资产不流失。

5月7日，工作人员进行人防工程维护管理　（区人防办　供图）

【人防宣教】做好人防宣传教育“五进”活动，全年投入宣传经费13万余元。利用主流媒体宣传普及人防信息。借助政府门户网，发布稿件50余条，在区级手机报上发表信息9条，开福区人防工作动态多次刊登在省、市人防门户网站。在《新湖南》《三湘都市报》《长沙晚报》红网等发布人防稿件9篇，湖南经视新闻、湖南教育台国防教育频道、长沙新闻频道多次报道开福区人防宣传教育活动。利用区级手机报、机关电子显示屏、宣传橱窗等普及宣传人防知识，在机关二办大厅设置宣传展板，做好人防宣传进机关。落实好《人防小博士》《现代防空防灾》配发工作，向全区各中小学配发宣传资料5000余册。与四方坪二小联合打造人防教育示范学校，发挥好“学校教育主阵地，课堂教学主渠道”作用，使学校的人防安全知识教育经常化、制度化、规范化。结合“5·12”防灾减灾日，在四方坪二小开展人防宣传进校园活动，在新河街道华夏路社区天健壹平方英里项目前坪开展人防宣传进企业活动。结合全省防空警报试鸣日，在芙蓉北路街道凤亭社区北文化广场、伍家岭街道陡岭社区宜家湘颂小区前坪开展人防宣传进社区活动，发放宣传资料5000余册，制作宣传展板10余块。人防宣传教育“走开放式、融合式、嵌入式路子”，完成月湖公园人防宣教基地二期工程建设，打造市区共建人防宣传教育示范基地。

（黄　翔）

农、林、水、牧、渔业

AGRICULTURE

【概况】开福区行政面积188平方千米，其中农村面积120平方千米，有青竹湖街道、沙坪街道、捞刀河街道和秀峰街道4个涉农街道，农业人口5.8万余人，耕地面积3366.7公顷。开福区农业林业水利局（以下简称区农水局）获评2018年年度全省动物疫病防控绩效考核先进单位、市动物疫病防控绩效考核先进单位、区污染防治先进集体、区重大项目建设先进集体、区政协提案优秀承办单位、区“五化”建设示范单位等荣誉称号。

10月29日，区长刘拥兵调研乡村振兴工作　　（区农水局　供图）

【农业】聚焦乡村振兴，人民幸福指数攀升。区农水局按照乡村振兴“产业兴旺、生态宜居、乡风文明、治理有效、生活富裕”20字总方针，坚持新发展理念，做好全区农业工作“调、治、创、扶、盘”五字文章，推动乡村产业振兴、人才振兴、文化振兴、生态振兴、组织振兴，着力发展好农村新产业、新业态，力求农业的全环节升级和全链条升值。利用“旅游+”“生态+”等模式，推进农业、林业与旅游、教育、文化、健康等产业深度融合；致力农村电商发展、物流体系建设，推动商贸、电商的互联互通；引导加工企业向主产区、优势产区集中，打造食品加工产业集群。2018年9月22日《长沙晚报》在A13版以《田园牧歌 乡村振兴看“北富”》为题、2018年10月30日《湖南日报》在A5版以《“调、治、创、扶、盘”打造省会后花园》为题分别专题推介开福农业农村工作经验。“调”，即调优产业。调整种植结构。按照市委、政府文件要求，2018年开福区农业种植结构调整任务为420公顷，根据情况，按“一年调整、二年巩固、三年稳定”的工作思路，采取以奖代补的形式实际调整1000公顷（含荷花种植533公顷），种植结构由水稻生产调整为荷花、蔬菜、水果、花卉等经济作物。区财政每年下拨300万元对区域内蔬菜基地、荷花种植特色养殖基地给予资金扶持，培育农业产业化基地。调优农业加工业。发挥金霞经开区物流平台优势，瞄准精深加工，鼓励和支持金霞粮食集团、统一企业、银州米粉等重点农产品加工企业进行技改升级，2018年区域内农产品加工业产值能突破150亿元。“治”，即生态治理。治脏。制定开福区《关于农村人居环境整治三年行动计划的实施方案》，以提升人居环境为目的，开展农村“五治”工作，不漏死角治脏，从改厕、改厨、改水、菜园做起，严格控制农村面源污染，保护好绿水青山和清新清净的田园风光，全区32个涉农行政村（社区）生活垃圾治理保洁覆盖率100%，农村安全饮水率为100%，农村种植投入品有机肥覆盖率85%，农村卫生厕所普及率94.1%。治陋习。抓实“两化”，即环境净化、民风淳化，既要环境美、也要心灵美。加强文明乡风民风培育，引导农民注重思想文明建设，深化“五城”共建，评选表彰道德模范、星级文明户、身边好人，引导农民注重家庭建设、家教传承和家风培育，让厚德开福的精神内核家喻户晓，创建71个市级示范社区文化服务中心。“创”，即争先创优。坚持拼搏赶超，争创一流。创建美丽乡村。强化落实机制、考核机制、保障机制，遵循“规划引领布局美、融合发展产业美、村容整洁环境美、宜居宜游生活美、健康文明风尚美”的原则，成功创建钟山村为市级美丽乡村，檀木岭村为全国文明村。创建特色小镇。围绕特色资源，打造精品，树立典型，推动基础设施向农村延伸、公共服务向农村覆盖、现代文明向农村辐射，重点打造沙坪湘绣小镇、金霞耕读小镇、汉回民俗小镇等6个特色小镇，以点带面，初步形成“一村一品”。“扶”，即扶贫扶持。按照省、市政府要求，积极加强与城步县沟通对接，把“扶志”与“扶智”作为彻底脱贫的重要抓手，激活当地内生动力。安排对口扶贫资金1471.3万元、增减挂钩指标资金5000万元全部拨付到位，结合城步县实际，基本完成南山片区奶业、农村安全饮水、白云洞旅游等三个产业项目2018年目标任务。广泛开展支援交流，动员社会参与，加大对贫困人口的就业培训、创业帮扶、劳务输出帮扶力度，2018年组织区内企业单位到城步县召开专场招聘会，提供2000余个岗位，现场413人签订就业意向。“盘”，即盘活资源。坚持因地制宜，激发活力。盘活土地资源。集中推进城中村改造，通过土地流转盘活农村土地、林地资源，引导鼓励土地规模化、集约化经营。以“两出两进”为抓手，盘活闲置资产，让农民从农村走出来，让农产品从农村走出来，吸引城市资本进农村，鼓励城市居民进农村，资本找得到平台。截至2018年年底，开福区土地流转面积867公顷，林地面积667公顷。盘活人才资源。大力培育新型职业农民。完善教育培训、规范管理和政策扶持等培育体系，打造一支“懂农业、爱农村、爱农民”的新型职业农民队伍；大力推进专业队伍建设。加大医务人员、乡村教师的引进和定向培养力度，引进、选调农村公共服务人才；挖掘和培育“新乡贤”，建立优秀人士资源库，为乡贤助力家乡建设发展搭建平台；大力开展乡村创业行动。统筹实施高校毕业生就业创业促进计划和基层成长计划，支持青年大学生、返乡农民工和其他社会人才到农村就业创业、成长成才。

【林业】聚焦管绿增绿，护好开福青山绿林开福区林地面积3750.6公顷，森林总面积3003.7公顷，林木绿化率37.35%。2018年，全区实现林业总产值9.5亿元，其中第一产业0.5亿元，第二产业6.1亿元，第三产业2.9亿元。全年查处各类林业违法案件1起，配合市林业公安局和市林业园林执法支队查处案件5起，同比林业违法行为有所下降，无重大毁林案件发生。完成全区709.98公顷市级生态公益林补偿资金发放工作，发放生态效益补助资金31.4万元。推进森林防火工作，在春节、清明”、国庆等重点时期，启动应急响应，落实各项森林防火措施，全年出动森林防火宣传车451台次、鸣锣862人次、悬挂张贴森林防火宣传标语横幅760条、发放宣传资料1万份、翻印张贴《开福区人民政府禁火令》3000份、设立临时森林防火检查站67处、劝返入山人员6200人次、出动巡查巡护人员9536人次。2018年度区级森林防火专项投入100万元。全区3支70人的森林消防救援专业队伍，开展森林防火专业技能培训和演练2次，2018年未发生一起森林火灾。积极引导生态休闲林业的发展，提升区域品位，全面发挥森林生态的优势，大力发展休闲度假、健身康复、农家乐等森林生态旅游项目；探索林业发展新机制，加快转变林业发展方式，规范林权流转，组建林业专业合作社、基层林业管理体制进一步加强等现代林业发展新方式，提升林业整体水平，促进区域经济的快速发展；开展林业有害生物防控工作，组织除治专业队伍，做好松材线虫病防控工作，对384公顷发生区域，完成择伐枯死松树8669株，枯死木清除率100%，飞防面积620公顷，调查检测率100%，无公害防治率100%；全区湿地保护38处，面积1488公顷。2018年，完成市对区计划造绿复绿62公顷，为年度任务100%，完成投资5.81亿元。其中完成林荫工程总面积16公顷，城乡公园8个，城乡绿道47.1千米，增花添彩工程其中实施空间绿化面积2.56万平方米，增花添彩道路4条，市级义务植树基地1个，县、乡（镇）级义务植树基地建设5个，创建绿色示范社区6个，创建绿色示范村庄2个，创建绿色示范庭院10户。

【水利建设和防讯抗旱】开福区防洪大堤75千米，有11个千亩以上堤垸，其中万亩堤垸3个。区内有小（2）型以上水库19座，其中小（1）型水库2座。全区水面面积2000公顷，涵闸32处（其中市级管理14处，区级管理18处），排渍泵站27座（其中市管11座，区管16座），总装机容量3.65万千瓦，其中市管泵站装机容量1.78万千瓦，区管泵站装机容量1.87万千瓦。水利工程建设，2018年，完成9.9千米堤防达标及整治工程。投资1.2亿元对捞刀河南岸2千米进行达标建设；投资3000万元，对捞刀河北岸4.2千米进行外坡达标整治；投资1785万元，对捞刀河双湖垸3.7千米进行达标加固；投资743万元，对工农垸、苏托垸中干渠、乌溪垸、双湖垸四个小型泵站进行更新改造。防汛工作，总投资1.7亿元，落实防汛隐患的工程性措施，补齐防汛短板。复核登记防汛队伍，确保人员固定、人数稳定、技术过硬。修订完善防汛预案，新建防汛预警信息云平台，基本实现全区重要水利基础设施、泵站、河流、水库水位信息实时监控全覆盖。治污方面，围绕消除黑臭水体和消除五类水二大目标，打响全区碧水攻坚战，开展系列工作，主要河流水质得到较大提升，提前实现预期目标。《长沙晚报》于2018年9月13日A6版、《湖南日报》于2018年11月15日A3版分别进行经验推介。加强全区34处黑臭水体后续维护工作，出现反弹及时整改，保障治理效果，同时扩大整治面，投资2800万元，将金竹河下游、苏托垸、洪西撇洪渠等3处作为2018年新增治理项目，2018年完成治理；总投资1.8亿元，确定历史上浏阳河流域、捞刀河流域最大的治污清单，截至2018年年底，浏阳河7个工程性项目基本完工，捞刀河17个工程性措施完工12个，管理性措施有序推进。通过采取工程性措施和管理性措施并举的方法，整治全区排污口、改造雨污分流工作成效显著。通过浏阳河街道中排渠的治理、洪山街道洪西撇洪渠的治理、捞刀河街道廖家渡、楚家湖沉淀池的清污、龙塘小区进楚家湖口的散户截污、开福大道排口整治等，将河道两边的高排口、排渍泵站排口污水溢流问题基本整治到位，基本消除排口污水溢流现象。提高农村治污处理能力，农村污水处理厂及一体化污水处理设备的日污水处理能力超过1.2万吨。

9月7日，副省长陈文浩（右二）调研开福区黑臭水水体治理情况

（区农水局　供图）

【全面推行河长制】开福区辖区面积188平方千米，境内有1江（湘江）5河（浏阳河、捞刀河、沙河、白沙河、金竹河）3湖19库，478处小微水体。全区水域面积约2000公顷，蓄水总量约4000万立方米。包含第一总河长和总河长在内，全区有区级河长18名，街道级河长45名、村（社区）河长157名。各级河长按照湖南省第1号总河长令要求，积极巡河履职，全年各级河长共计巡河9451次。2018年，开福区河长制工作的落实重点转移到制订一河一策的贯彻实施方案、编制问题清单及治理任务措施责任清单、落实系统的流域治理方案、管理监督进一步提高水准等方面上来。按上级的要求，设立第一总河长，由区委书记担任，总河长由区长担任，所有区委常委都新担任一条河湖的河长，解决一名区级河长兼几条河河长的问题，领导力量得到加强。基本完成一江三河的僵尸船治理，全区治理销毁僵尸船57条；河道清四乱工作，全年拆除河道管理范围内违章搭建4处，面积400平方米，拆除岸线范围内洗砂场7处，责令清除河滩地堆放杂物300多吨;河道内非法卸砂行为得到遏制，群众投诉大幅下降。完善河道、水面、小微水体的管护措施机制。提高各级河长履职水平，增强民间河长、志愿者的参与管理、监督意识，开通手机APP运行管理系统，主要河道、水库实现远程实时监控，农村及城区的实地降雨等水文信息情况能够及

10月25日，区委书记沈裕谋（前一）巡河　　（区农水局　供图）

时准确掌握，开福区河长制专项治理工作取得明显成效。2018年，开福区河长制工作在省、市主要媒体宣传报道60次。

【畜牧业】聚焦监管执法，养殖产业健康发展。全力防堵非洲猪瘟疫情，按市防指要求严格落实“五包”责任制，做好防控知识政策宣讲和消毒药品发放，发放宣传资料6000余份，消毒药品4吨，对全区现存栏生猪养殖户2088户，生猪24516头每周进行全面排查，落实企业主体责任，与生猪产品经营户、冷库经营方、养殖户签订防控非洲猪瘟承诺书；在捞刀河收费站、新港收费站设置消毒检查哨卡，由区交警大队、区交通局牵头，城管、农水、街道配合；开福区禁止外区（县、市）生猪调入，二次饲养生猪仅限在区内流动，特许湖南红星盛业严格按照国务院、农业农村部有关规定要求，在开福区范围内调出生猪屠宰。暂停外省、外市生猪产品调入开福区，暂停开福区生猪产品调出长沙市。截至2018年年底，开福区检查运输动物及动物产品车辆270台次，未发现生猪和产品的违规调运的情况；对饲养、经营、加工、餐饮场所和运输工具全面实施消毒灭源，区农水局组织3吨消毒药品下发到各街道，街道、村（社区）排查人员和防疫人员指导养殖户进行全面消毒，农贸市场对场地环境进行全面消毒，确保传染源消杀效果；在全区6个重要道路卡口，对非法收运餐厨垃圾车辆进行守点布控，开展专项整治行动，收缴非法运输车辆7辆，配合市城管局在开福区苏家托查获捣毁一处提炼地沟油场所，查封废弃油脂1吨，全区潲水养殖生猪现象得到有效控制，全面摸排出涉农街道小餐馆223户，并通过区环卫局与联合餐厨联系，实现统一收集、运输及处置，彻底切断潲水流入饲养环节的途径，在保持对私屠滥宰高压态势的同时对排查出的其他违法行为进行打击。全面加强基础动物疫病防控，完成春秋两季强制免疫，春防完成免疫口蹄疫19019头（其中免疫生猪18606头、牛113头，羊300只）、禽流感14.25万羽、小反刍兽疫300只；秋防完成免疫口蹄疫17639头（其中免疫生猪17058头、牛78头，羊503只）、禽流感14.3838万羽、小反刍兽疫503只。制定《开福区动物布病监测净化实施方案》，配置布病检测用离心机等相关设备，印发布病防治知识宣传手册200余册，进行专题培训，对全区存栏牛羊全部按比例进行采样400余份检测，为全区布病按期净化打下坚实基础。按照省市要求和开福区防病领导小组安排，对照开福区血吸虫消除达标方案，配齐监测点仪器设备，严格排查存栏5头牛、433只犬，对5头牛、196只犬进行病源检测，并进行相应化疗投药，核对检查前5年资料，做好验收相关工作。在2017年增置大容量疫苗专用冰柜的基础上，2018年为13名村级防疫员配置疫苗专用冰箱、专用冷藏包；区级疫苗专用冰柜安装温度监控系统；实现疫苗申请、发放全系统办理。根据实际情况的变化，对机构内部设置、养殖场户变化进行动态调整，及时调整科室设置，停用退养户账号。制定《开福区“传递爱心守护健康全国兽医在行动”公益活动暨全国兽医挑战“世界最长信封链条”活动实施方案》和《开福区兽医服务进“一园一院三区三场（厂）”系列活动实施方案》，组织官方兽医、执业兽医深入街道、社区（小区）集中为犬猫免费接种狂犬病疫苗，宣传科学文明养殖犬知识，公示定点免疫点，活动期间共免疫犬310只，办理宠物免疫证108本。制定《开福区动物诊疗机构（犬类动物免疫点）年度管理考核办法》，规范饲养犬类动物。突出规范监督执法和检疫。加强监督检查，严厉打击违法行为，2018年，开展监督检查296次，其中动物交易场所79次、动物诊疗机构121次、兽药经营企业96次；立案查处动物卫生执法案件6件，结案6件；立案查处非法屠宰案件10件，移送2件，2017年案件法院判决2件。拓展违法信息收集来源，结合12345市民热线问题处理、群众举报、防疫检疫人员巡查挖掘违法问题和线索，提高信息数量和质量，落实非法屠宰违法行为举报奖励政策。开展四大专项整治行动。集中开展动物产地检疫、无害化处理、证章标志、诊疗场所、私屠滥宰专项整治，分别制定方案，组织诊疗场所执业兽医、动物贩运经纪人、养殖户和全体官方兽医、防疫人员培训，列出相关案例，就主体职责、监管职责进行详细说明。证章标志实现全系统发放管理。产地检疫全面实现临栏检疫，严格执行新产地检疫规程，配备便携式打印机、红外测温仪等，全年共检疫生猪12444头、犬1只、其他动物52只（羽），产品2161吨，严厉打击经营运输未经检疫生猪违法行为，办案4起。动物监督平台上传收集信息59条，收集65头（只），无害化收集处理平台收集处理动物尸体304头，落实动物尸体收集暂存点监管人员，定期进行监督检查，2018年，收集、无害化处理病死生猪775头、禽548羽、其他动物27只/羽，共计55.56吨。全力推进畜禽养殖退出工作。通过各部门、街道的密切配合，截至2018年年底，实现湘江、浏阳河、捞刀河流域1000米范围内生猪养殖清零，全面完成2018年畜禽养殖污染防治目标任务。清零区域内湘江流域完成生猪养殖退出105户，退出栏舍面积8496.24平方米；浏阳河流域完成生猪养殖退出20户，退出栏舍面积1713.35平方米；捞刀河流域完成生猪养殖退出1789户，完成补助栏舍面积12万余平方米；其他区域减少养殖存栏退至20头以内145户。2018年，全区生猪养殖清零1914户(含摸底前退出但未补助的空栏户)，拆除生猪栏舍12.68万平方米；减少养殖存栏145户，减少生猪养殖量2.6万头。截至2018年年底，全区剩余生猪散养户2088户，生猪剩余存栏2.3万头。

【渔业】聚焦渔业生态发展，实现渔业绿富双赢。截至2018年年底，推广养殖水面400公顷，占全区养殖水面的70.5%，新增稻田养鱼100公顷，在海博水产种业养殖基地、金欧龙虾养殖基地及德为舟农业科技有限公司3家农业部水产健康养殖示范场的基础上，新增1家农业部健康养殖示范场（长沙市开福区竹坡水产养殖有限公司）。发展休闲渔业，渔业基地调整生产经营方向，腾出12%的垂钓水面推广雄性罗非鱼、美国加州鲈、黄颡鱼、生态甲鱼、淡水小龙虾的养殖，将外调鱼的资金全部用于自主养鱼，改变传统的生产经营模式，实行自养自钓，降低生产成本，提高鱼品质量，吸引垂钓爱好者对特种水产品的兴趣，带动餐饮等服务项目，全区休闲渔业总产值6800万元。开福区设立1个水产品检测点，即长沙金欧农业科技有限公司检测点，全年检测点抽检20个虾样，鱼样180批次，检测结果均合格。区农水局组织鱼苗鱼种培育场，参加省畜牧兽医水产局、长沙市人民政府6月9日在湘江橘子洲战备码头实施的人工增殖放流活动，共投3~5厘米的鳊鱼、草鱼、鲢鱼、鳙鱼等鱼种450万尾。为落实好省、市两级水政渔政执法工作精神和要求，区农水局牵头制订《长沙市开福区2018年河湖执法检查活动实施方案》《开福区河湖“清四乱”专项整治工作方案》及《开福区2018年打击非法捕捞工作实施方案》，下发《长沙市开福区人民政府关于严禁电、毒、炸鱼等非法涉渔行为的通告》（开政发〔2018〕14号），2018年，开福区累计处理非法卸砂案件1起，渔政公安立案20起，刑事立案14起，追究刑事责任19人，回复“12345”工单145次，表扬工单3次，联合市地方海事局、市水务局、市交通局、市渔政站、区环保局、区城乡建设局、区城管局、区公安分局及街道、水管所等多个单位，对开福区湘江、浏阳河、捞刀河、沙河、白沙河流域开展4次摸底调查，23次专项整治行动，执法巡查5400次，出动车辆1500余次，执法船艇18次，执法人员2188余人次，巡查河道17750千米，接受并查处举报55次，拖离、没收非法船舶14艘，橡皮轮胎1个，现场销毁涉危橡艇1艘，缴获电打鱼工具58台，清除销毁渔网4200余米。

（瞿思佳）

工业与信息化建设

INDUSTRY

【概况】2018年，开福区全年完成规模工业总产值142亿元，同比增长9%；完成规模工业增加值35.5亿元，同比增长8%，在全市内五区排名第二。全年引进军民融合企业64家，总数130家，产值10亿元，同比增长100%；完成税收1456万元，同比增长 115%。2018年，开福区被评为“湖南省军民融合产业示范基地”。

【工业经济指标】为实现区委年初提出的“保三争二”工作目标，建立局班子成员联点帮扶企业制度，每月统计、调度，全年完成规模工业总产值142亿元，同比增长9%；完成规模工业增加值35.5亿元，同比增长8%，在全市内五区排名第二位。

【军民融合产业】围绕新增50家军民融合企业工作目标，全年引进企业64家，总数130家，产值10亿元，同比增长100%；完成税收1456万元，同比增长 115%。开福区被评为“湖南省军民融合产业示范基地”，军民融合产业发展走在全市前列。

【智能制造产业】以加快新旧动能转换为目标，印发《支持开福区工业企业智能化技术改造实施细则》，对区级智能制造企业，每家每年予以20万元支持。组织14家企业申报市级试点单位。为78家企业争取省市各项专项扶持资金2568.5万元。

【中小企业服务】以完善中小企业服务体系为目标，设立规模500万元发展专项资金。发挥区中小微企业服务中心和区军民融合服务中心职能作用。两个中心全年举办政策宣讲25场，沙龙讲座57场，服务企业3000余家/次；为277家企业代理代办各类政务业务。

【惠民实事工程】完成“余捞I线”“威盛线”、城农配网改造3个电力建设项目；正在推进中山变、捞湘上和上大垅3个电力建设项目。其中，“余捞I线”作为长沙电网“630攻坚”一号工程提前投产送电，开福电网“630攻坚”完成情况排名位居全市第一。企业办社会职能分离移交，完成国有驻区央企、省企、市企共190个职工生活小区移交协议的签订。

【千人帮千企活动】推进“千人帮千企百日大行动”，区委、区政府成立由区委书记任顾问、区长任组长的领导小组。区经信局作为活动牵头单位（领导小组办公室设在区经信局），组织召开誓师动员大会、领导小组调度会4次、业务培训会2次、政策宣讲会4次、工作对接会2次。全面梳理核对市、区两级扶持奖励政策文件，编印3000册送至100家帮扶企业。督导各小分队积极行动，建立《走访企业台账》《企业问题清单》，收集汇总问题清单351个，并向28个区直部门全部交办，区经信局自身承办数46个，列所有部门之首。收集问题全部办结，完成率和企业满意率均为100%。协调园区和相关区直部门，为企业筹措兑现资金1.45亿元。编印2期工作简报，通报工作开展和落实情况。长沙市人民政府市长胡忠雄到区督查时，对开福区“三个100行动”（帮扶企业100家，完成率100%。企业满意率100%）予以充分肯定。

【“大江奔流—来自长江经济带的报道”主题采访卓尔军民融合产业园】根据中宣部组织的“大江奔流——来自长江经济带的报道”主题采访工作安排，8月2日，中央、省、市级新闻媒体 50 多名记者到开福区

8月2日，“大江奔流——来自长江经济带的报道”主题采访卓尔军民融合产业园
（区委宣传部　供图）

卓尔军民融合产业园宣传报道开福区军民融合工作。在新闻推介会现场，开福区副区长李杨等接收记者采访。从有要求、有优势、有目标、有措施、有成效、有未来6个方面为记者们详尽介绍开福区军民融合产业如何实现从无到有、从虚到实、从小到大的华丽转身。随后记者采访卓尔产业园内湖南庄耀光电科技有限公司、长沙盾甲新材料科技有限公司、湖南志合众信科技有限公司、湖南明湘科技发展有限公司4家企业。企业负责人表示开福区军民融合产业政策对企业的扶持力度大，开福区高新区园区服务工作细，企业从拎包入驻园区到投入生产时间短，效率高。记者们参观4家企业生产车间，了解企业的高新技术成果和拳头产品，以点带面的全面了解开福区军民融合产业全貌。长沙卓尔军民融合产业园位于开福区长沙金霞经济开发区内，紧邻长沙新港、火车北站及绕城高建，背靠国防科技大学及中南大学，交通地理位置优势显著。2017年开园以来，产业园汇聚一大批拥有自主核心技术的军民融合高新技术企业，包括盾甲新材、华讯方舟、庄耀广电、云顶职能、海迅光学惯导、明湘科技、巷树航天科技、志合科技等。长沙卓尔军民融合产业园推行“行业龙头+产业基金+创新园+发展联盟+研究中心”发展模式，将产业园变成一个企业社区，从办公场所、政府对接、打开市场等多方面为企业提供服务，助推更多军民融合企业发展。

11月13日，开福区规模为10亿元的湖南首支区级军民融合产业基金成立

（区工信局 供图）

【湖南省第一家电力网格化供电服务站在开福揭牌】10月24日，湖南省第一家电力网格化供电服务站——开福区福成路服务站举行揭牌仪式。该服务站本着打造服务新模式，增强“客户服务全方位，客户问题全掌握、客户需求全解决”的服务意识，着力关注客户难点、热点，在网格化内持续推进“一次都不跑”改革，实现低压业务线上受理、一次办结。国网湖南省电力有限公司副总经理、国网长沙供电公司总经理董昱，国网长沙供电公司党委书记孟军、副总经理刘朝阳，市经信委副主任万惠明，开福区人民政府副区长李扬等省市区领导参加揭牌仪式。

【开福区“千人帮千企百日大行动”誓师动员】10月26日，为贯彻落实市委、市政府“千人帮千企百日大行动”活动要求，集中精力抓产业抓实体经济，推动政策落地落实，确保开福经济发展收好尾开好局，开福区组织召开“千人帮千企百日大行动”誓师动员大会。区领导沈裕谋、谢伟峰、许振勤、熊建伟、李国军、李杨出席，各街道党工委书记、办事处主任，相关区直部门主要负责人，全体帮扶人员及部分企业代表共计230余人参加。会上，副区长李杨宣读开福区“千人帮千企百日大行动”工作方案，明确抽调人员、联点企业。区委常委、金霞经开区党工委书记李国军、区财政局和沙坪街道分别代表各自单位做表态发言。最后，区委书记沈裕谋做重要讲话。他指出，全区各级各部门要提高站位抓帮扶，把思想统一到市委、市政府和区委、区政府的部署要求上来，讲大局、讲担当，全力推进“千人帮千企百日大行动”。他要求，全体帮扶队员要解决问题真帮扶，干部要沉下去，问题要带上来，政策要落下去、服务要做上来，成本要降下去，效益要提上来。他强调，帮扶重在行动，要改进作风实帮扶，责任要更加落实、作风要更加务实、纪律要更加严实、宣传要更加扎实，把“实”字贯穿帮扶始终，履职尽责，扎实推进，切实让企业感受到党委政府的支持，感受到发展的信心。要以只争朝夕的精神，紧扣发展第一要务，奋战一百天，全力帮企业，确保“千人帮千企百日大行动”取得实实在在的成效，为2018年工作收好尾、2019年工作开好局奠定坚实基础。

【开福区成立规模为10亿元的湖南首支区级军民融合产业基金】11月13日，“产融携手·助力开福”开福区军民融合项目首期投资路演，开福区政府注资2亿元，正式成立规模10亿元的湖南首支区级军民融合产业基金。该基金通过实施风险补偿、降低成本、杠杆撬动、精准对接、优化服务以及储备力量等六大举措，对开福区内军民融合企业采取“直投+跟投”模式，提供多元化融资服务，助推融资供给侧和需求侧双侧改革，利用多层次资本市场有效化解“千人帮千企百日大行动”帮扶企业的融资难、融资贵问题，实现开福区“产业兴、金融旺”两翼齐飞。该基金投资方向重点在军民两用核工业、航天环宇、智能制造、兵器船舶、军工电子、交通轨道、民爆器材、自动控制、新材料等产业项目，重点支持区内与军民融合相关的高科技企业发展。基金期限为5+2+2（即投资期5年，退出期2年，延长期2年）。当天，路演结束后达成6.2亿元的投资意向。

重点行业发展情况

【工程机械】2018年，位于沙坪街道范围内的工程机械配套大小企业有118家，其中达到规模工业企业认定条件的企业26家。沙坪街道26家工程机械配套企业年度生产总值16.2亿元，吸收就业人数近7000人。沙坪工程机械企业绝大部分都是为三一重工、中联重科等行业巨头做配套加工，企业自主品牌及产品市场认知度不高。绝大多数企业都是自主创业而来，产品研发的后劲不足。

【生物医药】2018年，全区规模以上生物医药企业主要有湖南金六谷药业有限公司、湖南杏林春药业有限公司等3家，年产值在2亿元。其他均集中在湖南山河医药健康供应链有限公司。湖南山河医药健康供应链有限公司是长沙医药健康产业园为提升与聚集湖南生物医学资源而重点打造的平台项目。通过孵化基地平台，打造湖南生物研发高地，聚焦产业各类资源，转化生物医学成果，提升湖南生物医学技术水平与产业发展，抢占中部地区医药健康产业发展先机。该项目是实现产业领先，科技领先，促进全省经济发展，加快产业转型升级的重大举措。基地的建设依托湖南医疗市场资源，以政府为引导，企业为主体，市场化运作。按照国家战略与市场需求，进行IVD诊断试剂、生物材料、康复理疗、3D打印技术等生物医学技术研发，成果转化。拟打造医疗器械、生物医学技术为特色的高端生物医学工程产业链。开展国际生物医学技术合作和技术转移，并通过提供一站式的政、产、学、研、金、介、贸、媒等完善的产业服务体系，加速待转化项目在园区的落地与产业化。

【食品加工】2018年，全区规模以上食品生产加工企业16家，累计实现产值19.9亿元，占全区工业生产总值的13.6%。其中长沙统一企业全年实现产值10.84亿元，为全区规模最大的食品企业，湖南展辉食品有限公司全年实现产值3.5亿元。

【军民融合】2018年，全区对接洽谈军民融合项目74个。其中落地运营项目25个，到位资金3.5亿元；签约项目29个，协议引资64.5亿元；正在对接洽谈项目20个。在25个落地运营项目中，军民融合产业园（卓尔）落地项目8个，分别为中航星导航定位终端新产品项目、云顶智能专业无人机项目、盾甲新材增强涂层新材料项目、海迅自动化光学惯导项目、华安通能源特种锂电池电源项目、途朗光电紫外光学仪器项目、酷弗聚能材料生产基地项目和沃美新材吸能阻尼新材料项目，总投资3.5亿元，年产值8亿元以上，预计年均税收4000万元。军民融合双创基地落地项目14个，其中华创国际广场经国科高精引进的入驻企业6家，经国科咨询引进的入驻企业5家，福天兴业3家。区内其他楼宇落地项目3个。

企业选介

【中民筑友有限公司】中民筑友有限公司是中国民生投资集团旗下核心产业之一，总部位于湖南长沙开福区，是全国首家专注于建筑产业现代化的上市企业（股票代号：00726.HK）。服务于国家战略，中民筑友围绕“建筑业供给侧改革”“中国制造2025”“精准扶贫”“美丽乡村建设”和“一带一路”等国家倡议进行产业布局和产品研发。中民筑友，专注装配式建筑全产业链研究和运营，通过自主

长沙"统一"企业有限公司生产车间　　　　（区工信局　供图）

研发形成拥有完全知识产权且领先行业的五大建筑工业化技术体系，专利数量超1300项，稳居全国行业第一，先后获批国家首批装配式建筑产业基地、装配式节能建筑湖南省工程研究中心、院士专家工作站等。依托领先的建筑科技优势和产融结合平台，中民筑友首创行业服务新模式，打造EMPC装配式建筑工程总承包模式，并推出新农村节能环保成套住宅、新型材料、智能装备、数字化技术等创新产品，布局并运营绿色建筑科技园、乡镇文化综合体等创新产业。中民筑友在长沙、上海、杭州、南京、深圳、佛山等全国22个省、42个城市布局绿色建筑科技园、落地装配式建筑项目。中民筑友将持续开发具备市场潜力的其他城市，同步拓展国际市场，力争成为建筑产业现代化领域的领军企业。

【长沙统一企业有限公司】长沙统一企业有限公司由统一企业（中国）投资有限公司与武汉统一企业食品有限公司共同出资设立的中外合资企业，公司于 2010年6月签约入驻长沙金霞经济开发区，生产基地建设项目用地14.05公顷，位于长沙市开福区金霞经开区中青路1301号。公司于2010年9月注册成立，2011年完成生产基地的建设，2012年1月正式投产。公司注册资本3000万美元，投资总额9000万美元。"长沙统一"生产基地建设有PET低温无菌灌装饮料生产线和热灌装饮料生产线各一条，年生产饮料能力2970万箱；方便面生产线四条，年生产能力2964万箱；另有制瓶生产线二条。主要产品有：统一绿茶、冰红茶、小茗同学、鲜橙多、冰糖雪梨、阿萨姆奶茶、海之言等系列饮料；统一100、来一桶老坛酸菜面、卤肉面、汤达人等系列方便面。2018年，"长沙统一企业"完成工业总产值10.84亿元，"长沙统一企业"自投产以来，先后获得省市"就业工作先进单位"。

【长沙盾甲新材料科技有限公司】

长沙盾甲新材料科技有限公司成立于2017年8月，位于长沙市开福区军民融合示范产业园（长沙市开福区青竹湖路118号），是一家致力于结构增强涂层材料研发和应用的军民融合高新技术企业。公司主要产品为结构增强涂层材料，系公司开发的具有自主知识产权的新型材料，具有抗冲击、防腐蚀、耐磨损、无污染的独特性能。可以显著增加结构的抗冲击性能，极大延长金属、塑料、混凝土等结构件的使用寿命。在国防军工、工程机械、车辆船舶、航空航天、电力能源、石油化工、建筑工程、港口设备等行业有着巨大的应用需求和市场前景。结构增强涂层材料是一种革命性的高分子弹性材料，能够实现结构的快速强化和超强韧保护，具有抗冲击、防腐蚀、耐磨损、无污染的独特性能。可显著增加金属、塑料、混凝土等结构件的抗冲击性能，延长结构件的使用寿命，减少维护成本。掌握核心技术，成功研发出具有自主知识产权系列化产品，申请发明专利10余项。公司拥有4000平方米现代化生产厂房，增强、耐磨、防水、防腐、防爆等系列产品生产能力4500吨/年。公司先后申请和承担兵器包装箱、电动车架、防爆车架、风力叶片、船舶甲板等结构增强涂层材料技术开发等项目。

（邹海平）

园区建设

PARK AREA

长沙金霞经济开发区

【概况】长沙金霞经济开发区（以下简称金霞经开区）位于长沙市开福区北部，规划面积84平方千米，是国务院批准的长沙市总体规划近期重点开发区、湖南省十大重点省级开发区之一、长沙市物流产业唯一核心园区，荣获“中国物流示范基地”“国家级示范物流园区”“国家新型工业化产业示范基地”“国家电子商务示范基地”等称号。2018年，金霞经开区完成税收22.46亿元，同比增长31.96%；完成规模工业总产值（含物流）537.65亿元，同比增长12.4%；完成规模工业增加值（含物流）133.13亿元，同比增长12.1%；完成物流业主营业务收入429.14亿元，同比增长14.98%；完成固定资产投资234.35亿元，同比增长22.7%；完成进出口贸易额9.88亿美元（为市级任务的167.4%）。2018年，金霞经开区荣获中国物流与采购联合会、湖南省2018年度优秀物流园区，全市综治工作考核优秀等次园区，全市安全生产考核优秀单位等称号。

【园区优势】独具特色的区位平台优势。园区内京广铁路、石长铁路、京港澳高速、湘渝高速、107国道、319国道等与园区59条市政道路，交织成一张四通八达的交通网络。园区建立起铁路、水路、公路、管通等多元化交通体系：长沙国际铁路港是中南地区多式联运综合枢纽，长沙新港是上海港的最大内河喂给港，长沙传化公路港是湖南规模最大、服务功能最全的现代化城市物流中心，长沙金霞保税物流中心是国家级B型保税物流中心、国家（长沙）跨境电商综合试验区核心通关区、物流区。同时，长株潭城市群中国石化油品管道运输的枢纽也布局在园区。多元开放的外联通道优势。园区主动响应国家“一带一路”倡议、融入长江经济带战略、参与粤港澳大湾区建设，被列为长沙东部开放型经济走廊的临港（铁）片区。园区打通线上线下、境内境外的进出口通道：长沙新港外贸出口集装箱占全省的60%以上；长沙国际铁路港开通至广州、深圳的“五定班列”，启用“无水港”，开通稳居国内一线班列的“中欧（长沙）班列”；金霞联检大厅实现了“一次报关、一次验收、一次放行”；海外人士外贸基地搭建了为湖南与非洲的贸易往来的桥梁。活力迸发的产业集聚优势。园区“一主（智能物流）一特（军民融合）”产业体系成熟，产业集聚效应明显。智能物流产业绝对优势凸显，聚集AAAAA级物流企业10家，AAAA级物流企业7家，形成医药物流、能源物流、粮食物流三大“百亿级”板块；军民融合产业比较优势巩固，长沙市规模最大的军民融合项目军民融合科技城在建，军民融合产业示范园成为国防科大等军事院校产学研结合平台。

【园区建设】着力生态圈建设，开放型经济发展打开新局面。2018年中部（长沙）进口博览会成功举办，共47个国家和地区的422家企业参展，近41万人参与，线上线下交易与意向签约总金额38亿元，有效扩大长沙的国际“朋友圈”。海外人士外贸基地搭建长沙融入一带一路、联通中非合作的桥梁。保税物流中心场所效能在全省特殊监管区域及场所中排名第二，园区的开放平台创新性、功能性不断完善。长沙国际铁路港海关监管区加速建设，霍尔果斯、阿拉山口、二连、满洲里四大边境通道口岸全部打通。中南陆港集团主导中欧班列（长沙）运行，全年发运进出口货物191列，16756TEU，吨位21.7万吨，货值7.67亿美元。开通线路11条（9去2回），实现全国唯一东（满洲里）、中（二连）、西（阿拉山口、霍尔果斯）三通道齐发。长沙新港全省首个汽车滚装码头建设加速，传化智能物流公路港正式运营。园区“互联共享、网络全

12月5日，中部（长沙）进口博览会在湖南国际会展中心召开（经开区　供图）

国、辐射国际”的商品车及集装箱铁、水、公联运示范工程项目，通过国家发改委、交通部的审批，园区多港互动互联的基础进一步夯实。长沙跨境电商综试区成功获批，可开展保税备货1210模式进口业务，金霞成为跨境电商核心通关区、物流区。建成跨境电商人才培训基地，成功获得阿里巴巴与国家劳务外包人力资源研究院、工信部教育考试中心与国际职业能力教育协会、中国贸易学会教育与考试中心等认证的跨境电子商务师考培点资格，与全省31所高校合作，学生端人才培训3000人、人才认证2000人。设立外贸出口退税资金池，累计为企业提供垫税资金2490万元，激活外贸出口7666万美元；探索供应链金融产品，成立长沙中海仓数字供应链有限公司，开发针对跨境电商B2C和B2B的供应链金融产品，开放型经济的人才和金融保障更有力。

【招商引资】着力精准招商，“一主一特”产业奠定新基础。2018年，全年签约项目39 个，累计投资额102.5亿元，包括智能物流类10个，军民融合类 12个，装配式建筑类7个，开放型经济类 5 个，总部经济类5个，新增总供地面积71.73公顷，新增标准厂房面积12万平方米。其中，瑞康（湖南）医疗大健康产业基地总投资约10亿元，主要建设高端医疗器械生产基地。平台招商成效显著，长沙国际铁路港引进中车株洲电力机车有限公司等项目5个。海外人士外贸产业基地全年引进30个国家30家企业入驻，实现外贸破零企业3家。长沙传化智能公路港正式启动运营，入驻企业160家，出租率90%。卓尔军民融合产业示范园新入驻海擎智能等高新技术企业12家，基本实现满园。

【项目建设】着力项目落地，园区发展注入新动能。制定《长沙金霞经济开发区“最多跑一次”实施方案》，完成园区政务服务中心的改造升级。园区完成办件量 640件，其中“最多跑一次”469件（包含“不见面”46件），规划建设类行政审批319项，审批环节减少31%，申报材料精简18%，办理时限比法定时限缩短73%。先后举办2场劳动用工招聘会和1场中高及技术人才洽谈会，解决企业用工难。开展“千人帮千企金霞在行动”，全年实际兑现政策和产业扶持资金1.23亿元，真正将上级好政策从“纸上”落到“地上”。设立风险补偿基金、外贸出口退税资金池，探索供应链金融产品，搭建银企对接平台，为企业送上“真金白银”。新开工重点产业项目24个，建成项目13个。中民筑友“水泥基材料”列入国家重点研发计划，迪赛生物“IPOCT检测系统的研发及产业化项目”列入省“5个100”重大产品创新项目，新亚胜光电实验室通过国家CNAS实验室认证等，中湘嘉德获批商务部供应链创新试点示范企业，企业创新能力和知名度不断提升。

【产城融合】着力产城融合，宜业宜居环境实现新提升。2018年，全年完成拆迁结算扫尾项目14个，家家红仓储物流项目基本实现“当年启动、当年结算”，推进军民融合产业园二期等8个项目，新启动中青路北延线等项目6个。城市驿站、大明污水截污工程、红星美凯龙10KV线路、佳海排水工程等均完成建设，板塘小学（沙坪实验小学）获评“湖南省标准示范化工地”和“2018年长沙市优质结构工程”。公交线路新开通4条、优化1条，园区通车道路实现公交全覆盖。全年道路建设总里程19.59千米，完工总里程9.56千米，霞凝路（彩霞路——湘捞路）、广胜路、冯蔡东路等均完成建设。

【安全生产】着力守住底线，在攻坚克难上积极展现新作为。污染防治方面，完成执法143次，日常检查80次，现场调研25次，协助处罚企业5家，拆除黑洗砂厂2个，绿网覆盖195万平方米，蓝天碧水保卫战有成效。防范化解重大风险方面，拓宽融资渠道，全年累计获批授信36亿元，还本付息22.11亿元，在有序推进政府性化债工作的基础上保增园区资金链不断链。精准扶贫方面，定期看望关心扶贫对象、宣传讲解扶贫政策，拨付龙山县茨岩塘镇经费1060万元、宁乡流沙河镇鸿富村扶贫资金67.95万元。安全生产方面，开展“压实企业安全生产主体责任年”活动，组织安全生产培训4次512人次，开展专项检查和隐患排查80余次、有限空间作业和职业卫生专项整治29家次，对佳海工业园“三合一”现象进行隐患治理，全年未发生任何安全责任事故。

【举办长沙国际铁路港招商推介会】6月8日，以“合作共赢 创新发展——携手天下英才 打造国际物贸新港”为主题的长沙国际铁路港招商推介会在金霞经开区管委会召开。投资总额20.6亿元的长沙国际铁路港二期正式开园运营，金霞经开区与湘通国际铁路港有限公司签订协议，长沙国际铁路港与中车株洲电力机车有限公司等5家单位现场签订入园协议。湖南省人民政府副秘书长罗建军、长沙市政协副主席袁志恒以及开福区、园区领导沈裕谋、刘拥兵、杨应龙、袁政国出席会议。园区占地126.67公顷，按“四港（铁路港、公路港、仓储港、信息港）二区（商品展示交易区、综合配套服务区）一口岸（铁路口岸）”布局，分两期建成，一期即长沙铁路货运新北站，用地65.4公顷，于2013年投入运营，年货物吞吐量进入全国5强，2014年开通的“湘欧快线”从园区始发，成为湖南对外开放的窗口。二期占地67.27公顷，投资总额20.6亿元，分为中部地块与南北发展地块。其中中部地块占地约15.8公顷，规划建设综合商务楼、展示交易中心、零担快运中转中心、快递中转分拨中心、智能配送分拨中心、沿街综合楼、智能停车场七大功能区；南北发展地块共占地35.27公顷，分为南北两大部分，北边部分用地功能定位为冷链物流中心及配套服务区，南边部分用地功能定位为平行进口车交易市场、集中采购中心、内部加油站、生活配套区地块及铁路口岸。

【长沙金霞经开区举行重大招商项目集中签约仪式】6月21日，长沙金霞经开区举行重大招商项目集中签约暨海外人士外贸产业基地启动仪式。湖南省商务厅党组成员、省政府口岸办主任杨中万，中国外商投资协会原常务副会长邵祥林，非洲第一银行主任奥多，长沙市政协原主席、长沙社会组织促进会会长董学生，长沙市政府副市长邱继兴，开福区、园区沈裕谋、刘拥兵、杨应龙、袁政国等，以及开福区、金霞经开区、金霞保税物流中心、海外人士外贸产业基地等相关部门和海内外企业代表参加活动。本次签约仪式共有19个项目，其中园区引进项目10个，基地引进项目9个，包括三一集团、非洲第一银行、北汽福田、天力管、新奥燃气、国药控股等公司，产业类别涵盖医药物流、军民融合、装配式建筑、新能源等，签约金额超过40亿元。海外人士外贸产业基地是全国第一家专门为海外人士、海外企业和海外机构服务的平台。引进海外人士、海外企业和海外机构来湘自主创业设立公司或办事处，让其立足湖南、融入湖南、推介湖南，与此同时，带出湖南企业、湖南产业、湖南人才和湖湘文化，成为湖湘文化推广使者及湖南产品形象代言人。

【长沙传化公路港城市物流中心启动运营】8月17日，长沙传化公路港城市物流中心启动运营，标志着湖南省规模最大、服务功能最全的现代化城市物流中心正式启航，省会长沙也将成为全国公路货运物流枢纽城市之一。湖南省委常委、长沙市委书记胡衡华，传化集团董事长徐冠巨，中国物流与采购联合会会长何黎明出席并见证物流中心启航。市领导夏建平、付胜华、邱继兴、彭继球出席。长沙传化公路港日均货物吞吐量超过7.8万吨，日均货值近11亿元，日均吸引5000辆以上车次进场，整合服务1500余家中小物流企业，扩充就业岗位1万余个。启动仪式上，6个重大项目签约落户金霞经开区。6个项目集中于园区的主导产业智慧物流产业，投资额29亿元。宝能物流长沙金霞跨境保税供应链项目，将结合保税物流中心的“网内”特点，建设3个实体业态，即跨境电商产业园、汽车配件保税物流中心、新零售仓储集散中心；2个增值服务业态，即智慧供应链金融服务和外贸综合服务平台。复星国药长沙省级温控枢纽及区域结算中心项目主要建设智能仓储、医药物流配送中心、供应链管理、研发中心等。本次签约的项目中，还有总投资10亿元的天力瑞家新材全国生产总部基地。该项目主要建设天力不锈钢管系列产品的生产、销售、仓储物流以及办公总部基地等。

【长沙—明斯克“中远海运”号班列首发】9月30日，随着湘欧快线长沙　明斯克“中远海运”号中欧班列首发，50个集装箱的“中国造”精品从广铁集团长沙北站驶出，将用时13天跋涉1万余千米，直达白俄罗斯首都明斯克。这是湖南和全球最大海运企业中远海运战略合作，拉开国际铁海联运一体化物流体系建设的序幕。此次运往明斯克的商品逾六成是湖南制造。作为“湘品出海”的精品代表，数字IP电视接收机、布匹、鞋服、LED灯、地毯、圣诞树、玩具制品等商品将成为白俄罗斯热销的“爆款”。从即日起，长沙—明斯克“中远海运”号每周将开行3到4趟班列，2018年年底将实现欧盟、中东、东盟国际铁海联运，形成湖南首个国际铁海联运一体化物流网。长沙海关数据显示，从2014年10月到2018年9月，湘欧快线累计发运460列，发运进出口货物18684车，吨位65.37万吨，总货值18.42亿美元。

（胡双玲）

长沙金霞保税物流中心

【概况】长沙金霞保税物流中心是湖南省开放型经济发展的公共服务平台和打造内陆开放高地的主阵地，于2005年申报建设，2008年12月获批，2009年4月通过海关总署等国家四部委联合验收，8月正式封关运行，2015年9月获批湖南跨境电商产业园。中心规划用地100公顷。其中，一期海关监管区30公顷，建成10栋总面积约14万平方米的保税仓库及配套集装箱堆场、长沙跨境电子商务监管中心及网购保税进口备货仓库、跨境电商大厦，设立金霞口岸联检大厅，海关、外汇、税务实行一站式办公。二期物流配套区70公顷，其中30公顷建成湖南首家保税店湖南进出口商品展示交易中心，约40公顷完成拆迁，正在进行产业招商。金霞保税物流中心为长沙市委、长沙市政府派出机构，委托开福区进行管理，2014年纳入大城北体制；管委会下设长沙金霞海关保税物流投资建设有限公司作为保税中心的投资运营主体。公司与邮政速递、广州卓志合资成立湖南金霞通跨境电商服务有限公司，负责长沙跨境电子商务监管中心的场地运营。金霞保税物流中心作为海关特殊监管区，享受“境内关外”政策，具有进口保税、出口退税、深加工结转“一日游”、流通性简单加工和增值服务、国际物流配送、进出口和转口贸易、物流信息处理等多项政策功能优势。

【产业招商】2018年，新引进进出口贸易、跨境电商、供应链管理等企业42家，其中实现外贸破零27家，外贸倍增5家。重点项目招商。中南国际陆港公司入驻电商大厦办公，集装箱拼箱中心项目进入最终谈判阶段；宝能项目合同条款通过双方内部评审；长沙中海仓数字供应链金融项目、湖南可孚医疗跨境电商总部项目通过园区招商引资领导小组会议。跨境电商招商。以跨境电商、电商物流十强为重点进行敲门招商，有棵树与海外人士外贸产业基地签约，邮政国际金霞操作中心项目与区政府签订框架合作协议。重大节会招商。“沪洽周”杭州跨境电商专场招商会上，深圳有棵树跨境电商供应链深度合作项目、深圳中腾跨境电商FBA项目、中海仓跨境电商供应链项目、跨境电商国际铁路货运通道深化合作项目成功签约。

11月22日，开福区与中国邮政速递物流股份有限公司湖南分公司签署《战略合作框架协议》

（金霞保税物流　供图）

【主营业务指标】2018年，按要求完成市、区、园区下达的各项商务指标任务，完成对外贸易额98781万美元，在全市园区中排名第二。金霞口岸区域（含保税中心、长沙新港、货运北站）实现进出口物流总值62.67亿美元，征收税款34.41亿元人民币，其中保税中心完成进出口物流总值26.29亿美元，征收关税及代征税9.89亿元人民币，同比上涨率分别为13.8%和-1.7%，分别占比全省海关特殊监管区域及场所31.1%和87.7%，场所效能（外贸进出口值/封关运行面积）在全省特殊监管区域及场所中排名第二。2018年，跨境电商监管中心累计完成货值4662.16，订单3.32万单，其中BC进口货值1182.6万元，订单2.1万单；出口货值3479.56万元，订单1.16万单。

【项目建设】2018年，完成网购保税进口业务公共查验中心软硬件建设、海关总署金关二期保税系统建设及海关监管作业区视频监控系统及电子围网升级改造项目。引进海外人士外贸产业基地。该项目是园区继中欧班列之后的第二个“一带一路”平台型项目，省商务厅拟将其打造成为中非经贸管理服务平台，2018年，引进30个国家30家企业入驻，实现外贸破零企业3家。

12月7日，参加中部（长沙）进口博览会代表到金霞保税物流考察
（金霞保税物流　供图）

获批跨境电商生态产业园。建设跨境电商人才培训基地，获批“中国跨境电子商务师三级人才认证考点”，与全省30多所高校合作，500多名学员通过跨境电子商务师三级考试认证，中湘嘉德获批商务部供应链创新试点示范企业。举办2018中部（长沙）进口博览会，全省11个地市25个行政代表团、422家采购商，国内超过1000家企业参加观摩和采购，参会人员41万人，线下线上及意向签约金额38亿元。

【综合保障】组织开展打造内陆开放高地、跨境电商、综合保税区申报等多项课题研究，其中《跨境电商综合试验区获批后开福区跨境电商发展方向的思考》在区政府课题调研竞赛中荣获一等奖。强化政策保障。出台《开福区关于促进开放型经济发展的若干措施》（开兴产发〔2018〕1号），《开福（金霞）跨境电商综合试验区建设工作方案》《开福区关于扶持跨境电商专项扶持政策》。全年争取市财政贴息及运行补助资金1274万元，开放型经济专项资金2459万元，协调税务减免土地使用税及房产税118万元。三项政策的出台、三级资金的到位，为开放型经济的发展提供坚强的保障。制订园区管理制度和园区应急预案，做好日常经营管理，将部门人员分组对园区进行定期巡查，做好巡园记录，全年园区内无偷盗、火灾、人员伤亡等重大安全事故发生。全年在省、市级电视台、报刊、网络报道287次，对提升园区形象起到很好的作用。

【联检协调机制】通过加快铁路口岸建设，促进铁路一类口岸申报。协调做好霞凝货场海关监管场所规划建设工作，完成查验监控室、海关监管仓库、海关安检仪等基础垫层浇筑。2018年，中欧班列共发运191列，8378车，16756TEU。其中湘欧快线共发运进出口货物163列，7139车，14278TEU，吨位19.43万吨，货值6.64亿美元；中南国际陆港共发运进出口货物28列，1239车，2478TEU，吨位2.27万吨，货值1.03亿美元。高位协调，全面打通中欧班列霍尔果斯、阿拉山口、二连、满洲里四大边境口岸，确保中欧班列畅通有序运行。

【中国外运华南有限公司湖南分公司入驻金霞】6月11日，长沙金霞保税物流中心与中国外运华南有限公司湖南分公司正式签约。这标志着中国最大的国际货运代理公司正式入驻长沙金霞经济技术开发区。中国外运是中国最大的航空货运和国际快件代理公司，是世界领先的整合物流服务商之一。截至2015年年底，该公司总资产350.8亿元，净资产184.6亿元。此次中外运入驻金霞，将深度参与中欧班列（长沙）运营，拟在金霞打造中部地区最大的集装箱集结分拨中心——中国外运长沙CFS中心仓，实现中外运乃至招商局集团（中外运母公司）的系统网点、通道与金霞经开区的互动，对中外运拓展中部市场、扩大业务覆盖面具有战略意义。开福区领导沈裕谋、刘拥兵、杨应龙，中国外运华南有限公司领导陈海平、罗裕樟等出席签约仪式。

【省委常委、长沙市委书记胡衡华调研开放型经济发展平台】8月16日，湖南省委常委、长沙市委书记胡衡华调研长沙金霞经济技术开发区开放型经济发展平台和企业工作情况。胡衡华一行实地考察浩通外贸综合服务中心、海外人士外贸产业基地及湘欧快线。胡衡华详细了解外向型企业生产经营、出口业务开展等情况，鼓励企业坚定信心，捕捉机遇，用活用足各级政策，抢占更多新兴市场，为长沙开放型经济发展强化龙头引领作用。胡衡华在考察“中欧班列（长沙）”运营发展情况时，就进一步完善配套设施、发挥水铁联运优势、推动运量突破等进行现场指导。胡衡华要求有关部门和园区提供更为优质的服务，主动为企业出谋划策、提供支持，帮助企业免除后顾之忧，在激烈的国际竞争中赢得主动。胡衡华强调，全市各级各相关部门要紧紧围绕高质量发展目标，深度融入“一带一路”倡议、长江经济带、粤港澳大湾区等建设，以更加开放的视野助推平台升级、产业升级，用好国内外两个市场、两种资源，把开放的大门全面打开。要以获批国家跨境电商综合试验区为契机，依托口岸、海关特殊监管区等平台，在加快发展高新服务业、现代物流业等方面集中发力，为全省开放崛起强化省会担当。要以园区为载体，聚焦开放型经济、价值链高端抓招商引资，推动先进制造业与现代服务业融合发展。要深化改革、强化制度创新，进一步优化国际化、便利化营商环境，为开放发展提供阳光雨露。市领导夏建平、邱继兴，区领导沈裕谋、张春雄、李国军以及相关市直、区直部门单位负责人陪同调研。

【邮政国际金霞操作中心举行签约仪式】11月22日，长沙市开福区人民政府与中国邮政速递物流股份有限公司湖南省分公司签署《战略合作框架协议》，拟建设湖南邮政速递物流国际金霞操作中心，部署相应软硬件系统，对进入中心的跨境货品进行处理。这标志着湖南省首个跨境电商“9610+国际邮路”出口模式落地开福，对进一步助推长沙乃至湖南的开放型经济发展有重要意义。9610是海关总署增列海关监管方式代码，专为跨境电商服务，将跨境电商的监管独立出来，利于规范和监管，也有利于企业的通关效率及降低成本。开福区委书记沈裕谋，区委副书记、区长刘拥兵，区委常委、金霞经开区党工委书记李国军，副区长李杨，中国邮政速递物流股份有限公司湖南省分公司总经理刘俊峰、副总经理许名君等领导出席签约仪式。沈裕谋希望在目前“9610+国际邮路”出口模式基础上，双方探索更多的国际通道合作方案，将中欧班列与邮政结合，实现班列（跨境）直通欧洲；将港澳直通车与邮政结合，实现直通车返程可携带电产品通港；为邮政自有全货机的开通，合作吸纳基础货源企业到金霞发展。沈裕谋强调，开福区将完善相关工作联系配合机制，营造公平、便利、安全、高效的跨境生态环境，确保金霞操作中心项目“落地开花”。

（吴　静）

表1

2018年度金霞保税物流中心封关运行数据表

年度	报关单		货值		货运量		征收税款		一日游	
	单数	同比增长率（%）	万美元	同比增长率（%）	吨	同比增长率（%）	万元	同比增长率（%）	单	同比增长率（%）
2009	216		2340		9996		1036		31	
2010	1241	91%	15500	121%	45728	53%	5882	89.20%	145	367.74%
2011	2056	66%	34789	124%	53509	17%	8253	40%	431	197.24%
2012	2850	38.62%	61879	77.87%	54778	2.37%	10113	22.54%	1467	240.37%
2013	4992	75.16%	94760	53.14%	58761	33.63%	19452	92.35%	2866	95.36%
2014	7394	48.23%	173361	83.25%	98925	69.36%	45136	136.40%	5353	86.78%
2015	8399	13.59%	311386	79.62%	58230	-41.14%	50107	11.01%	5517	3.06%
2016	8849	5.36%	182542	-50.08%	62639	7.87%	58311	16.37%	5924	7.40%
2017	8805	-0.50%	231114.6	88.60%	86135.9	22.96%	100624.7	71.55%	6154	3.88%
2018	8705	-1.14%	262920.3	13.76%	95258.5	10.60%	98940.4	-1.67%	6086	-1.10%
合计	53507		1370591.9		623960.4		397855.1		33974	

商贸 · 旅游

COMMERCE TOURISM

商贸

【概况】2018年，全区完成社会消费品零售总额737.5亿元，同比增长11%；全区实现限上零售额203.9亿元，同比增长13.1%。全区实际利用外资累计完成7.42亿美元，为年度任务100.17%，同比增长8.75%，其中外商直接投资累计完成4316万美元。市外境内固定资产投资累计完成340.08亿元，为全年目标任务100.47%，同比增长12.17%。

【举办消费节】面对全市消费下行趋势，为开拓全区消费市场，营造良好的消费环境，激发居民的潜在消费欲望，积极探索和创新消费节的举办形式。利用黄金珠宝、百货、轻奢品、汽车、建材、餐饮等特色资源，举行不同主题的消费活动，做到季季有节庆，月月有促销，促进区域消费升级。策划主办“万达年中庆超级嗨购日暨城市大型狂欢购物街”“福满星城.开福富兴时代消费节”，打造时尚、精致、大气的主题节会。组织区内知名食品餐饮企业参加2018国际食品餐饮博览会，牵头实施第99届全国秋季糖酒会的开福区场外交易管控工作。“福满星城.开福富兴时代消费节”周年庆期间，3天人流32.8万人次，销售额3000万元，有效拉动居民消费。

【市场监测】按照省、市商务系统的统一要求，开福区始终坚持对统计数据审核严格把关，样本企业的报送率都保持较高水平。做好数据催报、审核工作，切实提高数据报送质量和水平，把市场商品消费动态纳入商务日常监管机制中，依法规范行业市场经济秩序；关注重要消费品、生活必需品市场运行和供求状况的监测，适时进行市场调控。加大数据催报和审核力度，监测数据报送质量显著提高，各类数据报送率和及时率100%。及时更新维护开福区商务预报网站，将区内农贸市场加入监测范围，每周按时报送农产品价格周报。特别是“五一”黄金周等法定假日安排专人负责数据督报，及时上报市场消费分析材料，准确的分析市场运行趋势，服务政府决策，合理引导消费。

【项目建设】2018年，围绕“一圈两场三道”建设，区商务和旅游局重点负责生鲜农产品市场和社区门店的新建工作。根据市对区“一圈两场三道”工作中农贸市场任务考核要求，2018年全区需新建农贸市场4家，提质改造农贸市场15家，另外新建8个社区生鲜门店。区政府统一部署，新建工作由区商务和旅游局牵头，提质改造工作由区食药监局牵头。截至2018年年底，区商务和旅游局完成4个新建农贸市场和8个新建社区生鲜门店建设任务。

【招商引资】按照“大招商、招大商”的总要求，秉承“精准、舍得、执着”的理念，积极适应经济发展新常态，务求更高质量发展，招商引资呈现良好态势。2018年，全区引进重点产业项目76个，其中亿元以上项目26个，如中石化湖南石油分公司营销管理中心、省广电芒果总部大厦、市广电中广天择、顺新金属总部项目、恒昌医药总部基地、湖南旺东铁路专用物流园等；10亿元以上项目6个，如陌陌科技、容德文化、新奥泛能网分布式能源项目、天力瑞家新材全国总部生产基地项目等，项目投资总额190.2亿元。引进新华人寿、中外运、永辉超市、浙商银行、瑞康医药等全国500强企业5个。全年对接企业200余批次，400余人次。成功举办“长沙金霞经济开发区重大招商项目集中签约暨海外人士外贸产业基地启动仪式”“智慧物流助推长沙现代化建设招商推介暨长沙传化公路港城市物流中心启航活动”“2018开福楼宇经济专题招商推介会”“长沙国际铁路港招商推介会”，组织参加“首届中国国际进口博览会”“2018湖南——长三角经贸合作洽谈周”“湖南携手全国知名民营企业助推中部崛起大会”“第四届中国楼宇经济峰会”“中韩龟尾友好经贸交流”等重大节会活动10余次，有效展示和推介开福区招商资源。

【对外经贸】加强对外合作，促进外贸增长。全年进出口额完成13.4亿美元，为全年任务9.15亿美元的146.4 %，增幅58.7%。全年完成对外劳务合作和承包工程营业额2.07亿美元，为全年目标任务133.16%（全年目标任务15550万美元）。积极组织企业参与各项国际展会活动，为企业争取省市商务部门组织的境外展和考察活动，加强国家、省市外贸政策宣传，加大外贸企业的孵化工作，引导具备有条件的企业申请自营进出口权。通过“湘企出海+综合服务平台长沙专区”及全市外贸业务培训开福区专场，介绍通道平台，推进金融服务，提供扩大企业进出口的渠道，提升企业市场业务水平。

【口岸服务】全面整合口岸资源，打造平台集群效应，推进口岸建设。建立口岸联席会议制度，不定期对区内一中心（保税中心）两口岸（霞凝水运口岸和霞凝铁路口岸）两通道（长沙至上海的江海联运，长沙至欧洲的中欧班列）三平台（跨境监管中心、交易中心、粮食指定口岸）进行走访，加强联系，及时收集掌握平台通道运行情况及问题，服务口岸单位。组织开展缩短通关时间调研，提高通关效率，服务企业通关便利化。

【市场监管】抓好安全生产，推进文明创建，坚决打赢蓝天保卫战。2018年开福区以监管、检查作为重点，每月按时到所监管企业进行检查。开展春节、元旦、汛期、“安全生产月”、夏季高温期间等专项检查活动，取得较好成效。开展安全生产“五个一”教育培训活动，宣传安全法规和安全知识，营造良好的安全文化氛围。按照区文明创建的整体要求，结合行业特点，着重宣传长沙市创建更高水准文明城市的意义及重要性，推动创建全国文明城市的新高潮。严格监管抓好油气回收。认真落实管理职责，牵头协同环保部门，加强开展对加油站油气回收“一日一查”监管。结合全年改造目标任务，按照“轻重缓急、重点推进、全面铺开”的工作原则，多次与企业协调沟通，有序推进加油站单层罐更新改造工程。

【开福区举行“北富开福 聚产兴楼”2018年开福楼宇经济专题招商推介会】11月8日，“北富开福 聚产兴楼”2018年开福楼宇经济专题招商推介会举行，区委书记沈裕谋出席并致辞，区委副书记、区长刘拥兵主持会议。区领导谢伟峰、邹犇淼、蔡冰、张春雄、何惠风、晏成方、王颂交、李杨及相关单位负责人参加。会上，开福区政府、马栏山视频文创园分别与恒大人寿保险股份有限公司湖南分公司、彭年集团、新中泰集团、湖南智慧平安有限公司、湖南职予者文化传播有限公司、湖南毂梁微电子有限公司、湖南芒果听见科技有限公司、浙江东阳辣骄传媒有限公司、亚太中商、西瓜视频、北京二咖传媒文化有限责任公司等10余个重点签约项目代表进行电子签约，签约金额15亿元。开福区通过每年一次大型楼宇经济招商推介活动，推荐区域资源和优质楼宇载体，集中展示开福区一张张“立起来”的名片，成为搭建合作共享资源的重要桥梁。活动期间，外省客商参观考察马栏山视频文创园、绿地中心、华创国际广场、凯乐微谷等代表性项目。推介会还邀请中国楼经济知名专家、《中国楼宇经济蓝皮书》编著、教授夏效鸿及友好城区代表做主题演讲和经验交流。会上，开福区正式加入中国楼宇经济联盟，通过该平台，将有机会与遍布全国40个城市50多个发展楼宇经济友好城区建立更为紧密的战略合作。当天，万达广场、绿地中心、万科城、世纪金源4个楼宇商圈党建创建点进行现场授牌，为开福建设成为楼宇党建高地，实现开福“升级发展、成就北富”提供持久动力源泉。

旅游

【概况】2018年，全区有A级以上旅游景区（点）6个，其中国家AAAA级旅游景区3个（长沙世界之窗、海底世界、湖南省博物馆），AAA级旅游景区3个（长沙园林生态园、沙坪小镇景区、汉回民俗文化景区）；星级旅游饭店9家，旅行社51家，旅行社分社12家，旅游服务网点97家；星级农庄15家。全年接待游客1453.87万人次，同比增长55.83%，完成旅游总收入165.78亿元，同比增长70.56%。

表2

2018年旅游业经济指标一览表

项目	单位	2017 年	2018 年	比上年同期增长
接待游客人次	万人次	932.98	1453.87	55.83%
旅游总收入	亿元	97.2	165.78	70.56%

【旅游营销宣传】加大旅游营销宣传力度，强化全区旅游行业形象。积极参加省市组织的各种旅游博览会和推介会，利用长沙晚报等传统媒体和新兴媒体加大营销推广力度。集中做好全区乡村休闲旅游、城市历史步道等文化旅游景区宣传营销及推广工作。指导区内旅游企业做好节会活动组织工作。

【旅游行业管理】加强旅游行业管理，确保行业和市场有序发展。根据省、市旅游部门下放给区县的工作权限，开福区做好国家AAA级旅游景区和三星级旅游饭店的等级复核和评定工作，以及旅行社信誉等级评估工作，采取组织专家暗访和现场测评等方式进行。依法依规处理好旅游投诉等行业管理工作。强化安全教育培训，开展旅游企业安全生产大检查，营造安全有序的旅游环境。做好文明创建月评、季评、半年度测评和年度考评工作，重点整治旅游不文明行为。开展文明旅游宣传活动，利用“5·19”全国旅游日宣传活动，采取布置展板、发放宣传册等形式，加大公民境内游和出境游文明宣传。

（康璐莉）

重点旅游景点介绍

【开福寺】开福寺位于长沙市湘江之滨，是一座殿宇宏伟、气势夺人的千年古寺。开福寺是禅宗临济宗杨岐派的著名寺院，始建于五代时期，历宋、元、明、清各代，数经修缮，有著名的内外16景，是湖南省重点文物保护单位，也是汉族地区佛教全国重点寺院，长沙市佛教协会的所在地。每年春节，开福寺

山门外都会举行盛大的庙会。除祈福和赏灯，还有看戏、猜灯谜、舞龙狮、品美食。此外，湘绣、剪纸、面塑、糖画等能手也在庙会展示传统手艺，尽显开福寺庙会质朴的民风民俗。

【沙坪湘绣文化旅游景区——沙坪小镇（AAA）】

沙坪风情小镇是开福区沙坪湘绣文化旅游景区的核心景区，是中国湘绣的发源地，国家AAA级旅游景区。景区依托沙坪湘绣产业和自然资源基础，融合当地特有的湘绣文化、民俗文化，成为国内外知名的以湘绣产业、现代农业、旅游产业为核心的文化旅游特色小镇。

沙坪小镇的核心景区为沙坪绣坊街。街区全长1.3千米，总建筑面积13.3万平方米。沙坪绣坊街是湖南首席湘绣文化旅游商业步行街，集休闲娱乐、湘绣体验、非遗展示为一体，分布有旅游工艺品展览区、湖湘特色餐饮区、湖湘文化展示区等景点，让广大游客充分领略湘绣文化的无穷魅力。

【沙坪湘绣文化旅游景区——汉回民族村（AAA）】汉回民族村是开福区沙坪湘绣文化旅游景区中的特色景区，为国家AAA级旅游景区。汉回民族村是长沙市唯一的少数民族聚居村。全村2000多名居民中，1/3是回族，回族在此生活有300多年历史。景区内有民族团结广场、回民清真寺和铁炉寺知名景区，是佛教、伊斯兰教宗教活动场所，尤

其是村内保存有具有鲜明回族特色的民居、风俗和独特的饮食文化。在这个山水相映的村庄，汉族和回族村民和睦相处，共同居住，是个以汉回文化为依托、以民俗体验、生态农业、休闲度假为主体，以宗教、美食为配套的新型旅游示范区。

【沙坪湘绣文化旅游景区——长沙园林生态园（AAA）】长沙园林生态园是开福区沙坪湘绣文化旅游景区中的重要景区，景区总规划面积为200公顷。截至2018年年底，开放一期园区66.67公顷，景区内植物资

源丰富，森林覆盖率90%，空气质量极佳，负氧离子丰富。景区把文化、旅游生态的理念与园林融为一体，形成独有的生态文化品牌。是集园林科研生产、花卉展示、科普教育、休闲旅游、户外拓展等多种功能于一体的现代生态园。自2009年开园以来，接待游客突破100万人次，是长沙市科普示范场馆、市青少年素质教育基地。

【长沙世界之窗(AAAA)】长沙世界之窗坐落于长沙市金鹰影视文化城，占地40万平方米，是全国首批AAAA级旅游景区之一，中南地区最有影响力的大型文化主题乐园；湖南省最大的旅游、影视、文化、娱乐基地，也是湖南省重要的精神文明建设基地。

长沙世界之窗是由湖南电广传媒股份有限公司、深圳华侨城控股股份有限公司和香港中旅集团共同投资兴建的大型文化主题公园。1997年10月1日试营业以来，长沙世界之窗发展成为一个融世界各国建筑奇观、五洲风情歌舞表演、大型儿童游乐、先锋时尚活动、水上活动乐园、影视拍摄基地于一体的综合性大型主题乐园。

【长沙海底世界(AAAA)】长沙海底世界坐落于浏阳河畔金鹰影视文化城内，占地7公顷。被国家海洋局、中国海洋协会授予“海洋

科普教育基地”，也是湖南电视台的影视拍摄基地。海底世界的游览区域由海洋馆（包括极地馆）、科教馆、水上乐园、儿童乐园四大功能区组成。是一个集观赏、休闲、娱乐、科普于一体，中南地区展示物种最多、节目内容最丰富、参与性最强、最具时尚感的海洋主题公园。先后获得“湖南省最佳旅游景点”“长沙市文明示范窗口”等荣誉称号。被国家旅游局授予“国家AAAA级”旅游景区（点）。

【铁炉寺】铁炉寺位于开福区沙坪街道汉回村，距长沙市区7.5千米。相传南宋初年有禅师来此结庐静修，得天人散花、猿猴献供。岳飞出兵洞庭湖时，慕名谒师，宾

主谈禅论道，纵论国策，行前植茶树两株而去。康熙年间（1662—1722），百隆普振禅师（1654—1735）平江颜氏子，幼时见羊跪乳，悟母恩难报，遂发离尘之志，依开福寺心辉世祖出家，25岁负钵远游，朝礼名山，广参善士。32岁始居金山，勤修苦参十五载，彻底神悟。康熙四十年（1701年）辞返星沙，见铁炉冲云烟缭绕，古茶蔚起，遂发愿于宋禅师结庐处，开山建寺。该处四面环山，西边低阔，中为腹地，形状酷似古人烧饭用的铁炉锅，故禅师为寺命名铁炉。铁炉寺原为和尚主持，1931年正式改为尼姑庵。

【洪山寺】洪山寺位于长沙市开福区山鹰潭自然风景区，紧靠风景如画的捞刀河，依山傍水，风景秀丽。该寺始建于明代，寺庙建筑宏伟，气势非凡，佛光塔高达9层，供奉地藏菩萨。

【潮宗街历史文化街区】潮宗街是长沙市著名的老街巷，位于长沙湘江中路与黄兴路两条主干道之间，长约1000余米。明清时长沙县署就在潮宗街上。民国时期，出潮宗街、过潮宗门，便到长沙码头，长沙是中国四大米市之一，潮宗街又为长沙著名米市。走进麻石铺路

的潮宗街，有大韩民国临时政府旧址、时务学堂等著名景点,书社、教堂、戏台、公馆、牌楼、文化比比皆是，让广大游客和市民感受到老长沙历史的记忆。

【西园北里历史步道】西园北里是长沙市重点塑造的5条特色街巷之一，也是长沙市首条历史步道示范区的首发段，于2016年10月正式启动，2018年年初完成改造。西园北里因唐宰相裴休在此修建西楼而得名，属长沙六大公馆群聚集区之一的文化街区，街区全长约560米，以古朴、沧桑、静谧、慢行为主题，串起左宗棠祠、李觉公馆等7处不可移动文物和15处历史人文景点，打造留住长沙记忆的历史街巷。

【中山亭】中山亭位于长沙市开福区黄兴北路与中山路交汇处。始建于1930年，辟有辛亥革命陈列馆，陈设孙中山、黄兴、蔡锷、宋教仁等革命党人史迹。中山亭是湖南省会近现代标志性文物建筑之一。

【湖南省博物馆(AAAA)】湖南省博物馆位于长沙市开福区，与烈士公园毗邻，占地面积5.1万平方米，筹建于1951年，1956年正式对外开放。2012年闭馆改扩建，2017年新馆建成并对外开放。湖南省博物馆是湖南省最大的历史艺术博物馆，也是首批国家一级博物馆、中央地方共建国家级重点博物馆、全国优秀爱国主义教育示范基地和湖南省AAAA级旅游景点。

湖南省博物馆藏品18万余件，尤以马王堆汉墓文物、商周青铜器、楚文物、历代陶瓷、书画和近现代文物等最具特色，并以此打造6个展示人类优秀文化遗珍的基本陈列。

【长沙市博物馆】长沙市博物馆旧馆位于市中心八一路538号，占地4.26公顷，面积达40000平方米。1986年，长沙市博物馆在中共湘区委员会旧址纪念馆的基础上正式成立。长沙市博物馆新馆于2015年12月底搬迁至长沙滨江文化园长沙市“三馆一厅”。

长沙市博物馆作为一座中型综合性的地方志博物馆，它承担着收藏、保管和展示长沙市以及周边地区各类文物、照片、图书、文献资料的重任。为国家征集收藏了各级各类文物、照片、图书、文献资料共85000余件。其中出土文物10500余件，流散文物28000余件，字画和近现代文物6500余件；各种历史图书文献资料20000余件，各类照片20000余张。经专家鉴定，共有一级文物87件套，二级文物101件套，三级文物2750件套。

【长沙市滨江文化园——“三馆一厅”】长沙滨江文化园——“三馆一厅”位于长沙北辰三角洲，西滨湘江、北临浏阳河，包括长沙市博物馆、长沙市图书馆、长沙市规划展示馆、长沙市音乐厅以及景观塔和周边配套设施在内的长沙滨江文化园建筑群，“三馆一厅”总建筑面积约15.5万平方米，其中博物馆3.42万平方米，图书馆3.13万平方米，音乐厅2.76万平方米，景观塔650平方米，地下架空层5.75万平方米。整组建筑象征湖南人勇往直前、迎难而上、自强不息的群体性风格。长沙“三馆一厅”位置十分优越、环境优美清新，是广大游客和市民休闲、阅读、养性、欣赏的最佳场地。

【烈士公园】烈士公园是长沙市最大的公园，位于长沙城东北部东风路1号，是座集纪念、游览和娱乐的综合性公园。1950年动工兴建，1953年正式开放。占地118公顷，其中水面约40%。东面浏阳河环绕，其他三门面向闹市。

【大明山庄】长沙大明生态休闲山庄位于长沙市开福区沙坪街道大明村，占地面积36.67公顷，环山抱水，风光旖旎，原始生态和人工雕琢浑然一体，既保留了自然生态美景，又体现出现代建筑之大气和风韵。大明山庄是一个集会务、住宿、餐饮、飞越丛林、垂钓、农事体验、拓展训练、休闲娱乐、手工DIY、种植养殖于一体的生态农业示范基地，由商务会所、康体中心、垂钓中心、生态手工坊、农耕文化园五大板块组成，山庄拥有三星级酒店1栋,雅韵别墅4栋，总建筑面积6000平方米，集餐饮、住宿、会议、茶楼、商务洽谈于一体的特色休闲山庄，是推广农业科技的示范基地。

【和道源农庄】和道源农庄位于长沙市唯一一个少数民族聚集村—汉回村，特色浓郁的回族民居，满眼浓郁的伊斯兰风情，距离市区12千米，交通便利，环境优美，杨柳排行，亭立湖央构成一幅大自然的生态美景。和道源农庄自2009年组建以来，形成集高科农业、生态农庄、休闲体育、茶道文化、茅台酱酒文化、绿色文化、亲子文化为一体的国家级生态农庄。

和道源农庄原位于沙坪街道板塘村，为配合开福区乡村发展，支持家乡建设，农庄搬迁到汉回村，2016年8月5日重新对外运营。农庄分为休闲观光区、农庄餐饮区、会议娱乐区、体育运动区、垂钓休闲区、酱酒品鉴区、水上游乐区、员工生活区八大功能区。

【海天山庄】五星级休闲度假山庄——海天山庄位于长沙市开福区沙坪街道海棠村境内，山庄依山而建，占地面积约21.8公顷。山庄各类配套服务设施齐全，是一个

集生态苗木种植、农业观光、休闲娱乐、团体会务、修养健身为一体的乡村度假胜地。山庄设有标准套房、豪华套间，46间98个床位。房内安装有卫星电视及空调让您享受温馨惬意的假日时光；山庄在乌溪村拥有13.33公顷无公害农产品基地供应自产自销的纯原生态家禽和蔬菜，拥有年出栏600头生态养猪场，2公顷原生态土鸡饲养园，让您与健康同在；高档次KTV、乒乓球室、健身器材、台球、羽毛球、双人自行车、商场、垂钓让您与娱乐相伴。

【河村山庄】河村山庄是位于长沙市开福区沙坪街道茶子山村的一家休闲生态园，其环境优美，空气清新。河村山庄投资400万元，占地23.33公顷，是以休闲垂钓、餐馆住宿、棋牌娱乐、会议培训等项目于一体的休闲农庄。优美的自然风光、粉色的浪漫小屋，古朴的农家四方小院，10公顷自然水域，吸引众多游客流连忘返。

楼宇经济

【概况】长沙市开福区现代服务业发展办公室（以下简称区现代办）于2014年10月成立，属公益一类事业单位。2018年，开福区获评“中国楼宇经济最具投资价值城区”“2018中国楼宇经济创新实践基地”。

【楼宇招商】截至2018年年底，开福区建成5000平方米以上楼宇143栋，总建筑面积554.8万平米。2018年，全区楼宇去库存34.29万平方米，其中写字楼去化21.99万平方米，商业去化12.3万平方米，写字楼去化面积比2017年增长17%（2017年写字楼去化18.8万平方米）。全区楼宇新引进企业528家，其中工商注册、税务登记均在开福区的491家；500平方米及以上的企业66家（面积14.99万平方米）。

加强楼宇商圈党建，打造党建示范点，图为新河街道楼宇集群党委成立　　（区现代办　供图）

【楼宇产业】加强产业引导，实现差异化竞争。开福区致力打造金融商务区、金鹰文化区、金霞经开区三张“金字名片”，金融商务、文化创意、物流商贸和军民融合“3+1”主导产业蓬勃发展。围绕“马栏山视频文创园”，推动构建全要素文创产业生态系统，打造具有国际影响力的中国“V谷”和“泛马栏山”文创产业新地标；推动军民融合产业园建设，打造以军民融合为主导的高新技术产业示范区发展军民融合产业，未来这两大产业将成为开福区发展楼宇经济新的增长极。加大对楼宇项目的产业引导，打造一批专业和特色楼宇，助推楼宇项目实现差异化竞争。北辰三角洲打造动漫游戏产业聚集区、国际健康智慧城，国际会议会展中心；泊富国际广场打造总部楼宇；华创国际广场打造军民融合创新创业示范基地和“金融港”；新湖南大厦以“金融+文化”为主导产业，打造成央媒、省媒的聚集地及湖南省新媒体创意产业园；富兴世界金融中心打造创新创业孵化基地；凯乐微谷打造军民融合及科技信息产业平台；绿地中心打造“金融+健康医疗”专业楼宇；友谊咨询大厦打造工程商务咨询类专业楼宇;福天兴业打造军民融合创新创业示范基地;卓尔工业园打造成军民融合生产基地和产业园。

【楼宇经济】全区服务业实现增加值865亿元，对经济增长贡献率94.2%，服务业强区地位进一步巩固。金融商务区楼宇经济贡献持续加大，新入驻中国出口信用保险、恒大人寿等金融总部机构10家，新引进企业528家，全区税收过千万元楼宇43栋，其中过5000万元楼宇20栋、过亿元楼宇12栋，全年完成楼宇税收59.9亿元，占全区税收总量50.3%。

【楼宇服务】完善楼宇网络信息管理平台。对楼宇网络信息平台进行优化升级,改进街道及重点楼宇直报登陆端口，完善楼宇管理、企业管理、财税管理、党建管理四大基本模块。2018年，楼宇网络信息管理平台录入企业3130家，录入企业信息27项，楼宇信息23项。举办楼宇工作培训3次，各街道楼宇、物管专干以及区内楼宇项目相关负责人参加培训，邀请楼宇行业专家授课，提高全区写字楼管理服务水平，规范和掌握楼宇发展方向、培育业态要素、提升楼宇品质。以“党建领航、服务领路、经济领先”为目标，推动楼宇商圈党建，打造楼宇商圈党建示范点10个，对绿地中心、万达广场、万科城、世纪金源购物中心4个楼宇商圈党建创建示范点进行授牌。

【楼宇宣传】2018年，每季度推出一期《楼宇动态报》，制作《2018楼宇选址指南》。更新开福区现代服务业公众微信号相关资讯和行业信息，全方位实时更新全区楼宇资源和信息，让更多客商了解开福，投资开福。联合开福区楼宇经济促进会开展座谈、沙龙、培训、体健等活动，2018年，组织“共融楼宇新力量，升级发展新篇章”“浓情金秋，欢聚楼宇”“冬季健身、楼宇抱团”、第四季度楼宇动态报楼宇促进会专题等，为辖区内楼宇企业搭建沟通交流桥梁，打造良好的营商环境。

【开福区获评“中国楼宇经济最具投资价值城区”】4月10日，在中国楼宇经济成都峰会上，开福区获评“中国楼宇经济最具投资价值城区”。4月9日—10日，第二届中国楼宇经济成都峰会在成都世纪城国际会议中心召开。开福区副区长李杨带领区政府办、区现代办、开福区楼宇经济促进会及滨江华尔街、泊富国际广场、绿地中心、华远华时代等项目参会。在为期两天的峰会中，来自法国、日本等国家和中国香港地区楼宇行业专家、学者及数百家品牌齐聚，在主会场及金融专场、绿色专场、文旅专场、新经济专场和城市合作专场5个分论坛，分享未来楼宇经济发展趋势，描绘楼宇经济宏伟蓝图。会上首次启动中国楼宇经济国家标准研究工作，成立中国楼宇经济生态联盟，并在“中国楼宇经济之夜颁奖典礼”颁发13项中国楼宇经济大奖。其中开福区荣获“中国楼宇经济最具投资价值城区”，泊富国际广场项目获评“中国楼宇经济优秀服务企业”。《长沙晚报》以“楼宇经济成城北新‘财富坐标’”为题报道。

11月8日，“北富开福 聚产兴楼”2018开福楼宇经济专题招商推介会现场签约10余个重点项目，签约资金约15亿元（区现代办　供图）

【开福区获评“2018中国楼宇经济创新实践基地”】6月6日，开福区在杭州举办的“第四届中国楼宇经济峰会”上荣获“2018中国楼宇经济创新实践基地”。峰会以“楼宇经济从高速增长到高质量发展”为主题，设置9项议程，20家媒体联合报道，有超过40家城区代表和100家企业参会，讨论2017年中国楼宇经济的大事记，商议2018年中国楼宇经济的新发展，是中国最具影响力的楼宇经济研讨会。11月，开福区加入中国楼宇经济联盟，通过该平台与全国50多个发展楼宇经济友好城区建立战略合作关系。

【举办“北富开福、聚产兴楼”招商会】11月8日下午，“北富开福 聚产兴楼”2018开福楼宇经济专题招商推介会举行，区委书记沈裕谋出席并致辞，区委副书记、区长刘拥兵主持会议，区内优质项目和企业代表200余人参会，会上就开福区的优势资源、楼宇载体及产业政策进行推介与解读，并与10余家公司的重点项目签约，签约金额1.5亿元。区领导谢伟峰、邹犇淼、蔡冰、张春雄、何惠风、晏成方、王颂交、李杨及相关单位负责人参加。开福区通过每年一次的大型楼宇经济招商推介活动，推荐区域资源和优质楼宇载体，集中展示开福区一张张“立起来”的名片，成为搭建合作共享资源的重要桥梁。活动期间，与会人员参观考察马栏山视频文创园、绿地中心、华创国际广场、凯乐微谷等代表性项目，通过“一会一看”的方式，探讨各城市楼宇经济如何进行深入合作，迈入共享共赢、智慧革新的楼宇“大经济”时代。沈裕谋指出，近年来，开福区相继出台经济发展奖励办法、支持发展创客空间实施意见、军民融合创新创业暂行办法、文化产业奖励扶植办法，并严格按照要求兑现承诺，以实际行动取信于市场，取信于市场主体。下一步，还将出台楼宇经济专项扶持办法，以最优的服务、最好的政策，让企业感受到更多温度。

（张萃纯）

财税 · 金融

FINANCE AND TAXATION

财政

【概况】长沙市开福区财政局是区人民政府综合管理全区财政收支、主管财政政策、实施财政监督、参与对国民经济宏观调控的职能部门。2018年，全区完成一般公共预算收入134.91亿元，为长沙市定考核任务的102.48%，同口径增长12.73%；其中税收收入完成119.15亿元，同口径增长17.50%。完成地方一般公共预算收入40.88亿元，区级税收占地方一般公共预算收入61.44%，收入完成进度和增幅均居中心城区第二，成功入选2018年全国高质量发展百强区。区财政局荣获“湖南省预算绩效管理工作先进单位”。

【财税收入征管】根据《开福区财税目标管理考核方案》，制定月度、季度、半年和年度收入组织方案，对收入完成情况“按月考核、按季通报”，实现“以考促收”目标。继续开展“财税挖潜增收”工作，加强对楼宇及项目税收专项清理。加强内税种和个体零散税收的征管，实施房产税动态管理，进一步清理重点市场的漏征漏管。

【优化收入结构】非税占比持续下降，非税收入在年初目标任务基础上减少25.9%；收入质量稳步提升，全口径税收占一般公共预算收入的88.3%；支出结构更加合理，重点支出增长较快，民生保障支出有力，民生民本支出占区本级一般公共预算支出85%。

【助推实体经济发展】以全区“百人帮百企百日大行动”为契机，主动对接企业，优化服务质量。落实产业发展资金，严格按照《长沙市开福区经济发展奖励暂行办法》等文件精神，在规定时限内将产业发展资金兑现到位；积极对接中央、省、市产业发展政策，联合区工信局、区科技局、区商务局等部门帮助企业争取上级中小企业技改、科技创新、节能、设备补助等专项资金；做大全区产业发展资金规模，撬动更多金融资本、民间资本和社会资本流向实体经济。

【财源培植】以“产业项目建设年”为抓手，发挥财政资金支持保障和引导撬动作用，抓实财源培植工作，全区新增注册企业6440家，其中注册资金50万元以上企业5320家，产生税收8000万元；扶植重点企业发展，按照“严格奖励兑现，建设信用政府，提升招商魅力”原则，对重点税源企业进行扶持，兑现企业奖励资金7383万元，促进全区企业发展壮大。

【社会保障】落实中央、省、市养老金调整待遇政策，提高机关事业单位养老保险、城乡居民养老保险标准，城乡居民养老保险补助标准提高到188元/人/月，基本公卫服务经费补助标准从人均50元提高到55元。支持医卫强区建设，预算安排500万元用于加强基层医疗卫生机构设备建设。

【支持公平优质教育发展】加大对教育事业的支持力度，财政资金优先保障教育强区经费投入，全年安排教育经费9.8亿元，推动新改扩建开福第一中学等7所学校，完成标准化学校创建16所，新增优质学位5370个。

【落实惠农政策】制定《关于进一步加强开福区惠农补贴发放管理工作的通知》，强化惠农政策落实主体责任；印制3万份《惠农补贴一卡通政策宣传告知书》发放到街道、社区（村），宣传惠农补贴政策，全年发放涉农补贴17项，累计金额2524万元，涉及农户27979户。

【保障重点工程建设】以重点项目为突破口，积极争取政策性资金返还，月湖公园项目政策性资金余额1亿元全部返还到位；按照“量入为出、突出重点、统筹兼顾”原则，审核支付节气资金5.32亿元，保障项目建设顺利推进。

【防范化解政府债务风险】落实防范化解重大风险攻坚战决策部署，守住隐性债务总量不增长、借新还息不发生、“三保”资金不断链的底线，按照“控增量、化存量、防断链、防风险”原则，全面摸清债务底数，化解存量，优化增量。严控隐性债务增量，全面实施“停缓调撤”，全区停止实施1个项目、暂缓实施12个项目、调减 2个项目投资规模，调减投资24.3亿元。

【预算绩效评价工作】强化绩效评价的导向作用，加强评价指标设计的科学性和合理性，全年选取社会关注度高、影响力大的22个财政支出项目（其中包括8个部门整体支出）进行重点绩效评价，评价金额3.2亿元，评价范围涵盖教育、城管、农林水、街道、社区等部门和单位。

【投资评审工作】坚持预算、结算、中介费用评审程序化、规范化、客观化，实行项目三审制，完成562个项目预算评审，核减金额4555万元，核减率2.21%；完成450个项目的结算评审，核减金额1.05亿元，审减率12.92%。

【国库集中支付工作】落实保密承诺制、AB角工作制、岗位轮换制，规范国库集中支付行为，深化街道国库集中支付改革，16个街道全部推行公务卡结算，全年集中支付财政资金56.63亿元，直接支付占比99.22%。

【政府采购监管】深化政府采购改革，加强政府采购信息化管理，继续推进“互联网+采购”建设，上线开福区公务用车管理平台和长沙市公品商城，实现全区所有采购项目全程电子化操作，采购环节痕迹化管理，采购信息全面公开。

【国有资产管理】探索行政事业单位国有资产管理新模式，由区城建投将经营性资产按“统管资产、统一招租、统签合同、统收租金”的方式进行市场化经营管理，逐步实现国有资产管理规范化、效益化。

【财税改革】推进预决算公开，将街道、经开区纳入公开范围，部门预算公开单位增加到88家，预决算公开度超过98%，公开内容更加细化；推进区检察院、区法院财务省级统管改革，认真做好法检两院基数上划、资产核实工作，确保改革平稳运行；做好会计人员培训，扎实推进行政事业单位新政府会计制度改革；协助做好国税、地税体制改革。

【街道财务监管】全面推进“互联网+监督”村级财务公开，并纳入街道年度财务管理考核，要求街道在规定时间内，主动公开部门预决算、政府采购预决算、部门“三公”经费预决算信息，实现村级财务数据和街道预决算公开全覆盖。加强和规范街道、村（社区）财务管理，规范和深化街道国库集中支付，东风路街道财政所被评为“湖南省级星级乡镇财政所”。

【会计管理】贯彻执行《中华人民共和国会计法》，提高会计信息质量，全年办结14家会计代理记账机构审批工作，颁发代理记账许可证书。对开福区10余家会计代理记账机构进行专项检查，根据《代理记账管理办法》，对不符合规定的机构督促办理变更或注销手续。

【财政监督检查】认真贯彻相关法规条例，加强对财政内部监督和财政资金监管，对年初预算执行实行全程监控，确保财政资金使用安全和效率。以制度规范为基础，建立健全预算编制、执行、监督、绩效考评四位一体的财政资金管理模式。以日常检查与专项监察相结合为手段，建立健全事前审核、事中监控、事后检查的全过程动态监督机制。强化资金绩效管理，在保障资金安全基础上，加强对资金使用效益监督检查。完善内部监督和外部监督相结合的检查机制，充分发挥外部监督的作用。

（郑和堂）

附表：（一）2018年开福区收入完成情况表

表3

2018年开福区收入完成情况表

单位：万元

项目		工作目标	累计完成	同比增长	进度
省市税务局	原省地税直属局	42000	30180		71.86%
	原市地税直属分局	10000	6946		69.46%
	原市国税直属分局	56000	57343		102.40%
	小计	108000	94469		87.47%

续表3

项目		工作目标	累计完成	同比增长	进度
区税务局	原区国税局	643248	671936		104.46%
	原区地税局	405200	425071		104.90%
	小 计	1048448	1097006		104.63%
非税收入		160000	157650	-25.90%	98.53%
全口径收入	全口径税收	1156448	1191475	17.50%	103.03%
	一般公共预算收入	1316448	1349125	12.73%	102.48%
	全口径税收占比	88.03%	88.31%	2.78%	
区级收入	区级税收		251171	7.00%	
	地方一般公共预算收入		408821	1.12%	
	区级税收占比		61.44%	5.83%	

附表：（二）2018年开福区重点产业及行业税收情况

从产业情况来看，全区第一产业基本无税收；第二产业增长8.2%，占区域税收的比重从2017年的12.8%下降至2018年的11.8%；第三产业是全区主要产业，2018年税收105.1亿元，同口径增长18.9%，占区域税收的比重从2017年的87.2%上升到88.2%，同比提高1个百分点。

从重点行业情况来看，2018年全区前四大行业分别是房地产业、金融业、批发零售业、文化商务服务业，共计完成税收85.3亿元，占区域税收的比重71.6%；其中房地产业税收28.5亿元，时隔三年后重新成为全区第一大税源行业。

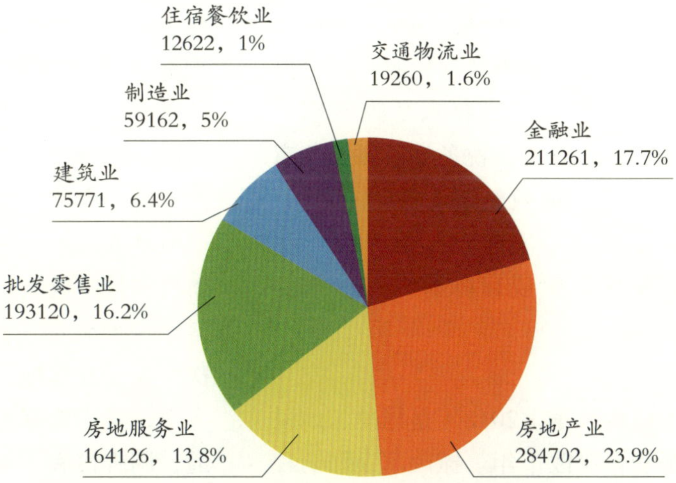

2018年开福区重点行业税收情况示意图

附表：（三）开福区2018年重点税种情况

纳入区级政府财税收入统计范围并参与财力分享的税种共有7个，其中增值税、企业所得税、个人所得税是全区三大主体税种，2018年共计实现税收收入106.8亿元，占总税收的89.7%；其他4个税种土地增值税、房产税、耕地占用税、印花税于2018年共计实现税收收入12.3亿元，占总税收的10.3%。

表4

2018年开福区分税种情况表

单位：万元

税　种	完成数	比重	增长率
增值税	536844	45.1%	11.8%
企业所得税	304458	25.6%	14.2%
个人所得税	226813	19.0%	31.8%
土地增值税	72693	6.1%	-7.9%
房产税	33293	2.8%	14.5%
印花税	13162	1.1%	40.0%
耕地占用税	4212	0.4%	-73.5%
税收收入	1191476	100%	17.5%
非税收入	157650	13.2%	-25.9%
一般公共预算收入	1349126	100%	12.7%

税务

【概况】国家税务总局长沙市开福区税务局（以下简称区税务局）于2018年7月20日正式挂牌，由原开福区国税局、原开福区地税局合并成立。有5个税务分局、7个税务所，负责所辖区域内各项税收、社会保险费和有关非税收入征收管理。2018年，开福区税务局获评长沙市税务局“绩效管理先进单位”、开福区“平安建设先进单位”、开福区“财税目标管理考核一类单位”。

【机构改革】2018年是国税、地税征管体制改革年。抓改革谋划。积极向区委、区政府汇报改革情况，争取工作支持，形成改革合力；组织学习《国税地税征管体制改革方案》等改革文件、方案，吃透改革精神、把握改革要领；成立机构改革工作小组，制定《开福税务机构改革工作总台账》，细化10大类36个主要任务117个具体措施的责任清单，实行挂图作战、对表推进、到点验收。抓改革保障。围绕三场主攻战，快速整合公文处理和门户网站、优化税费业务和“金税三期”信息系统、强化经费保障和资产管理、清理修改相关规章制度、规范干部人事和编制管理、执行改革“六项纪律”，推动改革有力有效开展。把握“关键时间点”，精准落实每一个改革要求，精细完成每一项改革任务。7月20日，区税务局新机构挂牌成立；10月25日，“三定”全面到位，调整干部260余人次。抓任务落地。社保费职责划转方面，着力抓好组织领导、联络沟通、调查摸底、业务培训等重点工作，举办10余场专题培训，开展社保数据清洗处理信息1.38万条，完成全区范围城乡“两居”保险123个代办点的信息采集，采集面100%，确保“划得清、转得通、交得稳、接得好”。抓好个税改革“宣传辅导、纳税服务、信息化保障、舆情管控”四大核心任务，开展新个税法培训20场5486人次，开展个人所得税新政策宣传“进社区、进医院、进校园、进园区”等活动。抓队伍融合。按照“三必谈”全覆盖的要求，全局共谈话586人次，化解干部心结；合并后组织“四合”大讨论，召开军转退伍军人、退休老干部座谈会；实行24小时值班和“零报告”制度，确保运转顺畅、人心融合、大局稳定。

【组织收入】坚持改革和业务工作“两手抓、两手硬”，统筹推进改革与组织收入等重点工作融合互促。抓收入质量。严格执行《税收收入风险数据管理规程》，对收入质量实施动态监测，坚决防止“空转”、收“过头税”等违规行为。2018年，全年完成税收收入109.7亿元，同比增长13.6亿元，增长14.5%。开展影视行业税收秩序专项工作，自查自纠补缴税款3.3亿元。抓征管基础。夯实征管基础，持续优化征管体系，统一多项征管制度，实现挂牌前后税收业务无缝衔接。创新征缴方式，实现移动支付缴税。全面推进信息化建设，做实“金税三期”并库工作，完成数据处理12748条，完成进度100%；自然人税收管理系统、社保费和非税收入征管系统等顺利上线。

【依法治税】通过开展宪法宣讲、党委中心组学法、举办法治培训班等，组织税源管理事项清单宣传，增强税务干部和纳税人法治意识。加大监督力度，实行分事行权、分岗设权、分级授权，做好权力清单、责任清单、政策清单、服务清单的动态管理。

【风险防控】成立风险管理机构，把风险管理作为提升征管质效和税法遵从度的突破口，接受上级推送风险任务28批次，涉及纳税人517户次，风险应对率100%，查处税款2.14亿元、滞纳金及罚款1891万元。

【纳税服务】优化办税服务。推出“最多跑一次”“一套资料办”“主税附加税一次办”等30项“放管服”便民措施；强化办税服务厅管理，全部实现“一厅办”“一次办”“就近办”，办税时间节省30%以上，纳税申报资料减少30%以上；推行自助办税服务，建设电子税务局、24小时自助办税厅，实现线上线下无缝对接。强化税收宣传。组织开展“纳税服务日”“创响三湘 税励园区”“成长税月 你我同行”等主题活动，开展“千人帮千企百日大行动”“税法进校园”、学生代表参与“体验办税员”活动，走访企业3856户，税收宣传深入人心。落实税收优惠。落实国家系列税收优惠政策，减免小微企业所得税、增值税留抵退税等各项税收3.1亿元。

【规范管理】强化绩效考核。坚持以绩效管理为抓手统揽全盘，优化考核目标，细化责任分解，将全年工作任务分解落实到领导、部门和岗位，严格日常管理，形成讲绩效、重实效的浓厚氛围。规范财经纪律。按照“量入为出、收支平衡、从严控制、保障需要”的要求进行预算控制，提升经费保障水平，优化经费支出结构，及时落实养老保险改革、工资提标等政策。提升后勤效能。完成洪山分局、中山路分局、东风路分局、四方坪三一大道办公区大院提质改造；慰问困难干部职工，全年共慰问30人次，发放慰问金10余万元；成立羽毛球、瑜伽等兴趣小组，促进机构改革后干部的融合；抓好机关院落、内部食堂、机要保密、办文办会、综治维稳、退休老干部等精细化管理，确保运转高效、规范有序。

【机制创新】创新“党建+税收业务”模式。全年组织党委（组）中心组集中学习12次，举办中共十九大精神培训班2期。开展“大学习、大练兵、大比武”活动，强化岗位能力建设。将党建工作与大厅窗口相结合，建设党员先锋岗、党员导税台、党建宣传屏，打造开福税务党建主题办税服务大厅。创新“党建+文化引领”模式。以独具特色的“福”文化建设为引领，开展“税宣惠民春风行动”“素质拓展 打造团队”等活动，强化“党建引领，兴税争优”党建品牌，提升干部精神文化品位，丰富“税德载福”底蕴。全年接待兄弟单位10批次400余人次参观学习。创新“党建+群团共建”模式。以党建带群团建设，以群团促党建发展，组织开展“促‘四合’打造学习型青年队伍”读书分享活动，促进党建与群团建设“双提升”。

【国家税务总局长沙市开福区税务局正式挂牌成立】7月20日，由原长沙市开福区国家税务局、长沙市开福区地方税务局合并组建的国家税务总局长沙市开福区税务局举行挂牌仪式，标志着开福区税务机构

7月20日，国家税务总局长沙市开福区税务局挂牌仪式　（区税务局　供图）

改革进入一个新时期。自2018年3月国家实施税务机构改革以来，开福区税务系统落实上级指示精神，在抓好税收中心工作基础上，积极推进机构改革，确保各项税收工作和机构改革顺利衔接、平稳运行。新税务机构挂牌仪式成立后，按照市局统一部署，全面整合国税、地税业务工作，具体承担辖区范围内各项国税、地税收入征管等职责。开福区委副书记、区长刘拥兵指出，税务工作迈进新起点，全区税务干部要立足岗位讲奉献，扎实学习谋发展，以过硬的业务能力和优良的服务态度，不断提升税务事业新高度，优化营商环境，为全区纳税人提供更加便捷的办税服务，助力区域经济发展。挂牌仪式由区税务局党委书记、局长邓志荣主持。国家税务总局长沙市税务局联络（督导）组成员，开福区委、区政府、区人大、区政协等相关部门负责人，国家税务总局开福区税务局部分干部代表参加。

【开福区区委副书记、区长刘拥兵到开福区税务局调研】10月15日，开福区区委副书记、区长刘拥兵，区委常委、常务副区长蔡冰，率区政府办、区财政局、区人社局等单位工作人员到国家税务总局长沙市开福区税务局，调研全区国地税征管体制改革工作推进情况及非税收入划转工作准备情况。刘拥兵一行实地查看办税大厅，慰问工作人员，询问和了解税收有关工作。随后召开座谈会，开福区税务局党委班子全体成员参加会议，党委书记、局长邓志荣汇报国地税征管体制改革工作进展情况、优化税收营商环境情况及全区税收工作情况分析，提出当前全区税务工作面临的形势和问题，以及区税务局计划采取的相应工作措施。刘拥兵对开福区税务局各项工作进展情况表示肯定。他指出，全局税务干部要坚决拥护国税地税征管体制改革，要继续落实好全区财税工作会议精神，围绕税收中心工作，努力适应改革新形势，在确保做好依法征税的基础上，全力以赴完成好税收任务，虽然税收压力比较大，但全体税务干部要发挥积极作用，通过风险管理、深挖税源、堵漏增收等途径，实现税收业务的提质增效，完成好组织收入任务。要按照上级要求做好“三定”、社保费和非税收入划转的接收工作，用工作实绩支持开福区税务事业的发展。

（高川惠）

地税

【概况】长沙市开福区地方税务局（以下简称区地税局）负责长沙市开福区188平方千米范围内16个街道办事处2.15万户企业和个体的地方税费征收管理工作，有在职干部198人。2018年，开福区地方税务局第七税务分局获湖南省精神文明建设指导委员会授予“2017届文明窗口单位”；开福区地方税务局第七税务分局获湖南省地方税务局授予“全省地税系统先进基层税务分局”。

【组织收入】摸清税源，强化分析预测。加大税源调查力度，增强预测前瞻性，走访调研重点企业，了解企业项目进度，按行业分类梳理、深入分析，全面摸清税源增减变动情况；优化部门间合作，强化预测联动性，规范税收预测工作机制，组成由收核、税政、征管、稽查、风险等各个部门共同参与的税收预测分析工作组，定期开展税收预测分析、充分整合各部门信息资源，定期通报税收预测分析准确率。通过分析预测，全面了解存量、增量和潜量，找到工作的薄弱环节和努力方向。抓住重点，挖掘收入潜力。坚持“向税政要税源”。个人所得税方面，克服长沙银行迁移后减少纳税近2000人的困难，自行申报人数19489人，比上年同期增长13.41%，剔除长沙银行迁移因素后增长26.74%，年所得12万元以上个人所得税自行申报创历年新高，补缴税额492.95万元。环保税方面，遵循基础信息完善到位、纳税辅导培训到位、组织模拟申报到位、部门协作配合到位、应急舆情预案到位，确保环保税顺利开征。土地增值税方面，逐步完善“金税三期”系统内不动产管理台账，补充土地信息和“五证”信息，确保完整、准确，并对重复户、已清算无后续管理但未注销户等进行清理；抓好土地增值税征收管理，严格分类预征并使用专用申报表；根据对各房地产企业项目清算情况进行摸底，对应清算和可清算项目进行全面统计。车船税方面，按照“海地协作、联控联管”思路，全面启动委托代征船舶车船税工作，分级明晰各部门职责，与长沙市地方海事局就委托代征各项工作均达成共识。强稽查堵漏洞。强化培训促执法规范。组织《全国税务稽查规范（1.0版）》和《内控监督平台指标》（稽查类）专门培训，防范稽查执法风险，提高稽查工作质效，促进稽查执法规范。根据市局要求，结合辖区税源大小的分布、行业收入规模、纳税总额、税负高低、税收管理等情况，进行深入细致的调查了解，结合“金税三期”税收信息管理系统，掌握第一手资料和数据。报送随机抽查名录对象30户，其中，重点税源企业20户、异常对象5户、国地联合稽查5户。

【风险管理】随着连续多年高基数高增长（扣除营改增因素），重点税源萎缩、房地产行业下行、实体经济不振等各种减收不利因素影响明显，长沙银行外迁带来2亿元税源减少，以及上年度土地转让、土地增值税清算入库等一次性税收、评估审计稽查入库等非基期因素近8亿元影响，按照区局预测，2018年收入总额将减收10.1亿元。严肃收入纪律，把纪律挺在前面，坚持“有税尽收、无税禁收”的原则，执行好税收纪律、税收政策，抓好税收基础工作和征收管理工作。全面核查汇算清缴，对申报数据进行风险排查，运用纳税提醒、纳税评估和实地核查等方法，对风险点实行跟踪管理和重点清查。加大土地增值税清算力度，及时摸底排查符合土地增值税清算条件的企业，入户核实达到清算条件的项目，确保土增清算的及时性。开展纳税信用等级评定、环保税等一系列纳税人培训，进一步规范征收秩序，提高征收效率，提高纳税人申报准确率和税法遵从度。落实企业股权转让、资产处理监督，强化稽查和风险评估。

【纳税服务】开展税收营商环境调查。为落实国务院持续优化营商环境工作要求，优化税收营商环境，做好调查工作及问卷调查走访辅导工作，通过各种形式让纳税人了解调查背景、熟悉调查内容、理解调查方式，客观真实地评价长沙市税收营商环境。根据市局下发的调查辅导名单1254户，制定调查辅导计划，分解调查辅导任务，组织各税源管理部门分批次开展调查辅导工作，引导纳税人参与和填报调查问卷。开展纳税信用等级评定工作。纳税信用参评户数由上年的7432户增加24223户。新增13841户其中经营不满一年的6530户，无经营收入的7311户。通过国地税信息比对，依托“金税三期”纳税信用管理系统，截至4月4日全部完成24223户的评价确认工作，其中人工调整指标584户。落实“最多跑一次”清单。结合《国家税务总局关于发布〈办税事项“最多跑一次”清单〉的公告》（2018年第12号）要求，湖南省发布的“最多跑一次”清单共165项业务，其中单个办理事项136项，并联办理（套餐服务）事项29项。组织全面落实铺开。

【队伍建设】严守纪律要求，稳定干部队伍。各部门保持政治定力，增强政治意识、大局意识、服从意识，不信谣、不传谣，正确引导干部思想和舆论，重大情况及时报告，认真做好思想政治工作，确保干部队伍思想稳定。各部门在机构改革期间，保证一切工作正常运转，特别是组织收入、纳税服务、税收征管等各项工作正常开展，保证秩序不乱、队伍不散、工作不断。

【举办“创响三湘、税励园区”税收宣传活动】4月2日，开福区国、地税局以“优化营商环境，助力经济高质量发展”税收宣传主题，在开福区金霞工业园区联合举办“创响三湘、税励园区”活动。有186家企业代表共269人参加活动。开福区国税局局长邓志荣代表税务部门感谢全区纳税人对税务工作的支持，并宣布开福区政策宣讲周活动正式启动。活动现场播放《春满三湘》纪实宣传片，开展《大众创业，万众创新》税收宣传优惠政策宣讲，发放纳税服务卡和政策需求统计表，对接税企服务措施。通过政策宣讲和现场互动的方式，为企业在日常纳税中遇到的棘手问题进行解答，对科技创新税收政策进行解读，增进税企交流与沟通，优化开福税收营商环境。

【开福区地税局开出区内首张环保税税票】4月2日是环保税开征后首个征期的第一个工作日，长沙开福万富酒店管理有限公司文华酒店的财务人员在开福区地税局办税服务厅办理环境保护税申报征收工作，开出开福区第一张环境保护税税票。《中华人民共和国环境保护税法》于2018年1月1日正式实施。税法规定，环保税按季申报，4月才真正迎来环保税首个征期。环保税专业性强，与地税征收的其他税种有着重大差异，为做好首个征期的申报工作，开福区地税局建立多部门配合的环保税征管工作机制，制订符合区域实际工作方案，并分层次开展专题培训，深入重点企业送政策上门，通过多种形式对申报征收中出现的问题予以解决，为后续征收工作提供保障。开福区首张环保税税票的顺利开出，标志着环境保护税制度转换在开福区成功落地，

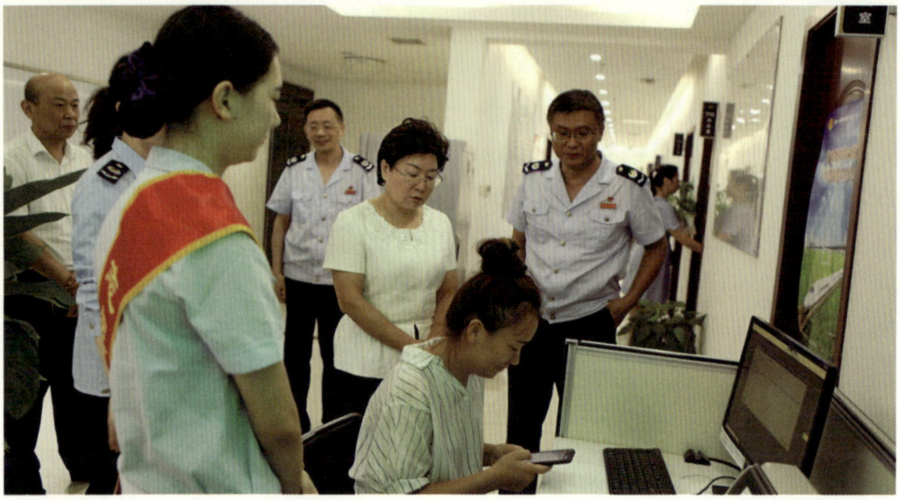
8月23日，国税省局领导到金霞分局调研　　（区税务局　供图）

为开福区环保税首个征期平稳推进打下基础。

（高川惠）

国税

【概况】开福区国家税务局设中山路、东风路、华夏路、洪山路、金霞5个税务分局，负责全区4万余户纳税人日常税收管理，负责征收中央税和中央与地方共享税。

【组织收入】坚持组织收入原则、加强组织收入统筹协调，通过合理分解税收计划，及时掌握计划落实情况及存在的问题，加强对组织收入工作的统筹规划和科学指导，尤其针对汇算清缴工作加大投入力度，运用好业务培训、远程管理、实地核查等多种手段，积极清理多缴、欠税，严密税源监控，认真组织各项税收收入。坚持依法征税，强化税收管理，通过稳定干部队伍思想、提升工作状态，加强与地税部门的协同，保持了税收收入平稳增长。

【队伍建设】自国、地税合并明确以来，在抓好组织收入中心工作的基础上，重点关注改革期间干部队伍思想动态。多次召开党组会、局务会等传达上级指示精神，要求班子成员、各部门负责人以身作则，做好表率，做好所属干部思想政治工作。贯彻落实税务总局要求，做好涉税舆情、信访维稳等工作，制定并落实重大事件和舆情应急预案，确保改革期间安全稳定。组织培训，提高干部业务素质。国税、地税征管体制改革带来的一个直接问题就是两个部门的业务如何尽快融合，对此，开福国税、地税联合，制订互派人员学习业务知识的工作方案，抽调部分干部和窗口工作人员50人，开展业务学习，重点学习2017年国地税纳服新规、税政新规、“金税三期”系统操作等，联合开展“一窗通办”业务培训，全面梳理业务知识，明确日常业务的操作流程，为实现高效通办进一步夯实业务基础，切实提高税务干部和办税服务窗口工作人员的服务技能和服务水平。

【纳税服务】落实“一窗通办”，提升纳税服务质量。随着税收征管体制改革的推进，网上办税、电子办税逐渐成为纳税人的主要办税方式，方便、快捷的办税体验获得纳税人一致好评。为推进电子税务局建设，在组建电子税务局辅导小组面对面辅导纳税人办税的基础上，积极开展纳税人学堂培训，将电子税务局的操作培训设定为新办纳税人培训的固定课程，截至6月12日，组织开展一期电子税务局专项培训。24小时自助办税服务区于5月底正式投入使用，配有2台发票自助代开机器，2台发票自助发售机器以及1台发票自助认证机器，自助服务区门口设有身份认证人脸识别系统，完成实名认证的纳税人验证本人身份证后可随时入内办理业务，24小时无时间限制地使用自助办税终端，操作快捷，提高纳税人办税效率。截至6月12日，24小时自助办税服务区发售发票超2万份。

【税收宣传】宣传税收法规政策，提高纳税人知晓率和遵从度。2018年，开福区纳税人学校共计开课4期11场，培训3700余人。在传统方式培训基础上，利用新媒体开展税收政策宣传和纳税人辅导，根据培训性质，创新不同的培训方式。针对2017年度企业所得税汇算清缴培训人数众多的特点，租用大型场地、聘请财税专家，开展为期一天的集中培训。丰富纳税人学堂培训形式，在常规培训上采取视频培训与现场解读答疑相结合的模式。根据授课内容制作或收集培训视频，培训会上以视频教学为主，会后咨询为辅，即使是未能参加实体培训的纳税人，也可通过上传的培训视频自行学习税收知识。

【税局校园“双互动”，小学生“零距离”税收体验】4月12日，开福区国税局与浏阳河小学共同组织小学生“进税局”，“零距离”感受税务工作的税收宣传线下活动，与4月9日开展的全市“成长税月”线上答题活动形成闭环，实现税收宣传线上、线下“双推进”，税局、校园“双互动”。在当天的体验活动中，浏阳河小学36名小学生代表来到开福区国税局，在办税服务大厅与纳税人一起，了解和参与办税流程，大厅工作人员向他们介绍服务厅各个功能区域、各个服务窗口和岗位职能，小学生们向工作人员询问感兴趣的税收问题。随后，小学生们参加税收常识讲座和税收宣传有奖竞答活动，通过讲座和答题了解什么是税收、税收的用途、国家的税种等税收基础知识。税收宣传进校园是税收宣传月的一项重要组成部分，开福区国税局将继续组织开福区内各中、小学学生积极参与线上答题和税收知识趣味运动会等活动。

【多措并举宣传推广电子税务局】2018年，开福区国税局宣传推广电子税务局，分步骤实施“互联网+税务”行动计划。实施“服务+宣传”。在办税服务厅开设导税服务台，向纳税人宣传介绍湖南国税电子税务局，指导纳税人熟练使用，在办税窗口张贴APP二维码，鼓励纳税人通过手机使用电子税务局，同时对纳税人反馈问题进行梳理汇总。实施“培训+宣传”。组织开展相关部门学习电子税务局操作指引及视频培训课件，并开展为期一天的实战演练，掌握电子税务局的功能和使用。引导纳税人完成实名办税信息采集和电子税务局实名注册工作，对纳税人常用的登录、网上申报、在线缴税、发票领用和发票代开等涉税事项进行培训。实施“互联网+宣传”。注重网上舆论宣传，传播税务好声音。利用12366热线及短信平台、门户网站、微信、税企QQ群等宣传渠道，向纳税人发放湖南电子税务局宣传手册，开展电子税务局宣传。通过网络宣传和纸质资料双重途径，对电子税务局的基础操作步骤及相关注意事项做出系统指导。引导纳税人完成实名采集、运用电子税务局办理发票事项。实施“联合+宣传”。国税、地税联合宣传电子税务局，成立服务小组，协调处理纳税人在使用电子税务局过程中遇到的问题，指定专职人员对纳税人遇到的问题进行收集、整理，并及时向纳税人反馈。宣传推广电子税务局，优化营商环境、压缩办税时间、深化“放管服”改革，为纳税人提供更加便利的办税条件。

（高川惠）

金融

【概况】长沙市开福区人民政府金融工作办公室（以下简称区金融办）为公益一类事业单位。2018年，开福区引进总部机构10家，汇聚70家金融类总部机构，其中税收规模50万元以上的66家，长沙（开福）金融商务区入选长沙市第一批现代服务业示范集聚区。2018年，实现金融业增加值113.9亿元，同比增长25.16%，实现金融业税收21.13亿元，同比增长20.75%，占税收总收入比重17.73%。

【金融商务区建设】建立各类金融总部机构台账，进行甄选和精准对接。密切跟进在谈机构动向，力促项目落地。走访区内外金融机构100余次，服务精准到位。向区内外近70家金融机构解读省、市、区金融招商和资本市场建设等政策，组织符合条件的30家金融机构和挂牌企业申报兑现产业奖励2790万元。金融商务区建设有序推进。累计召开13次专题会议调度区域建设工作，解决问题100余个。开展区政府系统大调研，撰写《开福区金融业和金融商务区发展深度调研报告》荣获二等奖。在人民网、《长沙晚报》等新闻媒体专题报道10余篇。

【沟通平台高频高效】金政企对接多频高效。组织11场近40家金融机构与区内100余家企业进行精准对接，与近50余家企业达成融资意向，累计为区内融资平台和企业提供融资约200亿元。

【资本市场建设】开福区荣获全省资本市场县域工程试点项目称号，引导省市资源全力支持区内企业规范发展。出台促推企业上市系列文件，摸清家底，将38家企业纳入省市区拟上市企业库，制作并免费发放企业上市手册，组织拟上市企业参加省市组织的各类金融活动5场。协助成立全省首支区级军民融合产业基金。

【金融监管】金融监管严格规范。根据省市要求，开展对3家小贷公司和7家融担公司的年度现场检查、分类评级和日常监管等工作，富湘小贷和瀚华担保被省金融办评为A级机构，各公司未出现重大违规行为。

【金融风险防控】金融风险防控到位。全年组织开展各种形式防范非法集资宣教活动40余场，累计参与人数3000余人，发放资料近10万份；组织对重点楼宇、重点行业和重点企业进行专项排查3次，累计摸排企业近1000家，劝离风险隐患企业80余家。完成“打早打小”案件6起，案件移诉3起，陈案化解率83.3%，全年未发生一起重大群体性上访事件。

【举行防范非法集资宣传月活动】5月22日，开福区在万达商圈举行防范非法集资宣传月活动，向社会通报区域防范和处置非法集资工作情况，金融、法律和投资专家现场向市民提供防范非法集资的咨询服务。开福区通过集中宣传月活动，开展业务培训、防非法集资宣讲进社区、金融知识进万家活动40余场，各类培训宣讲活动累计参与人数3000余人，累计发放各类宣传资料10万余份。万达商圈作为长沙最繁华的金融服务商圈之一，有5栋写字楼，入驻企业830家，其中355家为投融资类企业，占比42.8%。部分公司为规避检查，工商登记为非金融类企业，实际开展相关金融业务的占比60% 。在整个清整行动中发现存在风险隐患的企业102家，涉传涉非企业10余家。开福区抽调公安、工商、税务等执法工作人员人，对万达广场、运达广场、建鸿达、华尔街、华创、北辰时代广场等重点楼宇内的65家企业开展联合执法和排查整治行动，其中21家企业自行搬离，驱离8家重大风险隐患企业。2018年，开福区累计受理非法集资案件40起，立案39起，其中对盛大金禧、幻境农业两家企业违规行为进行行政处罚，处罚金145万元。

【举行“助力开福·成就北富”政银企对接会暨创业创新金融活动】5月23日，邮储银行携手长沙市分行联合长沙市开福区人民政府、长沙金霞经济开发区、佳海工业园建设有限公司、开福区高新区举行“助力开福·成就北富”政银企对接会暨创业创新金融活动，以服务开福区实体经济，帮助辖区中小微企业降低融资成本。针对中小微企业经营发展中对资金“短、小、频、急”的需求，邮政银行在活动中展示科技贷、助保贷、税贷通、快捷贷、军民融合贷等金融产品。邮政银行长沙市分行以信用产品为组合，为单户企业贷款最高3000万元，利率远低于同行业，5~15个工作日终审，方便快捷不附带其他融资费用，对高新区企业可开辟贷款绿色通道。活动当日，17家企业提交融资意向。此次活动由政府搭台，旨在促进政、银、企互利合作、共同发展。开福区人民政府副区长李杨指出，希望金融机构更加精准对接、创新产品、提高服务；希望企业更加对标先进、立足自身、踏实奋进;希望园区和职能部门更加简化流程、搭好平台、做好服务。通过形式多样的金融服务活动，推进开福区金融机构与重点产业的融合发展，促进实体企业可持续发展，为成就北富添砖加瓦。

【长沙（开福）金融商务区入选长沙市第一批现代服务业示范集聚区】1月18日，长沙(开福)金融商务区正式入选长沙市第一批现代服务业示范集聚区。根据《长沙市“十三五”金融发展暨湖南金融中心规划》，到2020年，长沙（开福）金融商务区将被打造成金融机构聚集、金融业态完备的现代金融创新示范功能区。长沙(开福)金融商务区以芙蓉中路为主轴，东起东风路，西至湘江大道，北到浏阳河，南至八一路，总面积8平方千米，汇集67家金融总部，300余家金融分支机构和新型金融机构，涵盖银行、保险、证券、期货、基金、小贷、资产管理、企业集团财务，覆盖长沙90%以上金融业态。为推动金融商务区发展，开福区委、区政府成立建设领导小组，定期调度金融商务区工作，落实解决项目建设问题，提升区直部门的工作效率,推动金融商务区项目建设、道路、征拆、交通、环境、宣传、招商等各项工作。自2014年以来，开福区政府相继出台《开福区促进金融产业发展的奖励办法》《开福区促进楼宇经济发展加快商业地产科学去化实施意见》等多项政策，鼓励金融总部机构、新型金融机构、金融服务机构和金融人才的聚集。截至2018年年底，开福区落实兑现金融产业奖励9380万元。随着政策不断完善，金融商务区内云集富兴世界金融中心、华创国际广场等高品质写字楼，成为发展楼宇经济和现代服务业的重要载体；酒店、餐饮、购物、休闲等配套设施完善，产业集聚效应初显。截至2018年年底，开福区金融业增加值年均增幅20%，金融业税成为开福区第一大税收行业。2018年，全区实现金融业增加值113.9亿元，同比增长25.16%，实现金融业税收21.13亿元，同比增长20.75%。

【浙商银行长沙分行落户开福区】 7月18日，浙商银行长沙分行开业仪式在长沙市开福区华创国际广场举行，该行现场与湖南省工商联、浙江省湖南总商会、开福区人民政府等11家机构和企业集团代表签订战略合作协议。浙商银行是一家全国性股份制商业银行。截至2017年年底，浙商银行设立213家分支机构，实现对长三角、环渤海、珠三角以及部分中西部地区的有效覆盖。在英国《银行家》“2018年全球银行1000强”中，浙商银行位列第100位(总资产)，跻身全球银行总资产百强。浙商银行长沙分行选址开福区芙蓉中路华创国际广场，并定制“滨江华尔街中心”独栋写字楼作为长沙总部大楼。该行以金融科技为基础，以客户价值创造为导向，打造池化融资、应收款链、易企银三大平台，服务实体经济和实体企业。从筹备进入湖南截至长沙分行开业当日，有多方与浙商银行达成合作意向，浙商银行拟提供350亿元融资，服务有意向的湖南省实体企业。

【开福区列为湖南省资本市场县域工程试点单位】 9月29日，湖南省政府召开“湖南省资本市场县域工程试点启动暨专题培训会”，经严格审核，长沙市开福区成为湖南省资本市场县域工程试点单位之一。资本市场县域工程试点是湖南省一项十分重要的金融工作。开展资本市场县域工程试点工作是贯彻中共十九大精神的重要举措，是支持湖南省县域经济发展的重要内容，是湖南省金融业持续健康发展的内在需要。在3年试点期间，试点单位将开展资本市场的培训、走访、辅导、路演等工作，推动企业股改、挂牌、上市、融资，力争每年有3~5家企业完成股份制改造，再通过3年的努力，推动县域直接融资比重明显提高，重点扶持1~2个特色产业，培育2~3个龙头企业，助力县域经济发展上新台阶。截至2018年年底，开福区拟上市企业库共有38家企业，涉及军民融合、高新技术、文化创意等多个重点产业。2018年度，开福区进入长沙市拟上市企业库的企业有16家，其中拟上市企业9家，拟挂牌企业7家。为支持区内企业走向资本市场，开福区定期走访服务企业、宣传专项政策、组织培训辅导。对入库企业逐一走访，深入了解企业在上市过程中遇到的困难，有针对性的引导金融资源进行支持。开福区通过加大政策保障力度、强化金融服务链条、优化企业营商环境、加强业务培训指导等举措，推动全区企业“个转企、小升规、规改股、股上市”规范发展，增强市场经济活力，激发金融要素支持实体发展，助推区域经济健康发展。

（李　俊）

金融机构

合作金库商业银行股份有限公司长沙分行

【概况】 合作金库商业银行股份有限公司长沙分行(以下简称合库长沙分行)于2017年4月27日正式营业，营业地址位于湖南省长沙市开福区芙蓉中路一段416号泊富国际广场写字楼28层，为湖南省首家台资银行，2018年年底在职从业人员23人。

合库长沙分行秉持稳健经营原则，遵循主管机关相关法令及社会责任规范，建立良好公司治理制度及企业组织文化。合库长沙分行依合库对台湾民企及小微企业扶持的丰富经验，贯彻中国人民银行方针，配合湖南省及周围省分的产业特性，以自身金融产品及服务创新持续支持民企及小微企业融资及营运，落实在地化经营，推动产业发展，促进企业转型。截至2018年年底，各项存款余额1.96亿元，各项贷款余额4.87亿元，均较2017年有显著增长。

新韩银行（中国）有限公司长沙分行

【概况】 新韩银行（中国）有限公司长沙分行（以下简称新韩长沙分行）于2011年成立，是湖南省仅有的一家韩资银行。新韩长沙分行制订“长期成长性最高银行”“有特定市场亮点的银行”中长期战略目标，以构建有新韩特色的本土化为导向，提供差异化的产品和服务、加强与母行的联动营业以及对各项业务进行持续优化与改进。围绕市场需求不断推出新的产品和服务，深化产品和服务品质，为各项业务市场竞争力的稳固和提升创造有利条件。

在对公业务方面，为满足集团法人的人民币集约化现金管理需求，节省集团内部成员的融资成本，提高整体资金运用的收益，重点开发“现金池业务（Cash Pooling）”；为满足新韩总行对下属分支行资金管理需求，开发完成“Branch资金管理服务”，由总行按照内部资金使用计价机制，对现金主账户进行统一管理与调配。

在零售业务方面，持续推进个人贷款业务，加强零售信贷产品多样化并对市场进行细分，着重发展个人经营贷款和个人住房贷款。2018年，强化电子银行竞争力，不断升级手机银行和网上银行功能，开发结售汇和转账产品。

在外汇业务方面，为更好地服务本地客户，积极推进国际结算和贸易融资，挖掘外汇客户。发挥全球网络和跨境经营的优势，自2016年推出“个人外汇实时汇入业务”后，2017年推出“个人实时汇出款业务”，即个人通过柜台向韩国新韩银行汇款，收款人可以实时收到资金，该业务为在韩中国留学生和在中国工作的韩国人提供便捷快速的汇款服务。

中信银行长沙分行

【概况】中信集团直属国务院管理，是一家大型综合性跨国企业集团，业务涉及金融、资源能源、制造、工程承包、房地产和其他领域。中信银行成立于1987年，原名中信实业银行，是中国改革开放中最早成立的新兴商业银行之一，是中国最早参与国内外金融市场融资的商业银行；2005年底中信实业银行更名为中信银行，2007年4月在上海证券交易所和香港联合交易所A+H股同步上市。2000年10月28日，中信实业银行购并长沙湘财城市信用社，机构原名中信实业银行长沙分行，后更名为中信银行长沙分行，是直属中信银行总行的区域性一级分行。

截至2018年年底，中信银行长沙分行下设株洲、湘潭、衡阳、岳阳、邵阳5个二级分行，郴州分行正筹建中，共38家营业网点，正式员工1194名。中信银行长沙分行始终坚持以支持地方经济建设为己任，充分依托中信集团金融与实业并举的独特竞争优势，全力打造综合化服务平台，提升中信银行在湖南区域的核心竞争力。分别与湖南省政府、长沙市政府、湖南省工商联、常德、株洲、湘潭、娄底、衡阳、邵阳等十余个省市级政府机构签署战略合作协议，与近50家大型集团公司客户签署战略合作协议，累计为湖南经济发展融资超过3000亿元。中信银行长沙分行牵头中信集团24家在湘子公司，开创“中信联合舰队”模式，为客户提供不止于金融、不止于实业的服务。

中信银行长沙分行于2015年1月30日入驻开福区湘江北路1500号北辰时代广场中信银行大厦。截至2018年年底，累计在开福区纳税9.6亿元，是开福区重要纳税单位。中信银行产生分行设分行营业部、三一大道支行、芙蓉支行、东风路支行、福元路支行等5家支行，金融服务辐射全区。4年来，累计为开福区、金霞经济开发区授信超100亿元。

长沙市开福区中圆小额贷款有限公司

【概况】长沙市开福区中圆小额贷款有限公司（以下简称“中圆小贷”）成立于2013年，是一家经湖南省金融办批准，专营小额贷款的金融服务机构，注册资金为人民币1亿元，公司地址位于长沙市开福区芙蓉中路一段6号沙坪商务中心5楼。公司设业务部、风险管理部、综合管理部、财务部4个职能部门。公司贷款业务，以激活民间资本，服务小微企业为主旨，以利率合理，“小额、分散”为原则，以信用、保证和抵/质押为主要形式，面向中小微企业、个体工商户、个人提供不同期限的企业经营贷款、商户助业贷款、综合消费款、优质个人客户应急贷款等多样化贷款服务，贷款额度范围在1万元至500万元之间。2018年11月，中圆小贷通过央行为期1年的考察、验收及测试后，成功接入央行征信系统，成为湖南省内极少数获批对接央行征信系统的非银企业之一，是开福区首家获批对接央行征信系统的非银企业。

中圆小贷隶属于弘德金融管理中心，弘德金融旗下设有湖南省弘德投资管理有限公司、湖南省弘德资产经营管理有限公司、长沙市开福区中圆小额贷款有限公司、湖南中圆典当有限公司等，是一个专业从事资本运作、财富管理的金融服务运营平台。弘德金融依托雄厚的资本实力、专业的管理团队及丰富的行业资源，已在业界建立良好的声誉。弘德金融通过整合和优化配置行业资源，自主研发系列金融服务产品。在股权投资领域，发起湖南弘德中创投资管理合伙企业（有限合伙）及深圳前海仟金投资合伙企业（有限合伙）两只股权投资类基金产品，总管理规模1.2亿元；在资产管理领域，通过对集团自有资产及客户委托资产的管理，实现资产收益的最大化，利用公司自身资本优势，通过参股、控股、收购、投融资等方式，拓展公司资产规模和经营规模，使集团及客户的资产保值增值。

湖南快乐通宝小额贷款有限公司

【概况】湖南快乐通宝小额贷款有限公司（以下简称“快乐通宝”）由湖南广播电视台旗下的国有新媒

体上市公司芒果超媒股份有限公司（以下简称“芒果超媒”）于2017年11月发起设立，经湖南省地方金融监督管理局审批通过并颁发湖南省小额贷款公司备案登记证书，为湖南首家本土企业发起设立的从事互联网小额贷款的小额贷款公司，注册资金3亿元。快乐通宝依托于湖南广电体系资源，以芒果超媒、芒果TV等场景和用户为基础，通过大数据、金融科技等前沿技术，建立和完善适应移动信贷特点的信用评价体系和风险控制体系，在个人小额信贷、供应链金融、惠农贷款等领域为广大客户提供专业、便捷的智能信贷服务。

广州证券股份有限公司长沙芙蓉中路营业部

【概况】广州证券股份有限公司1988年经中国人民银行批准成立，是全国最早设立的证券公司之一，广州证券由广州越秀金融控股集团有限公司控股，为广州越秀金控的核心主体，注册资本为53.6亿元。广州证券业务范围涵盖证券经纪、证券投资咨询、与证券交易、证券投资活动有关的财务顾问、证券承销与保荐、证券自营、证券资产管理、融资融券业务、以及中国证监会批准的其他业务等所有综合性业务。广州证券全国设立35家分公司、135个证券营业部。

广州证券股份有限公司长沙芙蓉中路营业部（以下简称广州证券长沙营业部），于2017年6月12日正式搬迁至开福区芙蓉中路109号华创国际2栋8层。长沙营业部员工34人，托管资产41.2亿元，2018年，湖南省407家证券经营机构只有72家盈利，广州证券长沙营业部基本实现盈亏平衡。广州证券长沙营业部一直秉承集团阳光、激情、简单、包容的企业精神，坚持“为客户提供最有优质的服务，为社会创造价值”的经营理念，灵活运用自身金融产品，为客户提供创新、有价值的金融服务。广州证券长沙营业部服务客户1.1万人，2017—2018年，为湖南本土上市企业“太阳鸟”“加加食品”解决融资需求约9亿元。

新华人寿保险股份有限公司湖南分公司

【概况】新华人寿保险股份有限公司湖南分公司成立于2002年3月，办公地点位于长沙市开福区泊富商业广场写字楼7~8楼。公司内部设个险销售部、银行业务部、团体业务部、保费部、运营管理部、客户服务部、财务部、人力资源部（党委组织部）、风险管理部（纪检监察部）、办公室（党委办公室）、教育培训部。全省下辖13家地市三级机构（长沙、株洲、湘潭、岳阳、衡阳、娄底、永州、郴州、怀化、益阳、邵阳、常德、湘西中心支公司），85家四级、五级机构（其中8家支公司、76家营销服务部、1家营业部）。

2018年，新华人寿保险股份有限公司湖南分公司坚持回归保险本原，大力发展保障型业务，公司业务健康发展。2018年，公司健康险同比增长51.49%，续期保费同比增长23.06%。2018年年末，个险规模人力1.9万人，个险队伍建设稳步提升。运营服务更加便捷高效，以统一的服务形象，规范的服务流程，便捷的服务设施，高效的运营管理和创新的服务形式，为客户提供便捷、贴心、专业的一站式服务。2018年，服务理赔客户35214人次，累计赔付金额2.73亿元。

普华永道中天会计师事务所（特殊普通合伙）长沙分所

【概况】普华永道是全球规模最大的会计师事务所及专业服务机构之一。秉承“解决重要问题，营造社会诚信”的企业使命，致力于在审计、税务及咨询领域提供高质量的服务。普华永道各成员机构组成的网络遍及158个国家和地区，有超过25万名员工，客户涵盖全球财富500强企业中的400多家。在“2016全球品牌价值500强榜单”上，普华永道名列第四，在金融行业中名列榜首。普华永道在中国内地及港澳台地区，普华永道落户31个城市（包括长沙），员工总数约2万人，包括720名合伙人。自2003年起，连续15年蝉联中国注册会计师协会业务收入前100家会计师事务所排名第一。

普华永道长沙分所于2016年7月在开福区华创国际广场开业。2018年9月在长沙高新技术产业开发区设立普华永道财税咨询专区。普华永道关注并参与国内重点行业发展，积极配合开福区以及长沙市的转型发展，提供全方位专业服务。通过平台优势，帮助更多的跨国企业了解开福、入驻开福；引入国际先进理念，激发本地企业活力，为开福以及长沙及周边地区的客户提供“一站式”服务，协助企业提升整体竞争力和国际化视野。

（李　俊）

经济管理与监督

ECONOMIC MANAGEMENT & SUPERVISION

发展和改革

【概况】开福区发展和改革局（以下简称区发改局）成立于2005年5月，由区计划统计物价局改组为区发展和改革局，加挂区物价局的牌子，为区政府工作机构。2018年，全区实现地区生产总值1045亿元；完成社会消费品零售总额886.67亿元；累计完成固定资产投资918.85亿元；实现服务业增加值893亿元；全年完成一般公共预算收入134.9亿元；居民人均可支配收入53621元。2018年，全区铺排176个重大项目，总投资1450亿元，完成投资382亿元。2018年，完成30万元以上政府投资项目立项、可研、估算核准等审批事项423次，批复投资总额69.97亿元；完成30万元以下政府投资项目审批次数126次，批复投资总额2690万元；完成企业、事业单位投资项目备案214次，投资总额637.68亿元。

【主要经济指标】全区实现地区生产总值1045亿元，同比增长9.3%；完成社会消费品零售总额886.67亿元，同比增长11%；累计完成固定资产投资918.85亿元，同比增长12%；实现服务业增加值893亿元，同比增长11%；全年完成一般公共预算收入134.9亿元，同口径增长12.7%，其中税收收入119.15亿元，占比88.3%；居民人均可支配收入53621元。项目建设。全年度和半年度市对区绩效考核均获得全市第1名。重大项目观摩。创智园获得中心城区重大项目观摩第3名。固定资产投资。全年固定资产投资同比增长12%，全市增速第一，其中产业投资占比为内五区第一名。新增“四上单位”。完成114家新增“四上”单位，超过市对区考核任务28家，净增数全市第一名。服务业增加值增速。实现服务业增加值（第三产业）同比增长11%，为全市平均值。其他营利性服务业。全年实现营业收入同比增长16.3%，高出市对区考核增速1.5个百分点。两型配套改革。完成市对区绩效考核任务。沙坪街道机关等7家单位通过省级两型现场认证并授牌；东风路街道王家垅社区获评市级两型示范单位称号；芙蓉北路街道欣城社区等10家单位获评市级两型创建单位称号。安全生产。全年度和半年度均获得市对区绩效考核第一名。污染防治攻坚战。燃煤污染整治获得市对区考核第一名；油烟净化器安装1.85万台，超额完成3500台；河长制工作竣工10个项目，浏阳河水质由劣五类提升到三类。

【产业发展】深入调研，准确把握区情，编制下达全区2018年度国民经济和社会发展主要预期目标任务，为全区经济工作铺排落实和产业发展提供重要决策依据。实现全年经济发展稳中有进目标，产业结构进一步优化，一、二、三、产业结构比为0.1：14.4：85.5，对地区生产总值贡献率分别为-0.2%、1.5%、98.7%。企业升规提质服务成效明显，出台《开福区2018年“个转企、小升规、规改股、股上市”工作实施方案》，促使新增入规企业114家，净增46家，净增数全市第一名，全区规上企业总数659家。促成金融商务区入选长沙市第一批现代服务业示范集聚区，指导老百姓大药房等企业争取市级现代服务业专项资金110万元。产业扶持奖励政策释放活力，281家企业在产业发展和经济增长方面贡献突出，获区产业扶持奖励12类、337个奖项，奖金总额9411.44万元。

【项目建设】全区铺排176个重大项目，总投资1450亿元，年度计划投资306.1亿元，全年完成投资382亿元。马栏山视频文创产业园、军民融合产业示范园2个湖南省“五个100”重大产业项目完成投资40亿元以上。金融商务区汇聚区域性金融总部机构70家，纳税过亿元楼宇11栋，富兴金融中心、华创国际、华远华时代等项目相继启动建设或开

8月17日，开福区举行重大项目集中签约仪式，签约6个项目，协议投资额达29亿元
（区发改局　供图）

业运营。马栏山视频文创产业园获批全国首家国家级广播电视产业园区，集聚视频文创企业2000家（其中2018年新注册落地企业158家），实现就业3万余人。中广天择总部基地启动建设，众创园完成装饰装修，创智园于2018年5月启动主体吊装施工，186天实现竣工运营，西瓜视频、聚恒集团、银河酷娱等30余家企业、2000余人入驻办公。巩固开福区物流商贸的绝对优势，老百姓大药房物流枢纽与电商基地稳步推进，深国际一期建成投产，长沙传化公路物流港正式开业运营，金霞经开区围绕“一主一特”产业精准招商，新引进重点产业项目33个。军民融合产业异军突起，成立10亿元军民融合产业基金，集聚军民融合高新技术企业117家，获评湖南省军民融合产业示范基地，军民融合产业年产值突破30亿元。

【投资管理】牵头组织修订完善《开福区政府投资项目管理办法》及实施细则。2018年，完成30万元以上政府投资项目立项、可研、估算核准等审批事项423次，批复投资总额69.97亿元；完成30万元以下政府投资项目审批次数126次，批复投资总额2690万元；完成企业、事业单位投资项目备案214次，投资总额637.68亿元。通过积极争取，开福区德峰小区公租房配套基础设施项目鹅秀路到位中央预算内资金1348万元；清水塘炮后街地块棚改项目，含潇湘华庭棚改安置房源、清水塘小学改扩建设工程以及停车场等基础设施建设项目，争取中央预算内资金4000万元。促进行业开展公平竞争，牵头开展审查工作，有28个现存有效文件或合同涉及公平竞争审查，审查结果21个建议保留，3个失效，2个待办，1个废止和1个关于《开福区促进金融类产业发展奖励办法》建议修改。落实投资建设项目“一次性审批”工作，积极推行“多规合一”平台建设。

【价格监管】集中开展价格法实施20周年宣传活动和一般工商业转供电环节收费清理工作，加大对重点行业价格行为专项检查及节假日市场价格巡查，如行政事业性单位行政事业性收费情况检查、教育收费专项检查、养老机构水电气价费检查、车辆监测及驾培行业价格检查、婚姻登记收费检查等，对社会反响大、群众关注度高的停车收费、商品及服务明码标价等价格行为进行重点整顿、规范，确保价格政策的落实和价格秩序的稳定。以“12358”全国价格举报信息平台和“12345”市民服务热线平台为工作载体，严格举报办理程序，落实限时办结制度，依法查处和妥善办理各级各类价格举报、投诉957件，有效化解价费矛盾。完善价格监测点建设，采取监测点报送与现场采价相结合的方式，真实采集市场价格数据，科学分析价格走势。开展价格认证服务，完成各类价格评估531宗，涉及评估标的金额537.3万元，不符合认定事项案件47件。

【“两型”节能工作】开展两型认证工作，制定下发《开福区2018年两型标准实施与认证试点工作方案》，沙坪街道机关、沙坪街道檀木岭村、沙坪街道钟山村、捞刀河街道罗汉庄村、开福区清水塘北辰小学、长沙市周南秀峰学校、开福区自安小学等单位通过省级两型现场认证并授牌。持续开展两型示范创建活动，东风路街道王家垅社区获评市级两型示范单位称号，沙坪街道办事处、芙蓉北路街道欣城社区、新河街道紫凤社区、新河街道栖凤社区、沙坪街道檀木岭村、捞刀河街道罗汉庄村、开福区清水塘第二小学、开福区金湾小学、湖南普菲克生物科技有限公司、湖南锐星光电设备有限公司等单位获评市级两型创建单位称号。全面推进老旧小区居民家庭餐厨油烟净化治理，在东风路街道、四方坪街道、清水塘街道、伍家岭街道、新河街道、湘雅路街道、通泰街街道等实施家庭餐厨油烟净化装置改造1.85万台，超额完成市下达治理任务3500台。

【油气管道安全监管】落实油气管道保护监管责任，规范开展油气管道安全生产，做好日常监督及巡查，委托第三方咨询服务机构编制《开福区油气长输管道保护应急预案》《开福区油气长输管道应急资源调查报告》《开福区油气长输管道事故风险评估报告》，实现全年区内油气管道安全，全年市对区考核获评第一名。

【燃煤污染整治】制定下发《开福区禁燃区燃煤污染整治工作考核细则》，牵头对全区经营户天然气改烧情况摸底，协调新奥燃气公司签订312家居民天然气入户合同，完成263家餐饮门店煤改气工作，实现社区内全部无煤管理，获内五区市对区考核第一名。

【河长制工作】多措并举推进综合整治，各级河长全年巡河1400余次，完成清理整治僵尸船6条；完成浏阳河流域1000米范围内畜禽养殖业退出工作；投入资金3000余万元，对浏阳河南岸二环线至三一大道段约10万平方米景观进行岸线改造整治，完成相关排口截污、雨污分流改造、黑臭水体整治等工作，浏阳河水质由劣五类提升到三类。

【长沙市重大项目观摩团点赞马栏山创智园项目】12月19日，长沙市重大项目流动观摩现场会召开，全市四大家领导观摩马栏山视频文创产业园创智园项目。项目占地3.34公顷，共6栋单体建筑，建筑面积2.8万平方米，涵盖办公、影棚、综合配套、企业新品发布中心等功能。项目为装配式建筑，主要构件均在工厂预制，施工简便、高效，自5月底启动主体建设以来，186天实现竣工运营，创造“马栏山速度”。截至2018年年底，西瓜视频、聚恒集团、银河酷娱等30余家企业、2000余人入驻办公，预计2019年产值超过15亿元，实现税收1.5亿元。

9月29日，长沙市开福区重大产业项目集中开工仪式在华润置地项目现场隆重举行　（区发改局　供图）

【开福区举行重大产业项目集中开工仪式】9月29日，长沙市开福区重大产业项目集中开工仪式在华润置地项目现场隆重举行。本次开工仪式开福分会场集中开工项目4个，包括华润置地、湘江宾馆、湘商大厦3个金融商贸项目，中广天择1个文化创意项目，总投资90亿元。长沙市重点办主任欧俭平，开福区委书记沈裕谋，区委副书记、区长刘拥兵，区人大常委会主任许振勤等市、区领导出席开工典礼。近年来，开福区以“升级发展、成就北富”为主题，坚持有“温度”，有“质效”发展。2018年更是以“产业项目建设年”为抓手，促成一个个新项目、好项目在开福区落地。华远华时代、富兴世界金融中心二期相继启动建设，金融商务区功能增强；马栏山文创产业孵化园、中广天泽、芒果大厦等文创产业项目落地马栏山视频文创产业园，全区文化产业发展开启新篇章；金霞经开区军民融合产业示范园一期投产，二、三期动工建设，传化公路物流港建成运营，霞凝港、新火车北站等项目建设推进顺利，开福区开放优势凸显。2018年，全区铺排重大项目176个，总投资1450亿元，年度计划投资306.1亿元，完成投资382亿元。

（杨通平）

表5

2014—2018年开福区五年项目统计表

序号	年份	年度项目总个数（个）	年度计划总投资（亿元）
1	2014	109	251.1
2	2015	122	237.86
3	2016	153	233.2
4	2017	151	327.4
5	2018	176	306
合计		711	1355.56

工商行政管理

【概况】2018年，长沙市工商行政管理局开福分局依法担负着全区38079户各类企业、378户外资企业、54425户个体户以及商品交易市场40个（其中集贸市场23个、专业市场17个）的工商行政管理工作。主要负责全区工商行政管理法律、法规的宣传、监督和执行；依法进行市场准入登记；依法监督和查处全区经济领域中的违法、违规经营活动；依法保护经营者和消费者的合法权益及承担区委、区政府交办的中心工作。2018年，开福分局获得全市工商系统绩效考核一等，区绩效考核一等；获评长沙市文明标兵单位，开福区平安建设先进单位；省、市各类媒体正面报道开福工商工作47次。

【推进商事制度改革】优化审批流程。承接4项省、市级审批权限，融合简化、优化办事程序7项，降低市场准入门槛，实现全部审批事项一个窗口对外，一个局长审批；43项登记服务事项实现“一次申请、一窗受理、一次办成”；整合38个行政许可证，实现43证合一，审批材料精简87%，审批时限缩短91%；推进商事主体后置许可办证工作，全年开福区后置行政审批办证率94.58%，同比上升13个百分点，在内五区排列前茅。持续推进准入快速化。建立“空缺登记”机制，实行先予受理和审查，允许申请人在规定时间内补齐空缺材料。实现个体工商户登记 1个工作日内办结，企业开办压缩至2.5个工作日，相较全市系统“4个工作日办结”的目标，效率提升一倍。推进办照便利化。开展“最多跑一次改革”，公布“最多跑一次”事项120项，取消不必要证明材料5项；设立办照“导办站”，提供政策咨询、办事引导和免费帮办服务；“工商企业通”银行网点代办服务覆盖全区；推行企业名称网上自主申报、自由选择，全年共自主申报企业名称13286个；推行“网上预约”制度，为6215户企业办理各项预约服务；推行网上全流程电子化登记，全年受理全程电子化企业登记267户，其中187户企业享受到足不出户领取营业执照的便利，实现办照“零跑动”。2018年，全区新办企业8988户，同比增长28%；新办个体工商户9418户，同比增长8.9%；年末全区存续市场主体86794户，连续3年增速保持在20%以上，为全市最快。

【推进事中事后监管】推进以电子地理为基础的精准监管。升级完善电子地理监管平台，电子地理标注89633户，实地检查回访市场主体18913户，录入监管信息4482条，向相关部门抄告监管信息1273条。推进以“双随机、一公开”为核心的抽查监管。建立“双随机、一公开”监管平台，出台“一单两库一细则”，随机抽查企业1403户，定向抽查非融资性投资担保企业75户，1478户企业的抽查结果全部在国家企业信用信息网上公示。推进以社会共治为目标的信用监管。组织全区32个单位归集企业信用信息，共归集7895户市场主体4964条信用信息；将2262户市场主体列入异常名录，475户市场主体移出异常名录，出具信用证明67份，限制失信被执行119人次。推进以整治惩戒为手段的专项监管。部署开展“一查、四反、两打”专项整治行动，全年立案查处各类违法案件204件，办结175件，发文罚没金额211.98万元，移送司法处理3件，在全市排第1名；规范流通领域商品质量抽检工作程序，全年抽检流通领域畅销商品75个批次，查出不合格样品11个批次，立案查处7起；清查无证无照经营2644户，督促引导办照办证1798户；抽检成品油15个批次；关闭散煤制售点5处，没收散煤及其制

发布2018年开福区诚信经营红黑榜 （区工商分局 供图）

3月5日，开福工商分局在老百姓大药房广场开展“3·15”国际消费者权益保护日活动，工作人员现场接受消费者咨询　（区工商分局　供图）

品10吨；开展扫黑除恶专项斗争，全年执法检查7次，检查各类经营主体243户；积极做好非洲猪瘟防控工作，加大肉类市场监管消毒工作，查处不合格市场门店11户；检查涉传场所270户，捣毁传销窝点188个，控制涉嫌传销人员89人，劝返遣散传销人员552余人，刑拘3人，全区非法集资及传销活动得到明显遏制。

【提升公共服务水平】服务市民维权。加大信息化系统的运用，加强“12315”数据分析和信息化建设；组织开展“3·15”消费维权主题活动，现场发放各类资料1.2万份，受理投诉举报27件，依托微信公众号和新闻媒体发布消费警示7条，在各大商场超市张贴消费提醒标语90条；全年办理政务公开申请57次，各类信访平台信访件49件，做到回复率、满意率100%；“12315”、“12345”平台共受理消费者咨询、举报5394件，办结率97%，为消费者挽回损失432.36万元，排内五区第1名。在全区“12345”工单办理通报中，开福分局办理得分及排名均列前茅。培育网络经济。新发展网络经营户2204户，总量6335户，金霞保税物流中心获批全国十大跨境电商综合实验区之一；积极培育广告产业，新增广告经营主体1787户，总量5770户，增长42.5%，新增注册资本63.8亿元，增长41%。服务企业发展。深入贯彻区委区政府决策部署，积极开展“企业大走访大调研”活动，深入27户企业帮难解困；扎实推进“百人帮百企”政策落地，为5家区重点引进企业落地注册提供支持；指导82家企业申报省级“守重企业”，95家企业申报市级“守重企业”；帮助企业办理动产抵押23件，股权质押60件，协企融资261.3亿元；牵头组织22家农贸市场整改问题97条，组织协调15家农贸市场完成提质改造；指导协助6家企业新建党组织，助推个私企业健康发展。服务精准脱贫。开福分局干部与浏阳市炭棚村贫困户结对帮扶，全年走访慰问26人次，支援经费3万元，援建2个项目，帮助购销2万余元当地农产品；9个基层党支部与辖区18户贫困经营户结对共建，资助财物6400元。

（匡年丰）

质量技术监督

【概况】长沙市质量技术监督局开福分局为长沙市质量技术监督局派出机构，享有市辖区分局质量技术监督管理职权，管辖长沙市开福区辖区内的质量技术监督工作并行使行政执法监督职能。依法负责全区35家强制认证及生产许可获证企业、27家检验检测机构、200家计量器具重点监控单位、240家重点工业产品生产企业、121家特种设备维保单位及920家特种设备使用管理单位1.2万台套特种设备的质量监督及行政执法工作。2018年，获“长沙市质监工作先进单位”“长沙特种设备安全监察先进单位”“开福区安全生产先进单位”等荣誉称号。

【质量强区工作】开展质量提升、品牌强区建设。以质量强区办名义起草6个开福区质量强区工作文件和1个开福区质量提升行动三年行动计划；制订开福区电梯维保质量提升行动计划；培育6家企业申报湖南名牌。对“区两会”中提出“两房”小区电梯问题，分局与相关单位沟通，对全区5个“两房”小区的电梯开展专项检查，办理人大代表、政协委员代表提案和建议；配合区城乡建设局开展既有多层住宅小区加装电梯摸底调查工作，落实社区居民诉求。推进食品安全城市创建。强化食品相关产品监管，每季度对辖区内12家食品相关产品生产企业

5月30日，湖南省质量技术监督局负责人到长沙世界之窗检查特种设施设备安全工作

（区质监分局　供图）

开展不少于一次监督检查；抽检食品相关产品30批次，抽检合格率100%，行政许可和监督检查、抽查结果均在区政府网上公示；做好市对区食品安全城市创建迎检工作，辖区内未发生影响恶劣的相关公共舆论事件和质量安全事故。以区蓝天办名义出台《开福区场（厂）内机动车辆管理及尾气排放专项整治工作方案》，对车辆尾气检测机构和重点排污单位的在用计量器具进行检查，报送“蓝天保卫战”相关信息25条，联合区环保局、青竹湖街道、捞刀河街道取缔制售散煤窝点4个。推进开福区沙坪湘绣地理保护示范区建设，开福区有14家企业获得沙坪湘绣国家地理保护标志使用权。化解矛盾纠纷，处理投诉举报260余件，及时处置率100%。

【标准化工作】指导全区47家企业开展标准公示自我申明155项，涵盖1312种产品，其中国家标准26项，行业标准12项，地方标准1项，企业标准116项。举办卓越绩效管理暨标准化培训,全区130家企业的法定代表人和质量标准负责人150人参加培训。本次培训向市长质量奖获奖企业、湖南名牌2017年获评及2018年新申报企业、获得国家质检总局批准使用地理标志产品专用标志企业、食品相关产品生产企业、3C认证企业、工业产品生产企业和服务业标准化示范企业颁发相关证书。指导老百姓大药房和食在不一样餐饮有限公司两个省级服务标准化试点项目通过验收。组织金球湘绣、经纬标准化事务所、开福区中小微企业管理中心3家单位申报2019年省级标准化项目。2018年，为6个项目单位拨付省标准化项目专项资金45万元。

【计量工作】对重点排污单位、机动车安检和尾气检测机构、计量器具生产企业、大型超市、加油加气站等单位开展计量器具专项检查，检查计量器具400台件，确保民生计量准确。为23家农贸市场配置公平秤；对3家单位9个不合格计量报告进行后处理，查办计量违法案件1起。

【认证监管工作】对区内5家机动车安检机构开展2轮监督检查；检查12家强制性产品认证企业，3家企业的自愿性体系认证。

【产品质量安全监督】加强重点工业产品日常巡查工作，配合国家、省、市开展产品质量监督抽查，全区重点工业产品质量监督抽检合格率98.11%；对5个不合格产品进行后处理；指导新亚胜和普菲克两家公司提升产品质量。

【特种设备安全监管】完善机制，促监管责任落实。明确班子成员安全职责，每月召开专题会议研究部署特种设备安全监管工作，坚持领导带队检查与安全督查相结合，局长带队检查12次，分管领导带队检查40余次，按“一企一档”要求建立健全特种设备使用企业基础台账300份。开展压实企业主体责任年活动，压实企业主体责任。制订“压实企业主体责任年活动”方案、打非治违活动方案及气瓶专项整治工作方案等工作方案，向企业下发《压实安全生产主体责任告知书》，与企业签订《压实企业安全生产主体责任承诺书》。严格按照“一单四制”制度，处理隐患问题10起。开展“打非治违”专项检查。开展电梯、大型游乐设施、校用特种设备等10次特种设备安全生产大检查和隐患排查治理工作；开展重大节假日及“两节两会”等重要时间节点的打非治违工作；联合区城乡建设局通过电梯数字化管理平台对全区物业单位及维保单位实施监管，对辖区维保单位服务质量开展专项执法检查，严肃查处违法行为，督促企业提升维保质量。96366设备编号标识牌安装率88%，全区投保电梯安全责任险6300余台，特种设备（电梯）安全责任保险覆盖率74%以上，比2017年增长12%，市内五区排名第一。举办压实企业安全生产主体责任暨标准化工作培训班，辖区80多名电梯维保及管理单位负责人参加培训。

【法制宣传教育】开展“谁执法、谁普法”主题活动，利用“3·15”、“世界计量日”、“世界标准日”、质量月等契机，组织或配合市、区有关单位开展各类法制宣传活动。在全区开展电梯安全知识进校园、进社区、进企业、进机关活动，组织举办普法及安全宣传教育培训班6期，培训人员800多人次。开展户外大型宣传活动3次，举办游乐设施应急演练1次，发放宣传资料2000份，接受群众现场咨询400多人次。联合区教育局、区安监局录制30余分钟的特种设备安全教育视频并制成光碟，印制《中小学特种设备安全教育画册》1万册赠送给全区中小学用以开展安全教育，组织学生进电梯生产企业现场学习电梯安全知识。

【依法专项整治】按计划组织开展质量安全隐患排查、日常巡查和专项整治行动。出动执法人员300余人次，开展“质监利剑”和“双打”等专项执法行动，检查企业60余家次，打假治劣，严格重点工业产品和消费品监管。开展农资、建材、电线电缆、食品相关产品、日用消费品、涉安产品、纤维制品等专项执法行动，查处无证生产食品容器案件1个、生产制造假冒联塑水管窝点1个，立案查办各类违法案件6起。做好“双随机”抽查工作，资料报送及时，做到闭环管理。抽调2人参与全省“双随机”抽查工作。

【开展“查农资，保春耕”专项执法】为确保开福区生产领域农资产品质量稳定可靠，严厉打击以次充好、假冒伪劣的违法行为，维护广大农民的切身利益。按照省市局“质检利剑”工作部署，3月20日，长沙市质监局开福分局开展“查农资，保春耕”农资产品专项执法行动。行动中，执法人员对辖区内湖南省粮油生产技术服务中心（生产化肥）和长沙市开福区富农塑料厂（生产农膜、地膜）开展检查工作，查验企业的营业执照等相关资质证件，是否存在无证生产；检查农资产品的标识标签，是否有伪造或冒用他人厂名厂址的违法行为；查看企业是否建立生产、销售、原材料入库等记录台账制度，且记录是否齐全。同时督促企业压实安全生产主体责任，确保产品质量，严格按照标准要求进行生产。长沙市质监局开福分局围绕农民需求，加强农资产品监管，严厉打击制售假冒伪劣农资产品的违法行为，开展农资产品抽检工作，严把农资产品质量关，从源头杜绝不合格农资产品流入市场，切实为农业增效、为农民谋福利做贡献。

【查处一无证生产食品容器窝点】3月21日，长沙市质监局开福分局执法人员在日常巡查中发现沙坪街道大明大道附近的在建厂房内疑似无证生产食品包装容器的行为。3月22日，长沙市质监局开福分局联合长沙市质监局稽查支队开展现场执法检查。经查，该厂取得营业执照后未办理食品相关产品生产许可证，

3月22日，质监分局查处一无证生产食品包装容器窝点——工作人员正在固定证据
（区质监分局　供图）

自2018年2月起开始无证生产用来装剁辣椒食品包装容器（PET瓶）。执法人员责令该厂立即停止违法生产行为，现场关停生产设备4台，查封无证生产的食品包装容器（PET瓶）成品4900个，并依法对该成品进行抽样检测，根据检测结果对该厂进行处罚。

【举办“电梯安全知识进社区暨社区党员安全监督志愿服务小组成立大会”活动】6月12日，长沙市质量技术监督局开福分局与开福区清水塘街道办事处联合在四季花城社区举办“电梯安全知识进社区暨社区党员安全监督志愿服务小组成立大会”活动。现场设立咨询台，发放宣传资料，接受群众咨询，听取群众诉求，向社区党员志愿者和居民详细讲解业主、物业和维保单位各自的权利和义务，现场演示开福区智慧电梯管理平台的使用方法，并通过案例介绍电梯安全使用注意事项以及应对电梯故障的正确做法。区质监分局的工作人员对社区党员安全监督志愿服务小组成员进行业务培训，重点培训如何履行社会监督权力，如何查看电梯各类警示标识、使用标志是否齐全，维保是否按时进行等知识。一旦发现电梯存在安全隐患，志愿小组成员将通过微信公众号上报开福区智慧电梯管理平台，管理人员将信息分类发送到责任人，并对处理情况全程监督，确保每个被发现的安全隐患都消灭在萌芽状态。此活动旨在充分发挥电梯安全监管社会共治作用，提升基层党组织服务群众的能力。质监开福分局将在四季花城社区试点基础上，逐步推广社区党员安全监督志愿小组模式，让“党建+安全监管”惠及更多百姓。

【省、市质监局领导到开福区调研电梯数字化管理平台工作】7月13日，湖南省质量技术监督局特种设备安全监察处处长肖贝、长沙市质量技术监督局党组书记高杰、副局长李有富一行到开福区现场调研开福区电梯数字化管理平台——“智慧电梯”建设工作。省市质监局领导首先到智慧开福调度中心现场观摩，并听取开福质监分局有关开福区电梯数字化管理平台的演示及介绍。开福区智慧电梯平台实现对辖区内的电梯信息的实时查询和动态管理，变模糊管理为精细化管理；实时掌握辖区内的电梯检测情况，预警电梯安全风险，及时推送安全隐患信息，变被动管理为主动管理；提高广大民众监督的参与度，搭建电梯管理部门与社会互动的信息平台，及时掌控信息，变事发应急管理为事前预防管理。随后，召开专题座谈会。与会人员对开福区“智慧电梯平台”的建设工作高度认可。高杰指出，开福质监分局要抓紧完善平台功能，真正做到监控全覆盖、全方位、全天候、无死角，全面压实企业主体责任，真正实现社会共治；要善于整合各类资源，建设智慧开福，实现数据互联互通，促进电梯安全监管及社会治安维稳工作；要尽快实施运用，并在实践过程中不断优化完善，争取在全市乃至全省推广运用。肖贝强调，摸清电梯底数是前提，数据采集是关键，数据分析是基础，数据运用是目的，希望开福区用好用足政策，整合各方资源，将平台建成模范引领的开放性智慧平台，以便在全市、全省推广运用。

6月12日，开福区电梯安全知识进社区活动——质监分局工作人员向居民发放特种设备安全宣传资料
（区质监分局　供图）

【特种设备行政审批实现“全程网办”】10月15日，长沙市开福区特种设备行政审批“全程网办”改革试点正式实施，这一举措把企业用在特种设备安装告知行政审批时间压缩90%。所有开福区行政区域内的特种设备安装、改造、修理施工告知将实行网上申报、网上审批，不再需要前往政务窗口提交申请。相关人员只要登录开福区特

种设备智慧管理系统或者手机进入“开福质监”微信公众号即可办理。此次改革试点工作的根本目标是以“便捷、高效”为原则，简化办事流程，提高行政效率，建立起从安装到注销的全过程审批网上办理体系；以转变监管方式，放管结合为保障，通过“企业信用+系统”随机派单抽查的方式，强化对施工过程中间的监管。对发现问题的企业进行风险预警，实施每单必查，并依法公示结果，提高特种设备安全工作的系统性和针对性，强化特种设备安全监管，提升整体质量安全水平。开福区有各类特种设备1万余台套，年均施工告知量为10%~15%。截至2018年年底，开福区特种设备从安装到注销的全流程行政审批实现网上办理，推进电子证照在政务工作中的使用。

（吴艳琴）

安全生产

【概况】长沙市开福区安全生产监督管理局（以下简称区安监局）为区政府工作部门，为全额拨款公益一类事业单位。2018年，全区发生各类生产安全事故3起，死亡2人，受伤1人，直接经济损失85.6万元；同比事故起数下降66.7%、死亡人数下降14.3%、受伤人数下降57.1%、直接经济损失下降25%。全区采取行政处理措施5326件次，监管执法处理措施覆盖率159%，同比上升63%，居全市第一。

【基层基础建设】落实安全生产责任。坚持将安全生产抓在手上，责任扛在肩上，做到常抓常议。贯彻落实国办中办《地方领导干部安全生产责任制规定》，按照“党政同责、一岗双责”和“三个必须”原则，进一步细化明确区、街两级领导干部安全生产责任，以点带面促进安全生产责任制落地。区委区政府实行每季研究安全议题制度，重点时节调度安全，建立每季度检查安全生产工作机制，协调解决安全发展重大事宜，防范化解重大安全风险。2018年，区领导带队检查生产经营单位376家，检查并整改问题513项；坚持将重大事故隐患治理作为检验执政本领重要指标，力求在重大历史遗留隐患上求突破。重点挂牌督办长沙市应急物资储备中心、四方旧货市场等重大火灾隐患整治，依法拆除和整顿金垅冷库危旧办公大楼、维多利亚烂尾楼等隐患集中连片区120余处；制定《开福区安全生产目标管理工作实施办法》《开福区安全生产工作考评奖励办法》，将16个街道、20个重点部门纳入考核范围，设立100万元奖金，奖励安全生产优秀单位，对排名靠后的街道负责人开展专题约谈。区政府成立由区常委、常务副区长任组长，安全生产专家参与的安全生产巡查组，开展专项巡查2次，交办问题（隐患）126余项。

开福区破获一起非法销售成品油案。图为非法经营成品油案现场

（区安监局　供图）

【安全风险管控】优化安全治理结构。坚持走本质安全水平提升工程，力争将风险化解在源头。全区申请开办危险化学品、烟花爆竹经营门店、液化气站等高危企业，必须经过工商、安监、建设等部门联合审批，没有安全生产条件的一律不办不批。制定《开福区烟花爆竹经营门店和危险化学品企业退出实施办法》，采取以奖代补方式，稳妥实施危险化学品企业关闭退出、烟花爆竹门店退出工程，城区范围内危险化学品经营网点全部清零，退出危化品经营企业8家、烟花爆竹经营门店24家。在全面落实压实企业安全生产主体责任年规定动作的基础上，突出规范标准、典型引领、主题实践等关键环节，创新制作“压实企业主体责任年活动检查登记表”“五小门店检查指南表”，培育100家活动样板企业，组织主责年培训班180场次，开展每月

一主题活动，推行班前会制度，全力推进压实企业主体责任年活动高质高效开展。组织建设项目职业病防护设施“三同时”验收工作，强制执行职业病防护措施“三同时”6家，验收新改扩“三同时”企业30家。

【安全行政执法】净化安全发展环境。施行“每周一执法、每月一联合、每季一整治”执法机制，深化安全生产执法。从区公安局、区检察院、区法院、区安监局、区交通运输局等15个职能部门抽调精干力量，成立安全生产专案工作小组，以“强执法防事故”行动为载体，开展联合执法行动。区安监局、区城乡建设局、区交通运输局、区文体新局、区质监分局、区消防大队等职能部门均编制年度执法计划，配备便携式移动执法终端，开展“双随机”监管执法。2018年，全区检查各类生产经营单位2698家，查处安全生产违法违规行为3600余起，全区安全生产执法立案数、处罚数同比上升30%。坚持“周排名、月调度、季度考评”制度，对“打非治违”实施全过程量化考评，该举措得到湖南省安监局肯定，在全省范围内推广。2018年，共组织集中执法行动7925次，出动执法人员4.84万余人次，责令停产整顿321处，取缔关闭非法生产经营单位825家，抓捕涉嫌犯罪人员236人次，收缴柴油191吨，经济处罚4562万余元。开福区破获一起涉案金额3000余万元非法销售成品油案，刷新全市安全生产执法案件涉案金额。区委、区政府出台“五条断然措施”，开展为期9个月的违建临建、物流仓储、仓库（厂房）消防安全专项治理，关闭存在重大火灾隐患仓库（厂房）16处，拆除违法建筑494栋，面积9.07万平方米。实施乡村道路亮化提质改造工程和农村道路城市化管理工程，区政府将43条农村公路纳入“路长制”管理，完成28千米农村公路临水临崖安保设施建设，完成12处车流较大的路口交通信号灯安装。持续深化“三车三场”安全专项治理，突出整治超速、超载、超限、闯禁等道路安全违法行为，查处非法营运、超限超载车辆1835台次。

【安全宣传教育培训】坚持以凝聚社会共识，构建全民治安格局为目标，激发全民安全责任意识。强化党政领导干部红线意识、企业负责人履职意识，以点带面促进安全意识提升。全年组织党政领导干部培训班3批次，区委书记宣讲安全生产课2场，行业主管副区长与重点企业负责人谈心谈话、警示约谈56次，开展企业主管培训班6期。通过“小手牵大手·安全校园行”等系列活动和载体，扎实推进安全生产“七进”活动，认真开展安全生产月、安全生产万里行、“安康杯”竞赛、安法宣传周等活动，全年组织16场大安全生产宣教活动；区安委办与红网、《长沙晚报》、《安全与防灾》期刊、长沙新闻广播电台等主流媒体建立合作关系，全年投入宣传报道经费80万元，在长沙晚报开辟专栏，每月一期半版报道，全面介绍开福区安全生产工作举措和思路，辐射区域安全生产影响力。2018年，媒体曝光典型案例102起，正面宣传报道956篇。以“安全零事故”社区创建为目标，深入开展安全文化社区创建工作。全区建成新河陈家湖社区、望麓园荷花池社区、清水塘四季花城社区等安全文化社区16个，建成“安全文化长廊”15处。创建金满地商业街、中建西部混凝土公司、联合餐厨公司等安全文化示范企业3家，营造浓厚的安全氛围。

【创新安全监管机制】探索安全发展路径。依托智慧开福信息平台，积极打造集日常检查、行政执法、隐患排查、便民服务等功能于一体的智慧安监监管系统，全面提升安全生产效益；将全区划分为573个网格，每个网格配备1~2名安全生产信息员，负责日常隐患巡查，全年巡查上报问题隐患2300多处，举报违法行为46起。畅通法律诉讼渠道，涉及高危企业引进等安全生产重大事项，必须经当地社区（村）居民听证，由当地居民投票决定企业去留。全年组织社区居民安全生产听证会5场次，取消5家企业入驻资格。按照属地管理原则，由16个街道负责聘请安全生产专家，对辖区内所有企业、公共设施、城市综合体等风险集聚区开展安全风险评估，摸清全区安全生产底数。区政府投入220万元，在全市率先建成电梯数字化安全管理平台，实现对电梯信息的实时查询和动态管理，全区8076台电梯全部录入系统，实时监控400台。区安委办采取政府购买服务的方式，与晟通化工贸易有限公司合作，为开福区企业和安全管理人员提升应急救援理论学习与实践培训服务。成立以民兵、志愿者为主体的民间应急救援队伍，组织大型特种设备应急救援演练、危险化学品泄露应急处置、建设工程事故应急演练、校园安全事件处置等演练

1000余场次，提升安全治理能力。

（袁润良）

食品药品监督

【概况】2018年，开福区全区范围内有各类食品药品生产经营单位1.5万家。其中食品生产企业115家，食品流通单位7280家，餐饮门店5682家，大（中）专院校、中小学和幼儿园、医疗机构、养老机构、工地等食堂169个，药品、保健品、化妆品企业单位1309家，是典型的食品药品安全监督管理工作大区。

【基层所标准化建设】按照人岗相适原则，以岗位需求为基础，以能力匹配为本位，按照2017年绩效评估情况，从性格、技能、经验、体力等维度进行综合考量，对16个基层食药监所人员进行全面调配，发挥人才最优性能，筑牢监管网底。区、街道两级财政投入基层监管所专项建设资金260万元。全区16个基层食药监所全部完成规范化建设，执法装备、设施配备率100%，快速检测室及配备快速检测装备比例为100%。其中沙坪、秀峰、青竹湖、洪山、东风路、望麓园食药监所按照国家级标准建设示范快检室；全部基层所业务及辅助用房总面积均达到和超过每所150平方米的建设标准。

【基础工作】2018年，开福区以示范创建为主线，全面落实“四有两责”，构建“党政合力齐抓、全域无缝监管、群众主动参与”的食品安全工作新格局，圆满完成省市区“两会”、“三考”、2018国际马拉松、全国糖酒会、金鹰艺术节、进博会等30多次重大活动的食品安全保障。严格落实企业食品安全主体责任，加强肉菜等食用农产品市场销售质量安全监管，长沙卜蜂超市有限公司被评选为省级“放心肉菜示范超市”。在佳海工业园内打造“长沙市放心早餐示范基地”；全面完成全区17个农贸市场提质改造，并在荷花池农贸市场引进“果蔬垃圾无害化处理”系统；率先在全市打造校园周边和小餐饮透明厨房示范一条街，形成“长沙模式”，迎接省、市领导多次视察和全国各地兄弟单位的交流学习。突出抓好“一桌餐、私房菜”的整治，在中央巡视组对湖南落实整改工作7家中央媒体集中采访时，成为全省唯一一个接受正面报道的区县。圆满完成食品安全示范创建省级评价验收，全年未发生食品安全事故和重大食品安全舆情事件，人民群众对创建国家食品安全示范城市的知晓率、支持率和对食品安全的满意度持续提升。强化党政同责。制定《关于进一步加强食品安全工作的实施意见》《开福区食品安全“党政同责、一岗双责”实施意见》等文件，明确各级党政主要负责人对本行政区域食品安全负全面领导责任，食品安全和创建工作纳入全区党政领导班子绩效考核内容，考核权重3%，明确出现重大食品安全事故或事件的要坚决追责到底，并实行“一票否决”。2018年，区委召开常委会1次，召开全区推进大会1次，专题研究食药监和创建工作。区政府召开政府常务会2次，食安及创建工作推进会6次，就食安及创建工作进行调研调度，协调解决重难点问题。强化职能职责。制定食安重点工作安排和责任分解、责任清单，要求全区上下按照“党政同责”“一岗双责”要求，树立“一盘棋”思想，根据职责要求和创建任务，对照测评标准，认真自查自评，对症整改，做到“管行业必须管食品安全、管业务必须管食品安全、管生产经营必

5月29日，省食药监局负责人到开福区督查高考考点学校食品安全工作，检查校园周边食品经营门店食品安全状况
（区食药监局　供图）

须管食品安全”，切实履行好职责义务，做到积极参与、主动作为，相互支持、相互补位，切实增强工作合力。强化考核问责。建立日常检查、定期巡查、明察暗访、联合督查工作机制，由区政府督查室、区创建办成立督查组，严格按照督查考核办法，定期开展督查通报和讲评，对屡推不动的单位和个人，依照有关规定严肃处理。2018年，开展食品安全督查10余次，检查食品生产经营单位1500余家，约谈单位负责人76人次，下发督查交办函256份。

【食品药品监管】按照“四有两责”标准，加强日常监督监管，推动日常监管责任化、精细化和信息化，建立高效统一权威的食品安全监管体系。推行网格监管。建立完善区、街道、社区（村）三级食品药品监管网络。在区级层面，切实发挥食安委统一领导、综合协调、专项督查的作用。按照区域划分，在全区设立16个监管所，分成16个网格片区分片包干负责监管。16个街道均成立食品安全办公室，107个村（社区）配备食品安全协管员126人，推行基层食品安全网格化管理，发挥网格管理全覆盖优势，实现监督管理“零盲区”，构建统一规范的“大市场、大监管、大服务”的工作格局。强化基层保障。制定《开福区食品药品职业检查员管理暂行办法》，安排全区65人参加市局组织的职业检查员培训，推进职业检查员队伍建设。分级、分类、分层次、分内容加大对食药监局、基层监管所、街道食安专干、社区（村）协管员业务培训力度，全年食药监局监管执法人员（含辅助执法人员）参加培训累计80小时以上，街道、社区（村）食安工作人员年度参加培训累计50小时以上。加强基层所标准化建设，16个监管所采取购买、租赁电瓶汽车、划拨专车等形式配备执法车辆，所有执法人员都配备集视频拍摄、GPS定位等功能于一体的执法记录仪，各街道食品安全监管站办公设备齐全，快速检测、农残检测室检测设备配置规范，可以开展针对各种食品、农产品的快速检测。提升检测能力。继续推进政府购买服务，完成街道基层监管所和企业自检室“三位一体”检验检测体系建设。突出问题导向，侧重抽检安全风险程度高、日常消费量大、易受环境影响和需要一定储藏条件的产品，突出农兽药残留、重金属、“一非两超”等指标。2018年，累计完成食品抽检2.29万批次（不含农贸市场、生鲜超市快检室检验数量），合格率99.9%。在全区16个街道、4个农产品规模生产基地、农贸市场和大型超市建立44个快速检测室和20个农残检测室，负责对销售环节的农产品、禽畜、水产品进行农残（兽残）安全快检。每两月开展一次食品安全“你送我检”活动，分别在望麓园荷花池农贸市场、伍家岭好又多超市、东风路卜蜂莲花超市等地开展6次食品安全“你点我检”活动，得到市民群众好评。强化应急处置。完善食品安全事故应急预案，健全统一指挥、步调一致的食品安全事件应对处置机制。严格落实重大食品安全事故行政问责和责任追究制，对瞒报、漏报、迟报食品安全事故及处置不及时的，从严追责、问责，全区食源性事件明显减少，全年未发生一起四级以上食安事件。

【食安依法整治】坚持以问题为导向，多部门联合，深入推进文明创建与食安创建“双创”行动、校园及周边食品安全“护苗行动”、网络食品“清网行动”、保健食品“护老行动”等各项专项治理行动，严厉打击群众反映强烈、危害严重的食安违法犯罪行为，使严查严惩成为食安治理常态。开展十大专项治理行动。根据市局安排，持续推进食品小作坊、小餐饮、酒类产品、校园周边等10项专项整治行动。加强学校食堂餐饮服务食安监管，全面落实食品安全校长责任制，加大校园周边“三小”门店治理力度，检查学校及托幼机构食堂343家，校园及周边食品经营门店1402户，下达责令整改通知书57份，规范引导办换证223个，收缴问题食品28千克，所有学校及周边“三小”门店均办理食品经营许可证或小餐饮经营许可证，建立索证、索票和台账。联合工商、教育、公安等部门，重点查处无证经营、过期变质、假冒伪劣等违法行为，对食品小摊贩及店外经营的行为，按照“史上最严城市管理”要求，引导流动食品摊贩向临时设摊规范点集中经营。全年出动执法人员近1000人次，检查各类食品生产经营单位6000余家，关停取缔“黑窝点”30余处，扣押涉嫌“假酒”19件，其中舒洪食品商行因销售假酒货值金额较大移送公安立案。开展“一桌餐”“私房菜”专项治理行动。召开专题会议周密部署，宣传造势，深入排查，摸清底数，做到底数清、情况明。2018年，检查经营户278家，责令停止经营140家，责令停止提供经营场所18个，取缔违法经营者户19家，查处食品违法案件数2起。开展非洲猪瘟预防控制相关工作。在全区所有肉制品生产企业、使用猪肉为原料的食品生产企业张贴相关宣传资料，宣传非洲猪瘟防控知识。要求所有相关企业建立健全防疫消毒制度，严把进货渠道关，严格按批次查验动物检疫证明和肉品品质检验合格证明，做到未经检验或检验不合格的产品坚决不允许出厂。加大检验检测和执法力度，发现问题，立即处置，全年收缴“白板肉”10余吨。开展农贸市场、“小餐饮”提质改造和“明厨亮灶”工作。制定《开福区农贸市场食品安全督查考核方案（试行）》，结合“一圈、两场、三道”建设，投入2700万元，全面完成全区17个农贸市场新建和提质改造工程。“小餐饮”提质改造工作市政府规定任务为480家，开福区完成550家。完成全区150家300平方米以上中型餐饮单位和10家大中专院校食堂、二级以上医疗机构食堂“明厨亮灶”工程，全部对接市局平台。加大对食药违法犯罪联合办案和侦查力度。强化行政执法和刑事司法衔接，加强行政执法机关与司法部门之间信息共享、案情通报和案件移送，区公安分局安排专人常年驻守稽查大队，参与食药案件查办，实现行刑无缝对接。2018年，全区结案271起，移送公安案件13件，办理大案要案12件。其中“黄世平（丁枧明）等销售病死猪肉案”为国家食药总局和国家公安部督办，“黄健华生产销售假酒案”由湖南省公安厅督办。

【食安宣传教育】突出宣传教育，增强全民食安意识。印制《致广大市民朋友公开信》10万份，制作宣传海报5万张，宣传纸杯34万个、环保宣传袋3万个，分发至全区各居民楼栋和每个居民家庭。设计宣传展架340个、宣传吊牌200个、宣传横幅200条，在农贸市场等人流量大的地方集中摆放、悬挂。印制自查本和培训记录本1万余册，文明餐桌宣传卡18万份，分发至各经营门店。全年推送宣传短信130万条，全方位、多视角、高密度开展食安创建宣传。采取入户调查、电话调查等方式，全面开展第三方调查；邀请人大代表、政协委员和社会代表参加食品安全体验活动，主动接受社会监督，构建食品安全正面舆论导向机制，营造浓厚的食安创建氛围和全民参与创建的整体环境。建立奖惩机制，增强全民参与意识。全面推行食品生产经营单位良好行为规范，签订质量安全承诺书，加大违法曝光力度，督促企业落实主体责任。推进食品安全信用分类监管，建立信用评价、披露和奖惩制度，实行优惠政策支持企业发展与信用记录挂钩，建立食品安全专项资金联审制度。出台食品安全示范创建先进单位评选办法，实施食品安全示范社区（村）、示范街道、示范门店创建活动。对举报食品安全违法行为人员进行奖励，及时办理投诉举报事项和兑现举报奖励，全年受理群众举报982起，兑现奖励25人次，奖励资金近5万元。开展文化活动，增强全民公德意识。推进食品安全“五进”活动，通过“12331”、食品安全宣传周、安全用药月等宣传活动，针对不同人群、不同地段、不同时间节点，开展专题宣传；充分利用“开福食安”，聘请新湖南编辑，每日推送全区食安创建工作动态、政策解读等；加强与电视、广播、报刊、网站等主流媒体合作，对专项整治、打击处置等实时情况及典型案例进行报道，让食安创建家喻户晓、深入人心。

【创新工作机制】开展全流程监管，打造放心早餐工程。制定《关于创建佳海工业园“放心早餐”生产示范基地的工作方案》，坚持“疏堵结合”“管教结合”“产

果蔬垃圾处理器最后可将农贸市场果蔬垃圾转化成一袋袋有机肥料。
（区食药监局　供图）

销结合”的策略，按照“政府倡导、部门指导、市场主导、企业启导”原则，在开福区佳海工业园创建“长沙市放心早餐生产示范基地”，引导早餐企业连锁化、标准化、品牌化发展。截至2018年年底，园内入驻豆制品、米粉、湿面企业7家，其中米粉产量占全市总产量60%。推进农贸市场垃圾无害化处理。针对环卫工将垃圾运送到垃圾站进行处理传统模式，联手长沙雷邦环保科技有限公司，引进“果蔬垃圾无害化处理”系统，对改造后的荷花池生鲜市场投入使用长沙市首台农贸市场果蔬垃圾处理器。荷花池生鲜市场日均产生1~2吨垃圾，通过果蔬垃圾处理器可转化成100~200千克有机肥料，垃圾减存量90%以上。通过机器处理，果蔬餐厨垃圾发酵制成肥料，“变废为宝”，实现农贸市场垃圾“减量化、无害化、资源化”目标。打造小餐饮提质建设样板工程。清水塘街道、望麓园街道等采取街道牵头、行业协会配合、食药监所现场指导，采取“统一标识、统一目标、统一规格、统一布局”模式，打造小餐饮“透明厨房”样板路。清水塘街道以“五彩食安”示范街创建为契机，在充分摸底基础上，通过“集中协商、集中设计、集中签约、集中施工”的“四集中”原则，完成全街38家小餐饮门店的提质建设，形成“透明厨房”提质建设的清水塘模式。

【开福区建设长沙首个消费溯源农贸市场】10月15日，开福区荷花池生鲜市场在提质提档后建成长沙首个消费溯源农贸市场，市场内121家知名品质摊档安装溯源刷卡消费系统。市民凭卡在市场内购物，到社区一查便知何时买的，哪家摊位购买了啥。开福区望麓园街道向营盘街、荷花池两个社区居民免费发放5000余张“麓卡”，凭卡买菜不仅可享受积分折扣，还能自动保留消费记录，便于溯源维权。随着“一圈、两场、三道”建设，该溯源系统将全覆盖望麓园街道辖区内品牌商户。荷花池生鲜市场按照“准入和退出”机制，择优选取21家门店、摊位组成诚信公益联盟门店，营盘街社区及荷花池社区居民可以持社区发放的“麓卡”——惠民服务卡及惠民服务手表，到诚信公益联盟门店中进行积分及享受门店提供的相关折扣，并通过积分保留消费记录，参与商品溯源行动。市场管理方及诚信公益门店定期开展积分兑换活动，社区在年底对未出现任何投诉事件的诚信联盟门店进行奖励。诚信联盟门店一旦出现食品安全问题、短斤少两等失信行为，有关部门将对其进行摘牌处理，并根据记录追诉处罚。营盘街和荷花池两个社区为辖区居民免费发放4500张“惠民服务卡”，为社区特殊困难群体发放520只“惠民服务手表”。全街有121个单位（门店、摊位）安装积分溯源刷卡消费系统，在步行15分钟生活圈范围内，居民群众可凭卡享受衣食住行、看病养老、阅读健身等基本要求。

【开福区开展全流程监管打造“放心早餐”工程】11月29日，开福区按照“政府倡导、部门指导、市场主导、企业启导”的原则，在佳海工业园创建“长沙市放心早餐生产示范基地”，引导早餐企业连锁化、标准化、品牌化发展，园内入驻豆制品、米粉、湿面企业7家，其中米粉产量占全市总产量60%。开福区出台《关于创建佳海工业园“放心早餐”生产示范基地的工作方案》，利用辖区佳海工业园内银洲米粉、山村妹豆制品、米粉、湿面等早餐品牌，致力于放心早餐示范基地打造。坚持疏堵结合，将原来在生产条件不达标或在违法建筑内的企业，以及部分有意愿规范生产豆制品、米粉、湿面的小作坊引导到园区，合理布局，改善生产经营环境。坚持管教结合，将企业引入到园区后，从证照办理、流程设计、过程控制、人员管理、添加剂使用等重要环节现场指导，并加大日常监管和抽检力度，规范整个生产经营流程。坚持产销结合，建立豆制品、米粉、湿面生产、流通、销售全过程冷链作业，主动接受居民群众监督，确保产品安全。

【召开保健品行业创建食品安全示范城市工作推进会议】8月29日，开福区食药监局组织召开全区保健品行业创建食品安全示范城市工作推进会议。长沙市食药监局副局长金雷出席会议，长沙市保健品行业协会负责人、开福区保健品行业分会负责人以及辖区内20余家保健食品经营企业代表负责人参加会议。与会人员从企业和行业协会角度，表示将切实落实主体责任、诚信守法经营。20余家保健食品经营企业的代表均向开福区食药监局递交《保健食品安全承诺书》，保证保健食品安全，接受社会监督，承担社会责任。

金雷在讲话中强调要严厉杜绝夸大宣传、虚假宣传、过度消费等违法违规行为；充分发挥行业协会作用，加强行业自律、规范引导，形成合力；要以创建国家食品安全示范城市工为契机，切实提升保健食品整体行业水平。

（陶　金）

统计

【概况】2018年，开福区实现地区生产总值1045亿元，同比增长9.3%；完成社会商品零售总额737.5亿元，同比增长11%，全区实现限上零售额203.9亿元，同比增长13.1%；全区固定资产投资同比增长12%；全年完成规模工业总产值146.4亿元，同比增长6.3%，全年完成规模工业增加值37.7亿元，同比增长5.2%。

【统计服务】注重做好统计服务，发挥参谋助手作用。服务领导出精品。编印反映地区经济发展的《开福区统计提要》《统计要情》《指标通报》等多种刊物。加强经济运行跟踪监测和分析研究，撰写统计分析文章，得到区领导的批示和高度评价。服务社会树形象。通过开福区政务信息网站发布统计信息、统计数据，扩大统计宣传等途径，全方位、多层次地满足社会各界对统计信息的需求。服务部门有地位。年初，以区政府名义召开由各部门参加的全区统计工作会议，明确部门统计工作内容和要求，加强与各经济管理部门的协调合作，形成分工合理、管理规范、信息共享的统计体系。街道统计站发挥统计服务职能，统计服务有较大提升。望麓园街道开展楼宇经济摸底，对辖区内18栋高层楼宇进行地毯式摸底，并登记造册，更新单位名录

12月5日，“湖南省第四次全国经济普查宣传月启动仪式”在开福区东风路街道富兴世界金融中心举行

（区统计局　供图）

库。洪山街道针对服务业在辖区经济中占比较大的的现状，在服务业调查中把重点集中在马栏山社区广电片区内，摸清服务业单位的底数，为领导决策提供参考数据。

【依法治统】依法行政，法制建设规范化。区统计局以统计法制为抓手，创造性开展工作，保障统计数据的真实可靠。向调查对象发放《统计事务告知书》，使其明确权利、义务和法律责任。明确专职执法人员，依法开展统计巡查和统计执法检查。2018年，对全区20多个单位进行统计执法检查，对5个街道统计站进行统计执法巡查。

【部门联动】加强与商务、发改、工商、税务等部门联动，实现部门信息互惠共享。充分利用楼宇经济摸底成果，动态掌握入驻企业情况，为名录库更新提供基础资料。定期与工信局、发改局、商务局、农水局等部门进行协调论证，以防止“数出多门”。利用平时重点单位核查信息资料，筛选出达到“四上”规模的单位，建立本辖区“准四上”单位名录库。在2018年第四次经济普查单位清查工作中，区税务、工商、民政、住建等部门分别提供行政记录资料等18万余条。各部门均能按照区经济普查办要求，开展多种形式的经济普查宣传工作，区教育局把经济普查工作印制成致家长一封信，让经济普查走进千家万户。

【制度建设】建立和完善统计规章制度。根据《长沙市乡镇、街道统计工作规范化建设标准》及其实施细则，区、街道建立健全统计规章制度并张贴上墙，以规章制度管人、管事、管数据，做到各项工作有章可循。完善信息化建设制度。以省、市统计直报网络和统计内网为平台，加强统计信息化建设，实现统计数据处理微机化、统计数据传输网络化、统计数据保存电子

化和办公自动化。辖区内单位均通过“企业一套表”平台进行网上直报，联网直报率100%。加强与下属单位的网络联系。为便于统计工作的开展，街道统计站均建立统计工作QQ群、统计微信群，提高统计工作质量。加强统计基层基础工作，规范统计工作规程，改进统计方法，提高统计数据质量。对照长沙市基层统计工作考评体系，结合开福区实际，制定《开福区街道、镇统计站目标管理综合考评细则》，使街道统计站对加强自身建设有更为明晰、操作性更强的对照依据。

【队伍建设】抓统计队伍建设。区政府出台《关于加强统计基层基础工作的实施意见》，从机构、队伍、经费等方面提出规范性要求。其中特别强调各街、镇要配强配优统计人员，凡街、镇统计人员调整要报区统计局备案，以高标准，严要求为目标，培养和打造政治、业务和作风过硬的统计队伍。全区16个街道均设立统计站，配备2名及以上专职统计人员，区、街两级统计人员均从事统计工作在5年以上；区统计局对全区16个街道107个社区（村），近700家驻区报表单位的三级统计人员实行在册登记、动态管理。开福区建立区统计局、街道（镇）、社区（村）、驻街单位四级统计网络，按照“一盘棋”的工作模式和“网格化”管理的要求，在全区建立以村（社区）为单元的到位、到点、到人的统计数据质量网格化管理体系。完善社区统计平台建设，各社区将统计调查服务纳入公共服务中心，每个社区均在大厅设立统计服务窗口。抓统计人员素质培养。弘扬“求真、务实、团结、创新”的统计精神，激发全区统计人开拓创新、积极向上的精神风貌，增强统计队伍的凝聚力和战斗力。形成较为完备的逐级培训体系，即区培训街道，街道培训社区和统计单位。每年区对街道培训不少于4次，对全区各调查单位的直接培训不少于2次；街道对社区和统计单位培训不少于2次；按照区委、区政府要求，强化“四上”单位申报业务工作培训。不定期召开座谈会、经验交流会，为街道统计员之间，同一行业不同单位统计员之间相互交流创造平台。

【经济普查】2018年，区财政投入706万元用于区本级统计经费、办公条件和信息化建设。全区第四次经济普查总预算450万元，其中2018年安排普查经费150万元，确保经济普查前期工作顺利开展。在全国第四次经济普查单位清查中，全区开展地毯式清查，清查单位2.6万余个、个体户9万余户，普查单位数量较第三次经济普查均增长一倍以上。

【湖南省第四次全国经济普查宣传月在开福区启动】12月5日，由湖南省第四次全国经济普查领导小组办公室、湖南省统计局、长沙市第四次全国经济普查领导小组办公室、长沙市统计局主办，长沙市开福区人民政府承办，开福区东风路街道协办的“经济大普查 数说新湖南”的湖南省第四次全国经济普查宣传月在长沙市开福区东风路街道富兴世界金融中心启动。湖南省第四次全国经济普查领导小组办公室主任、省统计局党组成员、副局长李绍文，长沙市第四次全国经济普查领导小组组长、市委常委、常务副市长舒行钢和开福区第四次全国经济普查领导小组组长、区委常委、常务副区长蔡冰等领导出席启动仪式。第四次全国经济普查是中共十九大后开展的首次重大国情国力调查。做好经济普查工作，旨在全面调查国家第二产业和第三产业发展规模、布局和效益，全面准确反映五年来在经济发展提质增效、转型升级、动能转换等方面的新进展，为加强和改善宏观调控、深化供给侧结构性改革、科学制定中长期发展规划、推进国家治理体系和治理能力现代化提供科学准确统计信息支持。此次经济普查标准时间点为2018年12月31日。普查时期资料为2018年度资料。长沙市经济普查涉及100多万个调查对象，6000多名普查工作人员参与普查工作。开福区经济普查摸底调查对象单位2.6万余个，个体户9万余户。长沙采取“传统媒体+新媒体”“政府+社会”的宣传模式，在地铁、公交线路投放车身广告，在公交站台和中心城区宣传栏张贴宣传画，在主次干道、广场、人流聚集地利用电子显示屏播放宣传标语，营造知晓普查、理解普查、重视普查、支持普查的良好范围。

（韩金周）

国土资源管理

【概况】长沙市国土资源局开福区分局是直属长沙市国土资源局的一个科级单位。2018年，长沙市国土资源局开福区分局荣获长沙市国土资源系统“2018年度绩效考核一等单位”，开福区“2018年度项目建设工作先进集体”。

【保障发展】保障发展用地。2018年，为开福区争取70个项目460.31公顷报国务院批准城市建设批次用地指标。申报供应计划79宗，面积266.55公顷。共受理区辅助流程78宗，办结73宗（其中农用地转用和征收28宗，办结26宗，收回和划拨50宗，办结47宗）。发预征地公告29份。耕地占补平衡管理不断加强。参与湖南省补充耕地指标易地转让网上竞拍，截至2018年9月底，开福区竞得旱改水补充耕地指标34公顷、旱地补充耕地指标19.53公顷、水田指标20.82公顷。与城步苗族自治县签订耕地指标增减挂钩协议，保障开福区后续项目用地。做好耕地占补平衡新旧系统的衔接工作，及时清查老系统中补充耕地项目指标使用情况，核对老系统内开福区购买剩余指标产能数量，完成开福区新老系统三大指标数据对接工作。土地利用现状变更调查工作顺利完成。严格按照变更调查技术规范，对变更图斑逐一外业调查核实，保证图、表、实地三者一致，确保变更调查成果的准确真实，开福区2017年变更调查成果顺利通过省厅验收。

【执法监察】加强闲置土地清理。按照“一宗一策”原则，建立项目数据库。开展闲置土地盘活支帮促工作，协调各县级领导和责任单位深入其所联系的闲置土地项目，对每宗闲置土地量身定制实施方案。对接各牵头责任单位，制定工作实施方案和项目进度时间表，扎实跟进、精准施策。2018年，开福区盘活闲置土地总宗数29宗（核减金马美食城项目2宗），总面积238.99公顷。根据《长沙市去存量土地三年行动方案（2017—2019年）》的要求，完成处置28宗，截至2018年年底，闲置土地处置完成面积90%，超过市政府制定的80%任务。加大对土地违法案件的查处力度。全年开展动态巡查814次，发现违法用地行为191宗，下达停工通知书191份，做到及时发现、及时制止。配合拆违控违行动，依法认定违章建筑69宗2.6万平方米，有效控制新增违法、违章行为的蔓延。土地卫片执法工作扎实推进。开福区违法用地占用耕地占新增建设用地占用耕地的比例未超过15%，未被上级约谈问责。

【维护权益】征地拆迁。2018年，，实施拆迁项目70个，其中本年新启动项目16个，征收土地52.62公顷，拆迁房屋161栋，动迁人口472人。全年共完成结算项目33个。地质灾害防治。加强地灾隐患点巡查排查，共巡排疑似隐患点6处，及时督导整改，预防和消除隐患。依法行政和信访维稳。办理行政复议案件11件，行政诉讼案件25件。处理来信来访及上级转办件22件，接到12345市民服务热线工单8起，全部按要求进行回复和调解。

【基础工作】村民建房。坚持“一户一宅”审批原则，严格“三到场”工作流程，2018年共审核发放村民住宅建设用地许可证97本。协助开展开福区城市房屋拆迁工作，参与完成未登记建筑认定163户。10月26日，启动农村集体土地不动产登记发证工作，农村安置房、宅基地等集体土地上建筑物、构筑物纳入不动产登记发证范围。政务信息公开。面对群众越来越强烈的公开诉求，分局加大推行政务公开的力度，确保15个工作日内按时办结需公开事项。2018年，依法受理政府信息公开申请112份，回复及时稳妥。2018年，在市局和区人民政府网站上主动公开征地拆迁公告43条，补偿信息21条。档案整理规范。全年共整理档案662卷。

（陶　娟）

审计

【概况】长沙市开福区审计局为正科级行政单位。2018年，开福区审计局完成审计项目31个，其中财务审计项目26个、政府投资审计项目5个，查出违规资金4.59亿元，管理不规范资金20.79亿元，提出审计建议60条，向区纪委移送案件线索20条。2018年，区审计局获得全市区县（市）审计工作绩效考核先进单位、省级计算机审计成果评审一等奖、省级优秀项目评比“表彰项目”、市级经济责任审计项目讲评一等奖、开福区项目建设要素保障先进单位等荣誉表彰20余项。

【预算执行审计】扭住预算执行审计龙头，促进公共资金高效使用。组织开展对区本级以及区市政局、区环卫局的预算执行审计。突出重点领域、重点行业、重点资金的审计监督，突出跟踪审计政府债务管理、重大投资，看增量、查存量、算沉淀。审计中从资金源头开始，顺着资金流向，延伸到基层用款单位，一审到底、追踪问效。依托数据分析平台，加大数据的集中和关联分析力度，审查预算分配、资金流向和执行效率，强化外部数据的关联分析，深挖审计疑点，反映财

区审计局联合明德中学开展“蓝天保卫战”知识宣传工作 （区审计局 供图）

政收入、分配中存在的问题，不断提高审计发现问题的精准度和严细度。针对审计建议，区财政局组织相关业务科室进行专题会商，制订整改措施。

【债务审计】统筹安排开展债务审计，切实防范地方政府债务风险。作为“三大攻坚战”的重要内容之一，区审计局把债务审计作为2018年审计工作的重点，开展2016—2017年全区政府性债务和相关国有企业债务情况专项审计。通过审计，摸清全区政府性债务和相关国有企业债务的规模、结构和风险状况，为区委政府准确掌握情况、研判风险提供决策依据。

【民生项目审计】关注民生项目及资金审计焦点，切实维护群众利益。把民生审计贯穿于审计工作始终。把涉及群众切身利益的安居工程、征地拆迁、社区资金等重要民生领域、重大民生项目和重点民生资金纳入审计重点，把群众关心的强农惠农政策执行等问题纳入监督视野。开展5个征地拆迁审计项目，规范拆迁资金使用；开展黄兴北路片区指挥部财务收支情况检查，规范指挥部财务管理；指导清水塘街道办事处下属4个社区、捞刀河街道办事处下属除罗汉庄村外的2个村、3个社区开展内部审计。选派4人配合市审计局开展浏阳市保障性安居工程跟踪审计，确保国家扶贫政策资金落到实处。

【政府投资项目审计】加大政府投资项目审计力度，促进优化投资结构。2018年是投资审计中心职能调整，回归审计监督主业后开展工作的第一年，按照突出重点、量力而行、规范发展、确保质量的要求，开展对区财政局结算审核项目抽查审计、中岭安置房建设项目跟踪审计。首次开展工程领域专项审计，对区市政局、区环卫局的工程项目进行专项审计，纳入同级审范围，一并进点，一并将审计结果向区人大汇报，加强对工程建设领域全过程监督，扩大审计和人大监督覆盖范围，对规范全区建设管理起到积极推动作用。

【经济责任审计】规范领导干部经济责任审计程序，强化权力运行监督制约。为加强对领导干部权力的监督制约，把权力关进制度的笼子，区审计局不断深化经济责任审计，积极探索实行自然资源资产审计。在审计中重点关注领导干部贯彻落实党的方针政策情况；对公共资金、国有资产、国有资源的使用情况；促进改善民生、生态文明建设和自身廉洁情况，促进党员干部依法履职、廉洁从政。2018年开展对市政局、环卫局、清水塘街道、捞刀河街道4个单位领导干部任期经济责任审计和捞刀河街道自然资源资产审计，并把清水塘街道的扶贫资金纳入重点审计内容。根据区委、区政府的统一安排部署，完成对区“四大家”进行财务检查，严格财务管理；对高岭国际商贸城招商项目进行绩效审计，出具专业评估报告供区委政策决策参考；对通泰、芙蓉北路、秀峰等3个街道的临聘人员相关情况进行摸底和清理等。

（邹　婧）

交通·公路

TRAFFIC

交通·农村公路

【概况】开福区交通运输局是区人民政府正科级直属事业单位，为确保区监察委如期挂牌办公，局机关于2017年12月16日整体搬迁到芙蓉北路街道办事处六楼办公过渡。2018年，累计投入400余万元，完成28千米农村公路临水临崖安保设施建设。累计投入400余万元，对乡村道路安保设施进行整改。2018年，开展道路运输市场“打非治违”，查扣非法营运车辆426台，处罚非法营运车辆415台，处罚到位率为97%；查扣违法超限超载车辆1215台，处罚1162台，处罚到位率为96%。

【农村公路建设】2018年，累计投入400余万元，完成28千米农村公路临水临崖安保设施建设。按照农村道路交通安全城市化管理理念，完成996块标示标牌、461块反光镜、831组减速带的安装设置和农村道路9处交通信号灯的设置，确保农村道路交通安全。累计投入400余万元，对乡村道路安保设施进行整改。在12个“T”字或“十”字路口加装红绿灯，在450处弯道加装反光镜，在居民集中的片区道路增加799组减速带，956处标识标牌，在83处陡坡、山塘加装9982米波形钢铁护栏。完成公路建设、养护、管理、服务等各项工作任务。“黄乌线延长线、白土线、袁青线”等项目全部竣工验收，廖茶线、黄乌线全面开工，完成主体工程建设。通过农村公路建设、提质改造，落实管养精细化、常态化，方便群众出行，促进发展旅游经济，助推美丽乡村建设。2018年，立项22处安保、安防工程按时间节点全部完成施工，公路服务功能逐步升级，县乡道管养无死角，县乡道优良率90%。长沙市人大常委会、长沙市人民政府实地视察开福区精美农村建设暨开福区“四好公路”“路长制建设”情况，予以高度肯定。《长沙晚报》以《每一寸道路都有“责任人”》为题，对开福区创新农村道路交通安全管理模式进行专题报道。

【交通运输市场监管】2018年，开展道路运输市场“打非治违”，查扣非法营运车辆426台，处罚非法营运车辆415台，处罚到位率为97%；查扣违法超限超载车辆1215台，处罚1162台，处罚到位率为96%，进一步净化全区道路运输市场经营环境。加强对开福区治超站、卸载场、停车场“三位一体”治超配套场所监督管理，进一步落实工作职责，建立健全相互监督制约机制。在捞刀河收费站向东200米停车场内设立集中处罚中心，派驻7名工作人员，规范暂扣车辆管理，确保做到“一车一档，留影留像”。

【运政服务工作】2018年，区交通运输局开展年度审验和技术等级评定工作。对辖区配发“道路运输经营许可证”的营运车辆开展年度审验工作，在相关网站、政务窗口发放《2018年度营运车辆定期审验公告》，严格按规定和要求开展全年的营运车辆年度审验，全年审验营运车辆2155辆。推行“最多跑一次”服务，梳理事项，优化流程，最大限度的给办事群众提供方便。将“政务服务+”平台的事项减少至63项，并将63项事务的流程、服务指南进行梳理和发布。在严格执行行政审批的相关法律法规前提下，缩短行政审批办结时间，提高办事效率。办理行政审批事项782件，其中新增货运车辆467台，新增三类机动车维修企业13家。商事平台的政务处理，全年共分发1件，接收501件，其中处理501件，办证484件，办理率100%，办证率96.61%。受理群众投诉56件，全部回复并获当事人的认可。无行政复议和行政诉讼败诉情况发生。加强货运企业管理，对辖区审批许可的10家企业进行安全检查，对3家更名未及时办理相关手续的企业注销“道路运输经营许可证”；对区域内符合要求的企业进行上门考核，其中AA企业1家，A企业2家；对749辆逾期未年审的车辆登报，注销其“道路运输经营许可证”，清理出货运市场。

【“公交都市”建设】推进公交专用车道建设。完成青竹湖路、黄兴路、湘江大道（捞刀河桥至绕城高速）3条公交专用车道建设，完成市对区的年度考核任务100%。推进公交中途站港湾式改造。市对区的公交中途站港湾式改造目标任务为2处，开福区完成6处公交站港湾式改造，湘江路高冲路口（南往北）、湘江路高冲路口（北往南）、袁家湖站（北往南）、袁家湖站（南往北）、三汉矶东站（南往北）、三汉矶东站（北往南），完成市对区的考核任务200%。推进公交线网覆盖率。按照中心城区500米设立公交站点要求，通过摸底调查，落实整改，开福区中心城区500米公交站点覆盖率为98.23%。

【交通行政执法】按照市交通运输

市人大代表视察开福区“公交都市”建设工作　　（区交通运输局　供图）

局和区安委办的整体部署，区交通运输局对66家道路运输经营单位开展计划执法，适时开展“岁末年初”、“两节”、“两会”、清明、“五一”中秋、国庆安全生产大检查，消除安全隐患180余起；完善道路运输经营单位退出工作机制，配合市运管处取消2家危货运输企业经营资质，依法注销782台道路运输车辆经营资质(退出在10%以上)；对2处农村通校车路段的安全隐患和市安委交叉检查组交办的2家危运企业的安全隐患进行闭环整改。查获非法运输危险化学品车辆7台，处罚3台。在开福区大明医药工业园新源石油大厦停车场开展2018年全区道路危险货物运输安全生产突发事件应急演练救援活动。全年道路运输、农村公路无较大以上安全生产事故发生。2018年，依法拆除辖区内县级公路3处违法建筑，分别位于白土线K5+560米~K5+648米左侧，沙坪街道双湖村白土线K6+040米~K6+076米右侧和海霞公路K0+200米~K0+240米左侧，共计164米。拆违后立即恢复规范化波形交通护栏，彻底消除道路交通安全隐患。

【开展道路危险货物运输安全生产突发事件应急演练救援活动】9月20日，开福区交通运输局组织全体干部职工及湖南新源石油股份有限公司全体工作人员共70人，在开福区大明医药工业园新源石油大厦停车场开展全区道路危险货物运输安全生产突发事件应急演练救援活动。演练围绕“某一路段，一辆渣土运输车与一辆危险品油罐车追尾相撞后燃烧，放油阀损毁，造成成品油泄露，罐车车体燃烧，渣土车车门变形，驾驶员被困”这一应急救援模拟事件展开。演练工作严格按照开福区道路危险货物运输安全生产突发事件应急预案，从前期事故报告、信息接报、危货企业协同联动、事故现场应急处置4个方面，政府各职能部门救援及时，措施得力，大火全部扑灭，没有造成人员伤亡和较大财产损失，检验全区道路危险货物运输安全生产应急保障和处置能力，为全区道路运输安全生产突发事件应急处理工作打下基础。开福区严格落实“安全第一、预防为主”基本方针，坚持预防和应对相结合，推进应急演练工作；普及驾驶员、押运员风险防范、避险、自救、互救等应急知识；健全部门联动机制，提高应急处理水平和政府部门应对道路运输安全生产突发事件应急处置和应急救援能力。

（黄美荣）

交通 · 城市交通管理

【概况】开福区交警大队位于蔡锷北路324号，是长沙市公安局交通警察支队直属单位，主要负责辖区道路交通管理，维护辖区交通秩序，确保辖区道路交通安全畅通。区交警大队设21个中队，其中11个路面中队、1个铁骑中队、8个内务中队、1个分控中心。2018年，开福区交警大队以政治建警为引领，以城区保畅通、农村保安全为主线，以降事故、促安全、保畅通为目标，以队伍管理、执法规范提升队伍素质，履行职责，开展秩序整治、隐患排查、安全宣传等业务工作，不断提升交通安全保障能力和服务水平。全年辖区没有发生群死群伤恶性交通事故，实现辖区道路交通安全、有序、畅通。2018年，区交警大队被评为长沙市文明标兵单位、2018全省公安机关春运交通安保工作成绩突出集体。

【队伍建设】按照省厅、市局、支队党委统一部署，开展政治建警，重点学习省厅“1+5”系列文件，将“二十个不准”内化于心、外化于行、固化于制。理论学习方面，区交警大队创新“六个学”，营造学习型警队，全年开展政治理论学习26次，专题讲座6次。警营文化

冰雪期间开福交警铁骑中队在波隆立交桥帮助群众推车　（区交警大队　供图）

方面，为活跃警营氛围，组织演讲赛、朗诵比赛、知识抢答赛等活动，鼓励民警、辅警参加市支队各项比赛，在市支队政治建警主题演讲赛中荣获一、二、三等奖，在支队知识抢答赛中获得第二名。改善住宿就餐环境，走访慰问受伤、困难、转退民、辅警等，提升队伍凝聚力、向心力和幸福感。区交警大队班子成员与民警、辅警开展交心谈心活动，激励民警上进。开展队伍风险隐患排查治理工作，提高违法违纪预测预警预防能力。

【勤务管理】坚持“五二二”网格化勤务不动摇，定人、定责、定岗、定时，实现见警最大化、管理精细化、效果公认化。坚持以“一天一量化、一周一通报、一月一考评”的手段夯实勤务工作。“情指勤”一体化新型勤务机制。打造数字化中队，实行“小分控”模式，成效显著，二中队松桂园岗亭在全国城市道路交通管理勤务机制改革现场推进会上被作为经验推广。开展交通专项整治。以拖拉机、农用车、低速货车、“三车”等车辆交通违法为重点，开展“冬春攻势”“打非治违整治”“蓝天保卫战”“农村道路集中攻坚”“三车专项整治”“三超一疲劳专项整治”“百日会战”“文明创建礼让斑马线”等专项整治行动288场次，查处各类交通违法32.8万余起。优化交通组织。制定各项交通组织优化报告36份，对营盘路芙蓉路口至营盘隧道西出口、北二环楚家湖路段、周南秀峰中学路段、福元路金鹰小学路段、中青荷叶塘路口路段等重要交通节点进行优化，提高路段整体通行效率。交通保障警卫工作。开福区地处出入机场要道，且拥有世界之窗、省广电会展中心、“三馆一厅”、烈士公园、省博物馆、省展览馆、开福寺等大型文化节会及娱乐活动场所。作为长沙市城区五个大队警保卫工作最多的大队，在运端分流、乱源控制，减少管控时间、阶梯式绿波、闸门式管理、滴水式放车、警卫线路车流选择上，积累一定的经验。完成一级警卫7批次18趟次，二级警卫7批次48趟次，三级警卫17批次53趟次。完成保卫任务（含现场安保、常规保卫）670余次910趟次。出动警力9900余人次，出动警车970余趟次。

【交通安全宣传】开展形式多样的交通安全宣传活动，将事故安全预防贯穿于日常事故处理和勤务管理工作中。2018年，区交警大队进学校宣传65场次，进危货企业宣讲62场次，进社区71场次，开展专项行动宣传18场次，主题宣传日活动16次，组织媒体报道210余次。吸取全

交警进校园进行交通安全宣传　（区交警大队　供图）

国各重大交通事故经验教训，全面推动“路长制”“戴帽工程”“生命安全防护工程”，及时排查治理一批危险隐患，有效压控交通事故多发态势。结合市支队相关规定，制订事故处理工作规定及考评细则，并落实于日常监管中。事故责任认定按时下达率98%，复核案无一被撤销，信访案件逐步减少，逃逸事故侦破率100%。严重伤害人身安全重大事故逐步减少，杜绝群死群伤事故的发生。2018年，辖区事故四项指数稳中有降，且未发生一起死亡3人以上重特大事故。

铁骑整装待发　　（区交警大队　供图）

【“放管服”改革】落实“放管服”改革措施，为市民群众办事提供更多便利。精简程序、延伸服务。减免申请材料，免除电动车车架号拓印要求，落实简单业务一证即办、普通业务自助快办等措施，在处罚大厅安排专人引导。依托窗口“阵地”效应，宣传“放管服”改革便民措施，在区交警大队处罚窗口公示业务办理标准化流程图表，推进交管“12123”、“96111”便民服务桥等微信公众号业务办理。路面巡逻民警对适应快赔处理的事故引导到快赔中心处理，推进车损事故在线受理、在线定责、在线协商、在线定损、在线理赔，提升交通事故处理效率。

【开福区迎接“全国城市道路交通管理勤务机制改革现场推进会”观摩】3月29日，全国城市道路交通管理勤务机制改革现场推进会在长沙召开。公安部交管局、全国各省（直辖市、自治区）公安厅、省会城市、主要一线城市交警负责人及部分交通专家150人参会。与会代表实地观摩开福区交警大队二中队松桂园岗“情指勤”一体化勤务机制路面实战单元。开福区交警大队二中队为“数字化中队”，在市支队“数据驱动改革、改革引领实战”全新交管模式支撑下，依托情报平台和指挥平台，中队各项勤务显著提升。重点打击，精准查缉。通过指挥调度平台缉查布控、提前警力部署，精准追踪打击毒驾、失驾、假牌、套牌、报废车辆等重点交通违法，提高执法威慑力。分析研判，预警防堵。中队利用科技设备对辖区交通运行状况、易堵节点、事故点段、违法乱象等分析研判，“铁骑”不间断巡逻，提前解决拥堵成因，提升道路通畅率。严格管理、强化督考。通过情报信息平台建立民警足迹档案，中队可熟知民警执法量、巡逻里程、站岗时间、民警方位等，形成队伍“比、学、赶、超”的良好氛围，实现勤务中队交通状况网上巡查、在岗警力线上督考、快速处置实时调度数字化建设。

（廖　江）

车流中的交警　　（区交警大队　供图）

城乡建设和管理

URBAN AND RURAL CONSTRUCTION AND MANAGEMENT

城市规划

【概况】长沙市城乡规划局开福区分局（以下简称开福区规划分局）为长沙市城乡规划局派驻开福区的行政管理机构（正科级）。2018年，共接待单位（个人）报建57项，核发建设工程规划许可证18项，面积5.22万平方米，其中核发城市居民（单位）建设工程规划许可证7项，面积465平方米；核发临时建设工程规划许可证11项，面积5.17万平方米。全年巡查建设项目173个，放线54处，建设位置复验31次，竣工规划条件核实57次，公示88次，巡查80次。全年下达停工通知书38份、整改通知书25份、责令拆除通知书6份，形成批后管理和巡查报告18件，上报支队行政处罚调查案卷4件，移送城管综合执法大队案件22件。全年办理来信来访113件，其中信息公开11件，市长信箱和12345工单85件，回复率100%。

【坚持规划引领，提升开福品质】组织编制《开福区发展规划大纲》。以总规修编为契机，按照市总规编制与城乡规划改革领导小组的工作部署，对全区规划顶层设计、发展定位进行认真科学谋划，牵头编制《开福区发展规划大纲（初步方案）》，组织开福区21个相关职能部门对大纲成果进行深入研讨，广泛征求开福区各产业园、人大代表、政协委员的意见，提出62项问题诉求及对上版总规的修改意见。起草《关于〈开福区发展规划大纲〉的情况说明》，上报区委常委会、区人大常委主任会议、区政协常委会研究讨论。《开福区发展规划大纲（初步方案）》成果及情况说明，经区人大、区政府、区政协及区各相关部门充分研讨后，提交市总规办。经开福区规划分局与市总规办对接、沟通汇报，大纲中开福区共提出总规修改诉求35条，其中采纳26条，待采纳和需进一步论证的9条。对接《长沙市城市总体规划（2020—2035）》编制和“多规合一”工作。密切对接新一轮总体规划工作进程，确保采纳和反映开福区的发展设想和具体诉求，代表开福区开展总规初步方案核查和区县发展诉求反馈工作，并建议区文体新局、区民政局等有关部门牵头就重大公共设施的布置提出意见报区政府决策后，与总规编制成果对接。开福区规划分局对接市“多规合一”信息平台，明确区级审批事项权力清单，实现区级审批事项在平台中批转。配合市“多规合一”工作组到开福区调研，并提出下一步工作建议。开福区规划分局“多规合一”信息平台于4月初安装完毕，根据市局统一安排全面推动平台审批工作。推进城市有机更新和历史文化资源保护规划编制工作。参与开福区历史步道示范段两厢街区层次城市设计工作、潮宗街局部地块初步设计等规划编制与审查工作。配合市局开展潮宗街修建性详细规划编制工作，对九如里公馆群、金九故居及时务学堂等重点片区进行城市设计和详细规划设计。根据全市城市有机更新工作部署和区政府的工作安排，协同街道及区直相关部门一起对潮宗街历史街区现状房屋进行调查摸底，并邀请市局领导对留、改、拆的房屋进行现场踏勘。开福规划分局领导带队多次实地踏勘，对西园北里忠信园巷、胡家菜园11户居民危房重建提供规划审批指导。抓住《长沙市历史文化名城保护规划》修编契机，通过充分调查研究，提出将霞凝老街、文昌阁周边地段、沙坪老街、汉回村等长沙市历史文化资源纳入长沙市历史文化保护范围的建议，并以区政府名义专题上报市局。推进“一圈、两场、三道”规划和建设工作。根据2018年“一圈、两场、三道”工作部署，开福区规划分局以街道为单位，开展“15分钟生活圈”调研，对9类街道

开福区规划分局为办事群众排忧解难，多次与市不动产中心对接，解决私房审批中的难题
（区规划分局　供图）

级设施、8类社区级设施进行调查摸底。拟定开福区范围内“一圈、两场、三道”两年行动计划（2018—2019年）实施项目库，并征求相关单位意见，推动出台开福区关于推进“一圈、两场、三道”建设的工作方案。实施项目的规划审批，完成洪西农贸市场和砚瓦池社区居家养老服务中心的审批，对陈家渡农贸市场、新安寺农贸市场提出规划审查意见。配合区相关部门开展农贸市场、生鲜门店、停车场、历史步道的验收，助推全区“一圈两场三道”工作。推进儿童友好型城市建设工作。结合长沙推进儿童友好型城市建设工作，配合市局开展长沙儿童友好型城市公共空间的设计和征集大赛，提出《开福区建设儿童友好型城市建设重点工作方案（草案）》，组织完成《长沙市青少年宫周边交通改善及城市设计要点》并纳入2018年市局编制计划。优化综合交通体系规划。配合编制城市总体规划（2020—2035）中的综合交通体系规划框架，开展居民出行调查，致力于优化城区路网体系，不断探索解决交通拥堵等“城市病”。参与《湘雅医院周边交通规划优化设计》审查，根据设计方案，组织街道、社区对拟征收拆迁的房屋进行摸底调查。

【优化审批服务，提升工作效能】

项目审批提速增效。落实“放管服”改革工作要求，贯彻“最多跑一次”的行政审批改革精神，落实一次性告知制，优化项目审批的流程和进窗受理程序。2018年，接待单位（个人）报建57项，核发建设工程规划许可证18项，面积5.22万平方米，其中核发城市居民（单位）建设工程规划许可证7项，面积465平方米；核发临时建设工程规划许可证11项，面积5.17万平方米。探索规划审批新机制。在潮宗街有机更新范围内，部分房屋已征收并注销产权，部分房屋未征收，规划行政审批难度较大，开福规划分局主动配合区政府拟定项目审批意见上报市政府决策，根据市政府意见，由市规划局审批片区内规划设计方案，授权开福规划分局办理项目报建手续，并按“谁征收、谁建设，就办给谁”的原则办理规划审批手续。推进既有多层住宅增设电梯的规划行政许可工作，多次与市规划局、区城乡建设局对接，在街道、社区负责指导监督的公示工作完成且无异议的情形下，采取规划行政许可和技术审查相分离的原则，加快民生工程的建设。决策程序更加规范。坚持以例会制度审议审批项目，做到公平、公正、公开、阳光透明，确保决策科学民主。2018年，召开行政例会19次，审议议题涉及规划审批相关事项45项，无越级越权审批行为。

【坚持监管从严，彰显执法权威】

加大规划执法力度，查处违法建设行为。加强项目巡查，实行“放线、验线、竣工规划条件核实”三个环节到位率100%，2018年，巡查建设项目173个，放线54处，建设位置复验31次，竣工规划条件核实57次，公示88次，巡查80次。查处建设项目中存在的违法建设行为，全年下达停工通知书38份、整改通知书25份、责令拆除通知书6份，形成批后管理和巡查报告18件，上报支队行政处罚调查案卷4件，移送城管综合执法大队案件22件。查处圣爵菲斯小区V3栋私房未按审批建设行为。推进仓储厂房等临时建设专项整治。开展仓储厂房类建筑规划执法排查行动，制定《关于开福区仓储类建筑规划执法排查行动方案》，对全区范围内取得“建设工程规划许可证”的正式仓储厂房和2013—2018年取得“建设工程规划许可证”（临时）的临建仓储厂房进行全面摸底清查，对各类过期、改变使用性质、存在安全隐患的仓库厂房进行严格排查，现场督导，并提出规划意见报区政府进行下一步工作部署。做好环保督查和各级巡视组的督查工作。按照“现场勘查、专题研究、协调调度、即时办理、妥善处置”的工作模式，办理生态环保督查件及中央、省委巡视组交办件14件。办理省级环境保护督察组第十九批和省委巡视组交办的水映加州项目侵占星月湖湿地公园的信访件，长沙市委书记领办的中央巡视组交办的张端午私房建设投诉件。办理凯乐国际小区、山语城小区、钱隆国际小区、万达公馆垃圾站等7个中央环保督查件。开展城市生态建设“变形走样”问题巡察整改专项工作，未发现建设项目侵占城市生态红线、违规侵占生态建设的相关行为。推进拆控违和图斑核查工作。围绕金霞、金鹰、火车北站、黄兴北路、潮宗街片区的提质改造、棚户区改造和征地拆迁等项目，加强与城管、国土等职能部门及街道、社区的工作联动，参加城管、国土等部门听证会7次。依法依规，查处各类违法建筑，出具违法建筑规划专业咨询意见217份，确认违法面积6.84万平方米。联合长沙市规勘院对疑似图斑进行筛查，对接区拆控违办进行现场踏勘，对疑似图斑进行核实。针对2018年市对区绩效考核的16~18期卫片图斑，对接区拆控违办与相关街道，逐个图斑进行研究处理，确保市对区的绩效考核负面清单中不因规划工作扣分。做好信访维稳工作。2018年，办理来信来访113件，其中信息公开11件，市长信箱和12345工单85件，回复率100%。重点办理王曙、王学圣、星月湖、四方水岸等信访案件。

【主动服务大局，促进区域发展】做好重点项目的规划指导工作。2018年，对金融商务区、马栏山文创视频园、军民融合产业园、金霞经开区的招商引资项目，在项目洽谈、合同签订、项目建设方面，提供规划指导，助推优质项目的落地建设。对接长沙金融商务区项目建设工作，牵头解决华远项目与地铁6号线芙蓉中路站对接、华润项目与地铁1号线培元桥站对接问题；协调解决富兴项目二期“教育配套”建设问题，支持对华创国际、富兴世界和绿地中心进行规划验收，推动商务区项目尽快尽早投入使用。对630攻坚中山路变电站、城市驿站、区社会福利中心、渣土消纳场规划选址等民生项目，提供优质服务。做好闲置土地“支帮促”服务工作。由开福区规划分局牵头的4个项目，3个项目开工，开工率75%。此外还主动对家家红、楚天逸品、紫荆高科等闲置土地“支帮促”项目进行规划指导，促进项目尽快开工投产，从规划层面支持市对区绩效考核闲置土地“支帮促”的工作。配合开展未登记建筑认定工作。参与黄兴北路、潮宗街、德雅路、丝茅冲、火车北站等棚户区改造项目的未登记建筑的认定工作，通过现场查勘、资料查阅和召开专题会议等形式，与相关职能部门通力合作，2018年，完成各片区约200户私房、49个建设项目的未登记建筑的合法性规划认定，认定面积2.55万平方米。参与小区配套幼儿园专项整治工作。组织全体执法队员清查全区范围内28所小区配套幼儿园规划审批落实情况，协助区教育局、街道、有关部门对建设单位进行移交政策宣讲和沟通疏导。对于开福规划分局牵头的3所幼儿园移交任务，推进建设普惠型幼儿园。办理建议提案答复工作。完成人大建议、政协提案6件，会办8件。

（袁甜甜）

城乡建设

【概况】2018年，开福区城乡建设局荣获开福区2018年度“项目建设工作先进单位”“平安建设先进单位”“民生实事工作先进集体”“建设更高水准全国文明城市工作先进单位”“安全生产目标管理优秀单位”。

【项目建设服务】对标杭州，提质开福，为项目建设当好参谋。把好项目前期技术审查关。对全区52个项目进行方案或初步设计技术审查，下达方案设计审查意见4个，初步设计批复34个，施工图设计审查备案30个。指导维多利商厦安全拆除倒地。完成招投标行政监督项目148个，总中标价10.42亿元，节约建设资金6950万元，优惠率6%。2018年，开福区在建轨道交通线3条，对地铁3号、5号、6号线等工程施工建设、临时用地组织10余次协调推进会议，促推项目进度。打通断头路、瓶颈路。做好市住建委2018年断头路、瓶颈路改造任务协调工作。马栏山片区交通微循环项目完成60%，洪山路东延线、骏豪路完成立项批复、初步设计审查等。融合城市建设新理念。坚持“瘦、透、软、美”，将海绵城市建设贯穿于项目的各个方面，让城市建设实现绿色转型。在审查项目初步设计时加大对海绵城市专项设计的要求，其中秀峰大道提质改造项目获得市区两级一致好评。加快推进新型城镇化、城市双修等项目建设的发展，在市新型城镇化第二阶段成果总结中荣获第二名；2018年背街小巷项目获得省级新型城镇化奖补资金135万元。探索性地将开放式街区理念融入潮宗街历史文化街区建设，打造窄街巷密路网，让城市更便捷。促推城市功能更完善。按照“以增进民生福祉为宗旨，以提升城市品位为目标，以解决实际问题为导向”的要求，对戴家河、上麻园岭、月湖社区等综合提质提档项目设计方案进行全面审查。

【建设安全监管】以规范管理促安全生产。2018年，全区区投区建在建项目57个，为50个项目办理施工许可，并加强对未报建项目的服务。检查在建工程项目57个，下达责令整改通知书25份，停工令11份，处罚违规项目6个。打非治违立案调查9起，处罚9起，罚款金额45.45万元。建筑施工领域安全基本可控，在全市2018年住建系统安全生产绩效考核中排名第三。协调推进无证办学机构整治、小区配套幼儿园专项整治等工作。完成2所幼儿园移交，指派专人参加清理整治无证办学执法活动，关停违法办学机构逾百家。燃气安全管理有序开展，全年巡查网点56家，关停取缔无证经营点8处，暂扣钢瓶281个，下达整改通知20余份，对3家瓶装液化气网点实施行政处罚。

【扬尘治理】受理中央生态环保督察“回头看”信访交办件16个批次共25件（其中重点件2件，一般件23件；牵头5件，协办20件），省委第四巡视组交办件11件，均办结，办结率100%。通过“常态监管”、“挂图作战”、重点“销号处理”等方式，突破管理边界，发现项目在“文明施工8个100%”方面存在问题的，按照“一次通报、二次约谈、三次问责（顶格处罚）”督促整改，整改不到位的，一律严管重罚。全年出动执法人员817人次，对22个项目负责人进行7轮约谈，其中扬尘治理立案调查12起，处罚12起，顶格处罚4起，罚款总金额68万元。发放蓝天保卫战宣传资料2100余份。全区有65个规模以上在建工地和14家混凝土搅拌站安装扬尘在线视频监控系统，为打赢蓝天保卫战增添“利器”。所有在建工地现场喷淋降尘、裸土覆盖、场地硬化等扬尘治理措施落实到位。

【黑臭水治理】投入1.8亿元对浏阳河、捞刀河流域实施系统治理。黑臭水体整治项目通过国家督查。2018年开福区全面消除黑臭水体，并实现长制久清，通过5月全国黑臭水体专项督查和10月全国生态环保督查回头看的各项检查。5月7日至22日，生态环境部与住建部联合组成2018年城市黑臭水体整治环境保护专项行动督查组，开福区8处黑臭水体因整治效果好、公众满意度高、水质监测结果获得督查组肯定而顺利通过督查，并按要求完成督查组交办的7件公众投诉举报件回复，开福区沙坪河A段餐饮废水问题立行立改工作获生态环境部在全国通报表彰。

【排口管理】完成对全区湘江、浏阳河等流域沿线51个排水口的摸底排查，建立图片影像档案，对浏阳河沿线14个截污工程排口开展日常巡查，对金色溪泉湾、陡岭路等5个排口实施截污改造，实现浏阳河流域区管排口全截污。推进雨污分流改造。通过截污纳管等工程措施，完成涝湖垸片区洪山家园小区、洪山管理局等5个单位小区内部雨污分流；组织召开捞刀河流域雨污错接、混接问题整改交办会，对珠江花城、万科城等小区及单位雨污管网错接、混接实施全面整改，实现涝湖垸片区全面雨污分流；启动月湖大市场片区雨污分流前期工作，实施月湖一期、二期雨污分流改造，开展浏阳河流域排水设施普查工作，完成金霞、涝湖片区131千米管线现状调查，对朝正垸、涝湖垸管网关键节点开展功能性调查。加强乡镇污水处理厂运营监管。每月、每半年分别对乡镇污水处理厂及其运营情况开展巡查和督查考核，投入150万元对大明污水处理站实施提质改造，出水水质明显提升。全力协调保障路更畅。做好轨道交通项目协调服务工作。

【物业管理服务】通过开展党建进小区、成立物业矛盾纠纷调处中心、搭建“圆桌议事会”议事平台、建立物业项目等级评分管理制度等，提升物业管理监管能力和服务水平。撰写《对小区物业管理，您想说点什么？——关于住宅物业小区物业管理工作的调研报告》，荣获区政府大调研活动二等奖。3次组织区直部门、街道、社区分管领导和物业专职社工等共计690人次参加全区物业管理工作培训会，就物业矛盾纠纷调处、业委会成立、绩效考核、文明创建等工作进行详细讲解。出台《开福区小区党组织建设管理办法》，建成住宅小区党组织172个，党组织领导下的业委会成立工作顺利推进，完成世方水岸、水映加州等29个小区业委会的资料审核和备案工作；受理处置工单2056件，按时办结率100%，回访满意率98.55%，其中涉及物业小区内各类问题1896件；完成市长信箱、上级督办件、媒体信箱、微建议等53件；受理3万元以下一般维修项目97笔，办结78笔，应急维修项目105笔，办结87笔，实际拨付金额1368.65万元。

【老城区有机更新】统筹协调，推进老城区有机更新、“一圈、两场、三道”建设。区城乡建设局主要负责历史文化步道、停车场建设、房屋功能性完善。历史文化步道方面：开福区计划数为7条，包括通泰街、西园巷等历史步道6条，文化步道1条，均完成。停车场建设方面：2018年开福区“一圈、两场、三道”公共停车场建设任务为12处2400个停车位，完成12处4739个停车位，“一圈、两场、三道”配套停车场建设任务为3030个停车位，完成12处6802个，超额完成年度任务。房屋功能性完善方面：启动西园北里、潮宗街片区有机更新房屋功能性完善改造工作，受理申请865户，完成442户，验收412户，35户正在实施，发放补贴资金545.2万元。

【房地产市场管理】运筹有度，抓好房地产市场管理。严格坚持“房住不炒”的总方针，分别成立由区长任组长的反炒房工作领导小组，区委政法委书记任组长的化解处置游行示威活动维稳工作领导小组。4次约谈辖区相关企业，传导市委、市政府“反炒房”工作精神；处理“12345”市民投诉12起，参与处置天健城、新城和樾、珠江好世界恒大雅苑、恒大御景天下、怡然翠园等6个楼盘8起舆情，审批认筹方案22个，对16个项目拟申报价格进行监制。提前化解9月底珠江好世界、新城和樾等楼盘业主拟于国庆进行的游行示威活动；服务房企，加大支帮促力度，推动宏吉、鸿邦等项目8宗闲置土地开工建设；理顺“放管服”工作，加快项目国土、规划、建设各项前期手续办理，详细指导网签，做好房源高低对冲等。2018年，开福区房地产市场平稳有序发展。根据统计部门数据，2018年，开福区房地产销售面积为253万平方米，同比增长31.57%。完成建筑业产值386.62亿元，同比增长8.43%。2018年，新增建安企业18家，新增房地产企业12家，均超额完成市对区考核任务数（市对区新增建安企业、房地产企业任务数分别为15家、10家）。

【危房改造】2018年，城市危房“以补促改”项目在全面摸底查勘基础上，按照“成熟一批，批准一批”的原则，对8个项目3911平方米危旧房屋（构筑物）进行改造，项目总投资额为970万元（具体金额以财评上限值为准），可解决167户共335名群众的居住安全隐患。农村危房在2017年实现基本消除的基础上，定期巡查、定期上报、定期处置的动态清零机制，2018年完成15户，发放改造资金58万元。

【房产证处遗】2018年，开福区房产办证处遗项目共计111个，涉及居民2.08万户，办证85个，完成率76.6%。私改遗任务57户，完成二审复查7户，第二批12户私房档案资料整理齐全。

【“最多跑一次”改革】按照市、区两级关于行政审批改革工作的要求，区城乡建设局21项行政服务事项纳入“不见面”审批3项，“只跑一次”15项，总计纳入“最多跑一次”事项18项，占总数的85%，2018年办理898件。落实区委、区政府主要领导和重要会议交办重点任务131件，人大代表建议、政协提案25件（主办14件，会办11件）。成立文明创建督查工作组，按照《全国文明城市测评体系》和《全国未成年人思想道德建设测评体系》等要求，结合中央生态环保督查“回头看”“蓝天保卫战”及“治欠保支”等专项工作，对252家物业服务项目、127个工地进行全面督查，确保不扣分。

【开福区成立长沙首个区政府层面物业纠纷调处中心】6月29日，开福区物业矛盾纠纷调处中心在芙蓉北路街道江滨社区正式挂牌成立。这是长沙市内五区首个由区政府发起成立的物业矛盾纠纷调处中心。开福区物业矛盾纠纷调处中心由区城乡建设局和区司法局负责指导，采取人民调解、行政调解、司法调解“三调联动”工作机制，为全区居民及时化解、妥善处理物业矛盾纠纷。当事人可口头申请或书面申请进行调解，中心将现场调解。在进行人民调解、司法调解过程中，如需行政介入进行调解，该区物业矛盾纠纷行政调解室将主动介入进行行政调解，牵涉其他行政部门的，由该中心牵头组织相关部门联合参与调解。该中心下设区物业矛盾纠纷人民调解委员会、区物业矛盾纠纷行政调解室、区物业矛盾纠纷法律服务工作室，配备2名专职人民调解员、4名物业专职社工、1名法律顾问，统筹协调、转办交办督办全区重大物业矛盾纠纷调处工作，开展物业法律法规和政策宣传，免费提供物业法律法规咨询服务。2018年，调处物业小区各类纠纷1896件。

【开福区启动建设领域扬尘防治首次联合专项整治】3月7日，长沙市开福区建设领域“蓝天保卫战”扬尘防治首次联合专项整治启动，组织建设、环保、城管、环卫、相关街道、金霞经开区、金霞集团公司等多部门执法人员联合行动，对全区121个在建工地以及14个混凝土搅拌站开展突查，建设责任单位落实扬尘防治措施，工地裸土未覆盖等问题得以整改。长沙恒大御景半岛8#、1#地块施工现场，工地扬尘监测设备虽工作正常，温度、湿度、噪声、扬尘数值清晰，但场内施工道路有部分未完全硬化和冲洗干净，路面泥泞，水泥建筑垃圾也未覆盖，施工责任单位当即被责成整改。在巡查的7个项目中，建设责任单位均基本落实扬尘防治措施，但长沙市第六水厂项目内大面积裸土未及时覆盖，联合整治行动组现场要求建设单位、施工单位立即整改。自“蓝天保卫战”行动启动以来，开福区城乡建设局对全区121个在建工地以及14个混凝土搅拌站以捞刀河为界，分两组开展“地毯式”巡查，出动执法人员165人次，下发整改通知单26份，下发停工通知5份，约谈项目负责人4名，整改问题项目18个。

【开福区开出首张建筑工地顶格罚单】1月24日，针对新城和樾公馆项目未及时落实扬尘治理措施，区城乡建设局对项目施工单位中天建设集团第六建设有限公司处以顶格处罚，罚款人民币10万元，这是开福区建筑工地开出的第一张顶格罚单。针对全区范围内建筑施工工地开展联合整治，对导致扬尘污染的违规行为实施严管重罚。1月18日，区城乡建设局城市建设监察大队在例行巡查中发现，新城和樾公馆项目施工现场裸土覆盖不到位，不彻底，施工道路未完全硬化，清洗不及时，当即要求工地整改。1月24日，区城乡建设局组织区环保局、项目属地街道分管负责人再次开展全区在建工地联合巡查行动，巡查发现新城和樾公馆项目未按照前期下发的整改要求进行及时整改，未及时落实扬尘治理措施。区城乡建设局约谈该项目施工单位中天建设集团第六建设有限公司项目负责人，并作出行政处罚决定：责成该项目立即停工整顿，严格落实扬尘治理措施；根据《中华人民共和国大气污染防治法》对项目施工单位处以顶格处罚，罚款人民币10万元。开福区将全面加强对全区在建工地的巡查力度，督促全区在建工地各参建单位严格落实企业环保责任，对落实“5个100%”措施不到位、不彻底、整改不到位的项目一律停工整顿。

【开福区举行砌筑工劳动技能竞赛】为将“敬业、精益、专注、创新”的工匠精神融入建筑行业，打造基础过硬、技能优异的“砌筑工匠”队伍，9月5日，“十佳开福工匠 百优技术能手”2018年开福区建筑行业砌筑工劳动技能竞赛在开福区中岭农民安置房高岭项目部举行。本次比赛由开福区总工会、开福区城乡建设局及辖区特、一级建筑企业联合主办。区内各建筑企业高管及一线员工，长沙市、开福区政府相关领导150余人参加。角逐本次赛事的36名决赛选手由开福区内10家建筑企业经过筛选、选优推荐产生。所有参赛选手均为各建筑企业一线职工。本次竞赛内容以建筑行业“砌筑工”标准为依据，结合当前建筑业发展的需要，精选内容、科学命题、公平竞赛。分为理论知识和操作技能两部分进行。其中，操作技能竞赛要求参赛选手在5个小时内砌筑1.32米高、1.74米长、0.12米厚的砖墙，并在墙内嵌入统一设计的图案。5名专家评委按照评分细则对每名选手打分，测评打分精确到毫米级，5名专家打分的平均分加上理论考试分数计算总分排名。对总分前十名的选手进行表彰，由开福区城乡建设局颁发荣誉证书，并获开福区政府“百优技术能手”称号，其中第一名被评

9月5日，在中岭农民安置房建安工程高岭项目部举行十佳开福工匠百优技术能手2018年开福区建筑业砌筑工劳动技能竞赛

（区建设局　供图）

为“十佳开福工匠”，享受开福区劳动模范待遇。砌筑比赛是开福区十项技术能手之一，还有湘绣、烹饪、园林、城管等其他多个部门9项技能的比拼，每个行业选出“十佳”获评“百优”。竞赛旨在弘扬劳模精神和工匠精神，营造崇尚劳动、重视一线劳动者的社会风尚和精益求精的敬业精神，为推进建筑行业快速发展，促进职工技能提升，建设品质长沙起到积极的推动作用。

【开福区3年计划投资11亿元，推动老城区有机更新】2018年5月，开福区率先在长沙市启动“老城区有机更新”实施方案，计划投入资金11亿元，用3年时间对西园北里、吉祥巷、潮宗街、望麓园和文昌阁5大老城片区进行有机改造，将惠及居民8万余人。清朝中期至民国时期，开福区老城区曾是湖南省的政治、文化和教育中心，存量82处不可移动文物，如何在保存好历史文脉的同时，又提高居住群众的生活质量。开福区安排专业团队从用地权属、人口、道路、环境、设施等7大要素进行全面调查。以居民最强烈的意愿为出发点，将从房屋漏水、渗水维修、改厨改（增）厕、水电气入户、室内简装等多个方面惠及群众。对普通家庭，政府按1：1比例补助，补助上限不超过200元/平方米（合法建筑面积）；对低保户、低收入家庭全额补助，上限不超过400元/平方米（合法建筑面积）。第一期有650户改造计划，其中560余户递交改造意愿，面积3.46万平方米，截至2018年年底，全部完成改造。

（罗向好）

城乡建设投资

【概况】长沙开福区工务局是开福区人民政府直属事业单位。2018年，区工务局被评为区项目建设先进业主单位、区民生实事工作先进单位、污染防治先进单位。

【项目建设】2018年，区工务局实施项目35个。完成捞刀河南岸岸线整治及市政工程水利部分、铁路沿线防护桩和芙蓉路顶管工程、景观B、D区，拆除金河路下穿部分杆线，A、C区正在土方施工；完成渔南路部分路基回填，渔北路正在路基土方开挖；启动双河北路、消防码头施工；骏豪路、洪山路完成立项，正在进行初步设计设及可行性研究；完成新建公厕及城市驿站在建站点建设；完成罗汉庄污水处理设施。

【老城区有机更新】2018年，按照区委、区政府统一部署，区工务局牵头实施潮宗街片区、西园北里片区相关区域的有机更新工作。潮宗街片区北起营盘路、南至中山路，东起黄兴北路、西至湘江中路，区工务局主要负责寿星街、三贵街、永清巷、楠木厅等区域约3.76公顷范围有机更新；西园北里片区北起湘春路、南至营盘路，东起黄兴北路、西至湘江中路，占地约14.67公顷。项目分两期实施，一期包括通泰街历史步道、房屋功能性完善以及强弱电的下地；二期包括西园巷、新风街、忠信园、胡家菜园等巷子的立面改造。改造内容包括地下排水管道疏通、强弱电下地、煤气、自来水改造等完善公共设施配套；建筑外立面更新、屋面漏雨维修、道路麻石铺装、亮化、绿化、景观小品等。有机更新改造秉承“五性原则”

潮宗街危旧楼栋改造前后对比 （区工务局 供图）

社区居民在修缮一新的西园百里历史步道开展党建活动　　（区工务局　供图）

（生活宜居性、历史原真性、文化地域性、风貌完整性、街区活力性），围绕“四个重点”（补短、精点、优线、活片），处理“三个关系”（“里子”与“面子”的关系；留改拆的关系；宜居性和宜业性的关系）。截至2018年年底，潮宗街片区计划有机更新131栋房屋，启动84栋房屋的更新建设（完成42栋私房，10栋楼栋房），其中门窗更换1.5万平方米、屋面修缮9494.61平方米、屋面排水管更换3738米、立面改造1.82万平方米，6条微循环道路全部拉通，铺设麻石路面213米、新增景观节点4个。西园北里片区通泰街历史步道，完成立面改造、门窗更换、护窗安装和强弱电下地、24栋房屋功能性完改造建设。

【推进“厕所革命”】2018年，区工务局落实市、区“一圈、两场、三道”和“厕所革命”工作要求，完成开福大道公厕城市驿站站点、广铁路公厕城市驿站站点、捞刀河风光带公厕站点、司马里城市驿站站点和周南中学驿站站点等新建公厕及城市驿站5个站点项目建设。公厕内设值班室、母婴室、女厕、男厕、第三卫生间及其他无障碍设施，配备有负压智能除臭设备、人脸识别取纸机、手机充电站、烘手机、电吹风、壁挂式电视以及洗手热水器等设施设备；城市驿站设置有展示区、休息区及生活区3个区域，配备有壁挂式电视、电热开水桶、微波炉、电水壶、冰箱、书柜、餐桌椅、储物柜（宣传）、橱柜以及电动车充电桩等设施设备。

【开展“弘扬工匠精神 争当岗位先锋”技能比赛】4月27日，为建设知识型、技能型、创新型城建队伍，弘扬劳模精神和工匠精神，为精美开福建设品质工程，区工务局组织开展“弘扬工匠精神 争当岗位先锋”技能比赛活动。副区长蒋君出席。区工务局各项目参建单位的24

新建城市驿站及“厕所革命”公厕　　（区工务局　供图）

位一线作业工人参加抹灰、镶贴、电焊3个工种的比武角逐，通过激烈的竞争，决出一、二、三等奖。此次技能比赛，是区工务局围绕“弘扬工匠精神，打造精品工程”的一项举措，通过技能比赛，让员工更加爱岗敬业，注重品质建设，不断提升项目参建单位一线作业人员的职业素养和技能水平。

【开福好人馆获评湖南省“社会主义核心价值观建设示范点”】11月19日，在长沙举行的湖南省社会主义核心价值观建设推进会上，由区工务局承建的开福好人馆被授牌为湖南省社会主义核心价值观建设示范点。开福好人馆位于开福区四方坪街道月岛河畔社区公园城市驿站栖凤路站内，建筑面积376平方米，其中一层171平方米，二层205平方米。该馆以“厚德开福 好人之城”为主题，整体设计以红白两色为主，以图片、实物、雕塑、视频、投影、互动等多种形式，生动直观的展现身边的好人事迹，扩大示范带动效应。一楼为序言区和好人风采区，主要是展示开福区不断涌现的全国道德模范、中国好人；二楼为好人营地区、好人效应区、好人颂歌区，主要展示开福区的“五城”（文化之城、好人之城、博物馆之城、创新创意之城、读书之城）建设以及文明单位、文明家庭、文明校园等精神文明创建成果。同时，开福区作为“好人之城”所开展的“好人大本营”“好人当河长”等系列活动和举措在这里集中展示，弘扬好人的榜样力量，号召引领更多人见贤思齐学楷模、崇善向德做好人。

（杨　卓）

城市管理

【概况】开福区城市管理和行政执法局为区人民政府工作部门。2018年，开福区城市管理和行政执法局荣获开福区2018年度民生实事工作先进集体、项目建设工作先进集体、污染防治工作先进集体。

【基础业务工作】坚持周末卫生大扫除。2018年，清理楼道堆物、楼顶杂物7618处、7万吨，清除社区公园绿化带垃圾2.86万平方米，清洗地面3.5万平方米。持续推进网格化管理。制定《开福区城市管理网格化管理实施方案》，明确全区107个基础网格任务，2018年网格内上报城管事件9979条，归档9618条；按照市蓝天办要求，环保工作下沉到城管网格，上报环保事项227条，办结227条，办结率100%。河堤河滩保洁工作成效显著。2018年，组织巡河296次，区内河堤河滩内基本做到无违法建设、堤岸周边无垃圾杂物、河道内无“僵尸船”、河道通畅无障碍、河道沿线水环境质量明显好转。抓好协管员队伍建设。11月6日—18日，组织全区协管员集中在国防教育训练基地培训，队伍的沟通协作、市容劝导和管理服务的能力得到新的提升。2018年，在湖南卫视、《湖南日报》、《长沙晚报》等20余家媒体宣传报道225余篇次，全年无重大舆情和负面报道发生。2018年，承办“12345”热线工单81件，全部按时办结，按时办结率为100%，市民回访满意率100%。

【社会卫生工作】开展涉农街道生活垃圾分类减量和厕所改造工作，制定下发《开福区农村生活垃圾分类减量和“厕所革命”三年攻坚行动方案（2018—2020年）》，2018年，创建五星级优秀村1个、市级卫生社区2个、省级文明卫生单位1个和市级卫生村2个；完成农村厕所改造1050座。加大病媒生物防制力度，制定《开福区2018年公共环境除“四害”承包实施方案》，对全区16个街道的重点区域开展除四害工作，在湘雅路街道三角塘社区、青竹湖街道植基社区、捞刀河街道大星村等10个社区（村）开展病媒生物防制基础设施建设，新增爱卫灭蚊宣传栏10块、智能太阳能灭蚊双灯100盏、毒饵盒8000个、诱蝇笼500个。开展宣传教育活动。4月17日，开福区爱卫办在全区开展第30个爱国卫生月活动，组织各街道爱卫专干在开福区万达广场集中宣传，共展出宣传板报32块、宣传横幅40条、易拉宝36个，发放爱卫月宣传册1000份、除四害药品500份，参加宣传咨询群众千余人。

【行政审批工作】2018年，办结服务事项2735个，其中办理临时占用街道两侧和公共场地许可证1365个、临时占用城市道路许可证542个、临时挖掘城市道路许可证158个、临时户外广告（围挡）设置许可证48个、临时占用城市绿地许可证77个、临时移伐城市树木许可证9个、棚亭占道许可证95个，办理门店招牌441个。每个案卷进行资料审查，操作流程规范，做到公平、公正、公开。参照《开福区政务服务事项目录》，以权力清单为依据，梳理“不见面”服务事项，按时完成“互联网+政务服务”一体化平台的实施清单填报、审核发布工作，推进网上审批；根据《长沙市

城管队员在铲冰除雪 （区城管局 供图）

梳理审批服务“就近办”事项工作方案》和《关于梳理报送审批服务“就近办”事项的通知》要求，按照“应沉尽沉”的原则，完善开福区审批服务“就近办”事项清单摸底登记表，做到让文件多跑路，让群众少跑腿，切实提高办事群众的幸福感。按时、按质、按量在开福区政府门户网站上主动公开各类政府信息85条，其中工作动态55条、机构介绍1条、领导信息5条、法规公文3条、通知公告4条、规划计划3条、人事信息1条、财政信息3条、财政预决算公开4条、应急管理3条、其他事项3条。

【督查考核工作】依据市城市管理考核办法，结合开福区实际，探索既重视城市管理问题解决又关注市容精致精美效果的考核方式。调整考核对象。首次将区城管执法大队所属城管执法中队列入四类单位进行考核，双月度实施奖惩，提高各执法中队办案效率，全区市容秩序管控得到新的提升。创新考核办法。专项工作考核由各条线制定考核办法进行考核，克服以往考核“两张皮”的现象，增强各专项工作的推动力度，将以往督查考核科的“单打独斗”转变为多部门的“联合行动”，调动各条线的积极性。考核排名更加公平、公正。双月度考核、年终考核成绩排名，由区城管委考核工作领导小组会议研究确定，区纪委区监察委驻城管执法局纪检监察组参与，确保考核成绩的公平和公正。

【城市管理监督工作】2018年，区城市管理监督指挥中心融入全区文明创建和日常城市管理工作。加强业务培训和指导。组织各街道社区参加业务指导培训会议，贯彻执行2018年长沙市城市管理新的工作模式和措施。加强内部管理。按照《数字化城市管理指挥协调中心效能建设考核办法》，以制度管人管事，加强中心工作人员的效能意识、纪律意识和目标任务意识。做好沟通协调。做好全区指挥协调工作，加强与各部门之间沟通协调，确保案卷处置到位。2018年，区城市管理监督指挥中心受理案卷数7.86万件，处置类案卷7.85万件，结案率99.98%。在全市六区考核排名中，开福区获得7个第一名、2个第二名的好成绩。

【老旧社区综合提质改造】2018年，开福区老旧社区提质改造项目总投资1.11亿元，与“一圈二场三道”和城市有机更新紧密结合，对湘雅路街道上麻园岭社区2期，捞刀河路街道中岭社区、捞刀河社区，秀峰街道宿龙桥社区、戴家河社区，新河街道紫凤社区动力北院小区、东风路街道东风路社区、月湖街道月湖社区8个老旧社区实施提质改造，解决居民群众关心的下水不畅、道路破损、交通拥挤、路灯不亮、配套设施缺失等问题，设置非机动车停车棚，新增停车位2000余个。紫凤社区动力北院小区作为国家住建部推进全国老旧小区提质改造的试点社区之一，按照“汇聚民智、共同缔造”理念，探索一条“决策共谋、发展共建、建设共管、效果共评、成果共享”的基层社会治理新路径。湖南日报对开福区探索老旧小区“蝶变”新路径进行报道。

【服务中心工作】区城市管理和行政执法局按照区委、区政府和各重点项目建设指挥部要求，做好各项服务保障工作。应对突发事件。共参加维稳行动90余次，完成中央、省、市领导考察沿线市容秩序的管控，做好重大活动安保维稳工作。支持重点项目建设。参与支持潮宗街棚改项目、金霞海关保税物流中心等35个重点项目建设。2018年，配合各重点项目开展拆违行动45次，出动执法力量4200余人次。抗冰除雪保交保畅。2018年年初，低温冰雪天气，城管系统快速启动冰雪天气应急机制，全体干部职工停体，投入到抗冰除雪工作中，确保全区主次干道、重要桥梁的通行安全。

【生活垃圾分类工作】2018年，区城市管理和行政执法局在创建垃圾分类“清水塘模式”的基础上，打造紫凤社区、兔子坡小区等新亮点，总结居民小区三种垃圾分类实施模式、机关事业单位模式、纯农村散住集中收集模式、农贸市场垃圾就地处置模式，编印《开福区生活垃圾分类指南（试行）》。组织各街道综合施策，发动党员干部、志愿者入社区入户宣传，累计发放宣传资料1万余份，指导各街道、社区、小区结合自身实际，合理选取建设模式。在“易腐垃圾、可回收物、有害垃圾、其他垃圾”的分类标准基础上，细分为大件垃圾、装修垃圾，各社区、小区结合实际，设立暂存点或分类屋等方式，进行集中存放，统一处置。2018年，开福区打造生活垃圾分类示范小区16个、试点社区35个，配置下发分类桶4000余个，建成分类屋及大件、装修垃圾暂存点39个，建成大件垃圾和装修垃圾资源化利用处置场，区直机关单位全面实行生活垃圾强制分类，2018年进中转站生活垃圾38.14万吨，同比2017年减量22%。

【蓝天保卫战首战告捷】2018年，区城市管理和行政执法局为贯彻落实中央和省、市、区关于“坚决打赢蓝天保卫战”三年行动计划工作要求，从区城管执法大队、区市政局、区环卫局抽调人员成立城管系统蓝天办。聚焦“六控”“十严禁”的要求，制定开福区渣土扬尘防治、露天烧烤防治、垃圾焚烧防治、餐饮油烟防治和燃煤污染防治工作方案。在全区5个位置（湘江北路捞刀河桥北、芙蓉北路捞刀河大桥、开福大道球场路口、开福大道福元路口、芙蓉北路陈家湖）划定严控区，实行24小时轮值，严控货车进入主城区，采取强力举措减少扬尘污染。开展综合执法454次、专项执法2602次，对43007个管理对象进行检查，发现并整改问题9171个，共计罚款133.85万元，如期完成“三个月治标”的目标任务。积极配合中央和省环境保护督察“回头看”工作，办理中央环保督查交办件65件，省环保督查交办件40件，所有案件和交办问题都得到迅速整改和及时回复。

（朱泽宇）

市容环境

【概况】 2018年，开福市容环境卫生管理局机构用于道路维护的作业车辆249台，其中水车66台，洗扫车37台，小型机扫车14台，路面养护车91台，督查车28台，餐厨车9台，勾臂车1台，雾化抑尘车2台，铲雪车1台。2018年实际运行经费约2.35亿元，其中人员经费6187万元，办公经费337万元，维护作业经费1.34亿元，服务外包作业经费3610.01万元。2018年，区市容环境卫生管理局被授予长沙市“文明标兵单位”。在市级以上媒体发表新闻报道90余篇，登录区政务网信息310篇，工作简报270余篇。

【环卫作业】全区890万平方米道路维护面积实行“全覆盖、见本色、常态化”管理和维护作业。建立常态作业机制。坚持“六定”原则，按照“全域化”和“五无五净”的要求，将各类人员和设备分路段、按职责配置到责任区域，人工清扫实行“五步清洁法”，养护车按照“1车3人”捆绑养护，洒水车、机扫车实行流程化作业，最大限度发挥机械的先进生产力，协同人工清扫对道路进行精细维护。290座公共站厕按照一人、一站、一厕的标准配置，形成常态化的作业体系。狠抓日常监管。坚持日督查、周通报和交叉检查工作机制，运用“智慧环卫”平台，对作业质量进行远程监控，发现问题，调度力量进行整改。业务督查科设置白班、晚班、

11月30日，环卫工人在集中清洗世界之窗周边人行道　　（区环卫局　供图）

站厕、外城4个督查组，实行18小时“无缝化”检查，将发现的情况即时分派到各所，督促各所及时整改，全年督查发现和现场整改各类问题2万余个。每周组织各科室长、环卫所长、支部书记、外包公司负责人召开工作例会，讲评、调度工作，商讨提高作业质量和效率的新途径、新办法。实行绩效考核。依托智慧环卫指挥调度平台，建立一套严格的绩效考核体系，从日常检查、平台监督、市城管数字化、市局检查等7个方面评分，每月对11个环卫所、机械作业车队、渣管办进行排名和奖励，对排名落后的单位扣罚绩效奖金并进行追责问责。

【渣土污染治理】召开全区渣土工地建设单位、消纳场、运输公司负责人和监管人员会议5次，落实市、区部署，强化管控力度，推进源头治理。对渣土工地实行“双岗监管”，检查开停工时间、车辆证件、洗车设施等是否符合标准。建立工地扬尘污染日常检查机制，每日检查4次以上，建立检查台账和清单。加大工地裸露黄土的排查整治，排查在建工地46处，下达停工整改函70份，整治裸露黄土49处。建立快速响应机制，根据环境监测指数，落实土方开挖和渣土禁运措施。强化渣土施工清扫清洗，加大机械冲洗频率，提升冲洗效果。参与“三车三场”专项整治150余次，配合查扣违规车辆200余台，查处违规现象280起，处置突发污染事件49起。

【设施建设维护】发挥牵头作用，协调区直部门和街道，全区新建16座高标准公厕，改造翻新、提质修复老旧公共站厕118座。新建公厕实行单体设计，建筑与周边环境协调，做到一厕一景。内部设施规范统一，采用自动感应开关冲便装置等自动化设施，增加通风换气和实行干湿分离，增设第三卫生间等人性化设施。提质改造后的公厕配备厕纸机、烘干机、洗手液等，城市人口密集地区公厕设置“刷脸”取纸，成立社会单位“厕所联盟”，联盟单位300余家，向市民开放内部厕所，弥补城区公厕数量不足难题。捞刀河以南主城区的老旧公共厕所全部实施提质改造。

12月30日，开福区环卫局环卫工人在清除路面积雪　（区环卫局　供图）

【试点生活垃圾分类】制定《开福区生活垃圾分类工作实施方案》，全区各街道均确定2个社区作为重点铺排，选取1个小区打造为示范点。新河街道紫凤社区人造板厂宿舍小区建成全区首个以生活垃圾分类屋为主要形式的投放点，伍家岭街道浏阳河社区石油厂小区生活垃圾分类箱投入使用，捞刀河街道大星村的农村生活垃圾分拣点启动运行。组织全区街道、社区负责人现场观摩垃圾分类示范小区，并召开全区分类工作推进会。发放4000余个分类桶到32个试点社区，16个示范小区建成垃圾分类屋（点）26个。大件垃圾处置场、家装垃圾分拣场、荷花池、江湾社区农贸市场果蔬垃圾生物处置点建成投入使用。开福区创新生活垃圾分类工作方法，为全市推广生活垃圾分类工作提供可复制模式。

【服务外包管理】按照“从严监管、从严考核”的原则，加强对服务外包公司的管理。细化交通护栏清洗检查考核。制定精细化的作业质量检查考核标准，全区11.7万米交通隔离护栏，按道路类别每天清洗1~2遍，考核处罚更细更严，交通护栏洁净水平不断提高。规范生活垃圾运输。清除挂靠的社会车辆，规范车辆射频卡发放，增加环保型压缩运输车，加大涉农街道垃圾围池的清运，对清运不及时和车容不洁现象加大处罚，40万吨生活垃圾做到日产日清。提高餐厨垃圾收运率。采取定期检查和抽检方式，深入门店单位调查餐厨垃圾收运情况，实地检查收运人员的出勤、服务态度、运输线路和运量，结合“智慧环卫”平台加大餐厨垃圾收运作业的监管考核，按照合同条款进行考核和拨付经费。全年完成9800余吨餐厨垃圾的收集运输。

【环保督查整改】制定环保督察工作方案，成立领导小组，组织召开环保督察工作动员布置会，明确分工，责任上肩。在中央环保督察组督查中，组织责任科室对2017年中央环保督察案卷及2018年的省环保督察案卷进行回头看，现场查看问题整改落实情况，不留尾巴，力争不出现重复案卷。要求各所、科室对投诉易发部位加强监控，对站厕设施设备、道路清扫保洁、垃圾清运处置、渣土巡查监控等工作加强巡查调度，发现问题及时处置，控制环保投诉案件发生。收到中央环保督察案件19个、省环保督察案件16个、区“蓝天办”交办问题21个，所有案卷如期办结。在2018年初抗冰除雪工作中，按照“三保四到位”迅速启动24小时应急突出活动，共撒用溶雪盐630吨，麻袋2800多个，投入撒盐运盐、巡查车192台次，参与人员6697人次。雪后清运出动铲雪人员1515人次，清运车辆674台次，清运积雪1270余吨。

【全市首创渣土工地在线视频监控】4月20日，长沙市城管局在开福区召开全市城管系统观摩推介会，推广开福区率先试点“智慧环卫”渣土处置工地和消纳场视频监控系统。开福区“智慧渣管”系统与市渣管处统一安装的渣土运输车载GPS数据实现互联互通，进入开福区范围内的渣土运输车辆全部纳入“监管”。每个渣土施工工地配有监控球机和监控枪机24小时运作，通过球机，渣土办工作人员可以监控工地出入通道洁净程度和洗车设备是否正常；通过枪机，则可对工地施工情况进行360度“无死角”管理，全方位掌握所有设备作业情况。同时，工地还安装有车辆识别系统，对渣土车辆身份进行核实查证；所有巡查车辆和渣土管理工作人员分别配备车载执法监控设备和APP专用手机，渣土施工工地、消纳场、渣土运输公司、渣土现场监管人员实现全过程、可视化和实时化精准监控。市容环境卫生局查处渣土违规问题280起，查扣违规车辆200余台。

（汤正明）

4月20日，市城管局在区环卫局召开全市城管系统观摩推介会

（区环卫局　供图）

公共设施建设

【概况】2018年，开福区市政管理局修补路面5.23万平方米，维修人行道3.54万平方米，调整道路侧平石6306米，疏浚排水管沟54.3万米，清掏各类井5.27万个/次、化粪池2651座；累计受理数字化案件1725条、“12345”热线1193条、“城管110”案卷及市民来电378条，结案率100%。承担市、区两级考核项目建设任务19个。完成新安寺路、风华巷、开福寺地铁口道路、佳园南路、开福中学道路、沁园巷、五水厂支路、德汇路、四季美景支路、秋月路10条支路提质改造。

【日常维护】2018年，区市政管理局修补路面5.23万平方米，维修人行道3.54万平方米，调整道路侧平石6306米，疏浚排水管沟54.3万米，清掏各类井5.27万个/次、化粪池2651座；累计受理数字化案件1725条、“12345”热线1193条、“城管110”案卷及市民来电378条，结案率100%。市政设施修补维护在市对区城管双月考核中排名2个第一名，3个第二名，1个第四名，居长沙内五区第一。对“五一商圈”、群芳园社区进行集中整治，完善各类市政配套设施，沥青摊铺1657平方米、疏浚管道4330米，清掏各类井832个、化粪池150座；对湘江大道、芙蓉北路等16条重点道路的维护，修复人行道1882平方米，修复盲道276平方米，安装麻石球等隔离设施211个；对青竹湖街道霞凝港社区广场周边管网进行配套改造，优化人居环境。

【路政管理】完成对全区192条主次干道、支路街巷人行道清障摸底，总长度537.6千米；对全区主次干道、背街小巷巡查3500余人次，联合市政执法中队上门执法，发现并处理非法破路、人行道设置箱柜、无证占道施工、违规排污等问题53处；办理占道许可证542个，破路挖掘许可证158个；完成非税任务1009万元。完成福元东路限高门撞坏、城区道路沉塌、雨水管网堵塞、化粪池溢流等各类突发事件20余起，保证市政设施的完好性。

【项目建设】市政管理局承担市、区两级考核项目建设任务19个。完成波隆立交桥及周边道路综合提质、渔业路交通微循环、背街小巷提质改造、人行立体过街设施建设、支路微循环改造、老旧化粪池疏浚改造等项目；完成澜北湾、四季美景自来水户表改造破路修复工程，化粪池改造100座，为市民群众出行带来便利。由区市政管理局牵头“一圈、两场、三道”建设工作中的人行道和自行车道建设，对金马路、芙蓉北路等19条人行道采取维护、清障、专项提质等方式进行综合整治，共计48.26千米；新建葡园路、滨河路2条人行道，共计10.05千米；新建开福大道、捞刀河两岸绿道等7条自行车道，计54.3千米，自行车道织网改建21.5千米；完成金鹰路等10条背街小巷提质改造，计5.4万平方米，提升城区品质。

【水环境治理】完成涝湖片区雨污分流项目和杨家湾撇洪渠水环境综合整治工程项目，按计划推进月湖大市场片区雨污分流和朝正垸等片区雨污分流项目的实施；按湖长制工作要求，对月湖进行改造，对捞刀河、楚家湖片区实行雨污分流，并设置末端污水净化装置，改善城区水环境。针对湘江及浏阳河流域7个截污排口制订维护方案，在排水口设置责任公示牌，每月安排专人对排口进行两次以上巡查，并按需组织疏浚，对7个截污排口巡查255次，确保排口运行良好；落实河长制和环保督查要求，对浏阳河水域金色溪泉湾排口、墙板厂泵站排口、洪山桥东排口（军械所）、陡岭路排口、四方坪科大景园排口、杨家湾撇洪渠6处排口的排水现状进行详查，确保旱季污水不下河；接收省级环保督办函9份、中央环保督办函9份，处置完毕。

【防汛应急】在汛前完成全区所有排水网管800余千米的巡查疏浚工作，对摸查出来的51处防汛渍（堵）点通过更换排水管道、增设泄水井等方式进行改造，改造管道530余米，大型管道清淤疏浚4.77万米、排水堵点改造632米；加强对主次干道的重点巡查，对易积水地段实行重点值守，出动人员3371人次、车辆668车次，确保第一时间内各处内涝险情得到快速、妥善处置。全年城区内无大面积、长时间积水。

【实施背街小巷提质改造】在往年街巷提质的基础上，继续组织实施“背街小巷提质改造项目”。在前期工作中，区市政管理局协同社区、街道，对辖区内需实施提质的路段进行摸底调查，最终确定对新安寺路、风华巷、开福寺地铁口道路、佳园南路、开福中学道路、沁园巷、五水厂支路、德汇路、四季美景支路、秋月路10条支路进行提质改造，总投资2300万元。项目于7月30日上网招标公示，并于8月24日开标，确定11家施工单位。项目于9月11日召开技术交底会，施工单位相继于9月中旬进场施工，年内全部完工。

【万家丽路月湖公园路段人行天桥建设】为解决万家丽路两厢居民横穿万家丽路的实际交通需求，消除交通安全隐患，区市政管理局根据开办发〔2018〕3号《关于下达2018年开福区重大项目计划的通知》，及长沙市城管局2018年城管线市政类工作部署，组织对“万家丽路月湖公园路段人行天桥建设项目”进行具体实施。该人行天桥位于万家

新建月湖公园人行天桥
（区市政局　供图）

丽路月湖公园东门北侧，桥梁横跨万家丽路，并下穿万家丽快速路高架桥，主桥面净空5.2米，总宽5.6米，梯道宽3.5米，桥梁总长90.5米；采用钢箱梁，梁高1.7米，桥梁下部结构采用钢管混凝土墩柱，主梁墩柱直径1米，楼道墩柱直径0.8米；基础直径1.2米。该项目投资1103.06万元。由湖南省勘测设计院对天桥拟建位置地质、地形及管线分布情况进行详细勘察，湖南大学设计研究院有限公司根据勘察报告，1月上旬出具项目初步设计方案，经区城乡建设局组织相关职能部门、专家对初步设计进行技术审查后，2月中旬出具正式施工图。项目施工部分于3月8日上网，并于3月28日开标，确定湖南奉天建设集团有限公司为项目施工单位，4月19日区市政管理局组织召开项目技术交底会，施工单位于4月下旬进场施工，年内全部完工。项目全程由长沙政和工程项目管理有限公司进行监管，湖南中大建设工程检测技术有限公司对天桥质量进行动态检测，确保天桥每个施工环节、每项施工工艺均符合规范技术要求。

【波隆立交桥匝道及周边道路实施综合提质】为解决波隆立交桥匝道及周边道路路面开裂、翻浆、沉塌等病害，改善道路通行能力，对波隆立交桥匝道及周边道路进行综合提质。项目主要是对沥青面层网裂、沉塌的路段进行开窗处理；对路面裂缝采取灌注填缝料，采用SA自贴性抗裂贴方式进行处理；采用防沉降井座井盖对全线井盖进行更换提质；将沿线平石改窄；洒布乳化沥青，采用SMA沥青料进行整体摊铺4CM；对道路交通标线进行重新施划，并对立交桥护栏进行刷漆翻新；对道路两厢人行道进行修整提质，对闲置地坪进行改造。项目总投资2000万元。该项目由湖南大学设计研究院有限公司进行设计，长沙政和工程项目管理有限公司进行监管。主材部分通过政府采购，由湖南正林沥青工程有限公司提供工程所需沥青料，人工、机械及辅材部分通过公开招投标，确定由湖南顺天建设集团有限公司进行施工改造，项目于6月底进场施工，9月中旬全部完工。

波隆立交桥周边道路提质改造后，面貌焕然一新　　（区市政局　供图）

【人行道专项提质改造】按照市、区两级政府工作部署，开福区市政管理局组织对金马路（江湾路至迎霞路）、芙蓉北路（波隆立交桥至浏阳河桥东侧、浏阳河北岸至晴岚路西侧）、陡岭路（栖凤路至三一大道）、华夏路（新河路至开福寺路）、东风路（德雅路至高架桥）、华章路（湘江大道至芙蓉路）、沐霞路（农安路至金马路）人行道进行专项提质，项目总投资2970万元。该项目由湖南省建筑设计院进行设计，湖南同旺项目管理有限公司进行监管，施工通过公开招投标，确定由湖南承运环境建设集团有限公司进行施工改造，项目于8月10日召开技术交底会，施工单位于8月中旬进场施工，11月中旬全部完工。

【老旧化粪池粪污处理】根据长城管委〔2018〕2号文件《关于印发长沙市2018年度城市管理项目建设实施方案的通知》，要求全市进行粪污处理。经区各街道和区市政管理局调查摸底，确定9个街道、44个农安小区、1738座化粪池实施粪污处理。投资300万元，其计价方式按化粪池使用年限计取，10年以下按93.96元/立方米计取，10年以上按147.49元/立方米计取。该项目监理通过自行委托确定，由湖南华越工程管理有限公司对该项目进行监管。施工部分通过公开招投标，确定湖南奇思环保有限公司进行施工。项目于11月6日召开技术交底会，同时进场施工，12月23日全部完工。

【实施支路微循环改造】为解决辖区内片区车辆循环不畅、停车位严重不足等问题，结合区城管社区综合提质项目，开福区支路微循环改造主要实施湘江世纪城片区、戴家河社区片区、晴佳巷、浏阳河路等片区，项目主要内容包括在路侧设立禁停、限行、抄牌等交通标识、标牌，在各主要路口安装电子监控，路面施划引导标线，对两侧具备条件的绿化带进行拆除、改造并增设停车位，总投资400万元。该项目由湖南华罡规划设计研究院有限公司提供设计方案，通过直接委托，由湖南华越工程管理有限公司对项目安全、质量、进度进行监管，项目施工部分于7月27日上网，并于8月27日开标，确定湖南志鹏建设集团有限公司、湖南高建建设集团有限公司为项目施工单位，施工单位于9月下旬进场施工，年内全部完工。

（魏锦芳）

园林绿化

【概况】开福区园林绿化管理局为区政府一级职能局，单位性质为公益一类事业单位。开福区园林绿化管理局用于维护作业车辆数量47台，其中皮卡车17台，水车9台，路面清扫车4台，打药车4台，特殊作用车辆3台，小型货车10台。

【绿化维护】规范作业模式，确保“三个常态”。对照《长沙市园林绿化精细化维护作业标准细则》，区园林绿化管理局构建“5+1”作业模式（即5个公园片区和1个专项维护管理办共同作业）。在管理上实行定人员、定岗位、定责任、定目标的“四定”管理模式；在监督上形成分管局长—业务科室—维护作业园区—路段责任人的“四级”巡查网络；在督查上实行规范化、程序化的“两化”考核机制，通过车巡、路巡、细看、抽查、拍照、摄像等多维度采集考核手段，将督查情况与数字化案卷一并下发整改清单，实行日清月结，实现日常维护作业全域化、精细化、长效化三个常态。提升标准品质，确保“两个示范”。按照市园林局2018年“精细化维护管理”和“行道树修剪整形”两个示范路段创建工作的相关要求，打造精细化维护管理示范路段3条，行道树修剪整形示范路段3条，精细化养护管理示范公园1个，按照专业队伍、专业理念、专项费用的工作机制，精心管养，全面推广，提升维护品质。城区添花造景，确保“中心核心”。各重大会议、节庆假日期间，组织对全区各主要路口、重要节点、大型广场位置，通过增花添彩、绿化造景、悬挂国旗等方式，共计摆放、栽植鲜花约45万余盆，悬挂国旗3000余面。对月湖公园、紫凤公园等4个公园景区和26个社区公园安装社会主义核心价值观、讲文明树新风、遵德守礼等各类公益广告牌，加强社会主义核心价值观宣传。

芙蓉北路主干道两旁绿树成荫　（区委宣传部　供图）

【项目建设】按照区委、区政府工作要求，结合城市有机更新改造、“一圈两场三道”、“厕所革命”等各专项建设任务，完成城乡公园建设、道路绿化提质及香化彩化及“厕所革命”6个项目建设，项目投资总额2936万元。共建共享，社区公园。根据地块位置、现场实际、功能配置，满足周边居民生活需求，完成茶子山社区公园、科大景园社区军旅党建主题公园、青竹湖大道街头小游园3处社区公园建设，投资额1173万元。服务功能，绿化提质。通过对区内人大政协建议提案、社区居民百姓的诉求，区园林绿化管理局归纳整理各类反映强烈问题，满足城市功能需要，选址实施湘江世纪城江堤段（世纪金源—捞刀河）与湘江大道两河段（捞刀河—浏阳河）绿化提质改造，投资额1436万元。项目提质改造面积15万平方米，涵盖城区主干道重要路口节点、城市观光景点、市民生活休闲场所，增设城市驿站、公共厕所等功能性服务设施，对亮化及各类基础性设施进行维修，对道路绿化景观效果进行提升。便民宜居，“厕所革命”。根据长政办发〔2018〕16号文件《关于印发长沙市“一圈两场三道”建设两年行动计划（2018—2019年）的通知》的文件精神,实施“厕所革命”建设项目，于湘江风光带新建1座城市驿站和1座厕所，月湖公园3座厕所，总建筑面积约534平方米，投资额约327万元。

【绿化管理】推进“造绿复绿”。市对开福区的考核任务为完成城市公园、游园、空间绿化、林荫工程、增花添彩等专项建设，新增绿地32公顷。对照目标任务，开福区新增绿地面积约50余公顷，超额完成考核任务。加强绿化监察。区园林监察队与区城管园林中队协作，加强对辖区范围内绿地的常态化巡查管理力度，对各类突发事件及时处置，查勘死危树951余株，办理临时占绿许可证95次，查处占绿毁绿事件107起，整治违规占绿设置广告牌41处，确保全区公共绿地的完整。倡导绿色创建。根据为民办实事工作、“一圈两场三道”及市绿委的工作要求。区园林绿化管理局经过实地查勘、摸排、筛选，完成6个绿色示范社区，4家省级园林式单位的申报与创建；按照全市义务植树工作要求，完成建设市、区级义务植树基地各1个，市级植物植保基地5个；通过新增绿地建设和绿地绿化提质工作相结合，确保全区绿色创建工作落到实处。

【推进环境大治理，打赢蓝天保卫战】3月2日，开福区园林绿化管理局组织党员志愿者到月湖街道开展“党旗辉映蓝天梦”主题党日活动。重点对月湖街道辖区机关企事业单位和经营门店、居民楼栋进行打赢蓝天保卫战的宣传发动。志愿服务小分队协助街道发放、张贴《长沙市人民政府关于全面防治大气污染的通告》（长政发〔2018〕5号）文件；在西湖楼东侧宣传点向过往群众进行口头宣传，告知居民在日常生活中注意环保行为，倡导绿色出行、减少扬尘，自觉禁放烟花爆竹、禁止燃烧散煤、禁止露天烧烤等；对餐饮门店负责人宣传，控制餐饮油烟污染地方等，发放宣传资料200余份。蓝天保卫战工作开展以来，制定《强力推进环境大治理 坚决打赢蓝天保卫战》专项工作方案；成立以局长为组长的专项工作领导小组，明确责任分工，强化工作举措，严格督查落实。出动人员1300余人次，车辆500余台次，降尘面积3500平方米，清扫面积12万余平方米，补种草皮1800余平方米、行道树、杜鹃等植物6000株，有效改善城区空气质量。

【开福区举行园林系统“技能比武，安全集结”活动】1月11日，为提升干部职工园林绿化技能水平，普及全员安全生产意识，由开福区总工会、开福区安全委员会主办，开福区园林绿化管理局承办的“技能比武，安全集结”活动在北辰三馆一厅音乐厅南坪举行。区园林绿化管理局干部职工约500人参加活动。此次活动分为安全生产培训实践和绿化维护技能比武两个环节。在安全生产培训实践现场，厚天消防团的队员们讲授消防知识，演示消防器具；蓝天救援队的队员们讲授紧急救援知识，演示自救技能。在绿化维护技能比武现场，开福园林以公园管理办公室为单位组成6个参赛队伍42人，投入到小灌木造型种植比赛和大灌木种植修剪比赛中。开福区园林绿化管理局担负着开福区81条主次干道、26个社区公园、2个公园（月湖公园、秀峰山公园），湘江、浏阳河沿岸风光带近700万平方米的绿化维护工作。此次活动，开福区园林绿化管理局将“技能比武”与“三馆一厅”音乐厅附件区域绿化提质相结合，共种植红叶石楠球100余棵，红檵木、西洋杜鹃、月月桂、茶梅、中华蚊母等地被灌木8000余株，绿化面积2000余平方米。

【湖南省政协主席李微微到开福区参加义务植树活动】3月26日，湖南省政协党组书记、政协主席李微微率机关120余名工作人员，到长沙市开福区沙坪街道茶子山村，参加一年一度的义务植树活动。省政协党组成员袁新华、省政协秘书长卿渐伟、市政协主席文树勋及开福区四大班子成员参加。在植树点，大家几人一组，相互配合，有的刨坑，有的栽树，有的培土，有的浇水，大家齐心协力栽下350余株桂花、香樟、木芙蓉等。

（王佳乐）

征地工作

【概况】2018年，开福区完成15个项目扫尾清零，21个项目结算办理，21个项目交地，腾地86.67公顷，实现“政策平、大局稳、人事安”目标。

【征拆项目签约】以“产业项目建设年”为主线，征拆工作取得新突破。重点攻坚老项目扫尾。落实区征地拆迁安置工作会议精神，坚持以问题为导向，紧盯工作推进过程中的重点难点问题，与国土、街道、法院、法制等职能部门团结协作，攻坚克难，项目扫尾工作取得新的突破。完成15个项目扫尾清零，36个项目结算办理，23个项目实际交地，项目扫尾“百日攻坚”实现倒房77户。铺排新项目实施。根据区委、区政府审定的2018年项目年度计划，围绕基础配套、产业升级、民生改善工作目标，合理铺排新项目拆迁。新启动项目16个，征地面积52.62公顷，动迁人口566人，拆迁房屋161栋。其中家家红、鹅秀消防站、路丝塘加油加气站等8个项目完成红线内房屋签约；弘上物流、省疾控中心、板塘三期进入扫尾阶段；启动苏托垸污水处理厂、关公湖606亩、渔业分场农民安置用地（150亩）项目，发布一公告。完成史家坡学校、荷叶美苑、山鹰潭等项目公告发布前期准备工作。

【严格指标审核】2018年，完成20个项目8025个安置指标（其中申购保障住房指标数7839个，申请货币补贴指标数186个）审核工作；审核纳入两保体系人员名单、延期过渡费发放、“半边户”等工作，纳入社会保障体系2884人，完成98批次9656.5人、月发放额718.82万元的延期过渡费审核工作；向市局报送“半边户”资格申请101户，批回资格确认单95户，批准率94%。协调长沙市国土局、长沙市征地办，核准申请货币安置人员名单，对接长沙市财政部门，有851.7万元市级货币补贴资金上报长沙市人民政府。

【保障住房安置】按照安置房建设进度，审定拟分房人员名册，联合区城投、街道等部门提前做好分房工作方案，报区人民政府批准同意，实施福竹园第二批次、福港苑第三批次、荷韵园共三批次分房工作，全年累计分房648套，18个项目389户拆迁群众喜获新居，其中福竹园小区所有房源分配完毕，为开福区首个实现分房清零的安置小区；荷韵园共计抽签分配433套安置房，得房率100%。

【依法处置遗留问题】以“促进稳步发展”为目标，化解遗留问题有新进展。了解“两安”用地处置过程中存在的困难和问题，探索构建符合开福区区情“两安”用地处置的可行模式，切实保障村集体经济组织和60号令被征地农民的合法权益，根据区政府大调研工作的部署和要求，成立由班子成员和业务骨干组成的调研组，综合采取蹲点调研、座谈会、赴兄弟区县考察学习等方式，到8个涉农街道32个村（社区），召开40余次座谈会，就开福区“两安”用地基本现状，“两安”用地规范使用、管理、处置中存在的问题，展开实地调研，广泛听取街道、村（社区）干部、相关退休老干部、拆迁群众、有关部门负责同志、区法律顾问的意见和建议，形成调研报告获得区政府大调研优秀调研报告二等奖。出台规范性文件。制定《开福区关于集体经济组织“两安”用地清理核算和规范生产发展用地处置管理的指导细则》《开福区被征地农民保障住房建设和申购办法》《开福区集体土地征地拆迁按期倒房腾地奖励费和按期腾地奖管理使用实施细则》，加强全区集体土地征地拆迁安置工作的规范和管理。化解信访积案。针对集体土地征地拆迁安置工作中的热点、难点问题，开展矛盾纠纷排查，办理来信来访，从政策角度出谋划策，优化方案，促进积案化解。参与区领导接访和信访工作会议50余次；办理政府信息依申请公开专班告知单10余件；领导批示件及群众来信来访40余件；“12345”市民热线工单39件；接待群众来信来访100余批次，做到政策宣讲到位，努力化解群众诉求，通过解决拆迁群众住房困难问题，化解遗留问题20余户。芙蓉北路街道“两安”用地收益分配进展顺利，洪山局生产发展用地处置收益分配工作签认率97%，完成第一轮分配。

（蒋登凡）

征收工作

【概况】开福区城市房屋征收和补偿管理办公室（以下简称区征收办）为开福区政府的房屋征收部门，区政府直属全额拨款正科级事业单位，主要负责组织实施、监督辖区内国有土地上房屋征收与补偿工作。区实施征收项目26个，其中续征项目9个，新项目16个，完成签约920户。

【依法征收签约】实施征收项目26个，其中续征项目9个，新项目16个，完成签约920户。其中棚改项目晴佳巷项目38户、毛巾厂一期101户实现签约清零；望麓园巷1、2号地块项目101户私房全部完成签约；陡岭路西厢棚改项目签约174户，私房仅剩1户。基础设施项目3号线四方坪站、香江智慧物流园完成签约；朝正路项目、朝正垸城中村改造项目、3号线长沙大学站项目稳步推进。片区零星危改项目吉祥巷片区棚改、太平路片区棚改、潮宗街二期棚改、新风街片区棚改等5个项目完成签约，蔬菜公司宿舍项目23户实现清零。开福区棚改征收工作经验在2018年7月19日《法制日报》进行题为《4万人实现出棚进楼安居梦》专栏推介，同时，大力推进棚户区改造工作得到国务院通报表扬。

【科学铺排项目】统筹谋划，科学铺排项目。区征收办提早谋划，对接市城投、区棚改办、区城投等项目业主单位，督促办理征收前期手续，落实年度实施的征收项目及征收任务量，铺排年度项目，确保项目按计划稳步推进。区征收办班子成员全面入驻黄兴北路、汽车北站两大片区指挥部，负责征收业务指导和政策把关，干部职工基本抽调到项目一线，联系两大片区征收工作，并全权实施农村范围内国有土地征收项目，确保服务到位。

【实施阳光征收】自2018年初全市征收审计问题整改落实以来，政府购房补贴、8平方米的临建普惠、困补普惠等征收优惠政策都全部取消，征收部门组织200余名一线人员开展业务培训，确保政策执行的统一连贯性；加强解释指导，严格把关，做到阳光征收，快速推进项目签约。对接省市法院及法制部门组织司法互动，解决征收法务问题，推进项目扫尾过程中的强制征收问题，确保开福寺棚改项目、伍家岭东南角项目2018年12月份实现拆除腾地。

【推进裁执分离】先试先行，试推裁执分离。为有效解决被征收人签订协议后拒不履行搬迁义务的难题，区征收办先试先行，通过“裁执分离”的方式解决征收搬迁问题，完成金垅物业公司、黄兴北路一期遗留住户的搬迁工作，完成项目拆除腾地。

（谭　燕）

棚户区改造

【概况】经区委、政府批准，2013年9月成立开福区棚户区改造办公室（以下简称区棚改办），为全额拨款事业单位，核定编制5名；同步组建长沙市大城北棚户区改造投资有限公司，负责全区棚改项目的策划、规划、征收、招商、开发等运营工作。2014年7月，根据市棚改统贷平台的要求，成立长沙市开福棚改投资有限责任公司，作为市棚改公司的全资子公司，专门承接国开行棚改贷款资金。区棚改办、大城北棚改公司、开福棚改投实行“多块牌子、一套人马”，合署办公。2018年，潮宗街历史文化街区荣获长沙市文化消费十大园区（基地）。

【超额完成棚改考核任务】全年完成棚户区改造3319户，改造面积23.05万平方米，投资24.72亿元，分别占任务数的101.13%、101.23%、101.94%。新启动4个棚改项目，其中晴佳巷片区一期、德雅路片区毛巾厂地块实现签约清零腾地，陡岭路西厢、望麓园巷及两厢地块棚改项目私房签约率98%以上。9个续建项目中完成开福寺周边地块腾地，其他续建项目加快扫尾。

【探索推进老城区有机更新】坚持“让老百姓更具幸福感、让老城区更有长沙味”的指导思想，按照“补短、精点、优线、活片”的举措和相关时序安排，自2018年6月正式全面启动潮宗街片区有机更新，截至2018年年底，完成福庆街、连升街等示范点建设，完成水、电、气等基础设施改造，启动九如里新建公馆等建设，打通微循环29条，完成连升街历史步道段建设，完成连升街两厢和北正街两厢房屋修缮，逐渐形成生活宜居性、历史原真性、文化地域性、风貌完整性、街区活力性的开放式街区。

【做好项目资金保障】完成9个市级政府购买棚改服务项目融资贷款落地，完成2个区级政府购买棚改服务项目的融资授信。全年筹措银行贷款、中央专项资金等各类资金30余亿元。

【加快项目建设】完善清水塘炮后

区委书记沈裕谋（后中）调度陡岭路西厢棚改项目工作　（区棚改办　供图）

维多利项目拆除腾地　（区棚改办　供图）

街项目建设手续，完成人工挖孔桩护壁、地下二层的施工。完成陡岭路环境治理工作。推进招商运营。累计登记意向客户200余批，完成万科集团的潮宗街试点楼栋签约并进场施工。通过公开招标引进商业运营管理公司，负责北正街整体商业策划。

【棚改房源保障有力】新筹集山语城棚改房源540套，幸福考拉、东业上城等已预定团购商品房成交率90%，新桥小区三期项目成交率近70%，促进棚改征收工作。

【实施危房精准征收】2018年，完成老城区范围内纳入市政府购买棚改服务的5个项目中有垮塌危险的10处D级危房协议征收。

【省委常委、市委书记胡衡华调研老城区有机更新工作】3月7日，湖南省委常委、长沙市委书记胡衡华到开福区调研老城区有机更新工作，为全市大调研活动引领示范，实地察看潮宗街街区棚户区改造项目一期和西园北里历史步道项目，并现场听取基层干部、居民和专家的意见和建议。长沙市委常委、市委秘书长夏建平，开福区委书记区沈裕谋，开福区委常委、区委办主任张春雄参加。专家认为，老城区的有机更新要定位明确，既留下历史印记，保留老长沙城的味道；又突出宜居属性，保留已有人脉。要因地制宜，尊重群众意愿，注重引导服务，让老城区更有活力。要民生优先，做细做实群众工作，寻求最大建设共识。胡衡华强调，推进老城区有机更新要明确新要求，要转变理念，把“留”提在第一位，然后提“改”和“拆”，不能再走大拆大建的老路，要做好有机更新这篇文章。要深化规划，把设计方案精细到每条道路、每栋房子、每个节点，保留老城区的肌理不变，街巷格局不变。要加大力度，明确老城区有机更新的时间表，加快改善居民生活环境。挺进老城区有机更新要狠下细功夫，全面摸清底子，坚持因地制宜，配套相关设施，做细群众工作，贯彻绣花功夫和工匠精神。挺进老城区有机更新要形成大合唱，落实主体责任，突出党建引领，坚持共建共享，让群众和社会各方面参与进来，形成人民城市人民建的新格局。

（许惠玲）

城市管理综合执法

【概况】长沙市开福区城市管理综合执法大队（以下简称区城管执法大队）成立于2000年6月，是参照公务员法管理的正科级全额拨款事业单位。全年办理行政处罚案件8055起，处罚金额278.71万元，办案数和罚款金额较2017年均有较大幅度提升，有效地遏制各类城市管理乱象。全年开展学校周边和农贸市场集中整治行动40余次，取缔无照流动摊担220余处，罚款3.8万余元。全年共拆除违章户外广告、招牌272处，拆除面积2.41万平方米，其中立案查处55起，罚款1.66万元。全年拆除违法建设804处，拆违面积16.03万平方米。在蓝天保卫战行动中，开展综合执法449次，专项执法2465次，共出动35115人次，对39511个管理对象进行检查，发现并整改问题8725个。

【法制建设】推行法律顾问制度，开展“律师驻队”的执法模式。区城管执法大队充实调整法制科人员力量，配备专业法制人员8人。聘请专业律师团队，审定单位各类合同，全程指导大案、要案的办理，参与规范性文件的制定和修改。在执法过程中，邀请顾问律师艾超、曾强、吕丹玉随队监管执法，既向群众宣讲法律法规，又掌握队伍的执法动态，纠正执法偏差，取得良好效果。推行处罚决定双公示，加大信息公开的力度。区城管执法大队法制工作严格对照《政府信息公开条例》的规定，坚持“以公开为常态、不公开为例外”的原则，在原有政府门户网站信息公开平台公开行政处罚决定书的基础上，每天将办案的数量、案件类型、当事人名称、罚款数额等情况在“长沙市双公示结果信息报送系统”网上公示。为贯彻落实市委、市政府“最多跑一次”改革、“一圈两场三道”建设等相关工作要求，根据《长沙市“互联网+政务”平台（基层工作平台）上线试运行工作安排》的要求，将大队的工作职责和权力清单在开福区“互联网+政务服务”平台上进行公示，实现政务公开。

【日常执法整治】2018年，区城管执法大队围绕市委、市政府创建国家中心城市总体目标，紧扣“蓝天保卫战”工作主题，落实城管为民、城管从严要求，全面强化日常执法整治。办理行政处罚案件8055起，处罚金额278.71万元，办案数和罚款金额较2017年均有提升，有效地遏制各类城市管理乱象。食品安全整治。开展学校周边和农贸市场集中整治行动40余次，取缔无照流动摊担220余处，罚款3.8万余元。联合四方坪街道对新毛家桥市场进行整治，联合新河街道对老毛家桥市场进行整治，取得较好的整治效果。户外广告整治。全年共拆除违章户外广告、招牌272处，拆除面积2.41万平方米，其中立案查处55起，罚款1.66万元。对市城管局下达的15处“五一商圈”违规户外广告、招牌整治任务，大队制定整治方案，确保整治到位。人行道违停整治。区城管执法大队利用手持违法智能对讲终端开展违停整治，将违停信息抄录上传到交警部门处罚系统，解决人行道违停抄牌处罚难的问题。全年共抄录违停机动车13854台次，处罚到位4387台次。餐厨垃圾整治。建立全区餐饮门店餐厨废弃物收运管理台账，基本实现全区餐厨垃圾收运全覆盖。通过集中整治、蹲点守候等措施，对非法收运餐厨垃圾行为进行严厉打击和查处。办理餐厨垃圾专业案件62起，处罚金额4.42万元。

【专项执法整治】控违拆违专项整治。区城管执法大队以区委安全生产领域专项巡察为契机，以“五条断然措施”为举措，以拆控并举、以控为主、以拆促控为原则，开展控违拆违整治工作。共拆除违法建设804处，拆违面积16.03万平方米。园林绿化专项整治。区城管执法大队结合“蓝天保卫战”工作要求，加大对损毁绿地行为的查处力度，全年共计办理损绿毁绿案件57起，罚款2.99万元。“五一商圈”综合整治。按照市城管委的要求，区城管执法大队市政中队、通泰街中队加强“五一商圈”周边市容秩序管控，特别是对五一商圈周边摊担进行严管重罚，对乱停乱放的共享单车进行暂扣，对占道的设备、设施进行清理，共清理邮政报刊亭2处、停车收费亭和治安岗亭4处、占道电梯2处。“一圈两场三道”专项整治。区城管执法大队按照市、区两级指示，制订工作方案，配合市政部门开展“一圈两场三道”专项整治，对全区28条道路进行摸底调查，建立整治台账，召集相关职能部门、街道和业主单位就人行道上93个障碍物的清理工作进行部署和整治。露天焚烧专项整治。按照市、区“禁烧”相关工作要求，区城管执法大队制止垃圾焚烧1322起，办理垃圾焚烧案件81件，罚款7.15万元。成立专门巡查队伍，对涉农街道进行日夜巡查，

5月7日，通泰街城管执法中队、区城管特勤队对黄兴中路一处违章墙面广告牌（面积40平方米）进行拆除

（区城管执法大队　供图）

5月1日，渣土中队执法人员在鸭子铺路检查渣土运输车辆

（区城管执法大队 供图）

并发放宣传资料。渣土专项整治。全天候开展渣土扬尘整治，出动执法人员和特勤人员9750余人次，检查工地、车辆10140台次（处），办理涉渣土违规行政执法案件637起，查扣各类违规车辆600余台，处罚161.24万元，并对全区45处渣土施工工地约160公顷裸露黄土全部复绿、硬化或覆盖。非洲猪瘟专项整治。为落实省市区领导指示，做好全区非洲猪瘟防治工作，区城管执法大队配合农水等部门在全区设置餐厨废弃物、生猪运输检查点5处，实行24小时值守制度；联合涉农街道对生猪养殖户进行政策宣讲，尽快退出生猪饲养；联合城区街道对餐饮门店非法处置餐厨废弃物的行为进行查处。重大活动保障。2018年，区城管执法大队共参加秀峰街道、洪山街道、陈家湖社区、泰阳商场、中山亭、烈士公园、月湖公园、开福寺庙会、金鹰节安保、马拉松安保、市区党代会等90余次维稳行动，配合区工商局进行非法传销窝点的清缴、配合市公安局开展扫黑除恶专项整治行动、配合消防大队进行消防演习等日常工作，完成中央、省、市重要领导考察、国际糖酒会、农博会等重大活动的沿线市容秩序管控。

【服务支持重点项目建设】2018年，区城管执法大队参与高岭仓储二期、四方坪棚户区改造、黄兴北路棚户区改造、湘雅路地铁6号线、伍家岭国庆新村项目、麻园岭棚改项目、浏阳河街道439项目、156项目等30余个市区重点项目建设的综合整治。配合各重点项目开展拆违、排危等行动120余次，出动执法力量1万余人次。按照区委、政府的指示，区城管执法大队受领“裁执分离”工作，5月3日，作为执法主体，对火车北站片区冷库开展强制执行工作，保障项目建设的顺利推进。

【开展“严控散煤促环境、共同守护长沙蓝”煤炉集中销毁行动】8月28日，按市蓝天办的整体部署，区城管执法大队组织开展的“严控散煤促环保、共同守护长沙蓝”煤炉集中销毁行动，通过严密组织，销毁行动取得成功，得到市蓝天办领导的肯定。城管执法大队在蓝天保卫战行动中，开展综合执法449次，专项执法2465次，出动35115人次，对39511个管理对象进行检查，发现并整改问题8725个，其中控尘类854个，控车类245个，控排类4个，控烧类3448个，控煤类3231个，其他类1135个；责令整改640起，对470个案件进行查处，罚款130.48万元，如期完成“三个月治标”的目标任务。截至2018年年底，全区所有街道散煤燃烧基本清零；对全区53家新疆摊贩开展重点整治，取缔37家，促使归店经营10家，劝离6家。配合街道、环保、农水等部门，关停5家洗沙场、1家沙石堆放场。

【迎接中央环保督查“回头看”】2018年，为配合中央和省环境保护督察“回头看”工作，区城管执法大队紧盯重点、难点问题，办理各类督办案件。省级环保督察期间，共收到交办件24件，其中实际主办7件（含噪声污染问题6件，油烟污染问题1件），协办17件（含噪音问题4件，油烟污染问题3件），其他问题10件（含大气、水、垃圾污染、生态破坏、固废等），全部按时办结。针对中央环保督查“回头看”工作，对2017年交办的89件环保督查案件全面进行梳理，将案件分解到各班子成员，由班子成员带领机关分管科室到联点街道、中队，对案件进行自查，对仍然存在的问题进行交办、督办，确保所有问题整改到位。

（刘　波）

环境保护

ENVIRONMENTAL MANAGEMENT

【概况】长沙市开福区环境保护局是开福区人民政府行政组成局。2018年，建立党委政府牵头总揽、部门落实行业监管责任、属地政府落实属地责任、企业落实主体责任、群众积极参与的齐抓共管新格局。全年召开区环委会全会4次，多次专题调度蓝天碧水保卫战、污染防治攻坚等重点难点工作。通过省级环保督察、中央生态环保督察“回头看”的锤炼，环境保护“党政同责”“一岗双责”深入人心，全区上下形成主动作为、密切配合、齐抓共管环保的工作氛围。

【环境监测及环境状况】区域环境质量稳中向好。沙坪监测点空气质量优良天数累计285天，优良率79.4%，与2017年同期相比提升2.7个百分点。伍家岭监测点空气质量优良天数累计279天，优良率77.5%，与2017年同期相比提升7.8个百分点，PM_{10}同比下降19.3%，$PM_{2.5}$同比下降11.1%，优良天数、优良率提升比例，及PM_{10}、$PM_{2.5}$下降比例均位居内五区前列。地表水水质状况基本稳定，湘江开福段水质优良率100%。省级环保督察期间交办开福区群众来电来信20批次113件，中央环保督察“回头看”期间交办开福区33批次97件主办信访件均全部办结、销号，解决一大批群众反映强烈的环境问题，信访受理、处理、满意率均为100%，全年未发生等级环境污染事故。2018年，在市对区绩效考核中，开福区生态环境保护考核结果为内五区第一名。

【大气污染防治】2018年是蓝天保卫战第一年，按照市委、市政府、区委、区政府“三个月治标、三年治本”的整体部署，坚持依法、科学、精准、全民治理，扎实推动蓝天保卫战各项工作，全区空气质量明显改善，市民群众环保意识显具增强，蓝天幸福指数明显提升。落实《长沙市2018度大气（噪声）污染防治实施方案》，在全区摸排基础上，完成46家"散乱污"企业整治；建设金霞经济开发区环境在线监管平台；完成清水塘、浏阳河无烟示范街道创建；完成紫荆园社区天然气进老社区工作；创建金泰路社区噪声达标示范区；对顺鑫干混砂浆搅拌站、湖南省疾控中心开展噪声治理；完成凯乐国际和四方坪商贸城生活噪声环境治理。

【挥发性有机物污染防治】开展重点行业挥发性有机物整治，完成73家一二类汽修企业、1家沥青搅拌站、8家印刷企业、2家家具制造企业以及长沙市市政油料场的挥发性有机物治理工作，经有资质的单位检测VOCs（挥发性有机物）排放浓度均达到湖南省地方标准。组织企业宣讲环保知识。多次联合组织沥青搅拌站、家具制造、印刷行业等须落实错峰生产的企业召开工作调度会议，宣讲挥发性有机物治理的有关环保知识。区环保局、区经信局、区交通局、区文体新局等区直部门安排专干多次深入企业，实地摸排，协助企业解决在挥发性有机物治理过程中遇到的困难和问题。严格管控企业生产环节。督促企业签订错峰生产承诺书并制定错峰生产方案，要求企业做到高温晴朗天气10~18点期间停止喷墨、喷漆等产生挥发性有机物的工序。推广使用低挥发性有机物含量的原辅材料。要求工业涂装、家具制造、印刷行业使用低挥发性有机物含量的原辅材料，建立工作台账，记录生产原料、辅料的使用量、废弃量、去向以及挥发性有机物含量。

【水污染防治】制定《2018年度开福区大气（声）、水、土壤污染防治项目清单》，铺排市对区考核水污染防治项目，完成2018年市对区考核37项水污染防治项目；办理金竹河纳污管道建设立项等苏托垸污水处理厂配套收集管网前期手续；完成涝湖片区雨污分流改造，启动月湖大市场片区雨污分流改造项目；依托河长制，建立黑臭水体管控长效机制，实现建成区水体长治久清；建立健全水质考核机制，建立辖区河流、湖库等水体水质月度监测与通报机制，委托第三方对辖区内水体水质进行月度监测，监测结果由区环委办在全区范围内通报。书记、区长带头落实河长制，每月采取巡河、会议调度等方式，专题研究区域河流治理，针对浏阳河、捞刀河开福区段水环境问题，提出“标本兼治，先行治标，流域联动，合力攻坚”工作思路，坚持问题导向，开展浏阳河、捞刀河水环境治理，通过工程减排、河面清理打捞、加强排口泵站管理等措施，持续改善流域水质，每月对全区市政排口开展不定期巡查，未发现旱季溢流问题。

【噪声污染防治】创建金泰路社区噪声达标示范区；完成顺鑫干混砂浆搅拌站噪声治理，整改后噪声检测结果达标；完成凯乐国际和四方坪商贸城噪声治理。组织“三考”静音专项行动，出动执法人员100余人次，出警12次，对考点周边的商店、工地、娱乐场所等噪声源单位进行全天候巡查，严格控制噪声污染，给广大考生营造一个良好的备考、考试环境。全年收到噪声投诉116件，受理率、处理率、回复率均为100%。

【土壤污染防治】开展“两区三园”清理整治，将青竹湖森林公园列入监管计划，按照每季度一次频率进行监督检查。完成污染地块详查，按照长沙市环保局安排，对9个疑似污染地块情况进行核实，并与湖南省环保厅对接，剔除8个，暂行保留1个疑似污染地块。协助省、市环保部门开展生态红线勘界定标工作。加大对销售农药、种子、化肥的门店进行审核，确保农村农药、化肥利用率达到省控要求，稳步推进反弹畜禽养殖户退出工作。农用地分类管理，制定严格管控区工作方案，完成农作物种植结构调整任务。

【固体废弃物污染防治】成立开福区危险废物专项整治工作领导小组，制定《开福区危险废物专项整治工作方案》。开展涉及危险化学品和危险废物的企业单位全面排查，强化对危险废物处置单位监管，严格执行危险废物申报登记、转移管理制度。对非法转移危险废物、无危险废物经营许可证或不按照规定收集、贮存、利用、处置危险废物等环境违法行为依法严肃查处。召开大型危险废物工作培训会议，对全区所有产生危险废物的工业企业和医院以及4S汽车店进行培训学习，建立健全危险废物管理台账和档案75家，并纳入日常监管。

【污染物总量减排】持续推进污染减排。对全区工业源、农业源、生活源、集中式处理设施源及国家重点监控企业开展环境统计。严格执行《长沙市建设项目主要污染物总量指标管理实施细则》，从严控制工业企业新增排放量，规范实施新改扩建项目总量审核。开展结构减排和管理减排工作，完成开福污水处理厂提标改造，加强开福、金霞、新港3个污水处理厂日常监管，确保出水达标排放，要求其按时按规上传污染源自动监控数据、自行监测结果。

【环境审批】严格环境审批和环境准入，杜绝新增污染源。根据《中华人民共和国环境保护法》《中华人民共和国大气污染防治法》等环保相关法律法规，区环境保护局行政许可事项为建设项目环境影响评价文件审批、危险废物收集经营许可证核发、建设项目防治污染设施的拆除或闲置批准审批3项，均由区纪委监督实施。2018年，审批建设项目环境影响评价文件17个，办理建设项目防治污染设施拆除或闲置1个，核发危险废物收集经营许可证1份，协助长沙市环保局审查排污许可证11本，出具初审意见。区政务服务大厅环保窗口被评为“2016—2018年度全省依法办事示范窗口单位”。

【环境监察与执法】认真组织环保督察问题回头看，对2017年中央环保督察期间开福区的159件主办信访件整改情况进行复核，特别是对容易反弹的餐饮油烟、噪声扰民等问题进行重点复查，确保无反弹现象。对辖区范围内环境问题进行排查，发现问题及时处置，避免问题累积。按照区安委会工作要求，制定《2018年污染源日常环境监管随机抽查实施方案》，将监管单位逐一分解，明确到人，每月对监管到位情况进行通报，做到每一个监管对象都有专人负责。按照计划执法规定重点和频次对169家企业开展日常监管，做到监管工作有计划、有重点、有痕迹。为确保区域环境安全，针对辖区企业排污实际情况，有针对性的对辖区重点污染源、危险化学品单位等50家企业强化日常监管，有效杜绝污染事件发生。坚持以问题为导向、以群众满意为标准，认真履行环境保护工作职责。开展涉气、涉水集中执法行动、“散乱污”整治、散煤集中整治、“三考”静音、医疗废物突击检查、水环境监管执法、环保执法大练兵等行动89次，出动执法人员800余人次。全年办理行政处罚案件84件、罚款64万元，办理查封扣押等4个配套办法重点案件12件，办理移送公安行政拘留案件5起，办理污染环境刑事案件2起，全年组织清退各类“散乱污”企业45家。依法、依规、及时办理和答复环境信访件，及时有效处理环境污染投诉116件，回复率及处理率均为100%，全年未发生群体性赴北京上访、重大群访事件。开展环保执法大练兵。根据湖南省环保厅、长沙市环保局关于开展环保执法大练兵活动文件要求，制订《开福区环境保护局环境执法大练兵活动实施方案》，成立由局长为组长的大练兵活动领导小组，出动执法人员870余人次，在全区范围之内检查企业470余家次，下达《责令改正违法行为通知书》134份，对环境违法行为84家企业和个人进行处罚，处罚金额64万元，行政拘留5人，刑事拘留1人。

【散煤集中整治】采取源头严防、路线严控、销售严管、使用严禁、强化宣传等手段紧盯燃煤整治不放松，开展低速载货汽车、拖拉机、三轮车等运输散煤车辆执法行动，基本杜绝藕煤、散煤运输车辆上路；引导禁燃区内煤炉销售退出、使用清洁能源，完成居民家庭天然气入户安装312家、餐饮门店煤改气263家，组织开展燃煤专项整治行动1106次，收缴煤炉3231个、煤块3000余块，散煤5吨，取缔非法燃煤制作点8处，禁燃区实现餐饮门店煤炉使用基本清零，煤炉销售基本退出。

【实施环境经济政策】开展排污权有偿使用和交易，完善排污许可制度、主要污染物排污权有偿使用和交易机制，新改扩建项目排污权交易率100%。根据企业环境行为信用评价实施要求，对开福、金霞污水处理厂等企事业单位开展环境行为信用评价，并将评价结果对社会公布。通过引导公众参与环境监督、银行等市场主体了解企业的环保信用和环境风险、构建环境保护"守信激励"和"失信惩戒"机制等主要措施，逐步形成以信用机制督促企业履行环保法定义务的工作局面。

【中央、省环保督察】顺利通过省级环保督察与中央生态环保督察"回头看"。7月25日至8月15日，湖南省第一环保督察组进驻长沙市开展环境保护督察工作，开福区上下密切配合、主动作为，坚持早谋划、早部署，下大力气夯实各项工作基础，扎实推进监管大执法、隐患大排查、问题大整改、信访大化解等行动。督察期间，开福区收到省环保督察组交办的群众来电来信20批次113件（主办107件，协办6件），约占全市16%，经调查属实108件，不属实5件。其中重点案件15件（主办12件，协办3件），约占全市的28%。按污染类型分，噪声31件，垃圾29件，涉水17件，大气14件，餐饮油烟13件，生态破坏2件，流动摊贩1件，固体废物1件，其他5件。省督察组对群众多次重复反映、现场督察发现和查阅历史资料发现的突出环境问题进行直接交办，开福区收到省督察组直接交办信访件8件，均全部办结。问责追责方面，开福区对3个案件的12名责任人实施责任追究。其中约谈6人，诫勉谈话4人，立案调查、党纪政务处分2人。责令整改40家，立案处罚7家，罚款5.56万元，问责力度排内五区前列。10月30日至11月30日，中央第四生态环境保护督察组对湖南省开展"回头看"督察，按照市委市政府、区委区政府统一部署，完成11月16日至22日中央生态环保督察组对长沙市的下沉督察，11月22日至27日省督办组对"回头看"信访件办理情况"四不两直"现场核查督办，及交办开福区的信访件整改工作。"回头看"督察期间，开福区收到34批次97件主办件，主办件总数较2017年中央环保督察期间下降约39.75%，较省级环保督察期间降低9.35%。97件主办件，按污染类型分：大气污染53件（54.6%），噪声污染24件（24.7%），水污染9件（9.3%），土壤污染9件（9.3%），其他2件（2.1%）。截至12月31日，全部主办信访件均办结。两次督察期间，开福区立行立改，举一反三，以严谨的工作态度和扎实的工作作风，及时回应人民群众环境诉求，切实解决一批环境突出问题。

【环境宣传教育】发挥新媒体作用，创新宣传活动形式和载体，开设"蓝天保卫战"专栏，推出H5页面，重视主流媒体发声，结合开福区特色亮点工作报道1300余次。汇集各方力量，运用"六位一体"加大对社会层面的宣传动员，通过开展环保讲座、动员宣誓、户外行动等，鼓励引导社会各界人士参与蓝天保卫战。将蓝天保卫战与党日活动相结合，组织全区53个党支部开展"党旗辉映蓝天梦"活动。扩大环保志愿者队伍，建立激励机制，推出专题栏目"你说话吧"，走进基层探讨交流如何打赢"控煤"硬仗，召集海归学者、高校教授等开展"同聚力享蓝天"主题沙龙活动。"六五"环境日期间，组织以"环保行动派·共筑开福梦"为主题的生态环保系列宣传活动。坚持"环境保护从学生抓起"，在金城物流前坪举办"严控散煤促环保、共同守护长沙蓝"煤炉集中销毁行动，销毁煤炉2万余个。利用开学典礼、开学第一课、主题活动日、师生与家长志愿者环保活动等平台，发动全区65所学校、4.78万余名师生开展形式多样的宣传教育活动，通过教育一个学生、带动一个家长、影响一个家庭，浓厚整个社会氛围。

【开福区生态环境保护委员会第一次全体会议召开】1月17日，开福区生态环境保护委员会2018年第一次全体（扩大）会议召开，传达学习全市环保大会精神，安排部署2018年环保工作，原则通过《开福区“强力推进环境大治理，坚决打赢蓝天保卫战”三年行动计划（2018—2020）》，及机动车污染源头防控专项方案等13个子方案。区委书记沈裕谋出席并讲话，区委副书记、区长刘拥兵主持会议，区领导蔡冰、张春雄、易文斌、朱江、蒋君、鲁碧君参加。刘拥兵指出，要高度重视环保工作，迅速落实各项举措，做到提高认识与迅速行动相结合；全面管控与突出重点相协调；部门牵头、配合与属地管理相适应；专项行动和建立长效机制相配合，全面宣传教育与全民参与互成体系；坚持督查督办考核与问责追责机制相辅助；以企业主体为主、自我改造与政府适当奖扶相协调，坚决打赢蓝天保卫战。沈裕谋强调全区上下要进一步提高思想政治站位，强力推进全区环保工作。切实担起环境保护时代使命，以高度政治责任感和历史使命感，坚决贯彻执行中央、省、市决策部署，扎实做好各项环保工作；要全面打响、坚决打赢污染防治攻坚战，做到“五个过硬”，即举措过硬、机制过硬、作风过硬、责任过硬、工作班子过硬，全面落实控排、控油、控车、控尘、控烧、控煤措施，持续开展“五气”共治，系统推进“五水”共治、“五废”治理；要严格履行生态文明建设主体责任，坚持“五管齐下”，即下决心、定铁律、出重拳、严问责、抓源头，坚持生态优先、环保优先，不断增强企业和市民的环保生态意识，营造浓厚氛围，促使每一位蓝天的“享受者”，成为蓝天的“供给者”“保卫者”。

【举办“环保行动派　共筑开福梦”2018年“六五”环境日宣传活动】6月2日，由开福区委、区政府主办，开福区蓝天办、区环委办、区文明办、区环保局承办的2018年“六五”环境日宣传活动在湘江风光带风帆广场举行。此次活动以“环保行动派，共筑开福梦”为主题，播放开福区环境治理宣传片，展示开福区打赢蓝天保卫战的决心、行动和取得的成果，邀请任菲莉、袁灿、周海明3位“中国好人”，讲述民间河长充当河流保护宣传员、信息员、监督员、清洁员的故事，引领更多的人参与到河流治理、污染防治攻坚战中，实现全民共治。活动现场，开福区人民政府副区长蒋君向环保志愿者代表授予“长沙市开福区民间环保志愿者”证牌。省文明办副主任李力明，市委副秘书长、市委办公厅主任曹再兴，区委常委、区委办主任张春雄，区委常委、区委宣传部部长舒全球等省、市、区领导共同启动“开福环保行动派”志愿共筑蓝天梦活动。开福环保志愿者将不定期组织志愿服务活动，开展评比竞赛，激发各志愿者队伍保护环境工作热情，号召更多的人参与到环保行动中，形成人人、事事、时时、处处崇尚生态文明的社会氛围。

【长沙市委宣传部部长高山到开福区现场督办中央环保督查“回头看”信访问题办理整改情况】11月14日，长沙市委常委、长沙市委宣传部部长高山到开福区现场督办中央环保督察“回头看”信访问题办理整改进展情况。高山到陈家湖社区明珠苑、毛家桥富湘园小区、凯乐国际小区、望麓园巷、山语城小区、湖南联合餐厨公司、金霞经开区杏林物流公司、大明工业园实地调研，对中央环保督察“回头看”期间群众反映的噪声污染、油烟扰民、污水排放、摊贩占道等问题整改情况进行现场督办，并与周边居民沟通交流，了解诉求，征求建议。

（整理：邓　琴）

“六·五”环境日宣传活动在湘江风光带风帆广场举行　（区环保局　供图）

教育·科技

EDUCATION & TECHNOLOGY AND INTELLECTUAL PROPERTY

教育

【概况】2018年，开福区辖区内有各类学校77所，其中大学2所（国防科技大学、长沙学院），省级示范性高中2所（长沙市一中、周南中学），市属公办初中3所（明德华兴中学、周南实验中学、田家炳实验中学），区属公办中小学61所（包括小学53所、中学7所、九年一贯制学校1所），民办学校2所（青竹湖湘一外国语学校、湘一立信实验学校），附中附小5所（科大附中、长大附中、长师附小、科大附小、一师二附小），职业中学2所（长沙财经学校、现代服务职业中专学校）。2018年，全区有在校中小学生74406人，其中义务教育学校在校中小学生65123人（区属中小学生47918人，其中义务教育学校47070人）。辖区内有注册幼儿园129所，其中区属公办园8所，行业公办园11所，民办普惠幼儿园80所，其他民办幼儿园30所，在园幼儿25253人。区社区学院1所，街道社区学校16所。2018年，区属公办学校有在岗教师3042人（其中在职在编教师1873人，编外合同制教师460人，校聘教师709人），退休教师1771人。2018年，开福区教育局承办湖南省"双鱼·雏鹰"杯少儿乒乓球比赛、湖南省中学生啦啦操健美操比赛、长沙市健美操比赛、长沙市定向越野比赛、长沙市气排球邀请赛，承办湖南省中小学德育工作会议暨开福区"厚德开福"区域德育项目化建设现场观摩会、"2018年湖南省新时代好少年"现场发布会。获评中国教育学会优秀会员单位、全国少年儿童"双有"主题活动先进集体、省DI活动优秀组织单位奖、全省教育通联工作考评一类通联站、市文明创建工作先进集体、区项目建设先进业主单位、区宣传思想文化工作先进单位、区禁毒工作先进单位、区无偿献血工作先进单位。

【优化学校规划建设】2018年，开福区建成开福区第一中学、沙坪实验小学、福元小学、钱隆世家幼儿园，新增优质学（园）位5370个。推动清水塘小学、清水塘鹅秀小学、植基中学改扩建等项目建设。完成16所学校标准化创建，全区61所中小学校全部达到标准化。分别与长沙师范学院、麓山国际实验学校合作举办长沙师范附属天健小学、长沙市麓山高岭实验学校，扩充优质教育资源。

【优化教育环境】加强校园安全、食品安全、校车安全综合整治，落实安全生产工作"党政同责""一岗双责""失职追责"，组织区属各中小学、幼儿园开展消防疏散演练300余场次，在校学生和幼儿约10万人次参加燃气安全、防汛抗旱等各类校园安全知识培训。推行校园食品安全网格化管理并实行考核考评，全区实现"明厨亮灶"监管率100%。

【保障教育民生】落实规范招生入学政策，2018年，全区净增中小学生4085人，全面消除超大班额，大班额数51个，为全市内五区最低。保障8850名进城务工人员子女入学，103名残疾生随班就读，14名特殊残疾学生享受免费"送教上门"。清理整顿无证办学机构，全区摸底统计203家无证民办培训机构和幼儿园，通过整治取缔关停148家，获准办证34家，备案管理幼儿园21家，实现无证办学治理完成率100%。2018年，开福区建成配套幼儿园移交累计完成39所，完成移交数量与国发〔2010〕41号文发布之后建成的配套幼儿园数量比为156%；国发〔2010〕41号文发布之后建成但未移交的配套幼儿园，在整治之后完成移交18所，完成量比为100%。认定普惠性民办园11所，普惠园覆盖率76.74%。全市率先开放全区中小学体育场馆。全年未发生安全责任事故。

【教育综合改革】2018年，推进开福区实验小学"依法治校 管办评分离"改革和开福区第一中学创新办学。提升教学质量奖至130万元，增设高考质量奖，鼓励高中探索实施选课走班和生涯规划教育。全市率先实施无证幼儿园"备案制"管理办法在全市推广。"教师资格认定"等12项列入"最多跑一次"改革，行政审批进一步简化。成立清水塘教育集团和长沙市开福幼教集团，充分发挥集团内各学校（幼儿园）的辐射、示范和引领作用，科学有效扩充优质教育资源，实现资源整合，逐步缩小区域内校际之间的差距，实现从"学有所教"向"学有优教"的转变。

【教师队伍建设】2018年，开福区委常委会、区政府常务会4次专题研究教育工作，区委出台《关于加强新时代教师队伍建设的实施意见》。招聘公费师范生18名、编制内教师40名、编外合同制教师252名，充实教师队伍。评选区级名校长4名、卓越教师115名，张娟英等4

人获评市级名校长，刘友华等20人获评市级卓越教师。举办校长、书记、团队干部、班主任等13个主题培训班，举办8期开福教育大讲堂。做好选派教师到“三区”郴州市汝城县支教，到西藏、新疆、香港支教工作，完成校长教师轮岗交流工作。开展“十佳开福工匠、百优技术能手暨新蕾杯青年教师课堂教学竞赛”活动，评选开福工匠1人，技术能手9人。教师队伍建设经验文章《立体培养成就教师的教育梦想》获科教新报专题推介。

【开福区区域推进德育项目化经验在全省进行推介】7月2日，教育部加快构建大中小幼一体化德育体系调研座谈会在长沙市蓉园宾馆召开。此次调研主要目的是紧扣学校德育建设关键领域，了解全省大中小幼一体化德育体系建设的现状、经验和问题，进一步提出改革建议和意见，找准问题、精准施策。开福区教育局党委委员、副局长王平在会上对开福区一体化德育工作做题为《区域推进德育项目化，切实加强一体化德育工作》的汇报，从课题区域化、项目品牌化、阅读系统化、家校互通化几个方面介绍开福区打造公民教育特色品牌方面的主要做法和经验，获教育部调研组的肯定。开展“区域推进中小学公民教育实践研究”的课题研究，承办“区域特色绽放精彩，公民精神点亮未来”公民教育子课题成果展示与交流活动，“社会主义核心价值观视域下的参与式公民学习研究”立项为“十三五”国家级课题。出版自编教材《公民教育》5本，开发微课程视频50多个，探索“五环三元”学校实施策略，促进学生公理性、公共精神和公民品德的发展。为推广亲子阅读，连续4年在全区中小学开展“家校互通、亲子共读”读书活动，连续举办三届“书香校园、快乐暑假”教师读书交流活动。全区52所中小学打开校门实行“五开放”，促进家庭教育与学校教育的互通互助。开展“与信仰对话——中国梦”主题教育活动、全国“双有”图文创作大赛等活动，促进全区中小学生综合素质的提升。

【开福区承办“新时代湖南好少年”现场发布会】12月20日，2018年度“新时代湖南好少年”现场发布会在长沙市开福区长雅中学举行，省教育厅党组书记、厅长、省教育工委书记蒋昌忠为57名“好少年”典型颁奖。开福区洪西小学肖锦承、开福区长雅中学李灵鹿鸣2名开福区的好少年获得表彰。省委常委、省委宣传部部长蔡振红做重要讲话，他强调要发挥好这57位好少年的示范引领作用，引导全省广大青少年见贤思齐、从小做起，形成“人人践行核心价值观、争当时代新人”的生动局面，组织好符合青少年特点的教育实践活动，呵护好广大青少年的健康成长。此次活动由湖南省文明办、省教育厅、共青团湖南省委、省妇联、省关工委主办，开福区教育局、长沙市长雅中学承办。

【开福区承办全省中小学德育工作会议现场观摩活动】12月11日，湖南省中小学德育工作会议开福区“厚德开福”区域德育项目化建设现场观摩会在长沙市开福区新竹第二小学举行。来自全省各市、州及各区县教育局局长、60余所中小学校长、省级德育优秀案例代表等200余人对开福区“厚德开福”区域德育项目化工作的做法和成绩进行观摩和学习。2017年以来，开福区把“厚德”文化深植于校园，以“一区一德育品牌、一校一德育项目”为抓手，编撰《厚德开福》系列中小学生读本，获评长沙市中小学德育工作项目化首批示范区。省教育厅基础教育处副调研员高洁，开福区人民政府副调研员陈再武，开福区教育局党委书记、局长谭树茗，开福区委宣传部副部长、文明办主任罗海嵩参加会议并观摩。

【开福区清水塘教育集团成立，打造“15分钟优质教育圈”】11月15日，开福区清水塘教育集团成立大会暨“清水塘教育”论坛在清水塘北辰小学举行。清水塘教育集团的成立为开福区重点打造“15分钟优质教育圈”增添亮点。清水塘教育集团有理事单位8个，分别为清水塘小学、清水塘第二小学、清水塘第三小学、清水塘北辰小学、清水塘实验小学、清水塘溪泉湾小学、清水塘江湾小学、清水塘鹅羊小学（在建）。清水塘教育集团秉承统一理念、资源共建共享、集团多元发展、品牌引领辐射的管理原则，按照五“共”三“独立”的管理模式，带动理事学校更快发展，促进教育均衡发展，让老百姓公平享受优质教育资源。成立大会结束后，首届“清水塘教育”论坛开讲，教育部中国教育报刊社人民教育家研究院创始院长、历任《中国教育报》校长周刊主编徐启建以《新时代基础教育集团化办学走势》为题精彩讲授;8所理事学校校长以《寻找集团化办学落地的声音》为主题，开展圆桌论坛，共商集团化办学大计。此论坛将每年举办一次，致力打造“清水塘”品牌教育盛会。

（李　波）

区少年宫

【概况】长沙市开福区少年宫是开福区教育局直属的二级机构，具体负责全区团队、体育、艺术、科技、健康教育、城乡学校少年宫六方面工作的组织指导和活动开展。2018年，区少年宫被评为全国“双有”主题教育活动先进集体、湖南省第二届“双鱼雏鹰杯”业余少儿乒乓球俱乐部公开赛竞赛贡献奖、湖南省才艺大赛优秀组织奖、长沙市“五四”红旗团委、长沙市青少年创客节活动优秀组织单位、长沙市青少年机器人竞赛优秀组织单位、长沙市号鼓队风采展示大赛中优秀组织单位、长沙市“寻访春天的故事”儿童社会实践调查大赛优秀组织奖、长沙市“春风进我家”儿童图文创作大赛优秀组织奖、“厚德开福 童心童行”——长沙市开福区乡村学校少年宫成果展演活动优秀组织单位、长沙市小学生田径运动会优秀组织奖、长沙市第二届青少年舞蹈比赛优秀组织奖、长沙市“奇思妙想”纸质结构模型普及竞赛活动优秀组织单位、长沙市中小学校大课间体育优秀组织奖等。

【未成年人思想道德建设】区少年宫开拓创新，打造品牌，以丰富志愿服务、社会实践活动形式，加强未成年人思想道德建设。按照《中小学德育工作指南》，推进中小学校德育工作改革，举行“学雷锋、做好人”总结表彰暨2018年启动式；开展“爱心捐赠零花钱，关爱困难小伙伴”爱心捐赠活动，募集爱心款54.31万元；组织全区各学校参加全国“双有”活动；组织开展“我们的节日”主题活动，举行庆祝“五四”青年节暨社团文化展示活动；组织开展庆“六一”号鼓队比赛，推选2所学校参加全市比赛，获2个特等奖，成绩名列全市第一；携手爱心基金帮助354名困难学生，支助金额36.1万元；开展庆祝10·13暨“向日葵”青少年思想引领活动；开展团队干部“组织技能与专业素养”培训。承办“续写雷锋日记”主题活动，协助区教育局承办湖南省中小学德育工作会现场观摩展示活动等。开展乡村少年宫成果展演活动，开福区6所乡村学校少年宫的学生将平时的学习成果搬上舞台，本次活动形式多样，内容丰富多彩，推送的1个展演节目和63幅展示优秀作品参加市赛获总分第一名。传承中华优秀传统文化，实施戏曲进校园“个十百千”计划，“戏曲进校园”工作走在全省、全市前列。全区设立10所戏曲示范点学校，开展知名戏曲艺术家志愿者“一对一，手牵手，共圆戏曲梦”活动；举办“开福小戏骨”选拔赛活动，评选100名“开福小戏骨”；创编大型花鼓音乐剧《少年毛泽东》全区巡演；开设“45分钟戏曲大课堂”；组织艺术教师开展戏曲素养培训班和教师戏曲体验活动等。

5月31日，马栏山小学庆“六一”成果展示　　（区委宣传部　供图）

【教师队伍建设】制订实施教师素质提升方案、教师读书方案和教师培训计划；认真组织校本培训和校本教研，号召全体教师开展读书活动，提升教师理论水平、专业素质和道德水平。区少年宫参加区级各类培训36人次，参加市级各类培训24人次，参加国培2人次、省级培训5人次。组织教师参加异地培训学习，其中1名教师参加天津的校长（主任）高级研修班培训学习，1名教师到上海、浙江参加基层党组织书记培训班学习，1名教师到深圳参加全国科技创新研修交流学习，1名教师到北京参加全国校长培训班的学习，1名老师到上海参加中小学校

农村少年在滑旱冰　　（区委宣传部　供图）

财务管理培训学习。鼓励教师们参加区教育局组织的各种竞赛活动，1名教师参加区教师“书香校园”读书活动获一等奖，1名教师参加“厚德开福 美丽校园”2018开福区教育摄影比赛获二等奖。

【开展丰富多彩中小学生活动】2018年，组织开展团队、体育、科技、艺术、卫生、城乡少年宫等主题活动50多个。为能给更多学生提供锻炼舞台，很多活动都是要求在校赛的基础上推荐参加区赛。其中区青少年科技创新大赛、创客节比赛、区“三独”比赛、艺术展演、湖南省第八届少儿才艺大赛、阳光运动会、大课间、体育舞蹈、中小学生篮球比赛、足球联赛、书法绘画比赛、航模与建模比赛、机器人比赛、环保卫生小报比赛、乡村学校少年宫成果展演等活动，通过层层选拔，推荐优秀选手参加各类比赛，给他们提供更广阔的空间与平台。全年组队参加国家级、省、市级比赛50多次，学生获市级以上奖项3000多人次，在市级以上媒体宣传报道56次。

（周　文）

区教育考试中心

【概况】开福区教育考试中心位于望麓街道六堆子13号。开福区教育考试中心主要负责开福区辖区内普通高校招生考试、普通高中学业水平考试、初中毕业学业水平考试、自学考试、成人高考、全国公共英语等级考试、研究生考试、同位英语考试、同等学力申请硕士学位水平考试、教师资格证考试（笔试）。2018年，开福区教育考试中心被评为“长沙市普通高校招生考试工作先进单位”“长沙市初中学业水平考试工作先进单位”“长沙市成人高校招生考试工作先进单位”“长沙市高等教育自学考试工作先进单位”，开福区教育系统绩效考核一等奖。

【基础工作】开福区教育考试中心设有报名室、中心保密室、档案室、会议室。中心保密室按照保密实施细则设置，联动110，实行无死角监控，每年都经省公安厅、省保密局、省教育厅联合检查验收。为提高教师队伍素质，单位认真组织各项教育培训，组织参加市院新高考改革的学习，提高教师的政策水平；开展各项业务培训，提升教师信息化操作水平、专业素质和道德水平。2018年，刘佩林、苏炯、韩琼芳被评为长沙市考试系统先进个人，彭勃、张徐被评为开福区教育系统优秀教育工作者。彭勃被评为开福区教育系统优秀安全工作者。

【业务工作】为确保各项考试工作顺利实施，开福区教育考试中心坚持严格要求、严明纪律、严格组织的方针，努力做到科学、公平、安全、规范。杜绝安全事故、杜绝泄密失密、杜绝工作差错、将违章犯纪的人和事减少到最低限度。2018年，开福区高考参考人数4565人，考点设置长沙市一中、长沙市周南中学，高考参加体检人数4555人，空军招飞通过41人。2018年，开福区中考涉及开福区辖区内13所初级中学及长沙县湘郡未来实验学校，设置青竹湖湘一外国语学校、周南实验中学、明德华兴中学、长雅中学、北雅中学5个考点，启用考室429个。2018年，开福区学考正考报名2937人，实际参考人数为2876人，设置长沙市一中、长沙市周南中学2个考点，考室98个；学考补考报名人数70 人，补考科数为103科，周南新疆班考生61人自行组考。2018年，开福区成人高考报名人数15913人，其中专升本6426人，高起本904人，高升专8583人，考场实行跨区、县（市）混合编排，全区设置长沙市一中、周南中学（北校区）、长沙市一中开福中学、青竹湖湘一外国语学校、北雅中学、长雅中学、周南实验中学、周南秀峰学校、明德华兴中学、长沙财经学校10个考点，考室527个。

2018年，开福区自考主要包括

6月6日，区相关部门负责人查看高考考点　　（区委宣传部　供图）

全年两次自考报名、两次自考组考工作、两次办理毕业证及转籍等。2018年上半年全区自学考试报名2813科，报名人数941人，上半年办理自考毕业证268人；2018年下半年全区自学考试报名7603科，报名人数2524人，下半年办理自考毕业证665人。上半年度自考考点设置在长沙市北雅中学、长沙市长雅中学；下半年度自考考点设置在长沙市一中开福中学、明德华兴中学。2018年，开福区组织全国英语等级（PETS）报名两次，考试两次，上半年1497人，1856科次；下半年953人，953科次。2018年，开福区教师资格证考试考点设置在长雅中学、北雅中学、青竹湖湘一外国语学校，考生人数4920人，动用考室164个。2018年，开福区全国研究生考试报名确认人数12971人。

【安全工作】开福区教育考试中心坚持“安全第一、预防为主”的原则，切实加强试卷安全、考生安全、考务安全。试卷安全。加强试卷流转各个环节的安全防范措施，运送试答卷过程中有开福区公安人员、开福区保密局工作人员全程参与押运。保密室为两进两间房，外室为值班室，外室配备有应急灯、灭火器、电话、空调、桌椅等；内室存放试卷，内室配备有保密铁柜、防盗铁门、110联动、红外线扫描、视频监控等。保密室考试期间实行24小时轮流值班。通过硬件配套、保密实施方案确保试答卷在运送、使用和保管3个环节的绝对安全。考生安全。通过各项制度及安全检查，确保学校送考车辆的绝对安全，通过招委会成员单位的考前联合整治行动，确保考生的食宿安全。考务安全。通过严密、规范的组考实施方案来明确各项考务工作职责，使得考点、监考、保密、巡考、监控、广播等岗位职责分明，从而确保考务组织的安全无事故。

（彭　勃）

学校介绍

长沙市开福区教育局第一幼儿园

【概况】长沙市开福区教育局第一幼儿园建于2009年，位于长沙市五一广场轩辕殿巷40号，系长沙市开福区教育局直属公办幼儿园。全园建筑面积930平方米，户外面积648平方米。2018年，有5个教学班，175名幼儿，教职工25名，其中教师全部为幼儿师范及相关专业毕业，30岁以下的年轻教师占全园教师总数的80%以上。有长沙市罗晓红名园长工作室成员1名，市级骨干教师1名，区级骨干教师2名，市、区级教学能手2名。

开福区教育局第一幼儿园风貌　　（区教育局　供图）

【办园理念】幼儿园以“爱润童心、礼育未来”为办园宗旨，“尚礼育人”为办园理念，以“教研提质量，科研促发展”为办园方向，努力打造“小而美、小而优”的精品园所、幸福园所。环境精致温馨，配套设施齐全，创设有利于幼儿动手动脑、实践参与、大胆创造的自主活动空间，根据不同年龄段幼儿创设阅读区、角色游戏区、建构区、美工区等活动区域，从多方面满足幼儿发展的需要。

【师资队伍建设】幼儿园以“幸福成长园”引领教师专业成长，重师德，强师能。开展教师读书沙龙、教研月、教研日活动；创设教师成长课堂、撰写教师成长手记、建立成长档案；制定教师研修手册；组织编写《聆听花开的声音》教师文集；开展长沙市教科研“十三五”规划课题《核心素养背景下幼儿园教师专业化成长的策略研究》的科研活动，取得显著成果，培养一支志趣高雅、业务精良的学习型、研究型教师团队，2018年，在全区的校本研训会议上做典型经验介绍。

【办园特色】幼儿园以“礼仪教育”为突破口，重在养成，促进内化。编写礼仪教育园本教材，创编幼儿礼仪操；举行礼仪文化节、礼仪展示周、开笔礼等活动；进行礼仪家庭、礼仪教师、礼仪班级、礼仪小明星、孝心宝贝的评选；园内设置礼仪长廊、礼仪树。让幼儿从小将文明礼仪行为融入自己的日常生活中，成为自己的习惯。幼儿园在传统节日开展“我们的节日”主题活动，举行亲子游艺会、礼仪文化节、“六一”欢乐周、毕业典礼、开笔礼、自理能力竞赛、亲子美食节等大型活动，每年组织主题活动不少于40次，让孩子们在多彩的活动中幸福成长,是孩子们开心、家长们放心的园所。

长沙市开福区教育局山语城幼儿园

【概况】开福区教育局山语城幼儿园成立于2016年，位于秀峰公园西侧芙蓉北路中铁山语城小区二期内，占地面积4700平方米，建筑面积3322平方米，总投入900余万元。2018年，有教学班级12个，在园幼儿452名，教职员工56人，其中高级教师1人，小学一级教师2人，研究生学历1人，本科学历21人。

【园所建设】园所设施设备按照省一级幼儿园的标准建设，各班教室配备一体机、电脑。园内配置有生活小厨房、美劳室、多功能厅等功能室，促进幼儿的全面发展。园所设计与规划符合幼儿年龄特点，为幼儿的健康成长创造优美的环境。

【办园理念】园所以《3~6岁儿童学习与发展指南》和《幼儿教师职业道德规范》为指导，立足“让孩子的童年多姿多彩”的办园理念，精心组织教职工和孩子们开展一系列主题特色活动，如“绘本润童年 书香溢满园”的绘本节系列活动、“正师德，铸师魂”、“喜迎十九大系列活动”等被湖南教育电视台报道，满足不同年龄阶段孩子的需求和发展。

【办园特色】在幼儿的一日生活中，园所时时将幼儿的安全放在首位，并注重保教结合，在生活环节渗透教育，提高幼儿的自我保护能力及自理能力。通过开展丰富多彩的区域活动、游戏活动、亲子活动、家长助教活动、教研活动，让幼儿的童年多姿多彩。“以绘本剧为载体的幼儿创造力培养研究”课题在湖南省教育科学研究工作者协会2018年度课题中立项，是湖南省唯一的一个幼儿园课题立项。学校以课题为依托，开展不同形式的教

开福区教育局山语城幼儿园　（区教育局　供图）

研，办有特色的园所。

【办园成果】两年来，园所获得长沙市安全文明校园、长沙市平安校园、长沙市教育系统优秀食堂、开福区教育系统基层单位绩效考核一等奖、开福区教育系统新闻宣传工作先进单位、开福区校务公开民主管理先进单位、开福区平安校园等荣誉称号。教师论文先后获得全国、省、市级奖励。教师原创小班歌唱活动分别获得湖南省优秀音乐教学活动方案一、二等奖,多位教师的社会活动获得区社会领域教育活动比赛一等奖。

清水塘北辰小学　　（区教育局　供图）

长沙市开福区清水塘北辰小学

【概况】开福区清水塘北辰小学地处北辰三角洲，西临湘江，南邻开福寺，地铁一号临校而过，“三馆一厅”（长沙市图书馆、长沙市规划展示馆、长沙市博物馆、长沙市音乐厅）相拥。清水塘北辰小学创建于2013年，占地面积2.07公顷。2018年，清水塘北辰小学有73个教学班，3699名学生，198名教师。学校以“乐学笃行、求真至善”为校训，以“德如清水源 艺似北辰星”办学理念为指引，完善学校办学章程，修订《清水塘北辰小学制度汇编》，筹划学校《五年发展规划》，全面实施素质教育，创建特色学校，提高教育教学质量。2018年，学校荣获全国“双有”主题教育活动优秀集体奖、“长沙市文明标兵校园”、“长沙市首批儿童友好型试点学校”称号，顺利通过湖南省两型学校认证，学校少先队荣获长沙市优秀少先队集体、开福区优秀少先队集体称号。全年教师外出参加省市级培训 95 人次，区级培训200余人次，学校承担区级教研活动 22 次。学校集体获奖，国家级3项、省级 2项 、市级 14 项 、区级31 项。教师在各类教学竞赛及论文评比中获奖，国家级 13 项 、省级54 项 、市级 9 项 、区级 9 项。学生在各级各类比赛中获奖，国家级300 项 、省级 361 项 、市级 146 项、区级 117 项。湖南卫视、湖南经视等媒体对学校教育教学工作宣传报道22次，省、市媒体及《开福教育信息网》新闻媒体报道 100余篇。

【打造优秀北辰教师团队】由198名教师组成北辰小学团队，平均年龄 34岁。从校本培训、外出送训、名师引领、读书内修、青蓝工程、课题研究6个方面，培育名师，打造北辰教师团队。学校市级骨干教师杨苗、数学老师朱倩霖获得省级优秀录像课一等奖。刘慧老师参加长沙市小学英语学科师生素养大赛获市一等奖。谢忠意、张晶、吕舒婷老师组成的指导教师团队，在长沙市学生素养大赛中获得一等奖。张喜老师参加长沙市科学教师实验能手竞赛获二等奖。谢忠意、浣心旎等7位老师参加区“新蕾杯”竞赛均取得优异成绩。刘英老师指导的扎染课程送课至浏阳，接受深圳代表团参观访问，均获好评。开展省、市级课题研究，学校立项的课题有3个，其中2018年新立项课题1个。

【创新评价，全面提高教学质量】2018年，学校坚持以教育质量为中心，以教育科研为抓手，以《开福区中小学教育质量综合评价改革实施方案》为蓝本，实现教学质量稳步攀升。四年级科学、美术学科抽测，学校均获得开福区学科抽测奖。小升初考试成绩稳居全区前列。学校作为2018年国家义务教育质量监测样本校，圆满完成监测任务，监测工作受到国家教育部视导专家好评。

【立德树人，培养合格小公民】学校把对学生核心素养的培育，融入课堂教学、社会实践、校园文化和学校管理各个环节，开展“打赢蓝天保卫战”“我是北辰闪亮星七星争章”等活动，培育学生公民意识和家国情怀。2018年，校田径队参加湖南省第一届少儿趣味田径运动会荣获团体总分第二名，开福区小学生篮球比赛荣获冠军，开福区体育大课间比赛获特等奖，校科技队在全国航空航天模型竞赛中包揽前七名。学校还举行语文、数学、英语、美术等学科节竞赛活动，孩子们在各级各类竞赛中得到锻炼和提高。

开福区福元小学教学楼　　　（区教育局　供图）

【家校携手，共创和谐校园】2018年，学校开展主题为：“家校共筑同心圆，星辰闪耀四月天”的家校开放周活动，顺利通过“长沙市示范家长学校”检查验收。举办“魅力击剑，艺术人生”为主题的“校园击剑文化艺术节”，在湖南省第十三届运动会击剑比赛项目中，学校学生获得团体冠、亚军的优异成绩。北辰击剑队全年参加各级各类比赛获团体奖27项，个人获奖24项。学校清荷艺术团在长沙市音乐厅举行第二届“清荷之声”专场音乐会；在开福区艺术展演中，学校包揽戏曲、朗诵、合唱、舞蹈、器乐类5个特等奖，荣获开福区艺术展演“优秀组织奖”。开福区班制合唱比赛荣获特等奖；区教育局“厚德开福，幸福人生”迎新春教师才艺展示，学校“我型我秀”节目荣获特等奖第一名。在长沙市戏曲展演中，学校代表开福区参赛，荣获一等奖。

长沙市开福区福元小学

【概况】长沙市开福区福元小学位于福元中路420号，地处福元中路与万家丽北路交会处西南角。学校总用地面积21079平方米，总建筑面积18272.04平方米，办学规模为36个班。开福区福元小学于2018年9月建成开学，招收5个一年级教学班,在校学生233名。有专任教师15人，其中市级骨干教师2人，区级骨干教师3人。

【硬件条件一流】学校拥有计算机室、实验室、图书室、阅览室、音乐室、舞蹈室、体育室、美术室、书法室、劳技室、茶艺室、棋艺室、心理咨询室、卫生室等专用教室，田径场、篮球场、足球场、室内多功能体育馆、地下停车场一应俱全。

【办学理念先进】学校核心理念为“开启幸福的教育，享受教育的幸福”，校训为“为幸福未来奠基”，校风为“知书达理，快乐向上”，教风为“学而不厌，诲人不倦”，学风为“爱学会学，自主自觉”，办学宗旨为“为学生一生幸福奠基，为教师精彩人生助力，为民族伟大复兴尽责”。

【创建一流学校】学校建设初期，通过红网、微开福平台、开福教育信息网等相关媒体公开征集校名，受到社会各界广泛关注，收到命名方案众多。初选出的入围方案再经微开福平台进行公开投票，由开福区教育局评审小组对票选决出的方案进行终审评议，最终确定学校校名为“福元小学”。“福”——幸福，“元”——开端，“福元”——幸福的开端。福元小学是师生共同播种幸福，收获幸福的地方。教师们在工作中享受幸福：做孩子幸福的源泉，成就学生，幸福自己。孩子们在学习中体验幸福：在快乐中获得成功和幸福，成为一个幸福的人。

长沙市开福区沙坪实验小学

【概况】长沙市开福区沙坪实验小学位于沙坪街道中青社区，紧邻中青路，地处广胜路与钟石路西南角，是由开福区板塘小学易址新建而成的一座环境优美、条件优越、设施先进、功能完善的全新校园。新学校占地面积24131.08平方米，建筑面积13713.97平方米，办学规模为24个班。2018年9月建成开学，招收8个教学班,在校学生316名，学区内适龄人口入学率100%。有专任教师19人，区级以上骨干教师3人，其中研究生学历2人，本科学历17人。学校有电脑室、舞蹈室、实验室、阅览室、图书室、书法室、体育室等功能室，体育馆、田径场、篮球场、足球场及地下停车场一应俱全。

【推进优质教育均衡发展】学校的易址重建，是开福区政府推进北部城郊地区优质教育均衡发展的重要体现。学校的生源构成的最大特点是多元性与开放性相结合，具体表现为城郊原居民子弟及周边物流、医药等企业员工子女。学校北为安置性的板塘小区、福竹园，南邻沙坪街道办事处，中民筑友科技公司、统一企业、佳海工业园、大明工业园、深国际综合物流港、传化物流园、嘉里物流公司、医药健康产业园等大中型企业皆环在近旁。迁入学区周边的公司及其入读子弟，使得学区生源由内生性的静态与单质文化发展到交汇性的动态与多元文化。

【办学理念先进】学校核心理念为“心中有锦绣，世界有光明”，校训为“诚毅朴美”，校风为“致广大，尽精微”，教风为“心平气和，守正出新”，学风为“善于倾听，乐于探究”。学校尝试建立促进学生、学校自主全面发展的多元评价体系。推进表现性评价，在有趣味的学习评价中促进学习主体的幸福快乐成长。开展“小小动物丛林知识年关大冒险”主题式学习表现性测评活动向全区开放并获好评。开展“保护地球妈妈 还我蓝天绿水”游艺性测评活动，在情境式闯关游戏中考察孩子们对所学知识的掌握程度。

【特色建设凸显】学校以“经典诵读比赛”为载体，推进学校“经典诵读”特色建设，丰富校园文化生活，营造浓厚的书香校园氛围，传承国学文化经典，弘扬民族文化精髓，激发学生的读书和诵读热情。2018年，举办“诵经典，颂中华”国学经典诵读比赛，举行“贺中秋迎国庆”主题系列活动，传承中华传统文化，让孩子们为自己“是中国人，说中国话，过中国节”感到无比自豪。

沙坪小学一年级孩子们在进行游艺性测评　　（区教育局　供图）

长沙市周南秀峰学校

【概况】长沙市周南秀峰学校成立于2015年5月，是一所由长沙市开福区政府投资，按“两型学校”理念建成的开福区第一所九年一贯制义务教育学校。学校委托百年名校——周南中学管理办学。

【理念先进，目标明确】学校以“培养格调高雅、学业优良、体魄强健的公民”为办学目标，秉承“诚朴、健美、笃学、奋进”的校训，坚持“三心”（自治心、公共心、进取心）的办学理念，注重品牌建设和文化引领，以内涵发展带动全面发展，积极探索九年一贯制育人新模式。

【环境优美，设施一流】学校占地2.33公顷，有教学班级56个，学生总人数2633人，其中初中26个班，小学30个班。学校拥有图书馆、理化生实验室、信息化室、语音室、音乐室、美术室、心理室、机器人室、报告厅、室内篮球场、屋顶花园、劳技室等功能教室和场馆，太阳能光伏集热发电，教学教育基础设施设备齐全，功能先进。

【师资雄厚，办学优质】学校有教职员工183名，其中硕士研究生以上学历9人，省精英教师3名，市级骨干教师7名、区级骨干教师7名，区优秀教师15名，区优秀班主任10名。教师爱岗敬业、团结奉献、业务精湛，20多名教师受邀参加省内外学校送培送课。学校扩大和延伸周南百年名校优质教育资源，发挥优质教育示范辐射带动作用，满足家长“就近入学”“就近上名校”的需求。

【校风优良，特色鲜明】学校坚持开放的办学思路，提出“让每一位学生享受最前沿的教育”的思想，大力推进“互联网+教育”，建设智慧校园，提升学生信息化素养，每间教室配备链接互联网的80英寸触摸一体机，并试点人手一台信息化终端设备，在“班班通”的基础上实现信息化“人人通”，利用智慧校园平台可以实现学校课堂向社会进行网络同步直播。学校与韩国和香港学校结为姊妹学校，定期委派师生互访交流，加强合作和资源共享，扩大师生视野。

【育人创新，硕果初显】学校重视学生核心素养培育，举办校园科技节、读书节、艺术节、体育节、社团节等活动，开设40多门校本选修课程和26项综合实践课程。在省、市、区体艺、科技等赛事中获奖近千项。学校获评全国、省、市、区级集体荣誉称号60多项。

长沙市北雅中学

【概况】长沙市北雅中学成立于2009年，由开福区人民政府与长沙市雅礼中学联合创办，是一所公立初级中学。学校位于捞刀河与湘江流域入口处东南角，依山傍水，环境优雅。学校占地5.2公顷，办公楼、教学楼、实验楼、公寓楼、图书馆、体育馆错落有致。长沙市北雅中学秉承着雅礼“为学生终身发展奠基”的办学理念，恪守“公、勤、诚、朴”的校训，学校坚持以特色谋发展、以质量谋未来的办学战略，着力打造数学竞赛、外国语、信息学、心理健康教育、艺术、校园足球等特色教学，并与美国华盛顿中学、福特中学等国外名校建立友好访问关系。学校先后荣获湖南省安全文明校园、湖南省依法治校示范学校、湖南省园林式单位、长沙市首届文明校园、长沙市绿色学校、长沙市标准化建设优秀学校、长沙市“两型”创建先进学校等称号。

【名师云集，实力雄厚】长沙市北雅中学有专业教师162人，其中外籍教师1人，高级教师16人，长沙市首批卓越教师3人，省、市、区级名师及骨干教师24人；研究生学历教师67人。在课堂教学竞赛中，有26名教师荣获省级以上一等奖；在学科的奥林匹克竞赛中，有40余名教师获得省级以上优秀竞赛教练称号。开福区于爱文数学名师工作室和常小青心理健康教育名师工作室亦落户于该校。

【素质教育，硕果累累】长沙市北雅中学办学九年来，学生在数学、艺术、科技等竞赛活动中，荣获国际级奖励10人次，国家级奖励700余人次，省市级奖励则数以千计；校足球队曾荣获长沙市比赛一等奖，女子排球队荣获市赛第三名，篮球队荣获市赛第四名。学校注重特色引领，重视学生特长培养，创建成为国家心理健康教育特色学校、全国校园足球特色学校、全国地理科普教育基地、校园足球示范学校和雅礼校园足球基地，开设20多门校本选修课；中考成绩，屡创新高，录入到雅礼、长郡、一中、师大附中的学生1200多人，奠定长沙优质初中第一梯队的地位。

长沙市开福区第一中学

【概况】开福区第一中学地处开福区筒车坝路，位于珠江郦城小区和万国城小区之间，南接盛世路，北靠捞刀河南岸风光带，是由开福区人民政府投资3亿元建设的全日制公办初级中学。学校占地面积4万余平方米，办学规模为48个班，可以容纳2400名学生就读。学校规划

开福一中　　（区教育局　供图）

布局合理、校园环境优美、设施齐全、环境优美，拥有功能齐全的教学楼、综合楼和田径场、体育馆、现代化的餐厅等设施设备。开福区科培中心、区少年宫将进驻学校，可实现专业指导、资源共享。开福区委、区政府为满足城北居民对优质教育资源的渴求，举全区之力，将开福区第一中学打造成一所高起点、有特色、现代化的品牌学校。学校将立足当下，面向未来，创建“学习型学校”，追求内涵发展，创办“质量一流，人民满意”的初中。长沙市开福区第一中学于2018年9月建成开学，设初中一年级8个班，有学生359名，教师33名。

【硬件条件一流】各班教室全都采用集电视、电脑、展示台、网络于一体的智慧教室互动黑板。校内配置有跆拳道教室、心理教室、书法教室、音乐教室、美术教室、茶艺室、棋艺室、团队协作教室、舞蹈教室、阅览室等19间多功能室，促进学生的个性绽放。

【办学理念先进】学校以“至诚至善 惟精惟一”为校训，以“为每一个梦想开门”为核心理念，全面推进素质教育，为学生全面发展奠定基础，为学生个性发展搭建平台，努力将学生培养成沉潜笃志、专注如一、全面和谐发展的合格人才，将学校建设成为一所高起点、有特色、现代化的品牌学校。

【课余活动经常】学校开展五彩大课间、法治文化节、爱心义卖等活动，丰富学生的课余生活，培养有善心、懂法律、爱生活的全面新时代好少年。

科技·知识产权

【概况】2018年，开福区引进盈晟电子、中周至尚、强视信息等5家高新技术企业，72家企业通过高新技术企业认定，同比增长120%，17家企业通过长沙市科技创新小巨人企业，同比增长42%，88家企业成功申报国家科技型中小型备案企业。2018年，完成高新技术产业总产值618.3亿元，同比增长25%。全年新增军民融合企业64家，总数117家，完成产值10亿元，以军民融合为主导的高新技术产业发展成为开福区高质量发展新的经济增长点。

【科技创新平台】马栏山视频文创园获批全国首家国家级广播电视产业园区，开福高新区获批湖南省军民融合产业示范基地。中民筑友、迪赛生物分别被纳入省“五个100”重大科技创新项目和重大科技创新产品，湖南丽臣实业股份有限公司获批省级企业技术中心，中南粮油食品科学研究院有限公司获批组建“粮食绿色储藏湖南省重点实验室”，长沙学院获批组建“水生动物营养与品质调控湖南省重点实验室”，全区省级科研平台28家。中建西部、普菲克生物、把兄弟新材料获得市级高新技术企业R&D经费投入“双百”企业奖励，88家企业获得科技型中小企业备案。湖南山河生物医学技术中心被认定为省级科技孵化器、草莓V视倍认定为省级众创空间，“北斗+”众创空间集群、芒果视频文创孵化器等8家获评市级众创空间，军民融合产业园、国科高精等5家开展市级科技孵化器备案，全年新增孵化面积11万平方米。

【科技计划项目】全年争取上级科技资金和安排区级科技资金3935万元。其中推荐上级科技项目96项，获得上级扶持资金2068万元，同比增长68.1%。安排区级科技专项经费1867万元，同比增长334%，其中扶持区级科技计划440万元，兑现高新企业奖励和发明专利授权奖励397万元，审核军民融合30条奖政策励880万元。

【知识产权】2018年，开福区获批国家知识产权强区和湖南省知识产权示范区，马栏山视频文创园创建知识产权保护创新示范园区；实施版权登记工程、试点示范工程，明湘科技、湘风文化、海商网络等6家企业获批知识产权示范、试点企业，新竹二小获批国家知识产权教育培育学校，周南秀峰学校获评市级知识产权教育试点学校。结合“4·26”知识产权日开展知识产权宣传，加强企业知识产权规划管理和人才培养，实施“发明专利申请百日大行动”，鼓励全社会开展发明创新，全年专利申请3504件，专利授权1788件，专利申请和授权将继续保持有效增长，万人拥有有效发明专利30.6件，远高于省市平均水平。依法加强知识产权保护，牵头完成全年“双打”工作任务，办理涉嫌假冒专利案件81起，比2017年增长12.5%，查处涉嫌侵犯著作权案件2件，区知识产权局被评为全省执法先进单位。

【产学研及科技人才】开福区与国防科大、湘雅医学院、湖南师大、湖南农大、长沙学院等单位开展技术合作，湖南普菲克生物与湖南农大的“益生菌高效利用研发及产业化”、海博种业与湖南师大的“湘科鱼类优良品种产业化”等科技成果的转化，在区内形成一批电子信息、生物医药等行业领先的先进技术，增强区内企业的竞争力。全年完成技术贸易合同认定登记10亿元，同比增长37%。加强科技人才服务，围绕服务国防科大军转干部群体，举办科创沙龙活动35期，协助文盾信息对接中科院方兴滨院士、联合餐厨对接中科院印遇龙院士创建市级院士工作站，落实6名市级科技特派员（1名工业、5名农业）驻点区内企业开展帮扶工作，推荐远华能源的曾祥华申报市级优秀青年科技人才候选人，推荐区内企业11名科技人才（一类8个，二类3个）认定市级军民融合高层次人才。

【全省首家智能焊接机器人应用实验室在开福落地】3月29日，由湖南中立工程机械有限公司与湖南大学机器人学院、长沙智能机器人研究院联合承建的智能焊接机器人应用实验室在开福区沙坪工业园正式揭牌。该实验室计划投资3500万元，旨在将前期研发的智能焊接机器人相关技术成果转化及行业应用推广，将有利于促进传统制造业焊接技术向无人化、智能化发展，计划到2020年实现研发成果的技术转化，届时相关技术的应用每年将直接产生经济效益8000万元以上。

【科技活动周】5月24日上午，开福区2018年科技活动周启动仪式暨科技创新成果推介会在友谊国际咨询大厦隆重举行，此次活动由开福区人民政府、金霞经开区管委会主办，活动发布了开福区科技创新宣传片，展示了近年来开福区科技工作取得重要突破和快速发展。并举办了科技创新成果推介会，湖南星思科技有限公司等6家企业进行了项目路演，中南大学叶柏龙教授进行逐一点评。项目路演结束后，与会嘉宾来到展示区巡展。2018年开福区科技活动周以“科技创新 强国富民”为主题，紧紧围绕经济社会发展需求，安排了创新成果推介、科技形势研讨、科技政策宣讲、现代农业培训等10余场活动。

【全省首件国防专利解密】6月26日，湖南省第一件通过政府部门备案的“解密国防专利代办服务合同”正式签订，合同约定湖南兵器东升机械制造有限公司委托湖南弘德知识产权服务有限公司对两件解密国防发明专利进行转让代办。该合同的签订标志着高端科技成果转化有了新资源和新模式，并将开启开福区深度推进军民融合工作的新篇章。自2016年以来，开福区依托国防科技大学的驻区优势，提出“3+X”军民融合产业园整体发展思路，布局华创双创园、凯乐研发园、沙坪制造园和卓尔示范园等军民融合创新创业基地，推出《开福区加快推进以军民融合产业为主导的高新技术产业发展的实施意见》，用“真金白银”为军民融合产业的发展注入“强心剂”，随着省级开福高新技术开发区的获批，开福区抢抓机遇，快速完成军民融合板块从无到有、从有到优的转变，实现创新崛起，率先在长沙市的军民融合产业相关区域中实现新突破。

【山河生物医学技术孵化中心获批省级科技企业孵化器】2018年12月，湖南省科技厅认定湖南山河生物医学技术孵化中心为湖南省科技企业孵化器，这是开福区的首家省级科技企业孵化器，也是全省唯一一家生物医学专业孵化器。湖南山河生物医学技术孵化中心于2015年成立，总投资8500万元，面积超过1万平方米，引入国内外专家、教授7名（国家首批千人计划专家1人）及博士12名；与国内外多所科研院校建立深度合作关系，入孵企业42家，涉及临床用体外诊断试剂（生化、化学发光、POCT及基因检测）、检测仪器、眼科专用仪器、外科器械及耗材等领域产品。孵化中心紧紧抓住新一轮科技革命和产业变革带来的重大机遇，以满足人民日益增长的健康需求为根本，以提升精准医疗服务能力为目标，以孵化科技企业和创新产品为主要内容，在基础研究和应用研究、新品开发和临床评价、创新链和产业链3个方面，切实加强统筹结合，着力突出“政产学研用”一体化运作，强化创新的引领性、系统性和整体性，构建起“行政部门+生产企业+高校院所+医疗机构”的涵盖产品“全生命周期”的黄金创新组合，全方位提升创新的针对性和成果的转化率，逐步成为行业技术创新和产业发展的新高地。截至2018年年底，山河生物医学技术孵化中心成功孵化生物医学企业17家，获得注册证152个，申报各类专利50余项，产能5亿元。

（邓　军）

表6

2018年度开福区扶持区级科技计划项目汇总表

序号	项目名称	企业名称	项目类别	金额（万元）
1	基于光学陀螺惯导 / 北斗 / 视觉导航多源融合的航空器导航系统的研制	湖南海迅自动化技术有限公司	重点	15
2	基于 AI 大数据的视频流生成平台	湖南深度体验智能技术有限公司	重点	15
3	新型缓控释包膜丁酸钠关键技术研究与产业化	湖南普菲克生物科技有限公司	重点	15
4	基于“靠谱 e 家”的综合型网络服务平台研发及产业化项目	湖南靠谱科技股份有限公司	重点	15
5	新型动态湘绣工艺品研发与应用	长沙青竹湖湘绣有限公司	重点	15
6	应用低品位骨料配制超高泵送混凝土及产业化应用关键技术研究	中建西部建设湖南有限公司	重点	15
7	商业地产大数据人工智能运营服务平台	长沙凯乐信息技术有限公司	重点	15
8	化学发光测定仪的一体化模式、防撞功能改进及 III 类肿瘤标志物试剂盒的研发与产业化	湖南远璟生物技术有限公司	重点	15
9	互联网内容高速过滤专用网卡的研究	湖南戎腾网络科技有限公司	重点	15
10	国产 PDF 阅读器研制与推广	湖南文盾信息技术有限公司	重点	15
11	网格化无线电感知协作监控系统	长沙拓途电子科技有限公司	重点	15
12	新型环保长效防腐涂料的研发	长沙盾甲新材料科技有限公司	重点	15
13	太阳能储能集热一体化系统研发及推广应用	湖南天地融节能环保科技有限公司	重点	15
14	基于大数据的医药零售分析创新应用	老百姓大药房连锁股份有限公司	重点	15
15	开福区智慧服务管理平台	湖南兴旺智慧城市建设有限公司	重点	15
16	焊接机器人实验室建设	湖南中立工程机械有限公司	重点	15
17	混凝土预制构件高效率自动化置模拆模机器人系统研究	中民筑友智能装备科技有限公司	重点	15
18	果蔬垃圾高温好氧技术研发及推广	长沙雷邦环保科技有限公司	重点	15
19	车品新零售平台	湖南益乘科技有限公司	重点	15
20	高效率尾气净化处理装置的研发	长沙瑞熙环保设备制造有限公司	重点	15
21	多功能三腔胃管的关键技术研究及产业化	湖南特瑞精密医疗器械有限公司	重点	15
22	电动汽车驱动电机智能化在线测试系统	长沙纽泰自动化科技有限公司	重点	15
23	思路优购（全球）电商综合平台建设	湖南智明信息技术有限公司	重点	15
24	智能一键成图物探找水仪的研究与开发	湖南普奇地质勘探设备研究院（普通合伙）	重点	15
25	具有高稳定性的同型半胱氨酸 POCT 试剂研制	湖南德荣生物医学工程有限公司	重点	15
26	友数门店通商城系统开发	长沙海商网络技术有限公司	重点	15

续表6

序号	项目名称	企业名称	项目类别	金额（万元）
27	违法鸣笛多目标实时抓拍电子警察系统的研发和应用	长沙艾克赛普仪器设备有限公司	重点	15
28	水槽流水养鱼技术的应用推广	湖南海博水产种业科技有限公司	重点	10
29	三网合一的物联网卡管理赋能平台	湖南华瑞联芯物联网应用技术有限公司	一般	10
30	基于人工智能技术的全自动立案辅助机器人的研究	湖南海擎智能科技有限责任公司	一般	10
31	无花果低碳种植技术研究与应用	长沙甚好农业科技有限公司	一般	5

表7

2018年开福区企业获得省、市级科技经费汇总表

序号	单位	金额（万元）	项目	备注
1	友谊国际工程咨询有限公司	20	高企研发补贴	
2	湖南芒果车之家汽车销售有限公司	20	高企研发补贴	
3	湖南益乘科技有限公司	20	高企研发补贴	
4	湖南省新源石油股份有限公司	20	高企研发补贴	
5	湖南省青苹果数据中心有限公司	20	高企研发补贴	
6	中民筑友智能装备科技有限公司	20	高企研发补贴	
7	湖南丽臣奥威实业有限公司	20	高企研发补贴	
8	湖南新亚胜光电股份有限公司	20	高企研发补贴	
9	中民筑友科技投资有限公司	20	高企研发补贴	
10	湖南省交通规划勘察设计院有限公司	20	高企研发补贴	
11	长沙胜昊电子科技有限公司	16	高企研发补贴	
12	长沙市鹏扬教学设备有限公司	15	高企研发补贴	
13	长沙市紫荆花涂料有限公司	14	高企研发补贴	
14	湖南智明信息技术有限公司	12	高企研发补贴	
15	湖南捷报信息技术有限公司	11	高企研发补贴	
16	湖南嘉德科技发展有限公司	10	高企研发补贴	
17	湖南拓沃重工科技有限公司	9	高企研发补贴	
18	湖南好泊信息技术有限公司	9	高企研发补贴	

续表7

序号	单位	金额（万元）	项目	备注
19	湖南明创信息系统集成有限公司	8	高企研发补贴	
20	湖南天工展业有限公司	7	高企研发补贴	
21	长沙纽泰自动化科技有限公司	6	高企研发补贴	
22	湖南好小子机器人科技有限公司	6	高企研发补贴	
23	湖南利万家智能技术有限公司	5	高企研发补贴	
24	湖南科德信息咨询有限公司	5	高企研发补贴	
25	湖南省佛盛龙软件有限公司	5	高企研发补贴	
26	湖南君悦达科技有限公司	4	高企研发补贴	
27	长沙市中南口腔医疗器械有限公司	3	高企研发补贴	
28	长沙市方向科技有限公司	3	高企研发补贴	
29	湖南腾达岩土工程技术有限公司	3	高企研发补贴	
30	湖南文盾信息技术有限公司	3	高企研发补贴	
31	长沙南道电子科技有限公司	2	高企研发补贴	
32	湖南湘风文化艺术发展有限公司	2	高企研发补贴	
33	阿凡提信息科技（湖南）股份有限公司	1	高企研发补贴	
34	菁芒众创空间	100	国家级众创奖励	
35	西班国际跨境电子商务大学生创业孵化空间	50	省级众创奖励	
36	易．创大学生众创空间	50	省级众创奖励	
37	湖南普菲克生物科技有限公司	20	市级工业特派员	
38	湖南河村农业科技发展有限公司	10	市级农业特派员	
39	长沙市齐泰水产养殖有限公司	10	市级农业特派员	
40	长沙市启程农业科技有限公司	10	市级农业特派员	
41	湖南禾顺农业科技有限公司	10	市级农业特派员	
42	长沙甚好农业科技有限公司	10	市级农业特派员	
43	湖南新亚胜光电股份有限公司	100	市第四批重大专项	
44	中民筑友科技投资有限公司	100	市第四批重大专项	
45	湖南普菲克生物科技有限公司	100	市第四批重大专项	
46	长沙规划展示馆	10	市级科普场馆	

续表7

序号	单位	金额（万元）	项目	备注
47	湖南海博水产种业科技有限公司	20	市级特色农业基地	
48	长沙海天园林休闲山庄有限公司	20	市级特色农业基地	
49	湖南省交通规划勘察设计院有限公司	32.47	技术交易合同	
50	湖南超能机器人技术有限公司	2.6	技术交易合同	
51	长沙励思生物技术有限公司	3	技术交易合同	
52	湖南泰阳网络科技有限公司	0.22	技术交易合同	
53	湖南苍树航天科技有限公司	0.38	技术交易合同	
54	长沙深之瞳科技有限公司	0.24	技术交易合同	
55	湖南胜昊软件科技有限公司	2.95	技术交易合同	
56	湖南华瑞联芯物联网应用技术有限公司	0.35	技术交易合同	
57	湖南糖生糖太电子商务有限公司	20	湖南省第二批省级科技发展计划专项资金	长财企指〔2018〕67号
58	湖南全通智能科技有限公司	20	湖南省第二批省级科技发展计划专项资金	长财企指〔2018〕67号
59	中民筑友有限公司	50	长沙市第三批科技发展计划支持项目	长财企指〔2018〕66号
60	长沙海商网络科技有限公司	7.64	省级研发经费奖补	
61	湖南远璟生物技术有限公司	28.9	省级研发经费奖补	
62	湖南戎腾网络科技有限公司	15.38	省级研发经费奖补	
63	长沙凯乐信息技术有限公司	23.98	省级研发经费奖补	
64	湖南谱典信息技术有限公司	13.32	省级研发经费奖补	
65	湖南新亚胜光电股份有限公司	17.4	省级研发经费奖补	
66	湖南普菲克生物科技有限公司	8.96	省级研发经费奖补	
67	中建西部建设湖南有限公司	53.17	省级研发经费奖补	
68	长沙深之瞳信息科技有限公司	7.48	省级研发经费奖补	
69	中民筑友智能装备科技有限公司	42.47	省级研发经费奖补	
70	湖南盈晟电子科技有限公司	12.56	省级研发经费奖补	
71	湖南丽臣奥威实业有限公司	48.07	省级研发经费奖补	
72	湖南丽臣实业股份有限公司	10	研发经费“双百”企业奖励	
73	湖南湘江涂料集团有限公司	10	研发经费“双百”企业奖励	

续表7

序号	单位	金额（万元）	项目	备注
74	中建西部建设湖南有限公司	10	研发经费“双百”企业奖励	
75	长沙把兄弟胶粘剂有限公司	10	研发经费“双百”企业奖励	
76	湖南普菲克生物科技有限公司	10	研发经费“双百”企业奖励	
77	长沙把兄弟胶粘剂有限公司	10	研发经费“双百”企业奖励	
78	中南粮油食品科学研究院有限公司	75.9	小微企业粮油科技研发检验公共技术服务平台	
79	湖南省粮油产品质量监测中心	11	小微企业粮食产后公共技术服务平台	
80	长沙深之瞳信息科技有限公司	0.4	技术交易合同补贴	
81	湖南苍树航天科技有限公司	3	技术交易合同补贴	
82	湖南华虹医药网络发展有限公司	0.2	技术交易合同补贴	
83	湖南泰阳网络科技有限公司	14.6	技术交易合同补贴	
84	湖南戎腾网络科技有限公司	0.2	技术交易合同补贴	
85	湖南胜昊软件科技有限公司	3	技术交易合同补贴	
86	湖南华瑞联芯物联网应用技术有限公司	0.6	技术交易合同补贴	
87	湖南星汉数智科技有限公司	0.4	技术交易合同补贴	
88	湖南超能机器人技术有限公司	0.2	技术交易合同补贴	
89	长沙海商网络技术有限公司	17.4	技术交易合同补贴	长财企指〔2018〕28号
90	中民筑友有限公司	210	湖南省第六批省科技创新计划项目	长财企指〔2018〕87号
91	湖南普菲克生物科技有限公司	210	湖南省第六批省科技创新计划项目	长财企指〔2018〕87号
92	长沙蓝宇心理咨询有限公司	15	长沙市事前立项事后补助科技计划项目	长财企指〔2018〕91号
93	长沙兴迈通信建设有限公司	25	长沙市事前立项事后补助科技计划项目	长财企指〔2018〕91号
94	长沙翔祥食品有限责任公司	15	长沙市事前立项事后补助科技计划项目	长财企指〔2018〕91号
95	海底世界（湖南）有限公司	10	长沙市专业科普场馆（基地）运营补贴	长财企指〔2018〕88号
96	湖南省沙坪湘绣博物馆	6	长沙市专业科普场馆（基地）运营补贴	长财企指〔2018〕88号
	合计	2068.44		

科技普及

【概况】长沙市开福区科学技术协会是开福区科学技术工作者的群众组织，与开福区科学技术局合属办公，下设青少年科技辅导员协会、开福区老科技工作者协会。

【科协系统改革】出台《开福区科协系统深化改革实施方案》文件，加强全区科普工作的领导，建立健全基层科协网络建设和阵地建设，有效扩大基层组织覆盖面，切实增强服务科技工作者、服务创新驱动发展战略、服务公民科学素质提高、服务党委和政府科学决策的能力。

【信息化建设工程】推动“科普中国——百城千校万村”行动计划实施，花城社区承建省级科普E站示范点建设，便河边社区创建市级科普E站示范点，科大佳园社区、四方坪小学等10家单位配备科普E站屏媒，区科协获评“湖南省科普中国行动优秀组织单位”，水风井社区创建的科普E站获评全省科普中国优秀典型案例。便河边社区、文昌阁社区获评市级科普示范社区，河村基地获评市级农村科普社区基地，四季花城社区自建社区科普VR体验室，王家垅社区打造“两型科普展示馆”，海博种业和海天农业获评市级农业特色产业化基地。

【服务科技工作者】围绕服务国防科大军转干部群体，举办科创沙龙活动35期，落实6名市级科技特派员和4名区级科技特派员驻点企业开展帮扶工作，区内企业11名科技人才（一类8个，二类3个）认定市级军民融合高层次人才。文盾信息对接中科院方兴滨院士、联合餐厨对接中科院印遇龙院士创建2家市级院士工作站。

【青少年科技创新】组织举办“奇思妙想”纸质结构模型普及赛、区第八届科技创新大赛，组队参加国际、省市等青少年创新大赛，取得优异成绩，其中开福区代表湖南省参加的2018年国际奥林匹克青少年智能机器人竞赛荣获2枚金牌、2枚银牌、2枚铜牌，第十九届“我爱祖国海疆”全国青少年航海模型教育竞赛活动总决赛荣获2金2银2铜，湖南省第11届青少年机器人竞赛上获得2个一等奖、4个二等奖、6个三等奖。

【科普宣传】组织开展“科技工作者日”“科普日”等活动，在开福区科技活动周启动仪式暨科技创新成果推介会上，发布开福科技创新宣传片，展示全区的科技创新成果，被《湖南日报》、凤凰网等媒体报道；科普日围绕“创新引领时代，智慧点亮生活”主题，开展校园科普展示、国防科大军民融合分享沙龙、社区科普宣传等系列活动，被湖南经视、长沙晚报宣传报道。区科技局、区卫计局、区农水局联合开展多期“三下乡”科普活动，区科协获评“2018年全国科普日活动优秀组织单位”，并被市科协评为2018年科普信息工作先进单位。

（邓　军）

全国科普日活动　（区科技局　供图）

文化·体育

CULTURE & P·E

【概况】长沙市开福区文化体育新闻出版局（以下简称区文体新局）行使文化、体育、文物管理、文化市场综合执法、扫黄打非、新闻出版等工作职能。2018年，区文体新局荣获湖南省“扫黄打非”先进集体、湖南省文明单位，开福区图书馆被文化和旅游部授予一级图书馆称号，左岸社区获评全国“书香社区”，陈家湖社区成功创建为“扫黄打非”省级基层示范点。

【公共文化建设】打造惠民文化圈。落实市委、市政府和区委区政府关于“一圈、两场、三道”建设部署要求，完成区文体活动中心开工前期手续办理，按照“十个一”标准，创建檀木岭、文昌阁、史家坡、栖凤、溪水湾5个市级示范性社区（村）文化服务中心，在场馆打造、服务效能等方面更贴近群众所需所求。推进文化阵地无障碍、零门槛免费开放，区文化馆每周接待排练团队20余支，区图书馆日均接待读者300余人次；按照群众所需所求开设成人书法、舞蹈、国画、二胡、戏曲等文艺培训课程180余场；启动“文化大篷车”“五进五送”“阅读微沙龙”等惠民活动，免费送电影1380余场、送戏30余场，增强群众幸福感和获得感。坚持以人民为中心的创作导向，引导文艺工作者深入基层生活，创作女声小组唱《山村的笑》、舞蹈《簸箕上的麻雀》、快板《满院春》等12个原创节目，《山村的笑》《满院春》登上湖南省第六届艺术节“三湘群星奖”总展演舞台，荣获金奖。选送广场舞《龙舟飞歌》获“欢乐潇湘·品质长沙”长沙市全民健身广场舞总决赛金牌；承办“我是你的鸽子花——刘赛独唱音乐会”，发布原创新歌《花开马兰幸福来》，提高马栏山知名度，扩大开福文化影响力。服务文创发展，促进产业兴城。围绕马栏山视频文创园，主动对接管委会，密切关注省部共建，服务跟进移动、联通、电信三大运营商和中广天择传媒等重点企业，湖南体运通信息技术股份有限公司、聚丰集团旗下4家子公司入驻，聚丰集团在园区成功摘牌一宗土地，促进视频引爆、文创开花、产业兴城。

【群众体育】打造全民健身圈。全面贯彻《体育法》和《全民健身条例》，积极落实体育民生实事工程，推动健身驿站、健身步道、体育健身器材配备等公共体育阵地建设，为基层配送46套全民健身器材，新建福城、兴联社区2处健身驿站、浏阳河北岸双河路至芙蓉北路段10千米健身步道，投入30万元提质改造月湖公园网球场，开发“全民健身场馆电子地图”微信小程序，通过百度即可搜索开福区所有开放的体育场馆，构建“15分钟全民健身圈”。突出“文化+”融合发展，首次引进国家级赛事中国击剑俱乐部联赛，实现文化促旅游，文化促消费；策划组织“精彩运动，幸福向北”全民健身节系列活动，举办马栏山风筝大会，长沙市、区、县（市）“羽协杯”羽毛球赛等活动，开展开福区气排球联赛、扑克牌“跑得快”大赛等活动10余场，全区全民健身氛围浓厚，形成主题化、系列化、品牌化的全民健身开福模式。

【图书馆】打造便民阅读圈。新建马栏山智慧图书馆，集智能化、自助化、多元化于一体，实现与全市图书系统“通借通还”，全民阅读在“中国V谷”升温；率先引进“新华书店”以“1+10”模式进驻开福布点，建成“新华书店金鹰书屋”“新华书店芒果书吧”，服务网点拓展到11家图书分馆，让读者能够乐享看书、借书、买书“一站式”服务；融合发展阅读“微平台”，开通图书馆微信公众

“24小时为您守候”——圈圈故事会系列活动在开福区24小时自助图书馆秀峰公园馆举行
（区文体局　供图）

号，引入“移动图书馆”APP，开辟“活动直播”“我的书架”“读者留言”等栏目，市民在身边就能看到直播、读到好书、办到续借等服务，提升网络文化供给能力。创新公共阅读服务模式，打造“开福朗读者”“读者微沙龙”“文化送到农民家门口”等阅读品牌，围绕24小时自助图书馆开展“圈圈故事会”全民阅读系列活动，新阅阵地实现建、管、用一体化，开福区图书馆在第六次公共图书馆评估中荣获国家一级馆。举行“一本书·一段情·一座城”开福区“读书之城”与您有约暨《文化名人话开福》新书首发仪式，谢红、何顿等十余名文化名人出席活动，并向读者赠送新书，为“升级发展、成就北富”凝聚精神力量，《湖南日报》《潇湘晨报》《长沙晚报》等多家媒体进行专题报道。

【文化市场管理】优化监督监管，净化文化市场。积极落实“放管服”改革，让企业和群众办事实现“最多跑一次”不见面审批的行政目标，利用现代网络科技，打造“互联网+政务服务”一体化平台，推行“马上办、网上办、就近办、一次办”四办改革，依法高效做好文化市场经营单位审批、备案，全年线上审批未出现超时现象和红黄牌警告，办结率100%。为助力文化企业发展，打造亲商、重商、安商、富商的投资环境和公开、公平、公正的市场环境，构建亲清政商关系；推进“四级联动”网格化管理，成立印刷协会、网吧协会，实现分片管理，开展“清源”“净网”“扫黄打非”专项整治行动和“春雷”“三考静音”等重点整治行动，全年出动执法人员4126人次，检查文化经营场所2618家次，处置“12345”市场投诉案件300件，首次通过互联网文化执法监管平台办结2起网络游戏案件，确保文化市场文明、平安、稳定。联合长沙市“扫黄办”和公安机关查获“1·12”制作传播违禁出版物案，此案被列为湖南省“扫黄打非”工作小组办公室挂牌督办案件。

【文物管理】传承历史文化，留存城市记忆。积极主动参与老城区有机更新工作，完成吉祥巷、望麓园、文昌阁3个片区17处文物点的产权结构、保存现状、修缮费用等摸底，按照“一户一策”要求，配合做好潮宗街1号片区、楠木厅示范点7个文物点的有机更新方案设计，推动九如里公馆群、忠信园公馆群等文物点修缮，实现文物在保护中发展、在发展中保护。组织开展非遗活动进校园、进社区、进市场“三保三进”活动，申报李氏正骨、林旭平镌刻市级项目2个，留住历史遗存。

【“精彩运动·幸福向北”2018年开福区全民健身节启动】5月20日，由长沙市体育局、开福区人民政府、马栏山（长沙）视频文创园管委会主办，开福区文化体育新闻出版局承办的“精彩运动·幸福向北”2018年开福区全民健身节启动仪式暨“放飞梦想·文创花开”马栏山风筝大会在马栏山视频文创园举行。1000余名风筝爱好者齐聚马栏山，以纸鸢为媒，一起放飞梦想，携手幸福向北。此次马栏山风筝大会有“专业放飞、大众放飞、风筝专题非遗展示、DIY风筝涂鸦”4个环节。开福区全民健身节以“精彩运动，幸福向北”为主题，推出“同乐、合力、和美”3个篇章15项活动，以及开福区机关、街道、社区、体育健身社团100余项群众体育活动将贯穿全年，让逾10万名市民“动起来，更精彩”。

【“剑行天下·幸福开福”2018年中国击剑俱乐部联赛（长沙开福站）开幕】4月29日，由中国击剑协会主办，长沙市体育局、开福区

5月20日，“精彩运动·幸福向北”开福区全民健身节启动仪式暨“放飞梦想·文创花开”马栏山风筝大会在马栏山视频文创园浏阳河湾草滩广场举行
（区文体局　供图）

人民政府共同承办2018年中国击剑俱乐部联赛长沙开福站在湖南国际会展中心开赛，本次比赛吸引来自15个城市和地区，242个俱乐部4025名选手参赛，打破办赛以来最高参赛人数纪录。中国击剑俱乐部联赛于2009年创立，旨在为全国击剑选手提供比赛、交流、学习机会，促进击剑运动在中国的发展，特别是在青少年中的普及，是国内覆盖人群最广、影响力最大、关注度最高的击剑赛事。2018年俱乐部联赛共设5站，4站分站赛1站总决赛，其中分站赛将全部纳入参赛选手积分系统。本次长沙开福站为第二站，比赛进行3天，设花、重、佩三个剑种，从10岁组到16岁+组，个人与团体赛16个组别，产生94个冠军。2014年，开福区建成湖南省第一家击剑体育后备人才基地，有2000余名青少年在此参加教学训练，有1000余名青少年选手注册为俱乐部会员。

【《文化名人话开福》新书首发仪式】4月21日，由中共开福区委、区政府主办，中共开福区委宣传部、开福区文体新局、长沙晚报报业集团承办的“一本书 · 一段情 · 一座城”开福区“读书之城” 与您有约暨《文化名人话开福》新书首发仪式在秀峰山公园前坪举行。长沙市委宣传部常务副部长赵柏林，长沙市文广新局党委委员、副局长李小军，开福区委书记沈裕谋等领导及嘉宾出席活动，并向读者代表赠送新书。《文化名人话开福》由开福区委宣传部编撰，由湖南文艺出版社出版，分科教专家文昌开福、文体名家繁荣开福、文博之城人文开福、工匠大师艺术开福、宗教圣地善行开福和中国好人厚德开福6个章节，有尹向东、卢光琇、孔小平、谢子龙等名人名家讲述开福的故事。开福区有1个图书中心馆、5家24小时自助图书馆、10家图书分馆、31家农家书屋，湖南新华书店以“1+10”网点模式进入开福社区，开展“书香开福、幸福北城”“流动书吧、行走开福”“悦读人生、十全十美”等读书之城系列活动，老百姓出门就能看到书吧、闻到书香、读到好书。

【“我是你的鸽子花”刘赛独唱音乐会在长沙市开福区举行】7月6日，由湖南省音乐家协会主办、长沙市开福区文化体育新闻出版局承办的“我是你的鸽子花——刘赛独唱音乐会”在长沙音乐厅举行。被称为“失明的百灵鸟”张家界土家族青年歌手刘赛，演绎《小溪》《望月》《牧羊曲》《龙船调》等经典歌曲，推出新作《我是你的鸽子花》，抒发对新时代新农村赞美之情。她是新兴音乐群体的典型代表，她的励志故事激励人心，先后毕业于湖南艺术职业学院、吉首大学音乐系。曾获中央电视台综艺节目“星光大道”2011年度总决赛冠军，作为“和平使者”出访以色列、日本、印度、泰国、新加坡等国家。荣获湖南省最美政协委员嘉奖、湖南省禁毒宣传形象大使称号，现为致公党党员，张家界市残联副主席，系湖南省“三百工程”文艺人才。举办此次音乐会，旨在践行习近平新时代中国特色社会主义思想，树立积极向上追求美好人生的榜样，引领新音乐群体攀登音乐艺术高峰，激励广大人民群众为实现中华民族伟大复兴的中国梦而奋斗。

【举办“欢乐潇湘 品质长沙”第15届“湘江韵律”文化会演】6月22日，第六届湖南艺术节“三湘群星奖”开福区初赛节目展演暨“欢乐潇湘 品质长沙”开福区第十五届“湘江韵律”文化会演在开福区风帆广场举行。湖南省文化馆副馆长周固坚，长沙市文广新局党委书记、局长杨长江，长沙市群众艺术馆馆长刘新权，开福区委常委、宣传部长舒全球等领导出席活动。开福区“湘江韵律”系列群众文化活动连续举办15年，广大文艺爱好者秉持“靠作品说话、为人民放歌、以精神铸魂”的理念，结合开福区域特色，创作一大批音乐、舞蹈、戏曲精品力作，讴歌党的好政策、讲述“中国好人”故事、传播“为国尽忠”“为职尽责”“为家尽孝”的开福主流价值观。本届“湘江韵律”参赛及展演的12个节目，也是第六届湖南艺术节“三湘群星奖”开福区初赛展演节目，都是从开福区众多文艺节目中挑选的精品。

【开福区2018年“精彩运动 · 幸福向北”气排球总决赛落幕】11月3日，由长沙市体育局、开福区人民政府主办，开福区文体新局承办的“精彩运动 · 幸福向北”2018年开福区气排球联赛总决赛在开福区翼腾篮球馆举行。本次总决赛由开福区质监分局、区委办、区老干局、区农林水利局、区疾控中心、区食药监局机关代表队和捞刀河街道、洪山街道、芙蓉北路街道、青竹湖街道、东风路街道、秀峰街道等12支代表队参赛。经过20场激烈比拼，青竹湖街道代表队获得冠军，区质监分局代表队获得亚军，区委办代表队获得季军。长沙市体育局副局长杨亿明、长沙市体育局副局长李德安、开福区委常委、区委办主任张春雄、开福区人民政府副区长杨光华等出席活动。

（师浩晋）

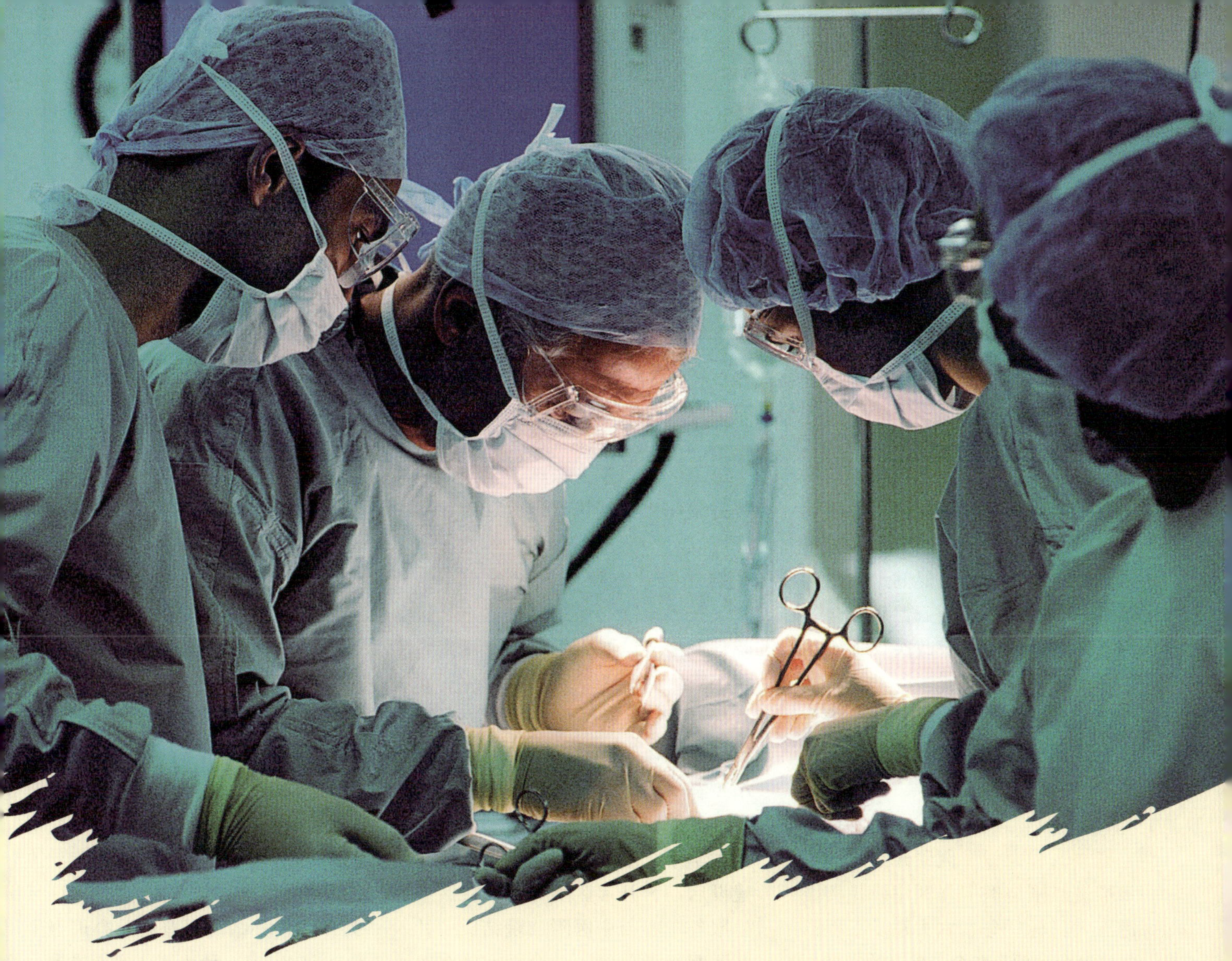

卫 生

HEALTH

卫生和计划生育

【概况】2018年，驻开福区省部级医院4家，市级医院4家，其他各类医疗机构426家，包括政府举办的基层医疗卫生事业单位15家、社区卫生服务站30家、村卫生室40个。全区卫生计生工作以“健康开福”建设为总揽，突出优质内涵发展的主题，按照医卫强区三年行动计划扎实推进，全区卫计事业呈现出健康发展的良好态势，荣获全国第三届“万步有约”职业人群健走激励大赛铜牌、湖南省艾滋病性病综合防治工作先进单位，医政医管工作在长沙市医政工作大会上作经验典型发言，在国家基本药物制度实施考核中，开福区荣获全省综合考评排名第二的好成绩。

【健康开福建设】健康开福建设稳步推进。围绕医卫强区建设扎实推进五大目标任务、六大建设工程，包括21个大项目42个子项目的实施，在政策保障、机制运行、方式创新等方面积极推进。继续将“全民健康生活方式促进工程”“医疗卫生服务能力提升工程”“妇幼健康提标工程”和“基层中医药服务普惠工程”等八大民生实事工程作为全区卫生和健康事业发展的首要任务，健康开福建设的政策框架体系基本构建，健康政策融入全局、健康服务贯穿全程、健康福祉惠及全民的卫生与健康治理新格局逐步显现。

【医卫体制改革】医药卫生体制改革持续深化。加快推进分级诊疗制度建设。多层次医疗联合体建设有序推进。开福区依托长沙市一医院、长沙市中心医院、长沙市八医院、湖南省第二人民医院、湖南省中医附二医院等辖区医院，先后在全区建成8个专科优势差异化发展的“医联体”和“名（中）医工作站（室）”，推进分级诊疗转诊落实。基层医疗卫生机构与湖南中医药大学第二附属医院“中医联盟”建设启动，开福区所有15家社区卫生服务中心与中医附二院结成“社区联盟指导单位”，全面实施名医坐诊、名师带教、人员培训等5个方面的医疗联合。家庭医生签约服务全面推开，全区组建家庭医生服务团队87个，全区家庭医生签约人口22.6万人。完善药品供应保障体系。全区公立医疗卫生机构严格执行基本药物制度，全面实施药品采购“两票制”，全区基层医疗机构备案采购机制完善建立，启动对基层医疗机构低值易耗品的集中采购工作。

【卫计服务】卫计服务水平整体提升。行政效能稳步提升，加快卫生计生综合监督执法三级网络建设，配备执法终端，建立执法全过程记录体系，确保严格规范文明执法。召开全区医疗机构违法违规行为专项整治工作推进会，净化医疗环境。严格设置审批，进行“阳光公示”制度，全年新引进社会办医机构16家；在线完成医师执业注册登记1178人次，护士执业注册登记2634人次，无一例差错；开展专项执法整治行动17次，立案查处违法行为50起；办结商事登记及办理卫生许可证491家。计生工作常态推进。实施全面两孩政策，健全公共政策配套和服务配套，推进综合治理，基层基础工作不断巩固。2018年计生年度全区出生人口5991人，自然增长率5.57‰，符合政策生育率99.3%，办理一孩二孩生育服务证6747本，审批再生育证102本。2018年，开福区完成无偿献血4127人次，全面完成无偿献血任务。提升中医覆盖水平，以长沙市创建全国中医药工作示范市为契机，巩固区创建成果，扎实推进基层中医药服务能力提升工程，全区各街道社区卫生服务中心均能提供7类以上中医诊疗技术，全区开展中医药科普文化宣传活动30余次，居民群众在家门口就能享受优质的中医药健康服务。

5月4日，湖南中医药大学附二医院与秀峰街道社区卫生服务中心紧密型医联体挂牌
（区委宣传部　供图）

【开福区开展“关怀关爱流动人口、健康服务一路同行”活动】12月27日，开福区卫生和计划生育局联合芙蓉北路街道在江滨社区开展以“关怀关爱流动人口、健康服务一路同行”为主题的大型宣传活动。给辖区流动人口居民提供“属地化受理、市民化待遇、亲情化服务”待遇，为他们提供国家免费的卫生基本公共卫生计生服务，体现政府对流动人口的关爱关怀。活动现场为100余名环卫工人进行健康知识讲座、健康体验、理发等服务。现场为流动人口居民量血压89人次，免费测血糖35人次，发放卫生计生宣传资料300余份，发放免费避孕药具200余盒。

【开福区举行“三湘农民健康开福行”暨优生优育科普及妇女病防治宣传义诊活动】11月23日，2018年“三湘农民健康开福行”暨优生优育科普及妇女病防治宣传义诊活动在捞刀河街道高岭社区举行。本次活动由开福区“三湘农民健康（开福）行”活动组委会、开福区卫生和计划生育局、开福区科技局，开福区捞刀河街道办事处主办。活动现场，来自省、市、区医院的专家团队为捞刀河街道的居民群众提供多方位义诊；自编自导自演的文艺节目，以通俗易懂的方式帮助民众普及健康知识；为11名特困孕产妇送上慰问金；发放健康民生实事项目、妇幼保健知识等宣传资料5000余份。活动的主要目的是希望通过普及政策知识宣传，提供高水平的义诊服务，形成全社区关注出生缺陷防控和妇女疾病防治的良好氛围，提升城市居民的健康水平。开福区高度重视妇女儿童健康工作，将出生缺陷清零工程和妇女“两癌”精准医学工程纳入“健康开福”建设的重点规划。区级财政每年投入经费600万元，相继落实免费孕前优生检查、免费产前基因检测、免费新生儿疾病和耳聋基因检测、免费地中海贫血基因检测等民生项目，推进优生优育，控制出生缺陷，提高出生人口质量；全区妇女“宫颈癌和乳腺癌”筛查项目实现“由农村向全区普及、常规检查向基因精准检测，基本实现适龄妇女“两癌”早发现、早诊断和早治疗，取得良好的社会效益。

（曹　妍）

妇幼保健

【概况】开福区妇幼保健计划生育服务中心是开福区卫生和计划生育局的二级机构，属全额拨款全民事业单位，地处开福区新河路217号。开展妇女保健、儿童保健、婚姻保健、生殖保健、计划生育技术服务、基层培训等业务。区妇幼保健计划生育服务中心有专业技术人员35人，其中，副高级职称3人，中级职称17人，初级职称15人。全区16个街道，15家社区卫生服务中心，配备妇幼专干83人，其中妇保专干40人，儿保专干43人；40个行政村卫生室全部承担相应的妇幼保健工作；辖区助产机构均配备有妇幼信息专干。

【儿童保健】巩固儿童保健合格区创建成果。加强儿童眼、耳、听力及口腔保健，做好常见病的早期识别及异常儿童的转诊、接诊工作。做好生长发育偏离儿童的监测、转诊、管理工作，做实高危儿保健及儿童营养性疾病的管理。加强0~6岁儿童健康管理工作，建立区级质量控制体系，加大督导力度，控制5岁以下儿童死亡率。加强驻区助产机构新生儿复苏适宜技术推广，助产服务机构均建立新生儿病室设置标准及新生儿疾病分级管理与转诊工作规范，落实“新生儿科医师进产房”和新生儿窒息病例评审制度。加大儿童意外伤害防范知识的普及，对儿保专干开展儿童意外伤害防范宣传教育及儿童院前急救知识培训；规范开展新生儿死亡评审工作，充分发挥评审实效；落实长沙市健康民生和出生缺陷防治工作。2018年，完成新生儿遗传性耳聋基因筛查4411人，为市级目标任务的157.54%，筛查异常155人，其中杂合突变141人，纯合突变1人，线粒体均质突变13人，经随访，1例确诊为重度听力损害；完成新生儿多种遗传代谢病筛查4468人，为市级目标任务的159.57%，检出先天性甲状腺功能减低症1人，G6PD酶缺乏症（蚕豆病）13人，原发性肉碱缺乏症1人。规范托幼机构卫生保健管理，建立托幼机构卫生保健员网络体系，健全工作质量控制体系，托幼机构卫生保健工作质控率100%。

【孕产保健】通过多举措，全力保障辖区孕产妇和新生儿安全。严格按照《开福区妊娠风险评估与管理工作规范》要求，加强高危孕产妇管理，全年辖区管理高危孕产妇6210人，均100%管理到位。狠抓产科质量和爱婴医院管理，建立产科质量定期质控和剖宫产率季度通报制度。充分利用辖区优质资源，确保危重孕产妇救治绿色通道的畅通。定期开展危重孕产妇评审，及时发现医疗保健处理与管理过程中的问题，总结经验教训，发挥评审

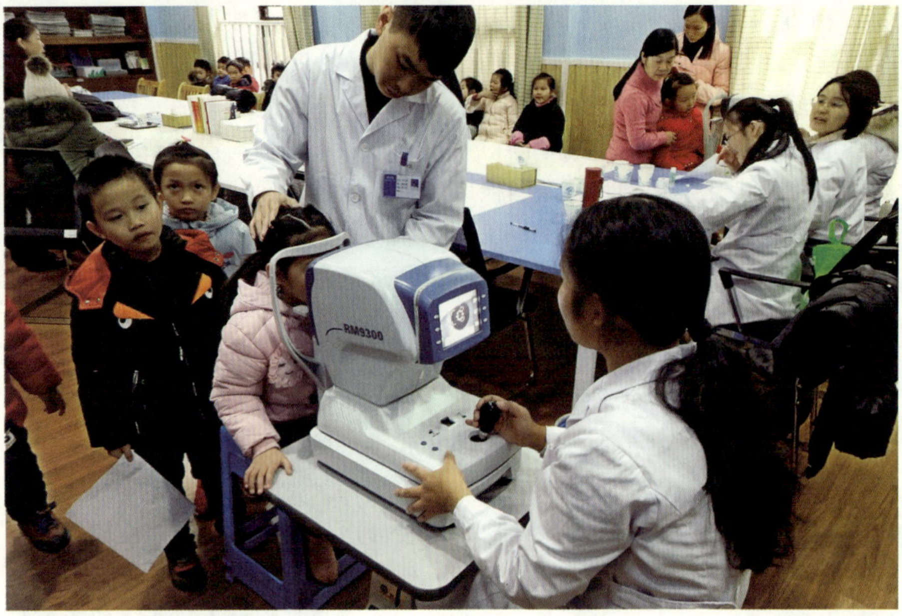

做好儿童眼耳保健工作　（区委宣传部　供图）

实效。严格按《国家基本公共卫生服务规范（第三版）》要求，落实孕产妇健康管理，重点落实高危筛查和管理、分级住院分娩指导、产后访视工作。落实出生缺陷防治和重大公共卫生项目。全年辖区服用叶酸8897人，服用率97.97%；免费地中海贫血筛查与基因诊断工作，全年完成地贫初筛6993人，初筛阳性240人均免费进行基因检测，确诊地中海贫血患者160人（其中A轻型74例、B轻型82例、复合型4例）；完成免费产前筛查4896人，目标人群覆盖率150.18%，检出异常843人，其中21-三体740人，18-三体72人，开放性神经管缺陷35人，异常人群均及时进行转诊和后续随访；完成孕妇外周血游离NDA检测5031人，为市级目标任务的159.86%，检出高风险38人，经后续产前诊断，确诊12人，其中21-三体5人，18-三体1人，其它异常6人，确诊畸形胎儿12例全部终止妊娠。加强艾滋病、梅毒、乙肝母婴传播项目工作的管理，全面落实综合干预措施。2018年，全区上报HIV感染孕产妇8例、梅毒感染孕产妇126例、乙肝阳性产妇1361例，均100%管理到位。精准开展出生缺陷监测。2018年，辖区助产机构监测活产出生缺陷发生率218.94/万，较2017年的222.37/万下降1.54%。

【妇女保健】做好适龄妇女“两癌”免费检查工作。适龄妇女“两癌”免费检查作为省、市民生实事项目，开福区政府根据辖区适龄妇女人数确定各街道健康民生检查任务数并下达到各街道，明确各街道社区卫生服务中心为“两癌”筛查初筛机构，长沙市妇幼保健院为初筛阳性转诊机构。优化服务流程，强化技能培训，建立区级“两癌”检查质控队伍。2018年，开福区适龄妇女“两癌”免费检查项目（长沙市健康民生项目）目标任务12300人，完成14434人，为目标任务的117.35%；农村适龄妇女“两癌”免费检查项目（湖南省政府民生实事项目）全年目标任务4868人，完成6483人，为目标任务的139.5%。开展女性盆底功能障碍性疾病防治。全区15家社区卫生服务中心均参加省、市级培训，有7家社区卫生服务中心开展盆底与产后康复治疗。

【计划生育技术服务】推进婚前医学检查、孕前优生健康检查等出生缺陷防治项目，开展爱心助孕特别行动，落实免费计划生育基本项目技术服务、计划生育手术并发症和病残儿医学鉴定。2018年，开福区完成婚前医学检查7280人，婚检率91.73%；孕前优生健康检查4298人，目标人群覆盖率107.45%，早孕随访率100%，妊娠结局随访率100%，实验室室间质评结果合格率100%；完成免费计划生育手术项目727例，其中结扎术72例，人工流引产189例，取出皮埋术1例，放置宫内绝育器70例，取出宫内节育器395例。

【妇幼卫生信息】设置信息科，实行妇幼信息专干动态管理；制定妇幼健康信息质量控制方案，按要求每季对辖区助产机构和社区卫生服务中心进行质量控制；建立季度例会制度，进行报表汇审和工作布置；落实信息资料交接和信息安全管理制度，实行妇幼卫生信息归口信息科、业务科室审核的管理模式；辖区助产机构坚持实行产科床位使用动态情况公布，区妇幼保健计划生育服务中心指派专人进行管理、督导。

【健康教育】三级健康教育网络逐步夯实。区、街、村（社区）专人负责，制度、计划、责任完善，建立健康教育组织管理网络图，层层推进，全面落实。宣传活动形式推陈出新。围绕妇幼健康重点工作，开展主题宣传日活动15场，结合“5・19”家庭医生日、基本公共卫生和计划生育服务，开展健康民生项目、出生缺陷综合防控等政策和知识的推介宣传。加强宣传阵地建设。各街道利用孕妇学校、人口学校和社区“健康小屋”阵地，常年开展各种形式的健康教育工作。2018年，全区21所孕妇学校均达标，孕期健康教育参与率58.14%，母婴保健核心知识知晓率94.7%。

（曹　妍）

疾病预防控制

【概况】开福区疾病预防控制中心（以下简称区疾控中心）于2003年3月正式组建，是政府全额拨款事业单位，隶属开福区卫计局，位于四方坪街道德雅路891号。区疾控中心有专业技术人员37人，其中副高职称3人，中级职称5人，初级职称19人。2018年，区疾控中心获评湖南省艾滋病性病综合防治工作先进单位、湖南省2018年度血吸虫病防治工作绩效考核优秀单位、长沙市疾控中心中东呼吸综合征应急演练团体三等奖、省级血吸虫防治技能竞赛个人二等奖和团体三等奖、全国第三届“万步有约”职业人群健走激励大赛铜牌等多项荣誉；顺利通过全省血吸虫病消除达标验收。

【急性传染病防控】区疾控中心急性传染病防控工作坚持以网络直报为载体、以重点传染病监测为依托、以结核病/艾滋病防治为核心，以学校卫生为关键，以卫生应急为底线，多措并举确保疫情防控的及时性、规范性、高效性。处置突发公共卫生事件2起、学校和托幼机构聚集性疫情43起，通过严格落实流行病学调查和现场处置工作，将疫情控制在早期阶段。

【慢性病管理】通过日常督导培训与突击档案清查双管齐下，慢性病防控管理工作得到提质提档。2018年，全区高血压患者管理34787人，规范管理率61.04%；糖尿病患者管理12808人，规范管理率60.38%；严重精神障碍患者管理2650人，在管2570人（96.98%），规范管理2550人（96.23%）。2018年，完成五癌临床筛查2464人次，发现疑似癌症29人，实现癌症早诊早治。肿瘤登记报告粗发病率为346.03/10万，粗死亡率228.71/10万。

【免疫规划管理】落实《预防接种工作规范》要求。常规免疫接种管理方面，2018年度全区接种疫苗42.74万剂次，同比上升5.54%，其中一类疫苗接种22.18剂次，二类疫苗接种20.56万剂次，二类疫苗同比上升12.86%。疫苗针对性疾病监测方面，累计报告疑似麻疹、风疹病例22例，报告本地AFP病例1例，报告疑似乙脑病例17例。疫苗规范化管理方面，自4月1日起，开福区由第三方储运公司进行疫苗的代储代运，优化全区各接种单位疫苗冷链配送工作。

【健康教育】坚持以健康教育为先导，以“知—信—行”模式为抓手，提升群众疾病防控水平。区疾控中心开展系列宣传活动50余场次，对象覆盖面4万余人次，社区、机关、家庭、农村、学校等重点场所，慢病、艾滋病、结核病等重点疾病，学生，妇女、儿童等重点人群达到全面覆盖。

【卫生监测】按照省市相关监测方案要求，区疾控中心以服务群众为宗旨，推进监测工作优质化。全年监测餐具样193批次，水质样258批次，69家公共场所环境样190批次，149家医疗机构消毒效果检测498批次监测食品样143批次；监测中小学校、托幼机构66所；监测二次供水和末梢水92批次；辖区22家哨点医院共上报食源性病例864例，食源性疾病暴发事件4起，所有疫情均得以高效规范处置。开展护苗行动，对全区166所大中小学和托幼机构的饮用水进行监测。

【地寄疾病监测】2018年为开福区血吸虫病消除达标年，开福区通过开展春秋两季查螺灭蚴、3000人查病化疗、生态环境治理、血吸虫病健康宣教、消除达标氛围布置等工作落实，先后通过长沙市、湖南省专家血防消除审评，成为全省第二批摘除“血吸虫病疫区”帽子的区县，开福区荣获湖南省2018年度血吸虫病防治工作优秀单位称号。2018年，区疾控中心完成对200名学生、100名孕妇的盐碘和尿碘的监测及录入工作，完成200名学生的甲状腺监测工作；完成421名不明原因发热病人疟疾血检工作（超出任务数116人）。

【其他工作】开展流感疫苗免费接种工作。为全面提升居民免疫力，降低高危人群发病率，有效保障居民身体健康，2018年，开福区针对辖区户籍或区属在校中、小学生和户籍65周岁及以上老年人开展流感疫苗的免费接种工作，全区免费接种流感疫苗22998剂次，其中中小学生接种16429剂次，接种率30.86%，65岁以上老年人接种6569剂次，接种率17.37%。推进健教项目调查。2018年，开福区共承担国家健康素养调查、中医药健康文化素养调查、国家烟草控制调查和市级健康素养调查等4个项目，涉及5个街道10个社区近2000户居民，基线调查的数据提供为国家相关政策制定提供科学依据。迎接国家卫健委狂犬疫苗接种工作督导。开福区代表湖南省迎接国家卫生健康委关于长春长生狂犬疫苗接种者跟踪观察、咨询服务和疫苗续种补种工作督导。国家督导组和湖南省卫健委充分肯定开福区数据清、底数实、措施好、效果强的工作成果，并对免疫规划工作模式及做法给予高度评价。“万步有约”职业人群健走激励大赛。2018年，开福区参加全国第三届“万步有约”职业人群健走激励大赛，开福区疾控中心全程给予技术指导。本届大赛涵盖全国31个省449个国家级或省级慢性病综合防控示范区（县），1.6万多个行政机关企事业单位参赛，经过100天的比赛开福赛区最终以全国第六的成绩获全国铜牌健走示范城市奖、示范区优秀组织奖。开展学校常见病监测。为及时掌握可能影响学生健康的危险因素，预防学生常见疾病的发生，按照湖南省卫健委的统一布署，开福区连续两年被选定为学生常见病及健康危险因素监测的湖南省项目点。2018年，区疾控中心对2081名学生进行常见病项目的体检、视力筛查及检测，收集调查问卷2089份，完成8所学校的环境卫生状况监测、18间教室的教学环境监测。

（曹　妍）

卫生计生监督执法

【概况】开福区卫生计生综合监督执法局依法开展公共场所卫生、饮用水卫生、学校卫生、医疗卫生、职业卫生、放射卫生、传染病防治、计划生育和中医服务9项行政执法工作。涉及日常监管、行政许可、行政检查及处罚、受理举报投诉、处置突发公共卫生事件、督办“两非”案件及社会抚养费征收、服务区中心工作等。2018年，全区有监管对象1799家，其中公共场所单位1121家，二次供水单位87家，医疗机构376家，学校、幼儿园179家，放射诊疗单位11家，母婴保健服务机构25家。

【医疗服务市场监管】开展打击非法行医和“两非”专项行动，同时开展多次专项行动，包括母婴保健技术服务机构专项执法行动、放射诊疗专项整治、疫苗流通及预防接种专项检查、消毒产品专项督查等，对发现的问题及时下达卫生监督意见书并督促整改到位，坚持“全覆盖、零容忍”的工作原则，定期开展行业整治工作推进会和负责人集中约谈。2018年，吊销医疗机构执业许可证4家，罚没款48万元的1家，罚没款金额超过5万元的个人1家。

【公共场所监管】开展住宿业、沐浴场所、娱乐场所、游泳场馆、大型集中空调通风系统、公共场所控烟、美容美发、艾滋病防控等专项整治行动。同时将公共场所卫生监督量化分级评定工作与日常监督相结合，按时办结商事登记许可事项。五类经营性公共场所量化率100%，全区评定A级单位10家，B级单位181家，C级单位26家。B级单位大幅上升，C级单位大幅下降，表明开福区公共场所卫生安全总体水平有较大幅度的提升。

【学校卫生监管】开展春秋季两次专项检查，并针对农村学校自建设施供水、预防近视等教学卫生、传染病防治、学校及周边监督、学校卫生监督综合评价等，开展专项检查工作，实现监督覆盖率100%。同时注重及时总结、汇报、通报，确保学校卫生监督工作取得实效，形成详细的《检查情况通报》报区政府、区教育部门，反馈到各学校、托幼机构，提升全区学校卫生管理工作质量。

【群众饮水卫生安全】根据辖区内供水分布特点，开展管网末梢水监测卫生监督、二次供水专项检查、农村集中式供水单位专项监督、学校直饮水自备水专项整治、涉水产品卫生监督等专项检查。积极探索二次供水管理新模式，针对辖区内56家由鸿源公司管理的二次供水单位，约谈相关负责人，进行逐一清理排查，要求相关单位对问题进行整改，整改合格后办理“卫生许可证”，整改发证工作正在进行中；组织对辖区内无管理主体老旧小区二次供水单位进行摸排，由区政府明确区城乡建设局作为主管部门负责本行政区域内二次供水设施管理和卫生管理工作，确保居民用水安全。

【普法宣传与培训】依据“谁执法、谁普法”原则，组织举办“乡镇、街道卫生监督协管员、信息员培训”“学校（托幼机构）卫生管理工作培训”“学校自建设施供水、分质供水卫生管理培训”“医疗机构卫生监督法律知识培训”“游泳场所负责人卫生知识培训”“二次供水管理员培训”“公共场所卫生管理培训”等法律法规知识培训班，提升管理相对人的法律素养。强化自身队伍建设，组织卫生监督员参与网上法律法规培训、普法考试、执法证考试等，人均完成网上30学时学习，确保持证上岗、带头守法、公正执法。

（曹　妍）

社会管理和服务

SOCIETY MANAGEMENT AND SERVICE

民政

【概况】2018年，开福区共有城市低保5073人，农村低保2114人，全年发放保障金3514万元。全年临时救助1000余人次，救助金额300万元；大病救助2250余人次，救助金额1037万元；精神病障碍患者住院救助246人次，救助金额94万元；药物救助4676人次，救助金额69万元。2018年，发放各类抚恤、优待和救助等资金2626.9万元。2018年，新增社会组织20家。

【最低生活保障】严守政策“应保尽保”，2018年共有城市低保5073人，农村低保2114人，全年发放保障金3514万元。开展低保错时年审结合社会救助专项治理工作，利用《居民家庭经济状况核对系统》及时发现低保家庭就业、购房、购车等经济状况变化信息，坚持长效动态管理，及时“应退尽退”。2018年，城市低保净减少624户、农村低保净减少163户。

【医疗救助和临时救助】加强医疗救助与临时救助的衔接，对患重特大疾病以及救助后仍难以负担医疗费的对象，通过临时救助制度给予及时救助和帮扶。组织全区各街道针对家庭困难患大病的困难家庭主动联系，讲解临时救助政策，通过政策衔接和相关业务系统的对接，防止救助对象因病致贫、因病返贫，避免多头救助和重复救助的情况出现。全年临时救助1000余人次，救助金额300万元；大病救助2250余人次，救助金额1037万元；精神病障碍患者住院救助246人次，救助金额94万元；药物救助4676人次，救助金额69万元。

7月8日，长沙市社会救助局局长何朝飞（中）到沙坪街道调研指导开福区社会救助工作
（区民政局 供图）

【特困人员供养】2018年，开福区特困对象520人，其中集中供养106人，分散供养414人，全年发放保障金447万元。委托第三方机构进行特困供养人员自理能力评估，按等级标准为近200名特困人员发放特困供养护理补贴51.7万余元。指导开福区沙坪敬老院提升服务质量，设立特护病房，增设特护澡堂，完成用电负荷扩容、标准化改造敬老院食堂、更换室内设施等一系列改造，完善基础配套设施，提高特困人员的供养水平。

【基层政权和社会建设】加强社区专职人员队伍员额管理，出台《长沙市开福区关于进一步加强社区专职工作人员队伍建设的实施细则（试行）》，完善规范社区工作人员管理制度。按照市级要求，调整社区专职工作人员工资待遇，经过调整后社区主职、副职和一般工作人员工资比2016年分别上涨1267元/月、1150元/月和1092元/月。组织全区社工证报考人员进行考前培训，全区有持证社工674人，2018年新增116人，持证社工总量在各区（县）继续名列前茅。加强社区基层能力建设，制定《开福区社区民主自治议事会议制度（试行）》和《开福区社会组织管理办法（试行）》。2018年，完成24个社区全面提质提档工作任务。全区共申报福城社区等4个市和谐示范社区，双河社区等5个市和谐精品社区，以及等国防科大社区“融情科大—军民携手—同心向党”6个社区服务品牌。起草《关于加强和完善城乡社区治理的实施办法》，健全和完善全区城乡社区治理体系。完善以社区为平台、社会组织为载体、社会工作人才为支撑的“三社联动”运行机制。2018年，组织社区、社会组织参加长沙市第三届“三社联动”供需对接会，现场签订167个合作意向书。加大“三社联动”项目资金统筹力度，投入专项资金用于鼓励和支持区级“三社联动”示范项目，对服务效果好、社会反响好的社区、社会组织和社工机构予以适当补贴。社区引入社会组织和专业社工人才参与社区建设，为居民提供养老、助残、家庭教育等方面的服务，取得良好的社会效应。

【社会组织管理】2018年，全区有注册登记社会组织363家（社会团体42家，民办非企业单位321家），街道备案社会组织788家。完成343家社会组织年检工作，对全区30家公益慈善类社会组织进行综合评估，将结果向社会公示。严查非法社会组织，与教育局、公安局等相关部门开展联合执法，集中清理非法社会组织，确保全区社会组织健康发展。发挥社会组织孵化基地的平台作用，加快培育、发展、规范社会组织的建设，2018年，新增社会组织20家。

【慈善工作】2018年，救助全区低保户、尿毒症患者174人次，发放救助资金20.56万元，向市慈善会申报友阿困难知青帮扶22人、特大病医疗慈善救助2人。向市慈善会申报长沙市特困家庭子女高等教育慈善助学大学低保、特困家庭子女110人，发放助学资金43.4万元。向市慈善会申报“金叶慈善医疗卡”救助80人，制卡80张，发放救助资金4万元。组织开展“凝聚慈善力量，共筑尚善之都”为主题的第13个“长沙慈善日”宣传活动，宣传法律法规，讲解慈善知识，营造“人人可慈善”“人人能慈善”氛围。

【殡葬管理】以“推动殡葬改革，服务蓝天保卫战”为主题，组织开展殡葬改革宣传月活动，每个街道设置1个集中宣传点，宣传中央、省、市相关政策文件，倡导开展以敬献鲜花、植树绿化、踏青遥祭等低碳环保的方式进行祭扫，推行节地生态安葬的新风尚。开展为期两个月的殡葬领域突出问题专项整治行动，整治违规搭棚治丧2起，纠正乱埋乱葬活人墓4个、豪华墓10个，整治违规祭扫100多次，推进移风易俗。

【社会福利工作】2018年，新增8家养老机构，新增720床位。投资100万元，对全区18个AAA和AAAA级居家养老服务中心进行社区居家养老服务设施标准化建设改造。开展全区养老机构服务质量建设专项检查，对符合规范要求的6家养老机构下发资格证书，督促基督教老年公寓等养老机构完成消防设施改造，规范养老机构管理。完成区福利中心建设项目选址、立项等工作。2018年，提高孤儿保障标准，为全区10名散居孤儿按照每月1100元生活保障标准，及时足额发放生活费。2018年，累计为全区困境儿童发放教育助学金67.65万元。开展残疾人“两项补贴”清理认定工作，对218名不符合条件的残疾人进行清退，停止发放补贴。全区残疾人两项补贴核定申报人数3527人，全年累计发放补助资金778万元，完善工作台账，实行动态管理。

【救助管理】生活无着人员救助管理站严格执行省民政厅、市民政局的相关文件要求，组织开展“夏季送清凉”、“冬季送温暖”、文明创建、开福寺祈福安保等多项救助专项整治工作。2018年，救助2723人次，其中医疗救助流浪乞讨人员170余人次、未成年人12人次，上街主动劝导救助900余人次。发放棉被200多床、衣物1000余件、鞋子1200余双、方便面及矿泉水1496箱。开展全国救助管理机构“开放日”活动，对站外托养机构和定点医疗机构进行检查及整改，对站内进行安全隐患排查整改。

【救灾救济】完善冬春旱灾、突发灾害应急救助和灾后恢复重建工作规程，严格救灾款（物）下拨和发放管理。为开福区居民购买民生保险，年保险资金近100万元，全部由区财政承担。组织开展帮扶救助和走访慰问活动，全区各级、各部门走访慰问困难群众1.32万余户，发放慰问金和慰问物资折合600余万元。继续对全区60名20世纪60年代精减退老职工按标准发放救济金，全面落实省市相关政策。推进创建

3月18日，区长刘拥兵（左四）到北辰国际颐养中心调研养老服务工作
（区民政局　供图）

省级综合减灾示范社区，新河街道幸福桥社区被命名为“湖南省综合减灾示范社区”。在开福区福元路荷马公园组织开展“5·12”防灾减灾宣传日活动。

【双拥优抚及退伍安置工作】落实优抚政策。2018年，发放各类抚恤、优待和救助等资金2626.9万元。修订出台《长沙市开福区优抚对象医疗保障实施细则》，全面提高优抚对象门诊、住院补助标准，年增加资金100万元。全面提高“八一”慰问标准，由原来的400元/户提高至800元/户，为“三属”、伤残军人等10类对象1257人发放慰问金共100万元。完成386名退役士兵接档和审档，组织开展职业技能教育培训，推荐就业15名。发放2017年212名义务兵家庭优待金、大学生一次性奖励金、援疆、援藏差旅费补助金984.45万元。做好退伍军人再就业帮扶和生活解困工作。按照市“一办法、三细则”要求，对下岗失业志愿兵、转业士官、“两参人员”开展两批再就业帮扶，计340人（其中区级岗位336人、市级岗位4人）实现再就业上岗，7名对象得到解困帮扶，区级财政年负担资金1687万元。开展退役军人信息采集，建立健全退役军人信息系统，提升退役军人服务质量水平。

【老龄工作】落实好老年人优待政策，保障老年人的基本权益。全年办理老年优待证5264本，为1.33万余名高龄老人发放高龄津贴1699万元，继续为全区五类高龄老人购买意外保险。开展智慧健康养老保障，以政府购买服务方式，招标委托开福区社区助理服务中心为全区近700名“三无”“五保”“失独”等托底保障老人提供紧急救助、GPS定位、健康管理、生命体征监护和APP智能服务。

【婚姻登记】加强婚姻登记“窗口”建设，做好婚姻登记工作，规范登记程序流程，全员统一着装配牌上岗，提高服务水平。婚姻登记依法、规范，全年办理结婚登记4353对，离婚登记2183对，出具无婚姻证明6份，婚姻登记档案查询136份，登记合格率、准确率100%。

【地名普查】2018年，开福区与望城区联合开展边界检查，与长沙县完成对悦湖山小区边界认定。收集整理出地名录、地名词典、地名志、地名图集条目约3000条。完成对六塘冲路等9条无名道路的命名和更名。

【福彩工作】开展“公益视频票，退卡有礼”“春暖花开，中福有礼”“公益视频票，端午献真情”“福满金秋，礼尚中福”等回馈彩民的促销宣传活动，销售效果明显。2018年，中福在线盛世路销售厅、松桂园销售厅、军人销售厅合计销售额约1.11亿元。开展福彩公益宣传，在江滨社区开展“福彩进社区”主题公益宣传活动，通过慰问低保户等困难群体，以及文艺表演、游戏互动，现场布置彩票宣传板，发放福彩公益宣传折页、小礼品等宣传物品，扩大福利彩票的社会影响。组织全体员工开展公共安全应急知识培训，保障福彩厅的安全运营。

（胡杜豆）

社会保障

区人力资源管理中心

【概况】开福区人力资源管理中心是开福区人力资源和社会保障局的下设二级机构。开福区人力资源管理中心主要承担全区就业创业、创业、职业能力建设、小额担保贷款、档案管理、人才新政服务、人力资源和社会保障基层平台等工作。2018年，全区城镇新增就业人数 25610人，失业人员再就业7371人，就业困难对象再就业 5562人，创业带动城乡就业46115人，新增农村劳动力转移就业6078人，新增创业担保贷款发放1550万元，城镇登记失业率2.08%。

【开福区人力资源服务中心投入使用】3月28日，开福区人力资源服务中心正式投入使用。该中心位于开福区兴联路339号友谊咨询大厦，占地1500平方米，使用面积为1558平方米，设一站式服务窗口、招聘区、培训区、职业指导区、办公区5个功能区。服务大厅的自助一体信息仪，集就业登记、供需查询、培训需求等功能于一体，采用自动触摸设计；所有窗口都实行一站式受理、一键式服务；大厅中央30平方米的液晶显示屏不间断滚动播放求职招聘信息、政策宣传法规等；招聘区有固定展位19个，活动展位11个，可以容纳200人进行招聘活动。每月15日、28日9:00—11:30（逢周末顺延至下周一）中心定期举办现场招聘会，有用工需求的企业和求职者均可免费报名参加。开福区人力资源服务中心是长沙市目前功能最全、占地面积最大的人力资源服务中心。

【举办2018年“春风行动”劳务协作对口扶贫专场招聘会】2月25—27日，开福区带领用人单位到株洲市茶陵县，常德市石门县，举办2018年开福区“春风行动”劳务协作对口扶贫专场招聘会，将工作机会送到贫困地区求职的家门口，通过劳务协作、就业服务、技能培训等措施，帮助贫困劳动力实现稳定就业。本次招聘会前，开福区人力资源和社会保障局组织对用人单位企业资质、岗位要求、待遇水平等进行筛选，特别是考虑到外地来长务工人员实际情况，尽量选择有条件为劳动者提供食宿的，信誉良好的企业，最终，两场招聘活动组织用人单位191家，包括统一集团、长沙泊富名致服务公寓、世纪金源置业购物中心等，提供岗位近万个，吸引求职者6000人，现场达成就业意向1400余人。2018年为促进农村劳动者转移就业，帮扶建档立卡贫困劳动力就业脱贫，也为更好地满足长沙市内企业日益增长的用工需求，开福区人力资源管理中心与劳务协作地人社部门积极对接，通过举办专场招聘会、开办技能培训班等方式，为贫困劳动力就业提供支持，取得一定成效，开福区将继续与劳务协作地区加强协作，促进更多贫困劳动力就业脱贫。

【举办2018年高校毕业季招聘会】7月16日，长沙市开福区人力资源和社会保障局举办“2018年高校毕业季现场招聘会”，为高校毕业生和辖区企业提供一个双向交流平台。有中南大学、湖南大学、湖南师范大学、长沙理工大学等10作所高校，360余名高校毕业生参加应聘，初步达成就业意向40余名。招聘现场，湖南香江红星美凯龙商业地产开发有限公司、湖南瑞康医疗有限公司、湖南永通汽车集团有限公司等19家企业招贤纳士，提供文职类、销售类、计算机类等就业岗位600余个。招聘会前，开福区人力资源和社会保障局与所有前来招聘的企业负责人建立微信群，了解他们的空缺岗位和人才需求，同时与高校招生就业处对接，对离校未就业毕业生的大致就业意向和专业分布进行初步摸底，在高校就业网站、微信平台发布招聘信息，更加精准地搭建供需平台。

（杨　宇）

区社会保障管理中心

【概况】长沙市开福区社会保障管理中心为副科级参照公务员法管理的全额拨款事业单位，是长沙市开福区人力资源和社会保障局下设的二级机构，负责全区养老保险、失业保险、工伤保险等社会保障工作以及企业退休人员管理工作。

【企业职工基本养老保险】2018年，开福区完成企业养老保险基金征缴收入12.94亿元，为2018年目标任务6.5亿元的199%。离退休人员基本养老金按时足额发放，社会化发放率100%；全年基本养老保险覆盖率100%。

【机关事业单位养老保险】2018年，开福区机关事业单位在职参保人数4800人，为2018年目标任务4060人的118%。

【城乡居民基本养老保险】2018年，开福区完成城乡居民基本养老保险征缴收入942万元，为2018年目标任务300万元的314%。

【社会保障卡持卡人数】2018年，开福区社会保障卡持卡人数 19.8万人，为2018年目标任务19.06 万人的103%。

【开福区社会保障卡管理服务中心被评为长沙市2015—2017年度社会保障卡优秀服务大厅】3月27日，长沙市社会保障“一卡通”应用工作现场推进会在浏阳市召开，开福区社会保障卡管理服务中心被评为长沙市“2015—2017年度社会保障卡优秀服务大厅”。为推进社会保障卡的发行与应用工作，开福区社会保障卡管理服务中心深入基层了解实情，倾听居民群众需求，创新举措做好服务，着力解决联系服务群众“最后一公里”问题，持续投入大量的人力、物力，提升开福区

基层人社业务工作培训会　　（区人社局　供图）

社会保障卡综合服务能力和服务水平，切实为居民群众提供便捷、优质的社会保障卡服务。

【长沙银行为长沙学院8000名学子上门办理社保卡】4月27日，长沙市开福区社会保障卡管理服务中心长沙银行开福支行营业部安排3名工作人员，携带相关设备进驻长沙学院，设立便民办卡点，为该学院学生办理发放社会保障卡。社会保障卡是办理各类人社业务的身份凭证，持卡可办理医保报销、领取退休待遇等社保服务，未来还将融入更多的政务和社会服务。长沙学院有8000张社保卡需办理发放，如何能够在繁忙的学业之余，尽快领取社保卡，一直是个棘手的问题，通过设立校园办卡点，填表、输密码、采集指纹、指静脉等生物特征信息，不到10分钟，一张社保卡即可办理完成，高效快捷。截至2018年底，长沙学院8000张社保卡全部办理并发放到位。

【召开企业退休人员社会化管理服务培训会】为推进开福区企业退休人员社会化管理服务工作，提高基层服务平台工作人员社会管理服务水平，11月20日，开福区社会保障管理中心在洪山街道召开企业退休人员社会化管理培训会。全区16个街道和107个社区社保专干150人参加培训。长沙市企业社会保险工作局书记刘中海出席会议。会议组织学习《关于做好我省离退休人员养老金领取资格认证工作的通知》（湘人社函〔2015〕304号）文件精神，刘中海介绍退休人员社会化管理服务管理相关内容、长沙市退休人员社会化管理服务工作的发展方向和工作思路，并对各街道、社区退休人员社会化管理服务工作提出具体要求。会议介绍长沙市《退休人员社会管理服务系统》功能作用，以及各街道、社区在今后退休人员社会化管理服务过程中常态化使用《退休人员社会化管理服务系统》的具体操作。还组织参训人员学习升级版《长沙市生物识别平台——生产平台》管理系统的操作与使用及升级版养老金领取资格认证（客户端）系统的操作与使用。通过此次培训，促进街道和社区社保专干对退休人员社会化管理工作提高认识，熟悉业务，掌握政策，为开福区开展退休人员养老金领取资格认证和全民参保工作奠定良好的基础。

（杨　宇）

区医疗保险管理服务中心

【概况】长沙市开福区医疗保险管理服务中心为副科级参照公务员法管理的全额拨款事业单位，是长沙市开福区人力资源和社会保障局下设的二级机构，负责全区职工基本医疗保险、职工生育保险，城乡居民基本医疗保险等社会保障工作。

【职工基本医疗保险】2018年，全区职工基本医疗保险基金征缴4.92亿元，其中基本医疗统筹4.5亿元，大病互助1620万元，公务员补助基金2534万元。2018年，办理异地报账269人次，支付医疗费用223万元。

【生育保险】2018年，生育保险征缴基金1743万元。2018年，办理生育津贴和补助1038人次，生育保险支付生育津贴和补助1160万元。

【城乡居民基本医疗保险】2018年，城乡居民基本医疗保险征缴基金9793.4万元，长沙市下达开福区城乡居民基本医疗保险目标任务为7400万元，完成全年目标任务132.3%。2018年，办理城乡居民异地报账622人次，支付医疗费用229万元。

【实现健康扶贫“一站式”结算】2018年，为贯彻落实湖南省委、湖南省人民政府关于脱贫攻坚与健康扶贫系列决策部署，提高农村贫困人口医疗保障水平，减轻农村贫困人口医疗负担，让农村贫困人口享受更加方便快捷的就医结算服务，根据《关于做好全省健康扶贫“一站式”结算工作的通知》（湘人社发〔2018〕46号），开福区医疗保险管理服务中心开设健康扶贫“一站式”结算专户。按照“统一保障范围、统一政策要求、统一资金专户、统一经办服务、统一结算流程、统一转诊备案、统一信息化建设标准”的要求，统筹基本医疗保险、大病保险、扶贫特惠保、医疗救助、医院减免、政府兜底等多重医疗保障政策，落实健康扶贫各项综合举措，建立政策协同、资金整合、信息共享、运行高效、管理规范的“一站式”结算平台，切实为贫困人口提供方便、快捷、优质的“一站式”结算服务，切实增强农村贫困群众获得感和满意度，有效解决因病致病、因病返贫的问题，确保打赢脱贫攻坚战。

【开展打击欺诈骗取医疗保障基金专项行动】11月6日，开福区成立由区人社局、区公安分局、区卫计局、区食药监局等部门组成的打击欺诈骗取医疗保障基金专项行动领导小组，负责统一指挥专项行动，研究解决专项行动中的重大问题，并制定专项行动方案，明确专项行动各相关部门的职能职责。专项行动于2018年11月7日开始，截至2018年年底，区医疗保险管理服务中心专项行动小组共检查辖区内2家定点医院、10家与区医保管理服务中心签订《长沙市医疗保险门诊定点医疗机构医保刷卡服务协议》的诊所和6家与长沙市医保局签订《长沙市医疗保险零售药店服务协议》的单体药店。同时，对区内异地联网结算金额大于2万元的票据进行复核，财务人员均核对发票的真伪，并与对方医院电话联系核定费用，电话联系不通的，均发传真或联系函，与对方医院医保科取得联系，确认费用真实后才办理业务。对检查出的问题与相关医疗机构负责人进行现场反馈，要求限期整改。通过专项行动，从制度和流程上堵塞医保基金管理的漏洞，保持对违规行为的“零容忍”和高压的打击态势，打击医保骗保行为，守好老百姓“救命钱”。

（杨　宇）

住房保障

【概况】开福区住房保障局为区政府下设的直属事业单位。2018年，开福区住房保障局加大住房保障力度，健全住房保障体系，科学调配房源，服务棚改征收，着力解决3000户城市户籍住房困难家庭的住房问题。获得开福区项目建设工作“先进集体”荣誉称号。选派选手参加开福区直机关微理论·微宣讲复赛，荣获一等奖；市住房保障系统主题演讲比赛一等奖。获得长沙市“安居杯”业务竞赛二等奖，长沙市住房保障局授予福泽园小区（开福区住房保障局管理公租房小区）“长沙市公共租赁住房管理服务优秀小区”荣誉称号。

【保障性住房】加快建立多主体供应、多渠道保障、租购并举的住房制度。多措并举为15177户次住房困难家庭解决住房问题，超额完成年度目标考核任务。完成各类资格手续办理11126户次，全年发放租赁补贴9942户次，其中新增租赁补贴29户，发放资金284.25万元；非定向公租房374户；审批经济适用房货币补贴42户，发放购房补贴282万元，经济适用房资格64户；棚户区安置补贴563户，发放棚改资金8445万元；办理农村征地“半边户”资格认定112户。年度新增实物配租392户，历年累积保障3659户，截至2018年年底，开福区城镇保障性住房覆盖率为23.5%。

【公租房租赁补贴发放】公租房租赁补贴发放公开透明。安排责任心强的业务能手，利用电子审批平台，采取电子和手工核对信息模式严把审核关，对申报资料进行全面核实比对，确保信息准确、补贴金额精准。定期进行账务登记，并出具会计报表。及时发放公租房租赁补贴。2018年，全区在册廉租住房租赁补贴户数709户1490人，其中无房户557户1102人，住房困难户152户388 人。全年享受廉租住房租赁补贴对象各月均有户数和人数的增减变化，与2017年相比，总量减少152户326人。

【棚改房源】牵头统筹棚改房源促进征收。全年经适房成交46套，限价房成交135套，商品房成交479套，全区强征匹配房源共使用496套。全力推进定向限价商品房建设。全面加强潇湘华庭、捞刀河刀剪厂、陡岭路西厢、九龙地块4个重点项目的统筹和调度。截至2018年年底，潇湘华庭项目已办好质安监手续，做完学校基坑，进行地下车库和主体施工；捞刀河刀剪厂项目通过审批，规划调整部分方案，质安监提前介入；陡岭路西厢项目已启动征收签约，抓紧进行拆迁；落实九龙地块项目选址，定在四方坪街道胜利村社区大屋山；军民融合产业园人才公寓办理用地手续。加强订购房源管理，凡办理公、廉租房准予资格单的保障对象均可采取公开摇号的形式分配到粟塘小区公租房。筹集260套山语城团购商品房用于促进望麓园巷周边项目征收，加快资金回笼。进一步梳理黄兴北路片区未成交房源，及时将清理后房源进行再利用再安置，促进房源成交。截至2018年年底，开福区棚改项目所办理的各类住房保障资格没有出现一例房源安置差错问题。

【推进货币化安置】对接商品房合作楼盘，确保15万元棚改安置补贴的使用。鼓励被征收户到市场上购买商品房和二手房。制定对全区棚户区改造项目中符合条件的被征收对象购买在区内具备销售条件的普通商品房或开福区、岳麓区、芙蓉区、雨花区、天心区二手房的相关政策，由区财政给予3万元奖励的棚改奖励方案，在全区2017年新启动的棚改项目中实施。针对3万元购房奖励兑付超期的问题，作《开福区棚改项目适用政府购房奖励工作情况汇报》，并提交区政府第31次常务会审议，拟定《开福区2017年度棚改项目适用3万元政府购房奖励政策的补充方案》。2018年，办理2万元购房奖励15户，发放奖励30万元；3万元购房奖励388户，发放奖励1164万元。

【公租房管理】公共租赁住房小区管理规范。2018年，开福区新增实物配租392户，累计3659户。截至2018年年底，全区管理公共租赁住房3748套，17.77万平方米，分布在12个楼盘，其中福泽园355套、福润园395套、楠熙筱苑752套（其中含金霞经开区定向公租房442套、湖南巴士定向公租房152套）位于开福区；麓谷锦和园68套、诚兴园158套、山水新苑77套、新诚小区189套、谷山庭院72套位于岳麓区；郡阳小区124套、粟塘小区1092套、凤凰苑小区61套、凤凰佳园405套位于雨花区。全年收缴公租房租金379.9万元，交至市安居工程非税账户，租金收缴率90%。开展公租房专项清查行动，完成走访上户5500余户次，群众满意率100%。落实安全生产责任，排查事故隐患，封堵安全监管漏洞，防范和遏制重特大事故的发生。以创“管理服务优秀小区”为契机，不断强化物业公司服务意识，规范基础管理和公用设施设备管理，做好安保消防、车辆停放、卫生保洁等工作。以“11类黑恶势力”作为重点，加强公租房小区的黑恶势力线索摸排，结合“春雷行动”“飓风行动”“霹雳行动”开展公租房打非治违，维护社会稳定，确保居民安居乐业。

【推进“放管服”改革】完善部门权责清单，切实加强行政权责事项公开。利用长沙市“互联网+政务服务”平台（基层工作平台），截至2018年年底，区住保局政务服务事项共10项，办件总数为1822件，日均办件32.5件，全部实现平台业务办理，平台事项入住率100%，位居全区前列。全面推行政务服务事项“四办”，确保群众“最多跑一次”。政务服务窗口全年共受理事项1759件，办结事项 1738件，所有业务均实现月结，群众满意度98%。

【职工住房补贴发放】2018年是开福区机关事业单位及街道80家单位遗留职工住房补贴工作清遗扫尾的一年。遗留职工住房补贴工作涉及人员复杂，时间跨度长。区住房保障局严格把握审核关，高质量、严要求、依照政策执行职工住房补贴资格审批，全年共申报（含区教育局）8家单位计8批次。通过审批，公示人员合计20人，发放补贴资金27.3万元。截至2018年年底，区住房保障局为全区80家机关事业单位及街道5982人发放职工住房补贴7977.8万元。

【启动开福2018年公租房公开摇号配租】3月28日，长沙市开福区2018年公租房公开摇号配租在区住房保障局正式启动。配租的房源位于时代阳光大道东延线的粟塘小区，328套，轮候对象属于已取得住房保障资格的低收入住房困难家庭，共有117户分三批次参加摇号。通过智能管理系统平台摇号方式，实现保障人和房源、房号的随机配对，确保本次摇号配租的公开、公平、公正。从3月30日开始，将摇号结果在市住保局和区住保局政务信息网公示7天。公租房公开摇号配租是落实民生保障的一项重要举措，使开福区低收入住房困难群众住有所居，做到所有符合住房保障条件群体应保尽保。

【开展“夹心层群体”住房保障问题调研】2018年，为落实全区政府系统深入开展“抓重点、补短板、强弱项、防风险”大调研活动，开福区住房保障局结合工作实际，确定“开福区‘夹心层群体’住房保障问题研究”为调研课题。“夹心层群体”是指既不符合申请政府住房保障条件也无力购买商品房，置身于市场和政府保障之间空白地带的居民群体。为全面掌握“夹心层群体”的实际情况，调研组成员共到8个街道、7个社区、3个厂矿企业进行实地调研，发放调查问卷600余份，组织街道、社区、厂矿企业领导等相关工作人员及中低收入群体召开座谈会6次，收集中低收入群体对住房保障的需求及申请过程中面临的问题和矛盾。撰写《开福区“夹心层群体”住房保障问题研究》，为区委、区政府破解“夹心层群体”住房保障问题提供决策依据。

（赵嶷娟）

6月15日，开福区住保局联合物业、社区工作人员在福泽园、福润园两个公租房小区开展“消除火灾隐患，构建和谐家园”夏季消防安全宣传教育培训活动

（区住保局　供图）

街　道

DISTRICT

望麓园街道

【概况】望麓园街道地处长沙市开福区南端，东起芙蓉中路，西至黄兴北路，北抵湘春路，南达中山路，总面积1.2平方千米。街道辖荷花池、水风井、营盘街、富雅坪及中山路等5个社区居民委员会。2018年，望麓园人口总数45588人，19136户。街道辖区内有长沙市财经职业中专、长沙市实验中学、长沙市32中3所中学，有一师二附小、长师附小、望麓园小学、民主西街小学4所小学，有长师附属、小杜鹃、荷花池、省少儿图书馆、苗苗、可利儿等7所幼儿园。

【街域经济】2018年，街道完成财税收入10.48亿元，同比增长11.7%，获开福区财源建设考核一类街道；完成社会消费品零售总额118.07亿元，占全区社零总额16.01%，同比增长13.1%；完成固定资产投资41.56亿元，占全年任务的148.33%，全区排名第一；完成其他营利性服务业营业收入7.71亿元，同比增长24.73%。街道成立第四次全国经济普查工作领导小组，清查并登记企事业单位1587家，个体户10632家。2018年，新引进企业88家，新增中国人民健康保险股份有限公司湖南分公司、亚朵酒店、大鱼海堂餐饮文化有限公司等6家上规模公司。六堆子巷周边棚改项目总户数453户，自2017年11月6日正式启动签约工作以来，整体剩余48户，全面进入攻坚扫尾阶段；望麓园巷项目，总户数101户，自2018年11月2日正式启动签约工作以来，实现40天签约清零，刷新全市近年来征收签约工作新速度，相关经验做法在湖南经视、《决策咨询》等媒体刊物上宣传推介。

【城市管理】2018年，街道以“打赢蓝天保卫战”为重点，强化监督管理，组织城管办、执法中队、环保站、食安所等部门围绕全街卫生、违规广告招牌、占道经营、早夜市、农贸市场及校园周边环境的“脏乱差堵”现象开展综合整治行动，新装60余家油烟净化器，完成115家污染源单位清查工作，对S16地块黄土裸露地进行绿网覆盖，铺设绿网5000余平方米，拆除违章建筑5处，违章广告招牌42块，实现拆违控违“零增长”。推进“一圈、两场、三道”建设，建成一圈5个，农贸市场1个、停车场32个，人行道10.1千米、自行车道7.9千米、历史文化步道2.6千米。街道依托“好人大本营”，开展献爱心、困难帮扶等活动20余场，开展“反对陈规陋习，提倡文明新风；反对大操大办，提倡节俭之风”系列主题活动10余场，接受省级和国家级文明创建检查，富雅坪社区代表开福区迎接中央文明委文明创建入户调查。街道在开福区文明创建工作考核中荣获“一类”等次，持续保持“长沙市文明标兵单位”。

【民生服务】成立街道退役军人服务中心，为26名下岗失业转业志愿兵和转业士官解决再就业岗位，落实参战退役人员、带病退役人员的生活补助待遇100万元。春节期间重点抓好军烈属等优抚对象的走访工作，走访慰问56人，发放慰问金3.36万元。“八一”期间对参战人员、部队转业人员发放慰问金共计6.22万元。对1331名退役军人登记并录入系统建立电子档案。全年为全街年满80周岁以上老年人发放高龄补贴210.2万元，政府购买居家养老服务17.51万元。全年发放残疾人困难生活补贴36人（三级、四级）、重度残疾人两项补贴267人，金额66.98万元；叭叭车8人，金额4.8万元；残疾人燃油补贴11人，金额2860元；残疾人扶残助学11人，金额3.7万元。新增城镇就业人数1790人，失业人员再就业人数635人，就业困难对象再就业人数558人；创业带动城乡就业人数3265人，其中带动城镇就业人数2574人；扶持大学生创业31名；新增小额担保贷款300万元。城镇登记失业率2.08%。对口帮扶龙山劳动力转移就业人数8人。失业人员培训240人，企业自培240人。办理“就业创

望麓园街道中山路社区举办“党旗飘扬，粽叶留香”庆端午包粽子比赛活动
（望麓园街道　供图）

业证”179本，其中认定就业困难对象112人。灵活就业困难人员社保补贴140人次，金额107.41万元。企业养老保险征缴基金4220万元，城乡居民养老保险征缴基金49.44万元，城乡居民医疗保险征缴基金392.15万元，社保卡持卡人数8757人。薪酬调查16家。全年低保户3414户次5428人次，全年累计发放低保金210.79万元；特困供养281户次，全年发放补助金20.09万元；精神病人药物救助271人次，精神病人住院救助18人次，精神病医疗救助3人，救助金额1.05万元，大病医疗救助142人次，救助金58.48万元。慈善助学1人，金额5000元。住房保障领取租赁补贴93户，公租房实物办理新增61户；经适房资格新增13户，经适房货补新增2户。棚改安置补贴新增172户，低收入认定106户。全年办理生育服务证394本，办理“再生育证”3本。完成孕前优检95对，“两癌筛查”481人，围绝经期取环30人，孕产妇免费产前筛查160人，新生儿疾病筛查216人，无创DNA检测138人，耳聋基因筛查216人。发放计划生育家庭特别扶助资金157人150.72万元，独生子女保健费357人7.74万元，低保奖扶85人4.84万元。

【安全生产】街道采取“3+1”网格化区域覆盖和“点、片、线、面”责任落实相结合监管模式，根据辖区企业、单位、居民等实际情况全街划分为34个安全生产单元小网格的三级网格化管理模式，依托天网工程，建成安监、城管、综治资源共享的“智慧安全”平台，对街道主次干道、背街小巷进行全天候、无死角的全方位监管。2018年，街道组织应急救援演练8次和安全生产知识竞赛、演讲比赛、应急救援比武、领导干部《中华人民共和国安全生产法》讨论、企业负责人安全知识考试各1次。组织特种设备检查4次，检查单位48家，排查安全隐患18处，督促整改到位。全街214台电梯，有201台电梯购买保险。开展建筑施工、道路交通、消防、危险化学品和烟花爆竹、民用爆炸物品、燃气管线、有限空间作业、特种设备、电力等重点行业专项治理，联合区城乡建设局责令湘江宾馆和恒大2家建筑工地停工整顿，对教育街原咪秀餐馆老板偷气、盗气，严重威胁社会安全的行为进行立案侦查。全街1193家食品药品门店信息全部录入湖南省“四查”系统，建立健全食品生产经营者信息档案。完成10家小餐饮“透明厨房”提质改造工作，为年度任务200%。完成“一桌餐”“私房菜”等无证照餐饮单位清理整治工作10家，其中关停3家，7家全部按要求整改到位。开展食品小作坊、农贸市场、小餐饮、酒类产品、农兽药残留、私屠滥宰、食品小摊贩及店外经营等7项食品安全专项整治行动，“护苗行动”“护老行动”2项食品安全专项整治行动，“一桌餐”“私房菜”等无证无照餐饮单位专项整治行动等10项涉及食品安全的专项整治行动，规范行业经营，加强对重点行业、重点部位的监管。完成中小学校、幼儿园食堂和餐饮单位“明厨亮灶”达标建设，对接全市统一远程监管平台，实施“餐饮业质量提高工程”。开展食品药品特种设备安全风险隐患大排查大整治专项行动，结合街道实际，制定方案，做好检查督查整改工作。全年未发生一起安全责任事故。

【综合治理】开展“综治大走访”、“看门守栋、邻里守望”、“红袖章”工程、出租房屋“三治三防三优”、“三实”信息录入及社会治安“重点整治”等综治行动。开展“扫黑除恶”专项斗争，全街悬挂“扫黑除恶”宣传横幅15条，宣传显示屏9块，橱窗5期，设置“扫黑除恶”举报信箱6个，发放宣传资料3000余份，召开专题会议3次。开展辖区交通秩序、出租房屋及流动人口、学校周边及网吧、核查监外执行人员、打击“黄赌毒”、打击“两抢一盗”、“治欠保支农民工工资”、“小吴门”非法私刻公章等专项整治。辖区社区治安状况良好。

【长沙市委副书记、市长胡忠雄到望麓园街道调研城市有机更新工作】4月25日，长沙市委副书记、市长、湖南湘江新区党工委书记胡忠雄到望麓园街道调研城市有机更新及“一圈、两场、三道”工作。长沙市委常委、常务副市长舒行钢，长沙市副市长廖建华，开福区委书记沈裕谋，开福区委副书记、区人民政府代区长刘拥兵参加调研。胡忠雄一行走街串巷，实地调研开福区望麓园街道“15分钟生活圈”建设、荷花池农贸市场改造，并听取望麓园街道机更新及“一圈、两场、三道”工作建设情况。胡忠雄要求，要着力提升规划、建设、管理水平，加快推进“一圈、两场、三道”建设。要践行“以人民为中心”的发展理念，将城市管理重心向社区下沉，让百姓享受更便捷、更优质的服务，享受更舒适、更美好的生活。要整合优势资源，实现资源共享，更好地满足群众需求。探索推动学校在假期将图书馆、运动场、停车场等向公众开放，提高校园设施的综合利用率。运用市场化和信息化手段，推进智慧停车，加快车位周转，有效地缓解“停车难”。挖掘历史步道的文化内涵，让百姓看得见历史、望得见乡愁。胡忠雄强调，要有效推进城市有机更新，让街区更有品质品位。要解决好老街巷空中电线、地下管网、房子提质改造等问题，让市民生活更加便捷宜居。要做到街巷格局不变、空间尺度不变、文化记忆不变，留住历史文脉，展示长沙故事。要有效破解城市有机更新资金瓶颈，对资金效益科学分析评估。要加快推进试点示范工作，让每个街区各具特色、各有风貌。要通过有机更新留住城市记忆，提升城市品质。

【中国关工委主任顾秀莲到望麓园街到考察“小荷开心课题”】4月26日至28日，全国人大常委会原副委员长、中国关工委主任顾秀莲在湖南省考察关心下一代的工作情况。4月27日，顾秀莲考察开福区望麓园街道荷花池社区“小荷开心课堂”。顾秀莲对荷花池社区关心下一代工作的经验做法和成绩给予肯定。她勉励各级关工委切实把思想和行动统一到中共十九大精神上，以强烈的使命感、责任感和神圣感，进一步做好关心下一代工作，在新时代展现新作为，再创新辉煌。要以提升组织力为重点，以党建带“关键”，进一步完善关工委组织体系，建立健全条块结合的组织机构，充实和建强基层队伍，进一步加强经费保障，把基层关工委建设得更强更实更优，更好地服务青少年。“小荷开心课堂”是荷花池社区社区开展丰富孩子们假期生活的青少年实践项目，培养未成年人生活实践能力。

【开福区“党员政治生活馆”在船山学社旧址揭牌】5月30日，长沙市开福区“党员政治生活馆”在望麓园街道中山路船山学社旧址揭牌。这是长沙地区提升党员党性修养、增强党员“四个意识”、规范党员政治生活的创新举措，也是长沙首个“党员政治生活馆”。它不但能开放式的接受党员群众参观学习，还将以每月两课的形式长期开讲，成为开福区党员干部淬炼党性的重要培训教育基地。开福区党员政治生活馆位于船山学社旧址，占地面积991平方米。为传承好“船山思想”和发扬好“船山精神”，加强党员党性教育，规范党员政治生活，增强党员“四个意识”，开福区委以“船山学社”为阵地，重点打造开福区党员政治生活馆，馆内设“一厅、一室、一墙、二廊”，分别为“讲习厅”“党内政治生活体验学习室”“党性自检留言墙”“传承船山精神长廊”“史话党内政治生活走廊”，成为集教育、展示、体验和服务“四位一体”的教育平台。

4月28日，十届全国人大常委会副委员长、中国关工委主任顾秀莲（右二）到望麓园街道调研关心下一代工作

（望麓园街道　供图）

【长沙首个智能共享停车系统在开福区望麓园街道试运行】8月2日，“车位错时共享，闹市一键停车”长沙首个智能共享停车系统在开福区望麓园街道试运行，3000多个私人、公共停车位都将在闲置时段出租共享，驾驶人打开智能手机，辖区内可用车位一目了然，并且可用手机预约轻松停车。中心城区停车难，一直是城市居民生活“痛点”，也是长沙“一圈两场三道”建设工程要破解的难题。望麓园街道紧邻长沙市一医院和湖南中医药大学第二附属医院，前往就医的社会车辆多。街道和长沙交通集团合作，开发长沙首个智能共享停车系统，将地面开放式停车场纳入“湘行天下”平台进行统一管理，在每个车位上安装智能车位锁。驾驶人关注“湘行天下”微信公众号，可进行车位查询、停车预约等。该系统最方便之处在于将车位错时共享，车主设置分享时间，可在不停车时间段将车位分享给他人使用，享受停车费分成。

（李　元）

清水塘街道

【概况】清水塘街道地处长沙市开福区南端，南接八一路，北抵德雅路，西临芙蓉路，东达迎宾路，总面积2.45平方千米。街道辖清水塘、芙蓉路、便河边、四季花城四个社区。截至2018年年底，辖区总人口25777人，其中常住人口22030人，流动人口3747人；总出生人数172人（一孩88人，二孩79人，三孩5人），其中男孩98人、女孩74人，出生人口性别比为132，符合政策生育率100%。人口自然增长率千分之-0.6%。辖区内有中国银行湖南省分行、中国邮政储蓄银行湖南省分行、华夏保险等金融机构；湖南省体育局、湖南省新闻出版局、湖南省出版集团、湖南省博物馆、湖南省展览馆等文化产业领军单位；长沙近现代文物保护管理中心、长沙党史馆、烈士公园等红色景点；湖南省政协、湖南省委统战部、湖南省交通厅等机关大院等。街道辖区内中学1所，小学2所，幼儿园2所。街道文化站有3个舞团（万紫千红艺术团、一中校友艺术团、潇湘鼓韵艺术团），2个乐团（新民乐团、文琴乐团）。2018年，街道被评为“长沙市无油烟示范街道”“长沙市巾帼文明岗”。

【街域经济】街道完成财政税收5.38亿元，完成固定资产投资32.72亿元，完成外贸进出口2167万美元，完成市外境内固定资产收入20.07万元，完成实际到位省外资金7.42万元，完成限上消费品零售总额7.3亿元，完成其他营利性服务业20亿元。新增限上商贸业单位5家，即长沙华坤酒店管理有限公司、湖南君可达贸易有限公司、湖南博德福医疗器械有限公司、湖南光合作用贸易有限公司和湖南西雅三和大酒店有限公司。全街整体楼宇入驻率98%，新引进企业152家，绿地中心入驻企业126家，其中包括华夏人寿保险股份有限公司、长沙星美圣酒店管理有限公司、沃顿信息科技（湖南）股份有限公司、北京北方大陆生物工程有限公司、八乐梦床业（中国）有限公司等有影响力的企业。新华保险投资9.5亿元，购买绿地中心T1栋20层写字楼，助推街道楼宇经济发展。

10月17日，由清水塘街道承办，《长沙晚报》报业集团联合长沙市政务服务中心共同主办“市民问政直通车”栏目开福站，在长沙党史馆前坪举行

（清水塘街道　供图）

【项目建设】截至2018年年底，绿地金融城项目写字楼T2、T3栋及中心商业竣工交付；华远·华时代项目主体建设有序推进，A栋及LOFT公寓于7月21日对外销售，销售面积4万平方米，C栋平层公寓楼6月20日对外销售，销售面积2万平方米；公园九号（二期）住宅于9月27日对外销售，整体可售面积1.56万平方米，销售80%。完成清水塘小学改扩建和潇湘华庭棚改定向房项目施工许可证的申请，全面开工建设。9月9日全面启动炮后街、汽电棚改征收项目遗留问题化解百日攻坚行动，全街抽调骨干力量签约化解，炮后街项目成功签约2户。

【城市管理】街道将蓝天保卫战工作纳入城管考核，通过一日一督查、一周一调度、一月一点评、双月一通报等措施进行考核，强化考核指挥部作用，提高工作效率。坚持全覆盖宣传、高标准防治、零容忍执法，推进垃圾分类全覆盖、燃煤禁烧全覆盖、餐饮门店和家庭油烟净化器全覆盖。打造长沙市无油烟示范街道，安装油烟净化器餐饮门店120家，安装家庭油烟净化器2348户。推进垃圾分类示范项目，创新一小区一组织、一楼一栋长、一单元一门长、一户一家长、一家一监督长“五个一”管理模式，新建全市首个智慧分类驿站，打造“清水塘模式”，工作经验在全市得到推广。推行网格化监管，为加强安全保密工作及更新技术设备，迁址新建网格化信息中心，建立全天候巡查机制，辖区内4个社区网格长发动网格社会力量走访、巡查居民服务18528次，发放宣传推广安全防范资料5086次，为居民解答疑难问题、上门提供便民利民服务工作13304次，组织居民参加社区文体活动100次。加强对违章建筑、违规夜市、流动摊担、占道经营、燃煤等问题的日夜巡查，组织开展各类执法行动390余次，拆除违章建筑63户1000余平方米、广告招牌灯箱103个、地锁55个，收缴煤炉168个、煤块3.7吨，清理整治违规早夜市3个、流动摊贩363人次、店外经营190余次、占道经营123处，清除玻璃贴字和残标1320多处，清洗油污2400余平方米，清理垃圾堆物200余车。

【物业服务】出台《2018年清水塘街道物业管理工作绩效考核评分标准》，召开物业管理工作推进会议，对全街道物业服务企业、居民小区、住改商进行安全隐患排查。指导条件成熟的住宅小区和省直机关单位小区成立规范的业主委员会。截至2018年年底，辖区内湖南省交通厅、湖南省公路管理局、湖南省政协机关大院、湖南省科协住宅区和湖南省体育局住宅小区成立业主委员会。完成开福区2018年物业服务企业自律信息报送工作和长沙市物业管理优秀项目评优工作。完成长沙市城市饮用水二次供水设施的普查、物业服务企业信用基础数据的采集、长沙市危险房屋安全治理情况统计和长沙市居民出行调查。

【社会事业】按照全区“一圈两场三道”工作部署，街道完成辖区内人民体育场停车场建设（车位306个），完成体育馆路自行车道、营盘路和迎宾路人行道、姚正街站厕提质改造。与辖区近200家商家达成协议，发放“惠民卡”，提供10%~30%购物消费优惠。4个社区均建设优儿健康驿站，引进专业第三方运营机构管理老年人日间照料中心。街道、社区设立退役军人服务站，做好退役军人管理服务。2018年，城镇新增就业人数1440人，城镇下岗失业人员再就业476人，帮助就业困难人员实现再就业406人，新增农村劳动力转移就业171人。新增创业担保贷款35万元，扶持大学生创业30人，新增创业主体632户，带动城乡就业2219人，其中带动城镇就业2000人。就业前技能培训200人，岗位技能提升培训200人，对口帮扶龙山劳动力就业4人。办理“就业失业登记证”95本，申报社保补贴92人。举办现场招聘会2场。薪酬调查15个单位，人力资源和社会保障基本情况调查23户，家庭服务业经营（活动）情况调查5户，企业用工情况调查2个单位，求职者调查4人。组织3个单位参加区级创业创新大赛。新增城镇居民医保办理人数228人，当年累计缴费人数总计3007人，征缴基金共计201.47万元。新增城镇居民养老保险办理20人，当年累计缴费人数67人，个人缴费金额9.05万元。社会保障卡持卡人数完成任务为100%。在中央湘区委员会旧址仅一墙之隔的清水塘社区公园内创建“开福区新时代学习社”，接待中组部、市委领导的调研和全国各地参观学习250余批次。紧扣“城市基层党建年”工作，创新建立“五零”评价指数，每月对各社区进行评分公示，推进“五零”社区创建。依托清水塘社区红色服务站志愿服务阵地，整合红色志愿服务资源，常态化开展红色服务活动。建立便河边“邻里店小二”代办便民服务站并在全街范围内推广，率先推行社区365天服务制度，湖南经济电视台、湖南都市频道、《长沙晚报》、长沙新闻电视台等新闻媒体进行专题报道。

维修烈士公园西门前坪
（清水塘街道　供图）

【综合治理】制定“扫黑除恶”工作方案，配备专职力量，对11类重点黑恶势力犯罪进行6轮摸排，编发简报10次，会议调度11次。做好国家安全、禁毒工作宣传。做好人民调解，排查纠纷60余次，其中调解案件51起。集中开展18次普法宣传活动，邀请市法制办律师开展《宪法》专题学习。发动红袖章巡防员、网格员、党员志愿者、楼栋长等，以网格为单位开展常态化巡查，确保辖区治安稳定。街道与各部门、社区及辖区企业签订安全生产责任书，层层压实安全生产责任。全年街道出动各类检查人员524人次，检查企业416家次，发现隐患121条，取缔非法企业7家，处罚违法企业13家。辖区建立4个社区微型消防站和5个便民自助消防站，创建清水塘社区安全文化示范社区。以创建国家食品安全示范城市为契机，打造“五彩食安”示范街，接受湖南省人民政府副省长吴桂英等领导的视察和省市媒体的报道，承办全市餐饮消费环节创建国家食品安全示范城市推进会并在会上作典型发言。“透明厨房”提质建设工作进度走在全区前列，对全街300多家餐饮店、流通店进行反复督查、分类管理，在国家食品安全示范城市省检工作中，街道被抽中的4个迎检点均获得满分。

【长沙市首个区级新时代学习社揭牌】6月26日，长沙市首个区级新时代学习社“开福区新时代学习社”在清水塘社街道揭牌。长沙市委常委、组织部部长张宏益，开福区委书记沈裕谋出席。清水塘是开福区红色资源汇集地，“开福区新时代学习社”选址在与中共湘区委员会旧址仅一墙之隔的清水塘社区公园，分为一楼展示厅和二楼讲习厅两个部分，展示厅通过图文并茂的方式展示新成就、解读新思想；讲习厅将定期邀请市、区讲习团成员授课，组织全区党员骨干参加学习。沈裕谋表示，“开福区新时代学习社”将打造成党员开展政治生活、学习政治理论、提升政治素养的重要阵地，分批次组织全区党员干部参观学习、接受教育，引领广大党员干部秉承湘区精神，把中国共产党人的初心和使命继承好、贯彻好、落实好，自觉增强“四个意识”，牢固树立“四个自信”，让新思想在开福落地生根、深入人心，成为引领开福发展的行动指南和磅礴力量。揭牌仪式后，张宏益与长沙市委组织部机关第一支部、第五支部、第七支部的30余名党员一道参观中共湘区委员会旧址，重温入党誓词，并走访慰问社区困难党员。

【长沙市首座“红色摇篮”党建声音馆落户清水塘街道】6月30日，长沙首座“红色摇篮”党建声音馆在开福区清水塘街道四季花城社区落成开放。该馆设在烈士公园管理处，有图片、有声音、有文字，召集普通市民、党员、专业朗诵者，将湖南的英烈事迹制作100期“革命英雄人物”有声读物，并通过微信公众号、网络电台等渠道发布，让每一个走进四季花城社区的人，都可以通过手机扫描二维码随时收听这些故事。为录制一批高质量的作品，四季花城社区分批次邀请专业的声音工作者为录制者提供培训。落成当日，首批5位专业声音工作者被授予聘书，来自潇湘诗会的一批朗读者走上舞台，朗读湖南的英烈事迹，100余位街道社区工作人员、居民、文艺爱好者参加聆听。

【副省长吴桂英检查清水塘街道食品安全工作】9月5日，湖南省人民政府副省长、省食安委副主任吴桂英带队到清水塘街道检查食品安全工作。省食安办主任、食药监局局长刘湘凌，副市长邱继兴，区委书记沈裕谋等领导参加。在清水塘路，吴桂英一行现场听取街道办事处对街道“五彩食安”示范街创建工作和“透明厨房”提质建设相关情况介绍。走进小餐饮门店认真检查食品安全细节落实情况，对街道食品安全相关工作予以肯定，并叮嘱店主一定要严格按照食品安全工作的各项要求，提高自律意识和规范经营意识，为长沙市创建国家食品安全示范城市工作增光添彩。要求，长沙市要发挥省会城市的优势，对照国家标准，大力推进监管制度的创新、监管机制的创新和监管方法的创新，借助创建国家食品安全示范城市这一契机，不断提高监管治理能力，使长沙市成为全省食品安全的排头兵，形成可以推广、可以复制的方法举措，为全省食品安全工作提供经验。2018年，清水塘街道启动“五彩食安”示范街的创建，“五彩食安”五种颜色，代表五个方面的工作，目的是要构建全方位的食品安全网络。红色为一颗红心，代表食安创建共治共享；黄色为一条黄线，代表现在食安日常管理中执法严格，规范经营；蓝色为一片蓝天，落实蓝天保卫战的各项要求，确保经营环境整洁环保；绿色为文明，代表经营行为诚信友善；白色为透明，代表阳光公示制度和“透明厨房”提质建设工作。

（陈朝辉）

湘雅路街道

【概况】湘雅路街道地处长沙市开福区西南部，东至芙蓉中路，与开福区清水塘街道相邻；南到湘春路，由东向西依次与开福区望麓园街道、通泰街街道接壤；西临湘江，与岳麓区银盆岭街道隔江遥对；北部接竹山园，与开福区新河街道搭界，辖区总面积1.47平方千米。辖上麻园岭、留芳岭、新湘路、三角塘、百善台、文昌阁6个社区居民委员会、202个居民小组，总人口数5.8万人。

【街域经济】2018年，围绕年初制定的“打赢五仗、誓进前三”目标，完成财税收入5.18亿元，完成固定资产投资23.6亿元；完成内联引资21.12亿元，完成社会消费品零售总额16.6亿元。拓展和丰富楼宇经济的招商路径方法，对华尔街中心、泊富商业广场、凯乐国际、宇成开福广场等商务楼宇，街道派专人常驻并设立联合招商点，推行联合招商、以商引商、产业招商等方式，取得招商实效。

【项目建设】征拆项目3个，其中晴佳巷片区危房改造项目涉及私房35户，自2017年12月25号正式启动，20天时间全部签约，并实现腾房拆除倒地；地铁6号线项目涉及私房56户，签约32户，拆除倒地24户，花鸟虫鱼市场项目涉及私房65户，签约33户。完成文昌阁社区、百善台社区、三角塘社区提质提档项目，通过验收合格。

【综合治理】街道集中开展湘雅医院及周边家庭旅馆综合整治工作，关停6家，处罚25家，拘留19人。班子成员带队每月开展安全生产检查，全年排查隐患61处，整改57处，特别是对上级交办的天主教老年公寓、纸业市场、中信湘雅生殖医院的安全隐患问题督促整改到位。开展“扫黑除恶”专项斗争，摸排出2条重要线索移交公安处理。推行“20+1+1”食安工作模式，开展护老、护苗行动、小作坊专项整治等各类食安专项行动16次，立案11起，完成透明厨房改造40家，保障人民群众食品安全。全年没有发生一起生产消防安全、食品药品安全责任事故。解决涉军群体就业27人。街道、社区与长沙市怡欣心理服务中心合作开展“微孝天使——关爱计生特扶家庭”服务项目，为计生特扶家庭101户163人提供个性服务，举办4次集体生日会。

【城市管理】在市对区城市管理考核检查中，湘雅路街道被抽中3次，每次都名列前茅。2月考核，排名全区第四；4月考核，排名全市第四，全区第三；6月考核，排名全市第二、全区第一。投资2000万元完成上麻园岭社区中南大学湘雅医学院（北院）提质提档工程；完成百善台社区办公用房、风华巷、大王家巷147号、水电八局宿舍的提质改造；打通庆和里路道路交通微循环，对庆和里路凯乐国际周边城市管理“脏乱差”问题开展集中整治，改善老百姓出行难问题。完成文昌阁社区工农街、联运宿舍42号、46号、78号的危房改造，三角塘社区复地崑玉小区办公楼、华盛新外滩小区一楼架空层、晴佳巷与黄兴北路路口的提质提档，完善街道老城区硬件设施建设。2018年，以“共护蓝天、同行湘雅”为主题，统筹推进环境保护各项工作，开展形式多样的宣讲活动55场，办结中央环保督察交办的信访件4件，省交办的信访件7件，“环境就是民生、青山就是美丽、蓝天也是幸福”的理念深入人心。实施“六控十严禁”。开展禁燃、控煤、控烧等专项整治行动300余次，收缴烟花爆竹130件、煤炉436个、露天烧烤工具260余个，辖区内生活环境明显改善；做好河滩清扫保洁，整治春节、元宵节、中元节等关键时段河边燃放鞭炮和焚烧纸钱现象；加大对拆迁区域治理，散播草籽300余千克，绿网覆盖面积2.5万平方米，效果良好。为辖区81家门店安装并使用油烟净化器，免费为1742户居民家庭安装新型油烟净化器。建立综合垃圾分类站2个，垃圾分类屋2个，发放分类垃圾桶100个，基本实现垃圾分类社区楼栋全覆盖。

【民生保障】城镇新增就业人数649人，城镇下岗失业人员再就业284人，帮助就业困难人员实现再就业278人，新增创业主体129户，带动城镇就业人数651人，扶持大学生创业10人，办理社保补贴10人次，补贴金额8.07万元，居民养老保险缴费人数173人，缴费金额15.74万元，办理“就业创业证”60本。配合国家审计署审计低保资金工作，全年发放低保户2291户3452人、143万元，按政策取消低保44户、减标18户、新增8户、提标28户。落实棚改安置补贴36户，经济适用房货币补贴8户，办理经济适用房指标7户，廉租房补贴2户，非定向公租房13户，低收入认定29户。2018年，构建“党建引领、多方共治”治理体系，百善台社区成立凯乐国际小区党支部、三角塘社区成立华盛新外滩小区党支部，把支部建在网格上，共同推进基层治理水平。全面实行社区“365天”上班制度，开展“全岗通”业务知识培训，全面提升基层队伍业务能力和工作水平。完成泊富楼宇商圈党建阵地建设，非公党建水平得到有效提升。推进“妇女儿童之家”“逢四说事”“四级联席会议”“老房义诊”“幸福小巷”等党建服务品牌建设，服务居民群众。

【全面清查家庭旅馆】6月15日，开福区湘雅路街道联合区相关部门开展集中整治行动，全面清查街域内家庭旅馆，保障湘雅医院周边安全，营造和谐稳定的环境。湘雅医院周边属于老旧城区，人多、车多、老巷旧屋多、流动人口杂。从全国各地到湘雅医院问诊者络绎不绝，造成病房一床难求，很多到此就医的患者在等待床位过程中催生出周边一个“新兴行业”——家庭旅馆，共103家。家庭旅馆设施简陋陈旧，人员混杂，具有极大的安全隐患。湘雅路街道联合区城乡建设局、区地税局、区安监局、区城管执法大队、区消防大队、望麓园工商所、湘雅路派出所等单位组成家庭旅馆专项行动小组，6月11日至15日开展为期一周集中执法行动，对家庭旅馆房屋结构、违章扩建、电气线路、消防隐患等方面进行全面清查整治。根据排查出来的安全隐患，按照“技术改造为主，强制关停为辅”的原则，对有问题的家庭旅馆逐一提出书面整改意见，发放群房租消防管理规定，要求经营户3日内自查、自纠整改完成，整改不力的依法依规予以取缔。清查家庭旅馆103家，其中42家被要求限时整改，2名严重违规店老板被拘留。

【开展与失独家庭共迎端午活动】6月15日，开福区湘雅路街道联合怡欣心理服务中心和开福区社会组织孵化基地，在湘雅路街道留芳岭社区为辖区31户失独家庭举办“我们在一起”端午节活动。这些失独家庭是因意外失去独生子女（或病残）的居民和计生特扶家庭的孤独老人，通过活动让失独老人感受到社会的温暖。活动现场，工作人员、志愿者与失独家庭击鼓传花游戏互动，做蛋糕与7位失独老人一起过生日，手把手教老人制作香囊等。湘雅路街道在服务计划生育特殊家庭方面大胆尝试，通过向社会服务组织购买服务为计划生育特殊家庭提供专业、贴心服务，让他们充分感受到政府的关爱。

【手绘党建文化墙，居民感受小巷风情】1月3日，一面主题鲜明、内容丰富的手绘党建文化墙建立在长沙市开福区湘雅路街道上麻园岭社区，与干净整洁的小巷相得益彰。老旧社区焕发出文化气息，居民感受小巷风情。整个文化长廊有230余米，融入本土特色元素，突出“福”这一核心，内容分主题篇、聚福篇、淳福篇、和福篇、爱福篇以及展望篇6个篇目。“厚德传承”篇将古人爱国爱家的道德文明事例以漫画文字形式生动反映；“时代号角”部分成为中共十九大精神的宣讲阵地，启发党员们加强自我学习，坚持廉洁自律；“小巷淳风”展示上麻园岭社区党委在创建“幸福小巷”党建品牌过程中与居民群众共同努力的成果。上麻园岭社区通过“街谈巷议”“议事畅聊吧”组织居民代表、楼栋长、老党员多次集中探讨，对上麻园岭横街沿线进行全面改造，墙面重新粉刷，整体环境面貌焕然一新。但白白的墙面始终少了点什么，经过广泛征求居民意见、多次开会研讨后，社区决定手绘党建文化墙，增加老社区不一样的文化气息，展现社区积极向上的精神风貌。

（刘　银）

上麻园岭社区手绘文化墙　（湘雅路街道　供图）

伍家岭街道

【概况】伍家岭街道地处长沙市开福区中部，东与开福区四方坪街道为邻，南连东风路街道，西临新河街道，北接芙蓉北路街道，总面积6.01平方千米。2018年，街道总人口51748人，其中常住人口39275人，流动人口12473人，辖科大佳园、浏阳河、蒋家垅、紫荆园、建湘新村、陡岭和花城7个社区居民委员会。2018年，街道被评为开福区“项目建设工作先进集体”“污染防治工作先进集体”及开福区目标管理考核一类街道。

【街域经济】伍家岭街道完成财税收入5.1亿元，实现规模以上工业产值4000万元，社会消费品零售总额1.2亿元，完成固定资产投资48亿元，外贸进出口4388万美元，完成高新技术收入5亿元，完成R&D1400万元。社会重点投资项目3个，分别是悦荟生活广场、凯乐微谷和新力紫园项目。悦荟项目2018年完成投资1.6亿元，1栋、2栋、3栋、4栋主体均封顶，内墙拉毛、打底、抹灰100%、外墙抹灰100%，外窗安装100%，护栏安装90%，电梯安装工程60%，内墙保温工程100%，电力施工70%。凯乐微谷项目2018年完成投资1.1亿元，商务楼1栋A、B、C座主体、砌体、内墙粉刷、设备安装完成，幕墙玻璃安装100%；2栋主体、砌体、内墙粉刷、设备安装完成，幕墙玻璃安装95%。洋房5~12栋主体完成，正在进行砌体、外墙贴砖、内墙保温等施工。新力紫园项目2018年完成立项（开发改备〔2018〕23号2）、规划许可（建规〔建〕字第建1〔2018〕0033、0034、0039、0041、0047号）、施工许可审批（许可证号430101201805290101），全年完成投资2.5亿元，项目2栋完成33层主体，4栋完成17层主体。推动陡岭路两厢地块棚改项目（西片区）一期扫尾清零，截至2018年年底，完成私房签约171户、腾房161户，签约率、腾房率分别99%、94%；单位签约4家，签约率80%；自管产签约17户，签约率35%；拆除倒地8栋。伍家岭片区（波隆立交桥东南角）棚改项目全部签约、拆除，按要求实现腾房倒地交地。

【城市管理】落实“城管从严”要求，通过“抓常态、夯基础、深发动、强素质”等举措，城市管理水平有新提升。拆除违章建筑99处，拆除面积2923.54平方米，完成2018年度任务的90%。其中拆除新建违章建筑18处，拆除面积705.6平方米，确保新建违建的零增长。全年组织集中整治行动163次，纠正各类违章行为10064起，办理行政处罚案件311起，罚款金额5.27万元。开展静态交通联动执法，抄牌1661台次，其中手动抄牌275台，机抄1386台。清理辖区主次干道、重点区域乱停放共享单车60余车。拆除芙蓉路、三一大道、双拥路、双拥街、红色商贸城等违规广告招牌190余块，面积600余平方米、违规横幅70余条、电子显示屏50余个，清除玻璃贴纸200余处。全面推进垃圾分类减量试点工作，确定科大佳园、浏阳河2个示范社区，并选定浏阳河社区石油厂小区作为老旧小区垃圾分类试点小区。全面推进餐饮门店油烟净化器及居民家庭油烟净化器安装工作。截至2018年年底，全街200家中大型餐饮门店全部安装油烟净化器；蒋家垅、建湘新村及紫荆园老旧小区的家庭油烟净化器安装完成4475户，完成2018年度任务的100%。

【综合治理】推进扫黑除恶专项斗争，发放宣传手册3000余份，制作横幅60余条、电子显示屏10余块、动漫卡通宣传1000余份，通过微信圈、街道、社区公众号等平台宣传，取得初步成效，社会治安形势持续好转。加大社会矛盾化解，全年开展各类整治行动10次，排查矛盾纠纷421次，街道司法所调处各类矛盾纠纷116件，其中疑难问题2件，驻所调解22件，社区调解80余件，各社区简易纠纷56件，调处率100%。街道安委办坚持“安全第一，预防为主”的方针，强化安全生产责任意识，狠抓安全管理，开展安全生产大排查5次，“打非治违”专项行动4次。在定期排查的基础上，开展安全生产隐患排查专项整治行动9次，对建鸿达和长城电器的电梯进行维修和更换；吸取“5·3”事故教训，对长沙市纸包装厂、长沙市金属包装厂、长沙市建筑安装工程公司第五工程处3家停产困难企业的安全隐患，采取“十条实打实的硬措施”，较大程度地降低消防安全隐患；对花城社区红商农安小区围墙开裂、科大佳园社区听香水榭小区4栋和三一大道公交站外墙脱落的问题进行整改；对老旧居民社区建湘新村社区道路窄、坡多、弯道多，存在许多交通视野盲区的情况，街道、社区自筹资金在辖区内安装减速带20处，曲面镜10块，有效降低交通安全隐患。全年未发生一起安全生产责任事故。

【民生保障】全街累计低保户数4875户，累计人数8083人，累计发放低保金额307.3万元；各项优抚政策都落实到位，优抚款及时足额发放，全年发放优抚对象、参战人员补贴、节日慰问、立功受奖奖励等优抚款69.83万元；严格按政策落实特困户大病救助，全年实施大病医疗救助175人次，发放救助金65.36万元；办理低收入认证99户，出具无房证明298户，经济适用房货币补贴19户，租赁补贴97户，廉租房62户；实施精神病人药物救助115人次，精神病人强制住院救助29人；临时救助85人次，累计发放救助金19.08万元；高龄津贴全年累计4915人次，发放津贴154.52万元；特困供养483人次，发放供养金19.32万元；残疾人两项补贴全年累计1450人次；街道下岗失业人员实现再就业596人，完成全年计划的108%，就业困难人员再就业551人，完成全年计划的100%；社保补贴返还317人，金额196.1万元；为438名失业人员办理就业失业证，对自主创业的下岗失业人员提供130万元的小额贷款，还款率保持100%。

【社会事业】宣传落实市、区“十

免十优”服务工作，全年为92对夫妇免费进行孕前优生健康检查，随访服务100%。为306人报销产前筛查费用，报销金额4.9万元；为259人报销新生儿疾病筛查费用，报销金额9.28万元；爱心助孕特别行动帮助3对困难夫妻；为29人报销绝经取环费用，报销金额1.46万元；为7人报销计划生育四项手术费，报销金额1300元；孕产妇免费产前筛查225人；免费无创DNA检测190人；免费新生儿耳聋基因筛查144人；免费新生儿4病+48种遗传代谢串联质谱筛查142人；与街道卫生服务中心合作，为辖区内35~64岁妇女进行免费“两癌”检查，共计1051人；街道投入经费，为160名35岁以下妇女进行妇科病查治。特别家庭奖扶新增16人，通过年审137人（伤残56人、失独81人），发放金额131.52万元；城市低保奖扶新增13人，通过年审63人，发放金额3.56万元；独生子女保健费发放825人，发放金额19.18万元；计划生育特殊家庭（失独家庭）门诊医疗补助76人，补助金额2.28万元。独生子女父母奖励发放人数5776人，其中新增255人。举办“好家风谱写新时代 厚德花开启新征程”“风清气正扬新风 文明和谐传紫荆”“欢乐社区行”“碧水蓝天共建美丽城市 食品安全同创幸福生活”“管家聚合力 自治护平安”等5场幸福社区节活动。2018年，群众文化体育活动精彩纷呈，中央、省、市新闻媒体正面宣传报道274次。

6月14日，中央政法委调研组到伍家岭街道浏阳河社区调研社会治理工作

（伍家岭街道　供图）

【中央政法委调研组到伍家岭街道调研社会治理工作】6月14日，中央政法委综治二室主任陈显辉率中央政法委调研组到开福区伍家岭街道浏阳河社区调研社会治理工作。湖南省综治办专职副主任罗永阳，长沙市委政法委副书记、综治办主任闵文，区委副书记谢伟峰，区委常委、区委政法委书记黎明陪同调研。调研组一行实地察看浏阳河社区老年活动中心（邓学东先锋工作室）和社会治理网格化分指挥平台，对社区“自治、法治、德治、智治”四位一体多元化治理方式给予肯定，认为社区社会治理工作“理念新、机制优、做法实、成效好”。浏阳河社区是一个典型的综合型社区，辖区面积0.78平方千米，单位25家，居民房屋98栋，常住人口6万人，流动人口3000余人。社区探索“自治、法治、德治、智治”四位一体基层治理新模式，建立社区、驻社区单位、民警、小区物业、居民“五方联动”工作机制，在党员中开展争创服务、安全、环保、治安、调解“五个红旗手”活动，投入10万元建成网格化管理服务指挥平台，构筑人防、技防、物防相结合的安全防控体系，实现共建共治共享，社会治理工作取得良好成效。浏阳河社区被评为省、市“平安社区”“文明社区”“和谐社区”等多项荣誉称号。

【全市首试“不见面”审批】5月9日，随着“幸福伍家岭”微信公众号网上政务上线，开福区伍家岭街道启动“不见面”审批改革。为深入推进“互联网+政务服务”工作，伍家岭街道在全市乡镇街道率先实施“不见面”审批和“一趟清”改革。街道居民通过关注“幸福伍家岭”微信公众号进行注册，直接下载表格、上传照片及资料审核，高龄津贴、生育服务证、残疾人两项补贴、计生证明等4项政务审批全程实现网上办理，实现“不见面”审批。街道和社区另外40项审批服务，居民可通过所在小区网格员免费上门跑腿代办，实现审批服务“不见面”，办事“一趟不用跑”。街道各社区办事服务大厅原有服窗口缩减为3至4个“全岗通”，任何一个窗口都可“一岗受理、一口讲清、一站到底”。街道和社区更多的人力“转战”网上后台，对资料进行核实审批，对不便上门的群众由网格员或寄快递送达。

“365邻里帮帮站”的志愿者到老人家中送保健宣传资料 （伍家岭街道 供图）

【成立“紫荆园丁”自治团，专注打理社区小家，引领居民“共治共享”】8月19日，开福区伍家岭街道紫荆园社区“紫荆园丁”成立，80多名老党员和居民群众、中小学生加入到“自治团”，开启社区提质提档后“共治共享”新模式。紫荆园社区是一个集老旧小区与新型商务楼宇于一体的混合型社区。2018年，开福区政府投入300多万元对居民反映强烈的水电气、管网管线、油污治理、小区道路、绿化等基础设施进行提质提档改造，拆除违章建筑，社区面貌焕然一新。为加强管理，社区党委牵头组织成立“紫荆园丁”自治团，发动居民群众参与社区共治共享，实现社区软、硬件“双提升”。紫荆园丁自治团设置“365邻里帮帮站”“精神文化夜总会”“红白喜事理事室”等，分设矛盾调解、治安巡逻、风气监督、卫生巡查等5支志愿服务队伍，自主维护社区环境卫生，解决邻里纠纷，巡查车辆停放，督促移风易俗等。紫荆园社区有83栋居民楼、4条道路均由自治团志愿者认领管理，社区组织开展最美小区、文明楼栋、明星居民等评选活动，引领居民群众加入到“自治团”，共同参与社区管理。同时，社区创新打造“精心、精彩、精品”的“三荆同欢”党建服务品牌。通过推行365天“全岗通”服务、网上办理业务，“岭哥岭姐帮代办”，让居民办事“最多跑一次”，甚至“一次都不跑”，为居民提供精心服务；通过开展文化体育、结对帮扶、志愿活动等，为居民提供精彩活动；通过“吴麦华”党员先锋工作室、邻里中心、华创楼宇商圈党群服务中心，放大“党建+”效应，提供党建精品，激发党员热情，让管理更加精准。

（刘 姣）

新河街道

【概况】开福区新河街道东临芙蓉北路与伍家岭街道相连，南接百年湘雅与湘雅路街道相连，西至湘江与岳麓区隔江相望，北抵浏阳河与芙蓉北路街道隔河相对。街道总面积6.1平方千米，总人口约6万人。辖幸福桥、开福寺路、华夏路、陈家湖、三角洲、紫凤、栖凤7个社区居委会。辖区内有1所中学（长雅中学）、2所小学（清水塘北辰小学、紫凤小学）、4所幼儿园、1所区妇幼保健医院。辖区内有长沙市文化中心“三馆一厅”、千年古刹“开福寺”、碧湖书社、鸳鸯古井、沈家大院等历史文化。2018年，街道围绕区委“升级发展，成就北富”战略目标，打造“四街”典范，建设“四个新河”基本构想，务实推进各项工作，全面完成各项工作任务。

【经济建设】新河街道全年税收完成9.78亿元，完成社会商品零售总额7.6亿元，完成固定资产投资34.47亿元，完成规模工业产值4496万元；内联引资形成固定资产投资29.17亿元，外商转移投资4008万美元。新河街道有重点项目5个，即北辰三角洲项目、天健芙蓉盛世三期、君悦新天地、新河大厦、滨江华尔街中心，总投资突破295亿元。项目建设有序推进，拉动街道经济快速增长。

【社会事业】街道完成居民养老保险缴费75人，金额29.4万元，被评为2018年长沙市居民养老保险示范点；完成小额贷款放款50万元、待批70万元，总金额120万元。实现灵活就业1830人，失业再就业693人，就业困难再就业564人；扶持大学生创业26人，创业带动就业762人，新增微小企业970户，个体688户，带动就业人数3041人，被评为区级创业型街道。市、区两级社保返还238人次，补贴金额147.31万元。退休人员特殊认证70人，协助外地区落实生存状况24人，申报失业人员生育补贴3.22万元。2018年年底，华夏路社区、幸福桥社区被评为长沙市退休人员社会化管理服务基地。全年走访慰问低保家庭、残疾人家庭、重病家庭、优抚对象、孤寡老人、参战退伍军人、企业困难下岗职工等1386户，慰问金额41.62万元。全年临时救助11人，发放救助金6099元。截至2018年年底，街道有低保户192户293人，全年累计发放低保金154.11万元；特困户17人，累计救助金额13.51万元；医疗救助74户，救助金额29.01万元。残疾人两项补贴278人。全年出具无房证明75户，低收入认定53户；办理经济适用房货币补贴2户，廉租房35户，廉租房补贴7户，公租房9户。全年发放高龄补贴4885人次，补贴金额155.31万元。成立街道退役军人服务站，完成退役军人、优抚对象、现役军人家属信息采集与系统录入2106人，组织“八一”、春节等走访慰问活动，落实军队退役人员解困、帮扶工作。2018年，举办新河街道春风行动招聘会，入场单位21家，提供岗位200余个，求职人员82人，14人达成就业意向；街道与凤凰海购物公园联合举办专场招聘会，入场单位55家，提供岗位1000余个，求职人员240人，28人达成就业意向。

【卫计工作】组织卫生健康宣传推介。开展“万步有约”活动。联合区疾控中心、湖南省轻工盐业集团有限公司等单位，在开福寺广场开展以“碘亮智慧人生，共享健康生活”为主题的碘缺乏病防治宣传活动。于世界眩晕防治日与长沙市一医院携手开展“精准治疗 远离眩晕”为主题的惠民义诊活动。强化医卫协作。做好流动人口儿童疫苗补种、居民家庭健康档案建立、家庭医生签约服务等工作。完成产筛、新筛、孕前优检、“两癌”查治等工作。完成产前筛查和新生儿疾病筛查报销工作，街道辖区内对象应报尽报。完成免费孕前优生检查153对，组织爱心助孕3对。组织街道35~64岁适龄妇女开展“两癌”免费查治工作，全年免费查治647人。办理家庭意外保险、少儿安康保险、妇女防癌保险、特扶家庭意外保险等计生系列保险10万元。增强独生子女家庭、失独家庭计生残疾家庭以及流动人口抵抗风险的能力。落实湖南省补助计划生育特殊家庭重病大病住院护理补贴，宣传发动，按时申报，全年为22户特扶家庭申报住院补贴4.14万元。组织全街志愿者开展无偿献血活动，献血225人次。街道红十字会全年开展8次应急救护培训，800余人次参加。

【城市管理】打赢蓝天保卫战，燃煤、烟花爆竹全部清零，华夏路违规夜宵全部取缔，裸露黄土全面覆盖，维多利拆除垃圾清除作为先进典型在全市推广，伍家岭片区优良天数较2017增加20天。完成环保交办件办理，全年受理3批53件环保交办件，剔除重复投诉后实际为47件，全部办结销号。常态落实水环境治理，组织大型垃圾清理20余次，打捞僵尸船6艘，确保3.1千米水岸线环境整洁。全年拆除违章建筑2500余平方米，组织下麻园岭社区民生休闲场地建设，推进天福市场顶篷拆除，完成动力北苑老旧小区提质改造，并被住房和城乡建设部通报表扬。动力北院2018年被列为住建部老旧小区改造试点小区之一，启动违章拆除和提质改造，拆除违章51处，面积1800余平方米，拆除破旧围墙200多米，铺设麻石板路面473平方米，路面修复3025平方米，新增绿化拓宽1276平方米，新增规范停车位58个，新建充电非机动车棚76米，新设小区照明，归整网线，建设居民文娱健身活动玻璃房等。居民筹资1.8万元，辖区单位出资60万元建设通透式围墙。居民自发成立业委会，推选成员11人，单元楼栋联络员39人共同参与小区管理。完成紫凤社区人造板厂等3个小区垃圾分类示范点建设，建成集中投放点6个，购置分类垃圾桶300个。

【综合治理】街道成立社会管理综合治理办公室，下设6个领导小组，党政一把手亲自抓，定期召开专题会，研究部署社会管理综合治理工作。以平安创建活动为重点，调动各方面积极性，开展平安社区、平安家庭、平安楼栋等创建活动，构建新河稳定的治安环境。开展对突出问题和重点地区的排查整治行动。街道、派出所联合出动，加大安全隐患排查整治力度，重点对扳砣子赌博、小按摩场所涉黄、地下六合彩等群众反映大的治安问题采取限时整治。集中开展反邪教、禁毒、扫黑除恶宣传活动，印发宣传资料1万余份，设立宣传橱窗8个，悬挂宣传横幅21条。稳定有序推进街道社区矫正工作，截至2018年年底，新河司法所服刑人员在册31人，缓刑29人，假释1人，暂外1人，普管31人，无宽管及严管人员。每月对服刑人员进行学习教育；社区每月安排服刑人员进行公益劳动。2018年，新河司法所累计接收社区矫正人员164人，解矫133人。

【举办“中国梦·福汇新河”2018年长沙第五届琼花艺术节】3月31日—4月1日，由长沙市园林管理局、开福区委宣传部、新河街道工委主办的“中国梦·福汇新河”2018年长沙第五届琼花艺术节在新河街道紫凤公园举行。艺术节分为“党建篇”“法治篇”“好人篇”“梦想篇”“幸福篇”5个篇章的活动，为市民献上一系列以琼花和开福好人为主题的演讲、歌舞、诗词作品朗诵和论坛活动。作为琼花主题园区的紫凤公园，其琼花系列有8个品种，包括聚八仙、木绣球、伞形琼花等，植株280多株。为创新党建新载体，新河街道对紫凤公园进行“微改造”，打造“党建文化主题公园”，让党建文化融入百姓生活，集聚正能量，深化“中国梦·福汇新河”党建宣传及群众文化品牌，让琼花艺术节成为湘江产城融合带上的精美文化名片，同时成为社会组织展示的大舞台，为打造经济强街、文化名街、宜居靓街、民生福街，建设实力新河、活力新河、美丽新河、幸福新河营造浓厚氛围。

【省委常委、长沙市委书记胡衡华到开福区调研北辰文创产业园】8月23日，湖南省委常委、长沙市委书记胡衡华到开福区北辰文创产业园调研。长沙市委常委、市委秘书长夏建平，长沙市政府副市长廖建华参加调研。开福区委书记沈裕谋，区委常委、宣传部部长舒全球，区委常委、区委办主任张春雄，湖南省动漫游戏协会负责人、北辰实业公司负责人等陪同调研。胡衡华一行听取北辰文创产业园整体情况介绍，详细询问动漫原创、衍生品推广、动漫艺术社区、游戏产业互动体验展厅、COSPLAY主题会所及动漫衍生品交易平台的建设情况。胡衡华一行还参观湖南善禧文化有限公司等园区代表企业。胡衡华充分肯定北辰文创产业园多元化的创新发展带来的好成绩和勃勃生机，他希望产业园区要进一步发挥平台优势，持续深化聚集区的服务体系，整合行业资源，营造良好的产业发展氛围，推动动漫游戏产业链发展与动漫产业的转型升级，让“动漫湘军”占领文化创意产业制高点，助力湖湘动漫再度崛起。北辰文化创意产业园位于开福区北辰三角洲B1E1区，占地10万平方米，是由开福区政府、长沙北辰公司、湖南省动漫协会联合打造的产业聚集区。产业园于2015年建成，2016年入住企业投入使用，园区依托动漫艺术国际社区、动漫游戏线上线下衍生品交易平台等公共服务平台，推动园区企业快速成长。截至2018年年底，园区入住文创关联企业226家，带动7000余人就业，年产值10亿元。

（秦远鹏）

东风路街道

【概况】东风路街道位于长沙市开福区东南部，东邻车站北路，南接德雅路，西至芙蓉中路，北达三一大道，总面积5.2平方千米，辖东风路、精英路、王家垅、砚瓦池、德雅路、蚌塘、浏河、国防科大8个社区居民委员会，351个居民小组。2018年，辖区户数21709户，总人口45811人，其中流动人口6116人。辖区有富兴金融中心、新时代广场、好来登酒店、华府一航线、观园国际、欧波港湾等楼宇；有北京银行、渣打银行、新韩银行、平安财险、鲁银融资租赁有限公司等金融企业；有国防科技大学、湖南省民政厅、湖南省社会科学院、湖南省招标局、湖南省长线局、湖南省电视台、湖南省电影公司、长沙市综合开发公司等驻街单位。2018年，街道获评司法部“全国人民调解工作先进集体”“湖南省创新创业带动就业示范街道”“湖南省星级财政所”“长沙市文明单位”。

【街域经济】街道完成税收7.17亿元，为年度任务的107.49%；完成规上社会消费品零售总额1.51亿元，为年度任务的126.3%；完成其他营利性服务业7.69亿元，为年度任务的132.7%；完成市外境内资金固定资产投资25亿元，为年度任务的100.5%；完成外贸指标2787万美元，为年度任务的117%。截至2018年年底，辖区纳税额5万元以上企业145家，比2017年增加11家，100万元以上企业29家，比2017年增加了15家。新增注册企业158家，其中注册资金在1000万元以上有18家。新引进企业51家，其中场地面积500平方米7家。全街企业总数量1465家，其中规上企业34家。

【项目建设】街道有富兴金融中心、湘域智慧广场2个续建项目，怀通大夏1个预备项目。富兴金融中心项目一期商业实现运营，写字楼部分建设扫尾；富兴二期公寓住宅部分进行地下建设。湘域智慧广场进行内外装修和配套施工。预备项目怀通大厦正在完善开工前相关手续。东风二村地块、冷库2个棚改项目有序推进。

【城市管理】2018年，围绕常态长效打好蓝天保卫战，组织宣传宣讲活动20余次，发放宣传资料近4万份。辖区内258家餐饮门店签订环保承诺书，收缴煤炉600余个，243家餐饮门店均无再燃煤现象，8个施工单位落实降尘降噪措施。开展夜市整治行动，查扣夜宵烧烤摊担105个，每晚对烧烤摊贩进行巡查管控，确保整治效果。完成辖区60家餐馆、6500余户家庭油烟净化器的安装，并使用清洁能源。加强对辖区黄土裸露、扬尘及道路运输扬尘的排查，发现问题立即整改，增加全街保洁力量，增加道路清扫频次。围绕街情民需打好城市管理提质战。以社区为单位，全街划分为8个网格片区，53个网格，实行网格化管理。落实“门前三包”责任制，整治市容环境，对东风路两厢、长沙市一中开福中学门前进行提质改造。全年清理堆物1360余车，清理卫生死角540余处，清掏、疏通下水沟渠200余处，劝导流动摊担4000余起，落实门前三包责任制和店外经营900余起，处罚占道停车300余起，发放温馨提示单300余次，黄牌警示单50余次。拆除违法违章广告招牌30余块，面积310平方米；拆除违法违章建（构）筑物12处，面积1289平方米。

【民生保障】坚持核准管严低保发放，启动临时救助进行精准救助。2018年，累计发放低保救助金393.9万元，发放优抚补助61人，金额53.97万元，发放高龄补贴225.64万元。街道创立就业联盟，加强就业保障，组织就业培训1000余人次，开展10次大型招聘会，新增创业主体868户，带动2600余人就业。为520名重度残疾人和特殊病种残疾人申报低保。开展优生优育科普宣传活动，家庭医生签约任务完成100%，免费产前筛查、免费新生儿疾病筛查、免费孕前优生健康检查和适龄妇女“两癌”查治任务完成100%，建成东风路、砚瓦池社区“健康小屋”2处。

【综合治理】为加强辖区治安防控，街道引入高科技智慧平台，升级接入天网视频监控画面，新安装26个高清摄像头，接入天网工程摄像头293个。率先全省购买心理社会服务进驻基层司法所，获得湖南都市频道《百姓说话》栏目报道。组织辖区733台电动车安装防盗报警装置，宣传动员居民购买家庭财产保险700余份。开展扫黑除恶宣传活动。全年未发生大案要案及其他恶性案件。开展打非治违行动，取缔关停3家无证经营门店，执法检查66家生产经营单位，行政处罚18起，媒体曝光3家。落实“五条断然措施”，取缔违建仓库1个，拆除违章搭建150平方米。开展安全生产宣传活动，打造安全文化示范社区，承办2018年开福区“安全生产月”宣传咨询日活动。开展形式多样、内容丰富的食品安全周活动，发放宣传资料2000余份，全街设立15处永久性食安宣传栏，按类别和行业分别组织普法知识培训2次。加强食品安全监管，对全街392家餐饮店全部建立台账，完成透明厨房改造50家，投入资金70余万元对2个农贸市场进行提质改造，严格落实依法监管，全年立案11起，办结8起，正在办理中3起，罚款8.53万元。

【社会事业】投入60余万元，优化升级网格化管理平台，实现社区网格平台和街道指挥中心并网互通。创新“一核四元”社区治理，坚持在党委领导下，实现社区居委会、自治议事会、业主委员会、物业公司四元联动的服务模式。推行365天社区轮班制及老弱病残代办服务，制定东风路街道一口讲清办事指南，开设“最多跑一次”微信服务专栏，设立社区“全岗通”服务窗口。创新科大社区“老政委工作室”、砚瓦池社区“姚顺斌学雷锋工作室”、东风路社区立体化智慧防控、浏河社区“五色之光”服务项目等党建品牌。袁良坤获评“助人为乐·中国好人”、肖玉兰获评“孝老爱亲·长沙好人”、周莹获评“尽职尽责·厚德之星”。湖南省话剧团创作以中国好人杨德才自强奉献事迹改编情景剧《黑暗里的彩虹》，在开福区“好人文化节”首演获好评。2018年，发放文明创建宣传资料4万份，制作公益广告牌400余块，创造德雅路—潘家坪公益广告示范街，在开福区公益广告道路示范点评比中获评“三等奖”。推进“五城”建设，开展“快板演绎真情分享 中国好人携手残疾人艺术团生动宣讲中共十九大精神”活动、“争做文明小市民排队礼让我先行”青少年文明教育实践活动、“关爱留守儿童赠书活动”、“我们的节日”主题活动。举办“中国好人与志愿者送出新年祝福 原创文艺作品获市民青睐”“移风易俗 文明祭祀 平安清明”“中国好人送戏养老院，盲人保健温暖老人心”等活动，东风路街道和东风路街道蚌塘社区均被评为2018全国社区网络春晚“优秀组织奖”。

【东风路街道召开区域化党建联席会议】11月15日，长沙市开福区东风路街道召开区域化党建联席会议，辖区10家驻街单位参加。东风路街道党工委有8个党委，1个党总支，53个党支部，其中包括10个非公党组织，直管党员1748人，在职党员社区报到党员493人。东风路街道作为中心城区中典型的老旧街区，破产改制企业多，棚户、老旧小区、困难弱势群体多，从2012年开始，在全街范围铺开街道大工委、社区大党委建制，2018年实行区域化党建联席会议制度，达到党建引领、共建共享的效果，6年来，在基础设施配套、物业管理、治安巡控、文娱活动、矛盾调处等多方面，协调处置各类问题2800余个。区域化党建联席会议上，湖南省民政厅、湖南省地方志编纂委员会、南方航空湖南分公司、湖南省教育建筑设计院、长沙市公安局开福分局、长沙市一中开福中学、长沙市星城公证处、长沙市建设综合开发有限公司等10家参会单位，将与街道一起共建60个项目，助力东风路街道区域发展。东风路街道纪工委书记毛毅希望通过区域组织联建，实现基层组织立体化；党员联管，实现队伍建设优质化；活动联抓，实现品牌服务常态化；资源联用，实现资源效应最大化；发展联动，实现互联共赢高效化。他希望通过“五联五化”与驻街单位共同担负起加强基层党的建设、创新社会管理、推动东风路街道发展的历史使命。

（贺平美）

通泰街街道

【概况】通泰街街道位于长沙市中心城区，东部由北向南，依次与开福区望麓园街道、芙蓉区府后街街道相邻；南部与天心区坡子街街道接壤；西部濒湘江，与岳麓区望月湖街道隔江遥对；北部与开福区湘雅路街道搭界。总面积1.05平方千米。辖轩辕殿、盐道坪、吉福街、连升街、寿星街、湘春路、西园7个社区居民委员会。2018年，街道荣获“长沙市健康养老先进街道”“开福区项目建设先进街道”称号，西园北里被评为“长沙市最具特色休闲文化街区”，万达商圈党委被授予区“楼宇商圈党建创建点”称号。

【街域经济】2018年，全年完成全口径税收4.67亿元人民币，完成固定投资资产39亿元人民币，完成规模以上其他营利性服务业收入6.09亿元人民币，完成高新科技产值3.9亿元人民币，完成外商直接投资315万美元，完成外商转移投资2820万美元，完成内联引资形成固定资产投资16.08亿元人民币。完成社会职能分离移交央企3家、省企4家、市企2家、市企零散户3家。全年新增四上服务业单位1家、建筑业单位1家、高新科技单位5家。2018年下半年开始全国第四次经济普查工作，完成经济普查摸底企业数3094户，个体户9616户。

【项目建设】通泰街街道是开福区城市有机更新的主战场，2018年面临棚改征拆向有机更新转变的情况下，街道攻坚克难，全力化解各类疑难杂症，推进潮宗街项目的顺利扫尾和政策的平稳过渡，大局保持稳定。2018年，潮宗街一期完成私房签约38户，完成腾房172户，基本实现扫尾清零，为有机更新规划建设提供良好的施工环境。

【城市管理】街道持续加强市容秩序整治，全年组织环境卫生大扫除活动50余次，清理背街小巷、农贸市场、居民楼栋等重要场所垃圾堆物200余车、卫生死角300余处，清除“牛皮癣”、残标7000余处，拆除违规小招牌灯箱200处，清除地锁60个，清理花坛垃圾及空中垃圾300余处。结合有机更新项目施工，拆除历史违章9处1100平方米，项目外历史违章10处400平方米。全面落实“河长制”，加强河滩保洁巡查和水污染防治工作，领导常规巡河常态开展，河道整治卓有成效。“五一商圈”专项整治，累计拆除五一广场商圈户外大型违章广告架15个，大型破旧遮阳雨篷2处，不合理岗亭2个。强力推进西长街、吉祥巷、如意街老旧市场常态整治，店外经营和占道为市行为全部取缔。受理整改4件中央环保督察“回头看”案件和8件省级环保督察件；开展燃煤专项整治20多次，收缴煤炉220余个，露天烧烤、违规夜市经营工具100余个，燃煤3000余千克，劝退或改行35家夜宵烧烤摊，实现辖区内燃煤使用问题清零；完成100多家门店油烟整改。

【民生事业】强化保障机制，提高居民幸福感。城镇新增就业人数1965人，失业人员再就业人数650人，城镇登记失业率控制在2.2%以内；全年办理“就业创业证”314人，认定就业困难对象207人，新增失业保险金领取人员194人；带动城乡就业人数3662人，带动城镇就业人数2321人，扶持大学生创业30人；城乡居民养老保险征缴16万元，城乡居民医疗保险征缴370万元；全街在册低保户988户，1623人，累计发放低保金827.26万元，办理大病救助372人、救助金额115.19万元；新增享受廉租房补贴16户，新增廉租房实物配租51户。完成社区专职工作人员员额认定工作，对所有社区工作人员“三岗十六级”进行确认，完成个人档案整理；完成辖区退役军人和其他优抚对象信息采集录入以及为烈属、军属、退役军人等家庭悬挂光荣牌等工作，全街建档立卡782人。人口

9月21日，通泰街街道举办“表白开福，开启幸福”全民抖音大赛

（通泰街街道 供图）

与计划生育工作有序推进，全年出生202人（含流动人口出生9人），人口自然增长率-0.003‰，网上办理一、二孩生育服务证211本；全面落实“十免十优”服务和民生实事项目，完成孕妇免费孕前筛查254人，免费产前筛查167人，35~64岁妇女“两癌”筛查604人；发放独生子女保健费524户，金额11.89万元，发放城市低保奖励扶助176人，金额10.46万元，发放计划生育特别家庭扶助191人，金额183.36万元。

【综合治理】履行综治维稳属地责任，对辖区不稳定因素主动摸排调解，各类矛盾纠纷均化解在基层。苹果装饰公司、58车贷、汉唐玉带文化公司等多起群体性维权事件均得到妥善处置，办结网上信访件65件，办结省委巡视组信访件11件。维护有机更新施工环境，推进潮宗街项目的顺利扫尾和政策的平稳过渡。开展扫黑除恶专项斗争，根据摸排结果，在辖区范围内的重点隐患区域、人口密集场所、交通要道悬挂户外广告和扫黑除恶标语、横幅，利用电喇叭等方式在背街小巷进行宣传，在醒目位置设立举报信箱并公示举报电话、电子邮箱，营造浓厚扫黑除恶氛围。重视民调工作，坚持联动调解常态化和长效化，加强重点矛盾问题排查力度，上门走访居民群众630余户，社区召开群众恳谈会15场，化解居民群众合理诉求120多个。抓好安全生产工作，街道以消防安全、食品安全、校园安全、危旧房屋、有机更新等工作为排查整治内容，把开展安全生产大检查“回头看”工作和“打非治违”工作结合起来。联合开展消防安全整治，取缔非法经营场所26家，责令停产停顿企业单位35家，排查整治安全隐患82处，强制关停明月商贸城、商标线带厂、燎原电影院、春风街纸业仓库等重大安全隐患企业单位。严抓食品安全监管，全年完成小餐饮“透明厨房”提质改造56家，开展“一桌餐”“私房菜”等无证无照餐饮单位专项治理工作，督促经营者主动关停10家，强制整治关停15家。

【胡衡华调研潮宗街有机更新项目和西园北里历史步道建设】3月7日，湖南省委常委、长沙市委书记胡衡华调研通泰街街道潮宗街区棚户区改造项目一期和西园北里历史步道项目，并在西园社区召开居民代表座谈会。长沙市委常委、市委秘书长夏建平，开福区委书记沈裕谋等领导参加调研。调研中，胡衡华对西园北里历史步道建设给予肯定，强调潮宗街的改造，要有机进行，既要宜居，又要保持历史风貌，把老长沙记忆保留下来。他指出，推进老城区有机更新是一项民生工程，也是做群众工作的过程，要充分尊重群众意愿，要把群众工作做细做实，做好解释工作，寻求最大共识，动员群众都参与到改造中来。

【长沙首家社区书院“黄兴红韵”书院成立】1月25日，开福区通泰街街道湘春路社区“湘春善行”协会举办的“黄兴红韵”书院成立典礼在社区二楼会议室举行。来自省、市、区、街相关领导及爱心捐赠书籍的企业负责人和各界群众70余人参加授牌仪式。在成立典礼上，邀请到原四十七军代军长钟华卫将军、湖南省巡视组老领导魏忠胜、长沙市政府副秘书长王体泽、湖南省人民政府文史馆官员陈先枢等领导为8家出版单位颁授证书。由原中国人民大学教授、湖南大学法学院院长、法学院委员会主任、现湖南省人民政府法律顾问、当代新儒学界代表杜钢建为“黄兴红韵”书院授牌。省民革副主任委员、黄兴之孙黄伟民获颁“黄兴红韵”书院荣誉院长聘书。湘春路社区文化底蕴厚重，黄兴曾在辖区内明德中学任教，创办华兴会，与革命先贤在这里开展革命活动，留下很多可歌可泣的故事。湘春路“黄兴红韵”书院由开福区文明办指导实施，通泰街湘春路社区具体承建，由“湘春善行”公益机构运作，实现居民“自我管理、自我服务、自我教育”。该书院为长沙市首家社区书院，免费向群众开放。“黄兴红韵”书院的成立，对社区的基础设施、服务水平和精神文明建设等各方面都将起到积极的推动作用，黄兴等老一辈革命家所代表的大无畏辛亥先贤精神，将在社区得到传承和发扬。

【开福区“梧桐树下 北里讲堂”开讲】5月15日，“梧桐树下 北里讲堂”在开福区通泰街西园北里中央梧桐树广场正式开讲，居民一起围坐聆听中共十九大精神宣讲。“梧桐树下 北里讲堂”是西园北里社区打造的“睦邻西园 德润北里”主题党建品牌服务项目，主要以接地气的方式贯彻上级精神、讲述红色故事、宣传先锋人物、倡导廉洁家风、促进邻里和睦。西园拥有丰富的历史文化底蕴，很多晚清重臣、民国政要、维新志士和革命党人曾经在这里居住，现仍有不少名人后代到西园北里寻根问祖。西园北里历史文化街区是长沙市历史步道首发段，以“古朴、沧桑、静谧、慢行”为主题的休闲旅游景点，东起黄兴北路，西至泰安里、寿星街，南接营盘路，北至湘春路，全长560米。自2018年正式对公众开放以来，接待中外游客参观15万人，接待省、市、区各级领导及历史名人后代观摩80余次，成为人们追寻老长沙记忆的人文旅游景点。2018年，“梧桐树下 北里讲堂”开展各类微宣传5场，惠及党员、居民200余人。

【老街故事“大家”讲系列党课在开福区连升街时务学堂旧址启动】11月1日，老街故事“大家”讲系列党课在开福区连升街时务学堂旧址启动。开福区通泰街街道按照潮宗街总体风貌，打造连升街社区服务阵地并投入使用。连升街社区位于楠木厅4号，使用面积1000余平方米，在服务大厅北面墙设计“老街故事汇”文化墙。结合老党员、老居民良好群众基础，组建党员志愿者队伍，开设老街先锋工作室；结合潮宗街历史文化街区建设，社区深度挖掘潮宗街历史文化内涵，邀请文史专家、学者定期开设“老街故事讲堂”，将长沙人文精神薪火相传；面向潮宗街原居民群众发动“旧物征集令”活动，征集各类反映潮宗街旧事记忆物品百余件。开展“时务学堂上党课，廉政教育进社区”“十九大会议精神宣讲”“文史专家话长沙”“通泰街史话”“消失于长沙老街的古代长沙县衙”等多场主题文化活动，惠民300余人次。

（赵莉莉）

11月1日，老街故事“大家”讲系列党课在连升街时务学堂旧址启动

（通泰街街道　供图）

四方坪街道

【概况】四方坪街道地处开福区中南部，东部及东南部临浏阳河，与开福区月湖街道一衣带水；南部以浏阳河为界临芙蓉区；西部以车站北路为界，与东风路和伍家岭街道毗连；北部临栖凤路濒浏阳河下游，与开福区浏阳河街道隔河相望。街道辖科大景园、丝茅冲、李家冲、金帆、四方、四季美景、左岸、滨江、胜利9个社区居民委员会。街道办事处位于德雅路1488号鑫政大厦，总面积3.91平方千米，总人口49836人，其中城镇常住人口38147人，流动人口11689人。辖区内有小学1所（四方坪一小），中学1所（国防科大附属中学）。四方坪街道荣获长沙市2018年度人口和计划生育工作考核评估良好单位、开福区2018年度项目建设工作先进街道称号。

【经济建设】全街完成财政税收4.88亿元，为年度任务的100%；完成社会消费品零售总额30亿元，为年度任务的100%；完成内联引资15.8亿元，为年度任务的100%；完成固定资产投资30亿元，为年度任务的100%；完成工业规上企业产值23亿元，为年度任务的100%。截至2018年年底，全街8座商务楼宇，完成租售面积22.9万平方米，空置面积1.6万平方米，总体租售率为93.5%，入驻各类楼宇企业260家。

【项目建设】街道有大屋山安置房项目、德雅路片区棚户区改造项目（毛巾厂地块）一期、德雅路片区改造项目（丝茅冲三期）、德雅路片区改造项目（丝茅冲地块一、二期）、胜利村农民安置房、胜利家园安置小区配套路网、公卫大楼、栖凤路两厢绿化、海洋半岛花园项目9个重大建设项目。截至2018年年底，毛巾厂项目全面签约清零，完成拆除倒地。丝茅冲项目一、二期进入扫尾阶段，其中，一期签约809户、签约率92%，腾房785户、腾房率97%；二期签约540户、签约率95%，腾房513户、腾房率95%。开展项目扫尾百日攻坚，推动40多户被征收户成功签约。大屋山安置房项目发布征收三公告，处于前期拆迁腾地和手续办理阶段。丝茅冲三期（消防中队）发布征收四公告。胜利村农民安置房项目全面竣工验收。公卫大楼项目顺利开工建设。栖凤路两厢绿化建设竣工验收。海洋半岛花园项目正在手续审批中。

【城市管理】抓好流动摊担、早夜市、店外经营、违章灯箱广告的清查整治，开展“红袖章”行动，针对毛家桥水果市场占道经营、四方商贸城南北通道内流动摊贩及夜宵市场、餐饮门店油烟净化器安装、金帆社区大道夜宵摊贩等重点部位开展多次专项整治。处理城市管理各类数字化案卷5000余件，整治流动摊贩633次、店外经营833次，拆除修复违章广告牌95块，处罚盲道违规停车70余台。街道蓝天办联合区城管公安、街道城管执法中队、派出所、社区等单位，开展收缴燃煤炉、餐饮门店油烟净化器的安装、禁限放烟花爆竹、“十个严禁”与“六控”等一系列重点整治行动。全年开展专项执法573次，完成垃圾焚烧整治89起，道路扬尘污染整治126起，其他项目污染整治80起，鞭炮燃放整治96起。整治露天烧烤430起，整治餐饮门店油烟净化器安装490起，收缴燃煤炉1350个，开具责令整治通知书120家。街道结合实际，成立街道河长办，梳理确定7名河长，研究制定河长制工作实施方案及考核细则。对科大景园社区河道沿岸的挖翻种植进行专项整治，对辖区内的河道垃圾、河滩堆物、僵尸船进行集中全面清除；抓好河道日常巡查、保洁。治理畜禽养殖、水产养殖、农业面源污染，完成社教桥排口清淤疏浚工作，加强排口日常监管。利用街道微信公众号、智慧服务平台、社区LED屏和宣传栏等阵地大力宣传河长制工作，动员、邀请民间河长参与巡河“治水”。

【民生保障】新增就业人数548人；发放低保金200.8万元；特困医疗救助89人次，救助金额37.59万元，审批临时救助对象 156人，发放救助金46.04万元。办理住房保障低收入认定18户，廉租房租赁补贴8户。全年发放优抚人员抚恤、生活补助35万余元。落实计生奖励特别扶助资金67.2万元，发放独生子女保健费23.04万元。街道利用元旦、春节、“5·15”国际家庭日、“5·19”世界家庭医生日等节日，开展“全面二孩政策宣传”“流动人口均等化服务”“关爱女孩行动”“婚育新风进万家”“家庭医生签约服务”“三减三健”等群众性宣传教育活动。2018年，辖区有各级各类医疗卫生机构30所，其中，疾病预防控制机构1所，城市社区卫生服务中心1所，社区卫生服务站1所，有专业卫生人员44人，其中执业医师16人，执业助理医师4人，注册护士18人，2018年医疗机构（门诊部以上）完成诊疗2.84万人次。城市社区卫生服务中心实施国家基本药物制度，实行基本药物零差率销售；城乡居民规范化电子健康档案建档率为84.92%。街道将政务大厅及各社区便民服务大厅进行升级改造，在社区全面推行“365天开放服务”，推行“最多跑一次”不见面的审批，建立社区帮代办服务制度，设立代办服务窗口，公开代办清单，安排专人担任代办员，重点服务老弱病残群体。通过街道、社区的微信公众号、便民服务微信群等渠道公布办理流程，提前告知注意事项、所需材料，提升服务效率和服务质量。

【社会事业】辖区有文化馆(站)1个，文化活动中心9个；公共图书馆（室）9个，建筑面积1200平方米，藏书2万册；有“俏军嫂”等群众性艺术团体2个；建成雅雀湖、先福、左岸、制药厂、胜利、四方6个社区公园。辖区有体育场地8个，运动场5个，游泳池2个。社区全部安装健身器材，经常参加体育活动的人员占常住人口的41.78%。辖区有幼儿园13所，在园幼儿2094人，专任教师158人；小学1所（四方坪小学），在校学生1799人，专任教师99人，小学适龄儿童入学率100%；初中1所（科大附中），在校学生1524人，专任教师97人，初中适龄人口入学率100%，小升初升学率100%，九年义务教育覆盖率100%。坚持“同心同行同圆梦，服务基层惠民生”理念，利用辖区资源，推进社区建设。科大景园社区与民进共建同心文化社区，2018年荣获“省级同心社区”称号；四方社区联合仁与公益、蓝天救援等公益组织，开展文明创建、宣传帮扶等公益活动；左岸社区创办睦邻书院，开展家长、学生亲子读书等活动；李家冲社区开展“党建铃声”“后备箱的爱”活动，与辖区企业和爱心人士联合帮扶困难群众；四季美景社区建立婚姻家庭服务站，创建“健康小屋”“魏玛丽工作室”“中国好人”盛德其工作室，专注教育、心理咨询和亲子关系，注重青少年道德引导，开展“花季护航”活动；金帆小区设立“四季果工作室”，调解小区邻里矛盾纠纷。

【综合治理】化解信访积案。街道按照一户一策、一人一档，成立包案组，负责矛盾化解、信访维稳，2018年共化解信访积案3件，实现零非访目标。算大账工作。先福算大账进入尾声，剩余先福村土地、集体资产等问题需相关部门进一步审定。2018年，街道成立清算工作领导小组，设置工作组，明确人员分工，严格任务分解和绩效考核，以政府采购形式选取专业的会计师事务所，对胜利村集体资产进行全面清产核资。安全生产工作。全街组织安全生产集中执法行动87次，检查生产经营单位621家，排查安全隐患341处，整改205处，其中重大安全隐患16处，整改13处。执法立案86件，其中责令停产整顿6家、取缔14家、媒体曝光3起、典型案件2件、关闭2家，拘留3人，处罚50起，罚款3.17万元。辖区落实企业安全生产主体责任64家，开展警示教育17场（次），开展各类应急救援演练活动32场（次）。全年未发生一起安全生产、食品药品安全责任事故。

【德雅路片区棚户区改造项目（毛巾厂地块）一期实现当年启动、当年清零】德雅路片区棚户区改造项目（毛巾厂地块）一期征收范围东临黑石渡后街，南临丽臣公司，西临德雅路，北临毛巾厂宿舍范围，占地2.87公顷。项目于2017年11月15日发布房屋征收范围公告，2017年11月29日发布征收调查结果公告，2017年12月1日发布征收补偿征求意见及补偿方案公告，1月5日发布征收补偿方案征求意见结果和修改方案公告，并完成测绘评估等工作。3月发布征收决定公告，3月26日正式启动签约。项目涉及私房99户，单位2家，10月31日完成全部协议签订工作，11月30日完成全部腾房工作，12月19日全面完成拆除倒地工作，实现“当年项目启动，当年完成签约，当年实现倒地”目标。

【快乐老人大学科大景园分校举行开学典礼】3月22日，快乐老人大学科大景园分校举行开学典礼。长沙市人力资源和社会保障局副局长李德清，《潇湘晨报》董事长，《快乐老人报》董事长赵宝泉等领导出席开业典礼并做重要讲话。作为长沙市首家引进社会力量办学的老年大学，快乐老人大学以社区党建为引领，集聚各方力量，为广大老年朋友搭建文化平台；以一起乐、学着玩、玩着学的心态开展学习交友健身；以老有所学、老有所乐、老有所为的目的实现自身价值，以活到老学到老的理念激发老年人的青春情怀；以快乐养老和社区服务的模式提高群众的获得感与幸福感。快乐老人大学科大景园分校引进大量优秀人才，致力于让老年人在学习中享受快乐生活；学员在老年大学上课还将享受长沙市人社局提供的便捷社保服务。2018年，快乐老人大学科大景园分校招收学员428人次，开设老年瑜珈、声乐、舞蹈、摄影、绘画、书法、葫芦丝、智能手机等15门课程。

【四方坪街道召开党建工作推进会】7月13日，四方坪街道召开党建工作推进会暨“不忘初心跟党走、牢记使命争先锋”党员大会，街道工委全体班子成员，街道机关支部全体党员、干部，离退休支部、堤委会支部、“两新”党支部

6月28日，四方坪街道纪念建党97周年暨李家冲社区庆“七一”群众文艺晚会
（四方坪街道　供图）

书记，社区书记、主任、分管党建副书记，街道入党积极分子、预备党员130人参加会议。大会要求全体党员、干部要牢固树立“四个意识”，提高政治站位，认真学习贯彻中共十九大精神，自觉用习近平新时代中国特色社会主义思想武装头脑、凝聚力量、指导实践，切实把党建工作和业务工作紧密融合起来，不断提高自身的综合能力素质，以高度的政治自觉，强烈的责任意识，全力以赴完成各项任务，服务街道中心工作，推动街道各项工作走在前列。

【四方坪街道多举措提升居民家庭幸福指数】5月16日，由开福区卫计局、区妇联、四方坪街道办事处主办的“幸福母亲、幸福家庭”“5·15”国际家庭日主题纪念活动暨“5·19”世界家庭医生日、“5·29”计生协会会员活动日主题宣传活动在四方坪街道李家冲社区举行。街属9个社区、辖区单位和居民群众400余人参加活动。此次宣传活动以文艺演出、评优评先、集中宣传、义诊义检等形式展开，活动最后对辖区贫困母亲进行慰问。宣传活动以“幸福母亲、幸福家庭”为主题，向广大居民群众宣传计生政策，政府惠民工程，普及基本卫生计生知识，倡导“文明、健康、优生、奉献”新幸福观，提升居民家庭幸福指数，形成家风淳、民风正、家庭幸福、社区和谐的好风尚。

（赵　蓉）

芙蓉北路街道

【概况】芙蓉北路街道位于开福区人民政府治所在地，东起京广铁路，毗邻浏阳河街道；西至湘江东岸，与岳麓区观沙岭街道隔江相望；南抵浏阳河，与新河街道相邻；北滨捞刀河，与秀峰街道一水相隔。全街三面环水，又称“江湾半岛”。芙蓉北路街道总面积3.45平方千米，辖江滨、欣城、福城、凤亭、金泰路、江湾、盛世路7个社区居民委员会。截至2018年年底，街道党工委下辖基层党组织49个，其中，党委7个，总支部1个，支部41个，共有党员997名。截至2018年年底，辖区街道总人口数9.4万人，其中常住人口数7.72万人、流动人口数1.68万人，人口自然增长率8.12‰。辖区内有中学1所，即北雅中学；小学2所，即清水塘第二小学、江湾小学；有资质的幼儿园19所。

【街域经济】财税任务为4.05亿元，全年完成4.06亿元，完成比例100.25%。社会销售品零售总额全年任务4.9亿元，完成4.95亿元，为年度任务101.02%；固定资产投资全年任务为28亿元，完成30.95亿元，为年度任务110.54%；内联引资、外商投资、外贸进出口总额等商务指标均超额完成。街道共有其他营利性服务业5家，营业额全年任务为2.86亿元，完成2.43亿元。科技产值全年任务45亿元，完成37亿元。研发经费（R&D）全年任务为290万元，完成293万元。第四次经济普查工作，清查摸底辖区内单位2985家，个体户9936家。普查阶段，街道总计需要普查规模个体户36户，交通个体户5户，企业单位2910家。加强对项目的跟踪协调服务力度，保障在建项目施工建设环境，促进项目施工进度。截至2018年年底，恒大御景项目1栋施工至地上31层，2栋施工至地上20层，3栋施工至地上12层；4~8栋竣工并交付使用。

【城市管理】拆除违法违章建筑面积2827.37平方米，办结中央环保督察“回头看”信访件19件，社区工作人员每天核查办结情况，发现问题及时报告、及时处理，确保整改到位不反弹。作为伍家岭空气监测点所在街道，街道制定蓝天保卫战《工作方案》，细化工作任务、明确工作职责。蓝天保卫战开展以来，累计投入经费近30万元，开展“六控”“十严禁”整治行动，辖区燃煤使用基本绝迹，安装油烟净化器的门店259家，安装率100%。推广使用电子鞭炮，禁放限放烟花鞭炮得到辖区居民的理解支持。伍家岭空气检测站点累计优良天数279天，较2017年增加27天，优良率76.4%。严格执行总河长每月一巡查、社区河长每周一巡查、河长专干每日一巡查的巡查制度，清理整治河湖管理范围内乱占、乱采、乱堆、乱建“四乱”问题，确保河面无黑臭水体。加强安置小区综合整治和湘江世纪城综合治理工作，湘江世纪城在打造交通微循环的基础上，2018年投入资金完善交通标识标牌、道路隔离护栏，加强交通设施维护，交通状况明显改观。

【综合治理】启动《原马厂分场60号令拆迁安置群众集体收益分配方案（草案）》签字表决，60号令拆迁安置群众具备表决权人数3188人，签名表决同意的人数占比80%，发放集体收益分配资金1.45亿元，马厂算大账工作取得阶段性成果。为从解决居民的实际困难，街道对7号、10号、23号地块共计30栋农民安置房的天沟出现渗水、漏水、伸缩缝开裂等问题，进行房屋防水补漏维修，并完成一期农民安置房屋的维修工程。街道构建基层“打防控管”一体化治安防范体系，开展以创建“五零街道”“平安社区”“平安单位”“平安家庭”等创建工作，提升人民群众的安全感和满意度。治安发案率同比下降11%，刑事犯罪发案率同比下降25%；排查调处矛盾纠纷72件，调解率100%，未发生大案要案及其他恶性案件，社会治安形势良好。加强安全生产宣传教育，发动企业落实安全生产主体责任，狠抓重点行业领域安全专项整治，2018年，辖区无安全生产事故发生。

【民生服务】试点“最多跑一次”改革，通过网上办、就近办、代办服务等方式，实施“芙蓉北路首善通”微信平台实现部分政务在线办理，开通网上在线办理服务事项18个，推动街道、社区干部“无纸化、无椅化”办公，进一步减事项、减层级、减材料、减环节、减时间，方便群众办事。完善建设15分钟生活圈，满足市民衣食住行、看病养老、阅读健身等需求。完成福城、江湾生鲜市场示范性农贸市场提质改造建设，环境更整洁、品种更丰富、价格更实惠，做到便民惠民。完成风亭、金泰路社区提质提档，立足实际，打造特色，结合群众工作，突出党建引领，创新服务，把民生工程落实到位。风亭社区老年人日间照料中心建成投入使用。欣城社区在小区设立乐邻小站，为居民“家门口”休闲娱乐的服务站。3月30日，全国人大常委会副委员长、全国妇联主席沈跃跃一行到江湾社区调研指导“党建带妇建”工作。8月25日，省委常委、市委书记胡衡华到欣城社区调研城市社区基层党建工作。11月3日，作为市“一圈、两场、三道”观摩点，市委副书记、市长胡忠雄带队进行实地考察观摩，对福城社区服务中心和福城农贸市场给予高度评价。

【环保志愿者拼出巨幅拼图】3月11日，开福区芙蓉北路街道欣城社区，200名志愿者以“关爱自然，拥抱蓝天，我们都是蓝天志愿家庭”为主题，用520块拼图拼出巨幅环保宣传画，宣誓用实际行动保卫蓝天。活动中，开福区“文明家庭”代表，酒店、社区、物业等行业代表共同发出“关爱自然，拥抱蓝天”的倡议。参与活动的志愿者们将“拥抱蓝天”寄语卡，挂到“心愿树”上，传递环保正能量。社区通过活动，共同倡议社区里的小家庭，爱护环境，守护蓝天，表达对保护生态环境的坚定决心与良好愿望。活动以辖区“文明家庭”为代表，号召全社区居民以家庭为单位，发挥榜样的力量，全民共同参与到“关爱自然”的蓝天保卫战中来，加强家庭环保意识，和谐邻里关系，发出“共护一片蓝天”的倡议，助力打赢蓝天保卫战行动。

【社区开辟居民“微心愿”】12月20日，开福区芙蓉北路街道风亭社区完成对辖区公共服务中心、社区文化休闲公园、金马路道路下管涵、捞刀河南侧河堤、网船班小区道路、停车位、弱电、下水道等，多个关系到民生的基础设施问题提质改造。风亭社区有5个物业小区，是集开放式自建小区和新型商业小区的复合型社区。特别是网船班小区，属于20世纪90年代居民自建小区，无物业管理，基础设施建设薄弱，社区网格民情员经常接到居民反馈。社区开辟党员群众“微心愿”栏目，提出“您的心愿我来帮您实现”构想，许多小要求、小建议在“小小心愿卡”里写下来，通过上级单位、驻辖区单位、党员群众的“帮、传、带”得到实现。社区建立老年人日间照料中心，不仅可下棋、打牌、看报等休闲娱乐活动，还有专门机构为老年人服务，并引进长沙市启园心理援助与发展中心为社区居民、未成年人、农民工提供专业的心理咨询服务。社区综合提质改造的大部分内容都来自于党员群众的“微心愿”。

【全国妇联主席沈跃跃到芙蓉北路街道调研】3月30日，全国人大常委会副委员长、全国妇联主席沈跃跃到长沙市开福区芙蓉北路街道江

3月11日，芙蓉北路街道欣城社区组织开展文明家庭齐拼巨幅拼图、争做保卫蓝天志愿家庭活动
（芙蓉北路街道　供图）

7月18日，芙蓉北路街道江湾社区图书分馆组织少儿开展阅读讲解《西游记》活动
（芙蓉北路街道 供图）

湾社区调研网上妇女之家建设情况。湖南省委副书记乌兰、长沙市人民政府市长胡忠雄、湖南省妇联主席姜欣、长沙市妇联主席文方、开福区委副书记谢伟峰等领导陪同调研。沈跃跃对江湾社区充分利用互联网、微信等信息化手段，积极打造“妇女儿童之家”服务新模式表示肯定。她指出，互联网时代，密切联系妇女群众需要新桥梁，零距离服务妇女群众需要新手段，社区要通过平台更方便、快捷地服务群众，解决好实际困难和问题。为打通联系和服务群众的“最后一公里”，打造24小时不下班的网上“妇女儿童之家”。实现服务资源与妇女需求有效对接，2014年，江湾社区微信公众平台——“掌上世纪城”上线，开设“掌上妇女儿童之家”专栏，搭建“妇儿活动”与“妇儿学习”板块，形成以社区微信公众号为主，各类“业主群”“社团群”“志愿者服务群”为辅的智慧化平台，引导妇女少跑路，让信息多跑路，享受社区妇联优质的线上线下服务。通过“互联网+”的新方法，辖区妇女儿童成为“网上社区人”。

【省市领导到开福区调研城市社区基层党建工作】8月23日，湖南省委常委、长沙市委书记胡衡华到开福区芙蓉北路街道欣城社区调研城市社区基层党建工作。开福区委书记沈裕谋，开福区委常委、区委组织部部长晏成方陪同调研。胡衡华实地走访社区公共服务中心，听取社区书记基层党建工作汇报，了解社区的全岗通释放社区工作人员下沉网格，做实网格服务的一系列做法，尤其是对社区“五零”创建和党建引领做好退役军人服务管理工作给予肯定，鼓励社区与退役军人交朋友，做好上级部门与退役军人之间的沟通桥梁及相关服务工作。5月3日，省人大常委会副主任周农到芙蓉北路街道江湾社区调研平安社区建设和基层党建工作。开福区委书记沈裕谋，开福区人大常委会主任许振勤，开福区委常委、区委组织部部长晏成方陪同调研。周农实地察看社区服务阵地软硬件建设。社区详细介绍社区基层党建工作和社区平安建设及“互联网+党建”、智慧社区、“圆桌会议”等民主议事平台具体工作。江湾社区通过“互联网+智慧社区”——信息化手段圈粉“新”居民，打造“互联网+街区管理”——构建互联网引领街区服务新模式、“互联网+民主自治”——“群商荟”开通民主协商快车道、“互联网+赋能空间”——三社联动激发社区活力、“互联网+厚德文化”——文化拉近距离，文化提升服务四个平台，社区各平台服务让居民能均等享受到“智慧社区”的服务，让居民的幸福在家门口升级。周农对江湾社区服务平台工作给予肯定。他强调社区要通过党建推动其他工作，人大代表要通过会议听取居民建议后发挥作用，开展好代办服务，尤其要服务好空巢老人，开展好老年人服务。7月11日，省委组织部副部长蔡建和到芙蓉北路街道江湾社区调研“智慧党建+特色服务项目”工作，交流赋能空间学习馆工作模式。开福区委书记沈裕谋，开福区委常委、区委办主任张春雄，开福区委常委、组织部部长晏成方陪同调研。蔡建和实地察看社区一站式服务大厅、厚德同心书吧、智慧社区体验中心、赋能空间学习馆、群商荟、智慧党建室等服务阵地软硬件建设。社区通过“智慧党建+特色服务项目”，实现党员学习、交流、服务和管理的有机统一，受到党员与群众的好评。

（唐彬心）

洪山街道

【概况】开福区洪山街道地处长沙市开福区东南部，东二环三段279号。东部与长沙县搭界；东南部与月湖街道接壤；西南部频浏阳河，与四方坪街道隔河相望；西部与浏阳河街道毗连；北部临捞刀河，与捞刀河街道隔河相对。街道总面积9.05平方千米，常住人口2.5万人，辖洪西、金鹰、洪山桥、洪雅4个社区居民委员会。辖区内有月畔湾、圣爵菲斯、藏珑·湖上国际花园、恒大雅苑等12个小区；湖南广播电视台、兴旺集团、洪山建筑有限公司等大小单位1500余家；幼儿园10所、小学3所、中学1所、大学1所；湖南省军区装备修理所、长沙民兵仓库2家军事管理单位；世界之窗、海底世界、洪山寺、月湖公园等旅游景点。2018年，洪山街道被评为长沙市第三次全国农业普查先进单位、开福区2018年度污染防治工作先进集体、开福区2018年度社区教育优秀单位、开福区2018年度社会禁毒工作先进集体。

【街域经济】完成全口径税收11.5亿元，为年度任务的100.88%；完成规模以上非营利性服务业营业收入188亿元，同比增长22.19%；工业企业研发经费822万元，同比增长25.64%，完成高新科技总产值159.2亿元，同比增长20.65%；完成工业总产值4.13亿元，同比增长8.4%；完成固定资产投资26.7亿元；完成限额以上社会消费品零售总额2.6亿元，同比增长1.6%；完成规模工业总产值3.8亿元，主要经济指标任务圆满完成。新引进注册资金50万元以上企业277家，其中1000万元以上25家。开展第四次经济普查工作，核实清查上报有效法人1269家、个体户3728家；全面完成农业普查工作。

【项目建设】项目建设稳步推进。续建项目全部扫尾，湖南广播电视节目生产基地补征、理想房地产财富大厦征拆工作成功清零。地铁3号线、5号线实现洞通，湖南省广电节目生产基地土方开挖、基坑支护顺利完成，主体基础工程部分进度完成80%，金鹰大厦前广场改造项目竣工验收。藏珑双瑞地产3.3期、盈安丰盈大厦（原山苑）、理想房地产项目相继开工。圣爵菲斯二期20公顷土地即将清表启动建设。

【城市建设】蓝天保卫战成效明显。超预期退养山鹰潭472头生猪；强力拆解6艘僵尸船、1艘八百吨级趸船；处置生活污水乱排3处，完成洪西撇洪渠淤泥整治工程，水质达标安全排放；投入40余万元，在街域内黑洗沙场、闲置工地和环保企业等重点区域安装22个高清摄像头，实行24小时精准管控，全方位监管浏阳河（洪山段）生活污水直排、黄土裸露等问题。强化油烟直排、燃煤污染整治，投入48万元高标准创建长沙大学夜市无烟烧烤示范一条街；办结中央、省级环保交办件16起，办结率100%；有效处理联合餐厨和垃圾中转站臭气扰民问题。城市管理不断优化。开展综合整治宣传，组织拆违行动20次，拆除违法建筑11处，面积1000多平方米；以打造“品质东门”为目标，有效整治流动摊贩违法占道行为300余起，查处在人行道乱停乱放车辆150余台次，淘汰黄标车279台；管控工地车辆18台。巩固提升湖南省广电周边管理成效，确保各类节会和重大活动顺利进行。人居环境不断改善。万家丽月湖公园路段人行天桥建设项目基本完工，该天桥为长沙首座位于高架桥下的人行过街天桥；投入20余万元，在金鹰、洪雅2个社区建设生活垃圾分类收集屋，清运垃圾300余车；在迅达路和福元路交汇处补绿1400余平方米，在洪西十队骆家冲至洪山庙路段安装太阳能路灯14盏；为方便金鹰小学学生出行，协调恒大地产投资5万元，在恒大与金鹰小学入口处建设人行通道。有序推进“60号令”生产发展用地收益分配工作，为1783名60号令拆迁群众发放收益资金。撰写《洪山街道关于破解小区业主委员会成立难的探索》调研报告，获评开福区自选课题类一等奖。

【社会事业】社会保障坚强有力。全年城乡低保救助29户，发放资金21.94万元；走访慰问236户重点对象，发放慰问金15.04万元；为22名重点优抚对象发放生活补助费14.24万元。为444名女性进行“两癌”筛查；公共卫生和妇幼保健报销金额共计8.76万元；联合街道卫生服务中心举办健康义诊进社区活动7次，社区家庭医生签约率70%，高于全市平均水平；组织500余人参加无偿献血，献血233人，超额完成任务22人次；开展普及性应急救护培训6次，参与人员200余人。就业成效明显增强。城镇新增就业人数1159人，新增创业主体809家，带动城乡就业人数2222人。为10名就业困难人员补贴7.94万元。便民服务更加高效。采录708名退役军人和其他优抚对象信息；发放“一口清”便民服务手册5000余份，为居民代办事项3700余件，“互联网+政务平台”办结事务588件，全年接收“12345”工单800件，回访满意度95%。民生建设不断完善。加快“一圈、两场、三道”建设，引进湖南颐恩健康养老服务有限公司，在洪西社区、洪雅社区新建居家养老服务机构；在洪雅社区新增群众性体育设施2处；推进社区档案建设，金鹰社区评为开福区档案示范性社区。教育环境不断优化。完成5所小区配套幼儿园移交协议签订工作，清理整顿24家无证办学机构，全面打造“人文洪山”。推行社区专职工作人员“三岗十六级”职业薪酬体系，构建“365天不打烊”“帮代办”“最多跑一次”等为民服务体系。在4个社区打造9个小区“邻里中心”，成立洪山桥社区藏珑党支部、洪雅社区“邻里先锋”功能型党支部等小区党支部，获得小区居民好评。洪山建设集团创建市级工资集体协商典型企业，洪山桥社区“妇女儿童之家”打造成街道示范典型。

【综合治理】加强网格化信息平台建设，对25名社区矫正在册对象、30名吸毒对象实行动态管理。在山鹰潭入口等处新增设22个摄像头，利用“天网工程”及时了解街道各重要场所治安状况。强力推进“扫黑除恶”专项工作，全年收集5条线索，交由公安处理3条线索，取缔涉赌嫌疑私房菜馆1家，摸排劳务纠纷线索1条。举办大型禁毒宣传活动，发放宣传手册4700余份。洪山街道、洪西社区均被评为2018年度社会禁毒工作先进集体。定期开展消防及安全隐患排查，全年出动2000余人次，发现安全隐患96项，发出整改通知书86份，均督促整改到位。开展“打非治违”检查行动53次，执法检查28次；整治燃气门店安全隐患28次；关停违规经营门店7处，收缴非法物资12万余元；全年辖区内发生3起小型火灾，未发生群死群伤责任事故。全面完成18家小餐饮“透明厨房”提质改造工作，推进创建国家食品安全示范城市；集中开展“护苗行动”及食药品安全专项整治10余次；整治辖区“一桌餐”“私房菜”等违法经营场所15家。处理网上信访件10件，成功调解矛盾纠纷40余件次。录入联动事件516条，自办自结2235条，民情日志4132条。2018年，洪山街道被评选为市级舆情示范点。

【支部建在小区里，洪山街道“圆桌议事”解难题】洪山街道藏珑小区2006年开始临月湖公园而建，共有132栋3823户，小区既有普通高层，又有洋房别墅，共计1.1万余名居民。特别是随着入住居民的逐渐增多，停车、绿化、公共事物矛盾日益凸显。针对藏珑小区新兴居民小区共建共治问题，2018年年初，洪山街道藏珑小区成立一支由103名党员组成的党支部，由党组织牵头，召集物业、居民、涉事单位等多方坐在“圆桌”旁，共商共议，组成“圆桌议事会”。通过“圆桌议事会”，成功解决“天价”幼儿园、噪音扰民、小区提质、邻里纠纷等“一揽子”问题。2018年是省市基层党建年，洪山街道把“党建引领，多方共治”作为破解城市基层小区治理难的重要抓手。特别是通过在职党员向居住社区报到的“亮身份”，充分发挥党员的先锋模范作用，成立多个“小区党群服务中心”，如恒大雅苑、学府华庭、163家园等，洪山街道把党小组、党支部建到越来越多的居民小区，扎扎实实为老百姓服好务、解难题。

【洪山街道开展“健康人生，绿色无毒”禁毒宣传活动】8月23日，长沙市开福区洪山街道联合辖区长沙学院、开福区司法局、洪山桥派出所等单位，在洪西社区开展“健康人生，绿色无毒”禁毒宣传活动。活动中街道、社区工作人员以及长沙学院禁毒志愿者现场为群众讲解禁毒知识、毒品的危害以及《中华人民共和国禁毒法》《戒毒条例》等，设立咨询点5处，接受现场群众的识毒、禁毒、防毒等方面的知识咨询。设立2处仿真毒品展，由派出所民警详细讲解居民如何拒毒、防毒。同时，组织禁毒宣传车到社区宣传，组织居民们观看禁毒宣传片，参与趣味游戏并领取奖品，在愉悦的氛围中提高识毒、防毒能力。活动向居民发放宣传手册3000份、禁毒宣传杯4000个，受教育居民800多人。

【洪山街道举办“3·31”投诉举报主题宣传日暨食品安全进社区活动】3月29日，长沙市开福区洪山街道举办“3·31”投诉举权主题宣传日暨食品安全进社区活动。通过“微宣讲”方式，组织社区内食品生产者、经营者、消费者坐在一起，共同关注、探讨食品安全问题。活动现场通过开展“你点我检”、“你建议我抽检”居民快检体验活动、发放食安科普知识资料、不合格食品现场展示、开展问卷调查和座谈会等多种形式，让参与者体验、感受食品安全的现状，认识和了解食药安全科学知识，提高食品安全与投诉举报热线“12331”的知晓率，营造食品安全社会共治、人人共享的良好氛围。

【长沙学院周边夜市摊贩“持证上岗”】6月20日，开福区洪山街道食安办联合洪山街道城管执法中队对长沙学院周边的长大夜市规范点28户食品摊贩统一颁发“食品摊贩登记证”。街头食品摊贩具有流动、便利、廉价、迎合群众需求等优点，但也存在散、小、乱、差等缺点。尤其是洪山街道辖区内的长大夜市，位于长沙学院周边，消费群体多为学生，一直是城市管理和食品安全的难点与重点。经过开福区食品药品监督管理局、洪山街道食安办、洪山桥社区、长沙学院等多部门单位沟通协作，洪山街道对长沙学院周边的长大夜市摊贩临时占道经营进行规范，划定经营区域、明确经营时段、制定管理细则，并对符合要求的经营户办理“食品摊贩登记证”。“食品摊贩登记证”除载明经营者姓名、经营范围外，还添加经营者照片及健康体检证，并特别限定经营时段与具体经营地址。

（毛　盾）

月湖街道

【概况】月湖街道位于开福区东南部，北靠三一大道，毗邻月湖公园，东面与长沙县和芙蓉区接壤，西、南面浏阳河蜿蜒而过，万家丽北路贯穿其中。辖鸭子铺社区、朝阳社区、月湖社区、马栏山社区、舟桥路社区、溪水湾社区6个社区居民委员会，归口管理朝正水利管理所，全街总面积6.56平方千米。2018年，全街有家庭总户数6029（常住人口）户，总人口2.4万人，常住人口1.76万人，流动人口6395人。辖区内有楼盘小区、农民安置小区10个，驻有武警湖南省总队、湖南省高速公路管理局、长沙市公共卫生中心等数十家企事业单位，有小学1所、幼儿园15所。

【街域经济】马栏山视频文化创意产业园项目启动，为月湖街道注入发展动力，辖区经济运行总体上呈平稳增长态势。实现国民生产总值23.85亿元，比上年增长8.5%；人均国民生产总值96484元，人均可支配收入28757元；完成固定资产投资55亿元，比上年增长61.76%；实现社会消费品零售总额10.6亿元，比上年增长8%；完成内联引资10.64亿元，到位外资1000万美元，外贸进出口110万美元；实现高新技术产值13.3亿元；实现工业产值5817万元，比上年减少73%。由于马栏山视频文创园建设，辖区工业企业外迁，工业产值下降明显。全年新引进企业215家，新增“四上”企业6家，全街第三产业从业人员共9022人；第三产业增加值10.28亿元，比上年增长13%；住宿和餐饮业营业额1.05亿元，与上年持平；银行各项存款余额17.61亿元，比上年增长9%；人民币贷款余额52.2亿元，比上年增长11%；保险公司原保险保费收入9457万元，比上年增长13%。全年完成全口径财政税收1.98亿元，比上年增加5800万元，同比增长41%。

项目建设。项目建设快速推进。社会投资续建项目有金色溪泉湾、威尔士春天2个，新开工项目有弘坤云寓1个，3个项目总投资9亿元。长沙市政府投资项目有地铁5号线、电力隧道等。马栏山视频文化创意产业园落地项目有创智园、中广天择、芒果大厦、聚恒集团等4个，总投资60亿元，其中创智园基本完工，第一批将进驻16家大型文创企业。园区开工市政工程项目有浏阳河风光带、603路、滨河路、向阳路4个，完成投资3.4亿元。

【城市管理】投入150多万元用于背街小巷、河堤河滩的清扫保洁，保持基本面上的卫生整洁。数字化城管工作，案件处置数2973件，按期结案率100%。处理“12345”市民投诉1000多个。全面实施“十个严禁”，收缴煤炉180余个、燃煤6吨。开展专项整治行动12次，责令整改40余家。利用草籽、绿网复绿面积3000平方米。落实河长巡河制度，加强黑臭水体治理，家禽养殖退出全面清零；全面推进垃圾分类工作，建成垃圾分类屋2个；落实办理2018年省环保督查“回头看”信访件2件，中央环保督查“回头看”信访件1件。拆除15处违章搭建的菜棚和4块大型广告牌。完成辖区违规沙场的拆除任务，面积2400平方米。完成菜科所以及月湖社区、鸭子铺社区原办公用房的拆除搬迁工作。

【民生保障】城镇新增就业人数710人，其中，下岗失业人员再就业295人，就业困难人员再就业179人。创业带动就业人数2439人，扶持大学生就业30人。零就业家庭动态援助100%，城镇登记失业率3%，新增创业主体数353个，充分就业社区创建率100%。新增居民养老保险65人，因拆迁享受城镇职工养老保险后退还居民养老保险款2.23万元；城镇居民医疗保险新增320人。2018年，有城市居民低保4户9人次，农村居民低保24户35人，特困供养人员4人（沙坪河敬老院1人，长沙市第二福利院1人，散居“三无”2人）。2018年，医疗大病救助五保、三无、低保、特困户28人次，救助金额22.51万元。街道在册精神病人44人，全年药物救助共计120人次，救助金额2.1万元。2018年，有各类优抚优待对象62名，全年代发放优抚金31.28万元，慰问辖区内各类优抚对象、困难老兵、退役士官等慰问金5.76万元。全年为266名高龄老年人发放高龄补贴8.6万元。辖区内有96名符合条件残疾人享受困难残疾人及重度残疾人的生活补贴和护理补贴，有2名申请政府购买的居家托养服务，为1名重度听力残疾儿童成功申请省级免费适配助听器项目。

【社会大局】围绕创建“平安月湖”推进街道综治工作规范化建设，形成以街道综治为龙头，各职能部门为依托，街道、社区干部为基础的上下联动的综治防控体系；社会创新管理走上正轨，全年对网格化管理人员进行两次系统的业务培训，配备移动终端；社区建立综治维稳工作站和人民调解委员会，配备专职调解人员；集中组织开展社会治安重点整治、消防安全整治，全面排查各类安全隐患和矛盾纠纷。全年签订安全生产责任书2000余份，开展10余次消防安全生产演习，累计开展检查及打非治违等专项行动120余次，检查企业、生产经营单位500余家。开展较大规模打击传销专项行动10次，捣毁传销窝点230多个，解救人质348人，转化遣返传销人员733人。全年参与省、市重大接待工作10余次。对辖区内60名吸毒人员采取“四位一体”的帮控，建立健全各项矫正制度，三年内劳教人员、五年内刑释人员合计52人。

【社会事业】全街发放独生子女保健费731户，独生子女父母奖励61名，计生特扶13名，发放奖励扶助金29.05万元，全年为1070名育龄妇女免费提供“两癌”筛查；为辖区流动人口报销产前筛查39人次、新生儿疾病筛查29人次，办理生育证26本，为1080名流动人口发放“健康大礼包”、《长沙市流动人口基本公共卫生计生服务健康教育实用手册》。街道以长沙市创建食品安全示范城市为契机，加强餐饮门店、流通领域、小学、幼儿园管理，实现证照公示3个100%。开展食安护苗和护老行动，对辖区农贸市场、各生鲜超市多次进行专项整治，对农兽药残留、私屠滥宰、非洲猪瘟进行防控专项检查，整改规范19家；超额完成小餐饮“透明厨房”提质改造工作。

【湖南省委副书记、省长许达哲调研马栏山视频文创产业园建设】3月21日，湖南省委副书记、省长许达哲到长沙市开福区调研马栏山视频文创产业园建设。省领导胡衡华、陈飞、吴桂英，省政府秘书长王群参加调研。许达哲一行先后考察马栏山视频文创产业园鸭子铺片区、湖南广播电视台节目生产基地、芒果TV、湖南卫视新闻中心等地，了解产业园规划建设、项目布局、产业发展来势等方面的情况，并与大家共同探讨下一步发展模式和路径。许达哲要求省直相关部门和长沙市要加强沟通协调、形成合力，为园区建设发展出实招、解难题，创造良好条件。

【湖南省委常委、长沙市委书记胡衡华调研马栏山视频文创产业园建设】3月9日，湖南省委常委、长沙市委书记胡衡华到马栏山视频文创产业园进行专题调研。市领导夏建平、廖建华参加调研。马栏山视频文创产业园是湖南省委、湖南省政府围绕实施创新引领、开放崛起战略，在长沙布局的重点片区之一。按照规划，园区将坚持以数字视频内容为核心，以数字视频创意为龙头，以高科技为支撑，建成数字视频全产业链集群。未来，一座以数字视频产业为主导、具有国际竞争力的“中国V谷”将在浏阳河畔崛起。胡衡华一行实地考察园区招商规划及相关地块开发情况，详细听取项目建设推进情况汇报。园区自启动建设以来，规划设计、政策配套、项目建设等各项工作推进顺利。2018年，园区实施“一带一桥”，“两翼五道七支路”等工程，完善路网设施，有序推进马栏山学院等建设，引入文创视频企业100家以上。

（张磊琪）

浏阳河街道

【概况】浏阳河街道地处长沙市开福区治“东大门”，位于浏阳河与捞刀河两水环绕的自然湾区，金融生态区、金霞经开区和马栏山视频文创园“三金片区”接合部，东至东二环，南濒浏阳河，西邻芙蓉北路，北抵捞刀河。区域内“四横五纵”路网格局基本成型，交通极为便利。街道办事处驻陈家渡社区滨河南路与开福大道交会处西北角（新墙板厂泵站内），距开福区人民政府2.9千米。街道辖区总面积6平方千米。2018年年末，有家庭总户数5550户，总人口25092人，其中常住人口17043人，流动人口8049人，人口出生率27.5‰，人口自然增长率22.7 ‰。辖区内建成楼盘小区、农民安置小区10个；有解放军921医院、长沙市防汛抗旱物资储备管理中心、湖南金辉建设集团公司、湖南雄新建设集团公司等数十家企事业单位；有中学1所、小学3所、幼儿园11所。2018年，浏阳河街道获评“湖南省档案工作规范化管理省一级单位”。

【街域经济】推动产业升级，增强经济实力。2018年，街道主要经济指标实现平稳增长，全年完成税收3.74亿元，比上年增长8.2%；完成固定资产投资50.1亿元，为全年任务的100.2%；完成限上商贸业社会消费品零售总额3009万元，为全年任务的100.3%；完成转移投资6800万美元，为全年任务的113%；引进市外境内资金形成固定资产10.63亿元，为全年任务的106.3%；全年新增企业4家。第四次全国经济普查工作位居全区前列。开展“千人帮千企百日大行动”，对沃尔玛福元西路店、湖南智创视通公司2家重点企业和所有上规企业进行实地走访帮扶，推动政策精准落地，解决企业难题，协调解决沃尔玛福元西路店竣工验收问题，促成顺利开业。“草莓V视”等一批“四新”企业快速良性发展，“泛马栏山”板块效益逐渐彰显。

【项目建设】推进项目建设，积蓄发展动能。集中人员力量，强化责任担当，对“439亩”“156亩”和“395亩”拆迁扫尾任务进行精准分析，按“一户一策”原则制定工作方案，坚持思想工作和法律措施并举，完成60多户房屋签约、拆除工作，违章房屋全部拆除倒地，合法房屋扫尾任务完成85%，其他未倒房户全部纳入限期腾地程序，“156亩”项目中的5.64公顷土地进入招标、拍卖、挂牌程序并摘牌竞得。推进长沙市国营综合农场60号令生产发展用地处置工作，街道4个分场60号令拆安场民“两决议”签认率99.3%，稳妥有序地完成资金发放。完成“439亩”“156亩”项目征拆的结算工作。完成渔业分场社保融资用地“150亩”项目的入户调查工作。

浏阳河街道组织小小河长巡堤，共护蓝天碧水　　（浏阳河街道　供图）

【城市管理】打赢蓝天保卫战，提升街区品质。建立“1+2+6”责任分工落实、交办派单、周调度等工作机制，聚集“六控”和“十个严禁”，常态监管，严格执法，处置露天焚烧垃圾、秸秆80余起，组织露天烧烤、夜市摊点整治行动100余次，整治收缴煤炉130多个，辖区内无烟花鞭炮经营门店；查处违规乱倒渣土车49多台次，清理整治违规菜地2.5万多平方米；推进渔业路“无油烟示范街”创建；完成4个中央、5个省环保督查组环境污染问题信访举报件处理和“回头看”，办结率为100%，组织开展环保主题宣传和志愿服务活动20余场次，推出新闻报道60余条。认真落实“河长制”，完成浏阳河、捞刀河流域“僵尸船”的治理，实施中排渠黑臭水体暗化工程，彻底清除黑臭；推进浏阳河墙板厂泵站截污纳管工作，配合开展浏阳河、捞刀河片区雨污分流改造。

【综合治理】夯实基层基础，维护安全稳定。持续开展对重点信访对象和60号令、“362亩”重点群体大走访，面对面对话交流，疏导思想情绪，实事求是地解决现实困难。深入开展“与信访群众交朋友，创居民零上访社区”活动，加大约谈化解和稳控力度，全年化解重点信访积案2户。加强安全生产监管，全覆盖排查安全隐患，依法拆除涝湖二期北违章仓库面积788.28平方米；对长沙市防汛仓库开展专项消防整治，彻底消除北大青鸟重大安全隐患；加强危旧房屋巡查管控，实施原环宇耐火材料公司老旧宿舍区危房维修、边坡护壁工程。开展农安小区打非治违行动，取缔无证家具厂1家，查处无证违规食品加工小作坊6家。

【社会事业】着力增进民生福祉，完善公共服务。全年城镇新增就业678人，失业人员实现再就业189人，就业困难对对象再就业38人，申报社保补贴164人计86.24万元，举办一场大型招聘会；新增城乡居民养老保险57人，居民医保人数6652人，享受医保待遇3616人次，统筹支出426.9万元。全街有低保户51户，困难群体应保尽保；殡改工作宣传到位，火化率100%；全年发放优抚军人生活补贴2.35万元；发放临时救助金5579元，救助8人次；发放高龄补贴23.48万元；中低收入认定1户；大病救助11人，救助金额2.58万元；组织精神病人免费看病6次78人，强制入院治疗3人。推进为民办实事工程，双河湾安置房主体建设完工，街道综合活动中心（文化站）建成投入使用，协调启动涝湖一期农安小区管道天然气安装，完成陈家渡农贸市场、福元西路自行车道人行道等“一圈、两场、三道”建设。开福一中建成开学，完成5所小区配套幼儿园移交协议签订工作，新增2所普惠性幼儿园。街道档案室被评为湖南省一级档案室，街道母婴室被评为“长沙市标准化母婴室”，史家坡社区综合文化服务中心被评为长沙市2018年度100个示范性村（社区）综合文化服务中心之一。

【坚决落实“五条断然措施” 开福区浏阳河街道依法拆除违建仓库】6月11日，开福区浏阳河街道安监站、城管办、城管中队和毛家垅社区多部门联合行动，依法对毛家垅社区牌头岭小区北侧一违法建设仓库进行拆除。根据前期对临建、违建仓库摸底排查，浏阳河街道发现毛家垅社区某居民私自搭建，未办理临建手续，属违法建设，总面积788.28平方米，简易钢架结构，顶棚为夹心彩钢瓦，出租给他人存储家电和废旧空调，储存条件简陋且无安全防护措施，存在较大安全隐患。按照街道统一部署，成立专门工作组，制定拆除方案。工作组向当事人宣讲法规政策、做思想工作，当事人积极配合，主动清空仓库内储存的物品，确保拆除行动安全有序顺利进行。

【荣获“湖南省档案工作规范化管理省一级单位”称号】11月16日，由长沙市档案局党组成员何立根带队的专家评估组一行6人，对开福区浏阳河街道档案规范化管理晋升省一级的评估验收。评估组听取街道档案工作情况汇报后，实地察看街道档案室，检查各项软硬件设施，询问档案管理基本情况，评估组一致通过，开福区浏阳河街道档案工作符合“省一级”标准，同意晋升为档案工作规范化管理省一级单位，并现场进行授牌。2018年，开福区史志档案局多次到浏阳河街道进行业务指导，浏阳河街道按照档案规范化管理省一级单位的标准，高度重视，投入资金，全面升级库房硬件设施。同时，聘请专业档案整理公司，将历史档案进行全面梳理及规范化整理。评估组希望开福区浏阳河街道以此为契机，继续推进档案管理工作制度化、规范化、信息化建设，更好地为广大人民群众服务。

【举办第四届“睦邻社区文化节”】11月10日，一场“移风易俗新风尚 和睦幸福邻里情”主题晚会在开福区福元路社区上演，开福区浏阳河街道第四届“睦邻社区文化节”也随之启动。一段由社区工作人员集体表演的“移风易俗”小快板拉开晚会序幕，民乐合奏、舞蹈、合唱、花鼓戏、歌伴舞等节目演出精彩纷呈，以群众喜闻乐见的文艺形式倡导移风易俗。活动现场，社区年轻干部倾情宣讲“邻里情 新风尚”故事，以家长里短、左邻右舍的琐事小事，阐述移风易俗的内涵和意义。活动现场设置咨询台，向居民发放移风易俗宣传单，社区工作人员、党员代表宣读《移风易俗承诺书》，公开表态带头引领新风。活动还对评选出的2 个“最美文明家庭”和5位“最美蓝天保卫战志愿者”进行现场颁奖。浏阳河街道连续4年组织举办“睦邻社区文化节”，开展“睦邻文化大课堂”“爱心帮帮团”等“微服务”，得到居民群众的好评和积极参与。第四届“睦邻社区文化节”旨在以群文活动形式，讲身边的故事，树身边的典型，口碑相传，示范带动，引领社区文明新风，推动移风易俗深入开展，让好民风、好家风、好乡风蔚然成风。

居民在浏阳河街道史家坡社区综合文化服务中心参加活动（浏阳河街道 供图）

【沃尔玛长沙福元路店新店开业】12月6日，沃尔玛长沙福元路店开业。沃尔玛长沙福元路店位于开福区福元西路龙湾一号商业广场二楼，营业面积1万平方米。前期因开发商和建设方发生合同纠纷，导致该项目迟迟拿不到竣工验收合格证，入驻企业沃尔玛为此先后两次被迫推迟开业，每推迟一天营业，其直接经济损失3万元。在2018年“千人帮千企百日大行动”中，浏阳河街道通过地走访企业，了解到沃尔玛福元西路店开业的实际困难，促成沃尔玛向开福区委、开福区政府递交专题报告。区领导对此高度重视，组织召开专题工作调度会，由区商务局和浏阳河街道牵头成立工作小组，多次现场办公，使业主和施工方重回谈判桌，有关方面签署协议，按期支付工程款项，如期完成五方验收，确保沃尔玛福元西路分店12月6日正常开业。

（曾令文）

秀峰街道

【概况】开福区秀峰街道地处开福区西北部，东临青竹湖街道石长铁路，南至捞刀河，西接湘江，北抵三环线，辖区总面积21.5平方千米。街道辖宿龙桥社区、戴家河社区、兴联社区、鹅羊山社区、新大塘社区、竹隐社区、湘民社区7个社区居民委员会和湘荷村1个村。截至2018年年底，辖区总人口32471人，其中常住人口24707人，流动人口7764人。辖区有中学1所、小学6所、幼儿园14所。2018年，秀峰街道被评为开福区项目建设工作先进集体、开福区2018年度民生实事工作先进集体。

【基层党建】夯实党建基础，街道与湖南省福彩中心、周南中学等6家单位成立区域化党建联盟，双向认领63个党建共建项目。探索构建“共建共治共享”社区治理体系，8个村居均成立“新乡贤议事会”，兴联社区创办“老书记工作室”，湘民社区、宿龙桥社区、湘荷村相继成立“先锋工作室”。举办“赏清韵古诗 扬廉洁文化”廉洁诗词分享会，助推廉政文化进机关、进社区、进学校。以“讲规矩、守纪律、当先锋”为主题，组织全街党员开展党员冬春训活动，创建清新的政治生态。

【经济发展】项目拆迁进展顺利。牢固树立“抓大项目、促大发展”理念，紧盯“老项目扫尾清零，新项目不欠尾账”工作目标。百日攻坚期间，片区指挥部领导靠前指挥，密集调度，街道干群共同努力，全面完成11个项目的结算，交地93.34公顷，拆除历史遗留问题房屋64栋。提前完成市对区的重点考核项目鹅秀消防站项目的考核任务，新项目拆迁腾地4公顷，经济指标全面完成。全年完成财政税收6.07亿元，为全年任务的108.51%；完成规模工业产值1.36亿元；完成其他营利性服务业收入4859万元；完成研发经费522.5万元。完成固资产投资82.48亿元；完成社会消费品零售总额 46.76亿元；完成高新企业产值16.56亿元。招商引资卓有成效。做好纳税大户和骨干企业的服务工作，营商环境吸引力明显增强，湖南万事达、长沙开泰置业等6家优质“四上企业”实现落地。楼宇经济日渐壮大，香江高岭商贸城、红星美凯龙等8个楼宇（商圈）企业总入驻率80%以上。对7个农村集体经济组织实施产权制度改革，率先在全区完成清产核资各项数据上报工作，各村经济发展的“底子”更牢。

【生态环境】污染防治坚决有效。以蓝天保卫战助推环境污染防治，从扬尘、秸秆垃圾焚烧、餐饮油烟整治等方面多管齐下，实现大气污染物排放减量化、规范化。加强源头治理，街道燃煤和使用煤炉的门店基本清零，94家规模以上餐饮门店安装油烟净化器，66.67公顷裸露黄土地实施种草、覆网。对省级、中央环保督察交办件做到立行立改、全部办结。人居环境明显改善。推进“五大整治”，在农村片区建成100座三格式化粪池，打造湘民、戴家河2个垃圾分类试点示范社区，全面完成湘江1000米、捞刀河500米范围内98户生猪养殖户的畜禽退养工作。金竹河流域范围内全年超20头生猪养殖53户，上门劝退47户，辖区整体水质明显好转。移风易俗深入人心。突出示范引领作用，评选表彰一批“最美媳妇”“最美乡贤”“最美家风”“最美家庭”，“贤德媳妇”熊建平、“学‘习’路上的厚德开福人”王国均等先进人物及其事迹被广泛宣传报道，志愿者服务队伍扩充至3805人，为常住人口的13%，各社区（村）志愿服务活动常态化开展。

【民生事业】完善城市服务体系。办好民生实事，竹隐、湘民、鹅羊山社区完成提质提档，湘民、竹隐、宿龙桥、戴家河、兴联社区建成小区“邻里中心”，宿龙桥、戴家河、鹅羊山、湘民、兴联5个社区推行“365天开放服务”和社区代

区委书记沈裕谋（前右二）到秀峰街道调研城市基层党建工作

（秀峰街道　供图）

办服务，湘民、宿龙桥、兴联社区打造完成“15分钟生活圈”。“一圈、两场、三道”各项目标任务圆满完成，居民生活水平和幸福指数不断提升。提升社会保障水平。全街有特困供养户15户、低保户136户，全年累计发放特困供养金12.87万元、低保金102.78万元。大病救助93人，救助金额46.95万元。失业人员认证300多人次，低收入认定8户，低保、特困慈善助学8人。带动城乡就业人数2563人，带动城镇就业人数1020人，扶持大学生创业25人，新增劳动力转移就业830人。完成退役军人信息采集工作，采集并录入信息721条。

【综合治理】落实安全监管。创新安全监管手段，与专业机构签订《安全生产技术服务合同》，借助专业机构力量开展区域安全风险辨识评估工作。开展隐患排查，联合公安、消防、工商、城管、综治等部门，对重点单位和领域进行全覆盖季度性检查，落实安全隐患整改39处。开展“打非治违”行动，取缔非法经营单位5家，停产整顿生产经营单位9家，指导35家企业落实整改问题。全力维护食品安全。以创建国家食品安全城市为契机，加强对门店的监管，做到适时监管、痕迹监管。坚持做到日常检查和专项检查相结合，面上检查和突击抽查相结合，节前检查和节后检查相结合，明察与暗访相结合，全年监管巡查783次。办理食品经营许可证236本，食品从业人员健康体检率100%。组织成立街道农村集体聚餐理事会，完成19家小餐饮门店“透明厨房”及母山、湘湖2个农贸市场的提质改造，食安创建工作迎检取得较好成绩。妥善化解社会矛盾。参与调处民间纠纷100宗，调解成功100起，履行100起，调解成功率100%。坚持“三到位一处理”的信访工作原则，网上信访件及巡视组交办件办结率100%。对信访问题实施分类施策，开展“听心声、调心态、解心结、暖心窝”活动，渔民群体、排楼湾群体、大塘基群体等重点群体底子清、情况明，相关工作取得进展。

【举办长沙城北首个“邻里中心”揭牌仪式】10月31日，长沙市开福区秀峰街道湘民社区极目楚天邻里服务中心举办揭牌仪式。该邻里中心位于芙蓉北路418号中欣极目楚天小区4栋1单元1楼，总面积187平方米，分为7个功能区，设有园丁工作室、党群议事室、志愿服务室、棋弈室、书画室等多个活动场所。早前该场所被小区某业主租赁，开办一个麻将馆。自麻将馆开张以来，几乎天天喧闹不已，环境乌烟瘴气，附近居民总能在午睡或傍晚听到从麻将馆传来的噪音，因而引得周围居民投诉不断，邻里之间矛盾众多。2018年，湘民社区党支部开展进小区汇民生、进楼栋汇民情、进家门汇民意的“三进三汇”活动，在得知情况后，立即召集物业公司、辖区党员干部共同议事。通过多方协调，积极对接，最终将该场所收归社区党支部管理，由社区出资，利用党建惠民资金打造一个集便民服务与志愿服务于一体的小区综合服务场所。社区将以此为依托，发挥党员先锋模范作用和群团服务优势，每月定期开展多种文化体育活动，立足居民需求，引入社会组织，努力打造一个以党建和区域文化为特色的小区公共文化服务空间。

【召开区域化党建联席会议暨“大工委”兼职委员聘任仪式活动】12月14日，长沙市开福区秀峰街道组织召开区域化党建联席会第一次会议暨“大工委”兼职委员聘任仪式活动。湖南省福利彩票发行中心、长沙市周南中学、周南秀峰学校等5个共建单位代表参加活动。2018年，秀峰街道党建办对驻街单位进行4轮走访座谈，广泛征求意见建议，确定秀峰街道区域化党建联席会议首批成员单位。通过全面摸底，多次沟通，充分酝酿，精准对接，街道工委和各成员单位共同确定53个党建共建项目，编制《开福区秀峰街道区域化党建共建项目手册》。其中由驻街单位牵头负责实施的有24个，由秀峰街道工委牵头负责实施的有29个，包括阵地支持、志愿服务、培训讲座、结对帮扶，环境整治等。会上，各共建单位审议通过《秀峰街道区域化党建联席会议制度（草案）》，街道工委向5家共建单位颁发《秀峰街道“大工委”兼职委员聘书》。秀峰街道将以此为契机，结合实际开展联建共建活动，为广大居民群众提供服务，推进区域化党建联席会议工作平台建设，实现驻街单位、企业各类党组织参与区域化党建全覆盖，打造多元一体共建共享治理格局。

【举行“春季”专场招聘会】3月23日，长沙市开福区秀峰街道专场招聘会在高岭国际商贸城举行。高岭国际商贸城、泰和医院等36家单位、40家商铺参加招聘会，提供岗位300多个，来自8个社区（村）的100多位“新居民”在家门口找到满意工作。秀峰街道地处开福区域乡接合部，随着城市的不断发展，很多农民转换身份成为城市“新居民”，一时不干农活了，大部分居民也不愿意外出打工，在家门口找份满意的工作是他们最大的愿望。当天招聘会就是针对辖区退役军人、失地农民和转产转业渔民等开展的。现场还设立政策咨询台，提供就业创业、创业担保贷款、社保、医保、劳动法规等方面的政策咨询，引导和支持失地农民就近就业、自主创业。

（周　琴）

捞刀河街道

【概况】长沙市开福区捞刀河街道地处开福区东北部，东部与长沙县搭界；南部濒捞刀河，由西向东依次与芙蓉北路街道、浏阳河街道、洪山街道隔河相望；西部由南向北，依次与秀峰街道、青竹湖街道毗连；北部与沙坪街道相临。街道办事处驻高岭社区捞霞路68号，距开福区人民政府7.38千米。捞刀河街道总面积41.5平方千米，常住人口4.3万人。街道辖3个社区（捞刀河社区、中岭社区、高岭社区）、3个村（凤羽村、白霞村、罗汉庄村）。辖区内有6所学校，其中1所中学（沅丰坝中学）、5所小学（高源小学、大星小学、中岭小学、凤羽小学、清水塘实验小学），1所幼儿园（开福区第三幼儿园）。

【街域经济】捞刀河街道完成财税收入2.08亿元，完成固定资产投资30.91亿元，完成限上社会商品零售总额6436.2万元。在项目推进上统筹发力，中岭保障房、沙河四期、恒基旭辉、高岭交通枢纽、交警大楼等在建项目施工顺利；工农垸综合开发项目（水利投地块）、工农垸综合开发项目（鸿荣源）、工农垸综合开发项目（青环路）、工农垸综合开发项目（教育用地）、长沙市统征地山河景园开发用地（省疾控中心）项目征拆合法户签约全部清零；余捞线2200千伏高压线竣工运营；公共设施（“186亩”)征拆项目有序推进；香江2-2期等扫尾项目攻坚取得突破。2018年，新增限上商贸企业1家，其他营利性服务业单位1家。

【环境整治】围绕“五治”（治厕、治垃圾、治水、治房、治风）工作，突出污染防治、人居环境整治工作重点，打好“蓝天保卫战”“碧水攻坚战”，开展社区全面提质提档、垃圾分类、禽畜养殖退出、种植结构调整、“旱厕改革”等专项行动和综合整治，开展“飓风行动”和不间断的执法巡查动态管理，整改落实街道交办问题117个，村居自责问题161个；街道牵头办理中央环保督查3个交办件，省环保督查5个交办件，市蓝天办、市环委交办的29批次环境案卷全部办结到位；200余处100公顷裸露黄土全面整改覆盖；完成25处卫片图斑占用耕地面积8.54公顷整治；完成3个垃圾分类分拣中心建设；1771户畜禽养殖户顺利核面清退；完成190.93公顷农田种植结构调整；整治清理僵尸船55艘；完成310座厕所改造；整治清退散乱污企业40家；提质拓面荷花种植66.67公顷，在大星片区开展“最美庭院”“清洁家庭”评选活动，农村人居环境得到大幅改善。2018年，罗汉庄村大星片区被评为“长沙市绿色示范村庄”“长沙市两型示范村庄”“长沙市垃圾分类减量示范村庄”等。

【综合治理】强化“三防”工作，深刻汲取“5·3”较大火灾事故惨重教训，由党政班子带队，按照五个断然措施要求，突出加大对辖内企业特别是仓储物流及影视制作基地的清理、排查、规范、整治，清理存在重大消防安全隐患仓储40余处，关停取缔非法企业20家，停产整顿2家，拆除违章仓储建筑30余处2万多平方米；圆满完成创建全国食品安全城市的省检任务。全面实施“一圈、两场、三道”建设，新建捞刀河农贸市场并对外营业，中岭安置小区、捞刀河社区兔子坡小区完成全面提质提档任务，苏托垸防洪大堤自行车道初步成型，龙塘农贸市场全面提质改造得到市、区领导好评。全面落实重点信访对象“五包一”措施，化解矛盾纠纷，消减历史遗留问题。全年接待信访人员80余人次，网上信访受理11人次，回复率100%。落实“四联四帮”工作要求，加强退役军人管理服务，确保复退军人群体基本稳定。

【民生保障】全街有城乡居民低保364户706人，发放保障金258万元，特困供养人员 76户78人，其中集中供养3户3人，散居73户75人，发放保障金5.58万元。对18户因病住院“三无”人员办理免费住院治疗。对66名符合居家服务对象，由康乐年华养老公司开展上门养老服务。2018年，全街有121人次申报大病医疗救助，救助金额59万余元；开展临时救助12人次，救助金额1.5万元。建立完善的精神病人药物救助管理工作体系，全街登记在册精神病人121人，累计发放精神病人药物救助248人次，办理肇事精神病人强制入院治疗21人次。2018年，全街城乡居民养老保险参保11463人，其中到龄领取待遇3467人，100%进行生存认证。城乡居民养老保险缴费80余万元。城乡居民医保参保18136人，居民缴纳医保资金312万余元，享受医保报销2408人次，报销金额80余万元。组织辖区内未就业劳动力参加区人社局举办的招聘会300余人次，街道举办就业招聘会2场，为辖区居民提供就业岗位200个，累计发放各类就业宣传资料6000余份。全年城镇新增就业317人次，失业再就业100人次，就业困难对象再就业50人次，扶持大学生创业19人次。全年开展消防培训200人次、农民工培训200人次，督促企业开展培训200人次。完成农村劳动力转移800人次。完成退休职工认证2855人次。2018年，全街有各类优抚对象163人，及时发放在乡老复员军人、带病回乡退伍军人、病故军人遗属等优抚对象定期补助资金和60周岁农村退役士兵生活补助资金等，建立人员沟通平台制度，落实优抚政策，全年发放优抚资金55万余元。全街有领证残疾人522人，为符合政策规定的262名城乡重度残疾人，申报办理重度残疾人两项补贴。

【社会事业】贯彻落实全区乡村振兴战略工作讲评会精神，在民风淳化上着力，结合文明创建，依托农家书屋开展系列文化宣传活动，引进社工组织开展各类主题实践活动，承办长沙市毒品预防宣传教育进校园启动仪式，举办新乡贤评选活动，创建新时代新乡贤文明传习所。建立入党积极分子志愿先锋队和3个党员先锋工作室，推进支部“五化”建设；举办“区域化党建结对共建”签约仪式，常态化开展村（社区）、企事业单位结对共建活动；创新开展“三大、一小、一实事”主题党建活动，对全街53个村（社区）党小组进行大走访大调查大轮训，形成党小组社情民意报告11份，收集群众意见建议89条，办结54件惠民实事。深入“五零”村（社区）创建，设立党员先锋示范岗，建立社区代办服务制度，最大限度方便群众少跑腿，切实提升群众认可度、满意度和获得感。

【成立长沙市首个村级乡贤馆】10月15日，随着捞刀河街道乡贤馆名誉馆长苏立雄宣布捞刀河社区捞居片区新时代乡贤文明传习所、新时代新乡贤文明实践站成立，宣布捞刀河街道首个村级乡贤馆在捞刀河社区捞居片区正式成立。随后，社区依据捞刀河街道关于新乡贤工作的文件精神，对前期通过广泛动员、层层推荐、逐人考核推选5名新乡贤人选进行投票表决，并由社区党委书记罗况为5名新乡贤

10月15日，捞刀河街道成立长沙市首个村级乡贤馆，乡贤受到表彰

（捞刀河街道　供图）

颁发聘书。最后，苏立雄以“新时代、新乡贤、新实践”为主题，就“什么是乡贤”“乡贤的权利与义务”“如何在社区建设中发挥乡贤作用”做总结发言。他要求村级新时代新乡贤传习所、实践站以党建为引领，凝聚乡贤力量，构建“党建+乡贤”服务模式，充分发挥声望、经验、学识、专长、财富等资源优势反哺地方，打通宣传倡导、服务群众的的“最后一公里”，引领和带动更多民众支持、参与到社区建设大潮中，助推社区进一步升级发展。

【捞刀河街道彭家巷“青年之家”正式揭牌运营】12月27日，共青团开福区委联合捞刀河街道在捞刀河街道中岭社区彭家巷片区举办“服务青年在身边 携手相约新时代”——“青青有约”三年行动计划发布暨“青年之家”揭牌仪式。区委副书记谢伟峰、区人民政府副区长朱江、团市委基层工作部余晓玲出席本次活动。活动过程中，与会人员参观开福区示范性“青年之家”——彭家巷“青年之家”，中岭社区和负责运营单位青年社会组织飞翔教育创新发展中心对阵地量身定制“大区域党建+青年之家”项目，整体运营模式为党建带办公“四室”、党建带青年“四吧”、党建带青少年“四角”。彭家巷“青年之家”正式揭牌运营，标志着这里以后将成为中岭社区常态化运营场所，主要面向辖区范围内的青年群体，他们可以在这里“畅谈梦想”“解决成长中的困惑”“进行创新和动手能力的培训”“得到专业书画老师的基础指导”“开展主题读书会”和“心理健康教育和一对一心理辅导”等，为广大青年朋友在家门口提供基础性服务。谢伟峰强调，要充分利用现有资源，突出服务青年和凝聚青年两大功能，打通服务青年的“最后一公里”，构建线上线下有机统一的共青团服务体系，实现服务青年发展需求、服务社会治理创新、服务青年社会组织、服务组织自身建设的功能。

（刘　恋）

沙坪街道

【概况】沙坪街道地处开福区东北部，东、北与长沙县搭界，南接捞刀河街道，西连青竹湖街道。沙坪有“中国湘绣之乡”的美誉，是“湘绣原产地，星城后花园”，是开福区重点打造的集旅游休闲、文化产业、健康养生的综合旅游景区。街道辖2个社区居委会（沙坪社区、中青社区）、5个行政村（钟山村、檀木岭村、汉回村、竹安村、双塘村），总面积47.5平方千米，是开福区面积最大的街道。2018年，全街户籍人口总数为22127人，出生人口207人，流出已婚育龄妇女214人，流入已婚育龄妇女793人，人口自然增长率3.86‰，性别比104.72。境内有长沙地区唯一的少数民族村——汉回村，村中总人口数2760人，回族人口约占三分之一。辖区有幼儿园2所，小学4所，中学2所（含现代职业中专）。2018年，沙坪街道被评为“湖南省文明卫生单位”、沙坪街道政协联络处“三诊工作法2.0版项目”荣获湖南省政协云应用创新大赛二等奖、沙坪街道被评为“长沙市综治工作红旗街道”“长沙市信访工作三无街道”“长沙市优秀统计站”“长沙市第三次全国农业普查先进单位”，沙坪街道食药监所被评为“市级食品安全优秀单位”。

【街域经济】完成税收2.3亿元，同比增长10.33%；规模工业总产值58.99亿元；完成社会固定资产投资71.56亿元；限上社会消费品零售总额1.09亿元；新增四上企业19家，在建社会投资类重大项目12个；共有规模工业企业57家。2018年，沙坪汉回景区评为湖南省文明旅游风景区；沙坪文化创意产业基地通过验收成为长沙市小微创业创新基地项目；沙坪湘绣特色小镇通过市住建委验收，成功纳入第一批特色小城镇名录；沙坪湘绣产业园纳入长沙市首批特色旅游商品购物示范点，与长沙市导游协会签订框架协议，成立“沙坪湘绣产业服务中心”，并以服务中心为运营单位申报湖南湘绣产业集群窗口平台。

【项目建设】建设项目16个，总投资45亿元。李家冲路、钟石路、广胜路南段3个基础设施项目；沙坪公共卫生服务中心、开福区大明幼儿园、板塘小学等3个民生项目，其中板塘小学于2018年9月招生开学；传化公路港、深国际现代综合物流港、嘉里物流等11个续建产业项目，其中传化公路港及深国际一期完成建设。新启动弘上物流、家家红、板塘三期、市城投加油站等4个项目，其中基础设施项目1个，民生工程1个，产业项目2个，共计征地14.31公顷，涉及合法户动迁33户。长沙市重点工程220千伏余捞线途径沙坪街道4个村，全长6.8千米，塔基15座，历时半年时间，于2018年6月顺利通电。福竹园、大明华庭农民安置小区成立业主委员会，全年受理小区物业矛盾纠纷投诉2件，均得到及时解决。

【城市管理】全街建设和升级垃圾分拣中心8个，建设大件垃圾及建筑垃圾暂存点4个，开展垃圾分类试点工作，设中青社区为试点社区，大明小区为示范小区。开展垃圾分类宣传活动106次。完成年度农村无害化卫生改厕任务450座，其中水冲式厕所433座，旱厕17座。办理数字化案件2000余件，结案率为99%。全街有餐饮门店27家，分5批次进行油烟净化器安装工作，完成4批次22家，第5批次5家正在进行中。建立食品安全网格监管责任区7个，组建街道、村（社区）协管员队伍15人，食品安全信息员队伍139人，开展执法检查15次，立案1家，责令整改6家，捣毁无证生产加工窝点1家。拆违31处，面积1.2万平方米。国土卫片46处，19处认定为违法建设，其中10处整改到位，7处正在补办相关手续，2处厂房仓库正在整改。整改辖区内黄土裸露区域162处，道路扬尘污染32处，焚烧垃圾45处，露天烧烤9处，餐饮门店油烟32处，鞭炮燃放14处，散煤焚烧33处，水环境治理等其他问题37处。组织环保讲座2次，悬挂宣传横幅700余条，印制《禁止露天焚烧净化生态环境》宣传手册6000余份，张贴环保宣传标语300余份。全国第二次企业污染源普查工作，完成辖区125家企业普查工作，查处8家企业，督促10家企业安装污水处理设备和系统。

【农村环境整治】2018年，沙坪街道重金属耕地种植结构调整工作任务涉及14个点位，调整面积为140公顷。农村人居环境整治“治水”工作，沙坪河、白沙河16.8万平方米的河堤河滩保洁常态化，基本消除黑臭水体，监管污水处理站3个，均能正常运转。水质检测达标、民调满意率98%以上，顺利通过中央督查组黑臭水体治理督查。钟山村茶子山片区景观渠改造、社区服务中心建设、农民公园打造、花海项目等基础设施建设和产业项目有序推进。沙坪街道13个集体经济组织，集体土地总面积4200.18公顷，其中，耕地1408.45公顷，林地1424.85公顷，园地109.95公顷，农田水利设施用地92.26公顷，养殖水面253.04公顷，建设用地528.32公顷，未利用地383.31公顷。完成5个村2个社区土地确权颁证工作，确权面积1354.4公顷，地块数19352块，确权农户数4281户。截至2018年年底，确权资料存档工作完成100%，颁证工作完成70%。清退违法违章生猪养殖场20余处，拆除养殖猪圈5000平方米。

【综合治理】2018年，全街排查各类矛盾纠纷52起，调处结案52起，涉及金额536万余元，其中因工死亡3人，交通事故死亡3人，涉及金额365万元。接待来访群众63批次，173人，群众来信5封，网上信访件7件，全部给予回复和处理，区信访积分管理全年零扣分，全区排名第一。设立13个综治工作站，开展社区民警向群众述职3场次，不定期清查流动人口、对治安混乱地区实施重点整治，开展扫黑除恶专项斗争，抓捕涉恶人员2名。

【民生事业】2018年，全街有城乡居民低保269户564人，全年发放低保资金180万余元；特困供养人员 120户129人，发放保障金98万余元；大病医疗救助120人次，发放大病救助金额93万余元；开展临时救助34人次，救助金额6万元；登记在册精神病人121人，累计发放药物救助505人次，办理肇事精神病人强制入院治疗6人次。发放重度残疾人两项补贴，资金合计47万元，残疾人及子女扶残助学补贴资金1.5万元。社保共计参保11088人，其中到龄领取待遇3290人，100%到村认证。城乡居民养老保险缴费76.37万元；城乡医保参保15117人，缴纳居民医保资金227万余元。举办各类专场招聘会5次，参加人员800余人次，全年街道新增就业1081人次，城镇登记失业率控制在3%。有重点优抚对象192人，发放各类优抚资金86万余元。

【沙坪小镇“提速”45分钟238路直达公交普惠城北百姓】1月23日，10辆挂着大红花的电动公交车，从长沙市开福区沙坪湘绣广场驶出，这标志着由该广场开往开福区政府北的238路公交线正式开通。该线路全程19千米23个站点，其间隔15分钟一趟，将为沙坪街道近5万群众出行带来便利。沙坪被称为“中国湘绣之乡”，也是国家非物质文化传承保护基地和国家AAA级旅游景区，其地处长沙市青竹湖路、北三环和北二环之间，区位优势明显。238路公交车开通，有助于沙坪景区的可进入性进一步增强，对优化景区发展环境，加强湘绣小镇、佳海工业园、长沙医药健康产业园、高岭国际商贸城以及汽车北站的紧密联系，推动城北社会经济的发展有重要作用。

【湖南省副省长陈文浩考察沙坪撇洪渠黑臭水体治理】9月7日，湖南省人民政府副省长陈文浩到沙坪

沙坪撇洪渠水污染治理前后　（沙坪街道　供图）

撇洪渠调研黑臭水体治理情况。区委书记沈裕谋、区人民政府副区长朱江，区建设局、区农水局、区环保局等部门负责人陪同调研。陈文浩一行实地察看沙坪撇洪渠B段黑臭水体治理情况，现场听取区、街相关负责人对治理进展情况汇报，充分肯定沙坪撇洪渠的治理工作。陈文浩指出，黑臭水体治理既是环保大事，也是民生实事。管网铺没、垃圾处理、截污等工作要点点到位，治理思路要从末端转变为源头、从源头到片区、从片区到流域；在建筑垃圾处理过程中，要注重支持具有科技优势的企业，争取做到现场拆除、清理、回收一体化，避免二次污染；要高质量完成治理，治出良好效果，确保环境得到改善。

【长沙首个“新时代农民讲习所”在沙坪街道开讲】4月9日，长沙市首个“新时代农民讲习所”在开福区沙坪街道率先开讲。沙坪街道工委书记邹畅以“中共十九精神”和“美丽乡村建设”为题做首场讲座。沙坪街道地处开福区东北侧，总面积47.5平方千米，辖3.7万人，共管理53个基层党组织，1232名中共党员。沙坪是“中国湘绣之乡”“都市休闲之乡”和“都市工业基地”。针对上级出台的政策基层群众不好理解的问题，沙坪街道结合区域实际，打造“睦邻党建”品牌，其中一个重要措施就是建立新时代农民讲习所。讲习所采取群众点单，专家讲课，大家参与的模式，人人都可以做讲师。定为每月两场，可以在田间地头、可以在工厂车间、也可以在村屋农舍。采取“1+2+X”（“1”即习近平新时代中国特色社会主义思想作为讲习主线；“2”即重点讲习十九大和十九届二中、三中全会、全国两会等上级会议精神，以及乡村振兴两大方面内容；“X”即乡村文明、美丽乡村建设、生态环境保护等农村实际问题）模式讲党的精神、讲政策法规、讲农技知识、讲致富经验等。

【沙坪街道举行“美丽乡村”新农民运动会】12月1日，开福区沙坪街道“三湘农民健康行”之“美丽乡村”新农民运动会暨“廉政卫士”知识竞赛在沙坪湘绣广场举行。沙坪街道、村（社区）两委干部职工及辖区村民群众400余人参加活动。比赛设“龟兔赛跑”“万众一心”“袋鼠跳”“力拔山河”“财源滚滚”5个项目，由自街道机关、村（社区）及非公企业组成的18支队伍参加比赛。其间穿插知识问答，让村民群众在轻松趣味的氛围里增强对中共十九大精神及廉政知识的了解。此次活动由区人大常委会、区文体新局、区总工会主办，沙坪街道承办。通过一系列趣味的比赛活动，展示沙坪人民的蓬勃生机和崭新风貌。

（莫　晶）

青竹湖街道

【概况】青竹湖街道地处开福区北大门核心地段，东临沙坪街道，西濒湘江，南抵秀峰街道和捞刀河街道，北靠龙飞岭与望城区桥驿镇相连，东北部毗邻长沙县北山镇，西北部与望城区丁字湾街道隔沙河相望，总面积41平方千米，常住人口约4.2万人。街道下辖青竹湖畔、金霞新村、新安寺、霞凝港、金盆丘、新太安、植基、天胜、彩霞、霞凝、新源11个社区居民委员会。辖区内有青竹湖森林公园、星月湖生态湿地公园、白石山生态绿地和青竹湖高尔夫球会等公园；有晚清教育重臣张百熙故居、道龙山佛教遗此等人文景观；有长沙新港、长沙火车货运新北站等交通枢纽，有湖南进出口商品展示交易中心（嘉德保税店）、芒果汽车、湖心岛软件园、新亚胜、湖南三新、中建混凝土、湖南粮食集团、国药控股、青苹果数据中心等企业；有绿城·青竹园、恒大·林溪郡、太阳星城、青竹湖·曦园、中铁·水映加州等小区。辖区有中学2所、小学5所、幼儿园5所。2018年，街道被评为开福区“产业发展工作先进街道”“项目建设先进街道”等。

【街域经济】完成全口径税收5.46亿元；完成规模以上工业生产总值46.5亿元，同比增长102%；完成社会消费品零售总额19.7亿元，同比增长1.4%；完成固定资产投资78.7亿元，同比增长16%；完成服务业营业额10.6亿元，同比增长15%，其中完成其他营利性服务业收入1.87亿元，同比增长20%；完成高新科技产值38.3亿元，同比增长38%。2018年，青竹湖街道新增四上企业4家，包括规模以上工业企业1家，限上商贸企业1家，建筑房地产企业2家。新引进企业5家，均入驻军民融合产业园，辖区经济辐射能力不断增强。

【项目建设】攻坚老项目扫尾。2018年，街道扫尾任务较重，截至2018年年底，拆除扫尾项目房屋20余栋，竹隐北路、长沙市会展中心配套（含湘一立信用地）、植基中学改扩建、智慧仓储等6个项目实现扫尾清零。推进新项目征拆。完成汤家湖路（汤家湖路回车场—新港大道）、中青路北延线、湘郡培源等项目的前期启动工作；路丝塘加油加气站项目实现11天全部完成签约，为项目腾地节省时间。促进项目建设。2018年，全街重点项目37个，开工23个，老百姓医药产业园、长沙绿色食品交易中心等一大批重点产业项目顺利建设，辖区优势产业、实体经济不断壮大。

【城市管理】打造乡村振兴示范点。推进金霞美丽乡村和新源社区美丽乡村示范创建，建设金霞新村小微水体和湿地公园等省市级观摩点，形成金霞耕读小镇“一村一品”的特色村落格局。积极推进金竹河源头治理，打造诗意桃花溪。推动生活垃圾分类收集。建设霞凝社区垃圾分类试点小区，率先在全区安装智能垃圾分类回收机“小黄狗”，第一批在辖区植基社区投入使用。推进100座三格式无害化厕所改造工作，三级化粪池使水污染大幅减少。深化“三清”治理。坚持清家园、清水源、清大气，以蓝天保卫战、碧水攻坚战为契机，全年巡查治理47处6万余平方米裸露黄土，劝导搬离3处散煤制销点，取缔8家违规砂场。全面落实河长制和畜禽退养工作，有效改善城乡河道水生态环境，提升人居环境品质。

【民生事业】加强食安创建。突出食品安全问题导向，推进食品安全示范城市创建，打造新安寺社区“小餐饮示范街”，通过以点带面、典型引路，全面改善小餐饮食品安全条件，提高食品安全保障水平。加强民生服务。突出做好文化教育、卫生计划生育、社会救助以及优抚安置等工作，完成福港苑小区第二次分房工作，顺利分配保障住房56户共计60套。新建2个停车场，提供社会停车位70个。投资40万元，建设太阳山小区农贸市场示范点，提质市场水产、活禽区，实施内部亮化工程。加强物业管理。督促青竹湖畔等符合条件的小区成立业委会，加强对植基楠熙小苑等小区消防设施、物业管理，以分工协作共促物业管理专业化。

【综合治理】安全生产常抓不懈。以社区居民、企事业单位员工为主要群体开展安全生产知识培训、知识竞赛和应急演练等57次，受宣教人数2万人次。在市级以上媒体发表安全生产方面宣传报道106篇，浓厚重安全、懂安全的舆论氛围。敢于顶真碰硬，强化物流仓库、建筑施工、交通运输等领域以及人员密集场所的施工安全、消防安全，全年组织集中执法行动和安全生产检查190次，出动执法人员800人次，排查安全隐患217处，取缔非法生产经营22处，形成抓安全、管安全的高压态势。综治维稳工作突出。严格落实“五包一”责任制、法律顾问指导制以及情报信息劝访机制，做好涉军、涉拆等群体的安抚慰问工作。确保应急处突准备充分，快速反应迅速处置，多方借力、多措并举，深入推进扫黑除恶专项斗争，积极化解矛盾，街道社会治安稳定可控。

【2018年长沙（青竹湖·金霞）耕读文化节开幕式在开福区金霞新村张百熙纪念馆举行】6月15—16日，为期两天的2018年长沙（青竹湖·金霞）耕读文化节开幕式在开福区金霞新村张百熙纪念馆前坪举行。活动由开福区委宣传部、青竹湖街道工委、青竹湖街道办事处主办，青竹湖街道金霞新村社区承办，开福区自安小学金霞校区协办。为期两天的耕读文化节中，大家一起学习、探讨、传承金霞新村的耕读文化，一起领略耕读文化带给美丽乡村的精神内涵。"耕读传家"是开福区青竹湖由来已久的民风，也是耕读小镇——金霞新村视先行留下的家训。金霞新村耕读小镇是近代著名教育家张百熙的出生地，在他的故乡，金霞新村耕读小镇至今仍保留有"耕读传家久，诗书继世长"的淳朴民风。该届耕读文化节除接地气的娱乐活动外，还安排丰富的文化活动。在15日"文化论坛"中，教育学博士、湖南教育报刊集团数字出版中心主任黄耀红讲述《农耕智慧与诗意生存——从24节气说起》，通过一首首诗词，为大家构建一幅农耕与田园的唯美画卷；长沙市开福区委党校副校长胡晓峰为金霞村内广大党员们讲授"传承好家风，党员带头做"专题党课。16日，金霞新村30组亲子家庭代表以及教师代表在善卷书院的组织与带领下，参观金霞新村农耕博物馆和张百熙纪念馆。参观结束后，小学生围座在农田旁搭建的凉棚下朗读，并走入田间地头进行豆苗种植活动，亲身体验农耕生活。这次活动是家长和孩子们一起参加，让家长带着孩子走出久坐的课堂，走进大自然，体验传统耕读文化，懂得劳动之义，明晓劳动之责，教育孩子们劳动创造财富。

【金霞新村省级美丽乡村正式挂牌】9月22日，长沙市开福区青竹湖街道金霞新村美丽乡村正式挂牌。金霞新村是开福区青竹湖街道最北的村庄，村庄人口3050人，779户，依山傍水，风景秀丽。2017年以来，青竹湖街道和金霞新村社区响应开福区"建设金霞耕读小镇"的号召，按照"创新、协调、绿色、开放、共享"的发展理念，融合本土文化和现有资源，将"党建""耕读""人文""生态""小康"5个主题元素植入到美丽乡村的建设中，打造出独具特色的乡村文明，建设社区一站式办公场所、农耕博物馆、张百熙纪念馆及文化广场、金霞新村社区公园、金霞新村湿地公园、篮球场等。在这里，游客可寻古赏花、捧读诗书，100米长沙童谣彩绘文化墙更是让人"记住乡愁，回忆童趣"。金霞新村荣获2017年度湖南省级美丽乡村建设示范村。

青竹湖街道金霞新村获"2017年度湖南省美丽乡村示范村"荣誉称号

（青竹湖街道　供图）

【青竹湖街道举行"宪法宣传进社区、进机关、进校园"活动】12月4日是第5个国家宪法日，开福区青竹湖街道在长沙市开福区向阳小学举行宪法宣誓仪式，并组织开展"宪法宣传进社区、进机关、进校园"活动。青竹湖街道300名街道和社区干部职工、学校师生、家长及辖区群众代表参加活动。活动以"尊崇宪法，学习宪法，全面推进法治青竹湖街道建设"为主题，旨在普及宪法知识，增强全街人民遵守宪法、维护宪法、运用宪法的行动自觉。活动寓教于乐，现场不仅有舞蹈、小品、情景剧、相声等文艺表演，还有宪法知识有奖竞猜等游戏。湖南弘天律师事务所律师王丹艳以"尊崇宪法法律，做一名合格的守法好公民"为题讲授宪法知识。开福区司法局青竹湖司法所设置法律咨询台，工作人员为群众解答法律难题，并发放《中华人民共和国宪法》读本和宣传手册1000余份。为深入推进宪法宣传进社区、进机关、进校园活动，街道利用微信平台推送宪法知识等方式，形成线上线下相结合的普法常态，让宪法真正走进老百姓的日常生活，让宪法精神真正深入人心。

（林　芝）

附 录

APPENDIX

组织机构及负责人

中共长沙市开福区委员会

书　记　沈裕谋
副书记　刘拥兵
　　谢伟峰
常　委　欧干军
　　杨应龙（2018.7止）
　　黎　明
　　邹犇淼
　　蔡　冰
　　张春雄
　　舒全球
　　何惠风（女）
　　晏成方
　　卜超峰（女，挂职）
　　马运动
　　李国军（挂职2018.7任）

开福区人大常委会

主　任　许振勤
副主任　王颂交
　　李光华
　　袁剑英（女）
　　罗伟明
　　周桂林
党组副书记　袁政国（挂职2018.10任）

开福区人民政府

区　长　刘拥兵
副区长　蔡　冰
　　卜超峰（女，挂职）
　　廖　勇
　　易文斌
　　朱　江（女）
　　蒋　君
　　杨光华
　　李　扬
副调研员　唐绍金
　　陈再武
　　贺福明
　　刘新兰
　　任新良
　　乐俊旺
　　陈世伟
　　桂志华
　　梁文胜
　　刘志勇
　　谢　勇

开福区政协长沙市开福区委员会

主　席　熊建伟
副主席　杨　艳（女）
　　焦　灿
　　廖耀群（兼）
　　林永红（女）
　　鲁碧君（女，兼）

区人民武装部

部　长　张贻龙（2018.12任）
　　马运动（2018.9止）
政　委　陈松华
副部长　雷志勇
政工科长　石胜茂
后勤科长　杨　峰

开福区纪律检查委员会
开福区监察委员会

纪委书记、监委主任
　　欧干军（2018.1任）
纪委常务副书记
　　周朝旭（2018.9任）
监委副主任　周朝旭（2018.1任）
纪委副书记、监委副主任
　　喻寄宏（2018.1任）
纪委常委、监委委员
　　刘　科
　　蔡　亮
　　彭　庆
　　莫红宇（女，2018.1任）
纪委常委　刘　曦（女）
　　熊　鹏（2018.3任）
　　罗小静（女，2018.3止）
监委委员　陈广益
　　黄　粮（2018.1任）

长沙金霞经济开发区

书　记　李国军（2018.7任）
　　杨应龙（2018.7止）
主　任　康镇麟（2018.9任）
主　任　袁政国（2018.7止）
调研员　袁政国（2018.7任）
副主任　刘熙宇
　　曾　理（2018.9任）
　　杨　智（2018.9任）
　　李剑刚（2018.9止）
　　罗　辉（2018.9止）
经开区纪工委书记
　　荣爱华
青竹湖生态（科技）产业园党工委书记　吴正豪
青竹湖生态（科技）产业园管委会主任、开福高新区党工委（筹）书记　宋奇志（2018.2任）
金霞保税物流中心党工委书记
　　裴文欢（女）
金霞保税物流中心管委会主任
　　侯凌新
湖南金霞发展集团有限公司董事长　范晓军
湖南金霞发展集团有限公司总经理　刘伟平（2018.10任）
　　胡　斌（2018.3止）
开福高新区管委会（筹）主任
　　樊　伟（2018.3任）
经开区纪工委副书记
　　胡仕勇
经开区招商合作局局长、开福高新区管委会（筹）常务副主任
　　张中文（2018.3任）
经开区机关工会主席
　　杨永达
经开区总工程师
　　梁文一
经开区拆迁事务局局长
　　杨立志

经开区办公室主任
刘玉娥（女，2018.3任）
蔡 哲（女，2018.3止）
经开区产业发展局局长
王宇州
经开区规划建设局局长
王 璀
经开区财政分局局长
张迎霞（女）
经开区企业党委专职副书记
刘 斌（2018.9任）

长沙市洪山管理局

书 记 朱旭东
局 长 李 智（2018.2任）
田 营（2018.2止）
副书记 杨兴高
副局长 黄忠球
黄长科
殷建锋
黄 勇
胡 波（2018.3任）
饶 敏（女，2018.3止）
甘佩君（2018.3止）
纪检组长 方 硕
办公室主任 陈 茂（2018.3任）
刘玉娥（女，2018.3止）
科长 苏建钧
黄格男（2018.3任）
副科长 王忠亮
陈凤英（女）
陈 茂
吴华东
陈 刚（2018.3任）
彭利元（2018.3任）
张 颖（女，2018.3任）
袁 露（2018.3止）
刘学峰（2018.3止）
副主任 艾先进
周志格
凌高雄（2018.3任）
王永红（2018.3止）

长沙金霞保税物流中心

书记 裴文欢（女）
主任 侯凌新
纪检组长 王 湘（女）
副主任 李 燕（女）
杨 剑（2018.3任）
胡 蓉（女，2018.3止）
招商部部长 周桂平（女）
办公室主任 谷向阳
财务部部长 刘宁湘（女，2018.3任）
财务部副部长
刘 玄（女，2018.3止）
办公室副主任
廖湘平（2018.2任）
刘宁湘（女，2018.3止）

开福区委办公室

主 任 张春雄
常务副主任 刘修平（2018.2任）
文琬莹（女，2018.2止）
副主任 喻 军
张 燚
李宏波
曾 嵘（2018.2任）
纪检组长 侯瑜芳（女）

区委组织部

部长 晏成方
常务副部长 沈继红（女）
副部长 任功胜
谭尚丰
陈 俐

区委宣传部

部长 舒全球
常务副部长 李亚雄
副部长 甘 芳（女）
罗海嵩
刘桐开（女）
文明办副主任
贺 喜（女）
网宣办主任、新闻中心主任
李 香（女）
未成办主任 罗 银（女）

区委统战部

部 长 何惠凤（女）
副部长 王 凤（女）
李 程（2018.2任）
张曙辉（2018.2止）
刘 川

开福区侨联

主 席 成 娟（女，2018.3任）
刘 芳（女，2018.3止）

中共长沙市开福区委巡察工作领导小组

组 长 欧千军
副组长 晏成方
成 员 周朝旭
喻寄宏
沈继红（女）
任功胜
宋明明（女）

工作机构

办公室主任 宋明明（女）
副主任 张孟辉

区委巡察一组

组 长 曾跃文
副组长 孙杨克

区委巡察二组

组 长 艾延灿
副组长 刘 莎（女）

区委巡察三组

组 长 王众思
副组长 汤叶峰

区委巡察四组

组　长　　张　澜
副组长　　杨　晓

区委巡察五组

组　长　　刘　敏
副组长　　陈建根

区政法委

书　记　　黎　明（2018.1任）
　　　　　蔡　冰（2018.1止）
常务副书记　冯士文（2018.2任）
副书记　　袁亿华
　　　　　汤伟平
　　　　　林　实（女）
　　　　　谢跃明
　　　　　罗　毅
　　　　　刘洪斌（2018.2止）
纪检组长　梁　棵
维稳办副主任
　　　　　王小明（2018.2任）
　　　　　彭小布（2018.2止）
综治办副主任
　　　　　浣花媛（女）

区直属机关工作委员会

书　记　　盛　诺（女）
副书记　　陈振湘
　　　　　李俊全（2018.2任）
　　　　　张志成
　　　　　陈　铭（2018.2止）
纪工委书记　吴　玮

区机构编制委员会办公室

主　任　　戴紫艳（女，2018.2任）
　　　　　刘修平（2018.2止）
副主任　　浣　赛（女）
　　　　　郭朝军
事业单位登记管理局局长
　　　　　刘水清（女）
机构编制电子政务中心主任
　　　　　黄　意（女，2018.2任）

区委老干部局

局　长　　周海燕（女）
副局长　　陶劲凯
　　　　　唐伟业（女）
　　　　　谭　蓉（女）
老干部活动中心主任
　　　　　刘雪莲（女）

区信访局

局　长　　曹　雄
副局长　　唐立志
　　　　　刘伏云
　　　　　陈怡礽（女）
　　　　　陈　茂（2018.2任）
　　　　　彭利元（2018.2任）
　　　　　潘　格（2018.2止）
　　　　　李晓庆（女，2018.2止）

区610办

主　任　　袁亿华
副主任　　唐艳彬（女）
　　　　　方雄辉

区委党校

校　长　　谢伟峰
常务副校长　蹇敦波
副校长　　胡晓峰
　　　　　彭建如
办公室主任　黄　展（女，2018.2任）
　　　　　杨书杰（2018.2止）
教研室主任　张　群（女，2018.2止）

区史志档案局

局　长　　周立辉（女）
副局长　　曾洁如（女）
　　　　　王从福

区人大及其常委会工作机构

副县级干部　李正元（女）
副调研员　吴劲松
　　　　　王建兵
办公室　　陈志兴
副主任　　龚平彰（2018.3任）
　　　　　黄　筠（2018.3止）

城市环境与资源保护工作委员会

主　任　　李炳庚
副主任　　周剑兰（女，2018.3任）

法制委员会

主　任　　韦清燕

内务司法工作委员会

主　任　　韦清燕（兼）

教育科学文化卫生工作委员会

主　任　　杨全红
副主任　　伍　毅

农业农村工作委员会

主　任　　杨　奔（女）
副主任　　易　文

财政经济委员会

主　任　　罗放军（女）
副主任　　戴　瑛（女）

选举任免联络工作委员会

主　任　　刘家伶（女）

区政协办公室及各委

秘书长　　李劲松
办公室主任　谭　栋
副主任　　张　华（女）

提案法制委员会

主　任　　夏圣猛（2018.2任）
副主任　　刘险峰（2018.2止）

经济科技委员会

主　任　　涂　浩

文教卫体育委员会

主　任　田承明

人口资源环境委员会

主　任　贺　滟（女）

群团联络委员会

主　任　肖铁华

区法院

党组书记　戴智明
党组副书记、副院长
　王利兵
党组成员、副院长
　曹新凯
副院长　甘文韧
党组成员　朱　礼
执行局局长　艾文博
政工室主任　胡继红（女）
审判委员会专职委员
　伍峥嵘（女）
审判委员会专职委员
　佘志明

区人民检察院

检察长　宋宽馀
副检察长　宋义平
　黄中玮（挂职）
　廖耀群
　刘　立
政工室主任　黄　宇（女）
党组成员　曾广军

区人民政府办公室

主　任　张　华
副主任　王　丹（2018.10任）
　刘小鸥（女）
　袁　晖（女）
　王治国（兼）
　曹　雄（2018.3任）
　刘勇红（兼）
　刘伟平（2018.10止）
　杨夏女（女）
　莫　琳
　周春雷（2018.3任）
　张文华（2018.3任）
纪检组长　张正军

区法制办公室

主　任　刘小鸥（女）
副主任　彭　娜（女）
　邵凤清（女）

开福区发展和改革局

局　长　缪　舜
副局长　蒋三阳（女）
　武华强
　孟天知
两型办副主任
　宁双飞
重点办主任　刘鹏举
纪检组长　苏朝晖（女，2018.3止）

区教育局

局　长　谭树茗
副局长　龙　舟（女）
　彭　意
　谭广林
　王　平
主任督学　毛建高
纪检组长　陆跃宁

区科学技术局

局　长　周　砾（女）
副局长　李　文（女）
　谭红星
　梁　景

区城乡建设局

局　长　王中柱
副局长　徐建国（兼总工程师）
　刘石泉
　陈晓蓉（女，2018.3止）
　尹志伟
　熊更姣（女）
　李　兵
纪检组长　刘鸿冰
建筑工程质量安全监督站站长
　刘　芳（女）
城市建设监察大队大队长
　沈　璋

区城市房屋征收和补偿管理办公室

主　任　谢新飞（2018.3任）
　陈晓蓉（女，2018.3止）
副主任　高晓红（女）
　王　特

区民政局

局　长　张　检
副局长　张金华（女）
　黄　拉
　朱　静（女，2018.3止）

区司法局

局　长　刘洪斌
党组成员　翁远斌
副局长　邹小华（女）
　黄永革（2018.3任）
　任少文（2018.3止）
政工室主任　龙　罡（女）

区财政局

局　长　刘　勇
副局长　宁小群（女）
　严　霞（女）
　胡海飞（2018.3任）
　李铁钊（2018.3止）
纪检组长　罗　丹（女）
总会计师　王晓莉（女，2018.3任）
　黄　维（2018.3止）
乡镇财政管理局局长
　熊　静（女）
财政评审中心主任
　陈　建（女）

国库集中支付局局长
汤 杰
财政统发工资中心主任
高 萍（女）
非税收入管理局局长
李思思（女，2018.3任）
王晓莉（女，2018.3止）

区人力资源和社会保障局

局 长 陈朝晖（女）
副局长 周 惠（女）
曲立秋（女）
陈 磊
李印龙（2018.3任）
社会保障管理中心主任
孔 飙
医疗保险管理服务中心主任
柳义军
人力资源管理中心主任
夏 颂（女，2018.3任）

区农林水利局

局 长 李新民
纪检组长 袁 晖（女）
副局长 周新平
陈伏明
总工程师 邹双七
农办副主任 刘 彬
动监所所长 李 浩

区商务和旅游局

局 长 李 旅
副局长 刘家庆
傅驰景
李 嶷（女，2018.3任）
邓雅心（女，2018.3止）
口岸办主任 朱妮莉（女，2018.3任）
黄 兵（2018.3止）

区文化体育新闻出版局

局 长 王 艳（女）
副局长 陈 林
邓雅心（女，2018.3任）
成 娟（女，2018.3止）
党组成员 郭云建
文化市场综合执法局局长
龚 闯（2018.3任）
彭 超（2018.3止）
文化市场综合执法局副局长
黄建华
图书馆馆长 彭 葳（女）
文化馆馆长 阎 慧（女）

区卫生和计划生育局

局 长 陈 殷（女）
副局长 王湘虹（女）
晏 强
邓应荣（2018.3任）
李银华（2018.3任）
谢立平（2018.3止）
吴向阳（2018.3止）
计生协会常务副会长
杨国慈
红十字会常务副会长
曹群良

区妇幼保健计划生育服务中心

主 任 易 娟（女）

区疾病预防控制中心

党支部书记 郑晟晖
中心主任 林 玲（女）
办公室主任 谭 骅

区卫生计生综合监督执法局

局 长 何 斌

区人民医院

办公室主任 黄巧纯（女）

区审计局

局 长 潘建军
副局长 张 平（女）
金小钢（女）
总审计师 肖亚琴（女）
政府投资审计中心主任
郑立雄（女，2018.2任）

区城管执法局

局 长 杨知强
纪检组长 曹桃平（女）
副局长 何爱民
雷 鸣
尹洪辉
安小龙（2018.3任）
李晓峰（2018.3任）

区城市管理综合执法大队

大队长 杨知强
教导员 聂新伍
副大队长 胡 丹
何世林
廖国强
唐国胜
蒋灵虎（2018.3任）
周继元（2018.3止）

区环境保护局

局 长 肖 杨（2018.3任）
戴紫艳（女，2018.3止）
副局长 李鹤群
高 勇
刘 声
胡 为（2018.3任）
邓集才（2018.12任）

区安监局

局 长 王 海
副局长 黎伟军
李晓庆（女，2018.3任）
薛宏杰（2018.12任）
任少文（2018.3任）
张仕敏（2018.3止）
辜自力（2018.3止）
总工程师 龙志福

区食品药品监督管理局

局长（兼区食安委办主任）
黄雅晖（女，2018.3任）
李 程（2018.3止）
副局长 黎 军
谷任光
王登攀
食安办专职副主任
宋世平
稽查大队队长
黄海花（女）

区人民防空办公室

书 记 杨柳艳（女）
主 任 古 华
副主任 陈自力
刘 杰
明国强（2018.3任）

区经济和信息化局

局 长 王晓文
副局长 何乐鸣
章异新
陈 铭（2018.3任）
高俊杰（2018.3止）
党组成员 黄 杰

区交通运输局

局 长 彭 震
副局长 文舜清
蒋向阳
刘 平（女）
孙顺勇（2018.12任）
陈 越（2018.3任）
明国强（2018.3止）

区统计局

局 长 陈 新
副局长 陈 涛
晏 昭（女）
谢 桦（女）
胡纯洪（2018.12任）
统计普查中心主任
肖小冬（2018.4任）
唐宇翔（2018.3止）

区民族宗教和外事侨务局

书 记 潘 格（2018.2任）
局 长 彭 超（2018.3任）
周玲利（女，2018.3止）
副局长 李志强
邓淼淼（女，2018.3任）
吴 骥（2018.3止）

区住房保障局

局 长 李红权
副局长 邱 波
周 波
陈雪娅（女）

区政务服务中心

主 任 刘 忠（女）
副主任 张端华
邓继龙
李 万（2018.3任）
罗 洋（女）

区工务局

局 长 浣 琳（女）
副局长 周 宇
罗礼芳（女）
张明蓉（女）
吴展鹏
纪检组长 翁远斌

区机关后勤服务中心

主 任 马子房
副主任 欧阳丹（女）
李 丹
李 姣（女，2018.10止）

区金融工作办公室

书 记 易德乾
主 任 陈 旻（女）
副主任 文 琼（女）
尹 超（女，2018.3任）

区现代服务业发展办公室

主 任 陈 迎（女）
副主任 冯丹璐（女）

区市政管理局

书 记 龙亚雄
局 长 陈 峰（2018.3任）
夏圣猛（2018.3止）
副局长 刘正伟
吴建红
郭天仆

区园林绿化局

书 记 方云南（2018.2任）
陈 峰（2018.2止）
局 长 贺华勇
副局长 肖林生
戴晓金
才 源
范 卓

区市容环境卫生管理局

书 记 周继元（2018.2任）
陆学龙（2018.2止）
局 长 陆学龙（2018.3任）
李俊全（2018.3止）
副局长 彭 斌
陈 迪
敖 沙（女）

区征地办

主 任 曹 希（2018.3任）
苏 武（女，2018.3止）
副主任 李 艳（女）
杨科军（2018.3任）

区棚户改造办公室

主 任 刘勇红
副主任 刘红南

吴建军
张文华（2018.2止）

湖南金霞发展集团有限公司

董事长　　范晓军
董事、总经理
　　刘伟平（2018.10任）
　　胡　斌（2018.10止）
纪委书记　刘展宏（2018.2任）
监事长　　黄　维（2018.3任）
　　刘展宏（2018.3止）
党委委员　刘赛辉（女）
副总经理　易建辉（女）
　　文　杰（女）
　　陈　亮
　　汪　战
　　夏泽文
综合管理部长
　　周月娥（女）
财政管理部部长
　　肖　志

长沙开福城市建设投资有限公司

董事长　　王晓阳
董事、总经理
　　易松柏
董事、副总经理
　　杨启军
　　姜　慎
　　谭　鑫（女）
党委委员　马　浩

区总工会

主　席　　王辉君（女）
副主席　　王晓工
　　张仕敏（2018.3任）
纪检组长　廖莺燕（女）

区共青团开福区委员会

书　记　　赵潇枭（女）
副书记　　陈　逍（女）
　　刘宇舟（挂职2018.11任）
　　陈继辉（兼职2018.11任）
　　张诗雨（兼职2018.11任）
　　王　立（兼职2018.11任）
　　李　慰（兼职2018.11止）

区妇联

主　席　　周庆辉（女）
副主席　　李艳兰（女）

区工商业联合会（总商会）

主　　席（会长）
　　鲁碧君（女）
党组书记（第一副主席、第一副会长）　李　程（2018.2任）
　　张曙辉（2018.2止）
副主席（副会长）
　　刘日欣
副主席（副会长）、秘书长
　　宋　娜（女）

区残疾人联合会

理事长　　易献明
副理事长　李树平
　　唐春华

区公安分局

局　长　　廖　勇
政　委　　杨　忠（2018.2任）
　　周立强（2018.2止）
纪委书记　刘海平
副局长　　吴国旗
　　邓集锋
　　张哲辉
　　姜　伟（2018.11任）
　　张志高（2018.11任）
　　谢一钢（2018.11任）
　　胡雨平（2018.11止）
　　王　坚（2018.11止）
副局长兼政工室主任
　　许耀华（女，2018.11任）
　　唐　江（2018.11止）

区工商分局

党委书记、局长
　　杨国华（2018.2任）
　　唐劲松（2018.2止）
副 局 长　刘金山
　　戴海明
　　李海祥
　　刘利军
纪检书记　沈　剑

区税务局

（2018.7.25—12.31）

局　长　　邓志荣
副局长　　陈学坚
　　谭小卫
　　侯才良
　　宋绍斌
　　邓康路
　　肖晓华（女）
　　方　勇
　　范建革
　　陈仕斌
　　田晞由
　　王中华
　　王立新
纪检组长　罗颖莉（女）

区国家税务局

党组书记　谭小卫
党组副书记、局　长
　　邓志荣
党组副书记、副局长
　　侯才良
副局长　　范建革
　　王立新
　　田晞由
　　王中华
　　陈仕斌
纪检组长　罗颖莉（女）

区地方税务局

局长　　陈学坚

副局长　宋绍斌
肖晓华（女）
方　勇
纪检组长　邓康路
工会主席　陈中笑（女）

区规划分局

书　记　曾莫为
局　长　刘　军
副局长　张伏根
执法大队大队长
魏文玉
执法大队副大队长
李志强

区国土分局

党组书记　邓朝晖
局　长　辜松柏
副书记　黄　宏（2018.1任）
付　煜（2018.1止）
副局长　尹　忠
纪检组长　陈　立
执法监察大队大队长
周　芳（2018.3止）

区交警大队

大队长　何志华（2018.11任）
陈积辉（2018.11止）
教导员　张　佳（2018.11任）
何志华（2018.11止）
副大队长　刘志强
黄红社（2018.12任）
沈　冲（2018.12任）
周智文（2018.12任）
贾　畅（2018.12止）
李　毅（2018.12止）
邓日超（2018.12止）

区公安消防大队

大队长　张　超
教导员　苏　映（2018.4任）

区质监分局

局　长　杨万红
副局长　胡建军
吴　韬
刘　慰

望麓园街道

书　记　陈红升（2018.2任）
孙铁龙（2018.2止）
主　任　雷凌湘
副书记　杨贵忠
人大工委主任
胡　容
纪工委书记　张　博
人大工委副主任
余松柏
副主任　陈　香（女，挂职2018.6任）
任新臣
黄永忠
李银华（2018.3止）
组织委员　罗　芬（女）
副主任、政协联络处主任
刘　玄（女，2018.3任）
盘剑华（2018.3止）

清水塘街道

书　记　曾　亮
主　任　文琬莹（女，2018.2任）
黄雅晖（女，2018.3止）
副书记　黄　伟
人大工委主任
孙艳文（女）
人大工委副主任
欧文兵（2018.1任）
梁　棵（2018.1止）
副主任、政协联络处主任
廖连兵
副主任　黄　巍
邓恒阳
荣佳平
组织委员　杨　丹
纪工委书记　兰　涛

湘雅路街道

书　记　易福龙
主　任　骆　炬
副书记　李　智
人大工委主任
任　伟
副主任、政协工作联络处主任
陈芝社
组织委员　粟拱华
副主任　曹　宇
侯胜台
黄　毅
人大工委副主任
古　波
纪工委书记
王启蒙（2018.9任）
唐爱民（2018.2止）

伍家岭街道

书　记　黎　琴（女）
主　任　尹显亮
副书记　李建波
人大工委主任
甘浩文
纪工委书记　龙文彪
人大工委副主任
范文波
副主任、政协工作联络处主任
金星刚
副主任　谢险峰
赵红胜
贺伟毅（2018.10止）
组织委员　杨秋华（女）

新河街道

书　记　梅文辉
主　任　张　武
副书记　李东海
陈　旷（女，挂职2018.6任）
人大工委主任
盘剑华（2018.3任）
杨　剑（2018.3止）

副主任　　李　宏（女）
　　　　　封新跃
　　　　　聂义平
纪工委书记　贺迎春
副主任、政协联络处主任
　　　　　彭小布（2018.3任）
　　　　　王小明（2018.3止）
组织委员　任洁琳（女）
人大工委副主任
　　　　　吴　怡（女）

东风路街道

书　记　　毛　毅
主　任　　彭　礼（2018.2任）
　　　　　王　强（2018.3止）
副书记　　王伟华
副书记、政协联络处主任
　　　　　常　青
人大工委主任
　　　　　胡　蓉（女，2018.3任）
　　　　　彭　礼（2018.3止）
副主任　　周飞跃
　　　　　马雄辉
　　　　　夏大石
　　　　　高小军
　　　　　李爱华（挂职2018.6任）
纪工委书记　陈鑫敏（女）
组织委员　王雄球（女，2018.2止）

通泰街街道

书　记　　邓宜春
主　任　　王开文（2018.10任）
　　　　　杨　佳（2018.10止）
副书记、人大工委主任
　　　　　吴新辉
副书记　　易海军
副主任　　毛善永
　　　　　范治东
　　　　　陈素婷（女）
副主任、政协联络处主任
　　　　　魏先科
纪工委书记　李　维（女，2018.2任）
　　　　　周剑兰（女，2018.2止）
组织委员　胡溶容（2018.2任）
　　　　　夏菁阳（女，2018.2止）
人大工委副主任
　　　　　刘胜昔（2018.3任）
　　　　　胡溶容（2018.3止）

四方坪街道

书　记　　吕宏凯（2018.2任）
　　　　　李　智（2018.2止）
主　任　　杨　佳（2018.10任）
　　　　　陈红升（2018.3止）
副书记、人大工委主任
　　　　　周　强
副书记　　王　丹（2018.9止）
副主任、政协联络处主任
　　　　　黄卫国
副主任　　凌洁茹（女）
　　　　　唐宇翔（2018.3任）
　　　　　罗战湘（2018.3任）
　　　　　黄永革（2018.2止）
组织委员　袁玉宝
纪工委书记　滕双春
人大工委副主任
　　　　　成亚伶（女）

芙蓉北路街道

书　记　　张雄伟
主　任　　廖紫君（女）
副书记　　严　禹
　　　　　欧阳文（女，挂职2018.5止）
副主任、政协联络处主任
　　　　　雷元喜（2018.2任）
　　　　　谢新飞（2018.3止）
纪工委书记　龚莎莉（女）
人大工委主任
　　　　　黄伟斌（2018.12任）
　　　　　刘　飞（2018.3止）
人大工委副主任
　　　　　王晓文
副主任　　李良军
　　　　　周　密
　　　　　唐爱民（2018.3任）
组织委员　蔡惠君（女，2018.2任）
　　　　　黄格男（2018.2止）

洪山街道

书　记　　朱旭东
主　任　　黄长科
副书记　　邱自力
副主任　　王永红（2018.10任）
　　　　　朱有元
　　　　　黄思敏（女）
　　　　　张　颖（女，挂职2018.3任）
　　　　　柳双林（2018.3止）
　　　　　刘玉娥（女，2018.3止）
　　　　　易桂军（2018.2止）
人大工委主任
　　　　　罗小红
纪工委书记　唐伟胜
副主任、政协联络处主任
　　　　　李少林
组织委员　袁　露（女）

月湖街道

书　记　　李　智（2018.2任）
　　　　　田　营（2018.2止）
主　任　　黄忠球
副书记　　申　波
人大工委主任
　　　　　黄　筠（2018.3任）
　　　　　方云南（2018.3止）
纪工委书记　刘晓健
副主任、政协联络处主任
　　　　　周可佳
副主任　　肖军群
　　　　　隆井江
　　　　　胡　剑
组织委员　罗　坚（女）

浏阳河街道

书　记　　杨兴高
主　任　　殷建锋
副书记、副主任、政协联络处主任　　吴群辉（女，2018.10任）
　　王开文（2018.10止）
副书记　　颜康明（2018.2任）
　　肖　杨（2018.2止）
人大工委主任
　　李铜强
组织委员　　许攀芳
副主任　　肖　亮（女）
　　李　珊
　　刘学锋（2018.3任）
纪工委书记　严许锋
人大工委副主任
　　阳　洁（女）

秀峰街道

书　记　　徐路明
主　任　　曾君湘
副书记　　贺伟毅（2018.9任）
　　吴群辉（女，2018.9止）
人大工委主任
　　陈友俊
纪工委书记　罗　军
副主任　　刘　丹（女）
　　谢建阳
　　李　亮
　　姚　晶
　　龙海波（2018.3任）
组织委员　　谢刚毅

捞刀河街道

书　记　　于文韬
主　任　　蔡　哲（女，2018.3任）
　　吕宏凯（2018.3止）
副书记、政协联络处主任
　　易建威
副书记　　尹红霞（女）
人大工委主任
　　谢含滋
副主任　　谢　俊
　　颜　艳（女）
　　胡恒帅
纪工委书记　董　鹏
组织委员　　易　清
人大工委副主任
　　黄　兵（2018.3任）

沙坪街道

书　记　　邹　畅
主　任　　胡　芳
工委副书记　谢俊灿
人大工委主任
　　陈　焰
副主任　　王科林
　　杨　艳（女，2018.2任）
　　梁为超
　　杜卫峰
副主任、政协联络处主任
　　胡海飞（2018.3止）
组织委员　　王雄球（女，2018.2任）
　　杨　艳（女，2018.2止）
人大工委副主任
　　周先觉
纪工委书记　杨建波

青竹湖街道

书　记　　孙铁龙（2018.2任）
　　樊　伟（2018.2止）
主　任　　甘培虎
副主任、政协联络处主任
　　张　纲
人大工委主任
　　张再军（2018.12任）
　　黄伟斌（2018.12止）
副主任　　余　彬
　　陈贻勤
　　刘昌成
　　袁　波
　　孙建生（2018.3任）
　　龙广明（2018.3止）
纪工委书记　吴丽芳（女）
组织委员　　李　姣（女，2018.9任）
　　张再军（2018.9止）

民革开福区工委

主　委　　宋　娜（女）

民盟开福区工委

主　委　　贺　滟（女）

民建开福区工委

主　委　　顾　涛

民进开福区工委

主　委　　彭　超

农工党开福区工委

主　委　　谷任光

致公党开福区工委

主　委　　陈　旻（女）

九三学社开福区工委

主　委　　章异新

开福区党外知识分子联谊会

会　长　　廖紫君（女）

文件选编

长沙市开福区人民政府关于印发《开福区被征地农民保障住房建设和申购办法》的通知

开政发〔2018〕13号

长沙金霞经济开发区管委会，洪山管理局，青竹湖生态科技（产业）园管委会，金霞保税物流中心，各街道办事处，区属各部门：

《开福区被征地农民保障住房建设和申购办法》已经区人民政府同意，现印发给你们，请认真贯彻执行。

长沙市开福区人民政府

2018年9月26日

开福区被征地农民保障住房建设和申购办法

第一条 为做好征地拆迁安置工作，维护被征地农民的合法权益，保障被征地农民居住条件，根据《长沙市征地补偿安置条例》、《长沙市征地补偿实施办法》（长沙市人民政府第103号令）及《长沙市人民政府关于印发〈长沙市征地补偿安置有关问题的规定〉的通知》（长政发〔2015〕21号）等有关法律、法规、规章和政策的规定，结合我区实际，制定本办法。

第二条 区政府征地办公室负责全区被征地农民保障住房申购工作的管理、指导和协调工作，办理保障住房建设用地指标，组织审定拟安置人口，协同相关单位做好保障住房小区的规划、保障住房设计方案的审定等工作。

长沙市城北投资有限公司是全区社保融资用地的整理和保障住房建设的法人主体。具体负责：保障住房用地的选址，并报区政府审批；保障住房建设用地、规划报建手续以及房屋产权的办理；对社保用地进行融资或开发，筹措保障住房的建设资金和社保资金；制定各保障住房小区的具体建设方案，按报批后的方案实施建设。

各街道办事处负责提供经区征地拆迁事务所审核后的各项目被征地拆迁的人员名单及相关申购保障住房和自愿放弃保障住房资料，报区人民政府征地办公室组织认定；协助长沙市城北投资有限公司办理保障住房的产权，组织实施保障住房分配工作。

国土分局协助长沙市城北投资有限公司对各集体经济组织购买非住宅房屋和被征地农民申购保障住房购房款的留存，协助区人民政府征地办公室对被征地拆迁安置人员的确认。

规划分局协助长沙市城北投资有限公司对保障住房用地的选址及建设有关规划手续的办理，并负责做好保障住房的批后管理和规划执法工作。

区城乡建设局负责对保障住房的建设质量和安全工作进行监督和管理，协助农民保障住房产权办理工作。

区卫计局负责对独生子女父母计生奖励政策进行解释说明，指导各街道办事处对集体土地拆迁安置对象独生子女证的合法性、有效性进行审核确认。

区财政评审中心负责工程预算和竣工结算的评审，对农民保障住房建设工程预算、结算的审定。

区民政局负责社会救助和村务公开等工作。

区农林水利局负责参与对拟提供保障住房的渔业人口的审定。

区监察委负责对保障住房建设和分配工作中出现的违法违纪行为，严格依法依纪处理。

农村集体经济组织或者村民委员会（社区居委会）负责召开村民会议或者村民代表会议，确定保障住房安置对象，经街道会同国土部门审核后报区人民政府征地办公室核准，协助各街道做好保障住房分配工作。

第三条　保障住房原则上按规划为小高层或高层住宅。基本户型为80平方米、120平方米、160平方米三种，供购房人选择。各类户型产权面积与设计面积原则上正负偏差不超过建筑面积的3%，三类户型比例由区人民政府征地办公室负责提供保障住房申购意向书审定数据，按照规划要求，科学合理地进行优化设计。

保障住房小区内的基础设施配套项目、社区服务功能等按照规划要求配套到位，保障住房参照长沙市经济适用房的标准，并根据市场情况进行建设和交房。

第四条　长沙市城北投资有限公司代办“不动产权证”，办理该证的相关税费按政策规定执行。

管道燃气、通信、数字电视的建设费用列入建设成本；管道燃气的开户费和开通费、数字电视（含机顶盒）等的开通费由购房户承担。

第五条 保障住房的申购对象、购房面积及价格。

保障住房的申购对象为实行货币安置的被征地的农村集体经济组织成员及其他经区人民政府征地办公室组织认定的人员。申购对象的确定，以征地方案公告规定的期限为准，之后新增加的人员不享受购房指标。

保障住房按建筑面积每人80平方米（含公摊面积）由申购对象购买，申购均价为1200元/平方米；按建筑面积人均5平方米非住宅房屋，可由原农村集体经济组织进行申购，申购价格按全口径成本价暂定为4500元/平方米计算，两年内未申购的视为放弃申购权利，由长沙市城北投资有限公司管理运营，其经营收入作为新社区的物业管理费用支出，保障小区的物业服务管理。

认定符合申购条件的几种特殊对象的申购办法：

“半边户”是指夫妻双方有一方是村集体经济组织成员，另一方是城镇居民的住户。对城镇居民一方，未享受房改房、集资房、经济适用房、公共租赁住房等政府优惠性住房政策和其他住房补贴的，以产权户为单位，增加一人购房指标（每户最多增加一人）。购房价为保障住房建安成本价。

纯农户的独生子女及半边户的独生子女父母（本村农业户口）凭计生部门的“独生子女证”增加一人购房指标（每证增加一人）。“半边户”的独生子女是非农业人口或户口不在本地的，该子女不属安置对象，其独生子女证可以增加一人购房指标，购房价为保障住房建安成本价。离异夫妻的独生子女按半边户独生子女对待，由监护人所在地提供保障房源。

世居本村，有合法建筑拆迁的非农户，经村（社区）、街道办事处、区人民政府征地办公室核实，市住房保障局确认，没有福利分房、货币分房或没有购买经济适用房及未享受其他住房补贴，可以按人平40平方米申购保障住房，以户为单位，每户总购房面积不超过拆迁时户总合法面积，购房价为保障住房建安成本价。

原属集体经济组织成员的在校大、中专学生享受集体经济组织成员同等购房待遇。

原属集体经济组织成员的现役军人属士兵、士官序列的，享受集体经济组织成员同等购房待遇。

服刑人员在服刑前为集体经济组织成员的享受与集体经济组织成员同等购房待遇。

大中专院校学生毕业回原籍，退伍军人回原籍，服刑人员回原籍三种类型迁入的农业人口，成为集体经济组织成员，履行村民义务，参与集体资产分配的，享受与其他集体经济组织成员同等购房待遇。

因婚姻迁入的农业户口、因婚姻迁居而户口未迁出的农业人口，成为集体经济组织成员，参与集体资产分配，经村民代表大会或村民大会决议，在拆迁补偿时享受与其他集体经济组织成员同等补偿和分配待遇的，享受同等购房待遇。

第六条　保障住房的申购对象按照以下程序审核确定：

（一）在项目征地时，由农村集体经济组织或村民委员会申报申购保障住房的人员名单，相关街道办事处初步审核后，报区人民政府征地办公室审核。

（二）审核名单在发布《征地补偿安置方案征求意见公告》时张榜公示，接受群众和社会监督。

（三）公示完毕后，根据公示情况，由区人民政府征地办公室组织相关部门复核。

（四）区人民政府征地办公室在复核后，将名单报区人民政府确定。

第七条 由于规划、设计及户型组合等原因，人均购房面积与指标面积（80平方米）之差在建筑面积±3%以内的，按实际申购价×差额面积进行补差；人均购房面积与指标面积（80平方米）之差在建筑面积±3%以外的，按建安成本价×差额面积进行补差。保障住房的建安成本价以审定的价格为准，未审之前暂按2300元/平方米计算。

第八条 保障住房的实际销售价格在办法确定的售房均价基础上按房屋标准楼层上下调整系数为±10元/平方米·层。购房时采取抽签确定购房顺序，再按顺序抽签确定房号。

第九条 愿意申购保障住房的，以户为单位在签订征地拆迁补偿协议的同时，一并向各相关街道办事处提交《申购保障住房意向书》，所有达到16周岁的申购对象都必须在《申购保障住房意向书》上签订认可。建设单位根据审定的《申购保障住房意向书》中的户型进行组织设计，设计方案审批通过后，购房户与建设单位签订《申购保障住房合同》。未签订征地补偿安置协议或者未腾地交房的，不能参与购房。

第十条 自愿放弃申购住房的，在签订征地拆迁补偿协议的同时提出并提交《自愿放弃申购保障住房报告》。选择放弃的，家庭16周岁以上的所有家庭成员必须在报告上签名。对自愿放弃购买保障住房的村集体经济组织成员按政策协商进行货币补贴。

第十一条 申购保障住房的，以户为单位预缴购房款（1200元/平方米或有其他规定的价格）的50%作为首付款，由国土分局协助在支付房屋拆迁补偿款时予以代收代付。余款按《申购保障住房合同》的约定按时缴交。对违反《申购保障住房合同》的，按合同约定的违约条款处理。

对被征地农民选择保障住房安置，预缴购房的首付款按交款时点央行的定期利率计算利息，不足一年的，按一年期年利率和实际预缴天数计息；满一年不足两年的按两年期年利率和实际预缴天数计息；依此类推。利息在交房时抵作购房款。

第十二条 按建筑面积人均5平方米非住宅房屋的建设在被征地农民保障住房建设中统筹设计和建设。

第十三条 自愿购房的以户为单位将《申购住房意向书》填写好后由所在村（社区）统一报所在街道。由街道初审把关报区人民政府征地办公室复核，区人民政府征地办公室将复核意见报区人民政府进行审定。

第十四条 延期过渡费的发放标准及办法。根据《长沙市征地补偿安置条例》规定，由于征地方的责任延长过渡期限（24个月）的，从逾期之月起，过渡补助费按原定标准的两倍发放。延期过渡补助费以被拆房屋的腾地时间24个月后的次月开始计发，每季初第一个月内发放该季度的延期过渡补助费，在交房的当季季末发放当季的延期过渡费，按实际过渡天数计算。申请购房的非农业户（含世居非农人员）被拆房屋合法面积同样享受延期过渡补助费。

第十五条 全区按《长沙市征地补偿实施办法》（长沙市人民政府令第103号）实施征地补偿安置工作，由区人民政府征地办公室进行监督，定期进行检查。

保障住房的申购实施阳光工程，保障住房的各类户型、购房对象、优惠面积及价格等按“公开、公平、公正”的原则全部予以公示，接受社会监督。对违反本办法的有关规定不按程序办理、玩忽职守、营私舞弊、滥用职权的责任单位和责任人员的违法违纪问题线索，移送区监察委依纪、依法严肃处理。

第十六条 本办法由开福区人民政府负责解释，如遇上级政策调整和客观情况发生重大变化，区人民政府再行制定相应的申购办法。

第十七条 本办法自11月9日起施行。本办法实施前已发布的有关文件如与本办法相冲突，按本办法执行。

长沙市开福区人民政府关于印发《开福区集体土地征地拆迁按期倒房腾地奖励费和按期腾地奖管理使用实施细则》的通知

开政发〔2018〕16号

长沙金霞经济开发区管委会，洪山管理局，青竹湖生态科技（产业）园管委会，金霞保税物流中心，各街道办事处，区属相关部门：

《开福区集体土地征地拆迁按期倒房腾地奖励费和按期腾地奖管理使用实施细则》已经区人民政府同意，现印发给你们，请认真贯彻执行。

长沙市开福区人民政府

2018年11月29日

开福区集体土地征地拆迁按期倒房腾地奖励费和按期腾地奖管理使用实施细则

第一章 总 则

第一条 为切实维护被征地农村集体经济组织、村民及其他权利人的合法权益，确保征地拆迁安置工作顺利进行，根据《中华人民共和国土地管理法》、湖南省国土资源厅《关于规范和改进农村宅基地管理的若干意见》、《长沙市征地补偿安置条例》、《长沙市征地补偿实施办法》（长沙市人民政府103号令）、长沙市人民政府《关于调整长沙市市区征收农村集体土地地上附着物及青苗补偿标准的通知》（长政发〔2018〕17号）等相关规定，结合我区实际，特制定本细则。

第二条 本细则适用于在开福区行政区域范围内，集体土地所实施的征地拆迁项目。

第三条 按期倒房腾地奖励费和按期腾地奖必须严格执行国家法律法规和有关政策规定，坚持公平、公正、公开和区别对待的原则，规范管理和使用，避免出现违法、违纪、违规问题。

第二章 按期倒房腾地奖励费的管理使用

第四条 在项目征地补偿安置方案实施公告规定的期限内，分三个时段给予奖励。根据项目实施公告具体时间长短，按5：3：2的比例来划分时段，从发布实施公告的次日起，至规定时限到期当日24:00为止，其中：在第一阶段时限内签约并在规定时限内倒房腾地的，按8万元/户标准进行奖励；在第二阶段时限内签约并在规定时限内倒房腾地的，按5万元/户标准进行奖励；在第三阶段时限内签约并在规定时限内倒房腾地的，按3万元/户标准进行奖励。规定时限内未签约并倒房腾地的不得给予奖励。

第五条 在集体土地征地拆迁补偿安置工作中，对项目内经审核符合条件的拆迁安置对象，认可分户后给予按期倒房腾地奖励。分户参照长沙市国土资源局《关于规范和改进农村宅基地管理的实施意见》（长国土资政发〔2018〕46号）执行，具体如下：

1．一户只有一个子女的按一户给予奖励。

2．一户有两个以上子女（含两个子女）的多子女户：①子女均未婚的按一户给予奖励；②其已婚子女可另分户给予奖励，但必须有一子或一女伴靠父母；③未享受过拆迁安置且共有合法产权房屋，符合视同农业对待的非农户口子女可伴靠父母按一户给予奖励，其他已婚农业子女另分户给予奖励；④符合世居非农条件的非农户口子女可伴靠父母按一户给予奖励，其他已婚农业子女另分户给予奖励；⑤子女均为非农户口或整户非农户口的按一户给予奖励。

3. 单传四代同堂父母可伴靠子女另分一户给予奖励。

4. 同时具备以下条件的可按离婚分户给予奖励（仅限于夫妻双方均为农业户口的拆迁户）：①离婚时间在本项目《征收土地方案公告》发布日前，且离婚法定手续办理已满一年（含）以上；②有一方在《征收土地方案公告》发布前再婚；③双方均有生活设施齐备可以居住的合法房屋。

离婚双方不具备以上分户条件的，若需分开计算按期倒房腾地奖励费，按人数等份计算。

项目所在街道牵头组织公安派出所、村（社区）对离婚、再婚等情况的当事人进行调查，做好相应的谈话笔录，并将调查结果在项目实施所在地进行公示，公示时间不少于5个工作日。

有两个以上子女（含两个子女）且单独立户的，离异父母双方须各伴靠一个子女分户给予奖励。

5. 不符合“一户一基”原则的独栋继承房屋不得分户给予奖励。

第六条 符合上述条件的被征地拆迁对象的合法房屋在规定的奖励期限内签约倒房腾地的，由国土分局征地拆迁事务所查阅、核对《房屋拆迁补偿协议书》和《房屋倒地验收证明》等相关资料后确定奖励额度，在倒房腾地后7个工作日内点对点支付给被征地拆迁对象。

第七条 为防止采取突击离结婚、虚假婚姻等不正当手段达到分、立户条件以骗取拆迁补偿安置，设立群众举报和公安机关立案侦办奖励机制，具体如下：

1. 群众举报奖。离婚后再婚分户情况公示期间，群众可向项目属地街道纪律检查工作委员会进行实名举报。街道纪律检查工作委员会必须如实记录举报人姓名、联系方式、举报时间、举报对象、举报内容等情况，并保护好举报人信息，不得泄露。按实名举报人所提供线索经街道分指挥部查证属实，存在虚假离结婚行为的，给予第一实名举报人奖励，每户奖励3万元。

2. 公安机关立案侦办奖。对拆迁补偿安置中疑似利用虚假婚姻骗取拆迁补偿安置的行为，公安机关立案侦办属实的，结案后对办案单位给予奖励，每户奖励6万元。

3. 实名举报和立案侦办奖励费用在全区统筹的项目概结算调整费中列支。

第三章 按期腾地奖的管理使用

第八条 在项目征地补偿安置方案实施公告规定的期限内，完成所有征地补偿费用的拨付、所有建（构）筑物的拆除、青苗等地上附着物拆除，从实施公告截止之日起分三个时段设置奖励：2个月内完成结算交地的，按1.5万元/亩标准进行奖励；3个月内完成结算交地的，按1.2万元/亩标准进行奖励；6个月内完成结算交地的，按1万元/亩标准进行奖励。按期腾地奖励结余资金用于处理征收农村集体土地中的各类疑难问题。

第九条 按期腾地奖根据实施公告或结算单的项目征地面积计算，项目在规定的奖励期限内，完成征地补偿费用的拨付、所有建（构）筑物的拆除、地上附着物、青苗、设施、迁坟等补偿，达到交地条件并完成结算交地后进行奖励。

第十条 项目结算交地后，由项目所在街道提出申请并附实施公告、市局审核的结算单、交地证明等资料进行申报，国土分局、区征地办会签，呈报分管城建线副区长审批后拨付。各街道按照项目腾地期限、腾地进度和工作考核情况拨付至农村集体经济组织，奖励资金主要用于解决被征地补偿安置工作的遗留问题、违章补助费、被征地农民的奖励费用以及困难补助等。

第十一条 项目的按期腾地奖由区人民政府统筹，国土分局在项目征地补偿安置方案实施公告发布截止日后7个工作日内，按照1.5万元/亩的标准拨付至区征地办。

第四章 附 则

第十二条 经批准的协议拆迁项目可参照本细则执行。

第十三条 在征地拆迁补偿安置工作实施过程中，遇到本细则尚未明确的具体事项，应提交区征收拆迁安置工作领导小组研究决定。

第十四条 本细则自2018年10月12日起施行。本细则出台之前已发布征地补偿安置方案实施公告的项目，不适用本细则。

长沙市开福区人民政府办公室关于印发《开福区健康民生项目实施方案》的通　知

开政办发〔2018〕32号

长沙金霞经济开发区管委会，洪山管理局，青竹湖生态科技（产业）园管委会，金霞保税物流中心，各街道办事处，区属各部门：

《开福区健康民生项目实施方案》已经区人民政府同意，现印发给你们，请认真贯彻执行。

长沙市开福区人民政府办公室

2018年4月9日

开福区健康民生项目实施方案

为全面推进健康开福建设，提高出生人口素质，促进人口全面可持续发展，降低全区新生儿出生缺陷风险和适龄妇女乳腺癌、宫颈癌（以下简称“两癌”）发生率，让更多群众享受健康服务，特制定本方案。

一、指导思想

遵循政府主导、部门协作、社会参与的原则，紧紧围绕打造“健康开福”、建设医疗卫生现代化强区的总体部署，落实“预防为主、防治结合”的工作方针，依托“全覆盖、全贯穿”的新型基因检测技术，将疾病预防关口前移，建立“健康教育+基因筛查+精准干预+科学随访+健康保险”为一体的工作格局，实现覆盖生育全程和全生命周期的连续性健康管理服务。

二、工作目标

（一）总体目标

深化妇幼健康服务体系，建立健康民生项目工作制度，每位孕妇免费接受1次无创产前基因检测、地中海贫血基因检测，有效降低出生缺陷发生风险；每个新生儿免费接受1次新生儿疾病4病筛查和48种遗传代谢病串联质谱筛查、遗传性耳聋基因检测，有效降低致残率；每位35~64岁妇女免费接受1次两癌筛查服务，有效降低癌症的发生和致死率。

（二）具体目标

1．形成成熟、有效的工作机制。全区各级各部门更加重视出生缺陷预防和妇女病筛查工作，相关部门密切配合，建立完善的“政府主导、部门合作、专家支撑、群众参与”的工作机制；

2．孕产妇优生科学知识普及率和35~64岁妇女健康教育知识知晓率达到80%以上；

3．健康民生项目目标对象覆盖率逐步达到80%以上，随访率达到80%以上；

4．出生缺陷发生率逐步降低，出生人口素质逐步提高；

5．“两癌”发生率逐步降低，妇女生殖健康水平逐步提升。

三、项目内容及费用

（一）无创产前基因检测项目：胎儿染色体非整倍体基因检测（T21、T18、T13三条染色体出具检测报告），900元/例。

（二）地中海贫血基因检测项目：孕妇α和β地中海贫血301种型别基因检测，180元/例。

（三）新生儿疾病4病筛查和48种遗传代谢病串联质谱筛查项目，360元/例，其中新生儿疾病4病筛查120元/例，新生儿疾病48种遗传代谢病串联质谱筛查240元/例。

（四）新生儿遗传性耳聋基因检测项目：先天性耳聋、迟发性耳聋、药物性耳聋等相关4个基因（GJB2、SLC26A4、MT-RNR1、GJB3）共20个突变位点，150元/例。

（五）35~64岁妇女两癌筛查项目：乳腺癌检查依据国家第二周期技术方案，采用临床乳腺检查、乳腺彩色超声检查、阳性人群乳腺X线检查。宫颈癌技术方案采用2014年国家卫生计生委、财政部、全国妇联采用的宫颈癌检查HPV分型检测方案，妇科检查（包括盆腔检查及阴道分泌物检查湿片显微镜/格兰染色检查）、HPV分型检测（HPV高危亚型检测）、HPV分型检测阳性者进行宫颈细胞学检查（TCT检查），异常对象进行阴道镜、病理检查的方法。200元/例，其中宫颈癌检查（含宫颈癌HPV分型检测）120元/例，乳腺癌检查80元/例。

四、目标人群

（一）无创产前基因检测项目：具有开福区户籍或取得开福区居住证(居住证在有效期内)、符合项目检测规范要求、自愿接受检测的孕妇。

（二）新生儿疾病4病筛查和48种遗传代谢病串联质谱筛查、遗传性耳聋基因检测项目：具有开福区户籍或取得开福区居住证（居住证在有效期内）居民的新生儿。

（三）地中海贫血基因检测项目：具有开福区户籍或者取得开福区居住证（居住证在有效期内）的计划怀孕夫妇。

（四）妇女两癌筛查项目：具有开福区户籍或取得开福区居住证(居住证在有效期内)年龄在35~64岁妇女。

（五）逐步开展儿童安全用药基因、遗传性肿瘤基因筛查项目。

五、项目服务机构

区妇幼保健计划生育服务中心，长沙市妇幼保健院，辖区产前诊断、产前筛查和新生儿疾病筛查机构，两癌筛查机构、深圳华大临床检验中心有限公司（以下简称“华大基因”）。

六、工作原则

（一）知情同意原则。按照尊重、自愿、知情的原则，维护群众权利。认真做好宣传倡导，科学指导群众参加免费健康民生项目，努力提高目标人群覆盖率。

（二）免费服务原则。为目标人群免费提供1次基因检测或相关检查。需要再次接受检测的，可在医生指导下自费接受检查服务。

（三）科学规范原则。严格按照国家、省、市卫生计生委产前诊断、产前筛查、新生儿疾病筛查和适龄妇女两癌筛查相关政策法规要求以及健康民生项目工作技术规范要求，认真组织实施健康民生项目工作。科学普及优生知识和生殖健康知识，规范开展项目，正确进行咨询指导，充分发挥专家作用，加强技术指导和监督。

（四）严格保密原则。在项目实施工作中，要严格遵从人类遗传资源保护办法，保护服务对象隐私，特别是对高风险人群的各项信息要严格保密，妥善保存样本和检测相关资料，切实维护群众合法权益。

七、项目经费

项目经费（除地中海贫血基因检测项目外）由市财政与区财政按照4：6的比例分担，地中海贫血基因检测项目经费由区级财政全额承担，列入财政预算。项目经费主要用于项目宣传、健康教育、检验检测，咨询随访、风险评估、人员培训、质量控制、医疗设施维护、标本采集转运、相关临聘人员工资和检验阳性对象的诊断治疗等费用。

八、服务程序

从2018年开始，在全区全面启动无创产前基因检测项目，地中海贫血基因检测项目，新生儿疾病4病筛查和48种遗传代谢病串联质谱筛查项目，遗传性耳聋基因检测项目及妇女两癌筛查项目，逐步达到所有项目目标人群全覆盖。

（一）宣传培训。由区卫计局组织、区妇联协调，对全区基层医疗卫生机构医务人员进行业务培训，提升基层卫生计生人员遗传咨询水平。各相关医疗卫生机构要通过发放宣传资料，设立健康民生项目科普专栏等方式，广泛宣传项目科普知识，切实提高民众对项目的认同感，积极参与健康民生项目。

（二）项目实施。项目服务机构应严格按照相关技术规范进行采样、递送、样本检测、质控、报告发送、结果咨询等工作。

（三）干预治疗。对检测结果为阳性的对象，针对病因及病情，由项目服务机构进一步咨询、转诊、确诊、干预与治疗。

（四）总结评估。积极总结工作经验，仔细分析工作中存在存在的问题，并认真加以改进，推进该项工作持续健康发展。

九、工作保障

（一）强化责任分工。各级各部门要明确职责分工，形成强大工作合力。区卫计局负责拟定项目实施工作方案和实施细则，与华大基因对接，确定定点采样和诊断机构，明确采样流程、收费标准等内容，对项目实施情况进行指导和跟踪督办。区委宣传部负责组织媒体通过电视、广播、微信、短信等平台开设健康科普专栏，向公众广泛开展健康民生项目政策和知识等健康教育活动。区财政局负责保障健康民生项目经费，加强专项资金管理。区妇联负责两癌筛查项目的宣传、目标人员的组织及动员等工作。区残联负责配合区卫计部门做好优生优育宣传和不同年龄段出生缺陷发生情况的调研，与区卫计部门互通信息、资源共享。各街道要做好辖区服务对象健康民生项目的宣传、告知、组织发动工作，提高对象主动参与意识，确保辖区目标人群的全覆盖。区妇幼保健计划生育服务中心要组织对各级医疗卫生机构项目工作人员业务培训，优化服务机构工作流程，定期开展项目指导、信息报送和工作评估，对标本采集、信息录入、样本检测、报告审核发放、跟踪随访等环节进行质控和监督，指导检测阳性病人进行确诊和治疗。

（二）强化质量控制。建立健全健康民生项目服务质量管理和质量控制制度，加强质量控制，提高健康教育、病史询问、医学检查、风险评估和咨询指导准确性；建立转诊制度，加强健康民生项目工作实验室质量管理，制定并落实临床检验项目标准操作规程；建立实验室质量管理情况登记制度，严格按照有关规定开展室内质控和室间质评，减少实验误差，确保记录内容完整准确；建立并落实生物安全管理制度与安全操作规程，确保实验室生物安全。开展健康民生工作医疗保健机构应设置健康民生项目专项门诊，配备具有执业资格的医务人员，开通、公示咨询电话，对受检对象开展宣传咨询、医学检测、反馈结果、复查治疗、转诊指导、随访服务等工作；建立工作制度和岗位责任制，规范检测技术、操作程序；加强人员培训，提升服务人员素质和服务水平；定期对检测信息进行统计分析并及时上报。各医疗保健机构严格技术规范，充分尊重受检者的隐私和意愿，向受检者人员全面告知健康民生项目情况，签署《检测知情同意书》，对受检者的相关信息严格保密。

（三）强化监督考核。市政府已将健康民生项目工作纳入了对区县（市）政府综合目标考核内容。区政府将健康民生项目实施纳入对街道和相关部门的综合目标责任考核，计入年终卫生计生目标责任综合考评。区政府督查室将对工作目标完成情况、工作职责落实情况适时开展督查，各街道和相关部门主要负责人要亲自抓、负总责，确保此项工作扎实推进，取得实效。对在工作中不认真履行职责、玩忽职守、滥用职权等造成严重后果的，对直接负责的主管人员和相关责任人员依法给予行政处分。

长沙市开福区人民政府办公室关于印发《长沙市开福区文化产业奖励扶植办法（试行）》的通知

开政办发〔2018〕45号

长沙金霞经济开发区管委会，洪山管理局，青竹湖生态科技（产业）园管委会，金霞保税物流中心，各街道办事处，区属各部门：

《长沙市开福区文化产业奖励扶植办法（试行）》已经区人民政府同意，现印发给你们，请认真贯彻执行。

长沙市开福区人民政府办公室

2018年6月21日

长沙市开福区文化产业奖励扶植办法（试行）

第一条 为全力推进马栏山视频文创产业园建设，打造“北有中关村，南有马栏山”中国V谷，引导开福区泛马栏山区域文创企业集聚，结合开福区实际，制定本办法。

第二条 工商注册及税务登记在开福区，主要以生产、经营或销售文化产品或提供文化服务的企业适用本办法。

第三条 本办法重点扶植文化产业楼宇（厂房、街区）、文化装备、新闻出版、视频服务、创意设计、数字内容、新型媒体、文博会展、动漫游戏、非遗工艺品生产及其他“文化+”新型业态。

第四条 凡采取租赁方式新入驻开福区的文化企业，按照实租面积2元/平方米/天补贴租金（不足2元的按实际租金补贴）。企业年补贴金额不超过其区级财力贡献上限，且最高不超过30万元，不超过3年。企业租赁满一年后方可享受租房补贴。

第五条 对新获得认定的国家级、省级、市级文化产业类众创空间、创客空间等创新平台，经区委区政府审定，分别给予一次性50万元、30万元、10万元的奖励。

第六条 凡新入驻开福区的文化企业，前3年给予区级财力贡献部分60%的奖励，后2年给予区级财力贡献部分40%的奖励。

第七条 对财力贡献超过100万元，且年度增长10%以上的文化企业，给予企业区级财力贡献增长部分50%的奖励。

第八条 企业年度区级财力贡献为100万元以上500万元以下的，给予企业高管年度个人区级贡献部分100%奖励，奖励人数不超过5人；区级贡献500万元以上的，给予企业高管年度个人区级贡献部分100%奖励，奖励人数不超过10人。

第九条 成立文化产业基金，鼓励文化企业新办项目，以产业基金支持的方式对文化企业新办项目进行金融支持。

第十条 对受邀参加国家部委、湖南省政府各厅局、长沙市委市政府组织或推荐的对外文化交流活动，经区委区政府认定，分别给予每次3万元、2万元、1万元的奖励。

第十一条 鼓励文化企业建立名师（国大师）工作室，建立文创人才培养基地，与高校联合建立工作室或专业实践教学基地，对引进或培育优秀人才作出突出贡献的文化企业或个人，按区级人才引进奖励政策给予奖励。符合条件的文化企业可享受“长沙人才新政22条”“开福人才新政11条”扶植。

第十二条 对财力贡献超过1000万元的重大文化项目或承办国际性、全国性、全省性大型会展项目（展览面积达1万平米以上、吸引参展商客80家以上）的文化企业可采取“一事一议”的办法另行给予扶植奖励。

第十三条 同一企业、同一项目、同一年度不重复计奖，符合本办法或开福区现行其他奖励扶植政策多个奖励条款的，按就高不就低原则进行计奖。违反国家法律法规受到处罚的文化企业，自处罚生效之日起2年内不得享受奖励扶植。

第十四条 符合本办法规定条件的企业或项目主体单位，应在第二年1月20日前，备齐奖励申报资料向所在街道提出申请。洪山、月湖街道区域范围内企业向马栏山视频文创产业园管委会提出申请，经区委区政府审定后兑现奖励。申报资料由区文产办收集、区发改局汇总并组织相关职能部门审核。

第十五条 本办法自公布之日起实施，试行2年，由区经济发展奖励领导小组负责解释。

经济社会统计资料

2018年国民经济和社会发展统计公报

2018年全区以“升级发展、成就北富”为主题，坚持有质效、有温度的“两有”发展，建设物质富裕、精神富有的“两富”开福，着力打赢产业建设、污染防治、民生改善、全面从严治党“四场硬仗”，全区经济运行总体保持在合理区间。

一、综 合

初步核算，全区实现地区生产总值1045亿元，同比增长9.3%。在地区生产总值中，第一产业实现增加值1.1亿元，同比下降11.9%；第二产业实现增加值150.8亿元，增长0.9%；第三产业实现增加值893.1亿元，增长11%。

全区三次产业结构为0.1：14.4：85.5。在地区生产总值累计增幅中，第一、二、三次产业分别拉动0 、0.1、9.2个百分点，三次产业对地区生产总值增长的贡献率分别为-0.2%、1.5 %、98.7%。

全区一般公共预算收入134.9亿元，同比增长12.7%；其中税收收入完成119.2亿元，同比增长17.5%，税收占一般公共预算收入的比重为88.3%。

二、农业和农村经济

全区实现完成农林牧渔总产值2.2亿元，同比下降11.6%。其中，完成农业产值1.3亿元，同比下降14.6%；完成林业产值0.06亿元；完成牧业产值0.7亿元，同比下降14.8%；完成渔业0.11亿元，同比下降6.8%。全年粮食种植面积2170公顷；粮食总产量达1.37万吨。生猪出栏3.89万头，家禽出笼7.00万羽，水产品产量772吨。

三、工业和建筑业

全区完成规模以上工业总产值146.4亿元，同比增长6.3%，较上年同期上升1.2个百分点；规模工业以上增加值同比增长5.21%。龙头企业支撑作用明显，全年工业总产值过亿元的企业达23家，完成工业总产值118.6亿元，占全部规模工业总产值的81%。股份制经济占据主导地位。全年股份制企业完成工业总产值128.7亿元，占全部规模工业总产值的88%。全年新增规模工业企业17家，为全区工业经济的发展注入新动力。

全区具有资质以上等级的总承包和专业承包建筑企业77家，完成建筑业总产值386.6亿元，同比增长8.4%；实现建筑业增加值100.1亿元，同比增长7.9%；房屋施工面积1100万平方米，同比增长2%；房屋竣工面积441.8万平方米，同比下降17.8%。

四、固定资产投资

全区固定资产投资比上年增长12%，增速同比回落3.5个百分点。累计完成工业投资47.7亿元，同比下降17.2%。

全区房地产开发投资143.1亿元，同比下降15.1%；商品房销售面积181.2万平方米，同比下降6.9%；其中住宅销售面积144.8万平方米，同比增长0.3%；商品房销售额205.8亿元，同比增长10.8%。

五、贸 易

全区社会消费品零售总额737.5亿元，同比增长11%。增速与上年同期持平。其中限额以上企业零售额比上年增长13.1%，限额以下企业及个体户零售额比上年增长10.2%。按行业分组，批发业零售额增长9.5%；零售业零售额增长12.1%；住宿业零售额增长4.4%；餐饮业零售额同比增长6.2%。

全区限额以上批发零售企业累计实现零售额居前四的类别为石油及制品类、汽车类、中西药品类、粮油食品类，分别实现零售额86.9亿元、27.3亿元、24.2亿元和22亿元，分别增长 30.8%、-7.8%、19.6%和36.7%，对社会消费品零售总额增长贡献率分别为28.1%、-3.2%、5.5%、8.1%。其中石油及制品类、粮油食品类较上年增速提高21.5个和22.3个百分点，贡献率较上年提高17.8和1.6个百分点。中西药品销售、粮油销售、网络汽车销售成为开福区的行业特色。

六、经济合作

全区进出口总额(海关口径)13.4亿美元，同比增长58.7%，其中出口总额11.8亿美元，同比增长71.4%；进口总额1.6亿美元，同比下降3.7%。

全区实施内联引资项目76个。全年实际到位省外境内资金135.5亿元，同比增17.2%；引进市外境内资金形成固定资产340.1亿元，同比增长12.2%，其中区属264.3亿元，同比增长11.7%；外商直接投资实际到位资金4316万美元。

全区接待国内外旅游者1453.9万人次，同比增长55.8%；旅游总收入165.8亿元，同比增长70.6%。其中接待国内旅游者1445.7万人次，同比增长97.6%；国内旅游收入163.1亿元，同比增长110.7%。接待入境旅游者8.1万人次；入境旅游收入2.7亿元。

七、教育和科学技术

全区有区属中学8所，在校学生9012人；小学52所，在校学生38906人;幼儿园129所，其中公办园19所，局属公办园9所，在园幼儿25291人。小学适龄儿童入学率100%，小学升初中入学率100%。全区共投入学生免费入学和资助经费6489万元，全区所有义务教育阶段110091人次学生全部享受了免杂费入学，执行公办教育收费标准的100329人次学生全部享受“一费制”(含课本费、教辅资料费和作业本费)全免入学。共接收外来务工人员子女8850名，占全区中小学生人数的18.5%，全部享受免杂费、免“一费制”入学。全年补助89人次农村家庭经济困难寄宿学生生活费。全年新建和启动新建学校5所(其中楼盘配套学校3所) ,扩建学校1所，对34所中小学进行运动场提质建设、校园文化建设和维修改造。

全区新增高新技术企业74家，全区实现高新技术增加值258.4亿元，占GDP比重24.7%；人均科普经费1.8元。全年专利申请总数3504件，增长33.2%，专利授权1783件，增长5.8%，其中发明专利授权676件，下降1.9%。

八、文化、体育和卫生事业

全区拥有群众艺术表演团体146支，区级文化馆1个，16个街道文化站，77个市级示范性村（社区）文化服务中心；全区共有图书馆114家，其中社区图书馆107家。共有晨晚练活动点85余处，全年开展全民健身项目40余次，全民健身运动参加人数15万余人次。公共文化服务不断完善，建成31家农家书屋、62所社区未成年人绿色网吧、77家示范性社区文化服务中心。

全区有各类医疗卫生机构426个，新增19个，其中一级及以上医院32个，疾病预防控制机构1个。各类医疗卫生机构拥有病床9445张。

九、环境保护和安全生产

2018年，全年开福区平均空气质量优良率78.45%，其中沙坪点位空气优良率为79.4%，伍家岭为77.5% 。湘江饮用水源保护区水质稳定达标，2个国控考核监测断面地表水达标率100%，区域环境噪声平均为56.5分贝，稳定达标。

全区共发生安全生产事故4起，各类安全生产事故死亡6人，其中工矿商贸事故死亡0人、建筑施工事故死亡0人、经营性道路交通事故死亡1人。亿元GDP生产安全事故死亡率0.0015人；工矿商贸企业从业人员十万人生产事故死亡率0人。

十、人口、人民生活和社会保障

年末常住人口为66.48万人。其中，城镇人口65.05万人，占总人口比重（常住人口城镇化率）为97.8%。年末户籍人口总数50.56万人。按人口性别分：男24.32万人、女26.24万人。合法生育率达99.3%，出生婴儿男女性别比为108，计划生育免费技术服务到位率达100%。

全区居民人均可支配收入53621元，比上年增长8.1%。居民人均消费支出32348元，增长3.6%。在居民消费分类中，食品烟酒人均消费10285元，增长2.1%；衣着人均消费2106元，增长3.9%；居住人均消费6028元，增长11.5%；生活用品及服务人均消费2097元，下降2.7%；交通通信人均消费2317元，增长10.4%；教育文化娱乐人均消费5848元，增长3.4%；医疗保健人均消费3335元，增长0.1%；其他用品和服务人均消费332元，增长37.9%。

全区年末城镇登记失业率为2.1%；全年新增城镇就业人员25610人，失业人员再就业7371人，就业困难人员就业5562人，农村劳动力转移就业6078人；城镇零就业家庭实现动态就业援助达100%。参加企业职工基本养老保险人数6.8万人，基本养老金社会化发放率达100%；参加城乡居民养老保险人数4.3万人。

全区拥有养老机构14家，其中公办敬老院1家，床位85张，入住老人70人，民办养老机构13家，床位1524张，入住老人562人。拥有各类社区服务设施157个，街道社区服务中心16个，社区公共服务中心99个。全年发放城乡居民最低生活保障金3514.3万元，居民得到政府最低生活保障7187人次，其中城市居民最低生活保障5073人次，农村居民最低生活保障2114人次。城市和农村低保对象月人均发放保障金分别达404.2元和294.4元。

2018年开福区三次产业占比结构图

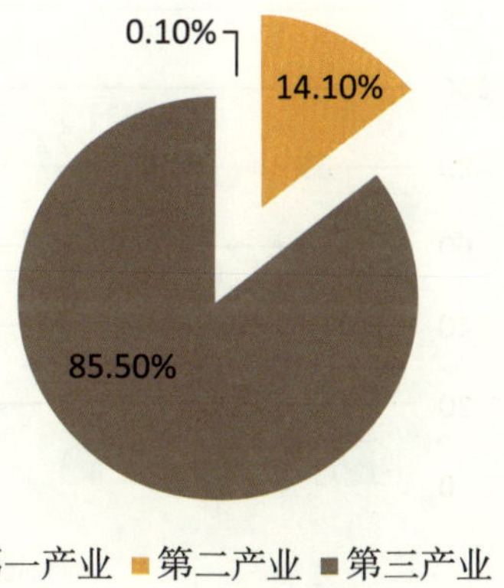

2008—2018年开福区地区生产总值及增速一览表

	2008 年	2009 年	2010 年	2011 年	2012 年	2013 年	2014 年	2015 年	2016 年	2017 年	2018 年
地区生产总值（亿元）	287.9	334.5	393.4	472.5	532.2	600.7	661.8	722	817	920	1045
增速（%）	15.5	15.6	15.2	12.6	11.2	13	10.2	12	11.1	8.8	9.3

2008—2018年开福区地区生产总值及增速示意图

2008—2018年开福区地方财政收入、财政总收入一览表

	2008 年	2009 年	2010 年	2011 年	2012 年	2013 年	2014 年	2015 年	2016 年	2017 年	2018 年
地方财政收入、财政总收入（亿元）	16.3	20.3	22.5	59.8	70.5	86	106.8	120.1	133.4	147.1	134.9
增速（%）	25	24.9	27	38.2	17.9	21.9	24.2	12.43	11	12.2	12.7

2008—2018年开福区地方财政收入、财政总收入示意图

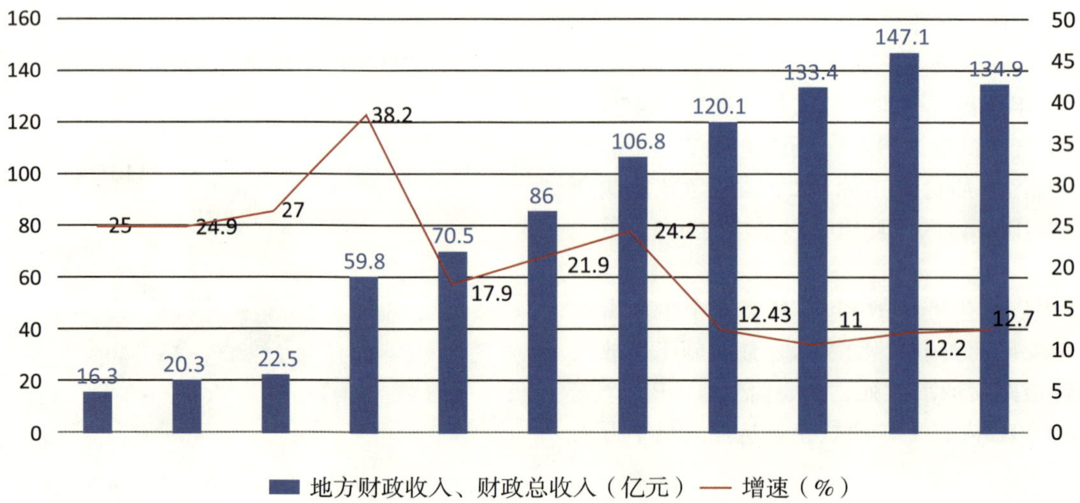

2008—2018年开福区全社会固定资产投资一览表

	2008 年	2009 年	2010 年	2011 年	2012 年	2013 年	2014 年	2015 年	2016 年	2017 年	2018 年
全社会固定资产投资（亿元）	317.2	408.9	527.8	534.9	407.6	497.4	570.8	670.3	710	820	616
增速（%）	32.8	28.9	29.1	32	10.3	22	20.2	17.4	15.3	15.5	12

2008—2018年开福区全社会固定资产投资示意图

2008—2018年开福区社会消费品零售总额一览表

	2008 年	2009 年	2010 年	2011 年	2012 年	2013 年	2014 年	2015 年	2016 年	2017 年	2018 年
社会消费品零售总额（亿元）	228.5	271.7	326.2	388.3	444.9	506.3	586.0	660.0	726.0	799.0	737.5
增速（%）	24.5	18.9	20.0	19.0	14.6	13.8	15.8	12.6	10.0	10.0	11.0

2008—2018年开福区社会消费品零售总额示意图

上接199

表8

开福区2018年重大

序号	项目名称	实施单位	项目所在街道	建设性质	建设内容	起年
2018年开福区重大项目（共176个，其中续建项目77个，新建项目99个。另有预备项目59个，前期研究项目27个，马栏山片区项目15						
一、政府投资类项目（共101个，其中续建项目25个，新建项目76个。另有预备项目47个，前期研究项目27个，马栏山片区项目15个						
（一）保障性安居工程及片区改造项目（共 31 项）						
	新建项目	共 18 项				
1	湘粤村农安房	区城北投	秀峰街道	新建	位于捞刀河路以东，广顺路以北，枫树湾以南，总用地面积 60 亩，有效用地面积 47 亩，容积率 2.4，总建筑面积 7.52 万平方米	2 2
2	板塘三期	区城北投	沙坪街道	新建	位于中青路以东，广胜路以西，大安路以南，总用地面积 111 亩，有效用地面积 82 亩，容积率 2.0，总建筑面积 11.93 万平米	2 2
3	福鑫美苑	区城北投	洪山街道	新建	位于 B—1 路以西，御景龙城正门以东，总用地面积 49 亩，有效用地面积 45 亩，容积率 3.0，总建筑面积 90000 平方米	2 2
4	荷叶美苑	区城北投	秀峰街道	新建	格润路以南，额羊南路以北，文慧路以东，植基路以西，总用地面积 103 亩，有效用地面积 75 亩，容积率 2.0，总建筑面积约 10 万平米	2 2
5	大屋山安置房	区城北投	四方坪街道	新建	金帆小区以南，二环线以西，有效用地面积 19 亩，容积率 3.0，总建筑面积 3.8 万平方米	2 2
6	山鹰潭 293 土地整理	区城北投	洪山街道	新建	山月路以西，福元路以北，滨河北路以南	2 2
7	山鹰潭 178 土地整理	区城北投	洪山街道	新建	福元路以北，山月路以东，长沙县湘龙街道高沙社区以西，滨河北路以南	2 2
8	山鹰潭 172 土地整理	区城北投	洪山街道	新建	山鹰潭 178 亩以北，山月路以东，长沙县湘龙街道高沙社区以西，滨河北路以南	2 2
9	国营陈家渡分场农民安置用地土地整理	区城北投	浏阳河街道	新建	广铁路以东，和顺置业以南	2 2
10	湘雅路口（花鸟虫鱼市场）地块棚改项目	市交通集团	湘雅路街道	新建	东临芙蓉路、南临湘雅路、西临省卫计委、北临盛大金禧。项目占地 19 亩，涉及改造户数 69 户，改造面积约 2.3 万平方米。2018 年度项目具体征收范围、户数、面积以征收公告为准	2 2
11	潮宗街街区（二期）地块棚改项目	区棚改投	通泰街街道	新建	东起黄兴北路、西至湘江大道、南起潮宗街、北至营盘路。项目占地面积约 100 亩，征收房屋 1167 户、面积 6.98 万平方米。2018 年度项目具体征收范围、户数、面积以征收公告为准	2 2
12	陡岭路西厢棚改项目	大城北棚改投	伍家岭街道	新建	东至陡岭路、西至规划中的民生路、北至凯乐微谷、南至规划中的健康路。占地 48.4 亩，涉及户数约 400 户，涉及改造面积约 4.2 万平方米。2018 年度项目具体征收范围、户数、面积以征收公告为准	2 2

项目投资计划表

总投资（万元）		资金来源	2018 年计划投资（万元）		截至 2017 年完成投资（含前期经费）（万元）	半年度建设计划	年度建设计划	新建项目手续办理进度	新建项目开工月度	竣工项目竣工月度
	其中拆迁		合计	其中拆迁						
806			3061139							
17			1060769							
47			731818							
51			273850							
1	3000	自筹	4000	3000		完善前期手续	启动建设		9 月	
0	5550	自筹	6550	5550		完善前期手续	启动建设		9 月	
0	2600	自筹	3600	2600		完善前期手续	启动建设		9 月	
0	3750	自筹	4750	3750		完善前期手续	启动建设		9 月	
0	950	自筹	1950	950		完善前期手续	启动建设		9 月	
0	20510	自筹	20510	20510			完成征收			
0	12460	自筹	12460	12460			完成征收			
0	12040	自筹	12040	12040			完成征收			
0	9590	自筹	9590	9590			完成征收			
0	57500	自筹	30000	30000	0		启动征收	已完成前期手续	6 月	
00	118000	自筹	54000	54000	0		启动征收	已完成前期手续	9 月	
0	45000	自筹	26000	26000	0		启动征收	前期手续未完成	9 月	

续表8

序号	项目名称	实施单位	项目所在街道	建设性质	建设内容	起 年
13	德雅路片区改造项目（毛巾厂地块）	区棚改投	四方坪街道	新建	项目范围为德雅路以东，规划中的冲北路以南，湖南矿用橡胶公司以西，湖南丽臣实业有限责任公司以北。项目总占地约60亩，征收户数约600户，改造面积约6万平方米。2018年度项目具体征收范围、户数、面积以征收公告为准	2 2
14	德雅路片区改造项目（丝茅冲三期）	区棚改投	四方坪街道	新建	丝茅冲地块为浏阳河路、德雅路与车站北路三条道路所围合区域。项目总占地约129亩，三期为消防站地块，涉及改造户数1户，改造面积约0.3万平方米	2 2
15	望麓园巷及其两厢地块项目（一期）	区棚改投	望麓园街道	新建	东起建湘路、南至中山路、西至蔡锷北路、北至营盘路。占地面积约34.5亩，征收房屋876户，面积约5.3万平方米。2018年度项目具体征收范围、户数、面积以征收公告为准	2 2
16	德雅路两厢棚改项目（一期）	区棚改投	四方坪街道 清水塘街道 东风路街道	新建	项目西起东风路、东至东二环线，北起三一大道，南至烈士公园和浏阳河北岸（不含德雅路片区棚改项目丝茅冲、毛巾厂地块）。占地面积约300亩，征收房屋约3500户，面积约21万平方米。2018年度项目具体征收范围、户数、面积以征收公告为准	2 2
17	晴佳巷片区棚改项目	区棚改投	湘雅路街道	新建	东至原长沙大学，南至晴佳巷，西至华盛新外滩，北至老八中。项目总占地11.84亩，涉及改造户数225户，改造面积约1.5万平方米。2018年度项目具体征收范围、户数、面积以征收公告为准	2 2
18	三维8栋	区棚改投	东风路街道	新建	潘家坪路与东风路交界西北角。占地面积约2亩，涉及户数约100户，涉及改造面积约0.79万平方米	2 2
	续建项目		共13项			
1	三一大道－潘家坪（天祥日杂公司宿舍）棚改项目	区棚改投	新河街道	续建	东至蛋制品仓库宿舍，南至雅泰花园，西、北至天祥公司。占地约2.67亩，涉及98户，建筑面积约5800平方米	2 2
2	六堆子巷周边地块棚改项目	区棚改投	望麓园街道	续建	项目东起五堆子巷、又一村巷，南至中山路，西至黄兴北路，北至左局街两厢，占地面积约60亩，征收房屋约600户，面积约6万平方米	2 2
3	东风二村地块棚改项目	区棚改投	东风路街道	续建	项目位于精英路以东、工商巷以南，东风二村以西，福乐巷以北。占地面积约46亩，征收房屋573户	2 2
4	德雅路片区改造项目（丝茅冲地块一、二期）	区棚改投	四方坪街道	续建	丝茅冲地块为浏阳河路、德雅路与车站北路三条道路所围合区域。占地面积约129亩	2 2
5	清水塘炮后街棚改安置房源（潇湘华庭）	区棚改投	清水塘街道	续建	用地面积13.3亩，总建筑面积9万平方米，建设2栋32层住宅及地下车库	2 2
6	清水塘小学改扩建	区棚改投	清水塘街道	续建	用地面积17.7亩，总建筑面积1.35万平方米，办学规模24个班	2 2

总投资（万元）		资金来源	2018 年计划投资（万元）		截至 2017 年完成投资（含前期经费）（万元）	半年度建设计划	年度建设计划	新建项目手续办理进度	新建项目开工月度	竣工项目竣工月度
	其中拆迁		合计	其中拆迁						
0	68900	自筹	20000	20000	0		启动征收	已完成前期手续	6 月	
)	4500	自筹	3000	3000	0		启动征收	已完成前期手续	9 月	
0	90000	自筹	26000	26000	0		启动征收	前期手续未完成	10 月	
00	450000	自筹	30000	30000	0		启动征收	前期手续未完成	10 月	
0	28600	自筹	3000	3000	0		启动征收	前期手续未完成	10 月	
0	13000	自筹	6400	6400	0		启动征收	前期手续未完成	12 月	
96			457968							
)	8700	自筹	400	400	7000		完成部分征收			
0	90000	自筹	4000	4000	20000		完成部分征收			
00	100000	自筹	4000	4000	35000		完成部分征收			
00	208000	自筹	2000	2000	40000		完成部分征收			
0	34000	自筹	9000	0	8000		主体完成地上 10 层	因征收问题，手续办理停滞		
0	32000	自筹	2500	0	2000		完成主体施工	因征收问题，手续办理停滞		

续表8

序号	项目名称	实施单位	项目所在街道	建设性质	建设内容
7	福鑫苑农民安置房	长沙朝正置业投资有限公司	洪山街道	续建	用地面积358亩，总建筑面积约66.3万平方米（地下建筑面积约11.7万平方米）。一期建设地块东片23栋住宅及2栋商业，总建筑面积约32万平方米；二期建设西片24栋住宅及洪山桥派出所及幼儿园
8	中岭安置房建设	区城北投	捞刀河街道	续建	用地面积97亩，总建筑面积约21.2万平方米。建设8栋28~32层住宅，1栋4层商业，1栋幼儿园，1栋物管用房
9	天井安置房建设	区城北投	青竹湖街道	续建	用地面积59.1亩，总建筑面积约8.7万平方米
10	竹隐安置房建设	区城北投	秀峰街道	续建	用地面积44亩，总建筑面积约8.4万平方米。建设4栋28~32层住宅，1栋4层商业，1栋幼儿园
11	胜利村农民安置房	区城北投	四方坪街道	续建	总用地面积58.62亩，有效用地面积35亩，总建筑面积约12万平方米，建设4栋34层住宅，1栋6层商业
12	洪山局双河湾农民安置房	区城北投	浏阳河街道	续建	用地面积291亩，总建筑面积约51万平方米。一期建筑面积约27.5万平方米，建设10栋28~32层住宅，2栋2层商业，1栋幼儿园。二期建筑面积约23.5万平方米，建设8栋28~31层住宅，4栋2~4层商业
13	文昌阁至东屯渡地下配套工程（文昌阁站）	市轨道公司	湘雅路街道	续建	西至大王家巷、东至湘雅医学院，湘雅路两厢部分
（二）市政基础设施项目（共28项）					
	新建项目		共26项		
1	中青路北延线	金霞发展集团	相关街道	新建	青竹湖路—望京大道，长约2.33千米，宽46米
2	中青路拓宽改造工程捞刀河互通	金霞发展集团	开福区	新建	改造捞刀河收费站
3	金霞大道（大明大道段）	金霞发展集团	沙坪街道	新建	彭家巷北路—中青路，长1113米，宽36米
4	金霞大道（和明路段）	金霞发展集团	青竹湖街道	新建	枫树湾路—彭家巷路，长809米，宽36米，含下穿三环涵洞桥
5	金霞大道（竹隐路段）	金霞发展集团	秀峰街道	新建	冯蔡东路—枫树湾路，长477米，宽36米
6	大安大道	金霞发展集团	青竹湖街道	新建	彭家巷北路—中青路，长984米，宽46米
7	李家冲路	金霞发展集团	沙坪街道	新建	曲湾路—大明路，长707米，宽18米
8	广胜路南段	金霞发展集团	沙坪街道	新建	钟石路—大明路，长801米，宽36米

总投资（万元）		资金来源	2018 年计划投资（万元）		截至 2017 年完成投资（含前期经费）（万元）	半年度建设计划	年度建设计划	新建项目手续办理进度	新建项目开工月度	竣工项目竣工月度
计	其中拆迁		合计	其中拆迁						
00	18600	自筹	185720	41780	0	二期：建安工程基本完成	二期：竣工验收			10 月
00	3250	自筹	41925	0	0	主体完成 12 层	完成主体外墙装饰			
46	1900	自筹	27477	0	0	完成主体施工	完成总包所有项目建设			
00	2273	自筹	22516	0	0	完成正负零	完成主体外墙装饰			
00	15600	自筹	43180	11820	0		完成全部项目建设任务			10 月
00	36000	自筹	110250	74250		一二期：建安工程完成 50%	一二期：完成竣工			
00	20000	自筹	5000	5000	0		完成部分征收			
75			150689							
42			128806							
00	0	园区自筹	4800	0			启动建设		9 月	
00		园区自筹	2000				启动建设		11 月	
03	2402	园区自筹	7602	2402	200	启动建设	完成路基工程	工程规划许可阶段	2 月	
50	1747	园区自筹	8650	1747	200	启动建设	完成路基工程	工程规划许可阶段	2 月	
5	1030	园区自筹	3895	1030	100	启动建设	完成路基工程	工程规划许可阶段	3 月	
54	2716	园区自筹	50	0	20		完善前期手续			
4	680	园区自筹	3034	680	150	启动建设	完成路基工程	工程规划许可阶段	2 月	
9	1729	园区自筹	4843	1729	200	启动建设	完成路基工程	工程规划许可阶段	3 月	

续表8

序号	项目名称	实施单位	项目所在街道	建设性质	建设内容	起年
9	彩霞路西段	金霞发展集团	青竹湖街道	新建	粮四库码头—湘江北路，长 291 米，宽 16 米	20 20
10	霞凝路	金霞发展集团	青竹湖街道	新建	彩霞路—湘捞路，长 510 米，宽 36 米	20
11	汤家湖路西段	金霞发展集团	青竹湖街道	新建	粮四库回车坪—湘江北路，长 430 米，宽 36 米	20 20
12	城市驿站	金霞发展集团	秀峰街道	新建	位于一期南边冯蔡路口的综合性景观建筑，集智能厕所、24 小时图书馆、自助医疗、小型商业等设施为一体	20
13	汤家湖路上跨铁路工程	金霞发展集团	青竹湖街道	新建	在金霞粮库铁路专线与汤家湖路相交节点，新建跨线桥，上跨金霞粮库专用线	20 20
14	芋坡路	金霞发展集团	青竹湖街道	新建	广胜路—荷莲路，长 563 米，宽 18 米	20 20
15	伍家岭立交桥周边市政公用综合改造工程项目	长沙市开福棚改投资有限责任公司	新河街道	新建	项目西接伍家岭路，北邻明珠苑，伍家岭立交桥以西和以北	20 20
16	胜利家园安置小区配套路网	区城北投	四方坪街道	新建	规划支路，西超东二环，东至栖凤路，长 270 米，宽 12 米；新园路，南起规支路，东至栖凤路，长 450 米，宽 12 米	20 20
17	双河湾安置小区配套路网	区城北投	浏阳河街道	新建	洪山东路：车站北路—家园路，长 320 米，宽 16 米；环球东路：车站北路—家园路，长 310 米，宽 16 米	20 20
18	滨河北路（新欣路—开福大道）	区工务局	浏阳河街道	新建	新欣路至开福大道，长约 1400 米，宽 26 米	20 20
19	双河北路（福元路—滨河北路）	区工务局	浏阳河街道	新建	福元路至滨河北路，长 850 米，宽 40 米，含中心绿化带（暂不含拆迁）	20 20
20	家园路（福元路—滨河北路）	区工务局	浏阳河街道	新建	福元路至滨河北路，长 780 米，宽 16 米（暂不含拆迁）	20 20
21	渔南路（双河北路—家园路）	区工务局	浏阳河街道	新建	双河北路至家园路，长 330 米，宽 16 米（暂不含拆迁）	20 20
22	渔北路（双河北路—家园路）	区工务局	浏阳河街道	新建	双河北路至家园路，长 380 米，宽 16 米（暂不含拆迁）	20 20

总投资（万元）		资金来源	2018 年计划投资（万元）		截至 2017 年完成投资（含前期经费）（万元）	半年度建设计划	年度建设计划	新建项目手续办理进度	新建项目开工月度	竣工项目竣工月度
计	其中拆迁		合计	其中拆迁						
8	279	园区自筹	1020	279	50	启动建设	完成路基工程	工程规划许可阶段	1 月	
5	0	园区自筹	3455	0	100	启动建设	完成建设	施工许可阶段	1 月	12 月
2	1548	园区自筹	4768	1548	150	启动建设	完成路基工程	工程规划许可阶段	3 月	
0	0	园区自筹	470	0	30	启动建设	完成装修	初步设计阶段	3 月	
2	600	园区自筹	3717	600	200	启动建设	完成桥梁基础	施工许可阶段	5 月	
2	608	园区自筹	1802	608	200	启动建设	完成路基工程	初步设计阶段	6 月	
00	40000	自筹	30000	30000	0		完成房屋倒地	已完成前期手续	9 月	
8	1440	自筹	1440	1067	0	启动建设	完成部分工程		6 月	
0	1440	自筹	1440	624		完善前期手续	完成部分工程		9 月	
00	4260	区财政	11500	4260	0	完善用地手续	完善前期手续，启动建设，完成部分路基	规划建设： 正在办理 国土： 办理中	11 月	
00	0	区财政	4500	0	0	完善用地手续	完善前期手续，启动建设，完成部分路基	规划建设： 未办理 国土： 拆迁中	11 月	
0	0	区财政	1200	0	0	完善用地手续	完善前期手续，启动建设，完成部分路基	规划建设： 未办理 国土： 拆迁中	9 月	
0	0	区财政	580	0	0	完善用地手续	完善前期手续，启动建设，完成部分路基	规划建设： 未办理 国土： 拆迁中	9 月	
0	0	区财政	640	0	0	完善用地手续	完善前期手续，启动建设，完成部分路基	规划建设： 未办理 国土： 拆迁中	9 月	

续表8

序号	项目名称	实施单位	项目所在街道	建设性质	建设内容	起 年
23	开福大道捞刀河桥匝道	区工务局	浏阳河街道	新建	开福大道捞刀河桥引桥至滨河北路两厢，长 212 米，宽 13.5 米	20 20
24	滨河南路（芙蓉路—湘江大道）提质改造	区工务局	芙蓉北路街道	新建	芙蓉路至湘江大道，长 900 米，宽 6 至 8 米，提质改造	20 20
25	背街小巷提质改造项目	区市政局	相关街道	新建	对双拥街、马栏山片区提质改造社区等街巷网裂、沉塌等基础薄弱部分采用开窗补强，路面处置采用铣刨后沥青罩面或拆除原有沥青路面后重新铺设，对破损的人行道进行修复，对部分排水管道进行改造和疏浚，并根据实际情况，对道路两厢违章或围墙进行拆除，增设停车位	20
26	城区主次干道提质改造项目	区市政局	相关街道	新建	对湘江大道（捞刀河至沙河）、车站北路（学堂园路至京广线）、洪山路（水木丹青至万家丽路）、三一大道（四方坪立交桥至东风路高架桥）、波隆立交桥桥面及周边道路、人行道、排水、空坪隙地、交通设施、慢行系统进行综合提质、改造。包括对沥青面层网裂、沉塌的路段进行开窗处理，采用 ATB-30 进行基础换填；对路面裂缝进行处置，灌注填缝料，采用 SA 自贴性抗裂贴对路面裂缝进行处理；对全线井座井盖采用防沉降井座井盖进行提质更换；洒布乳化沥青，采用 SMA 沥青料进行整体摊铺 4 厘米；对两厢人行道及空坪隙地进行提质，在符合条件的路段设立自行车专用道和停车位；对道路交通标线进行重新施划，并对交通路口的交通感应线进行恢复	20
	续建项目		共 2 项			
1	铁港南路	金霞发展集团	秀峰街道	续建	柏叶路—北二环，长 1648 米，宽 26 米	20 20
2	竹隐北路	金霞发展集团	秀峰街道	续建	冯蔡东路—湘辉路，长 1840 米，宽 36 米	20 20
（三）社会民生类（共 42 项）						
	新建项目		共 32 项			
1	鹅秀组团黑臭水体治理工程	金霞发展集团	秀峰街道	新建	1. 将兴隆路、龙福路交叉口明渠雨污水出水口接入兴隆路雨、污水管道； 2. 沿北二环北侧、戴家河路中心线、湘江北路东侧绿化带新建雨水管接入戴家河泵站。	20 20
2	幸福桥	金霞发展集团	秀峰街道	新建	位于风光带一、二期之间鹅羊山嘴的人行桥梁	20 20
3	黄乌线提质改造	区交通局	捞刀河街道	新建	线路全长 5.5 千米，原有砼路面改沥青路面，含绿化	20
4	廖茶线提质改造	区交通局	捞刀河街道	新建	线路全长 3.4 千米，原有砼路面改沥青路面，含绿化	20

总投资（万元）		资金来源	2018 年计划投资（万元）		截至 2017 年完成投资（含前期经费）（万元）	半年度建设计划	年度建设计划	新建项目手续办理进度	新建项目开工月度	竣工项目竣工月度
计	其中拆迁		合计	其中拆迁						
0	0	市区财政	1100	0	0	完善用地手续	完善前期手续，启动建设，完成部分路基	规划建设：市城投已完成国土：已完成	9 月	
)	0	区财政	800				完善前期手续		9 月	
0	0	区财政	3500	0	0	完善前期手续	完成建设		9 月	12 月
00	0	区财政	22000	0	0	完善前期手续	完成建设		9 月	12 月
33			21883							
93	3258	园区自筹	8675	0	3718	完成路基工程	完成建设			8 月
40	3972	园区自筹	13208	0	8032	完成路基工程	完成建设			12 月
95			178262							
82			138524							
0	300	园区自筹	2100	300	50	启动建设	完成部分管网建设	方案设计阶段	6 月	
0	0	园区自筹	2700	0	100	启动建设	完成桥梁桩基	初步设计阶段	6 月	
5	0	市区	2475	0	0	办理手续	完成		10 月	
0	0	市区	1530	0	0	办理手续	完成		10 月	

续表8

序号	项目名称	实施单位	项目所在街道	建设性质	建设内容	起年
5	鹅秀消防站	区城建投	秀峰街道	新建	项目位于芙蓉北路以西，天鹅大道以北，鹅羊路以南，总用地面积 18.6 亩，净用地面积约 15.2 亩，拟建建筑面积约 1 万平米，包含主副楼 2 栋建筑	2 2
6	公卫大楼	区城建投	四方坪街道	新建	项目东接浏阳河，南接栖凤路，西接区教师新村，北接三一大道。地块位于东二环与三一大道交汇处，由 A、B 两个异形地块组成，用地权属为我区城北投公司。总用地面积 15.5 亩，净用地面积 11.1 亩，容积率 1.6。拟建 2 栋单体，地上 5 层，地下一层，总建筑面积约为 1.55 万平方米，地上面积约为 1.1 万平米，地下面积约为 0.45 万平米	2 2
7	开福区文体中心	区城建投	秀峰街道	新建	项目位于植基路与登铭路交叉口西南角，规划中的天鹅公园北侧，总用地面积约 39.6 亩，净用地面积约 28 亩，拟建总建筑面积约 67800 平方米，其中地上面积约 3.79 万平米，地下面积 2.99 万平米，其中包含综合馆以及全民健身中心	2 2
8	四方文化中心	区城建投	伍家岭街道	新建	项目位于科大佳园小区南侧，北邻规划中的佳园路，总用地面积约 11 亩，净用地面积约 7.6 亩，容积率 1.6。拟建设一栋地上 6 层、地下 1 层单体，总建筑面积约 7146 平米，其中地上面积 5891 平米，地下面积 1255 平米	2 2
9	开福区公安刑侦大楼	区工务局	月湖街道	新建	位于月湖大市场南侧，万家丽路与御园路东北角，建设开福区公安刑侦大楼，用地面积为 9.2 亩（5450 平方米），建筑面积约为 9600 平方米	2 2
10	开福区公安基层站所建设	区工务局	开福区各街道	新建	根据区公安分局工作部署 2018 年度对全区公安部分基层站所进行建设（含提质改造 6 个派出所与 25 个警务室、新建 1 个警务室）	2
11	捞刀河南岸岸线整治及市政工程（入湘江口至开福大道段）	区工务局	芙蓉北路街道、浏阳河街道	新建	湘江大道捞刀河河大桥至开福大道跨捞刀河大桥沿线捞刀河岸线整治及市政工程，含滨河北路南侧绿化带、沿线绿化、金河路下穿匝道及京广线沿线提防	2 2
12	史家坡学校	区工务局	浏阳河街道	新建	总用地面积：82 亩，总建筑面积 5.2 万平方米，办学规模 63 个班	
13	雨水处理设施建设	区工务局	浏阳河街道	新建	按建设容量为 1 万立方米的筒车坝雨污合建泵站初期雨水调蓄池及相关配套设施建设	2
14	站厕建设	区环卫局		新建		2
15	垃圾站改造项目	区环卫局		新建		2
16	2018 年 16 所标准化学校（美丽校园）创建	区教育局	项目所在地相关街道	新建	对市一中开福中学、清水塘溪泉湾小学、开福区实验小学等 16 所学校进行标准化学校建设以及部分学校进行美丽校园建设	2

总投资（万元）		资金来源	2018年计划投资（万元）		截至2017年完成投资（含前期经费）（万元）	半年度建设计划	年度建设计划	新建项目手续办理进度	新建项目开工月度	竣工项目竣工月度
计	其中拆迁		合计	其中拆迁						
00	1350	区财政	1850	1350			启动前期报建手续		9月	
87	0	自筹	3554	0		完善前期手续	完成土方及基坑支护		9月	
00	3000	自筹	19100	3000		完善前期报建	完成土方及基坑支护		9月	
00	0	自筹	2125	0		完善前期手续	完成主体正负零		6月	
（不迁）	0	区财政	800	0	0	完善用地手续，启动前期手续	启动建设	规划：未启动 国土：未启动	12月	
0	0	区财政	990	0	0	完善设计、前期手续，启动建设	完成建设		3月	12月
00	9700	区财政	28000	9700	0		启动建设	规划建设：办理中 国土：办理中	3月	
00	10500	区财政	13000	10500	0	完成拆迁，完善用地手续	启动建设	规划建设：已完成技术审查，待取得红线后完善规划手续 国土：未拆迁	9月	
00		区财政	300		0	完善设计、前期手续	完成建设		9月	
		区财政								
		区财政								
00	0	区财政	4500	0	0	完成前期手续办理	完成建设	7月		12月

续表8

序号	项目名称	实施单位	项目所在街道	建设性质	建设内容	起 年
17	沙坪街道大明幼儿园	区教育局	沙坪街道	新建	用地面积：5.78 亩，建筑面积：3000 ㎡，班级规模：9 个班	20 20
18	泵站提质改造	区农水局	捞刀河街道	新建	设备改造、变压器、电力线路改造扩容、进水管渠道改造	20 20
19	捞刀河堤防整治	区农水局	捞刀河街道	新建	对捞刀河苏托垸堤防迎水面进行生态护坡整治	20 20
20	美丽乡村建设	区农水局	沙坪街道	新建	对钟山村等乡村进行美化	20 20
21	双湖垸堤防整治	区农水局	沙坪街道	新建	2 千米堤防达标建设	20 20
22	造绿复绿乡村公园建设	区农水局	沙坪街道 青竹湖街道	新建	汉回村等打造乡村公园	20
23	社区环境综合提质改造工程	区城管局	相关街道	新建	拟对 16 个社区进行提质改造，对防水、建筑立面、道路下水、绿化景观、配套设施等进行改造	20
24	老旧化粪池疏浚改造及粪污处理项目	区市政局	相关街道	新建	对严重破损、沉塌，影响居民正常生活的老旧化粪池采取以下方式进行疏浚改造： 1. 对池体容积不够的化粪池在原有池体基础上进行增容改建； 2. 对原楼栋为集粪池的部位进行新建化粪池； 3. 对化粪池管道坍塌、出水管径过小的问题进行管道改建； 4. 采用新工艺、新技术对化粪池粪渣进行处理	20
25	排水堵点疏浚改造项目	区市政局	相关街道	新建	对黄兴北路（营盘路至开福寺路）沿线因拆迁造成淤塞的管道进行检测并清淤，同时因道路两厢部分空坪排水未接入道路主排水管，造成局部排水不畅，局部积水，建议进行局部排水管道进行改造。	20
26	涝湖片区雨污分流改造项目	区市政局	相关街道	新建	对洪山佳园小区、洪山管理局、陈家渡安置小区、史家坡小学、毛家垅重建地、涝湖安置小区等进行雨水分流改造．	20
27	人行过街设施建设项目	区市政局	相关街道	新建	在人流量、车流量大的万家丽路月湖公园段、黄兴北路江天路口（北辰片区）分别增设一座人行天桥。	20
28	支路微循环及人行道提质改造	区市政局	相关街道	新建	1. 对老旧社区街巷进行交通组织优化，完善标识标牌，增设停车位。拆除部分瓶颈位置、围墙，打通消防通道，确保消防安全。 2. 对辖区内人行道进行专项提质。对人行道上的占道设施（各类箱柜、杆件）进行迁改、清障。	20
29	道路绿化提质及香化彩化	区园林局	相关街道	新建	1. 洪山路（水墨丹青—万家丽路段）沿线种植池、给排水设施等提质改造，植物香化彩化设计；2. 三一大道沿线桥体挂绿，行道树、树池、给排水设施提质改造，重要节点形象提升；3. 双拥街沿线种植池、给排水设施等提质改造，植物香化彩化设计；4. 学堂园路沿线种植池、给排水设计提质改造，植物香化彩化设计；5. 湘江大道湘江世纪城段以及金霞北段沿线行道树、树池、给排水设施提质改造，重要节点形象提升。	20

总投资（万元）		资金来源	2018年计划投资（万元）		截至2017年完成投资（含前期经费）（万元）	半年度建设计划	年度建设计划	新建项目手续办理进度	新建项目开工月度	竣工项目竣工月度
计	其中拆迁		合计	其中拆迁						
00	600	中央资金	1200	0	1200		完成建设	已完成用地划拨	3月	1月
00		区财政	1200						9月	
00		区财政	5000			完成前期工作	完成主体建设任务			
00		区财政	1200						9月	
00	300	区财政	3000	300					9月	
0		区财政	500			完成前期工作	完成主体建设任务		9月	
00	0	区财政	18000	0	0	办理前期手续	完成建设	前期摸底调查	9月	12月
00	0	区财政	1100	0	0		完成建设		9月	12月
00	0	区财政	1600	0	0	完成项目建设			1月	8月
00	0	区财政	6000	0	0	完成项目建设	完成建设		9月	
00	0	区财政	2700	0	0	完善前期手续	完成建设		9月	
00	0	区财政	2400	0	0		完成建设		9月	12月
00		区财政	6000						9月	12月

续表8

序号	项目名称	实施单位	项目所在街道	建设性质	建设内容	起年
30	公园建设	区园林局	相关街道	新建	1. 月湖公园：将公园内损坏的木构桥梁、栈道更换为钢木材质；月湖水质治理、水体清淤以及湿地植物提质改造； 2. 对湘江风光带江堤段的道路、广场进行维修，丰富植物层次，对亮化设施以及各种服务设计进行提升维护； 3. 建设沙坪街道茶子山、捞刀河街道兔子坡等社区公园	20
31	沙坪老街污水收集管网	沙坪公司	沙坪街道	新建	位于开福区沙坪老街，建设内容为污水收集和处理工程	20 20
32	农贸市场建设	区商务局 区食药监局	相关街道	新建	在全区分三年新建新沙湖桥、陈家渡等10个农贸市场。提质改造荷花池、福城等全区现有农贸市场，新建13个社区生鲜门店	20 20
	续建项目	共10项				
1	板塘小学	金霞发展集团	沙坪街道	续建	位于广胜路与钟石路交叉口西南角，净用地面积18899平方米，总建筑面积14152平方米，学校规模为全日制24班小学	20 20
2	老旧社区提质改造（续建）	区城管局	相关街道	续建	对6个社区的违章和围墙拆除、下水改造、道路地坪提质、屋面防水改造、建筑立面规整、绿化景观提质、配套设施完善等	20 20
3	区交警管理综合业务楼	区城建投	捞刀河街道	续建	项目位于中青路与规划高岭路交汇处西北侧，总用地面积10.922亩，净用地面积为4.86亩，容积率为2.5，拟建总建筑面积1.35万平方米，其中地上面积0.87万平米，地下面积0.46万平米	20 20
4	沙坪卫生服务中心	区城建投	沙坪街道	续建	项目位于长青路以西，总用地面积约21.9亩，净用地面积约16.3亩，容积率1.5。总建筑面积2.28万平方米，其中地上面积1.63万平米，地下面积0.68万平米，包含沙坪医院（含街道卫生服务中心）、沙坪派出所3栋建筑	20 20
5	栖凤路两厢绿化	区工务局	四方坪街道	续建	三一大道～二环线，长约860米，绿化面积约10万平方米	20 20
6	开福区黑臭水体整治工程	区农水局	捞刀河街道	续建	金竹河下游楚家湖泵站段、甘嘴坨泵站与中干部泵站连接段	20
7	陈家渡中学	区工务局	浏阳河街道	续建	用地面积：60.5亩，建筑面积：37100平方米，班级规模：48个班	20 20
8	长沙市一中开福中学	区教育局	东风路街道	续建	新建体育馆约9000平方米，包括体育馆及部分功能教室	20 20
9	植基中学改扩建工程	区教育局	青竹湖街道	续建	用地面积：53.94亩，建筑面积：2.87万平方米，班级规模：36个班	20 20
10	新塘小学	长沙朝正置业投资有限公司	洪山街道	续建	用地面积约31.6亩，建筑面积18000平方米，班级规模：36个班	20 20

总投资（万元）		资金来源	2018 年计划投资（万元）		截至 2017 年完成投资（含前期经费）（万元）	半年度建设计划	年度建设计划	新建项目手续办理进度	新建项目开工月度	竣工项目竣工月度
计	其中拆迁		合计	其中拆迁						
00		区财政	1700						9 月	12 月
00	0	区财政	600	0		完善前期手续	完成部分工程		9 月	
55	0	区财政	2620	0		完成 2 个新建市场和 4 个提质改造农贸市场的建设	完成 4 个新建市场、4 个生鲜门店和全区现有农贸市场		4 月	12 月
13			39738							
40	1300	园区自筹	5840	0	2500	完成装修工程	完成建设			8 月
00		区财政	2000		6000	完成建设	完成建设			3 月
35	825	自筹	1626	4806	0	完成主体正负零	完成主体外墙装饰			
75	264	自筹	3747	8128	0	完成主体外墙装修	竣工验收			12 月
00	0	区财政	2000	0	1200	完成建设				6 月
00		区财政	2500		15000	完成前期工作	完成主体建设任务			
25	0	市、区财政	5025	0	12500	完成主体工程	完成建设			8 月
38	0	区财政	2000	0	1838	完成主体工程	竣工验收			12 月
00	3000	区财政	10000	0	4000	完成地下室及正负零	完成二层校舍建设			
00	0	市、区财政	5000	0	6200	完成主体工程及部分附属工程	完成建设			8 月

续表8

序号	项目名称	实施单位	项目所在街道	建设性质	建设内容	起年
（四）预备项目（47个）						
1	福泽园商业楼	城北投	伍家岭街道	预备	项目位于三一大道北侧，总用地13亩，位于福泽园C区，已建2栋住宅，拟建总建筑面积3.5万平方米，高99米商业楼	20
2	市民之家	区城建投	芙蓉北路街道	预备	项目位于开福区区治大院红旗广场，南接开福区政府第一办公楼，西接金马路，北接开福区人武部，总用地面积42.5亩（含武装部），净用地面积40.8亩，容积率1.5。拟总建筑面积3.6万平方米，其中地下面积2.1万平方米，地上面积1.6万平方米，拟设政务中心与人民档案馆，拟设车位710个	20
3	九龙安置房	城北投	浏阳河街道	预备	渔业路以北，家园路以东，开福大道以西，滨河北路以南，总用地面积118亩，有效用地面积85.809亩，容积率3.0,总建筑面积17.2万平方米	20
4	潘家坪路两厢棚改及配套设施项目	区棚改投	新河街道	预备	东至芙蓉北路，南至规划中的庆和里路，西至湘江大道，北至开福寺路，总占地面积约360亩，涉及改造户数1600户，改造面积约36万平方米	20
5	华泰电缆及其周边地块棚改项目	区棚改投	月湖街道	预备	葡园路、万家丽路、月湖大市场和金马美食城围合用地，占地约60亩	20
6	广厦园小区棚改项目	湖南金霞发展集团有限公司	秀峰街道	预备	东至裕城路，南至金湾小学，西至楚天逸品小区，北至兴隆路	20
7	翠城路	金霞发展集团	秀峰街道	预备	芙蓉北路—鹅秀路，长409米，宽18米	20
8	戴家河路	金霞发展集团	秀峰街道	预备	湘江北路—秀峰大道，长1085米，宽26米	20
9	高岭路东段	金霞发展集团	捞刀河街道	预备	彭家巷路—中青路，长1299米，宽36米	20
10	广胜路北段	金霞发展集团	沙坪街道	预备	高登路—青竹湖大道，长936米，宽36米	20
11	明秀路	金霞发展集团	捞刀河街道	预备	高岭路—玉轩路，长226米，宽18米	20
12	青环路	金霞发展集团	捞刀河街道	预备	兴联路—北二环，长1404米，宽36米	20
13	松林路	金霞发展集团	青竹湖街道	预备	天井路—庙塘路，长435米，宽26米	20
14	秀峰山公园二期	金霞发展集团	秀峰街道	预备	植基路以西、芙蓉北路以东、兴联路以南、二环以北，面积约450亩的公园绿化及硬质铺装建设	20
15	谊信路西段	金霞发展集团	秀峰街道	预备	开福大道—竹隐北路，长684米，宽46米	20
16	玉轩路	金霞发展集团	捞刀河街道	预备	明秀路—中青路，长290米，宽18米	20

总投资（万元）		资金来源	2018 年计划投资（万元）		截至 2017 年完成投资（含前期经费）（万元）	半年度建设计划	年度建设计划	新建项目手续办理进度	新建项目开工月度	竣工项目竣工月度
计	其中拆迁		合计	其中拆迁						
00	0	自筹					完成前期相关手续			
41	0	自筹	6392	0		完善前期手续	完成部分土方及基坑支护			
00	5900	自筹	5900	5900			完成前期相关手续			
000	240000	自筹								
00	50000	自筹					完成前期相关手续			
00	50000	自筹					完成前期相关手续			
13	838	园区自筹	100	0	50		完成前期相关手续			
10	1510	园区自筹	200	0	100		完成前期相关手续			
20	2280	园区自筹	200	0	100		完成前期相关手续			
85	2020	园区自筹	50	0	20		完成前期相关手续			
56	244	园区自筹	20	0	10		完成前期相关手续			
31	3033	园区自筹	50	0	20		完成前期相关手续			
64	679	园区自筹	50	0	20		完成前期相关手续			
00	0	园区自筹	100	0	50		完成前期相关手续			
13	2477	园区自筹	40	0	10		完成前期相关手续			
43	313	园区自筹	20	0	10		完成前期相关手续			

续表8

序号	项目名称	实施单位	项目所在街道	建设性质	建设内容	起 年
17	植基路	金霞发展集团	秀峰街道	预备	兴联路—天鹅大道，长 1019 米，宽 36 米	20
18	竹塘路	金霞发展集团	沙坪街道	预备	芋坡路—纸笔塘路，长 371 米，宽 14 米	20
19	东风路汽电地块棚改项目	区棚改投	东风路街道	预备	项目包括东风路以东地块和东风路以西地块。其中东风路以东地块东至国防科大，南至东风路街道办事处，西至东风路，北至湖南汽车城；东风路以西地块为市蔬菜公司宿舍地块，东至东风路，南至工商巷，西至规划中精英路，北至金垅嘉园。占地面积约 60 亩，征收房屋 1300 户，面积约 7 万平方米	20
20	工农街周边地块棚改项目	区棚改投	湘雅路街道	预备	东至芙蓉路，南至湘雅路，西至黄兴北路，北至潘家坪路。占地面积约 80 亩，征收房屋 800 户，面积约 7.8 万平方米。一期征收范围、户数、面积以五公告为准	20
21	吉祥巷片区（中山亭西南角）改造项目	区棚改投	通泰街街道	预备	东至黄兴北路，南至五一大道，西至接贵街两厢、藩城堤及西长街，北至中山路。占地面积约 180 亩，征收房屋 3283 户，面积约 30 万平方米	20
22	开福区零星棚屋（危房）棚改项目	区棚改投	待定	预备	开福区行政区划范围内未包括在其他棚改项目中的零星棚屋城市危房	20 20
23	开福寺文化公园	区棚改投	新河街道	预备	湘江大道以东，三一大道以南，黄兴北路以西，开福寺路以北	20
24	精英路北段	区棚改投	伍家岭街道	预备	该项目属于 2017 年断头路、瓶颈路建设计划，伍家岭交通微循环项目建设内容，廖市长指示 2018 年启动项目建设	20
25	新河路（湘江大道路—黄兴北路南侧道路）（该项目纳入全市 2017 年断头路、瓶颈路项目建设计划）	区棚改投	新河街道	预备	湘江大道至黄兴北路南侧，长 400 米，宽 20 米（该项目为瓶颈路，配合三一大道快速化改造，纳入 2016、2017 年全市断头路、瓶颈路项目建设计划，该段道路建设纳入开福寺周边棚改项目范围，建议区棚改办尽快启动建设）	20
26	汽电地块和潘家坪路以北棚改项目（二期）	区棚改投	清水塘街道	预备	规划中精英路以东，四季花城以南，湖南省体育局以西，景园小区以北。占地面积约 30 亩，征收房屋 400 户，面积约 3.3 万平方米	20
27	太平路片区棚改项目（一期）	区棚改投	通泰街街道	预备	东至藩城堤巷、南至杨家巷、西至西长街、北至中山西路。占地面积约 103 亩，征收房屋约 1200 户，面积约 12.5 万平方米。一期征收范围、户数、面积以五公告为准	20
28	新风街周边地块棚改项目	区棚改投	通泰街街道	预备	东至寿星街，南至营盘路，西至湘江中路，北至明德中学。占地面积约 60 亩，征收房屋约 984 户，面积约 7.5 万平方米	20
29	B-1 路延长线（花园路—山月路）	区城建投	洪山街道	预备	位于万家丽高架桥以西，福鑫美苑东南侧，总长约 930 米，宽 16 米，总用地面积 22 亩	20

总投资（万元）		资金来源	2018 年计划投资（万元）		截至 2017 年完成投资（含前期经费）（万元）	半年度建设计划	年度建设计划	新建项目手续办理进度	新建项目开工月度	竣工项目竣工月度
	其中拆迁		合计	其中拆迁						
4	2201	园区自筹	100	0	30		完成前期相关手续			
5	311	园区自筹	10	0	10		完成前期相关手续			
00	100000	自筹					完成相关手续，发一公告	正办理相关手续		
00	120000	自筹					完成相关手续，发一公告	正办理相关手续		
00	450000	自筹					完成相关手续，发一公告	正办理相关手续		
00	110000	自筹					完成相关手续，发一公告			
0		自筹					完成相关手续，发一公告			
							完成前期相关手续			
							完成前期相关手续			
0	39600	自筹					完成相关手续，发一公告	正办理相关手续（指挥部建议不纳入重大计划）		
00	200000	自筹					完成相关手续，发一公告	正办理相关手续		
0	120000	自筹					完成相关手续，发一公告	正办理相关手续		
	1100	区财政		1500	1100		完成相关手续，发一公告			

续表8

序号	项目名称	实施单位	项目所在街道	建设性质	建设内容
30	横冲路	区城建投	浏阳河街道	预备	西起车站北路，东至横河路，修建长度 650 米，宽 20 米
31	洪山路	区城建投	浏阳河街道	预备	南起福元路，北至长河路，修建长度 620 米，宽 30~36 米
32	山月路	区城建投	洪山街道	预备	南起福元路，北至捞刀河南岸，修建长度 980 米，宽 20 米
33	滨河路（栏山路—芙蓉区界）	区工务局	月湖街道	预备	长约 350 米，宽 26 米
34	浏阳河北岸风光带（栏山南路—西龙路）	区工务局	月湖街道	预备	岸线整治及风光带建设，长约 300 米，宽约 80~100 米
35	浏阳河科大景园岸线整治（浏阳河路口—芙蓉区界）	区工务局	四方坪街道	预备	浏阳河路口至芙蓉区界，1300 米
36	墙板厂雨污合建泵站初期雨水处理设施建设	区工务局	浏阳河街道	预备	按建设容量为 1 万立方米的初期雨水调蓄池及相关配套设施计算
37	骏豪路（金鹰路—福元路）	区工务局	洪山街道	预备	该项目为断头路，市住建委建议纳入 2018 年全市断头路、瓶颈路项目计划，启动建设，开福区恢复 2018 年先行启动前期工作
38	栖凤路南段（东二环—浏阳河路）	区工务局	四方坪街道	预备	东二环鸭子铺桥下至浏阳河路，长 800 米，宽 26 米
39	栖凤路南段绿带（东二环—浏阳河路）	区工务局	四方坪街道	预备	东二环鸭子铺桥下至浏阳河路，长 800 米，绿化面积暂法确定
40	公安业务用房（湘雅路派出所）	区工务局	湘雅路街道	预备	项目位于油铺街 s8 地块东北角，，总用地面积 2.69 亩，拟总建筑面积 4500 平方米
41	开福区社会福利中心	区工务局	洪山街道	预备	主体建筑地上 6 层，地下 1 层。一层为中央大堂，厨房、餐厅，行政办公，及医护、治疗等相关辅助功能房，层高 4.2 米。二层为老年公寓，棋牌、书画等活动室。三至六层为老年公寓。负一层为停车库及设备房，层高 4.8 米
42	区人防指挥所简称“15012”工程	区人民防空办公室	秀峰街道	预备 重点民生工程	地下部分：核生化监测中心一个、柴油发电站一个、粮库一个、车辆掩蔽工程一个，同时包括 2 个主出入口、1 个次出入口、密闭通道、防毒通道和通风口等。 地上部分 ：地面应急指挥中心一个、会议室一个、战备值班室一个、人防专业队员生活配套用房一个等
43	月湖景观提质改造	区园林局	相关街道	预备	

总投资（万元）		资金来源	2018 年计划投资（万元）		截至 2017 年完成投资（含前期经费）（万元）	半年度建设计划	年度建设计划	新建项目手续办理进度	新建项目开工月度	竣工项目竣工月度
计	其中拆迁		合计	其中拆迁						
00	1500	区财政					完成前期相关手续			
00	2500	区财政					完成前期相关手续			
00	2200	区财政					完成前期相关手续			
（不壬）							完成前期相关手续	规划：未启动 国土：未启动		
（不壬）							完成前期相关手续	规划：未启动 国土：未启动		
（不壬）		区财政				完善用地	完成前期相关手续	规划：未启动 国土：未启动		
		区财政				启动前期手续	完成前期相关手续	规划：未启动 国土：未启动		
							完成前期相关手续			
0		区财政				完善用地	完成前期相关手续	规划：未启动 国土：未启动		
		区财政				完善用地	完成前期相关手续	规划：未启动 国土：未启动		
0		区财政				启动调规	完成前期相关手续			
0		区财政				待定	完成前期相关手续	前期规划设计	待定	待定
0		区财政	2000			明年上半年继续完成用地手续	完成前期相关手续	已完成项目的省、市、区三级立项，目前与金霞经开区、区工务局配合办理用地手续	10 月	2019 年 12 月
		区财政					完成前期相关手续		9 月	12 月

续表8

序号	项目名称	实施单位	项目所在街道	建设性质	建设内容	起年
44	造绿复绿绿道建设	区农水局	沙坪、秀峰、捞刀河、青竹湖街道	预备	在绿带旁新建步行或自行车绿道	20
45	双河商务中心	长沙恒通置业	浏阳河街道	预备	位于滨河北路以南，双河路以西，总用地 6.5 亩，容积率 3.0。总建筑面积 1.3 万平米	20
46	中石化湖南分公司	长沙恒通置业	秀峰街道	预备	芙蓉北路以西，兴联路以北，创远路以南，总用地面积 83.87 亩，总建筑面积约 12 万平方米	20
47	蔡锷路（中山路—营盘路）（该项目纳入全市 2017 年断头路、瓶颈路项目建设计划）	建设局	望麓园街道	预备	中山路—营盘路，长度 500 米，宽度 30 米，（该项目为瓶颈路，配合湘江大道快速化改造，纳入 2017 年全市断头路、瓶颈路项目建设计划，蒋君区长批示区棚改办启动项目前期工作，区棚改办回复目前道路项目不能纳入棚改范围，建议明确项目实施主体）	20
（五）前期研究项目（27 个）						
1	长青路二期	建设局	青竹湖街道	前期研究	南起星沙联络道，北至捞刀河，修建长度待定（申报纳入开福区 2018 年市政基础设施项目申报计划表）	20
2	长青路一期	区城建投	青竹湖街道	前期研究	北起青竹湖大道，南至星沙联络道，全长 8 千米，宽 46 米	20
3	栗树路	金霞发展集团	沙坪街道	前期研究	马湾路—杨梅路，长 1100 米，宽 14 米。与目前自明中路南端接通	20
4	顺达路	金霞发展集团	捞刀河街道	前期研究	开福大道—竹隐路，长 667 米，宽 20 米	20
5	高岭路中段	金霞发展集团	捞刀河街道	前期研究	昌隆路—竹隐南路，长 293 米，宽 36 米	20
6	昌隆路	金霞发展集团	捞刀河街道	前期研究	高岭路—二环线，长 659 米，宽 18 米	20
7	高登路西段	金霞发展集团	沙坪街道	前期研究	中青路东辅道—广胜路，长 373 米，宽 14 米	20
8	大安大道西段	金霞发展集团	青竹湖街道	前期研究	开福大道—彭家巷路，长 1318 米，宽 46 米	20
9	新河路（湘江大道路—华夏路）	区工务局	新河街道	前期研究	黄兴北路至华夏路两厢，长 350 米，宽 20 米。湘江大道至黄兴北路一侧，长 400 米，宽 20 米	20
10	栏山路（俪园路—三一大道）	区工务局	月湖街道	前期研究	俪园路至三一道道马栏山涵洞，长 1300 米，宽 39 米	20
11	滨河北路下穿京广铁路涵洞	区工务局		前期研究	滨河北路下穿京广铁路涵洞，长约 100 米，宽 30 米（申报纳入开福区 2018 年市政基础设施项目申报计划表）	20
12	洪山西路	区工务局		前期研究	广铁路—陈渔路，长 600 米，宽 24 米（申报纳入开福区 2018 年市政基础设施项目申报计划表）	20

总投资（万元）		资金来源	2018 年计划投资（万元）		截至 2017 年完成投资（含前期经费）（万元）	半年度建设计划	年度建设计划	新建项目手续办理进度	新建项目开工月度	竣工项目竣工月度
计	其中拆迁		合计	其中拆迁						
0		区财政	700				完成前期相关手续			
25	325						完成前期相关手续			
00	18000						完成前期相关手续			
							完成前期相关手续			

续表8

序号	项目名称	实施单位	项目所在街道	建设性质	建设内容	起年
13	陈渔路	区工务局		前期研究	福元路—滨河南路长 950 米，宽 40 米（14 车道 +12 绿化 +14 车道）（申报纳入开福区 2018 年市政基础设施项目申报计划表）	20
14	蔡锷路（中山路—营盘路）	区工务局	通泰街街道	前期研究	南起中山路，北至营盘路，长约 520 米，宽 20 米	20 20
15	世纪学校	区工务局	洪山街道	前期研究	用地 56.8 亩，建筑面积 30300 平方米，规模 48 个班	20
16	陈家渡小学	区工务局	四方坪街道	前期研究	用地 60.5 亩，建筑面积 32000 平方米	20
17	国庆二小改扩建	区教育局	伍家岭街道	前期研究	用地面积：17 亩，建筑面积：9800 平方米，班级规模：12 个班	20
18	四方坪二小改扩建	区教育局	东风路街道	前期研究	用地面积：27 亩，建筑面积：11000 平方米，班级规模：30 个班	20
19	捞刀河小学	区教育局	捞刀河街道	前期研究	新建一栋教学楼，建筑面积约 1500 平方米，班级规模 12 个班	20 —
20	伍家岭小学改扩建	区教育局	伍家岭街道	前期研究	向北扩地约 6000 平方米（9 亩），学校用地面积增至 9525 平方米（14.29 亩），班级规模 12 个班	20
21	民主西街小学	区教育局	通泰街街道	前期研究	用地面积：10 亩，建筑面积：5000 平方米，班级规模：12 个班	20
22	天井安置房（二期）	区城建投		前期研究	青竹湖街道天井二期用地项目，项目位于广胜路以东，松林路以北，柳塘路以南，庙塘路以西。总用地面积 88 亩，有效用地面积 75 亩；预计总建筑面积 11.7 万平方米，计容面积 9 万平方米，安置指标 1058 个	20
23	植基安置房	区城建投		前期研究	青竹湖街道植基路以西安置用地项目，项目位于金盆大道以东，金海路以北，柏曹路以南，金椅路以西。总用地面积 65 亩，有效用地面积 47 亩；预计总建筑面积 8.2 万平方米，计容面积 6.3 万平方米，安置指标 737 个	20
24	植基路以东安置房	区城建投		前期研究	青竹湖街道植基路以东安置用地项目，项目位于藕塘路以东，金海路以北，柏曹路以南，植基路以西。总用地面积 51 亩，有效用地面积 31 亩；预计总建筑面积 5.33 万平方米，计容面积 4.1 万平方米，安置指标 486 个	20
25	捞刀河沅丰坝安置房	区城建投		前期研究	青竹湖街道新港镇港城路以北安置用地项目，项目位于港城路以北，新安路以南，芙蓉北路以西，霞凝路以东。总用地面积 50 亩，有效用地面积 44 亩；预计总建筑面积 7.63 万平方米，计容面积 5.87 万平方米，安置指标 691 个	20
26	消防站建设	待定		前期研究	2 个消防站建设	20
27	苏托垸安置房	区城建投		前期研究	捞刀河街道苏托垸开福大道以西安置用地项目，项目位于车站北路以西，苏垸路两厢。总用地面积 231 亩，有效用地面积 171 亩；预计总建筑面积 35.62 万平方米，计容面积 27.4 万平方米，安置指标 3218 个	2

总投资（万元）		资金来源	2018 年计划投资（万元）		截至 2017 年完成投资（含前期经费）（万元）	半年度建设计划	年度建设计划	新建项目手续办理进度	新建项目开工月度	竣工项目竣工月度
计	其中拆迁		合计	其中拆迁						

续表8

序号	项目名称	实施单位	项目所在街道	建设性质	建设内容	起 年
（六）马栏山项目组（共 15 项）						
1	万家丽路两厢农安小区提质	待定	马栏山片区	新建	对月湖安置小区一二期提质、月湖大市场提质改造	20 20
2	片区内景观和高层建筑亮化	待定	马栏山片区	新建	以万家丽路为主线，对片区内景观和高层建筑进行亮化	20 20
3	万家丽路东厢绿化提质	待定	马栏山片区	新建	万家丽路东厢绿化进行提质改造。	20 20
4	三一大道辅道拓宽（财富名园段）	待定	马栏山片区	预备	未测算	20 20
5	滨河北路建设（万家丽路—芙蓉区段）	待定	马栏山片区	预备	未测算	20 20
6	月湖安置小区路网提质	待定	马栏山片区	预备	对金马路、月岛路、佳亨路、月湖金龙路、马栏山横一路、北横路提质改造	20 20
7	马栏山老居民区提质改造	待定	马栏山片区	预备	对马栏山老居民区环境综合提质改造	20 20
8	山月路翠园小区提质改造	待定	马栏山片区	预备	未测算	20 20
9	栏山北路	区城建投	马栏山片区	预备	通舟桥—三一大道北延线，长 2 千米	20 20
10	临山撇洪渠、月主渠生态改造	区农水局	马栏山片区	预备	对马栏山片区临山撇洪渠、月主渠进行生态改造治理	20 20
11	滨河路提质	待定	马栏山片区	预备	洪山路—三一大道段提质，长约 730 米	20 20
12	洪山路	待定	马栏山片区	预备	（滨河路—万家丽路段）	20 20
13	鲫园路	待定	马栏山片区	预备	（朝正路—栏山路段）	20 20
14	片区路段及重要节点绿化建设及提质	待定	马栏山片区	预备	对马栏山片区部分路段绿化提质，重要节点绿化进行立体绿化彩化。 区园林局对接区城管局相关区域提质改造计划，结合市级情况制定具体实施方案并实施	20 20
15	浏阳河岸线整理和景观改造（金色溪泉湾段）	市城投或区农水局	马栏山片区	预备	未测算	20 20

总投资（万元）		资金来源	2018 年计划投资（万元）		截至 2017 年完成投资（含前期经费）（万元）	半年度建设计划	年度建设计划	新建项目手续办理进度	新建项目开工月度	竣工项目竣工月度
计	其中拆迁		合计	其中拆迁						
200		区财政								
00		区财政								
0		区财政								
刂算		区财政								
刂算		区财政								
35		区财政								
00		区财政								
刂算		区财政								
460	5960	区财政								
00		市、区财政								
29		区财政								
97		区财政								
61		区财政								
00		区财政								
0		区财政								

续表8

序号	项目名称	实施单位	项目所在街道	建设性质	建设内容	起年
二、社会投资类项目（共 75 个，其中新建项目 23 个，续建项目 52 个，另有预备项目 13 个）						
（一）城市综合体项目			共 5 项			
	续建项目		共 4 项			
1	富兴世界金融中心	湖南富兴置业发展有限 公司	东风路街道	续建	用地面积约为 4.4 万平米，其中：规划商住用地面积 2.4 万平米，规划绿地面积 1.0 万平米，规划广场面积 1 万平米。项目建设用地面积 2.4 万平 米，总建筑面积 4.25 万平米。主要建设住宅楼、公寓、裙房商业、地下汽车库、配套设备用房	20 20
2	绿地中心	湖南绿地金融城置业有限公司	清水塘街道	续建	项目占地面积 34.60 亩，总建筑面积 20.76 万平方米，建设 4 栋高档商务写字楼	20 20
3	天健芙蓉盛世花园三期项目	长沙市天健房地产开发有限公司	新河街道	续建	建设 1~14 栋住宅、办公楼、公寓、商业	20 20
4	华英好世界	湖南珠江实业投资有限公司	浏阳河街道	续建	主要建设一栋 24 层办公楼，一栋 31 层公寓楼、一个 4 层购物中心，一个 3–4 层商业步行街，五栋住宅楼	20 20
	新建项目		共 1 项			
1	华远 . 华时代	长沙隆玺致远房地产开发有限公司	清水塘街道	新建	总占地 19230 平方米（约 28.83 亩），总建筑面积 25 万㎡，拟建成集商业、医疗健康产业、公寓、办公等多种业态的综合性建筑群，由地上两栋 55 层的超高层建筑及一栋 25 层的高层建筑、地下四层地下室组成	20 20
（二）商贸物流项目			共 18 项			
	续建项目		共 12 项			
1	老百姓医药健康产业园	老百姓大药房连锁股份有限公司	青竹湖街道	续建	项目有效用地面积 149 亩，总建筑面积 12.7 万平米，主要建设 1 栋办公楼，1 栋仓库，1 栋倒班楼	20 20
2	长沙平瑞医药电商产业园	长沙平瑞冷链物流有限公司	青竹湖街道	续建	项目有效用地面积 76 亩，总建筑面积 6 万平米，主要建设 1 栋高标准双层仓库和 1 栋配套用房	20 20
3	湘粮集团金霞物流仓储项目	湖南金霞粮食产业有限公司	青竹湖街道	续建	项目有效用地面积 98 亩，建筑面积约 3.5 万平米，主要建设 2 栋物流仓库和 1 栋配套用房	20 20

总投资（万元）		资金来源	2018 年计划投资（万元）		截至 2017 年完成投资（含前期经费）（万元）	半年度建设计划	年度建设计划	新建项目手续办理进度	新建项目开工月度	竣工项目竣工月度
计	其中拆迁		合计	其中拆迁						
5489			2000370							
243			193800							
243			159800							
343		自筹	81000		62000	南段（1#A\1#B\2# 栋）、中段（3#~5#）北段（6#~10#）住宅开盘。	南段（1#A\1#B\2# 栋）、中段（3#~5#）北段（6#~10#）住宅主体结构施工至 33 层，砌体工程施工至 30 层			
000		自筹	9000		251001	T1 栋外幕墙完成 50%	T1 栋外立面全部完成，室外园林结和综合管网完成。			
000		自筹	25000		20000	1~8# 栋桩基础施工完成，9~12# 栋及商业裙楼主体结构施工完成。13~14# 栋地下室施工全部完成	1~8# 栋施工至主体结构第 10 层，9~12# 栋及商业裙楼主体结构施工全部完成，装饰工程完成 40%。13~14# 栋施工至主体结构第 10 层			
400	0	自筹	44800		20000	止水帷幕加固	完成部分工程			
000			34000							
000		自筹	34000		0	完成地下四层施工，一栋楼完成地面一层	完成地下四层施工，三栋楼建设到十层	正在办理中	4 月	
000			385000							
000			291000							
00	0	自筹	30000	0	20000	完成仓储建设	完成主体建设	正在进行总图审批		
00	0	自筹	15000	0	7000	完成基础工程	完成主体建设			
00	0	自筹	10000	0	9000	完成基础工程	完成主体建设	正在办理规划报建手续		

续表8

序号	项目名称	实施单位	项目所在街道	建设性质	建设内容	起年
4	长沙绿色安全食品交易中心	湖南金霞粮食批发市场有限责任公司	青竹湖街道	续建	项目有效用地面积164亩，建筑面积17万平方米，主要建设多层批发市场、高层精品批发市场和多层停车库	20 20
5	金霞铁路物流中心（新北站二期）	广州铁路（集团）公司长沙工程建设指挥部	青竹湖街道	续建	项目规划用地934亩，建筑面积23万平方米，主要进行特货作业区、快运作业区、冷藏作业区、笨重作业区、整车作业区、集装箱作业区专线、办公区、仓储及配套设施建设	20 20
6	恩瑞物流产业园项目	湖南恩瑞投资开发有限公司	青竹湖街道	续建	项目有效用地面积100亩，主要建设8万平方米标准厂房	20 20
7	嘉里物流湖南总部项目	嘉里物流（长沙）有限公司	沙坪街道	续建	项目有效用地面积77亩，总建筑面积5.83万平方米，主要建设2栋高标准双层物流仓库	20 20
8	长沙深国际现代综合物流港一期	长沙深国际综合物流港发展有限公司	沙坪街道	续建	项目有效用地面积约180亩，建筑面积10万平方米，主要建设5栋双层仓库、1栋宿舍、1栋办公楼	20 20
9	长沙金霞红星美凯龙家居MALL	长沙金霞红星美凯龙家具生活广场有限公司	秀峰街道	续建	项目有效用地面积65.54亩，总建筑面积约11.6万平方米，主要建设红星美凯龙家居商场8.7万平方米，地下车库及人防2.9万平米，打造家居建材展示、交易、结算、金融为一体的商业综合体	20 20
10	中部家居建材博览中心一期	长沙香江红星美凯龙商业地产开发有限公司	秀峰街道	续建	项目有效用地面积445.83亩，总建筑面积约26万平方米，主要建设家居村、家具建材及其配套产业，打造中国中部家居建材博览中心。其中一期用地面积112.31亩，建筑面积9.25万平方米	20 20
11	迪卡侬长沙旗舰店暨湖南总部项目	迪卡侬（长沙）置业有限公司	秀峰街道	续建	项目有效用地面积17.3亩，建筑面积1万平方米，主要建设商业店面、室内外运动体验中心及停车场等。	20 20
12	财富名园二期（红星美凯龙）	湖南理想房产公司	月湖街道	续建	项目占地面积207亩，总建筑面积50万平方米。其中红星美凯龙家居广场建筑面积约20万平方米	20 20
	新建项目		共6项			
1	湖南融城智慧冷链物流园项目	湖南融城物通天下物流有限公司	沙坪街道	新建	项目有效用地面积约97.9亩，主要建设智能化多温层库，打造集多层冷库、全程冷链、城市配送、跨境电商贸易为一体的智慧冷链物流园	20 20
2	湖南万睿医药物流总部基地	湖南万睿医药有限公司	沙坪街道	新建	项目有效面积约77.8亩，主要建设总部办公楼、电子商务平台、仓储物流中心与相关运营配套设施	20 20
3	家家红商贸物流总部基地项目一期	湖南家家红实业有限公司	沙坪街道	新建	项目有效用地面积27亩，建筑面积约1万平方米，主要建设单层和多层仓储及办公楼	20 20
4	德亨物流仓储建设项目	湖南长沙市德亨实业有限公司	沙坪街道	新建	项目有效用地面积约44.76亩，总建筑面积1.46万平方米，主要建设2栋多层物流仓库	20 20

总投资（万元）		资金来源	2018 年计划投资（万元）		截至 2017 年完成投资（含前期经费）（万元）	半年度建设计划	年度建设计划	新建项目手续办理进度	新建项目开工月度	竣工项目竣工月度
计	其中拆迁		合计	其中拆迁						
00	0	自筹	29000	0	61000	完成主体建设	完成建设			12 月
00	0	自筹	50000	0	100000	完成 5 个作业区建设	启动公共服务区建设			
00	0	自筹	15000	0	10000	启动主体建设	完成建设			12 月
00	0	自筹	15000	0	20000	完成主体建设	完成建设			12 月
00	0	自筹	20000	0	15000	完成基础工程	完成主体建设	一期正在办理施工许可手续		
00	0	自筹	40000	0	20000	完成基础工程	完成主体建设	正在办理规划许可手续		
00	0	自筹	60000	0	40000	完成一期主体建设	完成一期配套建设	手续		12 月
00	0	自筹	5000	0	5000	完成主体建设	完成建设			12 月
00	0	自筹	2000	0	7500	完成部份工程	完成部份工程			
000			94000							
00	0	自筹	10000	0	0	完成土地挂牌，办理前期手续	启动建设	正在办理招拍挂手续	12 月	
00	0	自筹	10000	0	0	完成土地挂牌，办理前期手续	启动建设	正在办理招拍挂手续	12 月	
00	0	自筹	7000	0	0	办理前期手续	启动建设	正在进行规划设计	11 月	
0	0	自筹	2000	0	0	办理前期手续	启动建设	正在办理规划报建	4 月	

续表8

序号	项目名称	实施单位	项目所在街道	建设性质	建设内容	起年
5	香江高岭智慧物流产业园一期	长沙香江高岭商贸物流城开发有限公司	秀峰街道	新建	项目有效用地面积641亩，分两期开发。其中一期用地面积336亩，主要建设“统仓统配、F2B2C电商服务、供应链金融、大数据云计算”四大核心业务模块，为高岭商贸城的流通型企业、物流企业、电商企业、金融企业打造集约化、数字化、智能化的一站式生态型服务平台	20 20
6	高岭商贸城二期（五金机电城项目）	长沙香江高岭商贸物流城开发有限公司	秀峰街道	新建	项目有效用地面积88亩，总建筑面积约10万平米，主要建设4栋五金机电产品交易场馆	20 20
（三）工业项目			共7项			
	续建项目		共1项			
1	食用油加工配送中心项目	金健植物油（长沙）有限公司	青竹湖街道	续建	项目有效用地面积98.3亩，建筑面积6.4万平方米，主要建设1000吨/日精炼车间、1000吨/日冬化车间、1000吨/日小包装车间、3.5万吨油罐以及6000吨货位自动化成品库	20 20
	新建项目		共6项			
1	长沙佳海工业园二期高层厂房项目	长沙佳海产业园建设投资有限公司	沙坪街道	新建	项目有效用地面积17亩，总建筑面积3.6万平米，主要建设1栋高层厂房	20 20
2	拓沃工程机械生产基地	长沙拓沃工程机械设备有限公司	青竹湖街道	新建	项目有效用地面积50亩，主要建设生产厂房、仓储及办公楼等，拟打造成集研发、生产、物流配送于一体的现代工程机械制造生产基地	20 20
3	金霞国科军民融合产业园	湖南金霞国科投资有限公司	青竹湖街道	新建	2018—2019项目有效用地面积约131亩，总建筑面积约10万平米，主要建设军民融合产业生产厂房及配套设施	20 20
4	纽曼智能终端生产基地项目	湖南纽曼通信科技有限公司	青竹湖街道	新建	项目有效用地面积50亩，主要建设为互联网智能终端产品的研发及生产基地，并建立云服务中心，为各类移动终端用户提供丰富的个性化服务	20 20
5	罗莎蛋糕生产配送基地一期	长沙乐莎食品有限公司	青竹湖街道	新建	项目有效用地面积46亩，总建筑面积3.7万平米，分两期建设。其中，一期开发面积20亩，建筑面积1.3万平米，主要建设1栋双层厂房	20 20
6	钟石路	中民筑友有限公司	沙坪街道	新建	中青路—荷莲路，长1004米，宽24米	20 20
（四）服务业项目			共11项			
	续建项目		共9项			
1	湘域智慧广场	长沙域佳房地产开发有限公司	东风路街道	续建	公寓，办公楼、商业为一体的综合体建筑	20 20
2	节目生产基地	湖南广播电视台	洪山街道	续建	建设一个大型剧院演播厅，5个大型演播厅，1个美术馆，新型媒体数据中心，技术配套用房、道具库、服装室、公众参观通道等设施	20 20

总投资（万元）		资金来源	2018 年计划投资（万元）		截至 2017 年完成投资（含前期经费）（万元）	半年度建设计划	年度建设计划	新建项目手续办理进度	新建项目开工月度	竣工项目竣工月度
计	其中拆迁		合计	其中拆迁						
000	0	自筹	40000	0	0	完成土地招拍挂，办理前期手续	启动建设	正在进行拆迁	9 月	
00	0	自筹	25000	0	0	完成土地招拍挂，办理前期手续	启动建设	正在办理招拍挂前期手续	11 月	
431			58295							
00			18000							
00		自筹	18000			办理前期手续	启动建设			
431			40295							
00	0	自筹	5000	0	0	办理前期手续	启动建设	正在办理规划许可手续	9 月	
00	0	自筹	8000	0	0	完成土地招拍挂，办理前期手续	启动建设	正在拆迁	10 月	
00	15000	自筹	15000	已完成拆迁	9 月		范　晓　军 15073187179	完成土地招拍挂和前期手续	9 月	
00	0	自筹	7000	0	0	完成土地招拍挂，办理前期手续	启动建设	正在拆迁	11 月	
00	0	自筹	2000	0	0	办理前期手续	启动建设	正在办理初步设计	9 月	
31	1445	自筹	3295	1445	200	启动建设	完成路基工程	施工许可阶段	6 月	
800			211000							
800			154000							
00	0	自筹	6000	0	13000	室内外装修	室内外装修			
000	0	自筹	30000	0	116600	推进主体建设	推进主体建设			

续表8

序号	项目名称	实施单位	项目所在街道	建设性质	建设内容	起年
3	湘江宾馆	湖南湘江宾腾房地产开发有限公司	望麓园街道	续建	项目总用地面积 26834 平方米，新建商业面积 126826 平方米，住宅面积 33120 平方米	20 20
4	湘江宾馆	湖南盛长安房地产开发有限公司	伍家岭街道	续建	项目用地面积约66亩，总建筑面积约12万平方米，其中写字楼9.5万平方米，商业 1.5 万平方米	20 20
5	伍家岭城市综合体	湖南健郡房地产开发有限责任公司	伍家岭街道	续建	项目总建筑面积 15.1 万平方米，主要建设酒店、公寓、写字楼	20 20
6	长沙国际会议中心	长沙北辰房地产开发有限公司	新河街道	续建	项目占地面积约 2.9 万平方米，总建筑面积约 20 万平方米，包括 1 座约 5 万平方米国际会议中心，1 栋约 7 万平方米会议配套酒店，1 栋约 8 万平米办公楼	20 20
7	湘商大厦（滨江华尔街中心）	湖南湘商置业投资有限公司	新河街道	续建	项目占地面积 10 亩，总建筑面积 6.8 万平方米。建设 2 栋超 5A 滨江精品写字楼（含高端服务型公寓、公馆）与高端精品商业 MALL	20 20
8	君悦新天地	湖南君悦环球发展有限公司	新河街道	续建	项目占地面积 29 亩，总建筑面积 9 万平方米，建设 1 栋商业写字楼、2 栋公寓，其中商业 2.98 万平方米，公寓 4.45 万平方米，办公楼 1.6 万平方米	20 20
9	新河大厦	长沙市恒通置业有限公司	新河街道	续建	两栋写字楼，建筑面积总共为 21142.6 平方米	20 20
	新建项目		共 2 项			
1	长沙广播电视集团	中广天择总部基地	洪山街道（马栏山视频文创产业园）	新建	建设中广天择总部基地，包括总部大楼、演播体验厅、孵化中心、人才公寓等	20 20
2	怀通大厦	长沙市德昌房地产开发有限公司	东风路街道	新建	占地 5.7 亩，拟建设办公用房，一、二楼建设移动公司营业厅	20 20
（五）社会民生项目			共 5 项			
	续建项目		共 2 项			
1	湘郡培源实验学校	湖南金隅阳光投资有限公司	青竹湖街道	续建	占地 150 亩，建筑面积 8 万平方米，办学规模 114 个班	20 20
2	湘雅医院教学科研楼建设项目	中南大学湘雅医院	湘雅路街道	续建	建设 7.8 万平方米科研、教学、全科医生规范化临床培训基地等	20 20

总投资（万元）		资金来源	2018 年计划投资（万元）		截至2017年完成投资（含前期经费）（万元）	半年度建设计划	年度建设计划	新建项目手续办理进度	新建项目开工月度	竣工项目竣工月度
-	其中拆迁		合计	其中拆迁						
)0	0	自筹	20000	0	70000	完成部分工程	完成基础工程和地下室施工			
0	0	自筹	10000	0	53000	完成部分工程	1 号、2 号栋完成主体建设			
0	0	自筹	10000	0	10000	完成部分工程	4 号栋内外装修；2 号、3 号栋完成主体施工			
)0	0	自筹	50000	0	40000	主体结构施工	主体地面 12 层			
0	7000	自筹	15000	3000	13000	施工至正负零	施工至 20 层			
0	0	自筹	10000	0	7500	完成部分主体建设	部分主体实现封顶			
)	0	自筹	3000	0	6800	完成基坑支护桩	完成正负零及副楼封顶			
)0			57000							
)0	50000	自筹	50000	0		土方及地下工程建设	土方及地下工程建设	征拆完成	9 月	
)		自筹	7000				启动建设		12 月	
)0			57000							
0			42000							
0	0	自筹	30000	0	8000	启动用地拆迁	完成用地拆迁，启动规划报建			
0	0	自筹	12000	0	20000	完成部分工程	主体验收			

续表8

序号	项目名称	实施单位	项目所在街道	建设性质	建设内容	起
	新建项目		共 3 项			
1	芙蓉盛世小学	长沙市天健房地产开发有限公司	新河街道	新建	用地面积 20.55 亩， 建筑面积 11000 平方米，班级规模 24 个班。	2 2
2	捞刀河刀剪厂湘南雅苑定向房	捞刀河刀剪厂	捞刀河街道	新建	净用地 17.94 亩，容积率为 6.98，总建筑面积 273204 平方米	2 2
3	名苑小学（恒大御景天下配套小学）	长沙湘江名苑房地产有限公司	秀峰街道	新建	用地面积 52.4 亩，建筑面积 23518 平方米，班级规模 48 个班	2 2
（六）住宅房地产项目			共 29 项			
	续建项目		共 24 项			
1	恒大御景半岛锦绣苑 8# 地块	长沙金霞开发建设有限公司	芙蓉北路街道	续建	总建筑面积约 33 万平方米。拟建成高档住宅楼与高端精品商业 MALL。其中 10 栋为住宅、1 栋为公寓和部分商业	2 2
2	恒大雅苑	长沙宝瑞房地产开发有限公司	洪山街道	续建	项目占地面积约 1021 亩，总建筑面积 150 万平方米，项目分七期开发建设	2 2
3	水映加州	湖南青竹湖置业有限公司	青竹湖街道	续建	主要建设高层、别墅、洋房和部分商业	2 2
4	旭辉·湖山赋一期	长沙紫荆置业有限公司；长沙恒高房地产开发有限公司	捞刀河街道	续建	项目有效用地面积 778 亩，建筑面积约 110 万平方米，主要建设低密度高档住宅小区。一期（即 A 地块）用地 240 亩，主要建设别墅示范区，建筑面积约 16.6 万平米	2 2
5	沙河堤亚纳湾	长沙深业置业有限公司	捞刀河街道	续建	项目占地面积 100 亩，建筑面积约 10 万平方米，分四期开发，包括建设叠拼洋房、联排别墅、双拼别墅，以及幼儿园、中小学和街区商业等配套设施	2 2
6	旷代沁园二期	湖南旷代房地产开发有限公司	浏阳河街道	续建	二期总建筑面积为 11 万平方米，建设 8 栋高层住宅楼	2 2
7	旷代沁园三期	湖南旷代房地产开发有限公司	浏阳河街道	续建	三期总建筑面积 10 万平米，建设商街、写字楼和酒店	2 2
8	绿城青竹园（南、北五组团）	湖南青竹湖国际商务社区开发有限公司	青竹湖街道	续建	项目有效用地面积 220.5 亩，建筑面积 5 万平方米，主要建设南、北片区五组团 133 栋别墅	2 2

总投资（万元）		资金来源	2018 年计划投资（万元）		截至 2017 年完成投资（含前期经费）（万元）	半年度建设计划	年度建设计划	新建项目手续办理进度	新建项目开工月度	竣工项目竣工月度
计	其中拆迁		合计	其中拆迁						
00			15000							
00	0	自筹	3000	0	800	完成正负零施工	完成三层校舍建设	正在办理建设工程规划许可证	3 月	
00	50000	自筹	10000			启动建设。	完成部分工程		6 月	
00	0	自筹	2000	0	50	完成前期手续	启动建设	正在进行报建图审批	6 月	
215			1095275							
615			983575							
000	0	自筹	40000	0	50000	完成部分工程	1~2# 栋封顶，商业部分封顶			
000	0	自筹	30000	0	380000	启动 81~83# 栋建设	推进 81~83# 栋主体建设			
115	0	自筹	28375	0	244747	四期工程结构到正负零	四期工程开盘销售	水映加州四期工程幼儿园施工许可证正在办理		
00	0	自筹	30000	0	10000	启动一期建设	完成一期主体结构和二期基础工程	正在办理调规手续		
000	0	自筹	10000	0	250000	启动四期二开工建设	完成部分主体建设			
00	0	自筹	20100	0	30900	完成部分工程	全部开盘	办理工程规划许可证		
000	0	自筹	29100	0	49400	完成部分工程	全部开盘	进行报建图设计		
00	0	自筹	20000	0	30000	完成主体工程建设	完成建设			

续表8

序号	项目名称	实施单位	项目所在街道	建设性质	建设内容	起年
9	恒大林溪郡	湖南亦成投资有限公司	青竹湖街道	续建	项目有效用地面积 525 亩，总建筑面积约 70 万平方米，主要建设别墅、高层。分三期（6 个地块）建设，一期已全部封顶，二期主要建设 2 号、3 号地，建筑面积约 37 万平方米，主要建设高层住宅及洋房	20 20
10	金隅阳光・曦园三期	湖南金隅阳光投资有限公司	青竹湖街道	续建	项目总用地面积 756 亩，有效用地约 466 亩，总建筑面积约 38 万平方米。分五期开发建设，三期规划用地 105 亩，主要建设高层住宅，建筑面积约 17 万平方米	20 20
11	海洋半岛花园项目	湖南海洋环球置业有限公司	四方坪街道	续建	项目占地 229 亩，净用地 108 亩，总建筑面积 34 万平方米，建设 11 栋商品房住宅	20 20
12	北辰三角洲	长沙北辰 房地产开发有限公司	新河街道	续建	建设 E6、E4、C2、C3、E7 区 5 个地块共 40 栋共 43 万平方米的住宅	20 20
13	长沙雅居乐花园二期	长沙雅居乐房地产开发有限公司	秀峰街道	续建	项目有效用地面积 60 亩，建筑面积约 13 万平方米，分两期建设二期主要建设滨江高档住宅 4 栋 5.4 万平方米	20 20
14	观山林邸	长沙市开泰置业有限公司	秀峰街道	续建	项目有效用地面积 37.24 亩，总建筑面积 9 万平方米，主要建设 5 栋高层住宅，酒店及地下车库等	20 20
15	恒大御景天下城	长沙湘江名苑房地产有限公司	秀峰街道	续建	有效用地面积约 568 亩，总建筑面积约 60 万平方米。一期已建成；二期占地 190 亩，建筑面积约 28 万平方米，主要建设内容高层住宅、商业中心；三期占地 72 亩，建筑面积 9.3 万平方米，主要建设 3 栋高层、5 栋洋房；四期用地面积 70 亩，建筑面积 8.6 万平方米，主要建设 3 栋高层，7 栋洋房；名苑小学占地 68 亩，建筑面积 2.2 万平方米，主要建设 48 个班	20 20
16	中铁・山语城三期	中铁房地产集团长沙置业有限公司	秀峰街道	续建	项目有效用地面积 668 亩，分三期开发，三期有效用地约 110 亩，其中三组团主要建设 4 栋高层，总建筑面积 10.5 万平方米	20 20
17	创远・湘江壹号三期、四期	长沙创远置业有限公司	秀峰街道	续建	3-2 期有效用地 100 亩，建筑面积 34.6 万平米，主要建设 11 栋高层住宅；3-3 期有效用地 45 亩，建筑面积 17.5 万平方米，主要建设 5 栋高层住宅；四期有效用地 150 亩，建筑面积 6.5 万平方米，主要建设 64 栋别墅；酒店有效用地 20 亩，建筑面积 2.3 万平方米	20 20
18	绿地海外滩二期	长沙上城置业有限公司	秀峰街道	续建	项目有效用地面积约 66 亩，建筑面积 14.36 万平米，主要建设 2 栋高层和 12 栋小高层住宅和 1 栋幼儿园	20 20

总投资（万元）		资金来源	2018 年计划投资（万元）		截至 2017 年完成投资（含前期经费）（万元）	半年度建设计划	年度建设计划	新建项目手续办理进度	新建项目开工月度	竣工项目竣工月度
计	其中拆迁		合计	其中拆迁						
000	0	自筹	80000	0	20000	启动二期建设	完成部分主体封顶	正在办理规划报建		
00	0	自筹	30000	0	10000	启动项目建设	完成部分主体工程建设	正在办理规划报建		
000	0	自筹	5000	0	123000	完成部分建设	完成部分建设			
000	0	自筹	200000	0	2820000	完成部分工程	C2 区主体工程基本完工，A3 区实现部分结构封顶，E7 区达到预售条件			
00		自筹	15000			启动二期建设	完成部分主体封顶		3 月	
00		自筹	20000			启动项目主体建设	部分高层主体封顶	正在办理规划报建	6 月	
000	0	自筹	80000	0	150000	完成二期建设，启动小学和三期建设	完成小学建设，启动四期建设	三期、四期正在办理规划报建手续		
00	0	自筹	22000	0	18000	完成三组团主体封顶	完成三期项目建设			12 月
500	0	自筹	159000	0	93500	完成酒店和高层基础工程	完成酒店建设和高层住宅部分封顶			
00	0	自筹	40000	0	35000	完成小高层主体封顶	完成高层住宅主体封顶			

续表8

序号	项目名称	实施单位	项目所在街道	建设性质	建设内容	起年
19	福晟·钱隆世家二期	湖南晟冉房地产开发有限公司	秀峰街道	续建	项目有效用地181亩，建筑面积36万平方米，其中二期有效用地131亩，建筑面积约26万平方米，主要建设9栋高层（16–24栋）	20 20
20	福晟·钱隆国际二期	湖南晟冉房地产开发有限公司	秀峰街道	续建	项目有效用地面积73亩，建筑面积12万平方米，主要建设5栋高层住宅	20 20
21	鸿邦国际城一期	湖南鸿邦地产开发有限公司	秀峰街道	续建	项目有效用地58.5亩，总建筑面积约17平方米，主要建设高层住宅、商务会所及商业配套设施等。一期主要建设5栋高层住宅，建筑面积约8万平方米	20 20
22	秀峰美苑（幸福考拉789）	长沙福兴隆房地产开发有限公司	秀峰街道	续建	项目有效用地面积70.2亩，总建筑面积11.6万平方米，主要建设9栋高层住宅及配套商业会所	20 20
23	楚天逸品二期A区	湖南宏吉置业发展有限公司	秀峰街道	续建	项目有效用地面积23.4亩，总建筑面积约5万平方米，主要建设2栋高层住宅和1所幼儿园	20 20
24	恒泰.湘壹府	湖南国建置业发展有限公司	秀峰街道 青竹湖街道	续建	项目有效用地面积约198亩，总建筑面积约28万平方米，主要建设20栋高层住宅和配套商业体	20 20
	新建项目		共5项			
1	公园9号二期	湖南枫林投资有限公司	清水塘街道	新建	总占地10633.49平方米总建筑面积74946平方米，由地上两栋高层建筑、地下二层地下车库组成	20 20
2	恒大御景半岛翰林苑1#地块	长沙金霞开发建设有限公司	芙蓉北路街道	新建	总建筑面积约11万平方米，主要建设3栋超高层住宅，2栋商业，一座幼儿园及地下室	20 20
3	新城和樾公馆	湖南中坤置业有限公司	秀峰街道	新建	项目有效用地面积52亩，总建筑面积17.5万平方米，主要建设6栋高层住宅和1栋公寓楼	20 20
4	湘江东苑	长沙宾盛投资管理有限公司	秀峰街道	新建	项目有效用地面积24亩，总建筑面积约5000平方米，主要建设高层住宅及配套商业	20 20
5	湘江御景四期	长沙市水利投资置业发展有限公司	秀峰街道	新建	项目有效用地面积24.4亩，主要建设1栋16层4.2万平方米商务办公楼和1栋60层10.3万平方米超高层综合体	20 20
（七）预备项目（共12个）						
1	湖南医专白霞校区项目	湖南医药职业中等专业学校	捞刀河街道	预备	项目有效用地面积76.7亩，主要建设湖南医专新校区，总建筑面积8万平方米，包括教学楼、图书馆、食堂、宿舍及其他配套	20 20

总投资（万元）		资金来源	2018年计划投资（万元）		截至2017年完成投资（含前期经费）（万元）	半年度建设计划	年度建设计划	新建项目手续办理进度	新建项目开工月度	竣工项目竣工月度
计	其中拆迁		合计	其中拆迁						
000	0	自筹	30000	0	50000	完成4栋高层主体建设	启动3栋高层建设			
00	0	自筹	30000	0	10000	启动1#、2#栋主体建设	完成3#~5#栋主体建设			
00	0	自筹	15000	0	5000	启动主体工程建设	完成部分主体工程建设	正在办理施工许可手续		
00	0	自筹	20000	0	15000	完成主体建设	完成建设			12月
00	0	自筹	10000	0	1000	完成基础工程	启动主体工程建设	正在办理规划报建		
000	0	自筹	20000	0	10000	启动建设	完成部分主体工程建设	正在办理规划报建		
600			111700							
00		自筹	26700			两栋楼建设到第十五层	两栋楼主体完工		1月	
200		自筹	29000			1~3#栋主体施工至10层	1~3#栋主体施工至35层。			
00	40000	自筹	40000						3月	
00		自筹	8000			启动项目主体建设	完成部分主体封顶	正在办理总图报批	6月	
400		自筹	8000			办理前期手续	启动基础及地下室施工	正在编制规划方案	9月	
000		自筹	7000			完成拆迁	办理前期手续	正在办理统征手续		

续表8

序号	项目名称	实施单位	项目所在街道	建设性质	建设内容	起年
2	高岭商贸城三期（美博城、酒店用品城项目）	长沙香江高岭商贸物流城开发有限公司	捞刀河街道 秀峰街道	预备	项目有效用地面积280亩，总建筑面积20万平方米，主要建设大型交易场馆	20 20
3	中部进出口商品展示交易中心二期	湖南嘉德投资置业有限公司	青竹湖街道	预备	项目二期有效用地面积93.4亩，建筑面积13.6万平方米（其中仓储3.5万平方米），其中，第一批开发用地有效面积53.6亩，建筑面积8万平方米，主要建设4栋集展示中心和总部基地办公于一体的综合大楼	20 20
4	金霞佳海标准厂房	长沙金霞佳海开发有限公司（暂定名）	青竹湖街道	预备	项目有效用地面积约109亩，总建筑面积约11万平方米，主要建设高新技术产业、医药流通产业标准厂房	20 20
5	国科高清军民融合产业园一期	湖南金霞现代物流园投资有限公司	青竹湖街道	预备	项目有效用地面积约100亩，总建筑面积约10万平方米，主要建设军民融合产业生产厂房及配套设施	20 20
6	湘之杰现代物流中心	湖南湘之杰物流物流有限公司	青竹湖街道	预备	项目有效用地面积156亩，总建筑面积15平方米，主要建设物流仓储、堆场、一个2000吨级泊位及配套用房	20 20
7	长沙霞凝油库扩容改造工程及非油中央仓项目	中国石化销售有限公司湖南长沙石油分公司	青竹湖街道	预备	项目有效用地面积150亩，主要建设内容：改造2座5000立方米汽油罐，新建6座10000立方米钢制内浮顶汽油储罐；趸船提升至2000吨级，新建码头卸油及附属设施；新建7780平方米非油品中央仓建筑物、1380平方米装卸平台、1150平方米值班楼	20 20
8	弘上投资控股物流总部基地项目	弘上投资控股股份有限公司	沙坪街道	预备	项目有效用地面积110.6亩，主要建设物流仓储、配送、结算中心及办公楼，打造集物流总部、仓储管理、物流金融、商务配套于一体的现代化物流平台	20 20
9	金六谷医药健康产业园项目	湖南金六谷医药有限公司	沙坪街道	预备	项目有效用地约50亩，主要建设医药物流配送中心、电商中心、结算中心和加工中心等内容，打造集研发、仓储、配送、加工、展示交易于一体的现代医药产业园区	20 20
10	新力紫园	湖南新力湘房地产开发有限公司	伍家岭街道	预备	项目用地面积约28亩，总建筑面积约9万平方米，其中住宅约8.5万平方米，配套商业约0.5万平方米	20 20
11	兴联中学	湖南宏吉置业发展有限公司	秀峰街道	预备	用地面积34亩，建筑面积18122平方米，班级规模36个班	20 20
12	明德金鹰学校	长沙宝瑞房地产开发有限公司	洪山街道	预备	用地面积18亩，建筑面积10500平方米，班级规模24个班	20 20

总投资（万元）		资金来源	2018 年计划投资（万元）		截至 2017 年完成投资（含前期经费）（万元）	半年度建设计划	年度建设计划	新建项目手续办理进度	新建项目开工月度	竣工项目竣工月度
计	其中拆迁		合计	其中拆迁						
000		自筹	10000			完成拆迁	完成土地招拍挂，办理前期手续	正在进行拆迁		
00		自筹	20000			办理前期手续	启动建设	正在办理规划报建手续		
00		自筹	15000			办理前期手续	启动建设	正在进行招商洽谈		
00		自筹	15000			办理前期手续	启动建设	正在拆迁		
00		自筹	5000			办理前期手续	启动建设	正在进行调规和土地整合。		
50		自筹	4000			办理前期手续	启动建设	正在进行初步设计审批		
000		自筹	10000			完成拆迁	完成土地招拍挂，办理前期手续	统征阶段		
00		自筹	5000			完成拆迁	启动建设	正在进行统征		
00		自筹	20000			完善手续，启动建设	基坑、地下室正负零			
00		自筹	4000			完成方案设计、启动用地拆迁	完成拆迁			
00		自筹	6000			完成拆迁前期手续	完成用地拆迁	正在进行拆迁的前期手续办理		

表9

开福区农村基本情况表

	单位
一、农村乡（镇）个数	4 个
村（居）民委员会数	32 个
二、乡村户数	1.65 万户
乡村人口数	8.23 万人
乡村动力资源数	2.1 万人
三、年末耕地面积	3600 公顷
水田	1500 公顷
水浇地	1400 公顷
旱地	360 公顷
养殖水面	340 公顷
四、农业机械总动力	3000 千瓦

表10

开福区市级重点生态公益林到村（社区）面积小班户数情况一览表

街道	村（社区）	面积（公顷）	小班（个）	村集体（户）	组集体（户）	个人（户）	合计	合同
4	19	709.98	136	18	17	703	738	23
青竹湖街道	金霞新村社区	129.67	8	1	4	218	223	1
	青竹湖街道	53.41	3	1	0	0	1	1
	天胜社区	22.88	5	1	0	9	10	1
	新太安社区——太阳山	26.75	8	1	1	2	4	1
	霞凝社区	22.37	4	1	0	0	1	1
	新太安社区——大安	3.47	4	1	0	16	17	1
	青竹湖街道	0	0	0	0	0	0	1
	小 计	258.55	32	6	5	245	256	7

续表10

街道	村（社区）	面积（公顷）	小 班（个）	村集体（户）	组集体（户）	个人（户）	合计	合同
秀峰街道	鹅羊山社区	20.72	1	1	3	0	4	1
	秀峰街道林场	71.36	5	1	0	2	3	1
	新大塘社区	12.04	5	1	1	41	43	1
	湘荷社区——湘粤	11.32	8	0	2	34	36	1
	秀峰街道	0	0	0	0	0	0	1
	小 计	115.44	19	3	6	77	86	5
沙坪街道	中青社区——大明	14.91	5	1	1	31	33	1
	汉回村——汉回	27.31	12	1	0	97	98	1
	汉回——乌溪	43.81	11	1	4	127	132	1
	檀木岭村——成功	83.07	23	1	0	0	1	1
	双塘村——双湖	54.49	13	1	0	0	1	1
	沙坪街道	0	0	0	0	0	0	1
	小 计	223.59	64	5	5	255	265	6
捞刀河街道	高岭社区——高源	18.1	9	1	0	0	1	1
	罗汉庄村——大星	19.12	2	1	0	0	1	1
	罗汉庄村——伍家岭	67.2	11	1	1	126	128	1
	白霞村	7.98	1	1	0	0	1	1
	捞刀河街道	0	0	0	0	0	0	1
	小 计	112.4	21	4	1	126	131	5

表11

开福区河流湿地长度和面积统计表

序号	河流湿地名称	长度（千米）	河堤长度（千米）	面积（公顷）
1	湘江	17.51	18.2	976.6
2	浏阳河	11.11	22.4	178.4
3	捞刀河	11.68	22.1	215.6
4	白沙河	10.2	10.0	34.32
5	沙河	2.7	2.5	12.4
合计		53.2	75.2	1417.32

表12

开福区2018年湿地

斑块号	街道	村（社区）	小地名	湿地名称	面积（公顷）	湿地类	湿地型	是否城市规划区	土地权属	是否重点调查湿地	主要湿地植
1	2	3	4	5	6	7	8	9	10	11	12
1	青竹湖街道	新源社区	毕花园	沙塘水库	2.75	人工湿地	库塘	是	集体	是	2乔+6灌+
2	青竹湖街道	金霞新村社区	周家冲	周家冲水库	11.61	人工湿地	库塘	是	集体	是	1乔+6灌+
3	沙坪街道	檀木岭村	师古塘	师古塘水库	3.28	人工湿地	库塘	是	集体	否	1乔+6灌+
4	沙坪街道	钟山村	何冲	河冲水库	6.33	人工湿地	库塘	是	集体	否	7乔+2灌+
5	沙坪街道	钟山村	鱼婆塘	鱼婆塘水库	2.6	人工湿地	库塘	否	集体	否	7乔+2灌+
6	沙坪街道	双塘村	大毛冲	八字墙水库	2.8	人工湿地	库塘	否	集体	是	7乔+2灌+
7	沙坪街道	双塘村	杉木湾	张山冲水库	3.4	人工湿地	库塘	否	集体	是	5乔+3灌+
8	沙坪街道	双塘村	棉花坡	鱼翅塘水库	2.2	人工湿地	库塘	否	集体	是	5乔+3灌+
9	沙坪街道	双塘村	双湖垸	双湖垸	21.8	人工湿地	水产养殖场	是	集体	是	1灌+9草
10	沙坪街道	檀木岭村	斗家园	成功水库	2.3	人工湿地	库塘	否	集体	是	7乔+2灌+
11	青竹湖街道	新源社区	青竹塘	青竹塘水库	17.97	人工湿地	库塘	是	国有	是	6乔+3灌+
12	青竹湖街道	霞凝社区	倪家场	绿城南区人工湖	4.46	人工湿地	库塘	是	国有	是	4乔+3灌+
13	青竹湖街道	天胜社区	李家坝	李家坝	3.5	湖泊湿地	永久性湖泊	是	集体	否	2乔+3灌+
14	青竹湖街道	霞凝社区	月星塘	月星塘	7.13	人工湿地	库塘	是	集体	是	2乔+4灌+
15	沙坪街道	竹安村	烟坡	烟坡水库	4.96	人工湿地	库塘	是	集体	否	6乔+3灌+

斑块因子调查一览表

质 级	土地 权属	湿地利 用方式	湿地主要特征或特点 生态 重要性	景观 价值	经济及 社会影响	胁迫因子	建议保 护措施	规划主要 建设方向	备注
3	14	15	16	17	18	20	21	22	23
	集体	农业灌溉 生态补水	中	中	中	自然侵蚀	自然修复	水源涵养林建设	
	集体	生态养殖 生态补水	中	中	中	养殖污染 自然侵蚀	护岸护坡 自然修复	水源涵养林建设	
	集体	生态补水	中	中	中	自然侵蚀	护岸护坡 自然修复	水源涵养林建设	2018 年 5 月增加
	集体	生态养殖 农业灌溉	中	中	中	养殖污染 生活污染	水体清洁 护岸护坡	水产养殖污染防治	
	集体	生态补水 农业灌溉	中	中	中	自然侵蚀	水体清洁 护岸护坡	水源涵养林建设	2018 年 5 月增加
	集体	生态养殖 生态补水	高	高	高	养殖污染 生活污染	水体清洁 护岸护坡	水源涵养林建设	2018 年 5 月增加
	集体	生态补水 农业灌溉	高	高	高	自然侵蚀 来水减少	水体清洁 护岸护坡	水源涵养林建设	2018 年 5 月增加
	集体	生态补水 农业灌溉	高	高	高	自然侵蚀 来水减少	水体清洁 护岸护坡	水源涵养林建设	2018 年 5 月增加
	集体	生态养殖	中	中	大	养殖污染	水体清洁	自然修复	2017 年增加
	集体	生态补水 农业灌溉	高	高	高	自然侵蚀 来水减少	水体清洁 护岸护坡	水源涵养林建设	2018 年 5 月增加
	国有	生态景观 生态补水	中	中	大	自然侵蚀 来水减少	自然修复	水源涵养林建设	
	国有	生态景观 生态补水	中	中	中	自然侵蚀	自然修复 护岸护坡	水源涵养林建设	
	集体	农业灌溉	中	中	中	农业面源污染	水体清洁	水源涵养林建设	
	集体	生态景观	中	中	中	生活污水	自然修复 水体清洁	生态景观林培育	
	集体	生态养殖	中	中	中	自然侵蚀 来水减少	水体清洁 自然修复	水源涵养林建设	黑天鹅

续表12

斑块号	街道	村（社区）	小地名	湿地名称	面积（公顷）	湿地类	湿地型	是否城市规划区	土地权属	是否重点调查湿地	主要湿地
1	2	3	4	5	6	7	8	9	10	11	12
16	沙坪街道	竹安村	寒婆山	寒婆山水库	7.6	人工湿地	库塘	是	集体	否	5乔+4灌
17	沙坪街道	竹安村	米家场	米家场水库	4.68	人工湿地	库塘	是	集体	否	2乔+4灌
18	青竹湖街道	彩霞社区 金盆丘社区	王玉咀	沙河	17.36	河流	永久性河流	是	国有	否	1灌+9
19	青竹湖街道	天胜社区 新太安社区	莫家坝	莫家坝	7.29	湖泊	永久性湖泊	是	集体	否	1灌+9
20	青竹湖街道	湖畔社区	蔡家坝	星月水库	7.65	人工湿地	库塘	是	集体	否	5乔+4灌
21	青竹湖街道	新太安社区	角菱塘	角菱塘	3.32	人工湿地	库塘	是	集体	是	1乔+3灌
22	秀峰街道	新大塘社区	竹山湾	枫树湾水库	2.9	人工湿地	库塘	是	集体	否	5乔+3灌
23	沙坪街道	中青社区	黄泥塘	黄泥塘	4.07	人工湿地	库塘	是	集体	否	5乔+4灌
24	沙坪街道	檀木岭村 汉回村	乌溪桥	成功撇洪渠	25.9	河流	永久性河流	是	集体	否	2乔+4灌
25	沙坪街道 捞刀河街道	双塘村、汉回村、罗汉庄村	黄花洲	白沙河	22.4	河流	永久性河流	是	国有	否	2乔+3灌
26	沙坪街道	汉回村	周家湾	周家湾	6.7	人工湿地	水产养殖场	是	集体	否	3乔+3灌
27	沙坪街道	汉回村	铁炉冲	铁炉冲水库	4.45	人工湿地	库塘	是	集体	否	5乔+4灌
28	捞刀河街道	罗汉庄村	赵家冲	赵家冲水库	9.35	人工湿地	库塘	是	集体	否	5乔+3灌
29	秀峰街道 捞刀河街道	竹隐、戴家河、捞刀河社区	蛇咀	桃子湖	24.0	湖泊湿地	永久性湖泊	是	集体	否	2乔+2灌
30	捞刀河街道	捞刀河、高岭、中岭社区	桃花港	楚家湖	40.8	湖泊湿地	永久性湖泊	是	集体	否	2乔+2灌
31	捞刀河街道	中岭社区	灵官树下	中岭渔场	9.87	人工湿地	水产养殖场	是	集体	否	2灌+8

质级	土地权属	湿地利用方式	湿地主要特征或特点			胁迫因子	建议保护措施	规划主要建设方向	备注
			生态重要性	景观价值	经济及社会影响				
3	14	15	16	17	18	20	21	22	23
I	集体	生态养殖	中	中	中	养殖污染 自然侵蚀	水体清洁 护岸护坡	水源涵养林建设	垂钓基地
I	集体	生态养殖	中	中	中	养殖污染 自然侵蚀	水体清洁 护岸护坡	水产养殖污染防治	垂钓基地
I	国有	生态景观	中	中	大	自然侵蚀	护岸护坡	生态景观林培育	
I	集体	生态养殖	中	中	中	养殖污染 自然侵蚀	水体清洁 护岸护坡	水源涵养林建设	养殖垂钓基地
I	集体	生态景观	中	中	大	生活污染	水体清洁	生态景观林培育	
I	集体	生态养殖	中	中	中	养殖污染	水体清洁	自然修复	2018 年增加
I	集体	生态养殖	中	中	大	生活污染	水体清洁	污水治理	2018 年增加
I	集体	生态养殖	中	中	中	养殖污染	水体清洁	污水治理	大明生态山庄
I	集体	农业灌溉	中	中	大	农业面源污染	水体清洁	污水治理	
I	国有	生态景观	中	中	中	自然侵蚀	护岸护坡 自然修复	生态景观林培育	
I	集体	生态养殖	中	中	大	自然侵蚀	水体清洁	生态景观林培育	
I	集体	农业灌溉	中	中	中	来水减少	护岸护坡	水源涵养林建设	
I	集体	生态景观	中	中	中	自然侵蚀	护岸护坡	水源涵养林建设	已作污水处理
I	集体	生态景观	中	中	大	生态污水 农业面源污染	水体清洁	污染治理	
V	集体	生态景观	中	中	大	生态污水 农业面源污染	水体清洁	污染治理	正在实施中 2017 年 10 月完成
I	集体	生态养殖	中	中	中	养殖污染	水体清洁	自然修复	

续表12

斑块号	街道	村（社区）	小地名	湿地名称	面积（公顷）	湿地类	湿地型	是否城市规划区	土地权属	是否重点调查湿地	主要湿地植
1	2	3	4	5	6	7	8	9	10	11	12
32	捞刀河街道	中岭社区	鸡公湖	长沙县渔场	9.6	人工湿地	水产养殖场	是	集体	否	1乔+2灌+
33	捞刀河街道	罗汉庄村	鸡公湖	大星渔场	5.0	人工湿地	水产养殖场	是	集体	否	1乔+2灌+
34	捞刀河街道	罗汉庄村	苏家湾	罗汉庄渔场	2.1	人工湿地	水产养殖场	是	集体	否	1乔+2灌+
35	捞刀河街道	白霞村	年鱼垅	省渔场	54.0	人工湿地	水产养殖场	是	集体	否	1乔+2灌+
36	秀峰等5个街道	戴家河等9个社区	捞刀河	捞刀河	215.6	河流湿地	永久性河流	是	国有	是	2乔+2灌+
37	青竹湖等6个街道	霞凝港等19个社区	湘江	湘江	976.6	河流湿地	永久性河流	是	国有	是	2乔+2灌+
38	芙蓉北路等7个街道	福城等13个社区	浏阳河	浏阳河	194.07	河流湿地	永久性河流	是	国有	是	2乔+2灌+
39	洪山街道	洪山桥社区	毛家冲	龙潭水库	3.77	人工湿地	库塘	是	国有	是	4乔+3灌+
40	洪山街道	洪山桥社区	何家围子	月湖	37.0	人工湿地	库塘	是	国有	是	4乔+3灌+
41	洪山街道	洪雅社区	西冲	恒大雅苑	3.5	人工湿地	库塘	是	国有	是	4乔+3灌+
42	洪山街道	金鹰社区	东塘冲	东塘冲水库	13.0	人工湿地	库塘	是	国有	是	4乔+3灌+
43	洪山街道	金鹰社区	老冲坡	世界之窗水上舞台	13.0	人工湿地	库塘	是	国有	是	4乔+3灌+
44	月湖街道	舟桥社区	陈家湾	陈家湾	3.54	人工湿地	库塘	是	国有	是	4乔+3灌+
45	清水塘街道	花城社区	烈士公园	年嘉湖	50.8	湖泊湿地	永久性湖泊	是	国有	是	4乔+3灌+
合计					1877.0						

说明：本表所注湿地斑块面积均为2公顷以上起调，外业实地勘查、内业依据万分之一地形图勾绘结合91卫图助手审图

质级	土地权属	湿地利用方式	湿地主要特征或特点			胁迫因子	建议保护措施	规划主要建设方向	备注
			生态重要性	景观价值	经济及社会影响				
3	14	15	16	17	18	20	21	22	23
I	集体	生态养殖	中	中	中	养殖污染	水体清洁	自然修复	土地权属中岭社区和白霞村
I	集体	生态养殖	中	中	中	养殖污染	水体清洁	自然修复	
I	集体	生态养殖	中	中	中	养殖污染	水体清洁	自然修复	
I	集体	生态养殖	中	中	中	养殖污染	水体清洁	自然修复	
I	国有	生态景观	高	高	大	洪涝灾害 农业面源污染	水体清洁	护岸护坡	
I	国有	生态景观	高	高	大	洪涝灾害 农业面源污染	水体清洁	护岸护坡	
I	国有	生态景观	高	高	大	洪涝灾害 农业面源污染	水体清洁	护岸护坡	
I	国有	生态景观	高	高	中	生活污水	水体清洁	自然修复	
I	国有	生态景观	高	高	中	生活污水	水体清洁	自然修复	
I	国有	生态景观	高	高	中	生活污水	水体清洁	自然修复	
I	国有	生态景观	高	高	中	生活污水	水体清洁	自然修复	
I	国有	生态景观	高	高	大	生活污水	水体清洁	自然修复	
I	国有	生态景观	高	高	大	生活污水	水体清洁	自然修复	
I	国有	生态景观	高	高	大	生活污水	水体清洁	自然修复	

索 引

INDEX

说明

一、本索引把年鉴的条目（特载、大事记、人物、统计资料、附录除外）用主题分析方法，按汉语拼音字母顺序排列。

二、类目、专稿标题用黑体字表明。

三、索引名称后的阿拉伯数字表示内容所在的页码。

A

B

C

D

E

F

G

H

K

R

S

T

W